애착

인간애착행동에 대한
과학적 탐구

Attachment 애착

존 볼비 지음 | 김창대 옮김

연암서가

옮긴이 **김창대**

서울대학교 사범대학 교육학과에서 학사와 석사를, 미국 컬럼비아대학 교육대학원에서 상담심리학으로 석사와 박사학위를 받았다. 귀국 후 한국 청소년상담원과 계명대학교 교수를 역임했으며, 1999년 이후에는 서울대학교 교육학과에서 상담전공 교수로 재직하고 있다. 초기 연구는 대인관계 및 성격문제, 집단상담과 관련된 주제에 초점이 맞추어져 있었다. 최근에는 애착 및 대인관계에서 내에서 겪는 거절경험의 심리사회적 영향력과 그 결과로 파생되는 정서적 문제의 조절과정 및 정서조절 과정의 신경생물학적 기제에 대한 연구로 관심영역을 확장시키고 있다. 저서로는 『카운슬링의 원리』, 『학교상담과 생활지도』, 『특수아동상담』 등이 있고, 역서로는 『대상관계이론과 실제: 자기와 타자』, 『집단상담』, 『인지부조화 이론』 등이 있다.

애착

2019년 11월 15일 1쇄 발행
2023년 9월 15일 2쇄 발행

지은이 | 존 볼비
옮긴이 | 김창대
펴낸이 | 권오상
펴낸곳 | 연암서가

등록 | 2007년 10월 8일(제396-2007-00107호)
주소 | 경기도 고양시 일산서구 호수로 896, 402-1101
전화 | 031-907-3010
팩스 | 031-912-3012
이메일 | yeonamseoga@naver.com
ISBN 979-11-6087-053-4 93180

값 35,000원

옮긴이 서문

한국연구재단의 지원으로 존 볼비의 『애착』 초판 번역본을 낸 지도 어느덧 10년이 지났다. 『애착』의 개정판을 준비하면서 이 책을 다시 찬찬히 읽게 되었는데, 여전히 몇 가지 점에서 감탄을 금할 수 없다.

첫째, 볼비의 『애착』은 애착현상에 관해 상세하면서도 쉽게 설명한다. 볼비는 애착현상을 독자들에게 차근차근 설명하는데, 한 가지 개념이나 명제를 설명하기 위해서 그것들의 이해에 필요한 지식을 사전에 제공하고, 독자가 가질 만한 질문들이나 대안적 설명에 대해서는 볼비스스로 던지고 답하면서 글을 전개한다. 둘째, 볼비의 『애착』은 재미있다. 이 책에 대한 첫 번째 인상은 '무척 두껍다'이고, 인간(유아)의 애착에 관한 설명은 11장에서나 시작되고 있어서 몇 개의 장을 건너뛰고 싶은 마음을 일으킨다(사실, 볼비도—비록 다른 이유이지만—4장 끝부분 각주에서 4장까지 읽은 후, 바로 11장으로 넘어가도 좋다고 말했다). 그러나 역자는 오히려 볼비의 논리전개방식, 본인의 개념과 기존 개념의 차이에 관한 설명, 애착을 본인이 탐구하는 핵심현상으로 삼기까지 도움이 되었던 동물과 인간의 사례들을 하나하나 따라가는 것이 오히려 인간(유아)의 애착현상을 올바로 이해하고 그것에 대한 흥미와 관심을 유지하기에 좋은 것 같다. 셋째, 볼비의 『애착』은 지금부터 50년 전인 1969년에 초판이 출간되었지만(2판은 1982년 출간), 그 당시 근거로 삼았던 증거자료들이 여전히 타당하며, 그 자료로부터 추론한 명제의 많은 부분들이 지금도 인정된다. 심지어 신경과학과 같은 새로운 관점이나 연구방법 도움을 받아 진화하고 있는 것 같다. 마지막으로 볼비의 『애착』은 원저를 읽는 것이 중요함을 다시 한 번 일깨워준다. 즉 애착과 관련된 많은 연구들은 애착유형을 중심으로 이루어지고 있지만, 『애착』에서 애착유형은 16장에 가서야 등장하며 그 분량 역시 상대적으로 많지 않다. 오히려 『애착』은 동물과 인간이 보이는 애착현상 이면의 기제에 관한 논증과 설명이 책의 대부분을 차지한다. 상담을 전공하면서 내담자의 특성 기술과 분류보다 문제를 유발하는 내적기제의 이해와 기제의 작동방식을 개선하는 방법에 관심이 더 많은 역자로서는 오히려 반가운 일이 아닐 수 없다. 이 책을 읽는 독자들도 애착의 유형분류와 함께 애착행동 이면에 있는 기제의 작동방식과 개선방법에 관심을 가지면 더욱 흥미롭게 이 책을 읽을 수 있지 않을까 생각한다.

애착에 관한 연구는 국내외에서 여전히, 아니 더욱 활발하게 이루어지고 있다. 뿐만 아니라 최근에는 정신분석 영역에서 상호주관성 관점의 발달, 관계 맥락 내에서 이루어지는 정서조절과정에 관한 이해, 그리고 정신분석, 정서조절, (애착)관계 등에 대한 신경과학적 관점에서의 재조명 등으로 인해 애착에 관한 관심은 더욱 더 높아지고 있다. 그래서인지 국내에서 볼비의 대표 저서 중 하나인 『애착』에 대한 독자의 요구는 여전한 것 같다. 연암서가에서는 독자들의 그러한 요구에 부응하기 위해 다시 한 번 『애착』의 번역서 출간을 기획하게 된 것 같다. 번역서의 재출간을 제안해주신 권오상 대표님께 감사드린다. 그리고 초판 번역의 초고를 완성할 때는 미국 텍사스대학(University of Texas at Austin) 상담전공 박사과정 학생이었지만 지금은 미국 풀러대학(Fuller Theological Seminary) 심리학과에서 어엿한 중견교수로 활동하고 있는 김성현 교수께 다시 한 번 감사의 마음을 전한다.

2019년 6월
김창대

애착이론: 정신분석의 경험과학화

이 책은 존 볼비(John Bowlby, 1907. 2. 26~1990. 9. 2)가 인간의 '애
착과 상실'(Attachment and Loss) 경험을 다룬 3부작¹의 첫 번째 책인
『애착』이다. 『애착』은 1958년 『국제정신분석학회지』(*The International
Journal of Psycho-Analysis*)에 실렸던 「아동이 엄마를 향해 보이는 애
착의 특성」(The Nature of the Child's Tie to His Mother)이라는 논문
을 기초로 하고 있다. 볼비는 그 논문에서 제시된 아이디어를 더 확장시
키고 구체화하여 이 책을 저술했다.² 『애착』의 초판은 1969년에 출간되
었지만, 그 이후에 이루어진 여러 연구들을 반영하여 1982년에 재판이
출간되었다. 뿐만 아니라 1999년에는 인간 정서의 발달 과정을 신경생
물학적으로 재해석한 앨런 쇼어(Allan Schore)³의 서문이 포함된 신판

---

1 3부작은 『애착』(*Attachment*, 1969), 『분리: 불안과 공격성』(*Separaton: Anxiety and Anger*, 1973), 『상실: 슬픔과 우울』(*Loss: Sadness and Depression*, 1980)을 뜻한다.
2 두 번째 책, 『분리: 불안과 공격성』은 『분리불안』(*Separation Anxiety*, 1959)에, 세 번째 책, 『상실: 슬픔과 우울』은 『유아와 초기 아동기에서 슬픔과 애도』(*Grief and Mourning in Infancy and Early Childhood*, 1960)에 기초하고 있다.
3 앨런 쇼어는 미국 캘리포니아 주립대학교(UCLA) 데이비드 게픈 의과대학의 정신건

이 Basic Books 출판사에서 출간되었는데, 이번에 번역한 책은 1999년 신판이다.

애착이론 개관

애착이론의 기본 명제는 유아와 어린 아동은 엄마(또는 엄마를 대신할 수 있는 사람)와 따뜻하고 밀접한 관계를 지속적으로 경험해야 하며, 그러지 못할 경우 심각하고도 되돌리기 어려운 부적응적 결과를 초래한다는 것이다. 이 이론에 의하면 애착이란 유아가 스트레스를 받거나 놀란 상황에서 애착 대상과 근접성을 추구하는 과정을 의미하는데, 이러한 과정은 근본적으로 개체의 생존이라는 목적을 성취하기 위함이

강의학 및 생물행동과학과, 그리고 문화, 뇌, 발달 센터의 임상교수로 재직하고 있다. 그는 미국 심리학회 외상심리학분과(56분과)에서 '외상심리학실무영역공로상', 정신분석분과(39분과)에서 '신경과학 및 정신분석의 연구, 이론, 실무영역과학공로상'을 수여했다. 그는 또한 미국정신분석학회의 명예회원이다. 그는 『정동조절과 자기의 기원』(*Affect Regulation and the Origin of the Self*, 1994), 『정동조절의 실패와 자기의 장애』(*Affect Dysregulation and Disorders of the Self*, 2003), 그리고 『정동조절과 자기의 회복』(*Affect Regulation and the Repair of the Self*, 2003) 등 세 권의 책과 다수의 논문을 저술함으로써 애착이론, 정서조절, 뇌 과학 영역에서 지대한 영향을 끼쳤다. 발달적 뇌 과학, 발달적 정신분석에 기초한 그의 조절이론은 발달 초기에 형성되는 주관적-내재적 자기의 기원, 심리병인론, 그리고 심리치료적 개입에 초점을 맞추고 있다. 그의 연구는 발달적 신경과학, 정신치료, 정신분석, 발달심리학, 애착이론, 외상연구, 행동 생물학, 임상심리학, 임상사회복지학 등 여러 분야에 영향을 끼치고 있다. 그가 이루어낸 뇌 과학과 애착이론의 획기적인 통합의 결과 사람들은 "미국의 볼비"라고 부르며, 정신분석학계에서는 그를 "신경정신분석학계를 주도하는 세계적인 전문가"로 지칭한다. 그의 책은 이탈리아어, 프랑스어, 독일어, 터키어 등으로 번역되었다.

다. 유아는 민감하면서도 반응적으로 사회적 상호작용을 하면서도 동시에 6개월에서 2년 사이의 기간 동안 지속적으로 자신을 돌보아 주는 성인과 애착관계를 형성한다. 이 시기에 부모가 보여주는 반응은 애착유형을 발달시키며, 그것은 내적 작동모델(internal working model)을 형성하는데, 이것은 나중에 성인이 되어서 맺게 되는 사회적 관계에서 각 개인의 느낌, 사고, 기대 등을 좌우한다(Bretherton, 1992). 즉, 이 이론은 유아는 성인양육자와 안정된 관계를 형성할 필요가 있는데, 만약 그러한 안정된 관계가 없다면 유아는 사회적으로나 정서적으로 정상적인 발달을 할 수 없다고 제안한다.

볼비는 당시 프로이트의 정신분석 이론이 내포한 시대적, 이론적 한계를 애착이론을 통해 극복하려하려는 목적을 갖고 있었다. 프로이트의 이론은 인간 내면의 심리적 세계를 과학적으로 연구하려는 의미 있는 시도였지만, 경험적으로 검증 불가능한 선험적 이론체계로 구성되어 있었다. 볼비의 애착이론은 프로이트의 정신분석 이론과 다윈의 진화론적 관점을 결합했다. 그는 진화적 압력의 결과 나타나는 유아기의 애착현상을 진화생물학, 동물행동학, 발달심리학, 인지과학, 그리고 통제시스템이론과 같은 새로운 이론으로 설명하려고 시도했다. 예컨대, 그는 콘라드 로렌츠(Konrad Lorenz)로 대표되는 자연 관찰법과 통제체계이론(control systems theory), 생태학, 생물학, 인공 지능 등 20세기 중후반의 최신 과학적 성과들을 정신분석에 접목하여 과학적이고 경험적으로 검증할 수 있는 새로운 정신분석이론을 내놓고자 한 것이다.

그의 경험과학적 관점(즉, 예기적 접근, 병리의 원인에 초점을 맞춘 접근, 어린 아동에 대한 직접적 관찰 등)은 근·현대 심리학에 지대한 공헌을 했으면서도 경험과학적 관점의 결여로 인해 많은 비판을 받고 있는 프로이트의 관점(즉, 역사적 접근, 성인의 보고로부터 추론된 자료의 수집 등)과 정면으로 대비된다.『애착』의 제1장은 이 측면에서 프로이트와의 차이점과 공통점에 대해 면밀히 분석하고 있다. 결론적으로 정신분석이론을 크게 성인의 아동기 기억을 자료로 구성된 이론과 아동에 관한 직접적인 관찰을 토대로 수집한 자료 위에 구성된 이론으로 구분한다면, 볼비의 애착이론은 후자를 대표하는 이론이라고 할 수 있다.

볼비가 추구한 이러한 경험과학적 접근으로 인해 애착이론은 유사한 지위를 점하고 있는 다른 이론들과는 달리 단기간에 다양한 학문 분야 연구자들의 폭넓은 지지를 받게 되었고 수많은 경험적 연구성과들이 생산되고 있다. 애착이론은 전통적으로 아동발달심리 영역에서 강세를 보였다. 2002년에 미국의 '아동발달연구회'(Society for Research in Child Development)에서 발표한 '20 Studies That Revolutionized Child Psychology'에서 볼비의『애착』(*Attachment*)과 볼비의 동료이자 애착이론경험연구의 선구자라 할 수 있는 메리 에인스워스의『애착의 패턴』(*Patterns of Attachment*)이 피아제와 비고츠키의 저서에 이어 나란히 3위와 4위를 차지한 바 있다. 또한 *Child Development*, *Journal of Personality and Social Psychology* 등의 유수의 학술지에서 애착이론의 최신 연구 성과들과 그 영향력을 확인할 수 있다.

볼비의 어린 시절

볼비는 1907년 영국 중상위 계층의 전통을 중시하는 가정에서 여섯 자녀 중 넷째로 태어났다. 그의 아버지 앤서니 볼비 경(Sir Anthony

Bowlby)은 의사로서, 나중에 아들 존이 케임브리지대학(University of Cambridge)에서 의학에 관심을 가지도록 영향을 끼쳤다. 한편 어머니는 당시 영국 중상위 계층문화에 속한 다른 어머니들처럼 자녀들로부터 심리적 거리를 두고 있었는데, 이것은 당시 부모의 지나친 관심과 애정은 자녀를 망칠 수도 있다는 믿음이 그 사회에 팽배해 있었기 때문이었다. 따라서 볼비는 유아초기에 자신의 유모와 밀접한 애착관계를 형성하고 있었다. 그는 그가 네 살 되던 해, 그 가정을 떠나는 유모와 헤어지는 분리경험을 하는데, 그는 그 경험을 자신의 엄마를 잃는 것과 같은 정도로 슬픈 경험이었던 것 같다.

볼비는 7세 때 기숙학교로 보내졌는데, 그는 나중에 기숙학교에서의 경험에 대해 매우 부정적인 반응을 보였다. 이러한 이유 때문인지, 그는 고통을 겪는 아동에 대해 다른 사람보다 특별히 민감한 태도를 가지고 있었던 것 같다. 그러나 그의 다른 저술에서는 특별한 경우 8세 이후에는 기숙학교 경험이 다소 긍정적일 수도 있다는 태도를 보이기도 한다. 그는 "만약 아동이 부적응적 행동을 보인다면, 그러한 어려움을 야기하는 환경에서부터 일정기간 동안 격리시키는 것이 좋은데, 그 환경이 심지어 가정일 경우에도 마찬가지이다. 기숙학교는 아동에게 매우 중요한 가정환경을 보존하는 데 도움이 될 수도 있다"라고 했다(Bowlby, 1965).

그는 원래 아버지의 영향을 받아 의사가 되려는 꿈을 가지고 영국의 케임브리지대학에 입학하여 과학자로서의 교육을 엄격하게 받았지만, 그가 만났던 두 명의 아동과 겪었던 경험과 어린 시절의 개인적 경험의 영향을 받아 발달심리학을 공부하고 나중에는 소아정신의학자로서 자신의 경력을 쌓아갔다(Bretherton, 1992).

정신분석과의 만남과 차이의 확인

의학과 정신의학을 공부하면서 동시에 볼비는 영국정신분석연구소(British Psychoanalytic Institute)에서 정신분석을 공부했으며, 의학 공부를 마친 후에는 모슬리 병원(Maudsley Hospital)에서 성인을 대상으로 한 정신의학 훈련도 받는다. 결국 1937년에 정신분석가로서 자격을 얻었다. 영국정신분석연구소에서 그는 기본적으로는 프로이트의 사고체계를 훈련받지만, 심층적으로는 그의 분석가였던 리비에르(Riviere)의 분석과 이후 클라인(Klein)으로부터 받은 직접적인 정신분석 경험을 토대로 클라인의 사고체계에 접했다. 이때 그는 정신분석 중에서도 대상관계이론적인 접근의 영향을 받아 개인의 심리사회적 발달과정에서 초기 대상관계가 중요하고 초기 아동기에 겪은 상실경험은 이후에 심리사회적 문제를 야기할 수 있다는 생각을 받아들였다.

그러나 여기에서 볼비는 클라인과는 중요한 점에서 차이를 보인다. 우선 볼비는 당시 인간의 애착현상과 정서조절에 대한 지배적인 설명체제였던 프로이트의 이론을 거부했다. 주로 성인의 기억자료에 의존하여 이론모형을 만들었을 뿐 아니라 '심리적 에너지'라는 다소 막연한 개념에 토대를 두고 있는 프로이트의 정신분석학적 설명체계에 만족하지 못했다. 뿐만 아니라 아동의 정서적 문제는 전적으로 아동 내면의 갈등 때문에 발생하는 환상(fantasy)에 기인한다는 클라인의 견해에도 동의하지 않았다. 볼비는 이 주장에 대해 매우 조심스럽게 거부하면서 환상보다는 외부에 실제 존재하는 환경으로부터의 경험이 더 중요한 역할을 한다고 생각했다.

이때부터 볼비는 경험적 연구를 통해 클라인의 사고체계에 도전하면서 정신분석가들은 유기체의 특성과 환경의 특성, 그리고 그들 간의 상호작용에 대해 연구해야 한다고 주장했다(Bowlby, 1940). 이러한 생각은 다른 대상관계이론가인 페어베언(Fairbairn)이나 위니컷(Winnicott) 등과 일맥상통한다. 이때부터 그는 경험적 연구를 시작하는데, 그가 일하는 런던 아동지도 클리닉(London Child Guidance Clinic)을 방문한 아동 44명의 사례를 분석한 그의 연구, 「도벽이 있는 44명의 청소년: 그들의 특성과 가정생활」(Bowlby, 1944)은 아동의 문제와 그들의 모성적 결핍 및 분리 경험을 연결시켜 설명했다. 이와 더불어 그는 애착의 문제가 세대를 넘어서 전해지는 과정에도 관심을 가졌으며, 애착현상은 유아를 포식자로부터 보호함으로써 개체의 진화론적인 생존을 돕는다는 자신의 생각에 더욱더 깊이 심취했다. 한편, 1950년 정도부터 볼비는 당시 동물행동학에서 선도적인 역할을 하고 있던 로렌츠(Lorenz)나 힌디(Hinde)와 밀접하게 교류하면서 동물 행동학에 관한 문헌들을 섭렵했다. 그러한 지식을 바탕으로 볼비는 인간의 애착행동을 설명하기 시작했다.

메리 에인스워스와의 만남

볼비가 영국에서 활동할 당시 캐나다에서는 메리 에인스워스[4]가 제2차 세계대전 직전에 토론토대학에서 「안전성 개념에 기초한 적응정도

---

[4] 당시 에인스워스(Mary Ainnsworth)는 아직 결혼 전이었고, 1950년에야 결혼하기 때문에, 결혼 전 이름인 샐터(Mary Salter)를 사용하는 것이 정확하겠으나, 여기에서는 에인스워스(Mary Ainsworth)로 통일한다.

평가」(An Evaluation of Adjustment Upon the Concept of Security)라
는 논문으로 박사학위를 받으면서 안전이론(security theory)을 제안했
다. 안전이론이란 유아나 아동은 자신에게 낯설고 새로운 환경이나 세
계로 자신의 영역을 확장해 가려면 먼저 부모에게 안전한 의존성을 발
달시켜야 한다는 이론이다(Bretherton, 1992).

볼비와 에인스워스의 만남은 제2차 세계대전이 끝나고, 1950년 에
인스워스가 결혼한 이후, 남편이 자신의 박사학위 공부를 마치기 위해
영국에 왔을 때 이루어졌다. 영국에 도착한 메리 에인스워스는 볼비가
『런던 타임스』(*London Times*)에 낸 연구프로젝트 광고, 즉 초기 아동
기의 분리경험이 성격형성에 미치는 영향을 규명하는 프로젝트의 구인
광고를 보고 흥미를 느꼈으며, 곧바로 볼비의 연구팀에 합류했다. 이 두
사람의 만남으로 인해 볼비의 아이디어는 경험적인 증거를 확보하면서
애착이론이라는 좀더 탄탄한 형태로 발전하는 계기가 된다.

세 편의 논문과 세 권의 책

동물행동학, 발달심리학 등에 근거한 형태의 애착이론은 런던의 영
국정신분석학회의 『국제정신분석학회지』(*The International Journal
of Psycho-Analysis*)에 실렸던 「아동이 엄마를 향해 보이는 애착의 특
성」(The Nature of the Child's Tie to His Mother, 1958), 「분리불안」
(Separation Anxiety, 1959), 「유아기와 초기 아동기의 슬픔과 애도」
(Grief and Mourning in Infancy and Early Childhood, 1960)라는 세
편의 논문에서였다. 그리고 이후 1962년에 저술되었지만 발표되지 않

은 두 편의 논문, 「상실 이후의 방어: 원인과 기능」(Defenses that follow loss: Causation and function), 「상실, 거리두기, 그리고 방어」(Loss, detachment, and defence)를 포함한 총 다섯 편의 논문은 애착이론의 기초를 마련했다.

첫 번째 책: 『애착』

볼비는 그의 첫 번째 책인 『애착』을 저술할 초기에는 한 권의 책만 쓰려고 했었다. 그러나 그는 프로이트가 다소 오래 전에 제안한 심리적 에너지 모델이 아닌 좀더 새로운 과학에 근거하여 인간의 동기와 행동조절을 설명할 수 있는 새로운 이론을 구성할 필요가 있다는 점을 깨달았다. 그의 주요 명제는 전통적인 정신분석적 접근과 다르며, 다음과 같은 특징이 있다(Bretherton, 1992).

첫째, 동물의 행동시스템은 일종의 인공두뇌학(cybernetics)적으로 통제된다는 개념을 도입했다. 즉, 인간을 포함하여 계통발생학적으로 서로 다른 수준에 있는 유기체는 수준에 따라 원시적인 반사반응에서부터 좀더 복잡한 수준의 계획적 행동에 이르기까지 각기 다른 방식으로 자신의 충동적인 행동을 조절한다고 보았다. 그리고 가장 복잡한 수준의 유기체가 보이는 충동적 행위는 피드백 회로로 들어오는 정보에 기초하여 '최종목적을 향해 수정해가는' 방식으로 자신의 행동을 조절한다고 했다. 따라서 유기체는 환경의 변화에 따라 자신의 행동방식을 변화, 조절해갈 수 있다고 했다. 이와 같은 개념은 프로이트의 이론에서는 찾아보기 어렵다.

둘째, 애착, 자녀돌보기, 짝짓기, 섭식, 그리고 탐험과 같은 행위의 궁극적인 목적은 유기체의 생존과 재생산으로 간주했다. 유기체의 생존과 재생산에 도움이 되는 행위에는 음식 섭취와 같이 일시적인 것도 있고, 자신의 영역을 벗어난 장소에는 잘 나가지 않고, 일정 장소에 거주하는 행위, 특정 애착 대상과 친밀한 관계를 형성하는 것 같이 장기간에 걸쳐 이루어지는 행위도 있다. 이 모든 행동의 궁극적인 목적은 유기체의 생존과 재생산으로 본다. 프로이트 이론에서 제안한 인간행동의 기본 추동인 성욕과 공격성을 확대해석하면, 그러한 추동들이 모두 자신의 재생산(성욕)과 자신의 보호(공격성)라고 볼 수도 있지만, 볼비는 프로이트보다 인간의 애착행동이 가지고 있는 궁극적인 목적이 생존과 재생산이라는 점에 대해 훨씬 직접적으로 진술했다.

셋째, 복잡한 행위를 조절하는 체계는 미래를 예측하는 능력과 밀접한 관련이 있는데, 이 능력을 설명하기 위해 내적작동모델(internal working model)이라는 개념을 도입했다. 내적작동모델이란 환경을 이해하는 개념적 틀이나 그 속에 있는 자신의 행동을 유도해내는 틀을 의미하는데, 유기체의 내적작동모델이 적합할수록 그 유기체는 미래를 정확하게 예측할 수 있다. 반면, 내적작동모델이 오래됐거나 급격한 환경 변화를 따라가지 못해 절반 정도만 변화되었다면 유기체는 당시의 환경에 맞지 않는 행동을 나타내게 되는데, 이를 병리적인 행동으로 보았다. 프로이트는 병리적인 행동의 근원을 심리내적인 갈등과 그 갈등으로 인한 불안, 그리고 그 불안을 피하기 위한 방어기제로 보았다. 그리고 그러한 방어기제 중 대표적인 것을 억압이라고 했다. 따라서 병리적인 행동의 완화를 위해서는 억압이라는 방어기제를 해제하고 더 이상 억압하지 않도록 돕는 것이 중요하다고 보았다. 반면, 내적작동모델은 행동의 패턴을 형성하는 기제라는 점에서 방어기제와 기능적으로 일면 유사한 면이 있지만, 이 두 가지는 엄연히 다르다. 내적 작동모델은 볼비가 정보처리이론과 진화론적 효용성을 바탕으로 제안한 반면, 프로이트의 방어기제는 내적인 불안을 피하기 위한 기제로 제시했다. 다시 말하면, 내적작동모델의 형성과정에는 심리내적갈등이나 불안이 개재될 필요가 없다는 점에서 프로이트의 이론과는 다르다.

넷째, 유기체의 적응을 위해서는 새로운 정보가 입력되고 그 결과 내적작동모델의 수정이 필요하다고 본다. 다시 말하면, 건강한 행동이 가지는 특성 중 중요한 것은 새로운 환경 내에서 좀더 적응적인 정보처리 모델을 형성할 수 있는 '유연성'이라고 본다. 이렇게 볼 때, 건강하지 못한 행동의 특성은 '경직성'이라고 볼 수 있다. 이러한 점은 프로이트 이론에서 병리적인 행동을 방어기제의 경직성으로 볼 수도 있다는 점에서 볼비와 유사하다고 할 수 있지만, 전자는 유연성을 촉진하기 위해서는 억압 같은 방어기제의 해제, 즉 카타르시스라는 과정이 유용하다고 보는 반면, 후자는 유기체와 환경 간의 의사소통이라고 본다. 의사소통이란 환경과 유기체 사이에서 조절기능을 하는 도구인데, 발달 초기에는 주로 정서적인 통로로 의사소통이 이루어지지만, 발달의 중·후기에는 언어를 통해 의사소통을 함으로써 환경에 대해 좀더 적합한 내적작동모델을 구성하고 그 결과 환경에 더 잘 적응하게 된다고 본다.

볼비는 동물행동학의 지식에서부터 도출한 이러한 생각을 인간의 발달과정에 적용했으며, 그의 저서 『애착』의 후반부에서 이 주제를 다루었다. 그는 애착행동을 애착 대상과 가까이 하는 행동이라고 정의하고 그 기능을 유아를 위험으로부터 보호하는 것이라고 했다. 뿐만 아니라 애착은 그 자체가 유기체의 동기이며 짝짓기나 섭식을 돕는 체계로부터 유래되는 것은 아니라고 주장했다. 또한 처음에 유아는 친밀성을 유발하는 신호를 주변에서 자신을 양육하는 모든 양육자에게 무차별적으로 보낸다. 그러나 이러한 행동은 시간이 지나면서 자신의 울음이나 유아의 사회적 상호작용에 반응하는 대상에게로 점차 집중된다. 일단 애착이 형성되면 이제 기거나 걸어서 움직일 수 있는 유아는 애착 대상을 안전한 기지(secure base)로 삼고 주변 환경을 탐색하기 시작한다. 이때 애착 대상이 지진의 역할을 얼마나 잘 하는지는 그가 유아가 보내는 신호에 얼마나 민감한지에 의해 좌우된다고 보았다. 학교에 들어가기 전 애착행동은 항상 부모의 양육행동에 상보적인데, 애착 대상의 동기나 계획에 대해 이해하기 시작하면서 새롭게 재조직된다. 볼비는 이것을 목표가 수정된 파트너십(goal corrected partnership)이라고 했다. 그런데, 유아의 주도성이나 엄마의 민감한 반응성 등을 강조하다 보니, 볼비가 초기에 이론화했던 것, 즉 엄마가 아동의 자아나 초자아로 기능한다는 부분은 사라지게 된다(Bretherton, 1992).

두 번째 책과 세 번째 책: 『분리』, 『상실』

볼비의 두 번째 책 『분리: 불안과 공격성』(*Separation: Anxiety and Anger*, 1973)과 세 번째 책 『상실: 슬픔과 우울』(*Loss: Sadness and Depression*, 1980)은 첫 번째 책보다 좀더 많은 시간이 걸려서 발달심리학계에 영향을 끼쳤는데, 그 이유 중 하나는 관련된 경험적 연구가 뒤늦게 나왔기 때문이다.

볼비는 『분리』(1973)에서 프로이트가 제안했던 인간의 동기와 불안에 대한 이론을 수정했다. 즉, 프로이트가 인간의 동기는 성욕과 공격성이며 인간의 불안은 이러한 사회적으로 받아들이기 어려운 이런 내적 갈등이 느껴짐으로 인해 발생한다고 보았던 이론을 수용하지 않았다. 대신 그는 아동에게 불안과 공포감을 자극하는 두 가지 유형의 자극이 있는데, 하나는 위험한 환경임을 알려주는 신호(어려서는 아직 무엇이 위험한지에 대해 배우지 못했지만 성장하면서 문화적으로 습득하게 되는 신호)와 애착 대상이 없다는 신호이다. 위험으로부터 탈출하려는 행동과 애착 대상으로 향하는 행동은 동시에 이루어지지만 이 두 유형의 행동은 서로 구별된 통제시스템에 의해 촉발된다.

볼비는 이 두개의 통제시스템이 별개라고 생각했지만, 동시에 그는 이 두 시스템은 좀더 큰 의미에서 스트레스를 감소하고 안전감을 촉진하는 행동시스템에 속한다고 보았다. 그리고 결과적으로 이 시스템은 환경과의 관계 속에서 유기체가 생존을 유지하는 데 도움이 된다고 보았다. 프로이트가 불안의 감소, 즉 자극이 없는 상태를 추구했다면, 볼비는 인간이 익숙한 것을 보존하고 스트레스를 감소하는 행동(자신을 보호해 주는 대상에 대한 애착과 자신에게 익숙한 기지에 있는 것, 생소한 것이나 새로운 것을 멀리하는 것 등)과 좀더 탐색적이고 새로운 정보를 추구하는 행동 간의 균형을 추구했다.

『분리』에서 볼비는 개인의 내적작동모델이라는 개념을 확장시켰다. 그는 여러 가지 작동모델 중에서 자신에 대한 모델과 애착 대상에 대한 모델이 특히 중요하다고 보았다. 이러한 작동모델은 대인간 상호 작용패턴을 통해 습득되는데, 이 두 가지는 상보적인 성격을 가지고 있다. 만약 애착 대상이 안전과 보호에 대한 유아의 욕구를 알아차리는 동시에 유아의 독립과 세상을 탐구하려는 욕구를 존중한다면, 유아는 자기가 가치 있고 믿을 만하다는 모델을 형성하게 될 것이다. 반대로 만약 부모가 안전과 탐색에 대한 유아의 욕구를 거절한다면, 그 아동은 자기가 무가치하고 무능력하다는 모델을 형성할 것이다. 작동모델의 도움을 받아 아동은 애착 대상이 할 행동을 예상하고 그것에 대한 자신의 반응을 계획한다. 따라서 어떠한 모델을 형성하는지는 매우 중요한 결과를 초래한다.

『분리』에서 볼비는 이러한 작동모델이 세대로 전수된다는 점도 시사했다. 비교적 안정적이고 신뢰할 만한 환경에서 자란 개인은 부모를 지지적이면서도 자율성을 인정하고 격려한다고 생각할 것이다. 그러한 부모는 자기, 아동, 그리고 타인에 대한 자신의 작동모델을 솔직하고 직접적으로 아동에게 전달하는 경향이 있으며, 이러한 모델이 항상 수정 가능하다는 것을 전달할 것이다. 이러한 이유로 인해 볼비는 정신적 건강이나 불건강이 이후 세대로 전해진다는 사실은 매우 중요하며 이것은 어쩌면 유전적인 것보다 더 중요하다고 했다(Bowlby, 1973).

『상실』에서 볼비는 내적작동모델이 안정되어가는 과정과 그것이 가지고 있는 방어적인 왜곡을 설명하는 데 정보처리이론을 사용했다. 내적작동모델은 두 가지 이유로 안정되는 경향이 있다. 첫째, 상호작용의 패턴은 그것이 익숙해지고 습관으로 형성되면서 의식적으로 자각하기 어려운 상태로 된다. 둘째, 다른 사람과 형성하는 관계패턴은 개인적 패턴보다 더 변화하기 어려운데, 그 이유는 서로가 서로에게 기대하는 것들이 있고 그것에 대해 반응하기 때문이다.

오래된 행동이나 사고의 패턴은 새로운 환경에서 선택적 주의나 정보처리 방식을 좌우하며, 입력되는 정보의 부분적 왜곡은 정상적이며 피할 수 없다. 그러나 특정한 정보를 자각에서부터 방어적으로 배제함으로써 발달적이거나 환경적인 변화에 맞추어 정보가 갱신되는 것을 방해할 때 결과적으로 내적작동모델은 심각하게 훼손된다.

볼비는 자신의 생존을 확보하기 위해 정보를 방어적으로 선택하고 버려지는 과정, 그리고 왜곡하는 단계와 과정을 설명했다. 특히 그는 정보가 자각되지 않고 누락되는 특별한 상황으로 첫째, 자녀가 분명히 보았지만 부모가 자녀들은 몰랐으면 좋겠다고 소망하는 상황, 둘째, 부모의 행동이 생각하기에는 너무 견디기 어려운 상황, 셋째, 아동이 생각하기에 스스로 너무 부끄러운 상황 등을 꼽았다. 방어적인 선택, 버림, 왜곡 등은 정신적 고통, 혼란, 갈등으로부터 그 개인을 보호하지만, 내적 작동모델이 환경에 적용하는 것을 방해한다고 했다.

애착이론의 적용

애착이론을 발달심리의 한 이론으로 간주하는 국내의 연구동향 때문에 애착이론은 발달심리 한 분야에 국한되는 경향이 다소 있었다. 애착이론의 초기에 애착이론 형성과 발전에 중대한 영향을 끼쳤다 할 수 있는 메리 에인스워스는 '낯선 상황'(Strange Situation)이라는 방법을 사용하여 유아들의 행동을 관찰해서 유아들의 애착 유형을 3가지로 대별했다. 그런 의미에서 애착이론은 유아들의 발달과 밀접한 연관을 맺고 있다.

하지만, 애착 이론은 볼비의 원래 의도에서처럼 유아 혹은 발달심리학 영역에만 국한된 이론이 아니라 상담/임상심리, 정신의학, 가족학, 사회복지학 등에 널리 활용되는 이론이며, 이러한 분야에서 매년 많은 경험적 연구성과들이 학위논문, 학술지 연구들을 통해 발표되고 있다. 애착이론은 단순한 발달심리의 한 하위이론이 아니라 인간의 심리적 발달과 성숙과정을 보다 과학적이고 경험적으로 이해할 수 있게 만드는 인간 내면에 관한 종합적 이론이다.

애착이론이 아동 심리와 밀접하게 연관되어 있음은 틀림없다. 그러나 볼비의 저작들을 살펴보면 인생 초기의 애착관계(attachment relationship)는 일생 동안 지속석으로 중대한 영향을 미친다는 것이 언급되어 있다. 즉, 애착이라는 개념은 유아기에만 적용되는 개념이 아니며 성인기의 애착도 중요한 연구 주제가 될 수 있다. 최근의 연구동향을 살펴보면 청소년기와 성인기의 애착 유형과 다른 변인(예를 들어, 진로의사 결정, 인성장애 등)과 어떤 관련성을 밝히고자 하는 연구들이 많다. 뿐만 아니라 세계 여러 나라에서는 아동기의 애착 유형이 성인기의 애착유형과 어떤 관련을 맺는지 활발하게 연구되고 있으며, 그 결과들이 세계 유수의 저널을 통해 발표되고 있다. 이러한 연구결과들은 아동기의 애착뿐만 아니라 성인기의 애착도 훌륭한 연구대상이 될 수 있다는 것을 보여준다. 예를 들어, 2000년도에 *Child Development*라는 저널에는 유아기의 애착 유형이 성인기까지 어떻게 변화되는가를 살펴본 몇 개의 종단 연구가 발표되었는데, 이 연구의 결과는 유아기의 애착유형과 성인기 애착유행 사이에 상당한 연관성이 있음을 보여주고 있다. 사실, 이러한 연구결과는 볼비의 저작을 통해 이미 예견된 것이다.

최근에는 많은 관심을 끌고 있는 인지과학 및 뇌 과학의 방법론을 사용하여 볼비가 제안한 여러 가지 명제들을 재확인하는 작업이 이루어지고 있고, 이러한 연구경향은 앞으로 꽤 오랫동안 지속될 것이라고 생각한다. 애착과 정서조절에 관하여 인지과학 및 뇌 과학의 관점에서 재조명한 앨런 쇼어가 1999년판 『애착』의 서문을 작성한 것은 우연한 일이 아니다. 왜냐하면, 쇼어는 애착현상에 대하여 최신의 신경과학적인 관점에서 새롭게 규명하고자 하는 장본인이기 때문이다(1994, 2003a, 2003b 참조). 볼비가 살아있다면 인간의 애착현상과 그 속에서 일어나는 역동을 인지과학 및 신경과학의 관점에서 규명하려는 최근의 노력에 대해 매우 반가워했을 것이 틀림없다. 왜냐하면 그는 인간의 애착이나 친밀한 관계에서 일어나는 현상을 엄밀한 경험과학으로 풀어내고자 했던 장본인이었기 때문이다. 그러나 아이러니하게도 그는 미국에서 신경과학 발전의 신호탄인 '뇌의 10년'(The Decade of the Brain) 프로젝트가 시작된 1990년에 세상을 떠났다. 하지만, 그의 정신은 앞으로도 계속 이어져서 애착과 친밀한 인간관계에 대한 경험적 연구를 자극하고 아동학, 교육학, 상담학 등에서 아동과 학생, 그리고 내담자의 이해 및 개입방법의 개발에 많은 시사점을 앞으로도 지속적으로 제공할 것으로 생각한다.

참고문헌

Bowlby, J. (1940). The influence of early environment in the development of neurosis and neurotic character. *International Journal of Psycho-Analysis*, XXI, 1-25.

Bowlby, J. (1944). Forty-four juvenile thieves: Their characters and home lives. *International Journal of Psycho-Analysis*, XXV, 19-52.

Bowlby, J. (1962a). *Defences that follow loss: Causation and function*. Unpublished manuscript. Tavistock Child Development Research Unit. London.

Bowlby, J. (1962b). Loss, *detachment and defence*. Unpublished manuscript. Tavistock Child Development Research Unit. London.

Bowlby, J. (1965). Child Care and the Growth of Love. In M. Fry(ed.). World Health Organization.

Bretherton, I. (1992). The origins of attachment theory: John Bowlby and Mary Ainsworth, *Developmental Psychology*, 28, 759-775. S

chore, A. (1994). *Affect Regulation and the Origin of the Self*. Hillsdale, NJ: Lawrence Erlbaum.

Schore, A. (2003a). *Affect Regulation and the Repair of the Self*. New York: Norton.

Schore, A. (2003b). *Affect Dysregulation and Disorders of the Self*. New York: Norton.

http: // attachment. edu. ar/bio. html

앨런 N. 쇼어의 서문

　존 볼비(John Bowlby)가 환경이 개인의 성품 발달에 영향을 주는 과정을 다룬 첫 논문(1940)이 『국제정신분석학회지』(*International Journal of Psycho-Analysis*)에 실린 지 29년이 지난 1969년, 그는 전 생애 동안 자신이 했던 관찰과 그것을 이론적으로 개념화한 결과를 '애착과 상실'에 대한 3권의 영향력 있는 저서 중 첫 번째 저서인 『애착』에 통합시켰다. 3권의 저서 중 기반이 되는 『애착』은 후속 저서의 중요한 기초가 된다.

　이 책은 과학 영역에서 가장 중요한 질문, 구체적으로는 어떻게 그리고 왜 초기의 특정한 개체발생적 사건들이 후속하는 모든 현상들에 엄청난 영향을 끼치는가에 초점을 맞추고 있다. 볼비는 발견적이며 이론적인 관점과 그러한 관점을 검증하는 실험적 방법을 만들어냄으로써 초기 사회적 환경이 성장기의 유기체와 상호작용하여 유기체를 특정 형태로 발달시킬 때 따르는 구체적인 기제를 관찰·측정·평가할 수 있다는 식으로 근본적인 문제를 제기했다.

　그러나 더 심오하고 중요한 것은 발달현상을 연구하기 위해서는 학제간 연구의 관점이 적용되어야 한다고 그가 조심스럽게 했던 제안일 것이다. 여러 분야의 과학이 제공하는 협력적인 지식기반은 가장 강력한 모델—유아가 다른 인간에 대해 처음으로 형성하는 애착을 매개하는 근본적인 개체발생 과정과 이 과정이 이후 특정 성장기에 유기체의 발달에 치명적인 영향을 미치는 정신생물학적 기제에 관한 모델—을 제공할 것이다.

"사실 볼비가 시도한 것은 정신분석이론을 최근 생물학 분야에서 이루어진 진보에 비추어 새롭게 조명하는 것"이었다(Ainsworth. 1969. p. 998). 겉으로 보기에는 서로 무관한 연구문헌에서 발견되는 것들을 결합함으로써 상승적인 잠재력을 얻을 수 있을 것이라는 볼비의 깊은 통찰이 단순히 뛰어난 직감으로 보일 수도 있지만, 실제로는 지적으로 그에게 가장 큰 영향을 주었던 두 사람, 다윈(Charles Darwin)과 프로이트(Sigmund Freud)의 자연스러운 수렴과정이었다. 행동학(행동생물학)이라는 씨줄과 정신분석학이라는 날줄이 엮어낸 개념들이 외적, 내적으로 치명적인 현상들을 촉진적으로 기술했는데, 이것은 생물학과 심리학 사이에서 서로를 풍부하게 해주는 대화가 가능하다는 것을 보여주었다 [즉, 다윈의 『동물과 인간의 정서 표현』(*The Expression of Emotions in Man and Animals*)과 프로이트의 『과학적 심리학을 위한 과제』(*Project for a Scientific Psychology*)].

다윈과 프로이트가 (배타적으로는 아니지만) 주로 자신의 관찰 및 이론적 시각으로 완전히 발달한 성인 유기체의 적응적 및 부적응적 기능에 초점을 두었던 반면, 볼비는 임상적 관찰자와 실험적 과학자는 아직 발달중인 유기체에 집중하여야 한다고 주장한다. 좀더 구체적으로 말하면, 그는 미성숙한 유기체가 동종의 성숙한 구성원과 이룬 최초의 관계에 의해 결정적으로 형성되는 과정에 개입된 근본적인 개체 발생적 기제에 대해 더 깊은 탐색이 필요하다고—즉, 유아와 엄마 사이의 애착 유대가 어떻게 형성되는지에 대한 더 폭넓은 연구가 필요하다고—주장한다. 볼비는 이 발달적 과정들이 독특한 유전적 자산과 특정 환경 간의 상호작용으로 파생된 산물이며 유아의 사회적, 심리적, 생물학적 능력의 등장은 엄마와의 관계를 떠나 이해될 수 없는 것이라고 주장한다.

애착 연구는 이 책의 초판이 출간된 이후 30년간 폭발적으로 증가하면서 그 영향력을 확인해주었다. 그러나 그러한 연구들이 볼비의 고전을 앞지르지는 못할 것이다. 다시 읽어보아도 이 책은 인간의 발달 과정의 특성에 대한 세심한 통찰을 제공하며, 앞으로 탐색되어야 할 연구 영역들을 조명해 준다. 사실 볼비는 엄마-유아 간의 관계에 내재된 정신생물학적 과정이라는 미지의 영역을 조사하면서 그것의 가장 중요한 지형학적 표식—즉, 애착관계가 발달중인 개인에게 즉각적이거나 지속적인 영향을 미치는 방식을 설명하는 모델의 중심적인 현상—을 밝혀냈다.

볼비가 "유아기의 언어 이전기부터 그 이후 시기까지의 인간의 사회적 반응들에 대한 연구의 원대한 연구 프로그램"(p. 327)의 필요성을 역설한 이후 애착이론에 대해 수행되어 온 실험적 및 임상적 탐구들의 특질은 대체로 심리학, 정신의학, 그리고 정신분석학의 표준이 되어 왔다. 그 범위는 발달심리학, 발달심리생물학, 발달신경화학, 유아정신의학, 그리고 정신분석학에 이른다. 앞으로 이루어져야 할 작업은 심리신경생물학적 관점을 볼비의 업적에 적용하는 것뿐 아니라 원래 볼비가 제시한 지침과는 상반되는 최근의 연구들을 평가하고 애착이론의 영역에서 아직 충분히 조사되지 않은 특정 영역을 학제간 연구를 위해 따로 구별

하는 일 등이다.[1]

대부분의 연구자들은 이 중요한 저서의 후반부에 속하는 두 부분에 묘사된 개념들에 초점을 맞추어 연구했다. 그 두 부분이란 볼비가 자신이 중요하게 기여한 바를 유아가 주요 애착 대상으로부터 분리되었을 때 보이는 반응 — 저항(protest), 절망(despair), 그리고 탈착(detachment) — 에까지 확장시킨 부분과, 에인스워스(Ainsworth)가 제안하고 애착 연구의 주요 실험 패러다임이 된 점차적으로 스트레스가 증가하는 '낯선 상황'을 소개한 부분에 묘사된 개념들에 초점을 맞춘다.

볼비는 또한 그가 애착관계의 기본 역동이라고 생각했던 것들에 대해 언급한다. 그는 유아가 대상과의 상호작용을 추구하는 데 적극적이고, 엄마의 모성행동은 아동의 애착행동에 "상호적"이며, 애착 발달은 아기가 보내는 단서에 반응하는 엄마의 민감성과 그들 간에 보이는 상호작용의 양 및 특성 모두와 관련된 것이라고 기술한다. 그렇게 함으로써 그는 애착역동을 "교호적 상호작용"(p. 596)으로 볼 수 있는 기초를 제시했는데, 이러한 개념화는 최근 발전된 역동적 체계이론에서 제시한 개념과 완벽하게 일치한다(Schore, 1997b, in press a; Lewis, 1995).

애착행동이라고 명명된 장의 초반부에서 볼비는 자신이 제시한 최초 모델의 진수를 설명하고 있다. 애착은 생물학적 기능을 가진 본능적인 사회적 행동으로 "엄마가 떠나거나(departure) 뭔가 아이를 놀라게 하는 자극이 있을 때 곧 활성화된다. 그리고 이러한 체계들을 가장 효

---

[1] 20세기 말의 이 분야에 대한 개관을 위해서는 다음을 보라. *Attachment Theory: Social, Development, and Clinical Perspetives*(1995). 그리고 *Handbook of Attachment: Theory, Research, and Clinical Applications*(1999).

과적으로 종료시키는 자극들은 엄마의 소리, 모습, 혹은 접촉이다"(p. 335). 애착이란 "엄마와 가까워진다는 결과를 예상하고 이루어진 수많은 행동체계들의 활동 결과물"이라고 부연설명한 한편, 그의 두 번째 저서(1973)에서 그는 애착체계가 설정하는 목표가 단순히 지리적 근접 (proximity)이 아니라 정서적으로 가용하고 반응적인 애착 인물을 향한 접근(access)이라고 정교화했다.

이러한 개념은 이제는 아동의 얼굴에서 표현되는 정서상태를 함께 조절하는 과정에서 일차 양육자가 수행하는 핵심적인 역할을 강조하고(Schore, 1994, 1998a, in press b), 애착을 두 사람 사이에서 발생하는 조절과정(Sroufe, 1996)이나 유기체 간의 생물학적 동시조절 (Wang, 1997)로 규정하는 교류이론에서 좀더 진화된 형태로 발견된다.[2] 상호 조절이 신속하게 이루어지는 면대면 교류에서 심리생물학적으로 조율된(Field, 1985) 양육자는 유아의 부정적인 정서상태를 최소화할 뿐만 아니라 긍정적인 정서상태를 최대화한다(Shore, 1994, 1996, 1998b). 이처럼 근접한 대인맥락을 지칭하는 "정서동시성(affect synchrony)"(Feldman, Greenbaum, & Yirmiya, 1999)과 대인간 공명 (Schore, 1997b, in press b) 등은 애착역동의 외적인 영역이다.

그러나 볼비는 내적인 영역에 집중하였다. 그는 "물리적 세계가 어떻게 움직일 것인지, 엄마를 비롯한 중요한 타자들이 어떻게 행동할 것인

---

[2] 동시적 상호작용의 발달은 유아의 건강한 정서발달에 기본적이다(Penman, Meares, & Milgrom-Friedman 1983). 라이티와 카피타니오(Reite & Capitanio, 1985)는 정서 (affect)를 "사회적 애착을 보조하거나 촉진하는 조정적 혹은 동기적 기저 시스템의 표현"이라고 개념화하고(p. 248), 애착의 본질적인 기능은 "생물학적 및 행동적 시스템의 동시성 혹은 조절을 유기체 수준에서 촉진하는 것"이라고 제안하였다(p. 235).

지, 아동 자신이 어떻게 행동할 것인지, 그리고 각자가 서로 어떻게 상호작용하는지" 등에 대한 내적 작동모형이, 성장하고 있는 아동의 내면 세계에서 어떻게 형성되는지에 대해 고찰했다(p. 607). 그러한 공식화는 내적 작동모형을 해석적 귀인과정을 통해 대인관계에서 적용 과정을 조율하고(Bretherton & Munholland, 1999) 정서조절 전략을 부호화하는(Kobak & Sceery, 1988; Schore, 1994) 표상, 환경적인 어려움에 당면했을 때조차 기본적인 조절기능과 긍정적인 정서를 유지하는 것에 관여하는 예상(Sroufe, 1989)이라는 두 가지 의미로 이해하는 "과정중심적" 개념으로 발전했다. 현재의 심리생물학적 모형이란 정서상태를 조절하기 위해 접근 가능한 엄마와의 정서적 대화에 대한 표상을 의미한다(Polan & Hofer, 1999).

흥미롭게도 볼비는 주로 본능적인 행동에 대해 다루고 있으며, 전체적으로는 애착에 대해 기술한 뒷부분의 기초가 되는 전반부 여덟 개 장에서도 내적 작동모형을 기술하고 있다. 기본적인 주제에 대해 더욱 깊이 설명한 앞부분은 애착 이론과 연구의 새로운 분야를 보여준다. 볼비는 내적 모델이 뇌에서 "인지적 지도"로 기능하며, "(애착이라는) 설정목표라고 하는 것을 어떻게 성취할 수 있는가를 예측하는 데 도움이 되는 정보를 전송, 저장, 조작"하기 위해 접근된다고 주장했다(p. 180). 더구나 그는 "각 개인이 가져야 하는 두 가지 유형의 작동모형을 각각 환경모형과 유기체모형"이라고 했다(p. 182). 왜냐하면 "감각기관을 통해 유기체에 도달하는 환경사건에 대한 감각자료들은 즉각적으로 평가되고 조절되며 해석되는데… 유기체의 내적 상태에서 파생된 감각자료에도 동일한 것이 적용되기" 때문이다(p. 226). 여기에서 볼비는 심리학과 생물학, 즉 마음과 신체를 함께 묶을 수 있는 애착에 대한 발달적 이론

개념의 필요성을 지적하고 있다.

그래서 볼비는 기능적인 속성뿐 아니라 구조적인 조직의 측면에서 정의되어야하는 분야, 즉 애착의 생물학적 측면 및 사회적 측면을 모두 포괄하는 이론적 분야를 기술함으로써 "과제"(1부)를 시작하였다. 생물학을 연구하는 모든 연구자들의 접근방법을 따라 그는 생물 체계의 구조-기능 관계를 명료하게 하려고 시도하였다. 그러나 그는 발달생물학적 관점으로 자신의 시각을 확장함으로써 체계가 처음으로 자기-조직화하는 초기 결정기에 초점을 맞추었다. 그래서 이 책은 처음에는 내적인 구조체계의 일반적인 특성을 개관하고, 다음으로 이 체계의 애착과정에서의 핵심적인 기능적 역할을 기술하는 형태를 띠게 되었다.

볼비는 "심리학에서 가장 절실하게 필요한 것은 확고하게 구축된 본능이론이다"는 프로이트의 말을 인용하면서 제3장을 시작한다. "본능행동에 대한 대안적 모형"을 제공함으로써 그 필요를 충족하려는 볼비의 노력은, 본질적으로 프로이트는 무의식과정의 생물학을 설명할 수 있는 모델을 창조하는 것이 필요했었다는 그의 확신을 보여준다. 그 목표를 달성하기 위해 볼비는 애착이 자기-보존성과 관련된 본능행동이며 유전적인 자질과 초기환경 간의 상호작용의 산물이라는 주장으로부터 출발하였다.

그러나 그는 곧 본능적 행동에 그 뿌리를 두고 그 위에 "전반적 목표-수정 행동구조"의 형태로 위계적으로 조직된 생물학적 통제시스템(biological control system)에 대해 상세하게 기술하기 시작했다. 볼비는 또한 이 통제시스템의 신경생물학적 작동에 관한 몇 가지 힌트도 제공했다. 즉, 통제시스템의 기능은 망상체의 결정적인 작용의 결과로 나타나는 유기체의 "각성상태"와 반드시 관련되며, "유기체의 상태, 그리고 중뇌핵과 변연계의 상황에 대한 평가"와도 반드시 관련된다(p. 228). 그는 해부학적으로 전전두엽이 그러한 기능을 수행할 것이라는 자신의 추측을 제시했다(pp. 299~301).

그에 따르면 이 통제시스템은 "발달이 이루어지는 환경의 영향을 어느 정도 받는다"(p. 129). 좀더 구체적으로 말하면, 이 시스템은 "진화적 응환경과의 상호작용, 특히 이 환경에서의 주요 인물, 곧 자신의 엄마"와 유아의 상호작용 속에서 발달한다(p. 335). 뿐만 아니라 볼비는 "개체가 발달하면서 단순한 체계로부터 더 정교한 체계로 통제수준이 높아지는 것은 의심할 바 없이 상당 부분 중추신경계가 발달한 결과이다"라고 생각했다(p. 299). 그는 심지어 이 통제시스템의 성숙에서 결정적으로 중요한 시기를 9~18개월 사이라고 제안하기까지 하였다(p. 336).

이후 계속되는 "평가와 선택: 느낌과 정서"(Appraising and Selecting: Feeling and Emotion) 장에서 볼비는 얼굴과 신체를 통해 표현되는 움직임이 엄마와 유아 사이에 이루어지는 의사소통의 첫 번째 수단이라는 다윈(1872)의 관찰을 인용하였다. 볼비는 이 주제를 좀더 깊이 다루면서 "얼굴 표정, 몸의 자세, 말소리의 높낮이, 생리적 변화, 동작의 빠르기, 막 시작하려는 동작"에서 보이는 특징이 중요하다는 점을 강조한다(p. 243). 그러한 입력자료는 "유쾌 혹은 불쾌라는 정서가(value)의 형태"로 경험되며(p. 230) "우리가 자각하지 못할 때조차 활발히 작동할 수 있다"(pp. 226~227). 이런 방식으로 느낌은 행동과 생리학적인 상태를 모니터한다(pp. 244~245). 그래서 정서적인 과정은 본능행동 모델의 기초가 된다.

이어지는 장에서 볼비는 엄마-유아 애착관계에는 "가장 강력한 느낌과 감정들이 수반"되며(p. 432), 유아의 "스트레스 대처능력"은 엄마의

특정한 행동들과 상관이 있고(pp. 592~593), (유아와 엄마가 - 옮긴이)
함께 구성한 진화적응환경으로부터 유발된 본능행동은 "종의 생존에
매우 중요한" 결과를 초래한다고 결론 내린다(pp. 269~270). 그는 또한
3세 말까지는 애착체계가 자동적으로 활성화되는데, 이 시점은 "성숙과
정에서 나타나는 몇 가지 중요한 단계를 넘어서면서" 엄마와의 분리에
대처할 능력이 "갑자기" 향상되는 시기라고 했다(p. 375).

따라서, 후속되는 질문은[3] 캠페인의 마지막 끝 시점인 지금 애착현상
에 대해 볼비가 독창적으로 제시했던 각종 구상들이 어떻게 유지되고
있는가이다. 실제로 그가 제시했던 구상들은 한마디로 선지적이었다.
애착현상의 내적 영역에 대한 그의 조망은 매우 포괄적이어서, 이제 우
리는 애착과정을 매개하는 핵심적인 뇌 구조뿐만 아니라, 발달하고 있
는 뇌 안에서 이 구조들이 역동적으로 자기 조직화하는 방식을 시각적
으로 드러내어 좀더 면밀하게 살펴볼 필요가 있다. 볼비가 제시했던 통
제시스템에 대한 신경생물학적인 연구는 안와전두피질(*orbitofrontal
cortex*)에 집중되고 있다. 이것은 그동안 "정서 뇌의 최고 집행"으로 불리
고(Joseph, 1996), "특히 정서와의 관계에서 행동통제의 최고 수준"을
매개한다고 여겨졌던 영역이다(Price, Carmichael, & Drevets, 1996, p.
523). (이 개념과 다른 참고문헌에 대해서는 Schore 1994, 1996, 1997b,
1998a, 1999, in press a, b, c, d, e를 참조하라.)

우리가 애착이론의 신경심리생물학적 토대를 탐색할 수 있게 되었
을 즈음 볼비의 고전인 『애착과 상실』(*Attachment and Loss*)의 새 판
본이 출간된다. "유아의 최초 환경, 혹은 더 정확히는 유아와 엄마가

---

3 미국에서는 1990년대를 '뇌의 10년'으로 선포하며 뇌 연구에 집중했다 - 옮긴이.

공유하는 공동의 정신생물학적 환경이 과학의 중요한 미개척지(terra incognita)"라는 사실을 받아들인다면(Schore 1994, p. 64), 볼비의 이론적 체계 하에서 다음 세대에 이루어질 연구는 서로 다른 초기 사회적 환경과 애착 경험이 발달중인 뇌의 고유한 미세지형도에 어떻게 영향을 끼치는지를 상세히 보여줄 것이다.

그러한 연구들은 심리학 및 생물학적 영역을 대표하는 뇌 시스템의 역동적 접점에서 발생하는 현상을 실험적 방법으로 탐구하게 될 것이다. 애착과정의 기반이 되는 우뇌에서 우뇌로 향하는(right-brain-to-right-brain) 정신생물학적 정보처리는 신속하며 신체적 현상으로서 유아의 적응능력과 성장에 매우 중요하다. 이러한 정보처리 과정을 규명하기 위해서는 유아와 엄마의 뇌, 행동적, 그리고 신체적 변화를 동시에 측정하는 방법을 필요로 한다.[4]

더구나, 잘 조율되거나 잘못 조율된 부모 환경의 영향력에 대한 정신신경생물학적 연구는 이후에 정신병리를 겪을 위험이나 그러한 병리로부터 회복하는 능력의 발달을 매개하는 정신생물학적 기제뿐 아니라 안정적이거나 불안정적인 애착관계를 경험하는 성인들 간의 뇌의 조직화 과정에서 보이는 미묘하면서도 중요한 차이를 밝혀줄 것이다. 이러

---

[4] 유아 신체상태에 대한 자율신경계의 측정은 애착기능에 대한 연구에 포함될 필요가 있고, 성숙하는 중추 및 자율 신경계들간의 상호작용의 발달은 애착 구조에 대한 연구에서 조사되어야 할 것이다. 이런 면에서 볼비가 애착 경험들의 "기초 요소"(building block)라고 부른 것을 조직화하는, 출생 전후로 매우 초기에 성숙하는 변연회로(limbic circuit)를 더 완전하게 이해하여야 한다(Schore, in press a; in preparation). 우반구가 이어서 급성장기에 들어가고(Thatcher 1994) 궁극적으로 이후에 성숙하는 좌반구와 함께 상호작용 시스템을 형성한다는 사실을 볼 때(Schore 1994, in press b; Siegel 1999), 애착 시스템의 신경생물학적 재조직화와 아동 및 성인기의 뒤따르는 단계에서의 기능적 상관을 탐색할 필요가 있다.

한 학제간 발달연구는 다양한 정신장애에서 관찰되는 조절능력의 결함이 후속세대에 전달되는 기제를 밝혀줄 수 있고, 또한 더 정교한 치료모형을 구축하기 위한 기초를 제공할 수 있다. 어떻게 생각하면, 인간경험의 초기 근원에 대한 더 깊은 탐색은 발달신경생물학에서의 이론적 발전과 발달중인 뇌-마음-신체과정을 손쉽고도 실시간으로 영상화할 수 있는 방법론의 기술적 향상을 기다려 왔다.

애착이론의 지속적 발달과정에서 중심적인 인물로 손꼽히는 메리 메인(Mary Main)은 "지금은 우리 분야 역사에서 가장 흥미진진하고 중요한 시기 중 하나이다. 우리는… 곧 초기 애착 경험에서의 개인차와 신경화학 및 뇌 조직의 변화 간의 관계에 대한 지도를 작성할 수 있는 시점에 이를 것이다. 게다가, 유아-양육자 간 상호작용과 관련된 생리학적 '조절자'에 대한 탐색은 임상적 평가와 개입 모두를 위한 광범위한 시사점들을 가질 것이다"라고 보았다(1999, pp. 881~882).

볼비의 저작이 가지고 있는 의미에 대한 마지막 말은 볼비가 했던 말로 마무리 짓고자 한다. "인간 발달에서 가장 미흡하게 연구된 단계는 아동이 인간적으로 가장 독특한 특성을 만드는 모든 것을 획득하는 그 시점이다. 이 지점이 앞으로 정복해야 할 영역이다."

애착의 신경생물학에 관한 연구들

에인스워스(1967, p. 429)에 따르면, 애착은 외현적 행동보다는 내적인 것인데, "유아가 엄마와의 관계에서 겪는 교류 중이나 그 결과로서신경계에 형성되는 것"이다. 볼비가 이러한 제안을 한 이후, 변연계는애착행동의 발생과 관련된 발달적 변화가 발생하는 영역으로 간주되어 왔다(Anders & Zeanah, 1984). 게다가 7개월에서 15개월 사이라는 특정 기간은 수초형성에 결정적이며, 특히 급속도로 발달하는 변연계와 피질 연합영역의 성숙에 매우 중요한 것으로 여겨져 왔다(Kinney 등, 1998). 인간의 대뇌피질 중에서 변연계는 15개월에 해부학적 성숙을 보인다(Rabinowicz, 1979). 양육자와 유아 사이에서 이루어지는 공시적 감정의 면대면 교류현상인 애착 경험은, 0개월에서 12개월에 주요한 발달이 이루어지고 2세 중반에서 말까지 성장의 결정기가 종료된다고 알려진 대뇌피질 변연계 영역(corticolimbic area)인 안와 전전두엽 피질(orbital prefrontal cortex)의 회로형성, 즉 각인에 직접적인 영향을 미친다는 증거들이 있다. 이러한 시간적 구조는 발달적 환경의 영향에 개방되어 있는 볼비의 애착통제 시스템(attachment control system)의 성숙이 보이는 시간적 구조와 동일하다.

그래서 엄마와 아이가 함께 창조함으로써 진화적 적응을 돕는 환경은, 안와전두엽 피질 내 조절시스템의 경험-의존적 성숙을 위한 성장-촉진적 환경과 동일한 구조이다. 게다가 이 전전두엽 시스템은 얼굴 정보를 평가하고(Scalaidhe 등, 1997), 아이가 불쾌해하는 화나고 슬픈 얼굴 이미지뿐만 아니라(Blair 등, 1999) 유쾌한 감촉, 맛, 냄새(Francis 등, 1999) 및 음악(Blood 등, 1999)에 대한 반응을 처리한다. 또한 목적지향적 행동을 일으키는 동기를 조절하며(Tremblay & Schultz, 1999), 상태 변화에 따른 반응을 수정하기 위해 외수용 및 내수용 영역과 기능을 유연하게 조정하고(Derryberry & Tucker, 1992), 정서 반응을 검토, 조정, 수정한다(Rolls, 1986).

이러한 기능들은 뇌에서 이 영역의 고유한 해부학적 속성을 반영한다. 대뇌반구의 복측과 내측 표면에 위치하기 때문에, 피질과 피질 하부가 만나는 수렴 영역으로 활동하는 것이다. 그래서 안와전두엽 피질, 뇌 섬엽 피질(insular cortex), 전두대상(anterior cingulate), 그리고 편도 (amygdala)에서 서로 연결되는 변연계 영역의 계층적 서열인 '변연계 부리쪽'(rostral limbic system)의 최고점에 위치한다(Schore, 1997, in press). 변연계는 현재 '급격하게 변화하는 환경에 적응하기 위한' 능력 에 그리고 '새로운 학습의 조직화'에 핵심적으로 관련된 것으로 생각된 다(Mesulam, 1998, p. 1028). 첫 번째와 두 번째 해가 지나기는 동안, 정 서적으로 초점화된 변연계 학습은 애착과 관련된 학습 기제인 각인의 독특하고 빠른 작용과정에의 기초가 된다. 힌디(Hinde, 1990, p. 62)는 "사회적 행동의 발달은 능동적이고 변화하는 유기체와 능동적이고 변 화하는 환경 간의 계속적인 변증법에 의해서만 이해될 수 있다"라고 지 적하였다.

그러나 안와전두엽 체계는 자율신경계와 각성을 야기하는 망상 체(recticular formation)에 또한 깊이 관련되며, 그처럼 직접 연결 되는 유일한 피질구조라는 사실 때문에 사회적 자극에 대한 자율신 경반응을 조절할 수 있고(Zald & Kim. 1996), '본능행동'을 조절할 수 있다(Starkstein & Robinson, 1997). 그러므로 이 변연계 앞부분 (frontolimbic system)의 활동은 사회적 및 정서적 행동 조절과, 애착 과 정에 핵심적으로 관련되는 정서-조절 기능인 신체와 동기 상태의 항상 성 조절에 매 우중요하다. 이 기능의 핵심적인 측면을 웨스틴(Westin) 은 강조하였는데 "정서를 조절하기 위한 시도—불쾌한 느낌을 최소화 하고 유쾌한 느낌을 최대화하는 것—는 인간 동기의 추동력이다"라고 주장하였다.

안와 전전두엽 영역은 우반구에서 특히 확장되고, 전체 우측 뇌의 집행통제기능(executive control function)을 수행한다. 무의식적 과정을 지배하는 이 반구는 시시각각 외부 자극의 정서적 특징을 평가한다. 이 편측화된 시스템은 "정서가(價) 표시"(valence tagging) 기능을 수행하는데(Shore 1998a, 1999). 여기에서 지각은 쾌-불쾌 정도를 측정한 결과에 따라 긍정적 혹은 부정적 정서의 양을 수신한다. 또한 그것은 얼굴표정, 자세, 운율과 같은 비언어적인 정서신호의 표현 목록인 "비언어적 정서 목록"을 담고 있다(Bowers, Bauer, & Heilman, 1993). 우측 피질 반구는 좌측보다 변연계 및 피질 하부 영역과 광범위한 상호 연결을 가지고 있기 때문에, 정서 정보의 처리와 표현을 그리고 정신생물학적 상태조절의 조절을 지배한다(Schore 1994, 1998a, 1999; Spence, Shapiro, & Zaidel, 1996). 그래서 우측 반구는 볼비가 애착 시스템의 사회적 및 생물학적 기능이라고 기술한 것과 밀접하게 관련된다(Henry, 1993; Schore, 1994; Shapiro, Jamner, & Spence, 1997; Wang, 1997; Siegel, 1999).

이 모형을 확인하면서 라이언, 쿨, 데시(Ryan, Kuhl, & Deci, 1997, p. 719)는 EEG와 신경학적 영상(neuroimaging) 자료를 사용하여 "자율-지지적인 부모역할의 결과인 긍정적인 정서교환은, 포괄적이고 기운을 북돋는 정서조절에 관여하는 우측 반구의 피질 및 피질하부 시스템의 관여를 수반한다"고 결론 내렸다. 그리고 애착 행동이 종의 생존에 매우 중요하다는 볼비의 주장과 일치하게, 생존을 지원하고 유기체가 스트레스와 도전에 대처하는 것을 가능하게 하는 매우 중요한 기능들의 통제에 우측 반구가 중심이라는 것이 현재의 견해이다(Wittling & Schweiger, 1993).

점점 더 많은 연구들이 초기에 성숙한(Geschwind & Galaburda,

1987) 유아의 우반구가 특히 초기 사회적 경험에 영향 받는다는 것을 보여주고 있다(Schore, 1994, 1998b). 이러한 발달 원리는 우뇌 반구가 언어사용 이전 유아에게서 특히 생애 초기 3년 동안 지배적이라는 것을 보여주는 카이론(Chiron) 등(1997)의 최근 단일광자방출 단층촬영 (SPECT, single photon emission computed tomographic) 연구에서 현재 지지된다. 이 시기에 우세한 반구가 우반구에서 좌반구로 바뀌는 이러한 개체발생학적 변화는, 3세 말 "성숙 역치"의 "갑작스러운" 통과로 인해 발생하는 애착 시스템 축소현상에 대한 볼비의 주장을 설명할 수 있다.

현재의 신경심리학 연구들은 "유아의 정서경험(들)은… 뇌의 개체발생학적 형성기 동안에 우반구에서 불균형하게 저장되거나 처리된다"는 것과(Semrud-C1ikeman & Hynd, 1990, p. 198), "생의 첫 2~3년" 동안 "유아는 주로 절차 기억 시스템에 의존"한다는 것(Kandel, 1999, p. 513), 그리고 우뇌는 "자기 자신의 과거에 대한 대뇌 표상"과 정서가 실린 자서전적 기억의 토대를 가진다는 것(Fink 등, 1996, p. 4275)을 보여준다. 이러한 발견들은 초기 형성된 애착관계의 내적 작동모델이 우반구의 암묵-절차(implicit-procedural) 기억 시스템에서 처리되고 저장된다는 것을 시사한다. 안정적인 애착을 가진 사람들은 자신의 지적 모형 내에서 "항상성의 붕괴는 회복될 것"이라는 예상을 부호화한다 (Pipp & Harmon 1987, p. 650).

그러한 표상은 친밀한 관계의 맥락에 내재하는 긍정적 및 부정적인 정서적 상호작용에 대처하는 정서조절 전략의 형태로, 인지-정서상 작용을 발생시킨다고 알려진 우측 안와전두엽 시스템에 의해서 처리된다(Barbas, 1995). 이 조절시스템의 효과적인 작동은 피질에서 처리된

(애착 대상의 정서가 담긴 얼굴에서 나오는 시각적 및 청각적 자극들과 같은) 외부 환경에 대한 정보가 (아동의 정서적 혹은 신체적 자기 상태에서 수반되는 변화들과 같은) 피질하부에서 처리된 내부 내장(內臟) 환경(internal visceral environment)에 관한 정보와 통합될 수 있도록 한다. 감각정보가 변연계 시스템을 통하게 함으로써 입력 정보가 동기적 및 정서적 상태와 연관되도록 하며, 이런 방법으로 안와전두엽 시스템은 환경적 모델과 유기체적 모델을 통합시킨다.

안와전두엽 통제시스템의 "정서관련 학습"에서 기능(Rolls, Hornak, Wade, & McGrath, 1994)은 그래서 자기조절(self-regulation), 즉 상호작용 과정에서 다른 사람들과 같이(즉, 상호연결된 맥락에서의 상호 작용적 조절) 그리고 다른 사람들 없이(즉, 자율적인 맥락에서의 자기조절) 정서상태를 유연하게 조절하는 능력에서 핵심이다. 사회적 맥락에 따라 이러한 이중조절 양식들 사이에서 이동하는 적용능력은, 성숙하고 있는 생물학적 유기체와 조율된 초기 사회적 환경의 안정된 애착 상호작용 경험에서 나오게 된다.

애착행동은 현재 "신경생물학적 기반을 가진 생물행동시스템"의 산물로서, "이 시스템은 유기체 간의 생물학적 동시성을 조절"한다고 여겨진다(Wang 1997, p. 168). 이러한 특성은 30여 년 전에 볼비가 묘사한 행동통제 시스템과 놀랍도록 유사한 점을 가지고 있는 조절시스템인 안와전두엽 시스템을 기술하고 있다. 옥스퍼드 사전은 통제(control)를 "지도하거나 조절하는 행위 혹은 힘"으로 정의한다. 애착이론은 이러한 사전들에서 정의한 것처럼 기본적으로 조절이론이다. 그래서 애착은 정신생물학적으로 조율된 유기체들 간 동시성의 상호작용적인 조절이라고 개념화될 수 있다. 이 애착역동은 양자관계에서의 정서 조절에 기초가 된다. 애착역동이 이용하는 학습과정인 각인을 페트로비치와 게비르츠(Petrovich & Gewirtz, 1985)는 연속적인 유아-엄마의 자극 및 행동 간 동시성이라고 기술하였다(애착의 신경화학적 모델에 대해서는 Schore, 1994를 보라).

이 시각적, 운율-청각적, 그리고 촉각적 자극들은 감정 동시성의 맥락에서 유아 얼굴과 엄마 얼굴 사이에서 이리저리 빠르게 전달되고, 애착관계의 내적 작동모델에서 암묵-절차 기억에 처리되고 저장된다. 그러한 인지-정서적 표상들은 특히 인간의 스트레스 반응을 지배하는 우반구에서 조절하고, 그럼으로써 긍정적인 부과된 정서를 유지하고 스트레스를 가져오는 부정적으로 부과된 정서에는 대처하도록 하는 전략을 부호화한다(Wittling, 1997).

스트레스란 일련의 상호작용에서 비동시성이 발생한 것이다(Chapple, 1970). 그래서 본질적으로 분리 스트레스(separation stress)는 미성숙한 유아의 행동적 및 생리적 시스템에서의 엄마 조절자가 상실된 현상으로서 저항, 절망, 그리고 탈착(detachment) 반응을 유발한다. 애착 관련 정신병리에서의 대처기능의 결함은 비효율적인 피질변연계 통제시스템과 관련된 사회적, 행동적, 그리고 생물학적 기능의 조절 곤란으로 묘사된다(Schore, 1994, 1996. 1997b).

앨런 N. 쇼어

UCLA

1999년 10월

참고문헌

Ainsworth, M. D. S. (1967). *Infancy in Uganda: Infant Care and the Growth of Love.* Baltimore: Johns Hopkins University Press.

———, (1969). Object relations, dependency and attachment: A theoretical review of the infant-mother relationship. *Child Development,* 40, 969~1025.

Barbas, H. (1995). Anatomic basis of cognitive-emotional interactions in the primate prefrontal cortex. *Neuroscience and Biobehavioral Reviews,* 19, 499-510.

Bowers, D., Bauer, R. M. & Heilman, K. M. (1993). The nonverbal affect lexicon: Theoretical perspectives from neuropsychological studies of affect perception. *Neuropsychology,* 7, 433-44.

Bowlby, J. (1940). The influence of early environment in the development of neurosis and neurotic character. *International Journal of Psycho-Analysis,* 1, 154~78.

———, (1973). *Attachment and Loss.* Vol. 2. Separation. New York: Basic Books.

Bretherton, I. & Munholland, K. A (1999). Internal working models in attachment relationships: A construct revisited. In *Handbook of Attachment: Theory, Research, and Clinical Applications,* J. Cassidy & P. R. Shaver, eds. (pp. 89-111). New York: Guilford Press.

Cassidy, J. & Shaver, P. R. (1999). *Handbook of Attachment: Theory, Research, and Clinical Applications.* New York: Guilford Press.

Chiron, Jambaque I., Nabbout, R., Lounes, R., Syrota, A., & Dulac, O. (1997). The right brain hemisphere is dominant in human infants. *Brain,* 120, 1057~65.

Darwin, C. (1872/1965). *The Expression of Emotion in Man and Animals.* Reprint, Chicago: University of Chicago Press.

Derryberry, D. & Tucker, D. M. (1992). Neural mechanisms of emotion. *Journal of Clinical and Consulting Psychology*, 60, 329~38.

Fink, G. R., Markowitsch, H. J., Reinkemeier, M., Bruckbauer, T., Kessler, J. & Heiss, W-D. (1996). Cerebral representation of one's own past: Neural networks involved in autobiographical memory. *Journal of Neuroscience*, 16, 4275-82.

Freud, S. (1895). Project of a scientific psychology. *Standard Edition*, vol. 1.

———, (1925). An autobiographical study. *Standard Edition*, vol. 20.

Geschwind, N. & Galaburda, A M. (1987). Cerebral Lateralization: Biological Mechanisms, *Associations, and Pathology*. Boston: MIT Press.

Goldberg, S., Muir, R. & Kerr, J. (1995). *Attachment Theory: Social, Developmental, and Clinical Perspectives*. Mahwah, N. J.: Analytic Press.

Henry, J. P. (1993). Psychological and physiological responses to stress: The right hemisphere and the hypothalamo-pituitary-adrenal axis, an inquiry into problems of human bonding. *Integrative Physiological and Behavioral Science*, 28, 369-87.

Joseph, R. (1996). *Neuropsychiatry, Neuropsychology, and Clinical Neuroscience*, 2d ed. Baltimore: Williams & Wilkins.

Kandel, E. R. (1999). Biology and the future of psychoanalysis: A new intellectual framework for psychiatry revisited. *American Journal of Psychiatry*, 156, 505~24.

Kobak, R. R. & Sceery, A (1988). Attachment in late adolescence: Working models, affect regulation, and representations of self and others. *Child Development*, 59, 135~46.

Lewis, M. D. (1995). Cognition-emotion feedback and the self-organization of development paths. *Human Development*, 38, 71~102.

Main, M. (1999). Epilogue. Attachment theory: Eighteen points with suggestions for future studies. In *Handbook of Attachment: Theory, Research, and Clinical Applications*, J. Cassidy & P. R. Shaver, eds. (pp. 845~87). New York: Guilford Press.

Pipp, S. & Harmon, R. J. (1987). Attachment as regulation: A commentary. *Child Development*, 58, 648~52.

Price, J. L., Carmichael, S. T. & Drevets, W. C. (1996). Networks related to the orbital and medical prefrontal cortex; A substrate for emotional behavior? *Progress in Brain Research*, 107, 523~36.

Rolls, E. T. (1986). Neural systems involved in emotion in primates. In *Emotion: Theory, Research, and Practice*. Vol. 3. R. Plutchik & H. Kellerman, eds. (pp. 125~43). Orlando: Academic Press.

———, Hornak, J., Wade, D. & Mcgrath, J. (1994). Emotion related learning in patients with social and emotional changes associated with frontal lobe damage. *Journal of Neurology, Neurosurgery, and Psychiatry*, 57, 1518-24.

Ryan, R. M., Kuhl, J. & Deci, E. L. (1997). Nature and autonomy: An organizational view of social and neurobiological aspects of self-regulation in behavior and development. *Development and Psychopathology*, 9, 701~28.

Scalaidhe, S. P., Wilson, F. A. W. & Goldman-Rakic, P. S. (1997). Areal segregation of face-processing neurons in prefrontal cortex. *Science*, 278, 1135~38.

Schore, A. N. (1994). *Affect Regulation and the Origin of the Self: The Neurobiology of Emotional Development*. Mahwah, NJ: Erlbaum.

———, (1996). The experience-dependent maturation of a regulatory system in the orbital prefrontal cortex and the origin of developmental psychopathology. *Development and Psychopathology*, 8, 59~87.

———, (1997a). A century after Freud's Project: Is a rapprochement between psychoanalysis and neurobiology at hand? *Journal of the American Psychoanalytic Association*, 45, 841~67.

————, (1997b). Early organization of the nonlinear right brain and development of a predisposition to psychiatric disorders. *Development and Psychopathology*, 9, 595~631.

————, (1997c). Interdiciplinary developmental research as a source of clinical models. In *The Neurobiological and Developmental Basis for Psychotherapeutic Interoention*, M. Moskowitz, C. Monk, C. Kaye, & S. Ellman, eds. (pp. 1~71). Northvale, NJ: Jason Aronson.

————, (1998a). The experience-dependent maturation of an evaluative system in the cortex. In *Brain and Values: Is a Biological Science of Values Possible?* K. Pribram, ed. (pp. 337~58). Mahwah, NJ: Erlbaum.

————, (1998b). Early shame experiences and infant brain development. In *Shame: Interpersonal Behavior, Psychopatlwlogy, and Culture*, P. Gilbert & B. Andrews, eds. (pp. 57~77). New York: Oxford University Press.

————, (1999). Commentary on emotions: Neuro-psychoanalytic views. *Neuro-Psychoanalysis*, 1, 49~55.

————, (in press a). The self-organization of the right brain and the neurobiology of emotional development. In *Emotion, Development, and Self-Organization*, M. D. Lewis & I. Granic, eds. New York: Cambridge University Press.

————, (in press b). Clinical implications of a psychoneurobiological model of projective identification. In *Primitive Mental States*, Vol. 3: *Pre- and Peri-natal Influences on Personality Development*, S. Alhanati, ed. New York: ESF.

————, (in press c). The right brain, the right mind, and psychoanalysis. *Neuro-Psychoanalysis*.

————, (in press d). The right brain as the neurobiological substratum of Freud's dynamic unconscious. In *Freud at the Millennium: The Evolution and Application of Psychoanalysis*, D. Scharff & J. Scharff, eds.

————, (in press e). Early trauma and the development of the right brain. *Infant Mental Health Journal.*

Semrud-Clikeman, M. & Hynd, G. W. (1990). Right hemispher dysfunction in nonverbal learning disabilities: Social, academic, and adaptive functioning in adults and children. *Psychological Bulletin*, 107, 196~209.

Shapiro, D., Jamner, L. D. & Spence, S. (1997). Cerebral laterality, repressive coping, autonomic arousal, and human bonding. *Acta Psysiologica Scandinavica* (Supplement), 640, 60~64.

Siegel, D. J. (1999). *The Developing Mind: Tuward a Neurobiology of Interpersonal Experience.* New York: Guilford Press.

Spence, S., Shapiro, D. & Zaidel, E. (1996). The role of the right hemisphere in the physiological and cognitive components of emotional processing. *Psychophysiology*, 33, 112~22.

Sroufe, L. A. (1989). Relationships, self, and individual adaptation. In *Relationship Disturbances in Early childhood*, A J. Sameroff & R. N. Emde, eds. (pp. 70~94). New York: Basic Books.

————, (1996). *Emotional Development: The Organization of Emotional Life in the Early Years.* New York: Cambridge University Press.

Starkstein, S. E. & Robinson, R. G. (1997). Mechanism of disinhibition after brain lesions. *Journal of Nervous and Mental Disease*, 185, 108~14.

Thatcher, R. W. (1994). Cyclical cortical reorganization: Origins of human cognitive development. In *Human Behavior and the Developing Brain*, G. Dawson & K. W. Fischer, eds. (pp. 232~66). New York: Guilford Press.

Tremblay, L. & Schultz, W. (1999). Relative reward preference in primate orbitofrontal cortex. *Nature*, 398, 704~08.

Wang, S. (1997). Traumatic stress and attachment. *Acta Psysiologica Scandinavica* (Supplement), 640, 164~69.

Wittling, W. & Schweiger, E. (1993). Neuroendocrine brain asymmetry and physical complaints. *Neuropsychologia*, 31, 591~608.

차례

저자 서문

1956년 이 저술을 시작하였을 때, 나는 내가 무엇을 하게 될 것인지에 대한 구체적인 구상이 없었다. 당시에 나의 목적은 다소 제한적인 것으로서, 말하자면 어린 아동들이 엄마를 일시적으로 상실하였을 때 어떻게 반응하는지에 대한 몇 가지 관찰에서 이론적인 함의를 논하는 것으로 보였다. 이 관찰은 동료인 제임스 로버트슨(James Robertson)이 한 것이었고, 그와 내가 함께 출판을 준비하고 있었다. 이론적인 중요성에 대한 논의를 하는 것이 좋을 것으로 보였고 책의 두 번째 부분을 구성하게 되었다.

작업은 계획과 다르게 진행되었다. 이론에 대한 나의 연구가 진행되자, 가볍게 시작하였던 분야가 60년 전 프로이트가 연구하기 시작하였던 바로 그것이며 그가 만나고 씨름했던 것과 같은 그 모든 어려운 문제들—사랑과 미움, 불안과 방어, 애착과 상실—을 포함한다는 것을 점차 확신하게 되었다. 내가 알지 못하였던 것은 프로이트가 시작하고 분석가들이 항상 따랐던 한쪽의 정반대편에서 내가 출발하였기 때문이었다. 새로운 시각에서는 친숙한 풍경이 때로 매우 다르게 보일 수 있다.

처음에는 잘못 보았을 뿐만 아니라, 그 결과 진행도 느렸었다. 또한 내가 시도하고 있는 것을 동료들이 이해하도록 하기가 어려운 경우들이 자주 있었다고 생각된다. 그래서 내 생각을 역사적 시각으로 재조명해 본다면 도움이 될 것 같다.

1950년에 나는 세계보건기구(World Health Organization)로부터 집 없는 아동들의 정신건강에 대하여 조언을 달라는 요청을 받았다. 이 일은 아동보호와 아동 정신의학 분야의 많은 선도적인 연구자들을 만나고 문헌들을 읽는 소중한 기회가 되었다. 결과 보고서의 서문을 쓸 때 (1951), 내가 접했던 것 중 인상 깊었던 것은 '아동 정신건강 기저에 있는 원리들과 그러한 원리들의 타당성을 확보해주는 실제 사이에 존재하는 매우 높은 일치도'였다. 보고서의 첫 부분에서 나는 증거를 제시하고 원리를 공식화하였다: '정신건강에 핵심적이라고 믿어지는 것은 유아와 어린 아동이, 엄마(혹은 일정한 대리모)와, 양자가 만족스럽고 즐거움을 경험하는 따뜻하고 친밀하며 지속적인 관계를 경험해야 한다는 것이다.' 두 번째 부분에서 나는 이러한 원리 하에서, 가족으로부터 분리된 아동의 정신건강이 안전하게 보호되기 위해서 필요한 방법들을 개관하였다.

그 보고서는 시기적으로 적절했다. 그것은 문제에 주의를 집중하도록 하였고, 돌보는 방법들을 향상하는 데 기여하였으며, 논쟁과 연구 모두를 자극하였다. 그러나 몇 사람의 검토자들이 지적한 것처럼, 그 보고서는 적어도 한 가지 큰 제한점을 가졌다. 여러 증거로 볼 때, 엄마의 박탈로 귀인되는 많은 해로운 영향에 대해서, 또한 이 해로운 영향을 방지하거나 누그러뜨릴 수 있는 실제적인 방법들에 대해서 보고서는 많은 것을 이야기하지만, 이 해로운 영향들이 생기게 되는 과정에 대해서는 실제로 거의 알려주지 않았다. 엄마 박탈이라는 일반적 표제 아래 포함되는 하나 혹은 다른 사건들이 어떻게 이런저런 형태의 정신과적 문제를 발생하게 하는가? 작동하는 과정들은 무엇인가? 왜 이런 식으로 일어나게 되는가? 결과에 영향을 미치는 다른 변인들은 무엇이고, 어떻게 영향을 미치는가? 이런 모든 이슈들에 대해서 그 연구서는 이야기하는 바가 거의 없다.

이런 이슈에 대한 언급이 없는 이유는 — 나와 다른 사람들이 — 알지 못하는 것이 보고서가 작성되어야 했던 몇 달로는 보완될 수 없었기 때문이었다. '언제' 혹은 '어떻게'라는 것이 명확하지 않았지만, 나는 조만간 그 간극이 채워지기를 희망하였다.

동료인 제임스 로버트슨의 관찰을 깊이 주목하기 시작한 것은 이러한 마음에서였다. 할리 스튜어트 재단(Sir Halley Stewart Trust) 지원으로 그는 초기 아동기에 엄마와의 분리가 성격발달에 미치는 영향에 대한 전체적인 문제에 대해서 체계적인 질문을 하고자 하였던 연구에 1948년 나와 함께하였다. 당시에는 대체로 미개척 분야였던 것에 대한 폭넓은 예비조사 동안, 그는 많은 어린 아동들을 집에서 분리생활하기 전, 분리생활 중, 그리고 그 후의 반응을 관찰하였다. 이 아동들 대부분은 2~3세였고, 엄마에게서 분리되었을 뿐만 아니라 안정적인 대리모가 없는 병원이나 주거용 탁아소와 같은 장소에서 몇 주나 몇 달 동안 보호되었다. 이 연구 동안 그는 아동이 집에서 떨어져 있는 동안 보였던 심리적인 어려움과 비참함의 강도에, 그리고 돌아온 이후에 지속된 장애의 정도와 기간에 대해서 깊은 인상을 받았다. 한 어린 소녀에 대한 그의 보고서를 읽거나 혹은 기록필름을 본 사람들은 모두 마음이 움직였다. 그럼에도 불구하고, 이 관찰이 중요하다거나 아동이 보이는 문제와 관련이 있다는 생각에 대한 동의가 당시에는 없었다. 일부는 타당성을 의심하였다. 다른 사람들은 그 반응이 일어났다는 것을 인정했지만 엄마와 같은 인물의 상실이 아닌 다른 것으로 귀인하였다. 다른 사람들은 상실이 타당한 변인이지만, 그 영향을 완화하는 것은 그리 어렵지 않기 때문에 상실이 우리가 생각하는 것보다 병리에 덜 중요하다고 보았다.

동료들이나 나는 다른 관점을 가졌다. 우리는 관찰이 타당하다고 확신했다. 단 한 가지 이외의 모든 증거들은 엄마-인물의 상실이 유일한 변인은 아니더라도 주요 변인이라는 점을 보여주었다. 그리고 우리의 경험은 다른 환경이 좋을 때조차 일반적으로 인정되는 것 이상의 심리적인 어려움과 장애가 있다는 것을 시사했다. 그뿐 아니라 우리는 6개월 이상의 어린 아동이 엄마에게서 떨어져 낯선 사람의 보호 아래 있는 동안 전형적으로 일어나는 저항, 절망, 그리고 탈착(detachment) 반응이, 주로 '매우 의존적이고 매우 취약한 이 발달단계에서 엄마 보호의 상실' 때문이라고 생각했다. 경험적인 관찰에서 우리는 '엄마의 사랑과 존재에 대한 어린 아동의 허기는 음식에 대한 배고픔만큼 크고', 결과적으로 엄마의 부재는 반드시 '강한 상실감과 분노'를 낳게 된다고 제안하였다. 우리는 일정기간 떠나 있던 후 집으로 돌아왔을 때 자주 나타나는, 어린 아동의 엄마에 대한 관계에서의 큰 변화에 특히 관심이 있었다. 한편으로 '몇 주, 몇 달 혹은 몇 년 동안 지속될 수 있는 엄마에 대한 강한 매달림', 다른 한편으로 '일시적이거나 영구적일 수 있는, 사랑의 대상으로서 엄마에 대한 거부', 나중에 탈착(detachment)이라고 지칭하였던 후자의 상태를 억압을 경험한 감정의 결과라고 생각했다.

그래서 우리는 엄마-인물의 상실은 그 자체로나 혹은 아직 분명히 규명되지 않은 다른 변인과 결합하여 정신병리에 매우 중요한 반응과 과정을 초래할 수 있다는 결론에 이르렀다. 그럴 뿐만 아니라 이 반응과 과정은 생애 초기에 고통 받았던 분리 때문에 여전히 어려움을 겪고 있는 더 성장한 사람들에게서 진행 중인 것으로 알려진 것과 같다고 결론 내렸다. 이들 반응과 과정 중에서 그리고 장애의 형태들 중에서, 한편에서는 의존성과 연극성 성격장애에서 나타나는 것처럼 타인에게 과도한 요구를 하고 충족되지 않을 때 불안하고 분노하는 경향이 있다. 그리고 다른 한편에서는 애정이 없고 정신병질적인 성격에서 나타나는 것처럼, 깊은 관계를 맺는 능력이 막혀 있는 경우가 있다. 바꾸어 말하면 엄마에게서 떨어져 낯선 상황에 있는 동안과 그 후에 아동들을 관찰하였을 때, 여러 반응을 비롯하여 방어과정의 결과를 목격하고 있는 것으로 보였는데, 이런 반응이나 결과들은 어릴 때의 경험과 이후에 발생하는 성격 기능의 여러 장애 사이의 관련성을 연결시켜주는 것들이었다.

경험적인 자료들에서 자연스럽게 나왔던 이 결론들로 연구전략에 대한 중요한 결정을 내릴 수 있었다. 우리의 목적은 이 병리적인 과정들이 어떻게 발생하고 발달하는지에 대하여 이해하는 것이었기 때문에, 이후로 우리는 어린 아동들이 엄마와 떨어지고 이후 다시 만나는 경험들에 어떻게 반응하는지에 대한 상세한 기록을 우리의 주요 자료로 삼기로 하였다. 그러한 자료가 본질적으로 매우 중요하고, 더 나이가 많은 피험자들의 치료에서 가져오는 전통적인 종류의 자료에 대한 필수적인 보완이라고 믿게 되었다. 이러한 결정의 기저를 이루는 생각과 원 자료의 일부는 1952년에서 1954년 사이에 발표된 논문에 보고되었다. 그리고 같은 기간에 필름도 발표되었다.[1]

---

[1] 문구가 인용된 이 논문들은 다음과 같다: Robertson과 Bowlby(1952); Bowlby, Robertson, 그리고 Rosenbluth(1952); Bowlby(1953); Robertson(1953); 그리고

이 결정이 내려진 이후 몇 년이 지나는 동안 동료들과 나는 이미 수집된 자료의 재검토, 추가자료의 수집과 분석, 이 자료들과 다른 출처의 자료들과의 비교, 그리고 그 이론적 함의에 대한 조사에 많은 시간을 들였다. 이 연구의 성과 중에서, 크리스토프 하이니케(Christoph Heinicke)와 일제 베스트하이머(Ilse Westheimer)가 특정 장면에서 경험하는 단기 분리 기간과 그 후에 나타나는 반응들을 연구한 『단기 분리』(Brief Separation, 1966)는 이미 발간되었다. 그 연구에서는 앞선 연구들에서 가능했던 것보다 반응들을 더 체계적인 방식으로 관찰하고 기록하였을 뿐만 아니라, 분리된 아동들의 행동을 분리되지 않고 자기 집에서 살고 있는 짝진 표본의 아동들이 보이는 행동과 통계적으로 비교하였다. 이 후기 연구들을 통해 얻은 결과는 덜 체계적이지만 더 광범위한 제임스 로버트슨(James Robertson)의 발견들을 확인하고 많은 영역에서 더 확장하였다.

1958년과 1963년 사이에 발간된 일련의 논문에서, 나는 이 관찰들에서 제기된 이론적인 문제들의 일부를 스스로 논의하였다. 현재의 세 권은 같은 내용을 다루지만 더 엄격한 방식으로 다루었다. 또한 많은 추가 자료들이 있다.

제1권은 시리즈의 첫 번째 논문인 「엄마에 대한 아동 유대의 특성」(The nature of the child's tie to his mother, 1958)에서 원래 다루었던 주제들에 대한 것이다. 이론을 더 진보적으로 제시하는 것을 목표로 한 3, 4부의 시도를 효과적으로 하기 위해서 본능적 행동 전반적 문제와 그것을 어떻게 가장 잘 개념화할지를 먼저 논의하는 것이 필요했다. 세부

Ainsworth와 Bowlby(1954). 필름은 Robertson(1952).

적인 더 긴 논의는 2부에 제시되어 있는데, 이 앞에는 1부를 구성하는 두 개의 장이 선행한다: 첫 번째 장은 내가 출발한 가정의 일부를 체계적으로 설명하고 프로이트의 것과 비교한다. 두 번째 장은 내가 기술하는 경험적 관찰을 검토하고 그 개요를 제시한다. 이러한 연구에 공감할 수 있는 많은 임상가들조차 이러한 개념에 익숙하지 않아 혼란스러웠기 때문에, 내가 연구하는 개념들을 더 명확하고 분명하게 하는 것을 1부와 2부에 속한 모든 장들의 목적으로 삼았다.

제2권인 『분리』(*Separation*)는 시리즈의 두 번째 논문인 「분리 불안」 (Separation anxiety, 1960a)과 세 번째 논문인 「분리 불안: 문헌에 대한 비판적 검토」(Separation anxiety: a critical review of the literature, 1961a)에서 이미 다루었던 문제들에 관한 것이다.

제3권인 『상실』(*Loss*)은 이어지는 논문들에서 원래 다루었던 문제들에 관한 것이다. 「유아와 초기 아동기의 슬픔과 애도」(Grief and mourning in infancy and early childhood, 1960b), 「애도 과정」 (Processes of mourning, 1961b), 그리고 「병리적 애도와 아동기 애도」 (Pathological mourning and childhood mourning, 1963)가 그들이다.

이 질문을 해나가는 동안 내가 참조하는 틀은 정신분석학이었다. 여기에는 몇 가지 이유가 있다. 첫 번째는 그 주제들에 대한 나의 초기 사고가—나와 다른 사람들의—정신분석학적 연구에 의해서 영감을 받았기 때문이다. 두 번째는 한계들에도 불구하고 정신분석학은 정신 병리에 대한 현재의 모든 이론들 중에서 여전히 가장 많은 것을 제공하고 가장 많이 사용되기 때문이다. 셋째 이유가 가장 중요한데, 내 도식의 모든 중심 개념들—대상관계, 분리 불안, 애도, 방어, 외상, 생애 초기의 감각기—이 정신분석적 사고에서 통상적으로 사용되나, 다른 행동에 관한 원리들에서는 최근까지 거의 주목하지 않기 때문이다.

프로이트는 탐색과정에서 많은 다른 사상을 따랐고 많은 가능한 이론적 구성을 시도하였다. 그가 죽은 후 그가 남긴 모순과 모호함에서 어려운 점이 생겼고 이를 정리하려는 시도들이 있어 왔다: 그의 어떤 이론은 선택되어 정교화되었고, 다른 것들은 제외되어 무시되었다. 내 생각 중 일부는 성립되어 온 이론적 전통과 달라서 강한 비판에 접하였기 때문에, 나는 그중 대부분이 프로이트가 생각하고 저술하였던 것과 결코 다르지 않다는 것을 보여주기 위하여 애써 왔다. 오히려 내가 보여주고자 하는 것처럼 내 도식의 매우 많은 중심 개념들이 분명히 프로이트가 말한 것으로 이해되어야 할 것이다.

1969년

제2판 저자 서문

이 저술의 수정판을 준비하는 주요한 이유는 지난 15년 동안 인간 이외의 종의 사회적 행동을 연구하는 생물학자들의 사상에 주요한 발전이 있어 왔기 때문이다. '이 발전들은 2부의 몇 부분, 즉 3장의 마지막 두 절(특히 pp. 139~146), 8장 중 이타주의적 행동에 관한 내용(pp. 260~262), 그리고 9장의 시작 부분(p. 277)에서 중요한 변화를 필요로 하였다.

또 다른 이유는 초판 발간 이후에, 애착에 관한 아이디어들이 많은 이론적 논의의 중심에 있어 왔고, 또한 매우 흥미로운 경험적 연구들을 위한 지침들을 제시하여 왔기 때문이다. 그러므로 어떤 이론적 문제들을 명료하게 하고 더 중요한 연구결과들을 기술하는 새로운 두 장을 추가할 때라고 보였다. 지면을 제공하기 위해서 엄마에 대한 아동 유대의 특성에 관한 이전 문헌들을 검토한 부록을 생략하였다.

3부에서 인간 외의 영장류에 관한 2장의 부분들을 가장 최근의 발견들을 고려하도록 수정할 수 있었는데, 거의 변화가 필요하지는 않았다.

4부에서 최근 몇 년 동안 수행된 인간 생애의 초기 몇 년간에 대한 집중적인 연구결과로 많은 중요한 수정이 요구되었다. 그리고 18장에서 더 자세히 기술된 새로운 발견들이 주목된다.

　본문 내에서 언급된 많은 새로운 발간물들은 수정된 참고문헌에 통합되었다. 찾아보기 또한 수정되었다.

1982년

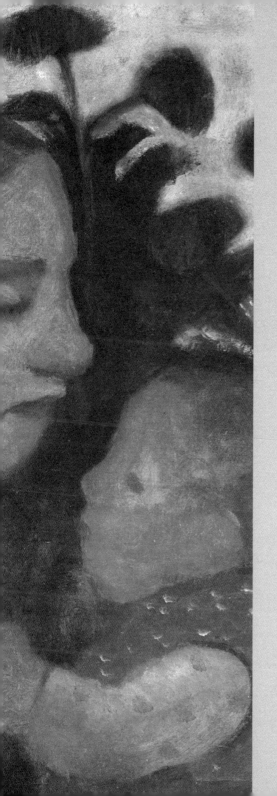

제1부

과제

> 고려해야 할 모든 요인들이 아주 복잡하기 때문에 우리가 그 요인
> 들을 제시할 수 있는 방법은 오직 하나밖에 없다. 우리는 첫 번째의
> 관점, 그 다음에는 또 다른 관점을 차례로 하나씩 선택해야 한다.
> 그 후, 그 관점이 특정한 결과를 도출할 것처럼 보이는 한 그 관점
> 에 의거해 제공된 자료를 한층 더 철저하게 추적해 보아야 한다.
> — 지그문트 프로이트(Sigmund Freud, 1915b)[1]

거의 50년 가까이 진행된 정신분석적 연구에서 프로이트(Freud)는
연구의 출발점에 서서 다양한 관점을 하나둘씩 시도해보았다. 꿈, 신경
증 환자의 증상, 미개종족들의 행동 등이 그가 연구했던 다양한 기초자
료들의 일부였다. 각 사례를 설명하는 체계를 발견하려는 시도를 하면
서 프로이트는 초기 아동기의 사건들에 주목하게 되었지만, 그는 아동
에 대한 직접적 관찰결과를 연구의 기초자료로 사용하지 않았다. 그 결
과 초기 아동기에 대해 정신분석가들이 사용하는 대부분의 개념들은
성인을 대상으로 수집한 자료를 바탕으로 역사적으로 역추적하여 재구

---

[1] "억압"의 마지막 문단에서 인용.

성(historical reconstruction)하는 과정을 통해 도출되었다. 이와 같은 점은 심지어 아동을 분석하여 도출한 개념의 경우에도 마찬가지였다. 아동의 경우에도 이미 지나간 과거에 속한 사건이나 과정들이 추론되곤 했다.

이 책이 출발점으로 삼고 있는 관점은 다르다. 서문에서 이미 언급되었던 이유로, 우리는 아주 어린 아이가 엄마와 함께 있을 때 그리고 특히 엄마가 옆에 없을 때 엄마에게 행동하는 방식을 관찰함으로써 그들의 성격발달에 대해 아주 많이 이해할 수 있다. 낯선 사람이 아이를 엄마에게서 떼어놓을 때 아이들은 대개 격렬하게 반응한다. 그런 다음 엄마와 다시 만나게 되면 이 아이들은 공통적으로 분리불안 수준이 높아지거나 또는 비정상적인 탈착(detachment) 증상을 보인다. 이런 두 가지 종류의 관계변화 중 하나, 또는 이 두 가지가 복합된 변화는 신경증이나 다른 정서장애를 호소하는 사람들에게서 흔히 찾아볼 수 있기 때문에 이러한 관찰을 출발점으로 삼는 게 좋을 듯하다. 그리고 이 관점을 적용하여 '특정한 결과를 도출할 것처럼 보이는 한 그 관점에 의거해 제공된 자료를 한층 더 철저하게 추적해 보아야 한다.'

이러한 출발점은 정신분석가들에게 익숙한 관점과 너무나 다르기 때문에, 이 출발점을 좀더 명세화하고 이것을 채택하게 된 이유에 대해 상세하게 설명하는 것이 좋을 것 같다.

정신분석이론이란 건강한 측면과 병리적 측면에서 성격의 기능을 발달적 관점에서 설명하려는 시도이다. 이 이론을 수립해가는 과정에서 프로이트뿐만 아니라 프로이트 이후의 거의 모든 분석가들은 최종 결과물로부터 출발하여 거꾸로 연구했다. 분석 장면(setting)에서 이들은 어느 정도 발달해 있고 어느 정도 잘 기능하고 있는 성격을 대상으로 일차 자료를 수집했다. 이렇게 수집된 자료로부터 이들은 현재 관찰할 수 있는 것 이전의 성격단계를 재구성하려고 시도했다.

이 책에서 시도하는 것은 여러 측면에서 위의 것과 정반대이다. 이 책의 관점은 일정하게 제한된 환경에서 어린아이들이 행동하는 방식에 대한 관찰자료를 바탕으로 초기 단계의 성격기능을 기술하고, 그것에 근거하여 그 이후의 시기를 추정하려고 시도한다. 특히 초기 아동기에 정기적으로 나타나는 특정 반응 유형을 묘사하는 것이다. 그 후, 유사한 반응패턴이 이후의 성격기능과 관련되어 있는지 추적하는 것이 이 책의 목표이다. 이 책에서 제시되는 관점의 변화는 급진적이다. 문제를 일으키는 증상이나 증후군이 더 이상 우리의 출발점이 아니며, 발달과정 중에 있는 성격에 대해 잠재적으로 병리적 요인이 될 수 있는 사건이나 경험 등이 우리의 출발점으로 고려된다.

이와 같이 오늘날 거의 모든 정신분석 이론이 임상적 증후군 혹은 증상—예를 들어, 절도, 우울증 혹은 정신분열증—으로부터 출발하여 이런 것들을 발생시킨 사건이나 과정에 대해 가설을 세우는 것과는 달리, 이 책에서는 일군의 사건—유아기 혹은 아동기 초기에 있었던 친모 혹은 친모 역할을 한 인물의 상실—에서 출발해서 이로부터 공통적으로 기인하는 심리적 그리고 병리적 과정을 추적하고자 시도한다. 사실상 이 관점은 (인생 초기의) 충격적인 심리적 경험으로부터 출발하여 예기적(prospective) 입장을 취한다.

정신치료 영역에서 연구에 대한 이런 종류의 관점전환은 아직 흔한 것은 아니다. 반면에 생리의학 분야에서는 이러한 관점전환이 오래 전에 있었다. 이 분야에서의 한 예를 통해 이를 알 수 있다. 오늘날 만성적 폐질환에 대해 연구할 때, 연구자들은 더 이상 이 만성질환을 앓고 있는 사례들을 모두 조사해서 이 질환을 일으킨 감염원을 찾으려고 하지 않는다. 그보다는 오히려 생리적 그리고 병리적 증상을 연구하기 위해 특정 감염원, 예를 들어 결핵균, 방선균(actinomycosis) 혹은 어떤 새로 발견된 바이러스 등으로부터 시작한다. 그렇게 함으로써 연구자는 만성 호흡기 질환의 증상과는 직접적으로는 관련 없는 다른 많은 것들을 발견할 수도 있다. 연구자는 특정 급성 질환이나 명백한 임상 증상이 없는 상태를 규명할 수도 있을 뿐 아니라 연구 대상이었던 병원체가 폐 이외의 다른 장기도 감염시킨다는 것을 거의 확실히 발견할 수도 있다. 연구자에게 관심의 초점은 더 이상 특정 임상 증후군이 아니라 특정 병원체가 보여주는 일련의 복합적인 후유증들이다.

이 책에서 그 효과에 대해 논의될 병원체는 바로 6개월과 6세 사이의 시기의 친모 혹은 친모 역할을 하는 사람의 상실이다. 그러나 기본적인 관찰 결과를 살펴보기 전에, 먼저 이 책의 관점이 전통적인 관점과 어떻게 다른지 마저 설명하고, 전통적 관점이 당면하고 있는 몇몇 비판에 대해서 좀더 논의하는 것이 더 좋을 것이다.

1. 이 책에서 채택한 접근의 몇 가지 특징

여러 가지 차이점 중 한 가지는 이미 앞에서 언급되었다. 환자를 치료하는 과정에서 자료를 수집하는 대신, 이 책은 실제 상황에서 아동의 행동을 관찰함으로써 자료를 수집했다. 현재 정신분석 영역에서의 과학적 접근에서 그러한 자료는 때때로 주변적인 것에 불과한 것으로 간주된다. 또한 직접적 관찰은 그것의 특성상 표면적인 것에 불과하며 정신분석적 치료를 하면서 접할 수 있는 심리적 기능에 직접적으로 접근하는 것과는 완전히 대조적이라는 견해도 있다. 그 결과, 행동에 대한 직접적 관찰결과와 환자에 대한 치료에서 얻은 결론이 맞아떨어질 때 관찰결과는 언제나 주목의 대상이 되는 반면, 서로 맞아 떨어지지 않을 때는 그 관찰결과는 중요하지 않은 것으로 취급된다.

나는 이와 같은 태도가 잘못된 전제에 바탕을 두고 있다고 생각한다. 우선 우리는 우리가 정신분석회기 중에 얻은 자료를 과대평가해서는 안 된다. 우리는 심리적 과정에 직접 접근하지 못하고 자유연상, 과거의 사건에 대한 진술, 현재의 상황에 대한 기술, 그리고 환자의 행동 등이 거미줄처럼 복잡하게 얽혀진 자료에 직면하게 된다. 이와 같이 다양한 형태로 표현된 심리적 과정을 이해하기 위해 우리는 어쩔 수 없이 우리가 선호하는 도식(schema)에 따라 자료를 선택하고 배열할 수밖에 없다. 그리고 정신적 과정 뒤에 숨겨진 것을 추론해내려고 노력하다보면 우리는 어쩔 수 없이 관찰의 세계에서 떠나 이론의 세계로 들어가 된다. 치료실에서 접하게 되는 정신적 과정(psychical processes)이 드러내는 자료들은 매우 풍부하고 다양하지만, 그럼에도 불구하고 우리는 아직 정신적 과정을 직접 관찰할 기회가 없다.

사실상, 그 반대가 오히려 사실에 가까울 것이다. 마음을 연구하는 철학자들은 개인의 삶에서 '순수하게 정신적인 상태가 발달하는 출발점'은 유아에게서 관찰할 수 있는 '행동의 패턴'이라는 관점을 가지고 있다; 그리고 '내면적'인 실체로 여겨지는 감정, 정서, 판타지 등은 관련된 모든 행동들이 사라지는 지점에 이를 때 결국 남게 되는 '잔재'일 뿐이다(Hampshire, 1962). 나이가 들수록 관련된 행동을 통제하는 능력이 증가한다는 점을 고려하면, 나이가 어릴 때에는 개인의 행동과 정신적 상태는 동전의 양면처럼 서로 분리하기 어려울 것이라는 사실은 분명해 보인다. 따라서 관찰방법들이 매우 세련되고 구체적일 수만 있다면, 아주 어린 아동의 행동에 대한 관찰기록은 그들의 현재 정신상태의 중요한 지표로 사용될 수 있을 것이다.

둘째로, 직접적인 행동관찰의 가치에 대해 회의적인 사람들은 수집할 수 있는 자료가 다양하거나 풍부하다는 점을 습관적으로 과소평가하곤 한다. 불안이나 불편함을 주는 상황에서 어린 아동들을 관찰했을 때, 정신분석의 중심 원리가 되는 많은 개념들—사랑, 미움, 그리고 양가감정; 안정감, 불안, 애도; 치환(displacement), 분열, 억압 등—을 기술하는 데 타당한 관찰자료를 수집할 수 있다. 엄마로부터 분리되어 낯선 환경에서 몇 주를 지낸 아동의 탈착행동(detachment)을 관찰함으로써 얻을 수 있는 것은 실제로 발생한 억압을 관찰함으로써 얻을 수 있는 것과 거의 유사한 것으로 간주될 수도 있다.

사실, 그 어느 쪽 부류의 관찰자료도 다른 쪽의 관찰자료보다 원래부터 더 양질의 것이라고 할 수 없다. 각각의 관찰자료는 모두 정신 분석에서 관심대상이 되는 주제에 적절하며 어느 한쪽의 자료가 기여하는 바는 다른 쪽에서 수집된 자료에 의해 그 의미가 풍부해질 수 있다. 한쪽 눈으로만 보는 것보다는 양쪽 눈으로 보는 것이 더 낫다.

이 책에서 채택한 접근방법은 다른 종의 동물들이 엄마가 함께 하거나 없는 비슷한 상황에서 그 동물들이 반응하는 방법에 대한 관찰결과에 크게 의존하고 있다는 점에서 전통적인 정신분석적 방법과는 차이가 있다. 그리고 이 접근은 동물행동학자들이 동물들의 그러한 행동들을 설명하기 위해 개발한 새롭고 다양한 개념들을 폭넓게 사용하고 있다는 점에서도 다르다.

동물행동학을 중요하게 취급하는 주된 이유는 그것은 우리들이 이론화를 시도하는 과정에서 폭넓은 개념을 제공하기 때문이다. 그 개념 중 많은 것은 친밀한 사회적 결속—예컨대, 자손이 부모와 맺는 결속, 부모가 자손과 맺는 결속, 그리고 두 가지 성 사이에서 (때로는 동성끼리) 맺는 결속 등의 형성과 관련되어 있다. 다른 개념들은 갈등행동과 '치환행동'(displacement activity)에, 또 다른 개념들은 부적절한 행동패턴에 대한 고착이나 특정 행동이 부적절한 대상에게로 향하는 병리적 고착 등과 관련되어 있다. 이제 우리는 인간만이 갈등이나 병리행동을 가지고 있는 것이 아니라는 사실을 알고 있다. 둥지를 짓기에는 여러 가지 자원이 부족한 시기에 자신의 둥지를 짓게 된 카나리아는 병리적인 둥지 짓기 행동을 발달시킬 뿐 아니라, 이후에 충분한 자원이 제공되었을 때에도 이전의 병리적 행동을 지속시키는 경향이 있다. 거위는 개집을 소유하려고 할 수 있으며, 그것이 뒤집어져 넘어졌을 때 슬퍼한다. 따라서 동물행동학적 관찰자료와 개념들은 정신분석가인 우리들이 인간을 이해하려고 할 때의 현상과 최소한 비교 가능할 정도로 관련이 있다.

그럼에도 불구하고 동물행동학에서 사용되는 개념을 인간행동의 영역에 적용해보기 전까지는 그것이 얼마나 유용한지 판단할 수 없다. 모든 동물행동학자들은 관련된 종에 대한 지식이 현재 탐구대상이 되고 있는 종에 대한 연구에서 초점을 두어야 하는 부분이 어디인지를 암시한다는 점에서 매우 가치가 있지만, 그렇다고 다른 종의 연구에서 발견된 사실을 현재 탐구하고 있는 새로운 종에 직접 적용할 수는 없다는 사실을 알고 있다. 인간은 원숭이나 흰쥐가 아니며, 카나리아나 시클리드(cichlid) 어류는 인간과 다르다. 인간은 그 자체로서 하나의 독특한 특성을 가지고 있는 종이다. 따라서 하등동물의 연구에서 도출된 아이디어들이 적절하지 않다. 그러나 때로는 반드시 그럴 것 같지도 않다. 유아 수유행동, 생식행동, 배설행동의 영역에서 인간은 해부학적, 생리학적 특성을 하등동물과 공유한다. 그리고 인간이 위에 열거한 행동과 관련된 행동양식을 다른 동물들과 공유하는 것이 하나도 없다면, 그것도 이상할 것이다. 더욱이 초기 아동기, 특히 언어를 습득하기 이전 시기에는 우리는 이러한 특성들을 가장 덜 사회화된 행동 양식으로 발견할 수 있을 것이다. 유아 초기에서 발생하기 시작하는 최소한의 신경학적 경향성과 성격의 왜곡들은 이러한 생물심리학적 과정에서의 발달에서 발생하는 문제라고 이해할 수 있지 않을까? 이 질문에 대한 대답이 '그렇다'이든 '아니다'이든, 그 가능성을 탐색한다는 것은 상식적으로 타당한 일일 것이다.

프로이트의 입장

지금까지 이 책에서 취하는 관점의 네 가지 특성— 예기적 접근, 병리의 원인과 후유증 중심의 연구, 어린 아동에 대한 직접적 관찰, 동물 연구에서 도출된 자료의 활용 — 에 대해 기술하였다. 그리고 이러 한 네 가지 관점을 선호하는 이유와 근거에 대해서도 설명했다.

그러나 이와 같은 관점을 채택하는 정신분석가가 거의 없고, 이와 같은 관점을 가지고 연구하는 것은 정신분석의 전통에서 벗어나는 위험한 관점이라는 두려움이 있기 때문에, 프로이트가 이들에 대해서 어떤 입장이었는지를 살펴보는 것은 흥미로운 일이 될 수 있을 것이다. 위에서 제시된 이 책의 특성에 대해 프로이트의 관점을 기술한 후 이 책에서 채택한 관점에 대해 좀더 상술하게 될 것이다.

1920년에 발표된 논문에서 프로이트는 반성적 방법(retrospective method)[2]이 가지고 있는 중요한 한계에 대해 논의했다. 그는 다음과 같이 기술했다.

우리가 최종단계의 결과물에서부터 거꾸로 그것의 발달과정을 역추적하는 한, 일련의 사건들이 마치 연속적인 것처럼 보이고, 우리는 전적으로 만족스럽거나 포괄적인 통찰을 얻었다고 느낀다. 그러나 우리가 반대방향으로 작업을 해간다면, 그리고 분석에서부터 추론된 전제에서 시작하고 그것을 따라 최종 결과까지 추적해간다면, 우리는 사건들이 다른 방식이 아닌 특정한 방식으로만 전개되었다는 필수불가결한 연속성을 가지고 있다는 생각하기 어려울 것이다. 우리는 다른 결과가 도출될 수도 있었다는 점과 우리가 다른 방식으로 그 결과를 이해하고 설명할 수 있다는 점을 쉽게 알 수 있을 것이다. 따라서 종합은 분석만큼 만족스럽지 않다. 다시 말하면 전제가 되는 지식으로부터 우리는 그 결과의 특성을 예측할 수 없다.

프로이트도 지적했듯이, 이러한 한계의 중요한 이유는 병리를 일으키는 다양한 원인들이 가지고 있는 힘의 상대적 차이를 무시했기 때문이다. 그는 다음과 같이 경고한다:

---

2 이 책에서는 'Prospective method'를 예기적 방법, 'Retrospective method'를 반성적 방법으로 번역했다. 반성적 방법이란 정신분석치료에서 환자의 과거에 대한 정보를 중심으로 역사적으로 재구성하여 환자가 가진 병리의 원인과 발달과정을 이해하는 방법이다. 이 책에서는 이를 프로이트의 방법이 가지고 있는 한계라고 보고 있으며, 이 방법은 예기적 방법으로 보완 되어야 한다고 보고 있다 - 옮긴이.

우리가 어떤 결과를 초래하는 원인에 대해 완벽한 지식을 가지고 있더라도 … 우리는 어떤 결정요인이 더 약한지, 또는 더 강력한지 미리 알 수 없다. 우리는 영향을 미친 요인에 대해 마지막 순간에 그것이 더 강력했다고 말할 수 있을 뿐이다. 따라서 원인의 연쇄는 우리가 분석의 방법을 따를 때 밝혀질 수 있으며, 반면 통합의 과정을 통해 그것을 예측하는 것은 불가능하다(Freud, 1920b, *S. E.*, 18, pp. 167~68).[3]

이 구절은 프로이트가 전통적인 탐구방법이 가지고 있는 한계를 의심하지 않았다는 것을 분명하게 보여준다. 반성적 방법은 원인이 될 만한 요인에 대해 많은 증거를 제공하지만, 그 방법은 모든 원인을 발견하지 못할 뿐 아니라 그러한 원인들의 상대적인 힘을 평가할 수 있는 위치에 서지 못한다. 정신분석에서 반성적 방법을 사용하는 연구와 예기적 방법을 사용하는 연구의 상호보완적인 역할은 다른 지식의 영역에서 역사적 방법과 자연과학적 방법이 상호 보완적인 역할을 하고 있는 것의 한 예에 불과하다.

모든 역사적 연구에서 반성적 방법은 이미 그 지위가 견고하고, 수많은 그리고 위대한 업적은 인정을 받을 만하지만 인과적 관계에서 서로 다른 요인들의 상대적 중요성들을 결정할 수 없다는 점은 이미 알려져 있는 약점이다. 그러나 역사적 방법이 약한 그 부분에서 자연과학적 방법은 강하다. 이미 잘 알려져 있는 바와 같이 과학적 방법은 우리들의

---

[3] *S. E.*는 'The Standard Edition of the Complete Psychological Works of Sigmund Freud (Ed. J. Strachey with Anna Freud), 24 vols, London : 1953~1964'의 약자로서, 프로이트 총서의 표준판이다. 프로이트를 인용한 이 구절은 표준판 18권에 나온다-옮긴이.

문제를 탐색하기 위해서 우리가 관심 있는 현상의 원인에 대하여 한 개 이상의 가설을 세우는데, 그것이 검증 가능한 예측으로 환원될 수 있는 방식으로 세운다. 그러한 예측의 정확성에 따라 가설이 받아들여지거나 기각된다.

만약 정신분석이 행동과학의 하나로 그 자리를 구축하려면 그것이 지금까지 사용해 왔던 방식에 자연과학적 방법이 가미되어야 한다. 역사적 방법이 (의학의 모든 하위 분과에서 계속되는 것처럼) 실제 상담실에서는 주요 방법이 되는 한편, 연구의 목적을 달성하기 위해서 역사적 방법은 가설, 환원적 예측, 검증 등의 방법으로 보완되어야 한다. 이 책에 제시된 내용들은 이 방법을 적용한 초기 단계이다. 전체적으로 목표는 사건과 그것이 아동에 영향을 미치는 효과에 초점을 맞추고, 검증 가능한 예측을 할 수 있는 형태로 이론을 제시하는 것에 맞추어져 있다. 그러한 예측을 구체적으로 하는 것, 그리고 그 중 몇몇을 검증하는 것이 미래의 과제이다.

릭맨(Rickman, 1951)과 이즈리얼(Ezriel, 1951)이 주장했듯이, 우리가 원한다면 예측과 검증이 환자를 치료하는 과정에도 도입될 수 있다. 그러나 그런 과정은 그들의 이전 발달에 대한 가설을 결코 검증할 수 없다. 따라서 정신분석에서의 발달이론을 검증하기 위해서는 유아나 아동에 대한 직접적 관찰에 의해 이루어지고, 동일한 방법으로 검증되는 예측이 필수불가결하다.

이 방법을 도입하기 위해서는 원인적 요인이 모든, 또는 일부의 효과라도 있는지 확인하기 위해 원인적 요인을 선별하는 것으로부터 시작해야 한다. 이러한 절차를 거치면 우리는 이 책에서 취하고 있는 접근의 두 번째 특징—특정 병리의 원인과 그것의 후속요인들에 대한 연구 —에 이르게 된다.

이 문제에 대한 프로이트의 관점을 생각해볼 때, 일반적 의미의 원인적 요인에 대한 그의 관점과 이 연구에서 선별된 특수요인에 대한 그의 관점을 구별하는 것이 필요하다. 우리는 그의 일반적인 의미를 논의하는 것으로 시작하고자 한다.

노이로제와 그 외의 유사한 장애의 원인적 요인에 대한 프로이트의 관점을 검토해보면 그것들은 항상 외상적 경험(trauma) 개념을 중심으로 하고 있다는 것을 발견할 수 있다. 이것은 그의 초기 이론이나 마지막 이론 모형에서 동일하다 — 이 점은 사람들에게 자주 잊혀진다. 따라서 그의 마지막 작업인 『모세와 일신교』(1939)와 『개요』(1940)에서 그는 외상적 경험이 가진 특성과 각 개인이 특히 외상적 경험에 취약한 나이, 외상적 경험이 될 만한 사건의 종류, 그리고 그 사건들이 발달하는 정신상태에 끼칠 만한 효과 등에 대해 많은 지면을 할애하고 있다.

프로이트의 논지 중 가장 중요한 것은 외상적 경험의 특성에 관한 것이다. 그는 다른 사람과 마찬가지로 두 가지 요소 — 사건 그 자체와 그것을 경험하는 개인의 기질 — 가 관여된다는 결론을 내렸다. 즉 외상적 경험이란 상호작용의 함수이다. 하나의 경험이 병리적 반응을 촉발하는 수가 있는데, 그것은 그 경험이 개인의 성격구조에 비해 과도한 부하를 요구하기 때문이라고 프로이트는 주장했다. 그에 의하면 그 경험은 성격구조가 견뎌낼 수 있는 것보다 더 많은 양의 자극에 노출시킴으로써 병리적 반응을 촉발한다.

기질적 요인에 대해서, 각 개인들은 그들이 그러한 심리적 부하를 처리할 수 있는 양이 서로 다르고, 그 결과 "특정 기질을 가진 사람에게 어떤 경험은 외상적 경험으로 작용하지만, 다른 경우에는 그러한 효과가 없다"라고 프로이트는 생각했다(*S. E.*, 23, p. 73). 이와 동시에 그는 발달단계의 특정 시기, 즉 초기 5년 내지 6년 동안에는 모든 인간이 취약해지는 시기라고 보았다. 왜냐하면, 프로이트의 생각에 "자아…는 연약하고 미성숙하며 저항할 수 있는 능력이 없다." 그 결과 자아는 "이후의 발달단계에서는 아주 쉽게 대처할 수 있는 과제조차 다루지 못한다." 그 대신 자아는 억압이나 분열에 의존한다. 이것이 프로이트가 "신경증은 초기 아동기에만 습득된다."고 생각한 이유이다(*S. E.*, 23, pp. 184~85).

프로이트가 '초기 아동기'라고 했을 때, 그것은 특정 몇 해 동안을 의미한다는 점을 기억할 필요가 있다. 그의 저작 『모세와 일신교』에서 초기 아동기란 초기 5년을 의미하고, 『개요』에서는 초기 6년을 의미한다. 이 기간 내에서 프로이트는 "2세와 4세 사이의 기간이 가장 중요하다"고 생각했다(*S. E.*, 23, p. 74). 그보다 더 이른 시기에 대해서는 프로이트는 특별히 마음에 두지 않았다. 그리고 그는 스스로 그 이전의 시기가 얼마나 중요한지에 대해서는 확신할 수 없다고 말했다. 그는 다음과 같이 기술하고 있다. "아이가 태어나 몇 년이 지난 후에 민감한 시기가 시작되는지에 대해서는 확실하게 단정할 수 없다"(*S. E.*, 23, p. 74).

이것은 프로이트의 병인에 대한 일반이론이다. 이 책에 제시된 특수이론은 프로이트의 이론과 밀접하게 맥을 같이하고 있다. 특수이론에 의하면 엄마로부터의 분리는 프로이트가 정의한 대로의 외상적 경험이 될 수 있다. 특히 아동이 엄마로부터 분리되어 낯선 사람과 낯선 장소로 갈 때 특히 그렇다. 뿐만 아니라 여러 증거자료들이 외상적 경험이라고 보여주는 기간은 프로이트가 특히 취약하다고 했던 기간과 일치한다. 아래에 제시된 간략한 설명을 통해 엄마로부터의 분리에 대한 관점이 프로이트의 외상적 경험에 대한 정의와 얼마나 잘 맞아떨어지는지 알 수 있고, 이 설명을 통해 이 책의 중심 주제를 개관할 수 있다.

프로이트는 외상이라는 개념을 원인이 되는 조건과 그것 때문에 초래된 심리적 결과 측면에서 정의한다. 이 두 가지 점에서 초기 아동기에 경험한 어머니로부터의 분리는 프로이트의 일반이론과 잘 부합한다. 원인이 되는 조건 측면에서, 낯선 상황에서의 분리는 장기간에 걸친 강력한 고통을 유발한다고 알려져 있다. 이 사실은 정신적 구조가 견뎌낼 수 없는 정도의 과도한 자극을 받을 때 외상경험이 발생한다는 프로이트의 가설을 지지한다. 심리적 결과 측면에서, 분리로 인해 초래되어 장기적인 고통을 수반하는 심리적 변화들이 바로 억압, 분열 그리고 부인이다. 그리고 물론 이것들이 바로 프로이트가 주장하듯이 외상의 결과 발생하는 방어과정이다 ― 프로이트는 바로 이 방어과정 때문에 외상에 관한 자신의 이론을 제시하게 되었다. 그러므로 이 책에서 연구를 위해 선택된 원인적 행위자(aetiological agent)는 프로이트가 외상적이라고 생각했던 사건과 같은 종류의 특별한 예에 불과하다고 볼 수 있다. 결과적으로 이 책에서 정교하게 제시된 신경증에 대한 이론은 단지 많은 점에서 프로이트에 의해 제시되었던 외상이론의 변형에 불과하다.

엄마로부터의 분리는 프로이트의 신경증에 대한 일반이론에 잘 부합하고, 나아가 분리불안, 상실 그리고 애도는 그의 이론에서 중요한 위치를 차지하고 있지만, 그럼에도 불구하고 염두에 두어야 하는 것은 그가 아주 드문 경우에서만 초기의 분리나 상실의 사건들을 외상의 근원으로 간주했다는 점이다. 프로이트가 외상적일 수 있는 사건들의 종류를 그의 후기 저서에서 언급할 때에는 다소 신중한 태도를 보였다. 사실, 그가 묘사하는 데 사용한 용어들은 너무나 일반적이고 추상적이어서 그가 생각했던 것이 무엇이었는지는 결코 명확하지 않았다. 예를 들어, 『모세와 일신교』에서 프로이트는 "그 경험들은 성적이고 공격적인 특성에 대한 인상, 그리고 또한 의심할 여지없이 자아에 대한 초기 상처들(자기애적 상처)과 관련된다."라고만 언급하고 있다(S. E., 23, p. 74). 초기 분리는 자아의 초기 상처로 이해된다는 것은 의심할 바 없이 공통적으로 받아들여진다. 그러나 비록 초기의 분리가 자아에 손상을 가하는 것은 의심할 여지가 없다고 할지라도 이것이 프로이트의 견해였는지는 불확실하다.

그러므로 초기에 엄마로부터의 분리는 프로이트의 외상적 사건에 대한 정의와 완벽하게 부합하지만, 반면에 그가 그에 대해 특별한 종류의 외상적 사건으로서 깊은 관심을 두었다고는 말할 수 없다.

이 책에서 채택된 접근방식의 세 번째 특징은 행동에 대한 직접적 관찰로부터 구성된 자료를 사용했다는 점이다. 이 특징 또한 앞에서 논의된 두 가지 특징들과 함께 프로이트의 견해와 일치한다.

첫째, 프로이트가 직접 관찰을 통해 자료를 수집한 경우는 아주 드물지만, 그가 관찰을 통해 자료를 수집했던 한두 가지 경우는 그에게 아주 핵심적인 작업이었다. 『쾌락원리를 넘어서』(S. E., 18, pp. 14~16)에서 논의된 내용의 기초가 되는 많은 사례들과 『억제, 증상 및 불안』(1926)에서 자신의 불안이론에 대해 고통스럽게 재평가했던 경우가 그 예이다. 불안에 대한 복잡하고 모순된 결론에 직면했을 때, 프로이트는 어린 아이들이 혼자 있을 때, 또는 어둠 속에 있을 때, 또는 낯선 사람과 함께 있을 때 행동하는 방식을 관찰함으로써 그가 발붙일 수 있는 굳은 대지(terra firma)를 찾으려고 했고 결국 그것을 발견했다(S. E., 20, p. 136). 그것은 그의 새 공식 전체의 토대가 된다. 둘째, 위의 일이 있기 20년

전,『성욕에 관한 세 편의 에세이』(1905)에서 프로이트가 정신분석학에 의한 연구를 보완하는 방법으로서 아이들의 직접 관찰을 추천한 것은 흥미로운 사실이다.

성인이 된 이후에 유년 시절로 되돌아가는 정신분석적 탐구와 지금 이 시점에서 아동을 직접 관찰하는 방법은 서로 연계될 필요가 있다. … 아동을 직접 관찰하는 방법은 쉽게 잘못 이해될 수 있는 관찰자료를 가지고 작업해야 한다는 단점이 있다. 한편, 정신분석은 긴 우회 끝에야 결론뿐 아니라 관찰자료에 도달할 수 있다는 점 때문에 매우 어렵다. 그러나 이 두 가지가 서로 협력하고 보완함으로써 그것들의 발견결과에 대해 만족할 만한 확신을 가질 수 있다(S. E., 7, p. 201).

이 책에서 채택된 접근방식의 네 번째 특징은 동물 연구의 활용이다. 동물행동에 대한 지식이 우리의 사람에 대한 이해에 얼마나 도움을 줄 수 있을 지에 대해서 누군가는 여전히 회의적이겠지만, 프로이트로부터는 동물행동 연구에 대해 회의적이어야 한다는 점에 대한 어떠한 지지도 발견할 수 없었다. 그는 로마네스(Romanes)의 저작인『인간의 정신적 진화』(Mental Evolution in Man, 1888)[4]를 면밀히 공부했다고 알려져 있고, 이 연구에서 동물행동에 대한 관찰자료의 중요성을 평가 하는

---

[4] 프로이트에 의해 메모가 된 이 책은 컬럼비아대학 의대(the College of Physicians and Surgeons of Columbia University)의 프로이트 도서관(the Freud Library)에 소장되어 있다. 안나 프로이트(Anna Freud) 양과의 개인적 대화에서 그녀는 자신의 아버지가 메모해둔 것들은 아마도 1895년 그가『과학적 심리학을 위한 프로젝트』(Project for a Scientific Psychology)(S. E., 1)를 집필하고 있던 시기일 것이라는 사견을 이야기했다.

데도 기여하는 바가 많았을 뿐만 아니라, 그의 최후의 작품인 『개요』에서 프로이트는 "심리적 구조의 일반적인 도식적 상이 사람과 정신적으로 닮은 고등동물들과 마찬가지로 적용하게끔 되어 있을지도 모른다."라는 견해를 피력하기도 했다. 그리고 그가 "동물 심리학은 여기에서 제시되었던 흥미로운 주제에 대해 아직 연구를 착수하지 않았다."(S. E., 23, p. 147)라고 결론지을 때, 그의 말 속에서 일종의 후회 섞인 어조를 느낄 수도 있을 것 같다.

동물행동에 대한 연구들이 프로이트가 생각했던 과정과 구조를 밝힐 수 있기까지에는 갈 길이 멀다는 점은 인정해야 한다. 그러나 프로이트가 『개요』를 집필한 이래로 행해지고 새로운 개념들이 제시되어 온 동물행동에 대한 찬란한 연구들은 그의 관심을 끌고 흥미를 불러일으켰을 것이다.

2. 동기이론

따라서 지금까지 논의한 네 가지 특징을 가지고 있는, 이 책에서 채택한 접근방법은 여러 정신분석학자들에게 친숙하지도 않고 아직 별로 활용되지도 않았지만 분명 프로이트도 별 문제점을 발견하지 못했을 방법인 것이다. 그럼에도 그 접근에서 프로이트와는 다른 어떤 특징들이 있다. 이들 중 가장 주요한 것은 동기이론과 관련이 된다. 추동(drive)과 본능(instinct)에 대해 프로이트가 발전시킨 이론들은 정신분석학적 메타심리학의 핵심이기에, 어떤 분석가이든 그것들과 결별하려고 할 때마다 당황하거나 심지어 대경실색하는 경향이 있다. 더 나가기에 앞서, 이 책에서 취한 입장에 대해 독자들에게 설명해야겠다. 라파포트와 질(Rapaport & Gill, 1959)의 연구가 참고할 수 있는 유용한 자료가 되었다.

라파포트와 질은 '정신분석학적 메타심리학을 구성하는 가정들을 명쾌하고 체계적으로 설명하려는 시도를 하면서' 특정한 관점에 서서 정신분석학적 가정들을 분류했다. 그들은 다섯 개의 관점을 확인했는데, 특정 심리적 현상에 대하여 어떤 종류의 정신분석적 설명체계가 제시되더라도 관계없이 그 각각의 관점은 다음과 같은 특정한 종류의 명제를 포함하고 있어야 한다. 다섯 개의 관점과 각각의 관점이 요하는 명제들은 다음과 같다.

역동적 관점: 이 관점은 현상과 관련된 심리적 힘에 관한 명제들을 요한다.

경제적 관점: 이 관점은 현상과 관련된 심리적 에너지에 관한 명제들을 요한다.

구조적 관점: 이 관점은 현상과 관련된 영속적인 심리적 형태(구조)에 관한 명제들을 요한다.

발생학적 관점: 이 관점은 현상의 심리적 기원과 발달에 관한 명제들을 요한다.

적응적 관점: 이 관점은 현상과 환경과의 관계에 관한 명제들을 요한다.

구조적 관점, 발생학적 관점, 적응적 관점에 대해서는 별 문제가 없다. 발생학적 관점과 적응적 관점의 명제들은 이 책의 곳곳에서 발견할 수 있다. 그리고 어떤 방어이론이든 많은 구조적 성질이 있기 마련이다. 채택되지 않은 관점은 역동적 관점과 경제적 관점이다. 따라서 심리학적 에너지나 심리학적 힘에 관한 명제들은 없으며, 에너지 보존, 엔트로피, 힘의 방향과 크기와 같은 개념들은 모두 빠져 있다. 이후의 장에서 이러한 차이 때문에 생긴 간격을 메우려고 시도할 것이다. 그동안 포기된 관점의 기원과 현재 상태에 대해 간략히 생각해보도록 하자.

해소되고자 하는 가설적인 심리적 에너지의 결과로 인간행동을 보는 심리기제 모형은 정신분석 작업의 거의 초기부터 프로이트가 채택했던 것이다. 그는 한참 후에 『개요』에 이렇게 기록했다. "다른 자연 과학의 영향에 의해 우리는 정신적 삶에도 어떤 종류의 에너지가 작동하고 있다고 가정한다…." 그러나 여기서의 에너지는 물리학의 에너지와는 다른 종류의 것이며, 프로이트는 그것을 결국 '신경계 혹은 심리적 에너지'라고 명명했다(S. E., 23, pp. 163~64). 심리적 에너지를 미리 가정하면서 어떤 다른 종류의 에너지도 배제하는 다른 모델들과 이러한 종류의 모델을 구별할 필요가 있기 때문에, 프로이트가 착안한 모델은 이후 '심리적 에너지 모델'이라 부르게 되었다.

때때로 심리적 에너지 모델의 세세한 부분들이 수정됐지만, 프로이트는 이 모델을 다른 어떤 종류의 모델과도 바꾸거나 그것을 버리려고 하지 않았다. 그것은 일부 다른 분석가들에게서도 마찬가지이다. 그렇다면, 그 모델을 버리려고 하는 이유는 무엇인가?

먼저 프로이트의 모델이 내담자들과의 임상작업이 아니라 그가 생리학자인 브뤼케(Brücke), 정신의학자 마이네르트(Meynert), 의사 브로이어(Breuer) 등과 같은 스승들로부터 배운 개념들에 기원하고 있음을 기억할 필요가 있다. 이 개념들은 페히너(Fechner, 1801~1887), 헬름홀츠(Helmholtz, 1821~1894)에서 유래했으며, 그전엔 헤르바르트(Herbart, 1776~1841)에서 유래했다. 존스(Jones)가 언급한 바와 같이, 프로이트가 그것들에 관심을 가졌던 무렵에는 그것들은 이미 친숙할 뿐 아니라 교육받은 사람들, 특히 과학적 세계에 널리 받아들여졌었다(Jones, 1953, p. 414). 따라서 심리적 에너지 모델은 프로이트가 정신분석에 가져다준 이론적 모델이지 정신분석 경험으로부터 나온 모델은 결코 아니다.[5]

둘째, 그 모델은 19세기 후반의 물리학과 화학과 유사한 용어로 심리학의 자료들을 개념화하려는 시도에서 나타났다. 물리학자들이 에너지의 개념, 특히 보존의 법칙을 설명할 때 사용하는 것에 특별히 영감을 받아 헬름홀츠는 과학에 있어 진정한 원인은 어떤 종류의 '힘'으로 간주해야 한다고 주장했으며, 이러한 개념들을 생리학에서의 그의 작업들에 적용하느라 바빴다. 따라서 자연과학에 의해 개념의 틀을 짜려고 애썼던 프로이트는 페히너가 이러한 개념으로 구성했던 모델을 빌려와서 더욱 정교하게 만들었다. 프로이트 모델의 주요 특징은 다음과 같다. (a) "정신적 기능에 있어, 정서의 양이나 흥분의 총합과 같이 양적 특성을 가지고 있고, 증가, 감소, 치환, 해소할 수 있는 것들은 구별되어야 한다"(Freud, 1894, S. E., 3, p. 60). (b) 정신기관은 두 개의 밀접하게 관련

---

[5] 프로이트 자신의 기록 이외에, 프로이트의 모델의 기원을 가장 잘 설명해주는 것은 번펠트(Bernfeld)의 논문들(1944, 1949)과 존스(Jones)의 전기 1권(1953) 중 특별히 17장의 크리스(Kris)가 쓴 도입부, 프로이트가 플리스(Fliess)에게 보낸 편지 부분(Kris, 1954), 스트래치(Strachey)의 논평 '프로이트의 기본 가설의 등장'(1962)(S. E., 3, pp. 62~68)이다. 보다 긴 역사적 관점은 무엇보다 헤르바르트(Herbart)가 그의 개념을 발표한 양적 형태가 가진 높은 명망을 강조한 화이트(Whyte, 1960)에게서 찾아볼 수 있다.

된 법칙인 관성의 법칙과 불변의 법칙에 의해 지배된다. 전자는 현재 자극의 양을 가능한 낮게 유지하려는 정신기관의 노력을 말하며, 후자는 그것을 일정하게 유지하려는 경향을 말한다.[6]

셋째이자 가장 중요한 것으로, 심리적 에너지 모델은 무의식적 정신과정의 역할, 그것들을 무의식적 상태로 유지하는 과정으로서의 억압, 행동의 주요 결정자로서의 전이, 어린 시절 외상충격에서의 신경증적 기원과 같이 프로이트와 그 이후의 모든 사람들이 정신분석의 핵심으로 간주한 개념들과 논리적으로 무관하다. 이러한 개념들 중 어느 하나도 심리적 에너지 모델과 본질적인 관련이 없다. 이 모델을 포기해도 네 가지 개념 중 어떤 것도 손상되지 않고 변질되지도 않는다. 심리적 에너지 모델은 프로이트가 주의를 기울인 자료를 설명하기 위해 가능한 모델이며, 꼭 필요한 것은 아니다.

우선 강조할 점은 프로이트의 심리적 에너지 모델은 정신분석의 외부에서 유래되었다는 점이며, 다음으로 그가 그것을 소개한 주요한 동기는 그의 심리학이 당시에 가장 과학적인 개념이라고 믿었던 것과 합치

---

[6] 초기에는 프로이트는 관성의 법칙을 근본적이며, 외적 자극을 받을 때 체계를 지배하는 것으로 생각하였다: '이 해소(discharge)의 과정은 신경체계의 주요한 기능을 나타낸다.' 항구성(constancy)의 법칙은 부차적이며, 체계가 내적(신체적) 자극을 다루기 위해 필요한 정교한 완성(elaboration)으로 간주되었다(Freud, *Project for a Scientific Psychology*, S. E., 1, p. 297).

결과적으로 이 두 가지 법칙에 대한 프로이트의 생각은 본질적 변화는 아닐지라도 수정되었다. 그의 마지막 서술에서도 관성의 법칙은 여전히 근본적인 것이다. 그것은 죽음본능으로 귀착되며, 해탈(Nirama)의 법칙으로 다시 명명되었다. 불변의 법칙은 어떤 측면에서 쾌(快, pleasure)의 법칙으로 대체되며, 그것은 불변의 법칙처럼 부차적인 것으로 간주된다. 쾌의 법칙은 생명본능의 활동을 기초로, 수정된 형태의 해탈의 법칙으로 간주된다(편집자의 각 주를 보라. S. E., 14, p. 121).

됨을 확증하려는 것이었다는 점이다. 그의 초기 사례연구를 읽어 보면 알 수 있듯이, 임상적 관찰에서는 전혀 그러한 모델을 요하거나 심지어 제안하지도 않았다. 부분적으로는 프로이트가 평생 동안 그 모델에 집착했고, 또 부분적으로는 당시에는 더 좋은 어떤 모델도 없었다는 이유로 대부분의 정신분석가들은 심리적 에너지 모델을 계속 사용해왔다.

자료의 해석을 위해 가능성 있어 보이는 어떤 모델을 사용한다고 해서 비과학적인 것은 아니다. 따라서 프로이트가 그의 모델을 소개하는 것이나 그 모델을 자신이나 다른 사람들이 사용하는 것이 비과학적인 것은 아니다. 그럼에도 이 책의 목적에 맞는 대안이 있지 않겠느냐고 질문할 수는 있다.

물론 정신분석운동 자체 내에서 프로이트의 모델을 확대시키거나 대체하려는 여러 시도들이 있었다. 이 중 다수는 다른 사람들과 관계를 맺으려는 강한 욕구에 집중하고, 그것을 심리적 삶에서 해소(discharge)의 법칙이나 쾌의 법칙과 맞먹는 중요성을 가지거나 그것들의 대안이 되는 주요한 법칙으로 여겼다. 심리적 에너지 모델과는 달리, 대상-관계 모델은 임상경험과 내담자 분석을 통해 얻어진 자료에서 유래했음을 기억해둘 필요가 있다. 전이 자료의 중요성이 인식되는 순간, 이러한 종류의 모델은 우리들에게 강요되는 것이 당연한 수순이다. 프로이트 이후 그러한 모델은 현장 분석가들 모두의 생각 속에 존재했다. 따라서 이러한 형태의 모델이 유용하냐 그렇지 않느냐가 아니라 심리적 에너지 모델의 보완 혹은 대체로서 그것이 사용되느냐 그렇지 않느냐가 주요 주제이다.

프로이트 이후 대상-관계 이론에 공헌한 많은 분석가들 중 아마도 가장 영향력 있는 네 사람을 꼽는다면 멜라니 클라인(Melanie Klein), 밸

린트(Balint), 위니컷(Winnicott), 페어베언(Fairbairn)을 들 수 있을 것
이다. 각각의 이론들은 공통점도 많지만, 또한 여러 면에서 다르다. 여
기서 이들 간에 가장 중요한 차이는 이론이 순수한 대상-관계 이론 이
냐 대상-관계 개념과 심리적 에너지 개념을 결합한 복합이론이냐 하는
점이다. 네 가지 이론 중 멜라니 클라인의 이론이 죽음본능에 강조점을
두었기에 가장 복합적이며, 페어베언의 이론은 대상-관계 개념이 아닌
모든 것들은 분명히 배제했기에 가장 순수하다.[7]

이 책을 통해 발전시키고 있는 이론은 대상-관계 이론에서 유래했
기에 이 네 명의 영국 분석가들의 작업에 많이 기대고 있다. 그럼에도
불구하고, 그들 중 어떤 이론과도 가까운 입장을 취하고 있지 않으며,
어떤 면에서 각각의 것들과 매우 다르다. 더욱이 그것은 한 가지 중요
한 면에서 네 가지 모두와 다르다. 이 이론은 새로운 형태의 본능 이론
(instinct theory)을 기초로 전개된다.[8] 내 생각에, 프로이트와는 다른 형
태의 본능 이론이 없다는 점은 현재의 각 대상-관계 이론들이 가지고
있는 가장 큰 결점이다.

여기에서 사용된 본능적 행동 모델은 프로이트처럼 인접한 학문 분
야로부터 가져온 것이며, 또한 이 시대의 과학적 분위기를 반영한 것이
다. 이는 부분적으로 동물행동학으로부터 파생되었고, 한편으로는 밀러

---

[7] 이론들이 다른 두 번째 면은 가장 상처받기 쉬운 어린 시절에 대한 것이다. 이러한 점
에 있어 멜라니 클라인의 관점에서 밸린트의 관점으로 단계적 변화가 있다. 멜라니 클
라인의 이론에서 발달상 거의 모든 결정적 단계들은 태어나서 6개월까지에 해당된다.
반면 페어베언의 이론에서 그것들은 12개월까지이며, 위니컷의 이론에서는 18개월까
지이고, 밸린트의 이론에서는 처음 몇 년을 대략 비슷한 중요성을 가지고 생각한다.

[8] 여기서는 '추동이론'(drive theory) 혹은 '동기이론'(motivation)과 같은 용어보다는
'본능이론'(instinct)이라는 용어를 사용하였다. 이유는 3장과 다음 장에서 알 수 있다.

(Miller), 갤런터(Galanter)와 프리브람(Pribram)의 『행동의 계획과 구조』(*Plans and the Structure of Behavior*, 1960)와 영(Young)의 『뇌의 모델』(*A Model of the Brain*, 1964)에서 제안한 것들과 같은 모델들에서 유래한 것이다. 심리적 에너지와 그것의 해소 대신, 행동 시스템들의 개념과 행동의 통제, 정보, 부정적 피드백과 항상성의 행동형태 등의 개념들이 중심이 된다. 본능적 행동의 보다 복잡한 형태들은 어느 정도 유연한 계획을 수행한 결과로 간주되는데, 이는 종(種)에 따라 차이가 있다. 계획의 수행은 어떤 정보(정보는 감각기관에 의해서 도출되는데, 이는 외면적 혹은 내면적 자원 아니면 두 개의 결합으로부터 유래하는 것이다)를 받아들이는 것부터 시작해서, 지시를 받고 마침내 계획을 이룸으로써 종결된다. 이러한 과정에서 행해진 행동의 결과(앞서 설명한 것과 같은 방식으로 외면적인 혹은 내면적인 자원이 아니면 두 개의 결합으로부터 감각기관에 의해서 도출된)에 기원을 둔 심화된 일련의 정보를 계속해서 받아들인다. 그들 자신과 그들의 수행을 조절하는 신호들에 의해서 계획을 결정할 때, 학습된 혹은 학습되지 않은 두 가지 요소 모두가 포함되어 있다고 가정한다. 전체적인 작업을 위해 필요한 에너지에 관하여 확실하게 말할 수 있는 것은 없다. 물론 예외적으로 에너지는 물리적 현상이라는 것은 분명하다. 이는 전통적인 이론[9]과는 다른 모델이다.

한마디로 이러한 것들은 현재 채택하고 있는 모델의 몇 가지 중요한 특징들이다. 모델에 대해서는 (다음 장에서 몇몇 경험적 자료를 고려한 후) 이 책의 제2부에서 더 상세하게 기술될 것이다. 그 전에 심리적인

---

[9] 제임스 스트래치(James Strachey)는 나에게 다음의 가능성에 대해서 환기시켜주었다. 이 책에 제시한 이론은 나와 다른 이들이 가정하는 만큼 그렇게 프로이트의 이론과 다르지 않다(이 장의 마지막 절 참조. p. 96).

모델이 가지고 있는 세 가지 결점에 대해서 간략히 진술하고 그것을 피하거나 최소화할 수 있는 방법에 대해서 논의될 것이다. 이 각각은 행동을 종결하는 방식, 이론의 검증 가능성, 그리고 현재의 생물학적 과학에서 사용하는 개념들과의 관계 등의 측면에서 논의될 것이다.

구 모델과 신 모델의 비교

행동은 단지 시작하는 것만이 아니라 멈추는 것이기도 하다. 심리적 에너지를 사용하는 모델에서 시작이라는 것은 심리적 에너지 축적의 결과라고 생각한다. 그리고 그것의 끝은 에너지의 소진 때문이라고 여긴다. 그러므로 다시 수행을 반복하기 전에 새로운 심리적 에너지가 축적되어야만 한다.

하지만, 많은 행동은 이러한 방식으로는 쉽게 설명되지 않는다. 예를 들어, 아기는 엄마를 보면 울음을 그치지만 엄마가 시야에서 사라지면 다시 울기 시작한다. 그리고 이러한 과정은 여러 번 반복된다. 이러한 경우 울음의 중지와 재개가 처음 에너지의 소진 후 다시 많은 양의 정신적 에너지가 생성되었기 때문이라고 말하기는 어렵다. 이와 유사한 문제는 새들의 둥지 틀기에서도 나타난다. 새는 둥지가 완성되면 둥지 짓기를 멈춘다. 하지만 둥지가 없어진다면 곧 둥지를 다시 만든다. 이러한 경우 역시 반복한 행위가 갑작스러운 특별한 에너지의 투입 때문이라고 설명하기는 어렵다. 그리고 이러한 둥지 다시 짓기는 둥지가 제자리에 그대로 있다면 일어나지 않을 행동이다. 반면에, 각각의 경우 행동의 변화가 환경의 변화로부터 일어난 신호에 기인한다고 이해하면 쉽다. 이 주제는 앞으로 6장에서 논의될 것이다.

정신분석의 심리적 에너지 모델이 가진 두 번째 결점은 다른 유사한 모델들처럼 검증할 수 있는 정도에 한계가 있다는 점이다. 포퍼 (Popper, 1934)가 주장했듯이 여러 종류의 이론들 가운데 과학적 이론을 구별하는 방법은 그 이론이 어떻게 생성되었는가가 아니라 그 이론을 검증할 수 있는가이며, 이는 일회에 그치는 것이 아니라 계속적으로 반복하여 검증할 수 있어야 함을 의미한다. 이론은 좀더 많이 그리고 엄격하게 검증되어도 여전히 살아남았을 때, 이론의 과학성이 더 높아지는 것이다. 이에 따라 다른 조건이 같다면, 검증 가능한 이론이 과학의 목적에 좀더 부합하는 것이라 할 수 있다. 물리학에서 에너지는 어떤 작업을 수행할 수 있는 능력으로 정의되고, 여기서의 작업은 피트나 파운드 또는 그와 유사한 단위로 측정할 수 있다. 따라서 물리적 에너지 이론은 이론으로부터 도출된 명제들이 예언이 참인지 거짓인지를 검증할 수 있는 대상이 될 수 있다. 물론 지금까지 많은 예언들이 참으로 입증되었다. 반면에 프로이트의 심리적 에너지 이론은 다른 모든 유사한 이론들과 같이 이런 방법의 분석은 거치지 않았다. 그래서 심리적 에너지 이론은 검증되지 않은 채 남겨진 것이며, 이는 그 이론이 관찰할 수 있는 어떤 것으로 정의되지 않는 한, 그리고 측정 가능한 것이 되지 않는 한 여전히 검증되지 않은 것으로 간주되어야 한다. 이는 과학적 이론으로서는 심각한 결점인 것이다.

세 번째 결점은 아이러니하게도 모델의 줄기라고 할 수 있으며, 프로이트가 주요 강점으로 여겼을 만한 것이다. 프로이트는 자신의 심리적 에너지 모델을 통해 심리 데이터를 당시의 물리학이나 화학에서 사용하는 방식으로 개념화하려고 시도했다. 그렇게 함으로써 그의 작업은 심리학을 과학과 연결하는 대단한 것으로 여겨졌다. 오늘날 이는 정확하게 상반되는 결과를 나타내고 있다. 동기모델은 물리적 에너지와는 다른 특정한 에너지 형태의 존재를 가정하고 있는데, 이는 생물학자들에게 좋은 인상을 주지는 않았다(Hinde, 1966). 또한 엔트로피 법칙이 무생물에 적용되는 것과 같은 방식으로 생물체에 적용될 것이라고 가정하기 어렵다. 대신 오늘날 생물학적 이론에서는 물리적 에너지의 작용방식이 당연하게 받아들여지고 있고, 주요 강조점은 질량이나 에너지 개념과는 완전히 구별되는 조직이나 정보와 같은 개념, 그리고 폐쇄체계가 아니라 개방체계인 살아있는 유기체와 같은 개념에 두고 있다. 그 결과 심리적 에너지 모델은 현대 과학과는 잘 통합되지 않고 있으며, 오히려 그와는 정반대의 결과를 초래했다. 이것은 중요한 장애물이다.

이 책에서 사용되는 모델은 이러한 결점이 없다고 주장할 수 있다. 피드백 개념을 활용하여 행동의 개시만큼이나 행동 종료의 조건에도 많은 주의를 기울였다. 관찰할 수 있는 자료와 항상 관련지음으로써 이 모델은 검증가능하다. 통제이론과 진화이론의 관점에서 조망함으로써 이 모델은 정신분석을 현대 생물학의 주요 핵심에 연결시켰다. 마침내 이 모델은 정신분석과 관련된 관찰자료에 대해 심리적 에너지 모델보다 더 단순하고 보다 일관된 설명을 제공한다고 주장할 수 있게 되었다.

이러한 주장들은 너무 크게 느껴지거나 선뜻 수용하기 어려울 수 있다. 이렇게 주장하는 목적은 새로운 모델을 사용하는 이유와 이에 따라 정신분석의 주요 메타심리학적 개념이 활용되지 않는 이유를 설명하기 위한 것이다. 그래서 프로이트의 본능이론, 쾌락욕구원칙, 그리고 전통적 방어이론들은 심리적 에너지 모델의 관점에서 시작함으로써 결함을 갖게 된 여러 가지 공식들 중 세 가지 예라고 할 수 있다. 동시에 어떤 분석가도 다음의 두 가지 조건이 충족되지 않는 한 그러한 이론을 버리지 않는다. 첫째, 그 이론이 설명하고자 하는 관찰 자료가 여전히 중요하다고 존중되고 있고, 둘째, 새로운 이론이 적어도 낡은 이론만큼이나 좋아서 대안이 되기 전까지는 이전 이론을 버리지 않는다. 이러한 것들은 엄격한 조건이다.

분명한 것은 이러한 종류의 재공식화를 시도하는 사람들이 직면하게 될 어려움은 매우 많고 또 크다는 점이다. 이 중에서 특히 한 가지 어려움에 대해 독자들이 관심을 가질 필요가 있다. 즉, 정신분석이 출현한 이래로 지난 70여 년간 전통적인 모델은 정신적 생활의 거의 모든 분야에 적용되었다. 그리고 그 결과 이제 어느 정도의 만족을 주며 당면하는 대부분의 문제들에 대해 설명할 수 있다. 이러한 점에 대해 프로이트의 이론에 대적할 만한 새로운 이론은 없다. 이제 필연적으로 새롭게 제기되는 개개의 이론은 오직 몇몇 영역에서만 그 가치를 보여줄 수 있는데, 이는 마치 새로운 정당이 단지 소수의 선거구에서만 경쟁할 수 있는 것과 마찬가지다. 새로운 이론은 영역을 제한하여 보인 후에야 그 이론을 좀 더 넓은 영역으로 확대하여 적용하고 보다 일반화된 유용성을 검증할 수 있다. 따라서 그 이론이 얼마나 넓은 분야에 유용하게 적용될 수 있는가는 중요하게 탐구되어야 할 주제이다. 한편 독자는 이론을 판단하는 것이 필요한데, 그러한 판단은 새로운 이론이 아직 다루지 않은 문제를 통해서가 아니라 지금까지 적용된 제한된 영역 내에서 이루어낸 성취를 기준으로 이루어져야 한다. "고려해야 할 모든 요인들이 아주 복잡하기 때문에 그 요인들을 제시할 수 있는 방법은 오직 하나밖에 없다…."[10]

---

[10] 저자는 이 장의 맨 첫 부분에 인용된 프로이트의 글에서 이 부분을 다시 따옴으로써 새로운 이론으로 정신병리의 요인을 밝히려고 할 때 관련 요인 중 한 가지씩 밝혀가

이 장을 마무리하면서 프로이트가 이러한 대단한 혁신에 대해서 어떻게 받아들일지를 생각해보는 것은 흥미로운 일이다. 그는 그의 정신분석 개념에서 이 새로운 것들을 제외시켜 버릴 것인가? 아니면 그는 낯설지만 합당한 방식에 대해서 관찰자료를 재정렬하는 대안적 방법으로 받아들일 것인가? 그의 저서에서 이에 대한 답을 찾을 수 있다. 그는 자신의 이론이 아직 잠정적 상태임을 자주 강조했으며 태어나고 죽는 여타의 생명체와 같은 과학적 이론이라고 생각하였다. 그는 다음과 같이 기술하고 있다.

경험적 해석 위에 세워진 과학은 … 기꺼이 불분명하고 거의 상상하기 어려운 기본 개념에 만족할 것이다. 그 기본 개념들이 발전과정 속에서 보다 분명하게 이해될 수 있기를 바라거나 … 다른 것으로 대체되기를 바라면서. 왜냐하면 이러한 개념들은 과학의 밑바탕을 구성하는 것─과학의 밑바탕은 관찰이다─이 아니라…, 전체 구조의 최상부이어서 그것들은 과학의 기초를 손상시키지 않고도 대체되거나 폐기될 수 있기 때문이다(S. E., 14, p. 77).

프로이트는 그의 『자전적 연구』(1925)에서 같은 맥락의 말을 하였는데, 기꺼운 태도로 다음과 같이 언급했다. "이론적인 정신분석의 상부구조의 어떤 일부도 그것의 부정확함이 입증된다면 어떠한 손실이나 주저 없이 바뀌거나 버려질 수 있다"(S. E., 20, p. 32).
그러므로 우리는 계속하여 우리 스스로에게 다음의 두 가지 질문을

는 과학적 방법에 의존해야 한다는 점을 강조하고 있다 - 옮긴이.

해야 한다. 그래서 이 이론 혹은 저 이론이 자료에 얼마나 정확한가와 우리가 가장 효과적으로 분석할 수 있는 방법은 무엇인가를 생각해야 한다. 바라건대 우리는 여기에서 제시한 이론들도 철저하게 조사해야 하고 앞의 질문을 계속 기억하고 있어야 할 것이다.

3. 프로이트의 이론에서 피드백의 개념에 대한 개요

90쪽의 각주에서 언급했듯이 어떤 면에서는 이 책에서 제시한 동기 이론은 나나 다른 사람들이 생각하는 것만큼 프로이트의 몇몇 이론들과 그렇게 다르지 않을 수도 있다.

최근 몇 년간 프로이트가 그의 『과학적 심리학을 위한 프로젝트』 (*Project for a Scientific Psychology*)에서 제시한 신경학적 모델에 새로운 관심이 집중되어 왔다. 이 저서는 1895년에 저술되었으며, 생전에는 출판되지 않았다. 신경심리학자 프리브람(1962)은 부정적 피드백을 포함한 많은 특징적 모델에 관심을 기울였는데, 부정적 피드백은 현대의 기준으로 볼 때에도 정교하다고 평가할 수 있다. 스트래치(Strachey, 1966) 역시 그가 번역한 새 역서의 서문에서 프로이트의 초기 생각과 현대 개념 사이의 유사성에 관심을 나타냈다. 예를 들어, "지각의 메커니즘에 대한 프로이트의 설명을 살펴보면 기계가 환경에 대처하는 과정에서 자신의 오류를 교정하는 수단인 피드백의 기본 개념을 발견할 수 있다"(*S. E.*, 1, pp. 292~93).

『프로젝트』에서 제시한 이러한 생각들로 인해 스트래치는 여기에 소개된 본능적 행동에 대한 모델, 특히 환경의 변화를 지각함으로써 행동이 종료된다는 개념이 프로이트의 개념과 내가 예상했던 만큼 큰 차이가 나지 않는다는 것을 믿게 되었다.

여하튼 『프로젝트』에서 프로이트는 '행동'은 외부로부터 오는 지각의 결과로서 시작되고, 외부로부터의 새로운 지각 때문에 멈추며, 외부의 또 다른 지각을 통해 다시 재개된다고 말할 것이다(Strachey, 개인적 대화).

피드백에 대한 견해는 본능의 목표와 대상이라는 프로이트의 개념에서도 발견된다. 그의 논문 「본능과 그것들의 변화」(1915a)에서 그는 이러한 개념을 다음과 같이 기술하였다.

그 어떤 경우에도 본능의 목표는 만족인데, 이 만족은 오직 본능의 근원에서 경험되는 자극상태를 제거함으로써 획득될 수 있다. … 본능의 대상은 그것이 주어지거나 또는 그것을 통함으로써 목표가 성취되는 어떤 것을 의미한다(S. E., 14, p. 122).

대상과 맺는 관계를 통해 원천적 자극상태를 제거하는 것은 피드백 개념으로 쉽게 이해될 수 있다. 이것은 해소(discharge) 개념과는 다른 것이다.

프로이트가 자신의 이론을 형성해가는 과정의 이 지점에서 피드백의 개념을 발견하는 것은 매우 흥미로운 일이다. 하지만 그 개념은 항상 어렴풋한 것이었고 종종 매우 다른 종류의 개념에 의해서 배제되었다. 그 결과 피드백 개념은 정신분석 이론에서 한 번도 활용되지 않았다. 예를 들면, 사실 라파포트와 질(1959)이 소개한 메타심리학의 설명에서 이러한 개념의 부재는 두드러진다.

　새로운 아이디어의 뿌리를 앞선 세대가 생각했던 것 중에서 찾아내려고 할 때 실제 제시된 것보다 더 많은 것을 찾아내려고 할 위험이 있다. 예를 들어, 프로이트의 관성법칙(principle of inertia)을 항상성 원칙(principle of homeostasis)의 특별한 경우로 간주했던 프리브람의 시도가 합당한가는 의문스럽다. 프리브람은 "관성은 항상성의 가장 단조로운 형태다"라고 제안하였다. 두개의 법칙 사이에는 중요한 차이가 있는 것으로 보인다. 프로이트가 제시한 관성법칙은 자극의 수준을 0으로 줄이는 경향성으로 이해되는 반면, 항상성의 원칙은 어떠한 긍정적 한계들 사이에 유지되는 수준에 대한 경향성 뿐 아니라 주로 발생론적 요인들과 생존가능성을 극대화하는 요소에 의해서 한계를 정하는 작용이라고도 이해할 수 있다. 하나는 물리학과 엔트로피의 관점에 따르는 이해이며, 다른 하나는 생물학과 생존 주제와 관련된 이해이다. 항상성과 유사한 개념으로서는 항구성의 원칙(principle of constancy)이 관성의 원칙보다 더 유망한 것으로 보인다.

제2장

설명되어야 할 관찰자료

한 버려진 아이, 잠에서 갑자기 깨어나
주변의 모든 것을 두려운 눈으로 바라보며 방황한다.
그리고 오직 보이지 않는 것을 찾는다.
사랑의 마주치는 눈을.

— 조지 엘리엇(George Eliot)

오랜 옛날부터 어머니와 시인들은 어머니를 잃은 아이가 경험하는 고통에 민감했다. 하지만 과학이 이러한 아이의 고통에 관심을 돌린 지는 50여 년 정도밖에 되지 않는다.

프로이트와 다른 사람들이 이전에 언급했던 몇 가지 관찰을 제외한다면 1940년대 초반까지, 유아와 아동들이 엄마와 헤어질 때 어떻게 행동하는가를 체계적으로 관찰한 기록은 없었다. 최초의 관찰은 제2차 세계대전 중 햄스테드(Hampstead) 보육원에서 이루어졌고, 도로시 벌링햄(Dorothy Burlingham)과 안나 프로이트(Anna Freud)가 보고했다 (1942, 1944). 이들이 관찰한 아동들의 연령은 신생아에서부터 만 4살까지였으며 모두 건강한 아이들이었다. 이 아이들은 엄마와 헤어진 뒤 전시상태라는 점을 감안한다면 최고의 시설에서 양육되었다. 이 연구는 초창기의 선도적 연구였기 때문에 체계적인 보고가 이루어지지도 않았고, 해마다 변화하는 양육환경에 대해서도 모두 설명하지 않았다. 그럼에도 불구하고, 기록된 사실 중 상당수는 지금도 전형으로 알려져 있으며, 그 생생한 기록들은 널리 유명해졌다.

두 번째 관찰보고는 르네 스피츠(René Spitz)와 캐서린 울프(Katherine Wolf)가 한 것인데, 이들은 형무시설에서 보호받고 있던 미혼모들의 유아 100명을 관찰했다(Spitz & Wolf, 1946). 18개월 무렵까지 관찰했던 몇 명의 유아들을 제외한 다른 모든 유아들은 최초 12개월 동안의 행동만을 관찰했다. 6개월에서 8개월이 될 때까지 모든 연구대상 아이들은 엄마가 직접 키웠다. 그 후 "피할 수 없는 외적 요인 때문에" 아이들은 엄마와 헤어지게 되었고, 이별은 "3개월 동안 지속되었다. 이 기간 동안 아이들은 엄마를 전혀 만나지 못했거나 기껏해야 일주일에 한 번밖에 볼 수 없었다." 엄마와 헤어진 이 기간 동안 다른 아이들의 엄마 혹은 임신 말기의 다른 여자들이 이 아이들을 맡아 키우게 되었다. 대부분의 다른 아동관찰 연구들과는 달리, 이 연구에서는 엄마와의 이별 전후에 엄마 역할을 하는 인물이 바뀐 것을 제외한 다른 환경변화는 없었다.

초창기의 이러한 두 가지 연구 이후 유사한 많은 연구들이 쏟아져 나왔다. 1948~52년 동안 나의 동료이자 햄스테드 보육원의 직원이었던 제임스 로버트슨(James Robertson)은 연령이 대부분 18개월에서 4살까지인 다수의 아동들을 관찰했다. 이 아이들은 보육원이나 병원에 있었는데, 그중 몇몇 아이들은 1~2주, 다른 아이들은 그 이상 거기에 머물러 있었다. 로버트슨은 아이들이 집을 떠나 있을 때와, 그 이전과 이후에 집에 있을 때를 가능한 한 많이 관찰했다. 그의 관찰기록 중 일부는 종이에 기록된 것도 있으며, 1952년과 1954년 사이에는 영화로도 제작되었다.[1] 로버트슨(1962)은 입원했을 때와 퇴원한 이후에 아이들이 어떻게 반응하는지에 관해 부모들이 설명한 내용을 다수 제작하기도 했다. 이 아이들 대부분은 엄마와 떨어져서 병원에 있었지만 몇 명은 엄마가 함께 있기도 했다.

로버트슨의 관찰 이후 타비스톡 아동발달연구부(Child Development Research Unit)의 내 동료들이 두 개의 다른 연구를 진행했다. 첫 번째 연구는 크리스토프 하이니케(1956)가 수행했고, 두 번째 연구는 크리스토프 하이니케와 일제 베스트하이머(Christoph Heinicke & Ilse Westheimer, 1966)가 수행했다. 두 연구 모두 관찰대상 아이들의 연령은 13개월에서 3살까지였으며, 아이들은 보육원에 들어가면서 엄마와 헤어지게 되었다. 아이들 대부분은 2주 만에 집으로 돌아왔지만 몇 명은 더 오랫동안 보육원에 있었다. 비록 각각의 연구에서 관찰된 아동의 수는 적었지만(첫 번째 연구는 6명, 두 번째 연구는 10명), 연구설계가 면밀하게 고안되었다는 점과 체계적 관찰이 막대한 분량으로 이루어졌다는 측면에서 이 연구들은 독창적이었다. 그리고 엄마와 떨어져서 지낸 아이들의 표집에 대해 대조집단을 선정하여 관찰하였다. 즉 대조집단과 비교해 볼 때 대등한 특성을 가진 실험집단의 아동들은 보육원(낮 동안만 아이를 봐주는)에서 일주일 동안 관찰했다. 그리고 대조집단의 아이들은 보육원이 아닌 가정에서 행동을 관찰했다. 하이니케와 베스트하이머는 자신들이 수집한 관찰자료를 통계적으로 처리했으며 아이들의 행동을 개인별로 구체적으로 묘사했다.

지난 10년 동안 다른 연구들도 보고되었다. 예를 들어, 파리에서 제니

---

[1] Robertson과 Bowlby(1952); Bowlby, Robertson과 Rosenbluth(1952) Bowlby(1953); Robertson(1953). 이 필름은 Robertson(1952).

오브리(Jenny Aubry, 이전의 Roudinesco)와 그녀의 동료들은 보육원에 살게 된 만 1살을 넘긴 다수의 아동을 관찰했다(Appell & Roudinesco, 1951; David, Nicolas, & Roudinesco, 1952; Aubry, 1955; Appell & David, 1961). 이후 이들은 방학캠프 1달 동안 4살에서 7살 사이의 아동들을 연구했다(David, Ancellin, & Appell, 1957).

하이니케와 베스트하이머는 자신들의 연구와 앞서 살펴보았던 보육원 상황에서의 건강한 아동연구 결과들을 자신들의 책『짧은 이별』(*Brief Separations*, 1966) 후반부에서 체계적으로 고찰하고 있다. 각 연구들이 보여준 결과는 상당한 정도의 공통분모를 공유하고 있음이 명백했다.

입원했을 때와 퇴원 후의 어린아이들의 행동을 연구한 결과들도 많다. 이 중 몇 개의 연구는 소아과 의사들이 한 것이다. 미국의 프루(Prugh) 등(1953), 영국의 일링워스와 홀트(Illingworth & Holt, 1955), 유고슬라비아의 미치치(Mićić, 1962), 폴란드의 빌리카와 오렉노비츠(Bielicka & Olechnovicz, 1963)가 있다. 심리학자들이 수행한 연구들도 있는데, 그 중 스코틀랜드의 쉐퍼(Schaffer)는 병원에 입원할 때와 퇴원 후 집에 돌아갈 때 한 살 미만의 어린이들이 보이는 반응에 관해 연구했다(Schaffer, 1958; Schaffer & Callender, 1959). 그리고 체코슬로바키아의 랑마이어와 마테제크(Langmeier & Matejcek, 1963)는 방대한 연구를 진행했다. 버넌(Vernon) 등(1965)은 병원 연구 문헌에 관해 포괄적으로 검토한 결과를 출판했다.

이러한 다양한 연구들의 연구대상은 여러 방면에서 서로 다르다. 예를 들어, 연령, 유아들이 속한 가정의 유형, 집을 떠나 머무는 기관의 유형, 이 기관에서 경험하는 보호의 유형, 집과 떨어져 지내는 기간 등에서 서로 다르다. 이 아이들의 건강한 정도 역시 다르다.[2] 이런 모든 차이에도 불구하고, 그리고 관찰자들의 배경과 기대의 상이함에도 불구하고 이 연구결과들은 놀랄 만한 통일성을 보인다. 아이가 태어난 지 6개월 이상이 되면 엄마와의 이별을 경험할 때 그 아이는 아주 전형적인 방식으로 이별에 반응하는 경향이 있다. 이 책에 제시된 이론이 주로 로버트슨의 관찰을 바탕으로 하기 때문에 이 책에 인용된 예들 중 상당수는 로버트슨의 연구에서 나온 것이다.

로버트슨의 기초자료들은 만 1세와 2세 아동들이 제한된 시간 동안 보육원, 병원 입원실 등에 머무르는 동안 전통적 방식으로 양육되는 과정을 관찰한 것이다. 여기서 '전통적 방식'이라는 것은 아동이 엄마 역할을 하는 인물과 다른 보조적 위치의 인물들의 보호나 친숙한 환경 대신, 수시로 바뀌는 낯선 사람들에 의해 낯선 환경에서 양육된다는 것을 의미한다. 이 아이가 집에 돌아간 이후 가정에서 보이는 아동의 행동에 대해서는 직접 관찰이나 부모의 보고 등을 통해 추가 자료가 수집되었다.

이전에 엄마와 떨어진 적이 없어서 엄마와 비교적 안정적 관계를 가진 15개월에서 30개월 사이의 아이들은 공통적으로 낯선 환경에서 예측 가능한 순서로 특정 행동을 보여준다. 엄마에 대한 지배적 태도가 무엇인가에 따라 이 행동들은 3단계로 나누어볼 수 있다. 이 세 시기는 각각 저항(protest), 절망(despair), 탈착(detachment)이다. 각각의 시기를

---

[2] 로버트슨과 쉐퍼 등이 수행한 병원에서의 아동에 관한 두 개의 주요 연구에서 열, 통증, 혹은 다른 질병 증상을 잠깐 앓은 정도 이상으로 심각한 증상을 보인 아동들은 연구 대상에서 제외되었다. 입원한 아이들은 대부분 검진을 받거나 가벼운 수술을 받았다.

명확하게 구분해서 제시하는 것이 비록 편리하긴 하지만, 실제로 각 시기는 다음 시기와 혼재되어 있는 것으로 이해할 수 있다. 그래서 아동은 며칠 혹은 몇 주 동안 한 시기에서 다음 시기로 넘어가는 전이기에 놓여 있을 수도 있고 앞뒤 시기 사이에서 왔다 갔다 할 수도 있다.

최초의 시기인 저항기는 즉각 시작될 수도 있고 지연될 수도 있다. 저항기는 몇 시간 혹은 몇 주 혹은 그 이상 동안 지속된다. 이 시기에 아동은 엄마를 잃어버려서 상당히 고통스러운 것처럼 보이며, 자신의 제한된 능력을 총동원하여 엄마를 되찾기 위해 노력한다. 아이는 종종 크게 울고, 자신의 침대를 흔들고, 몸을 내던지며, 잃어버린 엄마의 것인 듯한 소리와 모습을 향해 열심히 응시한다. 아이의 모든 행동은 엄마가 돌아올 것이라는 강한 기대를 나타낸다. 그러는 동안 이 아이는 자신을 위해 뭔가 해주고자 하는 모든 사람들을 거부하기도 하지만, 어떤 아이들은 보모에게 필사적으로 매달리기도 한다.

비록 저항기 직후의 절망기에는 아이의 행동에서 절망이 커진다는 것을 알 수 있지만, 잃어버린 엄마에 대한 아이의 집착은 여전하다. 적극적인 신체 움직임은 감소하거나 없어지지만 단조롭게 혹은 가끔 울기도 한다. 아이는 혼자 있고자 하고 활동이 없으며 주변의 사람들에게 요구도 하지 않고, 마치 깊은 애도 상태에 있는 것처럼 보인다. 이 시기는 조용한 시기이며, 때로 고통이 줄어드는 것처럼 보이는데 이는 명백한 오해이다.

저항기와 절망기에 뒤이어 탈착기가 나타나는데, 이 시기에 주변 환경에 대한 아이의 관심이 증가하기 때문에 이 시기는 회복의 징표로서 환영받는다. 아이는 더 이상 보모를 거부하지 않으며 보모의 보살핌과 음식 그리고 이들이 가져다주는 장난감을 받는다. 심지어 미소를 짓기도 하며 사람들과 친해지려고 한다. 어떤 이들에게는 이런 변화가 만족스럽다. 하지만, 엄마가 찾아왔을 때 모든 것이 이상하다는 것을 알 수 있게 된다. 왜냐하면, 이 나이 또래에 정상적인 강한 애착의 특징적 행동들이 놀라울 정도로 나타나지 않기 때문이다. 자신의 엄마를 반기기는커녕 엄마를 거의 알지 못하는 것처럼 대하며 엄마에게 매달리기보다는 멀리 떨어져서 무감각한 채로 있다. 눈물을 흘리는 대신 힘없이 외면한다. 아이는 마치 엄마에 대한 모든 흥미를 잃어버린 것처럼 보인다.

만약 한 아이가 병원이나 보육원에 오랫동안 머물러 보통의 경우처럼 보모들이 계속 뒤바뀌면서 일시적으로 애착하는 경험이 반복되고 그 과정에서 원래의 엄마를 잃는 경험을 반복하게 되면, 이 아이는 엄마의 보살핌이나 사람들과의 접촉이 별로 중요하지 않은 것처럼 행동하게 될 것이다. 아이가 차례로 신뢰와 애정을 주었던 엄마 역할을 한 여러 명의 인물들을 잃게 되면서 이 아이는 혼란을 경험하게 된다. 이 과정에서 아이는 다음의 엄마 역할 인물들에게 점점 덜 헌신하게 되고 마침내 어떤 사람에게도 애착하는 것을 멈추게 된다. 이 아이는 점차 자기중심적이 되며 자신의 욕구와 느낌을 사람들에게로 향하는 대신 단 것, 장난감, 음식 등의 물질적인 것들에 집착하게 된다. 기관이나 병원에 있다가 이 정도 상태에 이른 아이들은 보모가 바뀌거나 떠나도 더 이상 혼란스러워 하지 않는다. 부모가 방문을 해도 이 아이들은 감정을 표현하지 않는다. 부모들은 자신들이 가져다준 선물에는 아이가 비상한 관심을 가지면서도 자신들을 특별한 사람으로 대하지 않는 것을 깨닫고서 슬픔을 느끼기도 한다. 아이는 쾌활해 보이고 비일상적 환경에 잘 적응한 것처럼 보일 것이다. 그리고 겉으로 보기에 편안하고 아무것도 두려워하지 않는 것처럼 보일 것이다. 하지만 이런 사교성은 표면적이다—

이 아이는 이제 아무에게도 관심이 없다.

우리는 이 시기를 표현할 최적의 용어를 선택하는 데 약간의 어려움을 겪었다. 처음 논문들에서는 '부인'(denial)이라는 용어를 사용했다. 이 용어를 사용하는 것이 쉽지 않아서 더 이상 사용하지 않고 대신 훨씬 설명적인 용어인 '탈착'(detachment)을 사용하게 되었다. 하나의 대안이었던 '철회'(withdrawal)는 두 가지 약점을 지니고 있었다. 먼저 '철회'는 실제와는 정반대로 세상에서 철수한 비활동적 아동을 연상시키는 위험이 있었다. 둘째, 정신분석 문헌에서 '철회'는 흔히 리비도 이론과 관련되어 있으며 철회될 수 있는 에너지의 양으로서의 본능이라는 개념과도 관련되어 있는데, 이러한 모형은 더 이상 사용되지 않는다. '탈착'이라는 용어에는 이러한 약점이 없으며 또한 '애착'(attachment)에 자연스럽게 대비되는 개념이기도 하다.

이미 언급한 바 있는 많은 요인들이 (앞의 세 시기에서 - 옮긴이) 관찰할 수 있는 반응의 강도와 반응의 특정 형태에 영향을 미친다. 그래서 고립의 정도가 심할수록 그리고 침대에 더 갇혀 있을수록 아이의 저항은 더 격렬해진다. 반면에 환경이 덜 생소하고 한 명의 대리모가 더 오랫동안 양육할수록 고통은 줄어든다. 형제가 아주 어리다 할지라도 그 형제와 함께 있을 때(Heinicke & Westheimer, 1966), 그리고 한 명의 대리모가 양육할 때, 특히 이전에 엄마와 함께 있을 때 만난 적이 있는 대리모가 양육할 때(Robertson & Robertson, 1967), 반응의 강도는 규칙적이면서 효과적으로 줄어드는 것 같다.

엄마와의 이별과 재회의 시기에서 고통의 증가에 규칙적으로 영향을 미치는 변수는 이별의 기간이다. 하이니케와 베스트하이머(1966)의 연구에서 이와 같은 연관성이 두드러지며, 하이니케와 베스트하이머가 보여주듯이 거의 모든 다른 연구자들도 이러한 연관성을 규칙적으로 보고하고 있다(위의 책, pp. 318~22).

지금까지 살펴본 바와 같이, 아이의 이러한 (낯선 상황에서의) 행동을 결정하는 가장 중요한 요인이 친숙한 엄마역할 인물[3]의 부재라는 증거는 많지만, 모든 사람이 이 관점에 동의하는 것은 아니다. 대신 다른 변수들이 가장 중요한 것으로 여겨진다. 다음의 것들이 가장 중요한 것으로 제안된다. 생소한 환경, 엄마의 상태, 아이와 엄마가 가졌던 이전의 관계 등이다. 그래서 여러 연구에서 낯선 사람이 아이를 양육할 뿐만 아니라, 이 아이들은 낯선 환경에서 양육된다는 것도 강조되었다. 그리고 건강한 아이가 보육원에 보내질 때 그 이유가 종종 엄마가 새 아기를 출산하기 위해서 병원에 가기 때문이라는 것도 강조되었다. 뿐만 아니라 가정에서의 관계가 만족스럽지 않기 때문에 보육원에 가는 경우가 있다는 것도 강조되었다. 엄마와의 이별이라는 낯선 상황에서의 행동은 엄마와의 이별 때문이 아니라 생소한 환경, 경쟁자의 출현, 혹은 엄마와의 이전의 불만족스러운 관계 등 때문이 아닐까?

만약 이러한 반론들이 힘을 얻는다면 엄마와의 이별 자체가 갖는 중요성은 무너질 것이다. 그러나 이 변수들 각각의 영향력에 관한 충분한 증거는 어떤 경우에도 엄마와의 이별이라는 변수의 영향력을 의심하는 이들을 지지하지 않는다. 이에 대해 알아보자.

비록 로버트슨의 연구를 포함한 다수의 연구에서 아이들은 낯선 사람뿐만 아니라 생소한 환경에도 노출되지만 그렇지 않은 연구들도 있다.

---

[3] 비록 이 책 전체를 통틀어 '엄마역할 인물'보다는 '엄마'라는 용어가 쓰이지만, 모든 경우에 이 용어는 아이를 낳고 그 아이가 애착을 느끼는 대상을 지칭한다. 물론, 대부분의 아동에게 이 사람은 또한 생모이다.

그중의 하나가 이미 언급한 바 있는 스피츠와 울프의 연구이다. 스피츠가 '의존성 우울'(anaclitic depression) 증후군이라고 명명한 행동증상을 보인 유아들은 엄마와 헤어져 있는 동안 동일한 기관에 머물렀다. 뿐만 아니라, 이들을 이전의 상태로 비슷하게 회복시키기 위해서는 엄마와의 재회라는 단 한 가지 변화만 필요했다. 단, 이러한 변화는 3개월 내에 일어나야 했다.

환경변화의 효과가 어떻든 간에 주요 변수는 항상 엄마역할 인물의 부재라는 것을 확인하는 다른 두 연구가 있다. 첫 번째 연구는 헬렌 도이치(Helen Deutsch, 1919)가 수행한 한 어린 소년에 관한 연구인데, 이 소년은 엄마가 일을 했기 때문에 보모들이 대신 이 소년을 보살피게 되었다. 이 아이가 막 두 살이 되었을 때 첫 번째 보모가 떠났고 두 번째 보모가 왔다. 이 아이는 비록 같은 집에서 살았고 엄마가 매일 저녁 집에 있었지만, 친숙한 보모가 떠난 이후 이 아이가 보여준 행동은 (낯선 상황에서의) 전형적 행동과 일치한다. 첫 보모가 떠난 날 저녁 이 아이는 많이 울었고 잠도 자지 않았으며 엄마와 함께 있으려고 떼를 썼다. 다음날 이 아이는 새로운 보모가 밥을 먹여주는 것을 거부했으며 예전에 그랬던 것처럼 오줌을 싸고 지저분해졌다. 그날 이후 나흘 동안 매일 저녁 이 아이의 엄마는 이 아이와 함께 있어야 했고 그녀의 사랑을 확신시켜주었지만, 낮 동안의 아이의 행동은 계속 혼란스러웠다. 6일째가 되어서야 그의 행동은 어느 정도 정상으로 돌아왔고 9일째에야 본 모습을 되찾은 것 같았다. 비록 이 아이가 처음의 보모를 보고 싶어 하는 것은 분명했지만, 이 아이는 그 보모의 이름을 한 번도 부르지 않았으며 그녀가 없다는 것을 어떤 식으로든 언급하려고 하지 않았다.

스피로(Spiro, 1958) 또한 비슷한 사례를 보고하고 있다. 이 사례는 앞의 사례와 같은 나이의 다른 소년의 행동을 묘사하는데 이 소년은 이스라엘의 키부츠에서 자랐고 부모가 몇 주 동안 키부츠를 떠나 있는 동안 혼자서 지내게 되었다. 이 아이는 친숙한 환경에 친숙한 보모와 친구들과 함께 남은 경우이다. 그럼에도 불구하고 이 아이는 무척 혼란스러워했다. 다음 내용은 이 아이의 엄마가 해준 이야기를 요약한 것이다.

우리는 이제 막 키부츠로 돌아왔어요. 우리가 없었던 게 야코브에게는 무척 힘들었나 봐요. 보모가 말하는데 며칠 밤을 자지 못했다고 하더군요. 어느 날 저녁인가는 경비원이 우리 집 문 앞에서 엄지손가락을 입에 넣고 서 있는 야코브를 발견했다고 해요. 야코브의 아버지는 저보다 일주일 먼저 집으로 돌아왔는데, 야코브는 저녁에 아버지가 집을 못 나가게 했고 집을 나서려고 하면 울었대요. 제가 돌아왔을 때 야코브는 저를 알아보지 못한 채 자기 아버지에게로 달려갔어요. 요즘 야코브를 두고 저녁에 집을 나서려고 하면 야코브는 항상 제게 물어봐요. "다시는 날 버려두지 않을 거죠, 다시는요?" 다시 홀로 버려질까봐 야코브는 큰 두려움을 갖고 있어요. 엄지손가락을 빨기 시작했어요… 저녁에 잠들 때까지 야코브와 함께 있어야 해요.

스피로에 따르면 야코브의 아버지가 나중에 여행을 가려고 했을 때 이 소년은 화를 냈다고 한다. 몇 달이 지난 지금, 야코브는 그의 엄마에게 이렇게 말했다. "아빠는 텔아비브에 갔어요. 모든 아이들은 제 아빠에게 굉장히 화낼 거예요." 엄마는 야코브에게 야코브가 아빠에게 화난 것이냐고 물었다. 야코브는 "모든 아이들이 아빠에게 화가 날 것이다"라고 대답했다.[4]

이러한 증거는 우리의 관심의 대상이 되는 일련의 행동들이 단순히 환경의 변화 때문이 아니라는 것을 보여주기에 충분하다. 생소한 환경이 영향을 미칠 것이라는 것은 의심의 여지가 없다. 하지만, 한 아이에게 훨씬 더 중요한 것은 엄마와 함께 있느냐 없느냐이다. 엄마와 함께 생소한 환경에 놓인 한 아이가 어떻게 행동하는가를 관찰해 보면 이 결론이 옳다는 것을 확인할 수 있다.

가족휴가에서 어린이들이 생소한 환경에서 엄마와 함께 있을 때 어떻게 행동하는가에 대한 재미있는 증거들이 많다. 어떤 아이들, 특히 두 살 난 아이들은 이런 환경에서 무척 혼란스러워 한다는 게 사실이다. 하지만, 그럼에도 불구하고 친숙한 엄마역할을 하는 인물이 곁에 있는 한 이러한 혼란이 심각해지거나 지속되는 경우는 드물다.[5] 대부분의 어린이들은 변화된 환경에도 불구하고 가족휴가를 즐기는 것이 아니라, 오히려 그 변화된 환경 때문에 가족휴가를 즐긴다.

병원에서 아이들을 관찰해 보면, 엄마와 함께 있는 한 생소한 환경 은 전혀 혼란을 주지 않거나 혹은 혼란을 주더라도 그 정도가 미미하다는 입장을 지지하는 다른 증거들이 있다.

아이가 병원에 엄마와 함께 머물렀을 때, 병원에 혼자 있는 아이들에게서 흔히 보이는 혼란스러운 행동이 거의 혹은 전혀 나타나지 않는다는 증거를 보여주는 연구가 많다. 그러한 2살짜리 여아의 사례를 로버트슨(1958)이 필름으로 촬영했다. 소아과 의사들, 예를 들어 맥카시, 린

---

4 이 보고서를 인용하면서 고유명사(사람 이름) 사용을 피하기 위해 약간의 수정이 필요했다.

5 Ucko(1965)의 보고에 따르면 가족 휴가에서 불쾌해지는 아이들은 주로 태어날 때 가사 상태를 경험했던 아이들이라고 한다.

지, 모리스(MacCarthy, Lindsay, & Morris, 1962)와 미치치(1962)도 이런 사례를 보고하고 있다. 후자는 며칠 동안 엄마 없이 병원에 있던 한 아이가 며칠 후 엄마와 다시 만났을 때 보여준 극적인 행동변화를 기록하고 있다. 미치치는 기관지폐렴으로 병원에 있었던 13개월 된 조그마한 한 여자 아이에 대해 이야기한다.

드잔릭은 잘 크고 영양상태도 좋은 아이였다. 이 아이가 병원에 입원할 때 엄마가 없었는데 며칠 동안 엄마 없이 병원에 있었다. 항상 힘없이 침대에 누워 있었고 아무것도 먹지 않으려 했고 자면서 울고만 있었다. 검사를 받을 때도 저항하지도 않았다. 앉는 자세로 일으켜 세웠지만 돌아서서 다시 눕고 말았다.

사흘째 되던 날 이 아이의 엄마가 왔다. 이 아이는 엄마를 보자마자 일어서서 울기 시작했다. 잠시 후 진정하더니 이 아이는 엄청난 허기를 느꼈다. 음식을 먹고 나서 웃고 놀기 시작했다. 다음날 병실에 들어갔을 때, 이 아이가 얼마나 변했던지 이 아이를 알아볼 수 없었다. 아이가 누워 잠들어 있으리라고 예상했는데, 이 아이는 엄마의 팔에 안겨 웃고 있었다. 심리적으로 우울하고 계속 잠만 잤던 아이가 어느 날 아주 행복한 어린 소녀로 변화되었다는 것은 상상하기 힘든 일이다. 그 아이는 모든 게 즐거웠고 항상 웃고 있었다.

이러한 놀랄 만한 변화가 우연이 아니라는 것은, 부모들이 기록했거나 로버트슨(1962)이 수집한 이야기들을 포함한 다른 많은 유사한 이야기들이 분명하게 보여주고 있다.

패이긴(Fagin, 1966)의 체계적 연구는 위의 결론을 확실히 지지한다.

이 연구에서 30명의 아이들은 병원에 엄마가 함께 머문 반면, 같은 특성을 가진 비교집단의 다른 아이들은 (물론 엄마가 매일 방문하기는 했지만) 혼자서 병원에 머물게 되었다. 며칠 후 병원에서 집으로 돌아왔을 때, 혼자서 입원했던 아이들은 낯선 상황에서 이별을 경험한 아이들의 전형적 반응을 보였다. 더 많이 매달리고 짧은 이별에도 쉽게 흥분했으며 대소변을 못 가리게 되는 등의 증상이 이들의 전형적인 예이다. 대조적으로 엄마와 함께 입원한 아이들은 이러한 불안한 증상을 전혀 보이지 않았다.

그러므로 낯선 환경은 홀로된 아이가 경험하는 고통의 주원인이 아니라는 점은 명백한 사실이다. 하지만, 엄마가 없는 상태에서 낯선 환경이 아이의 고통을 악화시킨다는 것은 분명하다. 이 문제는 2권에서 깊게 논의될 것이다.

엄마의 임신과 새 아기의 출산 예정 또한 큰 영향을 미치지 않는 사소한 요인으로 간주될 수 있다. 첫째, 보고된 사례들에서 보이듯이, 임신 상태가 아닌 엄마들의 아이들도 엄마와 떨어지게 되면 습관적으로 낯선 상황에서의 전형적 증상들을 보인다. 둘째, 하이니케와 베스트하이머(1966)가 보고한 연구에서 출산이 가까운 엄마의 아이들 13명의 행동과 임신상태가 아닌 엄마의 아이들 5명을 직접 비교할 수 있었다. 엄마와 헤어진 후 첫 14일 동안 이 두 집단의 아이들이 보여준 행동양식을 세밀하게 분석했을 때, 이들 사이에 유의미한 차이는 없었다.

마지막으로, 엄마와의 이별 이전에 엄마와의 관계가 나빴던 아이들만이 이별상황에서 고통을 겪는다는 증거도 없다. 지금까지 언급되었던 각각의 연구에서 급격한 고통을 겪었던 아이들 중의 일부는 엄마와의 관계를 포함한 가족관계가 거의 확실히 훌륭했었다. 하이니케와 베스트하이머(1966)의 연구에서 이 문제에 관련된 잘 정리된 증거들을 몇 개 찾아볼 수 있다. 이 연구에서 숙련된 정신의학 사회복지사인 일제 베스트하이머는 이별상황에 있는 아이들의 가정을 이별 직전(시간이 날 때마다), 이별기간, 그리고 아이가 집으로 돌아온 이후 수차례 방문했다. 이렇게 해서 그녀는 가족들을 잘 알게 됐고 아이와 엄마의 관계에 대해서도 비교적 명확하게 파악할 수 있었다. 각 가족의 관계는 비교적 좋음에서 무관심함까지 다양하게 분포했다. 비록 연구자들은 이별 시기와 이별 후에 아이들의 반응양식에서 이에 상응하는 차이를 발견할 것으로 기대했지만, 결과는 기대와 달랐다. 이러한 연구결과는 로버트슨과 볼비(Robertson & Bowlby, 1952)가 예전에 밝힌 바 있는 관점을 지지했다. 로버트슨과 볼비(1952)의 연구에서 엄마와 이별할 때 별로 초조해하지 않는 아이들은 주로 이전에 엄마와의 관계가 대단히 불만족스러운 아이들이라는 것이 밝혀졌다. 다시 말해서, 엄마와의 관계가 애정이 깊을수록 엄마와 헤어질 때 아이의 혼란스러운 정도도 커졌다.

이러한 상당수의 증거들을 살펴보면서 우리는 다음과 같이 결론을 내려도 좋다고 확신한다. 곧 다른 요인들이 고통의 정도에 어느 정도의 영향을 끼치든 간에, 가장 중대한 요인은 바로 아이가 엄마와 헤어지는 것이다. 과연 그렇다면, 여러 문제들이 제기된다. 단지 엄마와 헤어진다고 해서 어린아이는 왜 그렇게 심한 고통을 겪어야만 하는가? 가정으로 돌아온 후 왜 이 아이는 엄마와 다시는 헤어지지 않으려고 그렇게 염려하는가? 어떤 심리적 과정을 통해 아이의 고통과 탈착 현상을 설명할 수 있는가? 무엇보다도 아이의 엄마에 대한 유대(bond)의 성격을 어떻게 이해할 수 있는가? 이러한 문제들을 다루기 위해 이 책들을 쓰게 되었다. 하지만 이 문제들을 논의하기 전에 본능행동의 모형을 설명하는 데

지면을 할애하는 것이 필요하다. 본능행동 모형은 프로이트가 제안하고 사용했던 에너지 모형을 대체하기 위해 활용되는 모형이다.

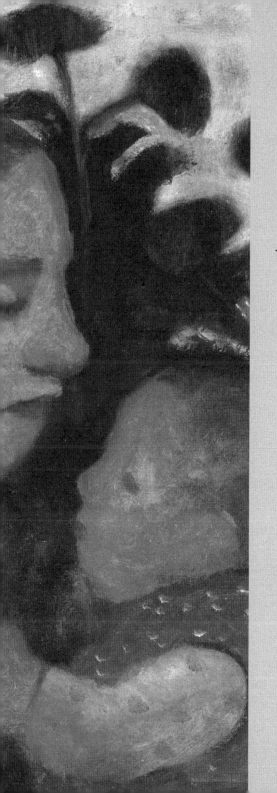

제 2 부

본능행동

제3장

본능행동: 대안모형

심리적 자료에 대한 작업을 통해서 본능들을 차별화하고 분류하는
데 필요한 기준점을 결정할 수 있을지 아주 의심스럽다. 오히려 본
능적 삶에 대한 명확한 가정을 이러한 자료들에 적용해야 할 필요
성이 이 작업을 통해 드러나는 것 같다. 이러한 가정들을 다른 지식
분야에서 차용하여 심리학에 적용할 수 있다면 바람직할 것이다.

― 지그문트 프로이트(1915a)

심리학에서 확고하게 구축된 본능 이론보다 더 절실하게 필요한
것은 없다. 이러한 이론이 있다면 이를 바탕으로 심리학은 확장될
수 있다. 하지만, 아직 그러한 이론은 없다… .

― 지그문트 프로이트(1925)

1. 서론

프로이트가 기초가 튼튼한 본능에 관한 이론을 추구하면서 그것을 찾
을 수 없는 자신의 무능을 한탄한 이후 반세기 동안 놀라운 발전이 있었
다. 많은 학문들이 이 발전에 기여했다. 분석생물학과 통제이론 등은 오
랫동안 해결하지 못했던 이론적 난관을 타개했다. 이 두 이론은 적응적

이고 목표지향적 행동들의 기저에 깔린 기본원칙들을 설명했다. 이러한 이론적 약진으로 세 가지 경험과학들이 발전하게 되었는데, 행동관찰학(동물학자들의 동물행동에 대한 연구), 실험심리학, 그리고 프로이트가 처음으로 애착을 가졌던 신경생리학 등이다. 이 세 학문은 각각 고유한 탄생배경을 갖고 있으며 또한 고유한 흥미영역, 방법론, 개념 등을 가지고 있다. 그래서 이들 학문 간에 거의 교류가 없었고 서로 약간의 오해가 있었던 것은 놀랄 만한 일이 아니다. 하지만, 최근에 통제체계의 접근방법과 서로의 연구에 대해 더욱 익숙해지면서 어떻게 각자가 고유한 방식으로 기여할 수 있고, 또 어떻게 효과적으로 서로를 보완할 수 있는지 등이 명확해지고 있다. 이전에는 취약성의 원인이었던 것이 이제는 강점의 근원이 되었다. 그리고 마침내 통일된 행동과학의 원리가 그 모습을 드러내고 있다.

가장 단순한 동물의 행동조차 상당히 복잡하다. 한 종의 구성원과 다른 종의 구성원의 행동상의 차이는 체계적으로 다르지만, 한 종 내의 개체 간의 행동차이는 그보다는 덜 체계적이다. 그리고 한 개체의 성숙기 행동과 유아기 행동은 다르며, 또한 계절에 따라, 날마다, 매 시간마다 다르다. 하지만, 행동들의 규칙성도 많으며 어떤 규칙성들은 아주 놀라울 정도이고 그 개체와 종의 생존에서 아주 중요한 역할을 담당하기 때문에 이런 행동들은 '본능적'이라는 이름을 갖게 되었다. 이 용어에서 특정 인과관계 이론을 암시하지 않고 그리고 이를 순수하게 묘사적인 형용사로 사용하기만 한다면, '본능적'이라는 용어는 계속 가치를 지닐 것이다. '본능'(instinct)이라는 명사의 한계와 난점은 8장에서 논의될 것이다.

전통적으로 본능적이라고 일컬어지는 행동은 4가지 주요한 특징을

가지고 있다:

(1) 한 종의 거의 모든 구성원들에게서 (혹은 한 성별의 모든 구성원들에게서) 인식할 수 있을 정도로 유사하고 예측 가능한 유형을 따른다.
(2) 하나의 자극에 대한 단순한 반응이 아니라 대개 예측 가능한 방향을 따르는 일련의 행동이다.
(3) 이 행동의 어떤 일반적인 결과들은 한 개체의 보존이나 한 종의 연속성에 기여하는 데 명백한 가치가 있다.
(4) 이러한 행동을 학습할 만한 일상적인 기회가 전혀 없거나 미미할 때도 본능적 행동의 많은 예들이 발달한다.

이런 행동들이 타고난 것인지 (학습 혹은 다른 수단에 의해) 획득되는 것인지에 대한 무모한 논쟁 때문에, 과거에는 이런 종류의 행동에 대한 논의가 종종 혼란에 빠지기도 했다. 현재, '선천적 대 후천적'의 대립은 현실과는 괴리가 있다는 점이 인정되고 있다. 길이와 넓이의 곱으로 면적을 구하듯이 모든 생물학적 특성은, 그것이 형태적이건, 생리적이건, 혹은 행동적이건, 천부적인 소질과 환경의 상호작용의 결과물인 것이다. '선천적', '후천적' 등의 용어는 더 이상 사용하지 말아야 하며 새로운 용어를 도입해야 한다.

이 책에서 사용할 용어는 힌디(Hinde, 1959)가 소개한 것이다. 발달과정에서 환경의 변화에 영향을 거의 받지 않는 생물학적 특징을 '환경에 안정적'(environmentally stable)이라고 한다. 발달과정에서 환경의 변화에 상당한 영향을 받는 행동을 '환경에 민감한'(environmentally labile)이라고 한다. 환경에 안정적인 특징의 예로는 눈의 색깔과 사지의 형태 등과 같은 일반적인 형태 특성들, 혈압과 체온 등의 생리 특성, 그리고 새들의 둥지 만들기와 같은 행동 특성 등이 있다. 환경에 민감한 특징의 예로는 체중과 도롱뇽의 피부 색깔 등이 있고, 면역 반응과 같은 생리 특성, 그리고 뛰어내리기와 피아노 연주 등의 행동 특성 등을 들 수 있다. 위에서 의도적으로 극단적인 예들을 제시했는데, 물론 그 중간에는 환경에 대한 안정성과 민감성의 정도에 따라 다양한 생물학적 특성들이 존재한다. 사실 환경에 대한 안정적인 특성들과 민감한 특성들은 일련의 연속선상에 놓여 있다. 보통 선천적이라고 하는 특성들은 안정적 특성의 극단에 위치하며 후천적인 특성들은 민감한 특성 쪽이나 양자의 중간 부분에 놓인다.

통상 본능적이라고 설명되는 행동들은 환경에 안정적이거나, 혹은 최소한 어떤 종이 일반적으로 살아가는 환경 범위 내에서는 안정적이다. 그러므로 그러한 환경에서 본능적 행동은 그 종의 모든 구성원에게서 나타난다. 그래서 본능적 행동을 자주 '종 특징적인'이라고 말하기도 한다.

인간에게 본능적이라고 묘사할 수 있는 행동이 있는지에 대해 때로 이의를 제기하는 경우가 있다. 이 주장에 따르면 인간의 행동은 무한히 다양하다. 인간의 행동은 문화에 따라 다르고 하등 동물의 안정적이며 예측가능한 행동과 유사한 것을 찾아볼 수 없다는 것이다. 나는 이런 주장이 성립한다고 믿지 않는다. 인간의 행동이 다양한 것은 사실이지만 무한히 다양한 것은 아니다. 그리고 비록 문화 간의 차이가 크다고 하지만 특정한 공통성을 분별할 수 있다. 예를 들어, 명백한 다양성에도 불구하고 짝짓기, 아기와 어린이를 돌보는 행위, 부모에 대한 자녀의 애착

등과 같이 종종 강한 동기에 의해 뒷받침되는 인간 행동 유형들은 인류의 거의 모든 구성원들에게서 찾아볼 수 있다. 이러한 행동 유형들은 어떤 공통된 계획이 발현된 것으로 또한 생존에 기여하는 그 명백한 가치 때문에 본능행동의 일례로 가장 잘 이해할 수 있다. 왜냐하면 인간뿐만 아니라 모든 고등동물에서 본능행동은 정형화된 동작이 아니라 특정 개체가 특정 환경에서 보여주는 특이한 행위라는 점이 강조되어야 하지만, 이러한 행위는 구별될 수 있는 유형을 따르며, 많은 경우 개체나 종 전체에 예측 가능한 어떤 이익을 가져다주기 때문이다. 정형화된 동작이라는 개념을 기초로 삼는 본능행동 이론은 인간뿐만 아니라 조류를 포함한 모든 고등 종들에게 전적으로 부적절하다.

다른 종들에서 전통적으로 본능적이라고 불리는 것들과 일치하는 행동들이 인간에게도 존재한다는 관점에 대해 이의를 제기하는 이들은 증거를 제시해야 하는 큰 부담을 갖고 있다. 인간의 신체기능을 해부학·생리적 측면에서 볼 때, 다른 종들의 신체기능과 구조적 연속성이 있다는 것은 의심의 여지가 없다. 인간의 행동기능의 측면에서 보자면, 구조적 연속성은 덜 분명하지만 이러한 연속성이 전혀 없다고 한다면 인간의 진화에 대한 우리의 모든 지식은 모순으로 가득 차게 된다. 따라서 인간행동 기능의 기본구조는 인간보다 열등한 종들의 그 구조를 닮았지만 진화과정에서 특이한 수정과정을 거침으로써 훨씬 더 다양한 수단으로 동일한 목적을 달성할 수 있게 되었다고 하는 것이 연속성이 없다는 것보다는 훨씬 더 그럴 듯하다. 로마 시대에 요크로 가는 도로는 몇 개 없었지만, 오늘날은 수백 개 중에서 선택할 수 있다. 고대 산스크리트어(범어)에는 한정된 표현수단만 있었지만, 산스크리트어에 뿌리를 둔 현대 언어들은 때로는 무한해 보이는, 경탄할 만큼 다양한 표현들을 제공한다. 하지만 각각의 경우에, 그것이 도로이든 언어이든 현대의 구조는 고대의 구조에 기초를 두고 있고 거기에서 파생된 것들이다. 초기의 형태는 대체되는 것이 아니다. 초기의 형태는 수정되고 정교해지며 증대되지만 여전히 전반적인 유형을 결정한다. 이것이 인간의 본능행동에 대해 지금까지 진전된 관점이다. 인간 행동의 기본구조는 어떤 원형 혹은 다른 동물 종들과 인간의 공통된 원형들에서 파생된 것으로 가정한다. 이러한 원형들이 특정 방향으로 증대되고 상당히 정교해졌다는 것은 당연하게 받아들여진다.

그렇다면 이러한 원형적 구조들은 어떤 것이었을까? 덜 정교한 형태에서는, 예를 들어 물고기의 본능행동을 설명할 수 있고, 약간 더 정교한 형태에서는 조류와 포유류의 행동을 설명할 수 있으며, 훨씬 더 정교한 형태에서는 인간의 본능행동을 설명할 수 있는, 그러한 종류의 체계는 도대체 어떤 것일까? 원형을 탐구하는 것은 말의 특화된 골반대(骨盤帶, pelvic girdle)에서 출발한 문제를 해명하기 위해 골반대의 원형을 찾으려는 비교해부학자의 노력과 비교할 수 있다.

본능행동의 원형 구조에 관한 우리의 이해를 진작시킬 수 있는 모형들은 통제이론에서 발전한 모형들이다. 통제이론은 지난 4반세기 동안 빠르게 성장한 지식체계이며 공학에서 수없이 응용되었던 것과는 별도로 생리학의 문제에도 적용되어 그 진가를 발휘하고 있다(Grodins, 1963). 이 이론이 임상의학자들이 직면하고 있는 복잡한 수준의 행동 문제를 이미 해결할 수 있었다거나 혹은 곧 해결한다고 간주하는 것은 순진한 생각이지만, 단순한 동작을 분석할 때 이 이론이 유용하다는 것은 이미 입증되었으며 더욱 정교한 연속 동작을 설명해 낼 가능성도 높다.

통제이론에 바탕을 둔 사고들을 제시할 때, 우리는 가장 단순한 체계에서 더 복잡한 체계로 나아갈 것이다. 이런 방식에는 다음과 같은 장점들이 있다. 먼저, 일군의 체계에 기본이 되는 특징들을 소개할 수 있다. 그런 다음, 어떻게 처음에는 단순하고 쉽게 이해할 수 있는 구조가 점점 정교해지면서 새로운 체계를 낳게 되고, 그리고 이 체계가 어떻게 더욱 더 복잡하고 요구에 더 잘 부합하는 결과에 도달하는지 보여줄 수 있다. 하지만 이런 제시방식에는 단점도 있다. 처음에 설명할 체계가 아주 단순하고 기능이 제한적이어서, 이를 못 미더워하는 독자들은 이 체계를 연구함으로써 인간 행동을 이해할 수 있다는 어떠한 제안도 거부하려 할 수 있다. 다른 독자들은 좀더 인내심을 가져주기 바란다.

2. 통제이론의 몇 가지 원칙

먼저 통제체계라고 알려진 특별한 체계의 기본 특징들을 고찰해 보자. 처음에 살펴볼 두 가지 특징은 목적성(purposiveness)이라는 해묵은 문제와 피드백이라는 현대적 개념이다.

목적성을 동물의 속성으로 간주하거나 혹은 목적성의 개념 위에 인간행동 심리학을 구축하는 것은 자신을 숙명론자로 선언하고 존경받는 과학자 집단에서 배척당하는 것과 다를 바 없었던 적이 있었다. 유도 미사일을 통제하는 통제체계와 같은 점차 세련되어지는 통제체계의 발전에 의해 이러한 관점은 바뀌었다. 오늘날 피드백 기능이 포함된 기계는 진정으로 목표지향적일 수 있다고 인정되고 있다. 그래서 오늘날 목적성을 행동의 속성으로 여기고, 목적론적 관점은 아닐지라도 최소한 환경에 대한 적응의 관점에서 행동의 기능[1]을 생각하는 것은 상식일 뿐만 아니라, 항상 그랬던 것처럼 훌륭한 과학이 되었다.

다양한 방법으로 미리 설정한 목표를 달성한다는 의미에서, 한 기계가 어떤 목적을 가지고 작동할 수 있게 하는 특별한 특징이 바로 피드백이다. 피드백은 단순히 실제 실행성과들이 중앙조절장치에 계속 보고되고, 이 성과들이 이 기계에 주어진 최초의 지시사항과 비교되는 과정일 뿐이다. 이 기계의 추후 동작은 이 비교의 결과에 따라 결정되며, 이런 과정을 거쳐 실행성과는 최초의 지시사항에 더 근접하게 된다. 손목에 스톱워치를 차고 달리는 시간을 살펴보며 1마일을 4분에 달리려고 훈련하는 운동선수처럼, 이 기계는 자체 성과를 계속 살펴보면서 이 성과가 지시내용과 부합하는 정도에 따라 추후 동작을 결정한다.

가장 간단한 통제체계는 조절기이며, 조절기의 목적은 일정한 조건을 계속 유지하는 것이다. 쉽게 알 수 있는 예로 실내 온도조절기를 들수 있으며 이 장치의 목적은 실내온도를 일정하게 유지하는 것이다. 이러한 목적을 달성하기 위해 이 장치는 설정 온도와 실제 온도를 비교한 결과를 바탕으로 작동하도록 설계되어 있다. 이러한 비교가 가능하려면 이 장치에는 먼저 최초의 설정이 필요하고, 그 다음에 실제 실내온도에 대한 지속적 정보가 필요하다. 실내온도에 대한 정보는 온도계에서 얻을 수 있는데, 온도에 대한 정보는 처음 설정된 온도와 비교할 수 있도록 적절한 형태로 환류(피드백)된다.

---

[1] '환경에 대한 적응의 관점에서 행동의 기능'은 원문에서 'teleonomy'이다. 손힐 (Thornhill, 1996)에 따르면 teleonomy 란 '살아있는 체계에서 발견할 수 있는 목적적이거나 기능적인 설계, 또는 오랜 진화과정에서 적응의 방향으로 유도하는 압력에 대한 연구'를 의미한다. 뒷부분의 참고 문헌 참조 – 옮긴이.

조절기는 평범한 실내 온도조절기처럼 아주 간단한 장치일 수도 있다. 실내 온도조절기는 온도가 설정치 아래로 내려가면 열을 발생하는 스위치가 작동하고 설정치 위로 올라가면 꺼지는 동작만을 할 뿐이다. 하지만, 이런 종류의 간단한 조절기도 심각한 제한점을 갖고 있다. 외부 기온이 급강하하면, 따라서 실내온도도 급강하할 것인데, 온도조절기가 이에 적응하는 데는 시간이 소요될 것이다. 또한 실내온도가 설정 온도보다 높게 올라가면 온도조절기로는 실내온도를 낮출 방도가 없다. 이러한 한계를 극복하고 온도를 설정치에 가깝게 유지하기 위해 좀더 정교한 장치를 만들 수 있다. 예를 들어, 기온이 상승하면 온도 조절기의 방열장치가 멈출 뿐만 아니라 냉각장치가 작동할 수도 있다. 기온이 하강하면 실제 온도가 설정치 보다 낮다는 것뿐 아니라 그 온도차의 정도도 감지해서 온도차가 클수록 더 많은 열이, 그리고 차이가 작을수록 더 적은 열이 발생하도록 온도조절기를 설계할 수도 있다. 게다가, 온도차의 절대적 크기만 아니라 이 차이의 크기가 증가하거나 감소하는 속도를 고려하도록 이 장치를 설계할 수도 있다. 그리고 온도가 일정 수준에서 정확하게 유지되도록 하기 위해 비슷하지만 아주 똑같지는 않은 방식으로 작동하는 온도조절장치를 두 대 혹은 세 대를 설치할 수도 있다. 예를 들어, 난방설비에는 전기장치뿐만 아니라 석유연소장치도 포함될 수 있다.

이런 정교한 실내 온도조절기에 대한 설명은 인간의 본능행동에 대한 설명과는 확연한 차이가 있을지 모른다. 통제체계에 대한 설명을 하는 이 시점에서 온도조절기에 대해 묘사하는 데는 다음 두 가지 이유가 있다. 첫째, 통제체계에서 사용되는 그대로의 설정 (혹은 지시), 설정목표, 피드백 등의 개념을 소개하기 위해서이다.[2] 둘째, 많은 생리적 기능의 밑바탕에 이런 방식으로 설계된 체계들이 깔려 있다는 것이 잘 알려져 있기 때문이다. 예를 들어, 혈당 수준을 일정하게 유지하기 위해서는 지금까지 설명한 구성요소들을 모두 활용하는 통제체계가 작동한다 (Goldman, 1960). 이 사실로 보건대, 살아있는 유기체들은 자체 구조 속에 통제체계를 통합시켰을 뿐만 아니라 생명유지에 필수적인 기능을 수행하기 위해 이러한 통제체계에 절대적으로 의존하고 있다.

그럼에도 불구하고, 지금까지 설명한 유형의 조절기는 비교적 정적인 형태의 것이어서, 심지어 가장 단순한 형태의 본능행동에 대해 어떤 모형을 제시한다는 것조차 거의 불가능하다. 이 체계는 일정하게 유지되는 단 하나의 설정에서만 작동한다. 이 체계는 실행 수준을 설정 수준과 최대한 가까이 유지하기만 하면 된다. 우리의 목적에 좀더 부합하는 체계의 유형은 자동제어장치(servo-mechanism)다. 이 장치의 대표적인 예는 자동차의 파워 핸들(power steering: 동력 조타장치)이다. 자동차 핸들을 돌리면서 운전자는 그가 원하는 앞바퀴의 위치를 지정하며, 자동제어장치는 앞바퀴가 운전자의 설정치와 일치하게 하는 임무를 수행하게 된다. 이 장치는 처음에 설정치와 앞바퀴의 실제 위치를 비교한 다음, 그 차이를 줄여서 앞바퀴의 실제 위치가 설정치와 같아지도록 만든다. 운전자가 다시 자동차 핸들을 돌릴 때 그는 이전 설정을 새롭게 바꾸게 된다. 그리고 자동제어장치는 다시 앞바퀴의 실제 위치와 요구되

---

2 설정 (혹은 지시), 설정목표, 피드백 등의 개념들은 통제 이론의 필수적인 일부분이지만, 통제이론에서 '설정'이나 '설정목표' 등의 용어를 사용하는 것은 아니다. 통제이론 공학자들은 '설정'이나 '지시' 등에 해당하는 용어로 '명령 신호'라는 용어를 사용하며, '목표' 혹은 '설정목표' 등에 대해서는 '평형수준'이라는 용어를 사용한다. 이러한 용어를 선호하는 이유에 대해서는 5장의 '행동체계의 유형', 그리고 8장의 '용어의 문제들' 등에서 찾아볼 수 있다.

는 위치를 비교한 다음 실제 위치와 설정치가 같아지도록 작동한다.

　이제껏 논의된 통제체계에서 설정을 하는 것은 인간이라는 점에 주목할 필요가 있다. 자동차의 앞바퀴와 마찬가지로 온도조절기도 사람이 설정하기 전까지는 어떤 특정 온도에도 설정되지 않는다. 하지만 어떤 통제체계에서는 그 설정치가 다른 체계에서 유도될 수 있도록 고안할 수 있다. 예를 들어, 방공포의 자동제어장치를 제어하는 설정치는 레이더 장치에서 입력받을 수 있다. 그런데, 이 레이더 장치는 비행기를 추적할 뿐만 아니라 현재의 비행기의 궤적에서 이 비행기의 미래의 위치를 예상하여 추정하도록 설계할 수도 있다. 이처럼 방공포는 발사된 포탄이 비행기를 맞추도록 계속 표적을 향하게 되어 있다. 이런 종류의 체계 또한 살아있는 유기체에서 반복되고 있다. 우리 인간은 적절히 연결되고 통합된 이런 종류의 체계들을 가지고 있기 때문에 움직이는 테니스공을 쳐낼 수 있다. 그리고 이와 유사하게 연결된 체계들 때문에 매는 날아가는 새를 붙잡을 수 있는 것이다. 그리하여 공을 (혹은 비행기를) 맞추거나 혹은 새를 붙잡는 목표를 그 체계의 설정목표라 부르게 된 것이다.

3. 통제체계들과 본능행동

　통제체계의 구조를 상세히 기술하는 이 시점에서 통제체계의 개념은 본능행동의 단순한 형태를 설명하는 데 이제 막 도움이 되기 시작하고 있는 것 같다. 날아가는 새를 잡는 매의 행동은 실제로 본능행동의 일반적 준거에 부합한다. 모든 매에게서 상체를 굽히는 자세를 확인할 수 있다. 이 자세는 학습의 기회가 없어도 나타나며 생존에 도움이 된다는 것은 명백하다. 우리가 비록 성장하는 새에게서 어떻게 이런 종류의 통합된 통제체계들이 발달하게 되는지에 대해 아주 구체적으로 이해할 수는 없지만, 이에 대해 본질적으로 설명할 수 없는 것은 아니다. 아니면 최소한 어떻게 그와 비슷한 정도로 복잡한 생리적 체계가 발달하게 되었는가보다는 약간 더 설명이 어려울 뿐이다. 보통으로 예상할 수 있는 환경에서 그 종이 보여주는 유전행위(genic action)가 심혈관 체계를 발달시키지만 동시에 이 심혈관 체계는 유기체와 환경이 끊임없이 변화하는 환경 하에서 신체조직에 혈액공급을 조절하는 데 사용하는 놀랄 만큼 민감하고 신축적인 구성요소들을 가지고 있다. 따라서 우리는 유전행위는 행동체계를 발달시키는데, 이 행동체계 역시 쉴 새 없이 변화하는 조건하에서 특정 행동을 조절하는 데 사용하는, 앞의 심혈관 체계의 구성요소만큼 혹은 그보다 더 민감하고 신축적인 구성요소들을 가지고 있다고 간주할 수 있다. 그러므로 만약 본능행동이 특정 환경 하에서 작동하는 통합 통제체계의 결과로 여겨진다면, 이러한 통제체계가 태어나게 된 수단은 특별한 문제를 제기하지 않는다. 즉, 이 문제들은 생리적 체계 측면의 문제에 불과하다.

하지만, 한 종에 속한 모든 개체의 본능행동이 공통의 포괄적 계획에 따르지만, 개체별로 나타나는 본능행동의 형태는 종종 특이하며 사실 아주 독특한 것일 수도 있다는 것은 잘 알려져 있다. 예를 들어, 평소 나무에 둥지를 짓는 어떤 종류의 새는 나무가 없을 경우 절벽에 둥지를 틀기도 한다: 노르웨이의 말똥가리가 그 한 예다. 평소에 무리를 짓는 어떤 종류의 포유류는 집단에서 떨어져서 자라게 되면 무리와 어울리지 않을 수도 있다: 농부의 딸이 기르는 양이 그 한 예이다. 이러한 예들은

(나무에 둥지 틀기와 군집성 등과 같이 분명히) 환경에 매우 안정적인 행동체계라도 발달이 이루어지는 환경의 영향을 어느 정도 받는다는 것을 보여준다. 이는 행동체계뿐 아니라 생리체계에도 동일하게 적용될 수 있다. 예를 들어, 성인기에 성숙해지는 심혈관계의 형태는 이 개체가 어렸을 적에 경험했던 기압에 의해 어느 정도 영향을 받는데, 태아기의 심혈관계는 이런 가소성을 가질 수 있다. 한 체계가 환경에 대체로 안정적이라는 사실은 어느 정도 환경의 변화에 의해 영향을 받는다는 것과 전혀 모순되는 것이 아니다.

사실 환경, 특히 어릴 때의 환경이 자연상태의 환경과 확연한 차이를 보일 때, 본능행동의 원인이 되는 어떤 체계의 형태가 환경에 안정적이라 할지라도, 성인기에 속하는 체계의 형태가 이런 혹은 저런 방식으로 현저하게 환경의 영향을 받지 않는 종은 연구된 사례가 거의 없다. 개미는 다른 개미들을 친구와 적으로 양분하고 그에 따라 매우 다르게 대하는데, 이런 개미조차도 어떤 개미가 친구이고 적인지를 배워야 한다. 실험에서 개미들이 자신과는 다른 종류의 집단에서 성장하면, 이 개미들은 이 다른 종류를 친구로 여기고 자신과 동일한 종류는 적으로 간주한다. 본능행동은 타고나는 것이 아니다. 타고나는 것은 여기서 행동체계라 명명된 특정 체계를 발달시키는 잠재력이다. 이 행동체계의 특성과 형태 모두 다 발달이 이루어지는 특정 환경에 따라 어느 정도 달라진다.

실제에서 행동체계가 환경에 안정적이거나 민감한 정도는 종에 따라 커다란 차이를 보인다는 것이 알려져 있다. 육식동물과 고등영장류에서 많은 행동체계들은 분명히 환경에 민감하다. 하지만 동일한 종의 내부에서도 환경 민감성 측면에서 행동체계의 종류에 따라 차이가 있는 것 같다. 생존확률을 최대로 보장하기 위해 안정성과 민감성 사이에 적절한 균형이 있어야 한다. 환경에 의한 영향을 허용하지 않고 성인의 행동기능 형태를 결정하는 구성방식은 이 기능이 필요한 삶의 시점에서 완전하게 준비되어 있다는 장점이 있다. 반면에 환경에 따라 수정을 허용하는 구성방식은 보편적인 목적을 지니고 고정된 구성방식을 따르는 기능보다는, 환경에 더 잘 적응하고 더 효과적인 기능을 낳을 가능성이 높다. 비록 이러한 수정과정에서 개집을 쫓아다니는 거위와 같은 이상한 결과를 초래하는 흥미롭고 왜곡된 발달의 가능성도 있기는 하다. 그 구성방식이 환경에 의한 수정을 허용하든 허용하지 않든, 어떤 체계도 모든 환경에 다 들어맞을 정도로 유연할 수 없다는 것을 반드시 기억해야 한다.

행동기능은 해부학적 기능이나 생리적 기능과 마찬가지로, 정해진 범위 내의 환경에서 발달하고 운용될 때만 생존과 번성에 기여할 수 있다는 인식은 본능행동과 정신병리의 이해에 중요하다. 고래의 신체 기능들은 해부학적으로 대양에서 살아갈 때는 감탄할 만하지만 그 외의 장소에서는 엄청난 장애가 된다. 소의 소화기는 풀을 많이 먹이는 경우 탁월한 기능을 발휘하지만, 고기를 먹이게 되면 아무 쓸모가 없다. 이와 마찬가지로 한 종의 행동기능은 어떤 환경에서는 살아가는 데 걸맞을 수 있지만 다른 환경에서는 정체 혹은 죽음에 이를 수 있다. 둥지가 될 만한 구멍이 없는 환경에서 박새들은 번식을 할 수 없다. 타오르는 불꽃만이 빛을 발하는 환경 조건에서 나방은 불로 날아가 타 죽을 것이다. 이상의 모든 경우에서 기능이 성공적이지 않은 이유는 이 기능이 적응이되어 있지 않은 환경에서 작동하도록 요구되기 때문이다.

인간이 만든 통제체계의 경우 이 체계가 작동하게 될 환경에 대해 분명히 가정하고 구조를 고안한다. 생물학적 체계의 경우, 그 구조는 이 체계가 진화 시기 동안 작동했던 환경이 어떤 종류냐에 따라 그 형태가 결정된다. 이때 진화 시기의 환경은, 반드시 그런 것은 아니지만, 미래에 이 체계가 작동할 것으로 예상되는 환경과 아주 유사하다. 그러므로 인간이 만든 체계건 혹은 생물학적 체계건 각각의 경우에 그것이 적응하는 특정 종류의 환경이 있는 것이다. 이러한 환경을 이 체계의 '적응환경'(environment of adaptedness)이라고 명명할 것을 제안한다. 한 체계는 오직 적응환경 내에서만 효율적으로 작동하는 것으로 기대할 수 있다. 다른 환경에서 이 체계는 효율적으로 작동하리라고 기대할 수 없다. 이 중에 어떤 경우에는 어느 정도만 작동할 수도 있을 것이다. 하지만 다른 경우에는 전혀 작동하지 않을 수도 있다. 그리고 또 다른 경우에는 기껏해야 부적응적이고 최악의 경우에는 생존에 명백히 불리한 행동이 나타나기도 한다.

적응환경은 각 종에 대해서뿐만 아니라 각 종의 각 개별 체계에 대해서도 존재하는데, 이러한 어느 하나의 적응환경은 변인의 수에 따라 다소 협소하게 정의할 수 있다. 고양이의 심혈관 체계는 산소와 이산화탄소 밀도, 그리고 기온과 기압의 특정 범위에서 효율적으로 작동한다. 원숭이나 인간의 심혈관 체계도 이러한 변인들의 범위 내에서 효율적으로 동작할 것이다. 하지만, 그 범위는 고양이의 것과 유사하지만 동일하지는 않을 것이다. 마찬가지로, 한 종에서 모성행동의 원천이 되는 행동체계는 특정 범위의 사회적·신체적 환경 하에서 작동할 것이며 그 범위 밖에서는 그렇지 않을 것이다. 이러한 범위 또한 종에 따라 다를 것이다.

여러 가지 이유 때문에 생물학에서 적응이라는 개념은 어려운 것이다. 적응이라는 개념은 동물의 행동기능과 관련될 때 특히 어려운데, 인간의 행동기능과 관련되어 있을 때는 그 어려움이 배가된다. 이러한 이유 때문에, 그리고 '적응환경'의 개념은 이 책의 중심 논지이기 때문에 이 장의 마지막 부분(p. 90)과 다음 장 전체에서 이 용어들을 논의할 것이다.

한 종의 모든 본능체계들은 대체로 그 종의 적응환경 내에서 그 구성원들의 생존을 촉진하도록 조직화되는데, 각 체계는 그 환경 내에서 관련을 맺고 있는 측면들이 각각 다르다. 특정 행동체계들은 한 유기체를 특정 거주지로 인도해서 거기에 머무르도록 조직화되어 있고, 다른 체계는 동일한 종의 다른 구성원들과 특별한 관계를 맺도록 조직화되어 있다. 어떤 경우에는 적응환경에서 연관을 맺고 있는 부분이 움직이는 섬광과 같은 비교적 간단한 특징에 대한 인식을 통해 식별된다. 그러나 더 많은 경우 식별은 패턴의 인식을 수반한다. 모든 경우에, 개별 유기체는 중추신경계에 그러한 패턴들의 복사본을 가지고 있고, 환경에서 그와 맞아떨어지는 패턴들을 인식할 때 특정 방향으로 반응하도록 구조화되어 있으며, 그러한 패턴들을 인식하지 못할 때는 이와는 다른 방향으로 반응하도록 되어 있다고 가정해야 한다.

어떤 경우에는 이러한 패턴이 중추신경계에 입력되어 있는 방식이 환경의 변화에 의해 거의 영향을 받지 않는다는 증거가 있다. 예를 들어, 암컷 물오리는 이전에 수컷 물오리를 본 적이 없는데도 수컷 물오리의 푸른색 머리를 인식하고 특정 방식으로 반응한다. 이와 달리, 특정 반응을 일으키는 패턴이 환경에 따라 훨씬 더 민감하게 변화하는 경우도 있는데, 이런 경우 그 패턴의 형태가 삶의 특정 시기에 접하게 되는 환경에 따라 아주 민감하게 변화한다. 후자의 가장 잘 알려진 한 예는 새끼 거위가 움직이는 물체를 각인할 때 획득하는 패턴이다. 일단 새끼 거위가 각인 과정에서 움직이는 물체의 패턴을 학습하게 되면, 놀라거나(혹은 다른 조건하에서) 이 새끼 거위의 행동은 극적으로 변화한다. 그런 다음, 이 새끼 거위는 환경에서 이 패턴을 인지할 때마다 이 패턴을 쫓아가며 이 패턴을 인식하지 못할 때마다 이 패턴을 다시 발견할 때까지 계속 찾는다. 비록 이러한 특징을 가진 체계를 고안하는 것은 공학자들의 상당한 독창성을 요구하는 일이지만, 통제이론과 기술의 발달로 이러한 체계를 고안하는 것은 어느 정도 가능한 일이 되었다.

가장 원시적 생물군을 제외한 모든 생물들은 환경의 특정 일부를 인식할 수 있는 기능을 갖고 있을 뿐만 아니라, 환경에 관한 정보를 인지 구조나 지도로 조직하는 기능도 보유하고 있다.[3] 심지어 실험실의 쥐들도 충분한 시간을 가지고 자신들이 속한 환경에 대해 보다 일반적인 지식─즉 기회가 주어지면 쥐들이 잘 활용할 수 있는 환경에 대한 지식─을 습득하기 전에는 미로를 달리려 하지 않는다. 개와 유인원과 같은 고등포유류는 자신들이 살고 있는 지역의 지리를 파악해서 주변의 어떤 지점에서 출발하더라도 그 지역 내의 어떤 지점(집이나 숲)에 가장 빨리 도달하는 길을 택할 수 있다. 자신이 살고 있는 세계에 대한 구체적 표상을 구축하는 인간의 능력은 피아제(Piaget)가 일생을 바친 주제인데, 인간의 이 능력은 다른 어떤 동물의 능력보다도 명백히 훨씬 뛰어나다. 그리고 이 능력의 예측 정확도는 최근 과학적 방법의 발견과 적용에 힘입어 눈부시게 발전했다.

어떤 동물이 설정목표를 달성하기 위해서는, 먼저 환경의 특정 부분을 인식할 수 있는 기능이 있어야 한다. 그런 다음 이 인식한 지식을 환

---

[3] 비록 원생동물이나 강장동물에는 이런 기능이 없지만 곤충들은 명백히 이런 기능을 보여준다(Pantin, 1965).

경에 대한 지도를—소박하건 혹은 정교하건 간에—구축하는 데 사용할 수 있는 기능을 보유해야 하며, 이로써 설정목표와 관련된 사건들을 상당히 신뢰할 수 있을 정도로 예측할 수 있어야 한다. 이에 더해서 설정목표를 달성하기 위해서 이 동물은 상당한 작동체[4] 기능을 소유하고 있어야 한다.

작동체 기능은 해부학적·생리적 구조뿐만 아니라 적응환경 내에서 이러한 구조들을 조직화하고 지휘하는 통제체계로 구성되어 있다. 이 통제체계는 해부학적·생리적 구조만큼 중요하다. 이러한 작동체가 기능해야만 동물들은 그 지속시간이 길건 짧건, 환경의 특정 부분과 생존과 번식을 보장해주는 특별한 종류의 관계를 유지할 수 있다.

어린 개체를 돌보는 것과 같이 어떤 일시적 관계를 맺거나 영역을 소유하는 것처럼 장기적 관계를 유지한다는 것에는 이 동물이 걷기, 뛰기, 헤엄치기, 날기 등과 같은 하나 혹은 그 이상의 이동기술을 임의로 사용할 수 있다는 의미가 함축되어 있다. 그리고 이 사실들에는 이러한 일반적 목적을 추구하는 기술 외에도 이 동물이 보다 특별한 종류의 행동기술들, 예를 들어, 노래하기, 적을 위협하기, 포식동물을 공격하기 등의 기술을 가지고 있다는 의미도 함축되어 있다. 마지막으로, 다음과 같은 의미, 즉, 이 동물은 행동체계들이 순서대로 활성화되도록 조직하는 기능들을 보유하고 있는데, 이 기능들을 수행함으로써 이 동물은 대체로 적응환경 안에서 개체와 혹은 자신이 속한 집단의 생존을 증진하는 효과를 얻고자 한다는 의미도 함축되어 있다.

한 쌍의 새들이 자신들의 종을 재생산하기 위해 수행하는 행동의 유

---

4 effector: 신경의 말단에 있으면서 근육·장기 등을 활동시키는 기관 − 옮긴이.

형들과 순서들을 살펴보면 어떤 본능행동 이론이든지 반드시 해결해야 하는 숙제가 무엇인지 알 수 있다. 만족스러운 결과를 얻기 위해서는 최소한 다음의 모든 행동들이 필요하다. 수컷이 영역과 둥지자리를 확보하고 영역에 침입하는 다른 수컷들을 쫓은 다음 암컷을 매혹시켜서 구애한다. 암수가 함께 혹은 둘 중 한 마리가 둥지를 만든 다음 교미를 하고 암컷은 알을 낳는다. 암수가 함께 혹은 둘 중 한 마리가 알을 품는다. 이들은 새끼를 먹여 키우면서 포식자를 쫓는다. 한 마리의 새가 이러한 각각의 행동을 하려면 여러 개의 동작과 행동을 순서에 맞춰 해야 한다. 노래하기 혹은 둥지 짓기에서처럼 각각의 동작과 동작의 순서들은 그 자체로 아주 복잡하지만 그 영역의 특정 상황, 그리고 거기에 서식하는 다른 동물들과 조화되도록 실행된다. 이러한 행동들의 실행 시기와 순서를 잘 조절해서 성공적 결과가 도출될 가능성이 그렇지 않은 경우보다 높아야 한다. 이 모든 행동들이 어떻게 체계화되었다고 생각하는가? 이 행동들이 목표를 달성하기 위해서는 어떤 체계화의 원칙이 필요한가?

이러한 질문들에 대답하려면 행동체계들의 다양한 구조화방식과 긴밀한 연결방식을 고려해야 한다. 하지만, 이상의 두 가지 문제들을 논의하기 전에 '적응'(adaptation), '적응된'(adapted) 그리고 '적응환경'(environment of adaptedness)의 개념을 분명히 할 필요가 있다. 이 개념들이 인간에게 적용될 때 특히 명확히 할 필요가 있다.

4. 적응: 체계와 환경

적응과 적응됨의 개념

어떤 체계도 모든 환경에 다 들어맞을 정도로 유연할 수는 없다는 것을 앞에서 강조한 바 있다. 이것이 의미하는 바는 어떤 체계의 구조를 고려할 때, 이 체계가 작동하는 환경을 동시에 고려해야 한다는 것이다. 이 환경을 이 체계의 적응환경이라고 한다. 인간이 만든 통제체계의 경우 이 체계의 적응환경은 그 환경 하에서 이 체계가 작동할 것을 명백히 염두에 두고 이 체계를 설계한 그런 환경이다. 생물학적 체계의 경우 적응환경이란 이 체계가 그 안에서 점진적으로 진화한 환경을 말한다. 이러한 차이 때문에 인간이 만든 체계의 적응환경을 **설계된**(designed) 적응환경이라 하고 생물유기체의 적응환경을 **진화된**(evolutionary) 적응환경이라고 부르는 것이 때로 유용하다.

생물학적 적응과 적응됨의 성격에 대해 좀더 심도 있게 고찰하자.

적응과 적응된 상태의 개념들이 어려운 이유는 다양하다. 우선, 적응하다, 적응된, 적응 등의 용어들은 한 가지 이상의 뜻을 담고 있다. 둘째, 생물학적 체계에서 적응상태는 흔치 않는 수단으로 성취되며, 이를 이해하는 것도 목적론이라는 유령 때문에 항상 방해받는다. 셋째, 이것은 인간의 생물학적 기능을 논할 때 적용되는데, 현대의 인간은 자신의 환경을 자신에게 적합하게 만드는 데 비범한 능력을 소유하고 있다. 이러한 어려움 때문에 첫 번째 원칙들에서 시작하는 것이 필요하다.

먼저 적응조건을, 두 번째로는 적응과정을 고찰해보자.

적응상태(a state of adaptedness)를 정의하기 위해서는 세 가지 용어가 필요한데, (1) 조직화된 구조, (2) 도달해야 할 특정 결과, (3) 이 구조가 이 결과에 도달하는 환경 등이다. 이 조직화된 구조가 특정 환경 내에서 활동하면서 이러한 특정 결과에 도달할 때, 이 구조는 이 환경에 적응되어 있다고 말한다. 이와 같이 적응됨의 특성은 구조 속에 드러난다. 적응되는 것의 정의는 특정 결과와 특정 환경 두 가지 모두에 관련되어 있다.

적응되는 과정(process of becoming adapted)은 구조의 변화를 지칭한다. 이러한 변화는 서로 구별되는 두 종류 중의 하나가 될 수 있다. 첫째, 구조가 바뀜으로써 다른 환경에서 동일한 결과를 계속 달성하는 것이다. 둘째, 구조가 바뀜으로써 동일하거나 유사한 환경에서 상이한 결과를 달성하는 것이다.

적응이라는 용어는 구조가 (새로운 환경 혹은 새로운 결과에) 적응되는 변화의 과정뿐만 아니라, 때로 적응된 상태를 의미하는 데 사용된다는 것에 유의해야 한다. 하지만, 혼란을 피하기 위해 후자를 '적응됨'(adaptedness)이라 부르는 것이 더 낫다(Weiss, 1949). 이런 의미에서 '진화된 적응환경'이라는 개념이 나오게 되었다. 예를 들어 설명하면 이 점들이 더욱 분명해질 수 있다.

인간이 만든 사물의 세계에서 첫 번째 보기를 들 수 있다. 어떤 조그만 자동차가 런던 거리에 적응되어 있다고 말할 수 있다. 이 말은 기계적 구조인 이 자동차가 특정 결과, 다시 말해서 특정 종류의 도시 환경에서 편리한 수송이라는 결과를 달성한다는 것을 의미한다. 이 자동차는 크기, 속도, 가속, 제동, 회전 등과 관련된 여러 개의 속성들을 지니고 있기 때문에 이러한 결과를 달성할 수 있다. 그런데, 이 속성들은 각각 특정 범위 내에 있을 뿐만 아니라 서로 특정한 관련성을 맺고 있다.

하지만, 이 자동차가 다른 환경에서도 적합할지는 확실하지 않다. 런던 거리와는 확연히 다른 운행환경에서는 새롭고 어려운 의문들이 제기될 것이다. 이 자동차가 고속도로 조건에 잘 적용되어 있는가? 알프스 산맥의 도로에는 어떠한가? 극지방에서도 운행할 수 있는가? 사하라 사막에서는? 분명히 말해서, 이러한 모든 여타의 환경에서 편리한 운송수단이 되기 위해서, 이 자동차에는 런던에서와는 관련이 없는 많은 속성들이 필요할 것이며 런던에서 필요한 것과는 그 속성들이 아마도 차이가 있을 것이다. 따라서 런던 거리에 잘 적용된 자동차 모델이 하나 혹은 그 이상의 다른 환경에서 작동하지 않는다 해도 별로 놀랄 만한 일이 아니다. 그 영역이 확대된 것으로 증명되기 전까지는 이 자동차의 적응환경이 런던 거리로 제한되어 있다고 가정하는 것은 현명한 일이다.

그러나 이 자동차의 구조를 바꿔서 이 차가 상이한 환경에서 편리한 교통수단이 되도록 할 수 있다. 그런 경우에 자동차의 구조는 적응의 과정을 거쳐서 새로운 환경, 곧 새로운 적응환경에 맞춰지게 된다. 다른 많은 새로운 환경에 적합한 다른 많은 변화들(적응)이 명백히 가능하다.

지금까지 고려했던 적응은 모두 한 가지 종류이다. 곧 그 체계가 일련의 상이한 환경 하에서 운송이라는 하나의 동일한 결과를 달성하도록 해 주는 구조의 변화이다. 하지만 적응됨이란 환경뿐만 아니라 결과에도 상대적이기 때문에 이 자동차의 적응상태를 아주 다양한 방식으로 바꾸는 게 가능하다. 예를 들어, 자동차의 구조를 바꿔서 운송 수단을 제공하는 대신 전기발전설비에 전력을 공급하게 할 수도 있다. 이런 경우에 이 구조는, 아마도 여전히 원래의 환경에서 사용되겠지만, 다른 결과를 달성하기 위해 변경된 것이다.

새로운 환경에 맞추는 변화와 새로운 결과에 맞추는 변화는 아주 다른 종류의 변화이지만, 이들 각각은 보통 적응이라고 설명된다. 이런 이유 때문에 쉽게 혼동이 야기된다.

어떤 구조는 이 구조가 작동하는 환경에 변화가 발생하면 특정 결과를 훨씬 효과적으로 달성할 수 있게 된다는 사실에서 더 심각한 난점이 발생한다. 이러한 환경의 변화를 나타내기 위해 '적응하게 하다'와 '적응'과 같은 용어들을 사용하게 되면 훨씬 더 혼란스럽기 때문에 다른 용어들이 필요하다. 그래서 어떤 체계가 더 효과적으로 작동하도록 만들기 위해 환경에 가하는 변화를 지칭하기 위해 '변경하다'(modify)와 '변경'(modification)의 용어를 사용하고자 한다. 이로써 '적응하게 하다', '적응된', '적응'의 용어는 오직 체계 자체 내의 변화만을 지칭하게 된다.

체계를 적합하게 만드는 것과 환경을 변경시키는 것의 차이는 앞서 언급한 조그만 자동차의 예를 들어 설명할 수 있다. 런던 도로의 특정 조건에서 이 자동차가 미끄러지는 경향이 있다고 가정해보자. 이런 오작동은 두 가지 방법 중 하나로 대처할 수 있다. 자동차, 예를 들어 타이어에 변화를 줄 수도 있고, 혹은 환경, 예를 들어 도로표면에 변화를 가할 수도 있다. 전자는 차를 적합하게 만드는 것으로, 후자는 환경을 변경하는 것이라고 설명한다.

이제 생물학적 구조와 이것의 적응환경에 대해 고찰해 보자.

생물학적 적응

동물과 식물들이 매우 복잡한 구조를 가지고 있을 뿐만 아니라, 각 종의 구성원들은 흔히 생태학적(ecological) 적소(適所, niche)라고 불리는 특정 환경에서 놀랄 만큼 정밀하게 그들의 삶을 적응시켜 살아가고 있다는 것은 오랫동안 명백했다. 그리고 각 개체를 좀더 면밀히 연구할 수록 거의 모든 세부적인 형태적·생리적 구조, 특히 동물의 경우에는 그 행동구조가 그 환경에서 그 개체와 그 집단의 생존을 보장할 수 있도록 적응해 있다는 것은 더욱 명확해진다. 이러한 연구 중 유명한 것이 다윈이 수행한 연구들이다. 다윈은 각종 난초 꽃의 세부구조를 통해 난초 씨가 수정되는 과정을 보여주었다. 어떤 곤충은 난초 꽃에 끌려서 여러 꽃을 방문하게 되는데, 이 곤충이 각각의 꽃을 들락거릴 때 마다 각 꽃의 특정 부분을 접촉하게 되고 이 과정에서 난초 씨의 수정이 이루어지게 된다. 이러한 연구들은 다음과 같은 사실을 명백히 보여준다. 첫째, 생물학적 구조는 특정 환경 내에서의 생존의 측면에서 고려하지 않으면 이해할 수 없다. 둘째, 모든 생물들이 적응을 통해 달성하고자 하는 목표가 생존이라는 것을 인정하게 되면 이제껏 아름답거나 흥미진진하거나 혹은 괴상한 것으로 여겨졌던 생물학적 특징들이 새로운 의미를 갖게 된다. 곧 각각의 특징은 이 종이 서식하는 환경에서 생존에 기여했거나 기여한다는 것이다.

꽃의 일부분에 적용되는 것이 동물의 행동에도 적용된다는 것을 다윈은 명백히 했다. 『종의 기원』(1859)의 "본능"이라는 제목의 장에서 다윈은 각 종은 해부학적 특이성을 타고난 것처럼 특이한 행동목록을 타고난다고 언급했다. 그리고 "본능은 각 종의 번성을 위해서 신체적 구조만큼이나 중요하다"고 강조했다. 이 말을 이 장에서 사용되는 말로 바꾸자면 "환경에 안정적인 행동체계는 각 종의 생존을 위해 형태적 구조만큼이나 필수적이다."라고 할 수 있다.

이렇게 다윈과 그의 후계자들은 살아있는 유기체의 모든 구조가 변화하는 궁극적 목표는 다름 아닌 생존이라는 획기적인 발상을 하게 되었다. 사람이 만든 구조의 경우 달성하고자 하는 목표는 수많은 것들 중의 하나이다 — 운송, 동력, 즐거움, 거처 등. 생물학적 구조의 경우 달성하고자 하는 목표는 결국 동일한데 그 목표는 생존이다. 이와 같이, 한 식물 혹은 동물 종의 특정 환경에 대한 적응을 고려할 때, 중요한 문제는 그 종의 구조가 그 환경에서 생존을 달성할 수 있게 하느냐는 것이다. 만약 그렇다면 그 종은 그 환경에 적응했다고 하는 것이고, 그렇지 않다면 적응하지 못했다고 한다.

한 동물이나 식물의 구조가 어떻게 그렇게 효과적으로 적응해서, 이 동물이나 식물이 분명히 성취해내는 그 결과들을 달성하는지 이해하는 것은 다윈의 시대까지 그리고 훨씬 그 이후에도 불가능한 것으로 여겨졌다. 초자연적 개입이나 목적론적 원인의 이론들이 오랫동안 주류를 이루었다. 다윈이 이러한 해결책을 제시한 지 100년이 지난 지금 이 문제는 해결된 것으로 여겨지고 있다. 어떤 생물학적 구조의 적응이든지, 그것이 형태적이건 생리적이건 혹은 행동적 구조이건 간에 이러한 적응은 자연선택의 결과로 보인다. 자연선택에서는 특정 환경에서의 재생산에 성공한 종은 보존되며, 마찬가지로 재생산에 성공하지 못하고 완전히 적응하지 못한 변종은 퇴출된다.

비록 이러한 종류의 이론적 관점이 동물의 형태적·생리적 기능에 오랫동안 적용되어 왔지만, 이 관점이 체계적 방식으로 동물의 행동기능에도 적용된 것은 비교적 최근의 일이다. 이러한 발전에는 동물관찰 학자들의 기여하는 바가 크다. 동물관찰학의 창시자인 다윈이 그랬던 것처럼, 동물관찰학자들은 각 종의 행동목록이 형태적·생리적 특징들만큼이나 독특하다는 것을 깨닫고서 서식 자연환경에서 각 종들의 개별 구성원과 동족의 생존에 대해 이 행동기능이 기여하는 바를 언급함으로써 행동기능을 이해하고자 노력했다. 동물관찰학자들은 이 원칙을 아주 일관되게 지켜 왔는데, 주로 이 때문에 이들은 행동을 이해하는 데 특별하고 탁월한 기여를 하게 되었다. 우리가 인간의 본능행동을 이해하고자 한다면 이러한 동일한 원칙을 동일하게 지속적으로 추구해야 한다는 것이 이 책의 주제이다.

적응되는 생물학적 단위

1960년대에 사회적 행동을 생물학적으로 연구하는 데서 혁명적 변화가 발생했다. 그 이전까지는 적응이 되는 생물학적 단위의 정체에 대해 많은 혼란이 있었다. '각 종의 번성'이라는 다윈의 문구는 적응되는 것이 종 전체임을 암시한다. 다른 사람들은 대부분의 종이 여러 개의 서로 다른 번식 집단으로 존재하는 것을 인식하고서, 적응의 단위는 서로 교잡 번식하는 집단이라고 제안했다(실제로 이 책의 초판에서도 이렇게 제안되었다). 아주 최근까지 유행했던 이와 밀접하게 연관된 다른 사고체계에서는 사회적 집단의 존재에 주목했다. 이러한 사회적 집단의 조직은 집단 전체에는 이로운 것 같지만 집단 구성원 개개인에 대해서 반드시 그런 것은 아니다. 가장 주목할 만한 예로는 흰개미, 개미, 벌 등의 특정 종들의 군집을 들 수 있다. 그리고 물고기나 포유동물의 군집도 유사한 속성을 가진 것으로 종종 여겨졌다. 그 결과 적응의 단위는 사회적 집단 자체라는 믿음이 생겨났다.

그러나, 이런 모든 견해들은 이제 의심을 받고 있다. 이렇게 된 이유는 자료들을 더욱 엄밀하게 조사하고, 그리고 이러한 자료들에 자연선

택의 유전적 이론을 적용하게 되었기 때문이다. 이 이론은 신다윈주의·
이론으로 알려져 있는데, 이 이론은 1930년대에 로널드 피셔(Ronald
Fisher), 잭 홀데인(Jack Haldane), 시월 라이트(Sewall Wright)가 발전
시켰다.

자연선택의 유전적 이론의 기본개념은 전체 과정에 핵심적인 단위는
개별 유전자이며 모든 진화적 변화는 시간이 흐르면서 특정 유전자는
증가하는 반면 대안 유전자는 감소하거나 사라지기 때문이라는 것이다.
실제에서 이것이 의미하는 바는, 차별적 번식성공 과정을 통해 특정 유
전자를 보유하고 있는 개체들은 그 수가 증가하는 반면, 다른 유전자를
보유한 개체들은 그 수가 감소한다는 것이다. 따라서 어떤 특정 유기체
의 적응은 후속 세대에 평균 이상의 자신의 유전자를 전수하는 능력의
측면에서 정의할 수 있다. 따라서 개별 유기체의 구조는 스스로의 생존
을 보장해 줄 수 있어야 하고, 이 유기체가 보유하고 있는 유전자의 생
존을 증대시킬 수 있는 것이어야 한다. 이것은 보통 자손을 재생산하고
그들의 생존을 증진함으로써 이루어진다. 추가적인 방법, 혹은 대안적
인 방법은 동일한 유전자를 보유할 가능성이 높은 다른 집단원의 생존
을 증대시키는 것이다.

생물학적 적응을 평가할 때, 비록 개체가 보유하고 있는 유전자의 생
존이 궁극적 준거가 되어야 하지만, 즉각적 결과의 측면에서 유기체가
가진 일부 기능의 적응을 고려하는 것이 종종 편리하다. 그래서 주어진
환경 내에서의 심혈관계의 적응은 보통 이 심혈관체계가 그러한 상황
에서 개체의 혈액공급을 유지하는 효율성의 측면에서 고려한다. 그리고
면역체계의 적응은 한 개체의 질병감염을 예방하는 효율성의 측면에서
고려한다. 마찬가지로 행동체계에서도 섭식행동의 근원이 되는 체계의

적응은 이 섭식행동이 특정 환경에서 개체의 영양상태를 유지할 수 있게 하는 적절성의 측면에서 고려할 수 있다(그리하여 제비의 섭식행동은 날아다니는 곤충이 풍부한 영국의 여름에는 잘 적응되어 있지만 영국의 겨울에는 적응이 잘 안되어 있다). 하지만 혈액공급, 감염예방, 혹은 영양 등의 결과는 각각 즉각적 결과에 불과할 뿐이며, 각각의 본능행동체계 또한 마찬가지이다. 개체에 대한 결과가 먹이섭취, 자기보호, 성적 결합 혹은 영역보호 중 어느 것이건 달성해야 할 궁극적 목표는 항상 이 개체가 보유하고 있는 유전자의 생존이다.

5. 문헌에 대한 주해

이 장 혹은 제 2부의 나머지 장에는 참고문헌이 거의 제시되어 있지 않다. 심화자료를 읽고 싶은 이들은 필자가 상당 부분의 의견들과 설명적 예들을 참고했던 다음의 자료들을 보기 바란다.

생물학적 적응의 개념은 좀머호프(Sommerhoff)가 그의 저서 『분석적 생물학』(*Analytical Biology*, 1950)에서 연구한 바 있다. 그는 목적론적 사고의 발단이 된 현상들이 통제이론의 관점에서 어떻게 이해될 수 있는지 보여준다.

생물학 전반에 대한 통제이론의 응용은 베일리스(Bayliss)의 『살아있는 통제 체계』(*Living Control Systems*, 1966)와 그로딘스(Grodins)의 『통제이론과 생물학적 체계』(*Control Theory and Biological Systems*, 1963), 그리고 요비츠(Yovits)와 카메론(Cameron)이 편집한 『자기조직 체계』(Selforganizing System, 1960)의 심포지엄, 특히 골드만(Goldman)

과 비숍(Bishop)의 논문들을 참조하기 바란다.

행동과학에서 통제체계적 접근을 적용한 것은, 영(Young)의『뇌의 모형』(*A Model of the Brain*, 1964)을 참고하기 바란다. 이 책에서 그는 마치 공학자가 항상조절기(homeostat)의 통제체계를 설명하듯 신경체계를 설명하고 있다. 또한 맥팔랜드(McFarland)의『동물 행동의 피드백 메커니즘』(*Feedback Mechanism in Animal Behaviour*, 1971)도 참조하기 바란다.

특히 '계획'의 개념과 같은 통제이론에서 파생된 단견들이 어떻게 인간행동에 적용되는지를 간단히 보려면 많은 사고를 자극하는 밀러, 갤런터, 프리브람의『계획과 행동의 구조』(*Plans and the Structure of Behaviour*, 1960)를 보라.

자연선택의 유전이론은 윌리엄스(Williams)의『적응과 자연선택』(*Adaptation and Natural Selection*, 1966)에 명확히 설명되어 있다. 그는 이 책에서 동물에서 관찰되는 많은 형태의 사회적 행동들이 유전자 선택의 측면에서 어떻게 이해될 수 있는지 보여준다. 그리하여 이러한 행동형태들을 설명하기 위해 집단선택의 이론을 끄집어 낼 필요가 없게 되었다. 최근에 도킨스(Dawkins)의『이기적 유전자』(*Selfish Gene*, 1976)에서 더 인기 있는 설명을 찾아볼 수 있다. 윌슨(Wilson)의『사회생물학: 새로운 합성』(*Sociobiology: The New Synthesis*, 1975)은 포괄적이고 매우 흥미로운 책이다. 하지만 인간의 사회적 행동에 관한 몇 안 되는 그의 설명 중 일부는 근거 없는 것으로 밝혀졌다.

이 장과 후속 장에서 발전된 많은 아이디어들은 힌디의『동물행동』(*Animal Behaviour*, 1970)에서 얻었다. 이 책에는 동물관찰학과 비교심리학의 개념들과 연구들이 통합되어 제시되어 있다. 동물행동 분야의 설명적 예들은 주로 힌디의 책에서 나온 것이다. 틴버겐(Tinbergen)의 『본능의 연구』(*Study of Instinct*, 1951), 소프(Thorpe)의 『동물들의 학습과 본능』(*Learning and Instinct in Animals*, 1956, 2판은 1963), 그리고 힌디의 『동물원과 서커스단 내의 포획동물 들의 심리와 행동에 관한 연구』(*Studies of the Psychology and Behavior of Captive Animals in Zoos and Circuses*, 1955) 등에서도 설명적 예들을 참고하였다.

제4장

인간의 진화적응환경

적응환경이 아닌 곳에서는 어떤 체계도 효과적으로 작동하리라 기
대할 수 없다는 점을 앞 장에서 강조한 바 있다. 이 때문에 인간이 어떤
본능행동 — 더 적절하게 말해서, 본능행동을 매개하는 어떠한 행동체
계 — 을 부여받았는지 고려할 때, 첫 과제는 인간이 적응하여 살아가도
록 만들어진 환경의 특성에 대해 고찰하는 것이다. 이것은 특이한 문제
를 야기한다.

인간의 두 가지 주요 특징은 다재다능함과 혁신의 능력이다. 인간은
이러한 자질들을 활용하여, 지난 수천 년간 자신이 생활하고 번성할 수
있는 환경의 영역을 극단적인 자연조건에까지 확장시켰다. 뿐만 아니
라, 인간은 또한 다소 의도적으로 이러한 자연환경을 변화시켜서 일련
의 완전히 새로운 인조환경을 창조하게 되었다. 물론 이렇게 환경에 변
경을 가함으로써 세계 인구는 급격하게 증가했다. 이러한 환경의 변화
때문에 인간의 진화적응환경을 정의하려는 생물학자의 과제는 훨씬 더
어려운 것이 되었다.

이쯤에서 우리의 과제는 인간의 본능행동을 이해하는 것임을 상기해

야 한다. 그리하여, 인간의 놀라운 다재다능함, 혁신의 능력, 자신이 성취한 환경의 변화 등을 완전히 인정해 주어야 하지만, 이러한 속성 어느 것도 우리의 현재 관심사는 아니다. 그 대신, 우리의 관심사는 먼저 인간의 행동목록 가운데 환경에 안정적인 요소들이 어떤 것이며 인간이 이러한 행동체계들을 진화시켜 온 비교적 안정적인 적응환경이 어떤 것인가이다. 그렇다면, 이 환경의 특징은 어떤 것일까, 혹은 어떤 것이었을까?

대부분의 동물 종들에게 자연 서식지는 변화하는 정도가 제한적이며 변화하는 속도는 느리다. 그러한 결과로 오늘날 각 종이 서식하고 있는 환경은 이 종의 행동기능이 진화하고, 그 안에서 동작하도록 적응된 이전의 환경과 거의 다를 바 없다. 그래서 어떤 종이 오늘날 살아가는 서식지는 그 종의 진화적응환경과 동일하거나 혹은 거의 유사하다고 가정해도 별다른 무리가 없다. 하지만, 인간에게는 이것이 적용되지 않는다. 먼저, 인간이 생을 영위하며 종을 재생산하는 환경의 범위는 광대하다. 두 번째로 더 중요한 것은 인간의 환경이 다변화하는 속도, 특히 최근 수백 년간 인간이 만들어낸 변화의 속도는 자연선택이 작용하는 속도를 훌쩍 뛰어 넘어버렸다. 그러므로 오늘날 문명화 된, 혹은 반(反) 문명화된 인간들이 살아가고 있는 환경의 그 어떤 곳도, 환경에 안정적인 인간의 행동체계가 진화하여 내재적으로 적응된 그러한 환경과 합치하지는 않는다고 어느 정도 확신할 수 있다.

그래서 다음과 같은 결론에 도달할 수 있다. 곧, 인간의 본능적 기능의 적응을 고려해야만 할 때의 환경은 지난 수천 년간의 변화로 인해 인간이 오늘날 점유하고 있는 상당히 다양한 거주환경 이전의 인간이 2백만 년 동안 살아왔던 환경이다.[1] 이 환경을 인간의 진화적응환경으로 간주한다고 해서 이러한 원시 환경이 어떤 면에서 오늘날의 환경보다 낫다거나 혹은 원시시대 사람들이 오늘날 사람들보다 더 행복했다는 의미는 아니다. 그 이유는 간단히 다음과 같다. 곧, 원시시대의 인간의 자연환경―모든 환경이 아니라 인간에게 영향을 주는 환경이라고 제한적으로 규정되는 환경을 의미한다―내에는 거의 확실하게 오늘날 인간이 보유하고 있는 행동기능이 진화해온 과정에서 자연선택의 동인이 되었던 어려움과 위험들이 도사리고 있었다. 이는 인간의 원시 환경 또한, 거의 확실하게, 인간의 진화적응환경임을 의미한다. 만약 이 결론이 옳다면, 오늘날 인간이 보유한 행동기능 중 특정 부분이 가진 자연적 적응성을 평가할 때 고려할 수 있는 유일하고 의미 있는 준거는 원시시대의 인간 환경 하에서 그 행동이 인간의 생존에 기여한 정도와 방법이다.

그렇다면 오늘날 인간이 점유하고 있는 다른 종류의 많은 환경들에서 인간이 가진 행동기능의 적응성이나 혹은 부적응성은 어떠한가? 사실 이러한 질문을 던지는 것은 일련의 새롭고 서로 다른 질문들을 하는 것이다. 즉 이는 도시의 거리주행에 적합한 소형 자동차가 다른 주행조건에서도 운송수단으로서 적합한지에 대해 질문하는 것이 일련의 새롭고 다른 차원의 질문이 되는 것과 마찬가지이다. 사실, 인간의 행동 기능의 모든 부분이 인간의 원시시대 환경뿐만 아니라 오늘날의 모든 환경에도 적응되어 있을 수도 있다. 하지만 그렇지 않을 수도 있으며, 확

---

1 토비아스(Tobias, 1965)는 인류 최초의 종인 호모 하빌리스의 출현 시기를 홍적세가 막 시작했을 무렵인 약 200만 년 전으로 추정한다. 농경의 도입은 만 년 전에 이루어졌으므로 인간이 변화된 환경에서 살기 시작한 것은 고작 인간이 존재했던 시간의 0.5%에 불과하다. 이러한 변화로 인해 자연선택의 압력은 어느 정도 약화되었지만, 오늘날 인간의 유전형은 대부분의 측면에서 농경 이전 시대의 유전형과 동일하다는 것은 거의 의심의 여지가 없다.

실히 그렇다고 가정할 수는 없다. 오직 연구로써만 이에 대한 답을 얻을 수 있다.

이쯤에서 인간이 아닌 다른 동물들도 환경을 자신에게 맞추어 변경할 수 있어서 인간이 결국 그렇게 특별한 것이 아닌지에 대해 알아볼 필요가 있다. 곤충과 새들은 둥지를 짓고, 토끼는 땅굴을 파고, 비버는 시내에 댐을 만든다. 하지만 이러한 환경의 변경은 본능의 산물에 불과하며, 그 정도가 제한적이고 형태가 비교적 고정되어 있다. 결과적으로 이 각각의 종들과 환경 사이에 균형이 존재해야 한다. 인간이 환경에 가하는 변화는 그 성격이 다르다. 어떤 환경변화도 본능의 산물이 아니며, 대신 각 세대의 구성원들이 새롭게 그리고 때로는 열심히 노력하여 학습한 어떤 문화적 전통의 산물이다. 하지만 훨씬 더 중요한 차이점은, 최근 수백 년 동안의 기술혁신으로 말미암아 대부분의 문화적 전통들이 급격한 변화를 겪고 있다는 것이다. 그 결과 인간과 환경 사이의 관계는 점차 불안정하게 되었다.[2]

그러므로 앞에서 이루어진 논의의 결론에 따르면 오늘날 인간이 보유한 행동기능이 오늘날의 다양한 인간의 환경, 특히 도시환경에 적용되어 있는지에 관한 모든 질문들은—이 질문들은 물론 상당히 중요하지만—엄격한 의미에서 이 책과 관련이 없으며, 이 책은 과거에서 유래하는 본질적 반응에만 관심을 가진다. 이 책에서 중요한 것은, 만약 인간의 행동기능이 인간이 한때 살았던 원시 환경에 실제로 적용되어 있

---

[2] 비커스(Vickers, 1965)는 이 주제에 주목하고 있다. 기술적 수단에 의한 환경의 변화는 인구폭발을 초래하며, 이러한 인구폭발은 더욱 심화되고 확장된 기술의 변화를 요구한다고 그는 지적한다. 여기서 피드백 과정은 부적이어서 체계의 안정을 이끌어내는 것이 아니라, 정적이어서 불안정성의 정도를 높인다.

었다면, 인간의 행동기능의 구조는 오직 그 원시 환경에 비추어서만 이해할 수 있다는 것이다. 어떤 곤충들이 한 난초의 적응환경에서 번성하면서 이 난초를 찾아오는지를 알기 전까지는 이 난초 꽃의 구조를 이해하는 것이 불가능함을 다윈은 발견했는데, 이처럼 인간의 행동 기능이 진화했던 그 환경에 대해 어느 정도 알기 전까지는 인간의 행동기능을 이해하는 것이 불가능하다. 인간의 원시 환경에 대한 그림을 그려보기 위해, 우리는 가장 변화하지 않는 환경에서 살고 있는 인간 공동체에 대한 인류학적 연구와 초기 인류에 대한 고고학적 연구, 그리고 고등동물에 대한 현장 연구 등을 살펴보아야 한다.

오늘날 지구상에서 아직도 수렵과 채집을 통해서만 식량을 얻는 사람들은 거의 없으며, 이들의 사회적 삶에 대한 좋은 사례연구들은 더 더욱 없다.[3] 하지만 입수 가능한 증거들에 따르면 이들은 예외 없이 모든 연령대의 남녀들을 포함한 작은 사회집단을 이루어 살고 있다. 어떤 사회집단은 비교적 안정적이지만, 다른 집단들은 그 구성과 크기가 변한다. 하지만 규모가 큰 집단이 안정적이든 아니든, 엄마와 이 엄마의 자녀 간의 유대는 항상 존재하며 사실상 변화하지 않는다.

많은 인류학자들은 인류의 기본적이고 기초적인 사회적 단위가 이러한 핵가족이라고 주장해 왔다. 하지만 폭스(Fox, 1967)는 비록 모든 인간 사회에서 여성과 아이들은 성숙한 남성들을 항상 동반하지만, 그렇다고 해서 이 동반 남성들이 항상 이 아이들의 아버지이거나 혹은 이 여성들의 배우자인 것은 아니라는 점을 지적한다. 이 남성들은 여성들의 아버지, 삼촌, 혹은 남자 형제일 수도 있다. 이러한 사실을 비롯한 여타

---

[3] 아프리카 우림 지대의 피그미족들은 예외이다. 턴불(Turnbull, 1965)은 이들의 삶을 탁월하게 묘사하고 있다.

의 사실들을 고려하여 폭스는 다음과 같은 관점을 갖게 되었다. 즉, 인간의 기본적 사회적 단위는 한 사람의 엄마와 그녀의 자녀들, 간혹 그녀의 외손자들을 포함하여 구성되며, 이러한 단위에 대한 아버지들의 애착 유무와 그 정도에 따라 사회상들이 달라진다는 것이다. 어떤 사회에서는 아버지들이 이러한 단위에 상당히 영구적인 애착관계를 가지지만, 일부다처제와 같은 사회에서는 여러 단위에 애착관계를 형성하며, 서인도제도의 해방노예 사회와 같은 경우에서는 이러한 아버지의 애착관계를 거의 찾아볼 수 없다. 만약 폭스의 주장이 옳다면 인간 사회생활의 요소들은 인간과 가장 가까운 동물들의 사회생활의 요소들과 상당히 비슷한 것이 된다.

어떤 경우에나 인간의 원시생활은 체구가 큰 육상 고등영장류의 다른 종들과 의미 있게 비교될 수 있다는 것은 분명한 것 같다. 인간과 인간 이하의 종들 간에 차이가 있다는 것은 확실하다. 하지만 이 책의 목적을 위해서는 이들 간의 유사점이 그 차이점보다 중요하다는 것을 주장한다.

모든 연령대의 남녀 구성원들로 이루어진 사회적 집단으로 살아가는 것은 인간을 포함한 모든 체구가 큰 육상 고등영장류의 특징이다. 집단의 크기는 한두 개의 가족으로 구성된 것에서부터 약 200명으로 구성된 것까지 다양하다. (침팬지의 경우를 제외하고) 성인 수컷 없이 암컷과 미성숙아들로만 구성된 경우는 결코 없으며, 성인 수컷만 따로 사는 경우도 거의 없다. 이러한 사회적 집단은 때때로 나뉘었다 다시 합치기도 하지만, 대개 연중 그 형태를 유지한다. 아주 가끔 개별 구성원들이 소속 집단을 바꾸는 경우도 있다.

이러한 사회적 집단은 수 평방마일에서 수백 평방마일 혹은 그보다 넓은 범위에 이르는 영역에 거주하는데, 거주영역이 겹치는 경우도 있지만 각 집단은 대체로 자기 영역 내에만 거주하는 경향이 있다. 인간 이외의 영장류들은 주로 채식을 하지만 가끔 고기가 있으면 육식을 하기도 한다. 고기가 식사의 상당 부분을 차지한다는 점에서 인간은 독특하다. 하지만, 고기가 식사량의 25%를 초과하는 사회는 거의 찾아보기 어려우며 많은 사회에서 이 비율은 훨씬 낮다. 어떤 종이 일시적인 가뭄의 상황에서도 생존할 수 있게 하는 것이 고기를 포함한 잡식성의 이점인데, 이 때문에 이 종은 자신이 살아갈 수 있는 거주영역을 다양하게 확대할 수 있게 되었다.

거의 모든 동물 종들은 매우 위험한 여러 잠재적인 포식동물들과 삶의 영역을 공유하는데, 생존을 위해서는 보호로 귀착되는 행동체계를 갖출 필요가 있다. 육상 영장류의 경우 포식동물은 큰 고양이과 동물(특히 표범),[4] 늑대와 재칼, 그리고 맹금류 등이다. 육상 영장류의 조직화된 사회집단 특성이 이러한 포식동물로부터 자신들을 보호하는 데 중요한 역할을 한다. 집단의 한 구성원이 위협을 당할 때, 원숭이나 인간의 성숙한 수컷들은 암컷들과 미성숙 개체들이 뒤로 물러나 있는 동안 힘을 합쳐 포식동물을 몰아낸다. 그래서 혼자 있는 개체만이 희생될 가능성이 크다. 다른 영장류들처럼 자신들을 보호하는 데 필수적인 나무와 절벽이 있는 지역에 고립되는 대신, 육상 영장류들은 이러한 협동적 보호 기술을 진화시킴으로써 여러 다양한 지역에서 번성할 수 있게 된다.

육상 영장류에서 성적인 관계도 아주 다양하다. 심지어 개코원숭이에게도 지속적인 배우자 관계를 형성하는 시기가 있지만, 많은 영장류 종

---

[4] 표범에 희생되는 초기 인간들에 대한 증거는 『네이처』(*Nature*)지 225호의 C. K. 브레인(Brain, 1970, pp. 1112~19)의 글을 참조하기 바란다.

에서 집단 내 난혼을 하는 경우가 있다. 인간의 경우 여성이 항상 수용적이며, 항상 그렇지는 않지만 대체로 지속적인 남녀관계에 기초하는 가족이 있고, 그리고 근친상간에 대한 금기가 있다는 점 등에서 예외적이다. 한 종족을 구성하는 이웃하는 사회집단 간의 족외 결혼도 인간에서 발견된다. 인간보다 하등 동물의 경우에도 이런 족외혼을 볼 수 있는데, 때로 수컷이나 암컷이 소속 집단을 바꿈으로써 생긴다.

우리가 특히 인간의 특징이라고 생각하는 것들 중에서 몇 가지는 다른 육상동물에서도 발견할 수 있으며 다른 몇 가지 특징은 또 다른 동물들에서 그 맹아적 형태를 찾을 수 있다. 다른 동물과 인간에게서 공통으로 발견할 수 있는 특징들 중에는 다음과 같은 것들이 있다. 첫째, 집단 구성원들 간에 의사소통의 수단으로 사용하는 다양한 종류의 부르는 소리, 몸짓, 손짓, 발짓 등. 둘째, 도구의 사용. 셋째, 사회집단에 전형적인 관습을 학습하는 장기간의 미숙기. 인간 이외의 하등동물에서 거의 발견되지 않는 것에는 사냥감을 잡기 위해 협동하는 성인 수컷들과 도구제작 등이 포함된다. 인간에게만 독특한 가장 주목할 만한 특징은 언어이다. 이외에도 병든 구성원들이 24시간 머무를 수 있는, 일시적으로 혹은 영구적으로 보호되는 근거지를 구축하는 것, 그리고 이와 관련된 음식을 나누는 습관 등도 인간에게만 독특한 것이다. 성별에 따른 역할분담이나 성숙한 개체와 미성숙한 개체 사이의 역할분담은 다른 영장류에서도 이미 발달되어 있지만, 인간의 경우 훨씬 더 발전되어 있다.

워시번(Washburn)과 드보어(DeVore)[5]의 저술과 출판물에 근거할

---

5 워시번이 편집한 『초기 인간의 사회생활』(*The Social Life of Early Man*, 1961)과 드보어가 편집한 『영장류의 행동: 원숭이와 유인원에 대한 현장 연구』(*Primate Behavior: Field Studies of Monkeys and Apes*, 1965) 등을 참조하라. 또 사우스윅(Southwick)

때, 이상의 설명은 농경 시대 이전의 인간과, 인간과 관련된 육상동물들의 사회생활에 대해 비교적 정확한 묘사인 것으로 믿어진다. 이러한 모든 동물들에게 있어 조직화된 사회집단은 최소한 한 가지 중요한 기능을 수행하는데, 그것은 포식동물로부터 자신들을 보호하는 것이다. 포식 동물이 위협할 때보다 집단의 조직과 집단 내의 역할분담이 더 분명해 지는 때는 없다. 그 결과 미성숙 개체들은 성년의 삶에 필요한 기술들을 학습하는 동안 보호받으며 살 수 있게 된다. 사회조직의 두 번째 기능은, 비록 훨씬 나중에 거의 확실하게 발달하는 것이긴 하지만, 협력적인 사냥을 통해 식량의 확보를 촉진하는 것이다.

환경에 안정적인 인간행동을 고려하는 것은 인간의 진화적응환경이라는 개념과는 상충된다. 이러한 기능의 상당 부분은 각 성별과 연령 집단의 개별 구성원들이 인류의 특징인 조직화된 사회집단에서 자신들의 위치를 갖도록 구조화된 것으로 여겨진다.

지금까지 대강 살펴본 '인간의 진화적응환경'의 개념은 하트만(Hartmann)의 '인간의 일상적인 기대환경' 개념(Hartmann, 1939)의 일종이기도 하지만, 진화론의 측면에서 더욱 엄격하게 정의된 것이다. 이 새로운 개념은 유기체가 특정 환경에 적응하는 것을 더 분명히 보여줄 뿐만 아니라, 어떤 종의 형태적, 생리적, 행동적 특성 어떤 것도 이 종이 진화한 진화적응환경을 떠나서는 이해할 수도 없으며, 더구나 지적으로 논의할 수조차 없다는 것을 강조한다. 자칫 예측이 불가하게 보이는 인간행동도 인간의 진화적응환경을 계속 염두에 두게 되면, 이러한 진화적응환경에 대해 무지할 때보다는 이해하기가 훨씬 쉬워진다고 여겨지

이 편집한 『영장류의 사회행동』(*Primate Social Behavior*, 1963)도 참조하라.

고 있다. 유아와 엄마를 연결하는 행동체계에 대해 논의하는 이후의 장들에서는 초기 인류가 살면서 오늘날 인류가 갖고 있는 행동체계가 진화되었다고 믿어지는 그러한 환경에 대해 더 많이 살펴볼 것이다. 상실에 대한 반응도 같은 관점에서 다루어질 것이다.

* 주: 본능행동 모형의 구체적인 사항들이 중요하다고 생각하지 않는 이들은 곧바로 3부 "애착행동"으로 넘어갈 수 있다.

제5장

본능행동을 매개하는 행동체계

1930년대에만 해도 어떤 실험적 개입을 통하지 않고서 행동을 '과
학적으로' 연구하는 방법이 있을 것으로 여겨지지 않았다. … 심지
어 어떤 동물을 찔러 보는 것이 그냥 관찰하는 것보다는 확실히 나
은 것이었다. 동물행동 관찰은 그저 흥미 있고 비체계적인 이야깃
거리나 만들 뿐이었다. 동물행동 관찰은 새를 관찰하는 사람들이
하는 것이었다. 하지만, 관찰은 또한 동물행동 관찰학의 선구자들
이 하던 것이었다. 이들은 설계된 행동이 아니라 자연행동을 연구
했으며, 그리하여 최초로 자연행동의 구조나 일시적인 사건들을 구
별해 낼 수 있었다 ….

— P. B. 메다워(Medawar, 1967)

1. 행동체계의 유형들

지금까지의 설명에서는 행동을 통제하는 데 있어 최초의 명령과 현
재 수행결과의 차이를 고려하도록 구조를 갖춘 행동체계가 중시되었다.
이 행동체계에서는 피드백을 통해 명령과 결과의 차이를 비교할 수 있
었다. 이러한 체계에만 목표지향적, 혹은 더 낮게는 목표수정적이라는
용어가 적용된다.[1] 이런 행동체계가 좋은 것으로 여겨지는 이유는 두 가

지다. 첫째, 이러한 속성을 가진 체계들은 많은 행동들, 특히 인간의 행동을 주관하고 있다. 둘째, 생물과학에서의 혁명은 다름 아닌 바로 이러한 체계들의 기초를 이루는 원리들을 밝혀냄으로써 촉발되었다. 그러나 모든 행동체계들이 이런 정도로 세련되었다고 생각하는 것은 잘못이다. 어떤 행동체계들은 아주 단순하다. 목표수정적 행동체계의 행동방식을 심도 있게 고려하기 전에 이러한 단순한 체계를 살펴보는 것이 좋다.

고정 행동양식

더욱 단순한 체계유형의 한 종류이며 동물행동 관찰학자들이 많은 관심을 기울였던 유형이 고정행동양식을 주관하는 유형이다. 이 유형은 구조화된 운동양식이며 비록 실례에 따라 복잡성의 정도가 다르지만 본능과 다른 것은 아니다. 하지만, 어떤 측면에서 고정행동 양식은 본능과는 아주 다르다. 즉, 본능은 활성화되는 임계점이 항상 일정하지만 고정행동양식의 경우 활성화되는 임계점은 유기체의 상태에 따라 달라진다. 카나리아 새가 둥지를 지을 때 사용하는 엮는 동작 몇 가지가 그러한 예이다. 그리고 새나 물고기의 많은 사회적 과시행동들은 사회적 상호작용 과정에서 발생하며 해당 종의 다른 구성원들이 이에 대해 종종 예견될 수 있는 방향으로 응답하는데, 이러한 것들도 고정행동양식의

---

1 여기서 '목표수정적'은 원문에서 'goal-corrected'로 표현되었다. 이 표현은 원래 설정한 목표를 바꾸거나 수정한다는 의미가 아니다. 다만 설정된 목표를 달성하는 과정에서 취하는 여러 행동들을 피드백과 비교하여 효과적으로 재배열하거나 재배치한다는 의미이다. 즉, '목표'의 수정이 아니라 이 목표를 달성하는 '수단'으로서의 행동들을 수정한다는 뜻이다 - 옮긴이.

예이다. 이름에서 드러나듯이, 고정행동양식은 고도로 고착화된 것이며, 일단 시작되면 주변에서 발생하는 것에 거의 상관하지 않고 정해진 유형을 따라 끝마쳐져야 한다. 이상에서 다음을 자신 있게 추론할 수 있는데, 고정행동양식을 주관하는 유형은[눈, 귀, 코, 그리고 촉각 수용기(touch receptor) 등의] 외부자극수용기(exteroceptor)를 통해 들어오는 환경으로부터의 피드백의 도움 없이 작동한다는 것이다.

고정행동양식을 주관하는 체계는 두 가지 원리 중 하나에 의거해 구조화될 수 있다. 첫 번째 원리는 이 체계가 중추신경계 내부의 미리 설정된 프로그램에 전적으로 의존한다는 것이다. 두 번째 원리는 이 체계의 일부는 미리 설정된 프로그램에 의존하지만, 다른 일부는 근육 조직의 감각기관에서 나오는 자기자극감수(自己刺戟感受) 피드백(proprioceptive feedback)의 도움에 의존한다는 것이다. 자기자극감수 피드백은 행동들이 순서대로 진행되도록 신호를 보내주며 정확하게 실행되도록 한다. 하지만 좀더 면밀한 연구 없이는 두 가지 원리 중 어떤 것이 더 보편적인지 알기 힘들다.

고정행동양식은 하품이나 재채기와 같이 미화된 반사행동이나 거의 다름없는 것에서부터 새의 사회적 과시행동과 같이 정교한 의식처럼 보이는 것까지 그 복잡성의 정도가 다양하다. 새와 비교할 때 인간을 포함한 고등영장류에게는 고정행동양식이 빈약하게 갖추어져 있다. 인간 행동을 연구하는 이들은 고정행동양식에 관심을 가지는데, 그 이유는 이 양식이 일생 동안, 특히 훨씬 세련된 행동유형을 주관하는 체계가 나타나기 이전인 유아기에 얼굴표정을 통제하는 데 중요한 역할을 담당하기 때문이다(Tomkins, 1962). 뒤져 찾기, 붙잡기, 울기, 미소짓기 등의 행동이 맨 처음 나타날 때, 이러한 행동들은 아마 모두 고정행동양식의 예가 될 것이며, 사회적 상호작용의 최초 시기에 중요한 역할을 담당한다. 고정행동양식이 존재하기 때문에, 우리는 중추 신경계 내의 프로그램에 의존하고 있는 (자기자극감수 피드백을 가지고 있거나 혹은 없는) 어떤 체계가 통제할 수 있는 운동의 상대적 복잡성에 대해 생각해 보게 되며, 고정행동양식은 훨씬 더 유연하고 더 잘 적응된 체계를 생각해 볼 수 있는 기초선이 된다.

고정행동양식보다 한 단계 더 유연한 행동은 어떤 고정행동양식이 환경으로부터의 피드백에 의존하는 단순한 일련의 움직임들과 함께 결합될 때 나타난다. 자신의 알이 둥지 바깥으로 굴러 나갔을 때 보여주는 거위의 행동이 잘 알려진 예다. 이런 상황에서 이 거위가 보여주는 반응양식은 두 가지 요소로 나뉠 수 있다. 한 가지 요소는 부리를 알 위에 놓고 가슴 쪽으로 알을 끌어당기는 것인데, 이 행동은 일단 시작 되면 알이 없어져도 계속된다. 다른 요소는 알의 불규칙적 움직임을 염두에 두고 부리를 이쪽저쪽으로 움직이는 행동인데, 알에서 느끼는 촉각에 의해서만 일어나며 알이 없어지면 멈추게 된다. 이러한 두 가지 요소가 결합된 행동이 충분히 반복될 경우 알은 다시 둥지로 되돌아온다.

이 거위의 예를 통해 서로 연관된 두 가지 큰 문제를 알 수 있다. 첫번째 문제는 행동의 지시성과 이 지시성이 달성되는 방식이고, 두 번째 문제는 목표의 문제이다. 내재적인 어려움 외에도 이 각각의 문제는 용어상의 여러 가지 문제를 제기한다.

예견되는 결과의 두 가지 종류

맨 먼저 해결해야 할 문제는 거위가 알을 굴리는 행동에서 합리적으로 예견되는 결과, 즉 알을 둥지로 되돌리는 것을 지칭하기 위해 '목표' 라는 용어를 사용할 것인가 말 것인가이다. 사실 이 용어를 사용하지 말 아야 할 좋은 이유가 있다. 거위가 알을 굴리는 행동에서 결과를 달성하 는 수단과 송골매가 먹이를 붙잡는 수단을 비교해보면, 거위가 알을 둥 지로 되돌리는 것을 지칭하는 데 목표라는 용어를 사용하지 않는 이유 를 곧 설명할 수 있다.

매가 먹잇감을 덮칠 때 매는 먹잇감을 보면서 몸의 움직임을 계속 바 꾼다. 이 매에게는 시각을 활용해서 얻은 정보가 계속 흘러 들어온다. 이 정보를 통해 매는 자기 자신과 먹잇감의 자세, 속도, 방향 등을 거의 쉬지 않고 비교하면서 자신의 비행을 조정할 수 있게 된다. 덮치는 행동 을 통제하는 행동체계는 이와 같이 (먹잇감을 붙잡는) 명령과 수행의 차 이를 계속 고려하는 그러한 방식으로 구조화되어 있다. 다소간 예견되 는 목표인 먹잇감을 붙잡는 것은 이러한 명령과 수행의 차이를 '0'으로 줄인 자연스런 결과이다.[2]

반면, 거위가 알을 굴리는 행동을 주관하는 한 쌍의 행동체계는 아주 다른 방식으로 구조화되어 있다. 알을 굴리는 동작들은 둥지의 위치를 살펴보는 것에 전혀 영향을 받지 않으며, 알을 굴리면서 알의 위치와 둥 지의 위치를 비교하지도 않는다. 알을 굴리는 과업에서 다소간 예견되 는 목표는 고정행동양식 수준의 소박한 것의 결과인데, 이 고정행동양 식은 알에서 전달되는 즉각적인 촉각 피드백이 제어하는 알을 이쪽저 쪽으로 굴리는 동작과 함께 작동한다. 거위는 둥지에 있는 동안 이 두 가지 행동을 실행한다. 만약 거위가 둥지가 아닌 다른 곳에 앉아 있다면

---

2 여기의 제시된 매에 대한 설명이 아마 정확할 것이지만, 이러한 매의 행동에 대해 비판 적인 관점에서 분석해 본 적은 실제로 없다.

알은 당연히 둥지가 아닌 다른 곳으로 옮겨질 것이다.

그리하여 이상의 두 가지 예에서 다소간 예견되는 결과는 행동을 취한 이후에 나타난다. 그러나 결과가 나타나는 이유는 둘 사이에 아주 다르다. 매의 행동은 목표지향적이라고 정당하게 이름 붙일 수 있다. 그 이유는 매가 먹잇감을 덮치는 방식과 축구선수가 슈팅을 날리는 방식에는 동일한 원리가 적용되기 때문이다. 반면 거위의 행동은 목표지향적이라고 하지 않는 게 더 낫다. 사실 거위의 행동은 놀이공원에서 약간의 돈을 내고 눈을 가린 채로 불가사의한 통로를 따라 가는 어린이의 행동만큼이나 목표지향적이지 않다. 벽에서 느끼는 촉각에 의해 피드백을 받으면서 계속 길을 따라가는 이 어린이는 자신이 어디로 가고 있는지 알지 못하며 따라서 목표도 없다. 그럼에도 구경꾼은 이 어린이에게 닥칠 결과를 자신 있게 예견할 수 있다. 이 어린이는 아마도 아름다운 요정이 (혹은 그보다 덜 유쾌한 것이) 있는 곳에 도착할 것이다. 이 어린이와 알을 굴리는 행동의 예에서 보듯이 비록 행동은 목표지향적이지 않지만 그 결과는 정확히 예견할 수 있다.

목표지향적 행동과 그렇지 않은 행동을 정확하게 구별하는 것은 꼭 필요하므로 용어를 정확하게 사용하는 것이 중요하다. 맨 처음 해결해야 할 문제는 목표지향적 행동체계의 결과를 나타내기 위해 사용할 용어이다. 얼른 보기에 '목표'라는 단어를 주의 깊게 정의하기만 하면 이 단어를 이러한 의미로 사용할 수 있는 것처럼 보일 수도 있다. 하지만 이 단어를 사용해서는 안 될 두 가지 큰 이유가 있는 것 같다. 첫 번째 이유는 '목표'라는 단어가 어떤 행동이 가해지는 일시적인 유한한 목표를 암시할 수도 있기 때문이다. 심리학자들은 보통 이런 의미로 이 단어를 사용한다. 물론 우리가 추구하는 용어가 이러한 일시적인 유한한 목표에도 적용되어야 하지만 장기적 상황에도 적용되어야 한다. '목표'라는 용어는 이러한 보다 광범위한 목적에는 아주 적합하지는 않다. '목표'라는 용어를 선택하지 않는 두 번째 이유는 이 용어가 일상 용례에서 종종 환경에서의 어떤 대상을 지칭하는 데 사용되기 때문인데, 우리가 관심을 가지고 언급하고자 하는 것은 결코 그런 것이 아니다. 우리에게 필요한 용어는 다음과 같은 두 가지 경우를 총칭하여 사용할 수 있는 것이다. 먼저 이 용어는 먹잇감을 잡는 행동과 같이 어떤 동물과 환경의 일부 사이의 상호작용을 통해 발생하는 일시적인 유한한 사건을 지칭할 수 있어야 한다. 그리고 어떤 동물과 동물이 속한 환경의 일부 사이에서 일정 거리를 가진 특정한 관계처럼 일정 시간 지속적으로 유지되는 어떤 조건을 지칭할 수 있어야 한다.

8장에서 상술하게 될 이러한 이유 때문에 나는 '설정목표'(set-goal)라는 용어를 제안한다. 이 용어는 명령과 실행 사이의 차이를 고려하도록 구조화된 행동체계의 행위에 의해 발생하는 유한한 사건이나 지속적인 조건 등을 표현한다. 이 정의에서 설정목표는 환경 내의 어떤 물체가 아니라 노래하기와 같이 특정 동작을 수행하는 것이 될 수도 있고, 혹은 동물과 환경 내의 어떤 대상이나 요소 간에 짧거나 길게 지속되는 특정 관계를 달성하는 것이 될 수도 있다는 것에 유의해야 한다. 그래서 먹잇감을 덮치는 매의 설정목표는 먹잇감이 아니라 먹잇감을 잡는 것이다. 마찬가지로 다른 행동체계의 설정목표는 어떤 동물이 자신과 자신이 속한 환경 내에서 경각심을 불러일으키는 대상 사이에 일정한 거리를 계속 유지하는 것과 같은 것일 수도 있다.

'목표지향적'(goal directed)이라는 형용사는 설정 목표의 측면에서 구조화된 행동체계를 설명하는 데 계속 유용하다. 하지만 '목표수정적'(goal-corrected)이라는 용어가 더 낫다. 먼저, 이 용어는 설정목표와 현 단계 실행 사이에 존재하는 차이에 의해 행동체계의 통제 하에 있는 행위들이 계속 수정된다는 점을 강조한다. 둘째, 이 용어를 사용함으로써 어떤 행동체계는 장기간 지속되는 설정목표와 관련되어 있다는 점을 독자들에게 상기시키는 데 도움을 줄 수도 있다. 셋째, 설정목표를 달성하도록 구조화된 행동을, 공간 내에서 목표를 향한 수정이 일어나든 아니든 정확하게 한 방향만 향하고 있어서 지향만 하고 있는 행동으로부터 구별해내는 데 도움을 준다. (이 장의 뒷부분을 보라.)

설정목표의 일부를 구성하고 있는 대상을 지칭하기 위해서 '목표대상'(goal-object)이라는 용어가 때로 유용하다.

이상의 논의에서 상이하게 구조화된 행동체계들이 이끌어낼 수 있는, 다소간 예견되고 이로운[3] 결과들은 최소한 두 종류임을 알 수 있다. 즉, 설정목표와 설정목표가 아닌 것이다. 후자를 지칭하는 데 아직까지 합의된 용어가 없다. 하지만 두 가지 결과 모두 '예견되는 결과'라고 지칭할 수 있다. 단, 이러한 예측이 몇 가지 조건에 영향을 받고 이 조건들이 변화하면 이러한 예측은 빗나갈 수 있다는 전제하에서 이렇게 지칭할 수 있다. 그러므로 '예견되는 결과'라는 용어는 항상 '특정조건하에서 예견되는 결과'의 단축형으로 읽혀져야 한다. 설정목표는 예견되는 결과의 일종이다.

---

[3] 대부분의 행동 형태는 어느 정도 규칙적인 여러 가지 결과를 보여준다. 하지만 이러한 모든 결과들이 이로운 것은 아니다. 이 사실과 이와 연관된 기능의 문제는 8장에서 논의될 것이다.

목표수정적 행동

단순 유기체가 특정 결과를 최종적으로 달성하기 전에 많은 다양한 반응을 사용하는 것이 관찰될 때, 이 유기체의 행동은 목표수정적이라고 생각하기 쉽다. 하지만 예견되는 결과에 도달하는 것이 목표수정의 준거는 아니다. 지금까지 봤던 것처럼 예견되는 결과는 다양한 방법으로 달성할 수 있다. 목표수정적 체계의 특징은 이 체계가 예견되는 목표를 달성하는 것이 아니라 특별한 과정을 통해 이 목표를 달성한다는 것이다. 이 행동체계는 많은 고정된 혹은 가변적인 행동들의 목록에서 비임의적으로 행동을 선택해서 마침내 이 동물이 점차적으로 설정목표에 근접하게 만든다. 이 과정이 세련될수록 이 행동은 더욱 경제적이게 된다. 효과적인 목표수정적 행동은 가변적인데, 사용되는 행동의 종류의 측면에서만 가변적인 것이 아니라 설정목표를 달성할 수 있는 시작점이 많다는 측면에서도 가변적이다(Hinde, 1966).

쉽게 예상할 수 있듯이 목표수정적 행동을 주관하는 행동체계는 다른 행동을 주관하는 행동체계보다 훨씬 더 복잡하다. 목표수정적 체계의 두 가지 필수불가결한 요소는 다음과 같다. (1) 설정목표와 관련된 명령을 수용하고 저장하는 수단, 그리고 (2) 명령과 수행결과를 비교하면서 수행을 명령에 부합하도록 만드는 수단이다.

컴퓨터가 사용되기 이전까지만 해도 본능행동을 실행하는 데 필요한 상세한 종류의 명령들이 어떤 가능한 수단에 의해 작성되고 저장되며, 그 후 필요한 장소와 시간에 활용될 수 있는지 상상하는 것은 아주 어려운 일이었다. 이제 이 명령들이 저장되고 활용되는 수단은 더 이상 전적으로 우리의 상상력을 뛰어넘는 것은 아니지만, 이 명령들이 저장되고 활용되는 과정은 인류가 사용하기 위해 이제껏 배웠던 그 어떤 것보다도 훨씬 더 섬세하고 창의적인 것이다.

하지만 명령이 유기체에 '도달하는' 방식은 여전히 머리에 떠올리기 어렵다. 컴퓨터의 경우 명령은 외부에서 입력된다. 유기체의 경우 이러한 명령들은 특정 환경에서 이 유기체가 발달한 결과로서 유기체 내부에 존재하는 것으로 여겨지는데, 이러한 발달은 이 동물의 유전적 소양과 환경과의 상호작용의 산물이다. 또한 이러한 명령들은 일반적으로 후성설적[4] 과정과 학습이라고 이름 붙여진 모든 과정들의 결과다.

설정목표와 관련된 명령은 단지 한 가지 유형의 세부요소만 포함할 수도 있다. 예를 들어, 어떤 가수가 특정 음을 지속하는 것을 가능하게 하는 체계는 청각 피드백을 활용하도록 구조화되어 있다. 가수는 자신의 수행결과를 들으면서 수행과 명령 사이의 어떤 차이를 수정하기 위해 자신의 수행을 계속 약간씩 변화시킨다. 여기서 음성적 수행을 주관하는 체계는 소리의 높이, 소리의 크기 등과 같은 오직 한 가지 유형의 세부요소만으로 구성된 명령만을 필요로 하는 것처럼 보일 것이다.

설정목표와 관련된 명령은 한 가지 유형 이상의 세부요소를 포함하는 경우가 더 많다. 예를 들어, 매가 먹잇감을 덮치는 경우 이 행동은 두 가지 유형으로 구성된다. (1) 크기, 모양, 움직임 등과 같은 잠재적 먹잇감과 관련된 세부요소, (2) 거리, 요격 등과 같은 먹잇감에게 요구되는 관계와 관련된 세부요소 등이다. 세부요소 각각은 막연한 것에서부터 아

---

4 후성설(후성설, epigenesis)은 전성설(전성설, preformation theory)에 대비되는 입장이다. 후성설은 개체발생 초기의 생식세포에는 성체와 같은 분화된 구조가 존재하지 않고 발생과정이 진행되면서 점점 성체와 같은 분화된 기관을 갖게 된다는 이론적 입장이다 – 옮긴이.

주 정확한 것까지 정확성의 정도가 다양하다.

어떤 동물이 어떤 설정목표를 달성하는 데 요구되는 특정 명령 이외에도 다른 더 일반적인 필수사항이 종종 있다. 그것은 이 동물이 자신이 살아가는 환경의 위상에 대해 어떤 도식적인 표상을 보유해야 한다는 것이다. 오로지 이러한 인지적 지도를 참조함으로써 이 동물은 익숙한 환경의 한 지점에서 다른 지점으로 이동할 수 있는 길을 빨리 찾아낼 수 있게 된다. 안전한 장소로 재빠르게 후퇴하는 개코원숭이의 한 집단이 그 예이다.

특정 목표수정적 체계가 성공적으로 작동하기 위해서는 비교적 정확한 인지적 지도를 참조하는 것이 꼭 필요하지만, 이러한 지도참조와 목표수정적 체계 사이에 일대 일 관계가 존재하는 것은 아니다. 그와는 대조적으로 이동을 수반하지 않는 목표수정적 체계는 인지적 지도를 참조하지 않고서도 성공적으로 작동하는 반면, 훨씬 더 단순하게 구성되어 있는데도 이러한 인지적 지도를 필요로 하는 행동체계들도 있다.

일정 시간 내 공간적 관계의 유지

본능행동에 관한 과거의 논의들은 성적 극치감과 같이 극적이고 일시적인 결과를 가져오는 연쇄행동들에 관심을 집중하면서, 비교적 장기간 동안 특정 거리를 유지하는 것과 같은 지속적 관계를 도출하는 행동들에는 무관심했다. 하지만 대부분의 동물의 삶에서 후자와 같은 행동들이 그 빈도가 훨씬 더 높고 극히 중요하다고 하는 것은 의심의 여지가 없다. 몇 주 동안 알과 둥지를 가까이 하는 알을 품는 행동이나, 몇 달 혹은 몇 년 동안 환경의 특정 위치 내에 계속 머무르는 영역행동, 몇 분

혹은 몇 시간 동안 어떤 동물이 포식동물과의 떨어진 거리를 유지하는 주의행동 등이 그러한 예이다.[5]

과거에 이러한 종류의 행동에 무관심했던 중요한 이유는 이런 행동들이 '충동' 혹은 '에너지 분출' 등과 같은 개념[6]으로는 쉽게 이해할 수 없었기 때문이다. 반면에 이 책에서 사용하고 있는 개념들이 적용되면 이해하기가 아주 어려운 것은 아니다.

특정 시간 동안 특정 거리를 유지하게 하는 행동체계는 정교한 정도에 따라 나누어 볼 수 있다. 단순한 경우의 예는 특정 목표대상으로 움직이게 만드는 체계인데, 이 체계는 어떤 동물과 목표대상 사이의 거리의 차이가 증가하면 작동하고 그 차이가 0이면 멈춘다. 만약 이 체계가 때때로 목표대상에서 멀어지게 만드는 하나 이상의 또 다른 체계에 의해 균형이 잡혀지지 않는다면, 이 체계는 종국에는 목표대상과 계속 접촉한 채로 있게 될 것이다. 그래서 두 체계 중 어느 하나가 우세해지면서 결과적으로 어떤 종류의 진동이 있게 된다.

이보다는 진동이 덜 한 다른 종류의 행동체계는 목표대상과 관련해서뿐만 아니라 이 목표물체와의 정확한(그렇지만 반드시 항상 일정한 것은 아닌) 거리와 관련해서도 설정목표를 유지하도록 조직화된 체계이다. 이 경우 설정목표는 균형점이 될 것이다.

13장에서 이러한 보다 단순한 형태의 체계가 엄마와의 거리를 유지

---

[5] 헤디거(Hediger, 1955)는 같은 종의 다른 구성원들이나 혹은 잠재적인 포식 동물로부터의 거리를 다소 일정하게 유지하는 행동이, 동물들의 삶에서 차지하는 커다란 비중에 대해 많은 예들을 제시하고 있다.

[6] 원문에서 각각 '충동'은 'drive'로, '에너지 분출'은 'energy discharge'로 표현되어 있다. 이러한 용어사용은 프로이트를 연상케 한다 – 옮긴이.

하는 어린아이의 행동을 설명하는 것으로 가정된다.

행동의 방향성[7]

이전에 설정목표에 대한 논의에서 살펴보았던 두 번째 문제인 행동의 지향성은 이미 언급되었다. 목표수정적 체계가 주관하는, 이동을 수반하는 모든 행동은 당연히 내재적으로 지향적이다. 여기서 지향적이라는 것은 첫째, 공간에서 특정 방향을 향한다는 측면, 둘째, 목표, 곧 설정목표를 가진다는 측면 두 가지를 모두 의미한다. 설정목표를 가지지 않는, 그래서 그런 의미로 지향적이지 않은 행동도 공간에서 방향성을 가질 수 있기 때문에 방향성의 문제를 설정목표와 상관없이 다룰 필요가 있다. '방향성'이라는 용어는 단순히 행동이 조직화되는 공간의 축을 지칭하며, 그 귀착점은 보통 환경 내의 대상이나 요소이다.

행동은 공간에서 발생하기 때문에 모든 행동은 어떤 방향성을 가진다. 어떤 행동의 방향성은 순전히 임의적인 것으로 보이지만, 더 많은 경우에 비임의적이다. 방향성을 성취하는 수단은 많은데, 그 중 몇 가지는 이미 분명하다.

매가 먹잇감을 덮치는 경우와 설정 목표가 동물이 가까이 가거나 혹은 멀어지는 환경의 특정 일부를 포함하는 모든 목표수정적 행동의 경우, 방향성은 수행과 설정목표를 끊임없이 비교한 결과로서 나타난다. 이상의 경우에 이러한 방향성을 주관하는 체계는 유도 미사일의 경우처럼 '유도'의 원리에 따라 동작한다.

---

[7] 원문의 'orientation'은 '방향성'으로 'directed'와 'directedness' 등은 각각 '지향적'과 '지향성' 등으로 번역하였다 – 옮긴이.

다른 밀접하게 관련된 경우에 동물 자신은 움직이지 않지만 몸 전체나 일부, 예를 들어 눈이 환경의 물체로 향한다. 이런 경우에 해당 주관 체계는 비행기를 자동 추적하는 레이더 수신기처럼 '추적'의 원리에 따라 동작한다. 두꺼비가 파리를 향해 혀를 재빨리 내밀어서 파리를 잡는 방식은 추적한 다음 발사하는 동작의 예이다. 여기서 두꺼비는 파리를 추적하면서 머리를 파리 쪽으로 돌리는데, 이로써 방향성을 성취한다. 반면에 혀 자체는 단지 두꺼비의 입에서 쭉 뻗어 나올 뿐이며 다른 방식으로 방향을 갖는 것은 아니다. 이런 형태의 방향성을 주관하는 체계들은 인간이 조준하는 총과 동일한 원리로 동작하고 있다. 각각의 경우 조준은 목표수정적인 추적체계가 통제하는 동작의 결과이며, 혀와 총알의 추후 움직임은 어떤 단순한 고정 행동체계 유형의 결과이다.

예를 들어 철새의 이동처럼 다른 비임의적 방향성의 경우에, 방향성은 설정목표를 직접 참조하여 결정되는 것이 아니라 지표물, 즉 해와 별 등의 환경의 다른 물체들을 참조하여 결정된다. 이런 형태의 방향성을 주관하는 체계들은 선박 항해에서와 같이 '항해'의 원리에 따라 작동하며, 유기체 내의 인지적 지도의 존재에 의존한다. 이러한 원리에 근거하여 방향성을 갖는 행동은 항해에 사용되는 물체들이, 예를 들어 둥지와 같은 예견되는 결과의 어떤 공간적 요소와 고정된 관계를 갖고 있을 때만 그러한 예견되는 결과를 달성할 수 있다. 항해술에 의해 눈에 잘 띄지 않는 자신의 집 구멍을 찾아내는 나나니벌이 이런 경우를 잘 보여준다. 집 주변의 지표물의 모양들이 바꾸어지지 않으면, 나나니벌은 이 구멍으로 바로 날아가는데, 이것은 예견되는 결과의 주요한 요소이다. 나나니벌이 집 구멍을 찾아낼 수 있는 것은 그 이전에 이 벌이 집 구멍과 지표물간의 공간적 관계를 학습했기 때문이라는 것을 실험결과들이 보여준다. 그래서 만약 지표물의 위치가 변하면, 나나니벌은 집 구멍이 아닌 다른 곳으로 날아갈 수밖에 없다. 부표의 위치가 달라지면 인간이 항해하는 선박에도 유사한 결과가 발생할 수 있다.[8]

지금까지 설명한 것과는 다른 원리에 따라 작동하는 체계들이 주관하는 다른 형태의 방향성을 갖는 행동들이 있다는 것 또한 의심할 바 없다. 그러나, 행동이 공간에서 방향성을 갖고 조직화됨으로써 예견된 결과를 달성할 수 있는 다양한 수단을 보여주기 위해 충분한 설명이 있었다. 엄밀한 과학성을 유지하면서도, 방향성, 예견되는 결과, 설정목표 등과 같은 행동의 중요한 특징을 충분히 설명할 수 있다는 것은 현대 본능이론의 우수성이다.

이 절을 마치면서 어떤 종류의 동작을 시작하거나 멈추게 하는 것이 무엇인지에 대해 아무것도 이야기하지 않았다는 것에 유의하는 것이 중요하다. 그 대신, 동작의 양식들과 예견되는 결과를 성취하기 위해서 양식화된 동작들이 공간 속에서 방향성을 갖고 조직화되는 수단에만 관심을 기울였다. 다음 절에서 여러 행동체계들이 어떤 기간 동안 조직화되고 조정되는 원리에 대해 특별히 언급하면서 이 부분에 대한 논의를 계속할 것이다. 그 이후에 (6장에서) 행동체계의 활성화와 종료에 대해 관심을 가질 것이다. 이 주제를 이해하기 위해서는 지금까지 논의된 것과는 다른 새로운 문제가 야기된다는 것도 보일 것이다.

---

[8] 새들이 집으로 돌아오거나 이동할 때 방향을 찾는 다양한 방법은 Schmidt-Koenig (1965)가 분류했다.

2. 행동체계들의 조정

다양한 행동체계가 있는 것처럼 행동체계의 활동이 조정되는 방식도 다양하다.

어떤 시간 범위 내에서 특정 방식으로 바뀌어야 하는 행동을 조직하는 가장 단순한 방법은 아마도 연쇄적으로 연결하는 것일 텐데, 각각의 연결고리가 행동체계가 된다. 이렇게 연결되면 행동은 올바른 순서대로 진행한다. 왜냐하면, 한 행동체계의 실행결과가 중앙부로 피드백되면 이 체계는 종료되며 연결고리의 다음 체계가 활성화된다. 그 결과로 한 활동이 멈추고 다른 활동이 시작된다.

연쇄고리의 맨 첫 번째 활동결과는 자기자극수용기관(proprioceptive sense organ)이나 외부자극수용기관(exteroceptive sense organ), 혹은 양자 모두에 의해 기록된다. 자기자극 수용체의 피드백에 의존하는 연쇄 행동의 예는 걷기이다. 여기서 번갈아 발생하는 행동의 첫 단계의 마지막은 자기자극 수용체에 의해 기록되며, 통제체계에 이 정보가 피드백 되면 첫 단계의 동작은 멈춰지면서 동시에 두 번째 단계가 시작된다. 하지만, 더 복잡하고 흥미 있는 연쇄적 본능들은 외부자극 수용체, 특히 눈, 귀, 코 등으로부터의 피드백에 의존한다. 동물행동 관찰학 문헌들에 이에 관한 많은 예들이 실려 있다. 꿀을 찾는 꿀벌의 반응은 좋은 예이다. 연쇄반응들의 연결고리들이 모형을 사용한 실험에서 확인되었다.

꿀벌이 꿀을 모으는 것은, 때로 아주 먼 거리에서 노란색이나 파란 색의 꽃 모양을 지각하고서 이 물체와의 거리가 1센티미터 이내가 될 때까지 이 물체로 날아가는 것에서처럼, 시각적으로 통제되는 행동체계와 함께 시작한다. 꿀벌이 특정 범위 내에 존재하는 향기를 지각하고 그 꽃에 앉아 그 모양을 살피는 것에서처럼, 연쇄행동의 다음 고리는 후각적 자극에 의해 통제된다. 꿀벌이 특정 모양의 구조를 지각하고서 주둥이 부분을 꽃에 꽂아 넣고 빨기 시작하는 것에서처럼 세 번째 연결고리는 접촉자극에 의해 통제된다. 보통의 경우라면 이러한 결과로 꿀벌은 단물을 모을 수 있다. 꿀벌은 자신의 진화적응환경 내에서 한 행동체계의 결과로 나타난 행동이 이 체계를 마치게 함과 동시에 연속적으로 다음 행동을 활성화시키도록 그 행동기능이 조직화되어 있다. 이러한 연쇄행동의 최종 결과는 단물을 모으는 것이다.

많은 섬세하고 잘 적응된 연쇄행동들은 이러한 종류의 단순한 연결고리로 조직화된 체계에 근거한 것으로 현재 알려져 있다. 하지만, 이렇게 조직화된 체계들이 비록 탁월한 성과를 낳지만, 이러한 조직화 방식은 심각한 한계점을 내재하고 있다. 예를 들어, 만약 연결고리 중 한 고리의 행동이 잘못되면 연쇄조직 전체가 그 목적달성에 실패하게 된다. 만약 살포된 화학약품 때문에 꽃의 향기를 맡지 못하게 되면, 연쇄행동의 두 번째 행동체계는 활성화되지 못하며, 꿀벌은 가까이 찾으러 왔던 꿀을 발견하지 못하고 다른 곳으로 가게 된다. 그래서 환경이 진화적응환경에 정확히 일치할 때만 연쇄행동체계의 각각은 그 결과를 나타낼 수 있으며, 전체 조직은 생존에 기여하는 행동이 된다. 다른 연쇄고리와 마찬가지로 전체 연쇄조직의 강도는 가장 약한 고리의 강도 그 이상이 되지 못한다.

그러나, 연쇄적으로 조직된 행동체계가 더욱 유연해질 수 있는 방법들이 있다. 예를 들어, 연쇄고리의 모든 고리들이 하나 혹은 그 이상의 대체고리를 갖고 있어서 대체 행동체계들 중 첫 번째 체계가 결과 달성에 실패할 때는 언제든지 다른 대체 체계 중 하나가 활성화된다. 이런 방식으로 많은 대체 행동 중 어느 하나에 의해 동일한 결과를 달성할 수 있게 된다.

연쇄고리의 잠재력과 관련해서 한 가지 더 기억할 것은 연쇄고리 내의 어떤 특정 고리든지 복잡성의 수준이 각기 다른 행동체계일 수 있다는 것이다. 그래서 연쇄고리 자체는 목표수정적이지 않고도 항상 서로 연결될 수 있지만, 이 연쇄고리 내의 어떤 고리 하나 혹은 고리 전체가 모두 목표수정적 체계일 수 있다. 예를 들어, 새의 많은 종들에서 둥지를 만드는 행동이 다음과 같이 조직화될 수 있다. 즉, 둥지를 만드는 데 필요한 행동의 각각의 고유한 단계들은 목표수정적인 반면, 어떤 행동 단계에서 다음 단계로 옮아가는 것은 연쇄적으로 연결되어 있는 것이다. 그래서 연쇄행동 전체는 목표수정적이 아니지만 그 일부분은 목표수정적일 수 있다. 이는 탁월하게 적응되어 있으며 결과가 예견되는 순차적 행동들이 연쇄의 원리에 의해 조직화될 수 있음을 의미한다.

그럼에도 불구하고 연쇄의 원리에 따라 체계들을 조직화하는 것이 생물체들이 사용하는 유일한 조직 원리인 것은 결코 아니다. 연쇄의 원리 외의 또 다른 원리는 여러 행동체계가 공통의 원인 요인을 공유하는 것이다. 신체 내의 특정 호르몬의 수준이나 환경에서 특정 대상을 발견하는 것 등이 이러한 원인 요인에 해당한다. 틴버겐(1951)은 이러한 조직양식을 위계적이라고 불렀다. 이러한 조직양식을 이해하기 위해서는 행동체계를 시작하고 종료하는 요인들에 대해 고려해야 하기 때문에, 이에 대한 논의는 다음 장에서 하기로 한다.

이 외에도 다른 조직양식이 있는데, 이 양식이 발달하게 되면, 지금까지 언급했던 두 가지 양식보다도 훨씬 더 유연성이 풍부해진다. 이 양식의 형태 또한 위계적이지만, 틴버겐의 인과적 위계와는 전혀 다른 위계적 원리에 근거하고 있다. 이것은 밀러, 갤런터, 프리브람(1960)에 의해 계획위계(plan hierarchy)로 불린다.

밀러와 그의 동료들은 인간의 행동이 조직화되는 방식에 대해 고찰하면서 '계획'의 개념을 발전시켰다. 계획은 위계적 하부구조들로[그들은 하부구조를 짐(하물)이라고 불렀다] 구성된 포괄적인 목표수정적 행동구조체다. 이들은 이 모형에서 각각의 하부구조가 목표수정적이라고 제안했지만, 하부구조의 목표수정성은 이들의 개념에 필수적이지도 않고 경험적으로 그런 것 같지도 않다. 실제로 앞 절에서 설명했던 유형들의 하부구조들은 이들의 주요 제안점들과 일치할 것이다. 포괄적 구조체는 다양한 여러 종류의 하부구조들을 통합하고 있는데, 이러한 포괄적 구조체가 목표수정적이라는 것이 계획위계의 특징이다.

밀러, 갤런터, 프리브람의 위대한 업적은 가장 복잡하고 유연한 연쇄행동 중 몇 가지가 어떻게 원리적으로 위계적 체계에 의해 조직화될 수 있는지를 보여준 것이다. 이러한 위계적 체계의 가장 상위에는 계획이 있는데, 이 계획은 항상 목표수정적이며 계획의 하위요소 중 다수가 또한 목표수정적이다. 게다가 계획의 개념은 환경에 안정적인 행동뿐만 아니라 환경에 민감한 행동에도 곧바로 적용될 수 있다. 또한 계획의 개념은 환경에 대한 상당히 정교한 지도에 의해 조직화된 행동뿐만 아니라 환경에 대한 아주 단순한 지도에 의해 조직화된 행동에도 적용될 수 있다.

계획위계에 의한 행동의 조직이 의미하는 바를 설명하기 위해서는 먼저 일련의 학습된 인간행동을 활용하는 것이 편리하다. 이러한 조직 양식에 대한 두 번째 예는 인간보다 열등한 동물들에 관한 문헌에서 찾아볼 수 있다.

학습된 인간행동에서 찾을 수 있는 예는 우리 각자가 아침에 일어나서 매일 따르는 일과이다. 잠자리에서 일어나 직장에 도착하기까지 우리 각자는 어느 정도 예견되는 방식으로 행동할 것이다. 이것을 '출근하기' 정도의 수준으로 묘사할 수도 있지만, 이보다는 덜 일반적 수준에서, 잠자리에서 일어나기, 씻기, 옷 입기, 아침 먹기, 이동 등으로 순차적으로 묘사할 수도 있다. 또 이런 행동 각각을 보다 세부적으로 묘사할 수도 있다. 최종 분석에서는 최소단위의 세부적 근육운동으로까지 세밀화될 것이다.

하지만, 실제 상황에서 우리는 대개 일어나 출근하는 전반적인 활동에만 관심을 가진다. 혹은 기껏해야 주요 활동과 그에 따르는 부수적 활동에만 관심을 기울일 것이다. 우리는 그저 매일 다소간 규칙적인 일상사를 반복하기 때문이다. 그렇다고 이 활동들을 반응들의 연쇄고리로 조직화되어 있다고 가정하는 것은 확실히 옳지 않다. 우선, 이 활동들은 각각의 순서를 바꿀 수 있다. 예를 들어 옷을 입기 전에 아침 식사를 할 수 있다. 게다가 계획 전체가 변경되지 않고서도 어떤 한 활동의 요소가 많이 바뀔 수 있다. 예를 들어, 아침밥을 많이 혹은 적게 먹기도 하고 또는 아예 먹지 않기도 한다. 하지만, 계획에 의한 조직과 연쇄에 의한 조직의 본질적인 차이점은, 후자의 경우 일련의 순차적 연쇄고리가 목표수정적이지 않지만, 전자의 경우 일련의 순차적 연쇄고리가 목표수정적이라는 것이다. 앞의 예에서 이 계획의 설정 목표는 '직장에 도착하는 것'이다. 그래서 전체 행동의 연쇄고리는 주계획의 주관 하에 놓인 것으로 여겨진다. 주계획은 장기적인 설정목표를 달성하기 위해 구조화되며, 여러 개의 하위계획으로 구성된다. 각각의 하위계획은 보다 제한된 설정목표를 가지며 보다 하위의 계획들로 구성되어 있다. 이러한 계획의 분화과정은 가장 기초적인 행동단위를 통제하는 최소 계획(아마도 보다 단순한 유형의 체계가 될 것이다) 수준까지 계속된다. 출근하기 위해서는 완전한 주계획이 실행되어야 한다. 하지만, 주계획을 구성하는 하위계획들이나 다른 종속체계들은 일정한 한계 내에서 변화할 수 있다.

이런 종류의 위계적 체계에서 주계획과 각각의 하위계획은 행동을 위한 일련의 지시인 것으로 간주될 수 있다. 군사작전의 경우처럼 주계획은 단지 주요 목적과 전략만 제공하며, 위계체계의 하급 지휘관들은 보다 세부적 계획을 수립하고 주계획에서 자신이 담당하는 분야를 실행에 옮기기 위해 보다 세부적인 지시사항을 전달할 것으로 기대된다. 세부사항을 하부로 이양함으로써 주계획은 단순하고 이해하기 쉽게 될 뿐만 아니라, 보다 세부적 계획은 현재의 지역 조건에 대해 잘 아는 이들이 발전시키고 실행할 수 있게 된다. 계획위계를 통해 유연성이 보다 풍성하게 되었다.

이런 식의 조직화의 압도적 장점은, 상황이 비록 큰 폭으로 변하더라도 동일한 설정목표를 달성할 수 있다는 것이다. 앞의 예로 돌아가서 어느 날 아침 우리는 늦잠을 잤거나 옷이 더럽거나 커피가 없거나 버스 기사들이 파업을 하는 등의 상황에 직면할 수 있다. 하지만, 많은 대안 하위계획 중 하나를 택함으로써 우리는 각각의 위험요소에 대처할 수 있고 포괄적인 계획을 실행에 옮길 수 있다. 그러나, 행동이 행동위계로 조직화되어 있는 경우에도 환경의 이탈에 대응하는 정도에도 한계는 있다. 환경이 주계획이 가정하는 상황에서 주 크게 벗어나는 경우—옷이 없거나 교통수단이 없을 때—계획은 실행될 수 없으며, 따라서 설정목표 달성도 불가능하다. 계획위계의 원리에 의해 조직화된 행동에 대한 첫 번째 예는 비교적 세련된 성인의 학습된 행동이며, 위계적으로 계획된 행동조직의 상당히 발전된 형태를 대표한다. 인간보다 열등한 동물의 경우 이런 정도로 세련된 일련의 순차적 행동은 존재하지 않는 다(아마도 큰 유인원을 제외하고). 하지만, 많은 종에서 어떤 행동은 계획의 원리에 따라 조직화되어 있다는 증거가 있다.

초보적인 예는 쥐가 미로를 달리는 것이다. 쥐의 이동조정 능력을 방해하기 위해 쥐의 척추나 소뇌를 수술하게 되면, 그럼에도 불구하고 쥐는 새로운 이동운동을 시도하면서 실수 없이 미로를 달릴 수 있다. 이 경우 미로를 달리는 쥐의 주계획은 손상을 입지 않으며, 평소의 이동체계가 작동할 수 없을 때는 새로운 종류의 이동체계를 개발하여 실행할 수 있다는 것을 보여준다.

어떤 종의 특정 순차적 행동들은 고정된 연쇄고리로 조직화되어 있고 다른 종들의 다른 순차적 행동들은 인과적 위계나 계획위계를 수단으로 조직화되어 있다. 하지만, 현재 유용한 증거들은 많은 행동들은 이두 가지 방식을 혼용하여 조직화되어 있다는 것을 강력히 시사한다. 이두 방식은 상호 부조화를 일으키지 않으며 명백히 상호 보완적이다. 그리고 둥지 만들기와 같은 유사한 행동이 한 종에서는 연쇄고리로, 다른종에서는 인과적 위계로, 또 다른 종에서는 계획위계로 조직화되지 말아야 할 이유가 없다. 또는 동일한 행동이 어떤 종의 미성숙한 구성원들에서는 연쇄고리나 인과적 위계로 조직화되었다가 성숙한 구성원들에서는 계획위계로 재조직화되지 말아야 할 이유 또한 존재하지 않는다.

실제로, 연쇄 조직화에서 위계 조직화로 나아가는 것은, 계통발생론(系統發生論, phylogeny)과 개체발생론(個體發生論, ontogeny)의 입장 모두에서 행동기능 발달의 놀라운 특징이다. 곤충의 생물학적 성공은 환경에 안정적이고, 단순 자극에 반응하며, 연쇄고리로 조직화된 행동체계에 근거하고 있다. 이보다 더 발달한 척추동물에서 행동체계는 더 자주 환경에 민감하고, 더 복잡한 자극에 반응을 보이며, 통합의 수단으로 인과적 위계 혹은 계획위계를 포함할 가능성이 높다. 인간의 경우 이러한 경향은 훨씬 더 진보되었다.

3. 통합과 통제의 고등과정

작동모형(Working Models)

이 장의 앞부분에서 어떤 동물이 장소의 이동을 요하는 설정목표를 달성하려면 이 동물은 환경에 대한 인지적 지도를 갖고 있어야 한다는 것에 대해 언급한 바 있다. 이런 지도는 사냥하는 말벌이 구축하는 것으로 유추되는 단순한 지도에서부터 교육받은 서구인의 대단히 복잡한 세계상까지 그들의 정밀도는 모든 수준에 걸쳐 있다. 하지만 만약 한 개인이 효과적 계획을 수립하고자 한다면 이 사람은 세계에 대한 지식과 더불어 자신의 능력에 대한 지식도 필요하다.

먼저 환경에 대한 이 사람의 지식에 대해 살펴보자.

지도는 지도로 표현되는 것들 중 선택된 측면에 대한 암호화된 표상이다. 선택은 불가피하다. 그 이유는 환경이 상당히 광대하게 복잡하고, 우리의 감각기관이 환경의 일부분에 대한 정보만을 제공하며, 또한 지도가 쓸모 있으려면 설정목표의 성취와 상당히 밀접한 관련이 있는 환경의 일부에 집중해야 할 필요가 있기 때문이다.

하지만, 환경에 대한 우리의 지식을 지도라고 부르는 것은 지도라는 단어가 단순히 위상에 대한 정적인 표상을 떠올리기 때문에 적절하지 않다. 어떤 동물에게 필요한 것은 환경에 대한 작동모형과 비슷한 것이다. 뇌가 이러한 인식을 제공한다는 사실은 다른 누구보다도 영(Young, 1964)에 의해 연구되었다. 그는 다음과 같이 기록했다.

공학 기사는 그가 만들고자 하는 구조물을 작은 규모에서 시험하기 위해 이 구조물의 모형을 만든다. 이와 유사하게 뇌 속의 모형은 아직 도구라기보다는 하나의 장난감 같은 것으로서 우리는 우리에게 가장 적합한 방식으로 이 도구를 조작해보며, 그렇게 함으로써 이 모형이 나타내는 진짜 세계를 조작하는 방법을 알게 된다.

뇌 속에 있는 모형의 용도는 여기서 설정목표라고 하는 것을 어떻게 성취할 수 있는가를 예측하는 데 도움이 되는 정보를 전송, 저장, 조작하는 데 있다.

사실 뇌가 '머릿속에서 소위 소규모의 실험이 가능하게끔 구성될 수 있는' 다소 정교한 모형을 제공한다는 인식은 행동, 특히 인간행동의 복잡성을 이해하는 데 관심을 가진 누구에게나 호소력을 갖고 있다. 비록 극단적인 행동주의에 빠져 있는 사람들에게는 이러한 생각이 비현실적으로 들릴지 모르지만, 사실상 전혀 비현실적이지 않다. 예를 들어, 아날로그 컴퓨터에 친숙한 전기기사에게 이러한 인식은 명백히 가능성이 있다. 뇌와 행동 연구에 관여하고 있는 생물학자인 영 같은 연구자의 경우에도 이는 마찬가지이다. 이러한 생각을 고려하면서, 영은 모형이 '종종 단위 부분'(unit parts)들로 구성되는데, 이 단위 부분들은 표상된 구조의 단위 부분들과 개별적으로는 다르지만, 그것들은 조립되어 완성된 작동모형이 될 수 있다'고 강조했다. 이를 염두에 두고 그는 다음과 같은 가설을 내놓았다.

뇌의 다양한 세포들은 이러한 일련의 요소들을 제공한다. 학습하는 동안 이러한 요소들이 합쳐져서 모형을 만들게 된다. 개별 요소의 특징은 신경 가지의 형태에 의해 주로 세분화된다.

이러한 가설의 증거는, 비록 약하지만, 문어와 고양이의 뇌와 행동에 관한 연구에서 찾을 수 있다.

이러한 증거를 살펴보고 싶은 이들은 영(1964)을 읽어봐야 한다. 이 책의 입장은 다음과 같다. 즉 뇌가 환경에 대한 작동모형을 구축한다고 가정하는 것이 합리적일 뿐만 아니라, 정신과정에 대한 자성적 지식(introspective knowledge)과 일치하는 이러한 가설이 없이는 인간행동을 이해하기 어렵다는 것이다. 이후의 장, 그리고 특히 2권과 3권에서 이 가설을 자주 언급할 것이다.

한 유기체가 작동모형을 유용하게 활용하려면 몇 가지 조치가 필요하다. 먼저, 지금 활용할 수 있거나 혹은 앞으로 활용할 수 있게 만들 수 있는 데이터와 부합하게 모형이 구축되어야 한다. 둘째, 모형을 이전에 경험할 수 없었던 새로운 상황에서도 사용할 수 있으려면, 상상작용을 발휘하여 모형을 확장시킴으로써 이미 경험한 현실뿐만 아니라 잠재적 현실까지도 포괄할 수 있어야 한다. 셋째, 어떤 모형을 이미 경험한 세계에 적용하건 혹은 잠재적 세계에 적용하건, 모형의 내적 일관성을(혹은, 기술적 용어로는 집합 이론의 공리와 합치하는지를) 검증해봐야 한다.[9] 모형이 적합할수록 모형의 예측은 더 정확하다. 모형이 포괄적일수록 예측이 적용될 수 있는 상황도 더 많아진다.

한 개인이 설정목표를 달성하기 위해 계획을 세우고자 한다면, 그는 자신의 환경에 대해 어떤 종류의 작동모형을 갖고 있어야 할 뿐 아니라 자신의 행동기술과 잠재력에 대해 어느 정도 이해하고 있어야 한다. 장애가 있거나 눈이 먼 사람은 정상적이고 앞을 볼 수 있는 사람과는 다른 계획을 세워야 한다. 자동차를 운전하거나 자전거를 탈 줄 아는 사람은 둘 다 못하는 사람보다 더 광범위한 잠재적 계획들을 가진다.

지금부터 각 개인이 반드시 가져야 하는 두 가지 유형의 작동모형을 각각 환경모형과 유기체모형으로 지칭하고자 한다.

두 가지 모형이 유용하게 사용되려면 그것들은 최신의 상태여야 한다. 이 모형들을 최신 상태로 유지하기 위해서는 대체로 조그만 변화들을 지속적으로 입력해주면 되는데, 이 과정은 대체로 매우 점진적이어서 거의 알아차리기 힘들다. 하지만 때때로 환경이나 혹은 유기체 내에서 어떤 크고 중요한 변화가 발생한다. 결혼을 하거나, 아이를 갖거나, 직장에서 승진을 한다. 또는 그보다는 덜 행복한 변화로, 가까운 사람이 떠나거나 죽기도 하고, 팔다리나 시력을 잃기도 한다. 이럴 때 급격한 모형의 변화가 요구된다. 모형에 필수적인 수정을 가하는 것이 항상 쉬운 일만은 아님을 임상적 증거들은 보여준다. 대체로 모형은 수정되더라도 그 속도가 매우 느리며, 종종 불완전하게 수정되거나 때로는 전혀 수정되지 않기도 한다.

여기서 정교한 생물학적 통제체계의 필수적 일부분이라고 묘사된 환

---

9 이 부분과 2부의 다른 곳에서 아놀드 터스틴(Arnold Tustin) 교수의 도움을 받았다.

경모형과 유기체모형은 다름 아닌, 새로운 관점에서 조망된 전통 정신
분석이론의 '내적 세계'이다. 전통이론과 마찬가지로 이 책에서 주장하
는 이론에서도 정신병리의 상당 부분은 다소 부적절하거나 부정확한
모형에 기인하는 것으로 여겨진다. 이러한 부적절성은 여러 종류가 있
을 수 있다. 모형이 제 기능을 발휘하지 못하는 이유로는, 예를 들어 모
형이 완전히 구식이거나 아니면, 절반만 수정되어 나머지 절반이 여전
히 구식이거나, 아니면 모형이 불일치와 혼동으로 가득 차 있기 때문일
수 있다. 분리와 사별 때문에 발생하는 몇몇 병리적인 후유증은 이런 측
면에서 이해할 수 있다(2권과 3권을 보라).

환경모형과 유기체모형의 속성 중에 정신병리에서 아주 중요한 것이
한 가지 더 있다. 우리 내면을 잘 성찰해보면, 우리가 가장 명료하게 의
식하는 정신과정 중 많은 과정들이 모형의 구축, 수정이나 확장, 모형의
내적 일관성에 대한 검증, 설정목표를 달성을 위해 이전에 세워보지 못
한 계획을 세우려고 모형에 의지하는 것과 관련됨을 알 수 있다. 모든
과정들이 항상 의식적일 필요가 있다는 것은 절대 아니지만, 아마 몇몇
과정들은 때때로 반드시 의식적이어야 할 것이다.

특히, 모형이 의식화됨으로써 (그것이 무엇이든) 특별한 이익을 축적
할 수 없다면, 모형의 수정, 확장, 검증 등은 제대로 이루어지지 않거나
혹은 전혀 이루어지지 않는 것 같다.[10] 7장에서 이러한 문제들을 더 깊
이 논의할 것이다.

---

[10] 맥케이(MacKay, 1966)는 "의식적 경험은 메타조직 활동이라는 것과 상관이 있다―
　　메타조직 활동이란 행동조직 체계 자체에 대한 내적 행위의 조직이다. ⋯ 의식성의 통
　　일은 이러한 바탕 위에서 메타조직 체계의 통합을 나타낸다. ⋯"라고 논의한 바 있다.

언어

인간 행동기능의 특별하고 독특한 특징은 언어이다. 언어가 제공하는 한 가지 분명한 이익은 우리 각자가 환경모형과 유기체모형을 전적으로 혼자서 구축해야만 하는 것이 아니라, 다른 이들이 구축한 모형을 끌어다 쓸 수 있다는 것이다. 비록 의사소통과 무관해서 덜 분명해 보이지만, 언어가 가진 또 다른 이익은, 앞서 잠자리에서 일어나 출근하는 일과의 예에서 설명했듯이, 인간이 계획, 하위계획, 하위의 하위계획 등을 이용하여 자신의 행동을 조직하려고 할 때 언어를 사용한다는 점이다. 새로운 행동을 계획할 때, 비록 그 계획이 어느 정도 복잡할지는 몰라도, 먼저 언어를 통해 이 계획을 생각하고 나중에는 언어로 기록해서 남길 수도 있다. 그리고 언어적 지시는 개인들이 공통의 환경모형과 공통의 기술모형을 활용하여 협력적 계획을 수립하고 이를 실행에 옮기기 위해 결합할 수 있는 수단이다. 이와 같이 언어를 소유함으로써 계획위계로 행동체계를 조직화하는 것이 놀랄 만큼 확장되었다.

행동체계들이 언어를 통해 위계적으로 조직되고 유기체와 환경의 정밀한 모형들을 사용할 수 있게 되자 결과들은 아주 변화무쌍해졌다. 그 결과 인간행동의 대부분은 어떤 식으로도 본능이라고 명명할 수 없게 되었다. 하지만, 성인 남녀의 많은 행동들이 복잡한 학습된 위계적 통합체 내에 조직화되어 있기 때문에 이 행동들 내부에 더 단순하고, 환경변화에 대해 더 안정적이고 연쇄적으로 연결된 어떤 체계가 없다고 할 수 없다. 오히려 그 반대일 가능성이 훨씬 높다. 프로이트 자신이 신경생리학자였던 시대 이후로 신경생리학자들은 고등동물의 중추신경계가 아주 안정적인 기반 위에 구축되어 있음을 강조하고 있다. 고등 종들의 신경체계는 신경체계의 초기 밑그림들을 폐기하기는커녕 그 자체 내부에 그러한 모든 초기 특징들을 포함하고 있으며 여기에 새로운 체계를 덧붙이는데, 이 새로운 체계는 이전 체계의 활동을 수정하거나 때로 그보다 우위에 서기도 한다. 이렇게 해서 보다 복잡하고 정밀한 행동들이 가능해진다. 만약 초기의 단순한 신경체계가 보다 진보된 체계에 일부분으로 포함되어 있다면, 행동체계에도 동일한 원리가 적용될 것은 당연하다. 우리가 알고 있는 가장 진보된 행동기능에서조차 초기의 구성 특징들이 중요한 역할을 담당하지 못한다면, 이것은 진정 이상한 일이 될 것이다.

유아기 초기에 작동하고 있는 인간의 대부분의 행동체계는 단순한 것이거나 연쇄적으로 연결되어 있다고 생각하는 것에는 사실 합당한 이유가 있다. 유아가 발달하면서 목표수정적 체계는 더 분명해지며 환경모형과 유기체모형은 정교해지고 통합체들은 계획위계로 조직화된다. 곧이어 모형은 언어적 기술을 통해 더욱 적절하게 되고 위계적 조직은 확대되지만, 어린아이들은(또한 더 나이 많은 아이들도) 여전히 비교적 단순한 방식으로 조직화된 행동에 재빨리 의지하곤 한다. 많은 정신병리가 인생 초기에 그 원인이 있다는 증거가 있기 때문에, 인간의 행동기능의 개체발생은 정신분석에서 특히 흥미를 끈다. 이 주제에 대해 이후에 이 책에서 논의할 것이다.

지금까지의 논의는 첫째, 본능행동의 단위를 설명할 수 있는 통제체계의 종류에 대한 설명과 둘째, 이러한 통제체계가 실제 생활에서 관찰할 수 있는 복잡하고 의도적인 일련의 순차적 행동을 만들어낼 수 있도록 조직화되는 원리로 한정되었다. 이제 좀더 체계적으로, 어떤 동물이 어떤 순간에 다른 방식이 아닌 특정 방식으로 행동하게 하는 조건이라고 알려진 것에 대해 잠시 고찰해보고자 한다. 이것은 달리 말해서 어떤 특정 행동의 밑바탕에 깔린 인과적 조건이라고 알려져 있는 것이다. 나중에 밝혀지겠지만, 이러한 논의에서는 행동의 조직화를 반복해서 살펴볼 것이다. 본능행동이 시작되는 방식과 조직화되는 방식은 사실 서로 밀접하게 연결되어 있다.

제6장

본능행동의 원인

1. 행동체계의 활성화와 종료

시작과 정지: 원인요인의 종류

지금까지 설명에서 성숙한 동물은 정교한 행동기능을 소유한 것으로 묘사되었다. 이러한 행동기능에는 아주 많지만 유한한 수의 행동체계들이 포함되어 있는데, 이 행동체계들은 연쇄 혹은 위계, 혹은 양자의 결합 등으로 조직되어 있다. 이러한 행동체계들이 활성화되면 다소간 복잡한 일련의 순차적 행동이 나타나며, 이러한 순차적 행동 각각은 보통 해당 개체 혹은 해당 종 전체의 생존을 증대시킨다. 특정 개체 내에서 이 행동체계들의 정확한 형태는 항상 그랬듯이 유전과 환경의 산물이다. 그리고 종과 체계에 따라 그 형태는 다소 환경에 안정적이다. 동물들은 본능행동을 주관하는 보다 안정적인 행동체계들을 가지고 있으며, 이와 더불어 환경에 민감하여 성장과정에서 학습이 지대한 영향을 미치는 다른 많은 행동체계들도(이것들은 우리의 관심사가 아니다) 가지고 있다. 우리가 당면하고 있는 의문은 다음과 같다. 이렇게 다양한 행동기능들이 있을 때, 왜 그 중 일부는 이런 때에 그리고 다른 부분은 저런 때에 활성화되는가?

맨 처음 인식할 수 있는 점은, 어떤 동물이 살아있는 한 이 동물의 행동기능 중 어떤 기능이 작동 중이라는 것이다. 비록 어떤 동물이 단지 잠만 자더라도, 이 동물의 삶은 행동이다. 심리학자로서 우리의 임무는 삶의 수수께끼를 푸는 것이 아니기 때문에 동물이 왜 행동하는지 설명하도록 누가 요구하지 않는다. 다만, 그 동물이 어떤 때는 왜 저런 방식이 아니라 이런 방식으로 행동하는지, 그리고 이 동물이 특정 방식으로 행동할 때, 다른 때와 달리 어떤 때는 왜 그렇게 더 집중해서 행동하는지를 설명해 주기를 요구하는 것이다.

이 문제에 대한 한 가지 접근방법은 생리적 체계의 활동을 고려하는 것이다. 대부분의 생리적 체계들은 항상 동시에 작동한다. 심혈관계, 호흡계, 배설계 등은 항상 작동하고 있다. 소화계와 생식계는 훨씬 산발적으로 작동하지만, 이들의 활동은 다른 생리적 체계들과 부조화를 이루는 것은 아니며 그래서 동시에 작동할 수 있다. 다시 말해서, 생리적 체계들은 모두 함께 작동할 수 있다. 어떤 체계를 시작하기 위해 다른 체계를 멈춰야 하는 그런 문제는 없다.

그러나 어떤 한 생리적 체계 내부에서 이루어지는 활동들을 고려할 때, 시작과 정지의 문제가 발생한다. 그 이유는 이 경우에 한 활동이 종종 다른 활동과 조화를 이루지 못하기 때문이다. 예를 들어, 셰링턴(Sherrington)이 상호제지의 원리를 공식화한 이래로, 팔이나 다리가 펴지려면, 신근[1]은 수축되어야 하지만 굴근까지 동시에 수축돼서는 안된다는 것이 인정되고 있다. 그러므로 사지를 펴는 동작을 통제하는 기제는 두 개의 신호를 보내는데, 하나는 신근을 활성화시키고 다른 하나는 굴근을 비 활성화시킨다. 이와 달리, 사지를 구부리는 동작이 필요할 때는 반대 쌍의 신호를 내보낸다. 이와 유사한 상호적 활동이 심혈관계에서도 일어난다. 근육이 사용될 때 혈관이 확대되면서 이 근육으로 향하는 혈류가 증가한다. 그런데, 혈액의 양은 한정되어 있어서 내장으로의 혈액공급은 내장 혈관이 수축되면서 감소한다. 밥을 많이 먹게 되면 혈액의 흐름은 반대가 된다. 이와 같이 어떤 하나의 생리적 활동양식은 다만 산발적으로 발생한다. 그 이유는 어떤 한 가지 활동양식이 보통 다른 활동양식과 조화를 이루지 못하기 때문이다.

행동체계의 활동은 이와 유사하게 산발적이며 그 이유도 동일하다. 종종 두 가지 것을 동시에 하는 것이 가능하지만, 일정 수 이상의 것을 동시에 하는 것은 불가능하다. 그리고 종종 한 가지 방식으로 행동하는 것이 다른 방식으로 행동하는 것과 조화를 이루지 못한다. 때때로 두 종류의 행동이 동일한 효과기[2]를 놓고 경쟁한다: 즉, 새는 둥지를 만들면서 동시에 먹이를 찾을 수는 없다. 때때로 두 종류의 행동에는 서로 다른 종류의 환경이 필요하다: 즉, 풀을 뜯으면서 동시에 굴에 숨지는 못한다. 때때로 두 종류의 행동은 상반된 결과에 도달한다: 즉, 다른 생명체를 공격하는 것은 그 생명체를 보호하는 것과는 조화를 이루지 못한다. 이런 식으로 어떤 한 방식으로 행동하는 것은 다른 많은 방식으로

---

[1] 신근(伸筋, extensor)은 팔과 다리를 뻗게 하는 근육을 지칭하며, 굴근(屈筋, flexor)은 팔과 다리를 구부리게 하는 근육을 지칭한다 – 옮긴이.

[2] 효과기(效果器, effector)는 신경의 말단에 위치하며 근육이나 장기 등을 활동시키는 기관이다. 또한 효과기는 동물체가 외계에 대하여 능동적인 반응을 하기 위해 분화한 기관이며, 생물이 자극에 대한 반응을 수행하는 기관이다 – 옮긴이.

행동하지 않는 것이다. 이것은 다음을 의미한다. 즉, 행동체계의 작용을 이해하기 위해서는 왜 어떤 한 체계는 시작하고 다른 체계는 멈추는지에 대해 설명할 필요가 있다는 것이다. 또한 어떻게 어떤 한 체계가 다른 체계에 우선하여 활성화되는지, 그리고 두 개 이상의 체계가 동시에 활성화될 때 무슨 일이 벌어지는지 알아야 할 필요도 있다.

어떤 한 체계가 다른 체계에 우선하여 활성화되는 이유를 결정하려면, 최소한 다섯 가지 범주의 원인요인들을 고려해야 한다. 어떤 요인은 비교적 특정 행동체계에만 작용하지만, 다른 요인 군은 보다 보편적으로 작용한다. 가장 구체적인 원인요인으로는 ① 중추신경계 내에 행동체계가 조직화되는 방식, 그리고 ② 환경 내에 특별한 대상의 존재 혹은 부재를 들 수 있다. ③ 호르몬 또한 행동에 미치는 영향 측면에서 볼 때 꽤 구체적이다. 가장 덜 구체적인 원인요인으로는 ④ 중추신경계의 지속적 활동 상태와 ⑤ 그 시점에서 작동하는 자극 전체이다. 다섯 가지 요인 군 모두는 대체로 동시에 작용한다. 그리고 각 요인 군은 다른 모든 요인 군들과 상호작용하기 때문에 원인들이 작용하는 조건들의 구조는 페르시아 융단만큼이나 복잡하게 얽혀 있다.

어떤 행동이론 학파들은 제한적인 수의 보다 일반적인 충동개념을 선호한다. 반면 힌디(1966)는 이런 입장에 강하게 반대 한다. 여기서는 힌디의 입장을 선택하고자 한다. 그 이유는 8장 후반부에 나와 있다.

특정 원인요인들의 역할

꽤 구체적인 효과를 보여주는 원인요인들의 역할 중에서 우선 호르몬의 역할부터 살펴보자. 조류와 포유류에서 혈액 내에 어떤 성호르몬의 농도가 높으면 전형적인 어떤 성행동이 나타나지만 다른 행동들은 눈에 띄게 사라지는 경향이 있다.

예를 들어, 세 개의 가시가 달린 큰가시고기의 암컷과 수컷 모두에게서 남성호르몬이 높아지면 다음과 같은 행동들이 나타날 가능성이 높아진다.

싸움: 물어뜯기, 위협하기, 도피하기
둥지 짓기: 모으기, 붙이기, 구멍파기
구애: 지그재그로 춤추기, 인도하기 등.

동시에, 이외의 다른 행동들이 나타날 가능성은 줄어든다. 그 이유는 중추신경계에 대한 호르몬의 직접적 작용 때문일 수도 있고 혹은 큰가시고기가 싸우고, 둥지를 짓고 혹은 구애하는 데 온 신경을 쏟느라 여타의 행동을 할 틈이 없기 때문이기도 하다. 이런 여타의 행동에는 다른 큰가시고기들과 무리를 짓거나 새로운 영역으로 이동하는 것 등이 포함된다.

큰가시고기의 암컷과 수컷 모두 남성행동(혹은 여성행동)을 일으키는 행동체계를 갖추고 있는데, 연구들은 일련의 특정 행동체계가 활성화되는 것은 대개 호르몬의 수준에 따라 결정된다는 것을 보여준다. 하지만, 특정 시점에서 주어진 남성 호르몬 수준에서 발현 가능한 다양한 행동들 중에서 오직 한두 개의 행동만이 실제로 실행된다. 이는 호르몬 수준 외에 다른 원인 요인들이 또한 영향을 미친다는 점을 보여준다. 이상의 예나 이와 유사한 예에서, 이러한 여타의 원인요인들 중 특히 중요한 것에는 환경적 요인들이 있다. 그래서 다른 수컷이 있으면 싸우는 행동이 나타날 가능성이 높아지고, 성숙한 암컷이 있으면 구애행동이 나타날 가능성이 높아진다. 이상은 특정 행동을 보여주는 것이 호르몬 수준이나 환경의 자극 단독에 의해서만 결정되지 않고 두 가지 자극이 협력하여 작용함으로써 결정된다는 것을 보여준다(두 가지 요인뿐만 아니라 또한 다른 요인들과도 함께).

위의 예에서 호르몬의 역할과 환경자극의 역할은 다르다는 사실에 주목해야 한다. 호르몬 수준은 수많은 행동체계의 발생 잠재력을 높여주지만 (다른 행동체계의 발생 '잠재력을 낮춘다'), 환경자극은 특정 체계를 활성화시키는 경향이 있다. 이와 같이 원인들은 위계적으로 조직되어 있고 호르몬은 이러한 위계의 상층에서 작용한다. 우리가 곧 보게 될 다른 경우에는 호르몬과 환경의 역할이 역전되기도 한다. 예를 들어, 환경으로부터 오는 자극이 호르몬의 수준을 대체로 결정한다.

환경요인의 역할을 더 자세히 살펴보기 전에, 원인의 위계에 따라 행동이 조직화되는 것에 대해 간략히 고찰하는 것이 유용할 수 있다. 틴버겐(1951)은 이러한 원리에 처음으로 관심을 기울였다.

방금 살펴본 큰가시고시 행동의 예에서 원인위계의 상부에서 작용하는 원인 요인은 호르몬 수준이다. 다음에 보게 될 예에서 '상위의' 원인 요인은 그 종류가 다르다. 그것은 중추신경계 특정 부위의 흥분이다.

폰 홀스트와 폰 폴(von Holst & von St. Paul, 1963)은 살아있는 동물의 (닭의) 뇌간³을 전기로 자극하는 실험을 활용해서 행동목록 자체가 꼬꼬댁 울기, 쪼기, 도망가기, 앉아있기, 먹기, 가만히 서있기 등의 아주

---

3 뇌간(腦幹, feraiw-sfem)은 뇌에서 대뇌반구와 소뇌를 제외한 부분으로서 간뇌, 중뇌, 뇌교, 연수 등을 포함한다. 대뇌반구와 척수를 연결 하는 역할을 하며 반사와 생명유지에 관여하는 중추가 있다 – 옮긴이.

다양하지만 한정된 수의 행동단위들로 구성되는 방식을 분석 했다. 이러한 행동단위 각각은 독립적으로 발생할 수도 있지만 대부분의 행동단위들은 다양하고 훨씬 더 복잡한 일련의 순차적 행동의 일부가 될 수도 있다. 예를 들어, 앉아 있는 것은 잠자는 것이나 알 품기의 일부일 수도 있지만, 또한 다른 것의 일부가 아닌 순수하게 앉아 있는 것일 수도 있다. '꼬꼬댁' 하고 암탉이 우는 것은 도망가면서 내지르는 것일 수도 있지만, 알을 낳고 나서 보이는 행동일 수도 있다. 주위를 살피는 것이나 가만히 서 있는 것 혹은 달리는 것 등은 수많은 다양한 일련의 순차적 행동의 일부로서 발생할 수 있다. 폰 홀스트와 폰 폴은 이상의 결과와 다른 결과들을 토대로 닭 내부에는 단순한 단위에서 아주 복잡한 순차적 단위들까지, 행동이 통합되는 최소한 3가지 수준의 방식이 있다고 결론을 내릴 수 있게 되었다. 이와 같은 통합은 연쇄고리의 연결이라는 방식으로 이루어진다. 그렇지만, 그 어떤 연쇄고리로 조직된 순차적 행동들도 위계적인 의미에서, 다른 상위 조직에 종속되어야 한다는 것은 자명하다. 이러한 상위조직은 여러 가능한 연쇄고리로 이루어진 일련의 행동 중에서 어떤 것이 실행될지 결정하게 된다. 이러한 상위 통제체계가 없다면 단위 P는 항상 단위 Q의 앞에 와야 하고 단위 R은 단위 Q의 뒤에 와야 하지만, 실제로는 단위 Q가 이와는 다른 맥락에서 많이 나타나는 것이 관찰되고 있다.

이러한 일련의 실험들이 보여주는 행동의 인과적 조직화의 또 다른 특징은, 특별한 종류의 환경자극들이 담당하고 있는 중대한 역할이다. 그래서 단순한 일련의 순차적 행동을 하도록 닭의 뇌를 자극하는 것이 가능하지만, 더 복잡한 일련의 순차적 행동 중 특정 일부는 (최소한 현재는) 전기 자극만으로 보이도록 할 수는 없다. 예를 들어, 수탉이 경쟁자나 적을 공격하는 행동을 보이게 하려면 최소한 적당한 모형이라도 옆에 있어야 한다. 이것은 어떻게 행동체계가 특정 환경에 적합하도록 만들어져 있는지를 다시 한 번 보여준다. 이 경우는 환경이 '정확한' 자극을 제공하지 않을 때, 한 체계가 촉발하는 행동이 어떻게 발생할 수 없는지를 보여준다.

반면에 이와 달리 환경으로부터 '정확한' 자극이 없는데도 어떤 행동이 발생할 수도 있는 그러한 호르몬 수준 또는 중추신경계의 상태가 존재하는 경우도 있다. 이 경우에는 이른바 진공행동이 나타난다. 로렌츠(Lorenz)가 묘사한 예에 따르면, 어떤 찌르레기가 있었는데, 이 찌르레기는 접시에서 모든 먹이를 먹고 주변에 파리가 한 마리도 없는 데도 불구하고, 때때로 파리를 쫓고, 붙잡고, 삼키는 동작 같은 공중에서 행해지는 동작들을 모두 보여주었다고 한다.

행동체계들이 중추신경계 내에서 조직화되는 방식이 담당하는 역할은 앞 장에서 이미 다룬 바 있다. 체계들이 자기자극수용 피드백이나 외부자극수용 피드백 등의 연쇄고리로 조직될 때, 어떤 행동을 종료하는 신호는 종종 행동의 연쇄고리의 다음 체계를 활성화시키는 신호가 된다. 중추신경계가 조직화되는 방식 또한 다른 방법으로 상이한 체계들의 우선순위에 영향을 미친다. 그래서 어떤 한 행동이 발생할 때마다 이 행동이 다시 발생할 가능성은 증가하거나 감소할 것이다. 이러한 변화는 그 단기적 방향과 장기적 방향이 서로 반대일 수 있다. 예를 들어, 어떤 수컷이 교미를 하면서 사정을 했다면 단시간 내에 다시 교미할 가능성은 대개 훨씬 감소하지만 장기적으로는 증가할 수도 있다. 대체로 어떤 행동이 실행되는 것은 다른 행동이 나타날 가능성에 어떤 식으로든 영향을 미친다. 진딧물은 성충이 된 후에 잠시 비행하다가 알을 낳기 위해 내려와 앉는다. 연구에 따르면 적당한 잎이 있어도 진딧물은 내려와 앉으려고 하지 않고 날려고만 한다. 하지만, 얼마 동안 날고 나면 날기보다는 내려와 앉으려고 한다. 실제로 진딧물은 비행하는 시간이 길수록 내려와 앉으려고 하는 경향이 강하며 더 오랫동안 앉아 있으려고 한다. 그래서 날아다니는 활동은 내려와 앉으려는 활동의 임계점을 낮춘다.

　서로 다른 종류의 요인들, 곧 호르몬, 중추신경계의 특성, 환경자극 등은 서로 협력하여 어떤 동물이 다른 방향이 아닌 특정 방향으로 행동하도록 그 성향을 결정지을 뿐만 아니라, 이 요인들이 항상 서로 상호작용하고 있다는 것은 이미 이야기한 바 있다. 호르몬 분비는 환경의 자극과 중추신경계의 자율적 과정에 의해 영향을 받는다. 즉, 호르몬이나 중추신경계 내의 다른 변화에 의해 시작된 특정 행동은 그 동물로 하여금 새로운 환경으로 이끌기 때문에 환경적 자극을 맞닥뜨리게 된다. 중추신경계 내에서 행동체계들이 조직화되는 방식은 어떠한 특정 환경자극에 노출되었는지에 의해 일부 결정되고 또한 발달과정에서 발생하는 호르몬의 수준에 의해 일부 결정된다.

　호르몬은 서로 다른 두 가지 방식 중 하나 혹은 두 가지 모든 방식으로 작용함으로써 행동에 영향을 미친다. 첫 번째, 호르몬은 때로 중추신경계의 특정 일부분에 직접 작용해서, 어떤 행동체계의 반응성은 높이고 다른 행동체계의 반응성은 감소시킨다. 두 번째, 호르몬은 때로 특정 주변 기관, 예를 들어 특정 피부영역의 어떤 종류의 감각신경 종단에 작용하는데, 이렇게 해서 이 영역, 그리고 이 동물 전체는 환경으로부터의 특정 자극에 더욱 민감해진다. 이러한 복잡한 상호연계 중 몇 가지를 설명하기 위해서 두 가지 예를 들고자 한다. 첫 번째 예는 카나리아 새의 둥지 짓기와 알 낳기에 관련돼 있고 두 번째 예는 쥐의 모성행동과 관련되어 있다.

암컷 카나리아가 둥지를 짓고 알을 낳게 하는 원인 요인들은 힌디(1965b)가 수행한 체계적 연구의 주제였다. 많은 조류 종에서와 마찬가지로 암컷 카나리아에서도 환경의 변화는 암컷의 내분비 상태를 변화시키며, 그 결과로 암컷은 수컷과 짝짓기를 하게 된다. 그 다음에, 수컷으로부터의 자극은 암컷의 에스트로겐 분비를 촉진하며 이것이 암컷으로 하여금 둥지를 짓게 만든다. 이때부터 수컷의 존재가 지속적으로 상당히 중요한 의미를 가진다. 뿐만 아니라 암컷이 앉아 있으려 하는 일부만 지어진 둥지도 암컷의 행동에 대한 분명한 원인이 된다. 이미 일어나고 있는 내분기계의 변화 때문에 암컷의 가슴 부위는 털이 빠지고 혈관이 증가하며, 둥지에 앉았을 때 느껴지는 촉각자극에 더욱 민감해진다. 둥지에서 느껴지는 촉각자극은 암컷 카나리아의 행동에 최소한 3가지 효과를 나타낸다. 즉시적으로는, 이러한 자극은 카나리아의 둥지 짓기 동작의 일정 부분에 영향을 미친다. 단기간 동안에는, 이러한 촉각자극은 둥지를 방문하는 빈도와 둥지를 만드는 재료에 특성에 영향을 미친다. 보다 장기적으로 이러한 촉각자극은 내분기계의 변화를 유발하며 이로 인해 카나리아는 내분기계의 변화가 없을 때보다 더 빨리 알을 낳게 된다. 생식과정의 다음 단계에서 둥지와 알에서 도달하는 자극은 카나리아의 부화행동에 일정한 영향을 미치게 된다.

여러 주 동안에 수행된 일련의 순차적 행동에서, 연속하는 행동체계는 처음에는 활성화되어 나타나다가 나중에는 다시 비활성화된다. 어떤 행동체계는 대체로 내분비선의 영향을 받아 유발되지만, 다른 행동체계는 환경자극에 의해 유발된다. 뿐만 아니라 내분비선 자체도 환경자극으로부터 영향을 받으며, 환경으로부터 오는 특정한 자극 역시 그 자체가 개체의 행동이나 증가된 민감성(그런데, 이러한 행동이나 증가된 민감성은 이전 내분비수준의 원인이 된다)의 결과이기도 하다. 위에 묘사된 일련의 상호작용이 복잡해 보이지만, 사실 실제 발생하는 일은 이러한 묘사보다 훨씬 더 복잡하다.

호르몬 수준, 환경의 자극, 중추신경계의 조직 사이에 이러한 비슷한 수준의 복잡한 상호작용이, 하등포유류의 행동에서도 원인이 된다는 것이 알려져 있다. 실험실 쥐의 생식행동을 연구했던 많은 연구자들 중에서, 비치(Beach, 예를 들어 1965년 연구)는 성행동을 이해하는 데 개척자였으며 많은 기여를 했다. 최근에 로젠블랫(Rosenblatt, 1965)은 모성행동을 불러일으키는 몇 가지 원인 요인에 대해 더 심도 있게 분석했다. 특히, 그는 새끼의 각 발달단계에서 어미 쥐가 자신의 행동을 어떻게 변화시켜 새끼 쥐들에게 맞추어 가는지를 발견하는 데 관심을 가졌다.

쥐의 모성행동은 크게 보금자리 만들기, 새끼 돌보기, 찾아서 물어 오기 등의 세 가지 요소로 구성된다. 4주의 기간 동안 세 가지 요소 중 하나 혹은 그 이상을 볼 수 있다. 4주가 지나고 나면 이러한 요소들은 더 이상 볼 수 없게 된다. 모성행동의 전체 주기는 네 개의 시기로 나눌 수 있는데, 각 시기마다 구체적 행동은 달라진다. 이 네 개의 시기는 다음과 같다.

(1) 임신의 마지막 며칠 동안으로서, 이 기간 동안 보금자리를 만드는 일은 아주 조금 발생한다.

(2) 분만 이후 첫 사나흘 동안의 기간으로서, 이 기간 동안 모성행동의 모든 요소가 나타난다. 어미 쥐는 거의 모든 새끼들과의 상호작

용을 주도한다.

(3) 첫 사나흘 이후부터 2주에 이르는 기간으로서 유지기이다. 이 기간 동안 모성행동의 전체 행동들이 가장 활발하게 지속적으로 표출되는데, 여전히 거의 모든 행동을 어미 쥐가 주도한다.

(4) 분만 이후 3주와 4주째로서, 어미 쥐는 새끼 쥐들과의 상호작용의 주도권을 점차 새끼들에게 맡긴다. 이 기간 동안 보금자리 만들기, 새끼 돌보기, 찾아서 물어오기 등의 어미 쥐의 행동은 점차 감소하여 마침내 완전히 사라지게 된다.

보통의 경우에 이러한 각 단계의 모성행동들은 새끼들이 처한 조건에 맞추어 조율된다. 둘째 주의 끝 무렵까지 새끼에게는 시각과 청각 기능이 없으며 새끼는 주로 촉각에 의존한다. 새끼들은 비교적 일찍 기어다닐 수 있지만, 둘째 주의 끝 무렵까지 걸어 다니지는 못한다. 그러나, 2주가 지나면 새끼들은 훨씬 더 독립적이게 된다. 보금자리를 벗어나고 젖을 빨기 시작하며, 또한 다른 새끼들과 사회적 상호작용을 시작한다. 4주가 지나면 자립할 수 있다.

모성 행동의 주기를 분석하면서 모성상태(maternal state)와 모성행동(maternal behavior)을 구별하는 것이 유용하다. 모성 행동의 어떤 조그마한 것도 환경으로부터의 자극에 민감하다. 예를 들어, 보금자리가 흐트러지면 보금자리를 만드는 행동이 곧바로 시작되며, 새끼가 방황하고 있으면 곧바로 찾아온다. 그렇다고 해도 이런 행동들은 어미 쥐가 여기서 '모성상태'[4]라고 불리는 특정 상태에 있을 때만 발생한다. 이것이

---

[4] 로젠블랫은 '모성 기분'(maternal mood)이라는 용어를 사용했다 대체로 '기분'(mood)이라는 용어는 '모성상태'(matemal state)에서 표현되는 며칠 혹은 몇 주

의미하는 바는 다음과 같다. 곧, 특정 원인 요인들이 위계적 구조의 상층에서 작용하고 있어서 그와 같이 모성상태를 결정하는 것이고, 반면에 일련의 다른 인과적 조건들은 더 낮은 수준에서 작용함으로써 나타나는 특정 행동을 그와 같이 결정한다는 것이다.

연구자들이 답을 찾기 위해 설정한 질문은 다음과 같은 것들이었다. 어떤 원인 요인들이 어미 쥐가 모성상태를 발달시키는 것을 설명할 수 있는가? 어떤 원인 요인들이 모성상태의 추후 변화와 종국적 소멸을 설명할 수 있는가? 이러한 변화들은 어느 정도까지 환경의 자극과는 관계 없이 어미 내부의 호르몬의 변화에 기인하는가? 그리고 이러한 변화들은 어느 정도까지 새끼로부터 오는 자극에 기인하는가? 물론 새끼들이 나이가 들고 성숙해지면서 새끼로부터 오는 자극은 변화한다. 이러한 질문에 대답하기 위해 일련의 실험들이 행해졌는데, 이 실험에서는 생후 연령이 서로 다른 새끼들을 모성 주기가 서로 다른 어미 쥐들에게 배치했다. 그리고 어미 쥐들은 자신의 새끼들과 함께 있는 경우도 있었고 며칠씩 모성 주기의 특정 시기의 며칠 동안 서로 떨어져 있게 된 경우도 있었다.

이 실험의 주요 결과는 다음과 같다.

(1) 아직 임신 중인 암컷들에게 갓 태어난 새끼들을 주었는데도 이 암컷들은 이 새끼들을 돌보거나 찾아서 데려오지도 않았으며 거의 보금자리를 만들지도 않았다. 하지만 분만이 끝나자마자 이런 행동들을 바로 하기 시작했다. 이것은 새끼로부터의 자극이 모성상태를

보다도 더 짧게 지속되는 조건을 지칭하는 데 사용된다.

시작하게 하는 주요한 원인이 될 수 없다는 것을 보여준다. 모성상태를 시작하게 하는 원인 요인은 아마도 분만과정에서 발생하는 골반 조직으로부터의 자기자극수용적인 피드백이거나 혹은 태반 호르몬이 끊기면서 분만 후에 갑자기 생기는 호르몬 균형의 변화일 수도 있다. 후자의 가능성이 더 높을 수 있지만 양자 요인 모두 고유의 역할을 수행할 수 있다.

(2) 분만 직후 며칠 동안 어미 쥐에게서 새끼를 분리시키면 모성상태는 급격히 감소하기 때문에, 이 기간 동안 새끼로부터의 자극이—아마도 호르몬 수준을 유지시킴으로써—모성상태를 유지하는 데 중요한 역할을 한다는 것은 분명하다.

(3) 모성 주기의 (2) 시기 이후에 위와 비슷한 기간 동안 새끼를 분리시키면, 이것이 모성상태에 미치는 영향은 훨씬 덜하다. 이로 보건대 분만 후 며칠이 지나고 나면 호르몬 수준은 새끼로부터의 자극에 훨씬 덜 의존하게 된다. 그렇다 할지라도 분만 후 9일 혹은 그 이상 지나서 새끼들을 어미에게서 분리시키면 새끼들이 어미와 함께 있을 때보다도 모성상태는 더 즉각적으로 감소한다. 이것은 모성 주기가 유지되는 것이 어느 정도 새끼로부터의 자극에 지속적으로 달려 있다는 것을 보여준다.

(4) 모성 주기의 마지막 시기에 모성상태는 불가피하게 약화되며 이런 경향은 어미 쥐에게 실험을 목적으로 자신의 '성숙하고' 활동적인 새끼들 대신 어린 새끼들을 가져다주어도 발생한다. 이 실험은, 갈수록 활동적인 새끼들로부터의 변화하는 자극은 모성 주기의 마지막 시기가 시작하는 것에 오직 약간만 영향을 미칠 뿐이며, 이러한 마지막 시기의 시작은 아마도 어미 쥐의 자율적 내부변화에 기인할 것이

라는 것을 보여준다.

이로써 다음의 사실을 다시 한 번 알게 되었다. 곧, 어떤 동물 내부에서 발생하는 변화는 십중팔구 호르몬 수준의 변화일 텐데, 이러한 변화는 예를 들어 새끼를 돌보는 것과 같은 이 동물의 행동의 변화로 이어진다. 이 동물은 새끼를 돌보면서 환경으로부터의 자극을 받게 되며, 이 자극은 호르몬 수준에 다시 영향을 미치고 이 호르몬 수준은 다시 이 동물의 행동과 아마도 이 동물의 민감성에, 그래서 받아들이게 되는 자극의 종류에 영향을 미친다. 본능행동의 순서를 좀더 적절히 분석할수록 이런 종류의 상호작용의 순환을 더 분명히 알게 될 것이다. 이런 순환과정은 하등포유류에서 발생하는 것이므로, 앞으로 고등포유류와 유인원 그리고 인간 자신에게서 이런 과정이 밝혀질 것이라고 기대할 수 있다.

앞의 장들에서 행동은 시작될 뿐만 아니라 종료된다는 것이 강조되었다. 어떠한 행위도 영원히 지속되지는 않는다. 행동을 멈추게 하는 요인들은 행동을 시작하게 하는 요인들만큼이나 분명히 복잡하다. 호르몬 수준이 특정 수준 이하로 떨어지거나 혹은 적어도 호르몬 수준이 변화할 때는, 모성행동의 모든 잠재력을 쥐에게서 찾아볼 수 없다. 막 지어진 둥지에서 자극이 전달되면 카나리아는 둥지짓기를 멈춘다. 둥지를 치워버리면 곧바로 둥지를 짓기 시작한다. 위장 속에 영양가 있는 음식이 들어 있고 이 음식이 혈액 속으로 흡수되기 전까지 많은 시간이 남아 있을 때 개는 먹는 행동을 멈춘다. 이와 같이 상이한 종의 상이한 종류의 행동은 다양한 종류의 요인들에 의 해 종료된다—이상의 예에서 종료의 요인들로 호르몬 수준, 외부자극수용 기관에 대한 자극, 내부자극수용 기관에 대한 자극 등이 각각 언급되었다. 종료는 어떤 태엽장치가 풀렸기 때문에 발생하는 것도 아니며 어떤 심리적 에너지가 고갈되었기 때문에 발생하는 것도 아니고, 다만 특정 신호 때문에 발생한다. 축구경기가 끝나는 것은 호각을 불었기 때문이지 선수들이 에너지를 다 소모했기 때문이 아니다. 차량의 행렬이 멈추는 것은 빨간 신호등이 켜졌기 때문이지 연료가 떨어졌기 때문이 아니다. 행동체계도 이와 마찬가지다.

동물행동 관찰학자들은 일련의 순차적 행동의 종료를 주관하는 신호를 대개 '완료자극'(consummatory stimuli)이라고 부른다. 하지만 유도 혹은 시작 자극의 반대 개념으로서 이것을 '종료자극'(terminating stimuli)이라고 부르는 것이 더 낫다. 앞의 예에서 본 바와 같이 종료 자극은 행동을 시작하게 하거나 행동의 방향을 결정하는 자극들처럼 종류가 아주 다양하다. 각각의 경우에 관련된 행동체계는 세 가지 종류의 감각기관 중 어느 하나를 통해서, 때로는 한꺼번에 하나 이상의 감각기관을 통해서 신호를 받아들인다. 세 가지 감각기관은 각각 외부자극수용기관, 자기자극수용기관, 내부자극수용기관이다. 때로 어떤 동물이 특정 행위를 할 때 그리고 이런 행위를 하기 때문에 일련의 순차적 행동을 종료시키는 신호를 받게 된다. 완료행위라 불리는 이런 행위는 어떤 체계의 예견되는 결과가 일시적 사건인 경우 곧 확인할 수 있다. 성적 극치감은 잘 알려진 예이다. 어떤 체계의 예견되는 결과가 시간적으로 무한한 상태인 경우—예를 들어 특정 영역 내의 위치—완료행위를 파악하는 것은 불가능하며 완료행위의 개념은 적용될 수 없다.

목표수정적 행동체계의 경우, 행동을 설정목표로 인도하는 자극, 곧 방향적 자극과 일련의 순차적 행동을 종료시키는 자극, 곧 종료자극을 주의 깊게 구별할 필요가 있다. 이 두 종류의 자극은 동일한 원천, 곧 동일한 목표대상에서 기원할 가능성이 있기 때문에, 이 두 가지는 쉽게 혼동된다. 예를 들어서 설명하면 이 둘을 구별하는 데 도움이 될 것이다. 어린 새끼 거위는 움직이는 대상을 따라가면서, 자신이 따라가고 있는 그 대상으로부터의 시각 또는 청각 자극을 수용함으로써 방향을 잡는다. 하지만, 새끼 거위의 이 행동을 멈추게 하는 자극은 이와는 다른 자극, 곧 촉각 자극일 수도 있다. 구체적으로, 만약 새끼 거위가 놀랐다고 하자. 새끼 거위가 따라가는 행동을 멈추는 경우는 그것이 특정 촉각자극을 받아들였을 때이다. 이상의 경우에 목표 대상으로부터의 시각자극과 청각자극은 행동의 방향을 결정하는 반면, 동일한 목표대상으로부터의 촉각자극은 이 행동을 종료시킨다.

또한 종료자극은 억제자극(inhibitory stimuli)과 구별되어야 한다. 때로 어떤 행동체계가 활성화되는 데 필요한 모든 원인 요인들이 존재하는데도 억제자극이 동시에 존재하기 때문에 이 행동체계가 비활성화되는 경우가 있다. 종료자극은 일련의 순차적 행동을 멈추게 하지만 억제자극은 이 행동이 시작되는 것을 막는다.

그래서 어떤 행동체계는 두 가지 완전히 다른 이유 때문에 비활성화될 수 있다.

(1) 이 행동체계가 활성화되는 데 필요한 모든 원인 요인들이 다 존재하지 않거나, 혹은 이와 동일하게 종료하게 하는 원인 요인들이 존재한다.
(2) 필요한 활성화 요인들이 모두 존재하며 종료요인들은 없지만, 활성화 요인들의 작용을 가로막는 억제요인들이 또한 존재한다.

대개 이러한 억제요인들은 활동을 막 시작하려고 하는 다른 행동체계에서 기인한다. 이러한 이유로 서로 부조화를 이루는 행동체계들이 동시에 활성화될 때 어떤 일이 생기는지 고려해보게 된다. 이 장의 뒷부분에서 이 주제를 다룰 것이다.

불특정 원인 요인의 역할

지금까지, 특정 원인 요인이 아닌, 행동에 일반적 영향을 미치는 원인 요인에 대해서는 거의 살펴보지 않았다. 그러한 요인에는 중추신경계의 흥분상태와 어떤 동물이 받아들이고 있는 자극의 전반적인 수준이나 자극의 유형화(patterning)가 해당한다. 보통의 경우처럼 이 두 가지 요인들은 서로 밀접하게 연관되어 있다.

이러한 일반 요인들이 행동에 미치는 영향들은 주로 다음의 것을 결정한다. (1) 하나의 자극이 반응을 유발하는지 여부, (2) 겉으로 나타나는 감각변별의 정도, (3) 반응의 속도, 그리고 (4) 반응이 조직적인지 비조직적인지의 여부 등이다. 이러한 일반 요인들이 어떤 행동체계를 활성화시키거나 비활성화시키는지 결정하는 데 많은 영향을 끼친다는 증거는 없다.

특정 자극에 대해 행동으로 반응하려면 포유류의 대뇌피질이(EEG[5]로 측정되는) 각성상태에 있어야 한다는 증거가 있다. 그리고 대뇌피질의 상태는 상당 부분 뇌간의 망양체의[6] 상태에 의해 결정되는데, 이 망양체

---

[5] EEG는 electroencephalogram(뇌파도), electroencephalograph(뇌파측정기)를 뜻한다 – 옮긴이.
[6] 망양체(網樣體, reticular formation)는 중뇌에서 연수까지의 중심부에 있는 신경세포

의 상태는 감각 유형보다는 어떤 동물이 받아들이는 자극 전체로부터 영향을 받는다는 증거도 있다. 특정 임계점까지는 감각기관의 종류와는 상관없이 그 동물이 받아들이는 자극의 양이 많을수록 각성 수준과 행동의 효율성이 높아진다. 따라서 감각 변별력은 향상되고 반응시간은 줄어든다. 그러나 자극의 양이 특정 수준 이상이 되면 그 효율성이 감소한다. 그리고 실험상황에서 자극의 전체 양이 급격히 증가하면 행동은 완전히 혼란에 빠진다. 탈감각 실험(sensory deprivation experiments) 경우처럼 자극의 양이 훨씬 감소하는 경우에도 마찬가지 현상이 생긴다. 이러한 연구결과들은 민감성과 효율성이 최대가 되는 감각입력의 최적 수준이 있다는 것을 보여준다. 행동체계의 종류가 달라지면 이러한 최적 수준도 각기 달라질 것이다.

어떤 연구자들은 이러한 연구들이 지적하는 바를 다음과 같이 해석했다. 곧, 가장 중요한 변인은 어떤 동물이 받아들이는 자극의 전체 양이라는 것이다. 그리고 '활성화의 일반 수준'(general level of activation)과 '일반 충동'(general drive)을 유용한 개념으로 가정했다. 지금까지 우리가 봤던 것처럼 힌디(1966)는 이러한 결론들에 의문을 제기한다. 그는 탈감각 실험에서 자극의 양이 감소할 뿐만 아니라 자극의 유형화 수준 또한 크게 줄어든다고 강조한다. 감각과잉의 효과에 관한 실험에서도 아마 동일한 것이 적용될 것이다. 과도한 자극에 노출되면 동물의 패턴지각 능력은 사라진다. 힌디는 통합행동은 양적 요인에만 의존한다기보다는 유형화된 자극입력에 더 많이 의존할 것이라고 보는 경향

조직이다. 망상(網狀)으로 되어 있으며 의식의 생리학적 구조와 관계가 있다. 망양체에는 모노아민계 신경세포(도파민·노르아드레날린·세로토닌을 전달물질로 하는 신경세포)가 있으며 학습·기억·수면·각성 등에 중요한 역할을 한다 – 옮긴이.

이 있다. 신경생리 실험의 결과들은 이 관점을 지지하고 있다(Pribram, 1967).

2. 부조화를 이루는 행동체계들: 동시 활성화의 결과

이 장의 앞 절에서 행동체계는 오직 한 번에 하나씩 활성화되는 경향이 있다는 것이 암묵적으로 가정되었다. 그러나, 하나 이상의 체계가 동시에 활성화되는 경우는 결코 드문 일이 아니다. 여기서 우리는 두 개 이상의 체계들이 동시에 활성화될 때, 그 결과로 나타나는 몇 가지 행동들을 고찰하고자 한다.

어떤 한 행동체계의 활성화로 발생하는 행동은 다른 체계의 활성화로 발생하는 행동과 훌륭한 조화를 이룰 수 있다. 혹은 서로 상당한 부조화를 이룰 수도 있다. 혹은 어떤 행동의 일부분이 다른 행동의 일부분과 조화를 이룰 수도 있고 혹은 부조화를 이룰 수도 있다. 그러므로 두 체계가 동시에 활성화될 때, 그 결과로 나타나는 행동의 종류들이 아주 다양하다는 것은 그리 놀랄 만한 일이 아니다. 때로 두 행동양식 모두의 요소들이 발현되기도 하고, 때로 어느 한 행동양식의 요소들만이 발현되기도 하며, 때로 둘 중 어떤 요소들도 발현되지 않는 경우도 있다. 어떤 경우에는 결과로서 나타난 행동이 상황에 딱 맞는 경우도 있지만, 이와 반대인 경우도 있다. 실제로, 부조화를 이루는 두 개의 행동들이 동시에 활성화되는 경우가 있는데, 이때 그 결과로서 나타나는 행동은 병리를 시사하는 경우가 있다.

이 절에서 설명을 간략화하기 위해 새로운 용어를 사용하고자 한다.

비록 어떤 행동체계가 유발하는 행동이 거의 외부로 명확히 드러나지 않는데도 불구하고 이 체계가 활성화되어 있다고 믿을 수 있는 근거가 존재할 때마다 이 동물에게는 특정 종류의 '경향성'(tendency), 예를 들어 도망치려는 경향성이 있다고 말한다.

어떤 특정 행동이 거의 외부로 명확히 드러나지 않는데도 불구하고, 지금 이 행동에 대한 경향성을 가정하는 것은 방법론상의 문제를 불러일으키는데, 이 점에 주의를 기울여야 한다. 어떻게 그러한 경향성이 존재한다는 것을 아느냐고 누군가 질문할 것이다. 보통 어떤 행동체계가 주관하고 있는 행동이 존재하지 않는데도 이 행동체계가 활성화되어 있다고 추정하는데, 무슨 증거로 이러한 추정이 근거 있다고 할 수 있는가? 물론, 이러한 방법론상의 문제점은 정신분석가들에게 친숙한 것인데, 정신분석가들은 어떤 사람의 외현적 행동과 그 사람의 동기가 완전히 다를 수 있다고 종종 주장한다.

동물행동 관찰학과 정신분석의 두 학문이 동일한 방법론적 도전에 직면했을 때 동일한 답을 제시한다는 것은 아주 흥미롭다. 동물이나 인간에게서 어떤 행동이 발생할 때, 숨겨진 경향성의 존재를 추정하는 주요한 이유는 그러한 경향성이 우연하고 불완전한 일련의 순차적 행동에서 자신을 드러내기 때문이다. 때로 이러한 행동은, 혹은 이런 행동의 일부 조각은, 지배적 행동과 동시에 발생하는데, 그 결과로 약간의 동요가 발생한다. 다른 경우에도 이러한 숨겨진 경향성을 추정할 수 있는데, 지배적 행동이 끝난 다음에 다른 행동이 짧게나마 보이기 때문이기도 하고, 또 다른 경우에는 지배적 행동이 주도권을 잡기 전에 숨겨진 경향성을 표출하는 행동이 잠깐 발현될 수 있기 때문이기도 하다. 동물행동 관찰학자들과 정신분석가들 모두는 이러한 세부 행동에 관심을 기울임으로써 통찰을 얻고 과학적 진보를 이룰 수 있었다.

정신분석가들이 숨겨진 경향성에 관해 추론하는 데 있어 동물행동 관찰학자들이 입수할 수 없는 추가적 자료를 활용하는 것은 사실이다. 이 자료는 환자들이 자신의 생각과 느낌에 관해 보고한 내용들로 구성되어 있다. 사고와 느낌이 현재의 이론적 도식에서 차지하는 위치는 다음 장에서 설명할 것이므로, 이에 대한 논의는 다음으로 미루고자 한다.

동물행동 관찰학자들이 정신분석가들과 공유하는 행동자료로 이제 돌아가 보자. 두 경향성이 동시에 존재하지만 서로 어느 정도 부조화를 이루는 경우, 그 결과로 나타날 수 있는 많은 행동의 유형 중 몇 가지에 대해 아래에 설명할 것이다.

두 경향성에서 파생된 순차적 행동들이 발현된다

교차행동

어떤 경우에 두 경향성에서 파생된 행동은 한 종류의 행동이 다른 종류의 행동과 교차하는 형식으로 발현된다. 비록 교차행동의 결과가 별로 좋지 않을 수 있을 것처럼 들리지만, 반드시 그런 것은 아니다. 예를 들어, 어류와 조류의 구애행동에서 이런 유형의 행동을 많이 볼 수 있는데, 아주 많은 종들에서 구애행동을 할 때 공격행동, 성행동, 도주행동이 서로 복잡하게 교차하는 것으로 알려져 있다. 예를 들어 푸른머리되새 수컷은 공격적 행동으로 구애를 시작하다가 나중에는 점차 암컷에게 복종하게 되면서 마치 암컷에게 두려움을 느끼는 것처럼 행동한다. 이때부터 수컷의 행동은 암컷에게서 도망치려는 경향성과 성적으로 접근하려는 경향성 사이에서 갈등하게 되는데, 수컷은 번갈아가며 양쪽 행동을 표현한다. 그럼에도 불구하고 보통의 경우 수컷과 암컷은 교미에 성공한다.

의도동작, 결합행동, 절충행동

갈등상황에서 어떤 동물이 어떤 경향성을 완전히 표현할 수 없을 때, 그럼에도 불구하고 이 동물이 이 경향성에 속한 불완전한 동작을 나타내는 경우가 드물지 않다. 예를 들어, 어떤 새는 머무는 것과 날아가는 것 사이에서 갈등할 때, 실제로는 도약하지 않으면서도 도약행동의 대부분을 반복적으로 표출하기도 한다. 이것을 '의도동작'(intention movement)이라고 한다.

인간을 포함한 포유류에서도 이러한 의도동작은 흔하다. 의도동작은 타인의 동기와 타인의 있음직한 행동을 판단하는 데 중요한 단서를 제공한다.

때로, 갈등하는 두 가지 행동 경향성에서 파생된 의도동작들이 함께 존재하는 경우가 있는데, 이때의 행동은 두 가지 행동의 잡동사니가 된다. 다른 경우에는 두 경향성에 공통적인 의도동작이나 다른 행동요소가 스스로 표출된다.

단 하나의 경향성에서 파생된 순차적 행동들이 발현된다

아마도 갈등상황에서 가장 흔한 결과는 전적으로 하나의 경향성에서 파생된 행동만이 나타나는 것이다. 이때 또 다른 경향성으로부터는 어떤 것도 파생되지 않는다. 다시 말해서 두 번째 경향성의 표출은 완전히 억제되는 것이다. 예를 들어, 조용히 먹이를 먹는 작은 새는 매가 나타나면 숨을 곳을 찾아 돌진할 것이다. 먹는 행동의 원인이 되는 요인들이 여전히 건재하고, 매만 나타나지 않았더라도 이 작은 새는 계속 먹이를 먹었을 것이라고 가정할 수 있기 때문에, 비록 먹이를 먹는 행동은 억제되었지만 먹이를 먹는 경향성은 지속되고 있다고 안심하고 결론을 내릴 수 있다. 이런 종류의 결과는 사실 아주 흔해서 상투적인 것이 되었다. 이러한 두 가지 갈등하는 경향성 중 하나가 억제되는—우리가 깨닫지 못하는 자동 과정에서부터 의식적 지연과 결정 까지—수많은 상이한 방법들이 있을 것이다. 아주 많은 행동체계들이 서로 부조화를 이루기 때문에, 대부분의 동물들에게 하나 혹은 그 이상의 체계들이 억제되고 있는 것은 아마도 흔한 것일 것이다.

비록 이런 경우에 행동의 결과는 보통 확실하며 그리고 분명한 생존의 가치를 지니고 있지만, 그렇지 않은 경우도 있다. 예를 들어, 어떤 경쟁하는 경향성을 억제하는 것이 불안정하고 비효율적일 수도 있고, 그 결과로 나타나는 행동이 비실용적인 종류의 교차행동일 수도 있다. 다른 결과로는 정신분석가들에게 '전치'(displacement)로 알려져 있고 동물행동 관찰학자들에게는 '전환'(redirection)으로 알려진 행동유형을 들 수 있다. 여기서 갈등하는 경향성에 사로잡힌 개체는 두 경향성 중 하나에 해당하는 일련의 순차적 행동을 표출하지만, 이 행동을 유발시킨 대상이 아닌 다른 대상에게 이 행동을 하게 된다. 우위를 차지하는 동물이 열등한 위치의 동물을 위협할 때, 후자의 동물에게는 공격행동과 도피행동이 모두 유발된다. 이때, 이 동물은 공격행동을 표출하기도 하는데, 우위에 있는 동물이 아니라 훨씬 더 열등한 동물에게 한다는 것은 잘 알려진 예다. 이렇게 공격행동이 열등한 동물에게 전환되는 것은 야생의 유인원 집단에서 자주 관찰되며, 인간 집단에서도 물론 아주 흔하다.

인간 이외의 하등동물에게는 없고 인간에게만 독특한 특별한 종류의 전환행동이 있는데, 이것은 전환행동의 대상이 상징적일 때 발생한다. 원래의 대상을 본뜬 인형에 대한 공격성과 국기 혹은 국가 등과 같은 국가적 상징에 대한 애착행동이 그 예가 될 것이다.

발현되는 순차적 행동들은 갈등하는 경향성들이 아닌 다른 것으로부터 파생된다

때로 두 가지 경향성이 공존할 때, 예를 들어 좌로 회전하는 것과 우로 회전하는 것이 공존할 때, 두 경향성은 서로를 상쇄하고 그 결과로 어떤 행동도 나타나지 않게 된다.

하지만, 종종, 비록 두 경향성으로부터 아무 행동도 나타나지 않지만, 어떤 동물은 완전히 다른 행동을 한다. 예를 들어, 갈매기 두 마리가 싸우는 동안, 각각의 갈매기는 상대방을 공격하려는 경향성과 도망가려는 경향성을 동시에 가지고 있다. 그런데, 그 와중에서 갑자기 한 마리가 부리로 깃털을 다듬거나 혹은 둥지를 짓기 시작할 수도 있다. 이러한 행동은 전적으로 상황에 맞지 않는 것으로 보이는데, 동물행동 관찰학자들은 이를 '전치행동'이라 부른다.

어떻게 이런 명백히 무관한 행동이 야기되는지에 대해 많은 논란이 계속되었고 지금도 그렇다. 한 입장에서는 전치행동이 정상적 맥락에서 전치행동과 동일한 행동을 발생시키는 요인들과는 다른 요인들에 의해 야기된다고 본다. 그리고 표출되지 않고 있는 갈등하는 경향성 중 하나 (혹은 둘 다)에서 에너지의 '불똥이 튀는 것'(spark-over)이라는 인식이 통용되었다. 이제 이런 설명방식은 이 방식이 근거하고 있는 에너지 모형과 함께 폐기되었으며, 다수의 대안들이 고려되고 있다.

대부분의 전치행동들은 풀을 뜯거나 부리로 깃털을 다듬는 것과 같이 어떤 동물이 자주 하고 쉽게 나타나는 행동들인데, 이와 같은 사실에 근거하여 전치 행동을 설명하려는 입장도 있다. 이 입장에서는 다음과 같이 제안한다. 곧, 이러한 행동 중의 하나가 전치행동으로 발생하는 이유는, 보통 이런 행동체계를 활성화시키는 원인 요인들이 거의 항상 존재하고 있지만, 다른 행동들이 우위를 점하고 있기 때문에 오랜 동안 이 행동들 자체가 억제되어 있다는 것이다. 그런데, 일단 이 우위에 있는 두 행동들이 서로를 상쇄시키면 이전에 억제되었던 이 행동은 기회를 갖게 되고 억제 상태에서 벗어나게 된다.

많은 실험의 증거들이 이러한 탈제지(脫制止, disinhibition) 가설을 지지하고 있다. 조류에게서 흔한 전치행동은 부리로 깃털을 다듬는 것인데, 이 행동이 나타나는 갈등상황 중의 하나는 갈매기가 알을 품으려는 경향성과 놀라게 하는 어떤 것에서 도망치려는 경향성이 모두 있는 경우이다. 정확히 어떤 상황에서 이러한 깃털을 다듬는 전치행동이 발생하는지를 규명하려는 연구들이 있었는데, 두 가지 경향성이 균형을 이룰 때, 예를 들어, 알을 품거나 도피하려는 경향성 둘 다 모두 강하거나 혹은 약해서 서로를 정확히 상쇄할 때, 이런 전치행동이 발생한다고 한다. 그리고 전치행동으로 나타나는 깃털 다듬는 행동이 일상적으로 나타나는 깃털 다듬는 행동과 마찬가지로 비가 오는 도중이나 비가 온 후에 자주 발생한다는 사실은, 전치적인 깃털 다듬는 행동이 일상적인 깃털 다듬는 행동과 마찬가지로 동일한 외부 요인에 의해 영향을 받는다는 것을 보여준다.

많은 전치행동들이 탈제지에 기인하는 것처럼 보이는데, 어떤 전치행동들은 갈등상황에서 고양된 자율행동의 부산물인 것처럼 보인다. 예를 들어, 새들이 영역 싸움을 할 때 새들은 공격하려는 경향성과 도망치려는 경향성 사이에서 갈등을 겪는데, 갑자기 물을 마시기 시작할 수도 있다. 이것은 아마도 목이 마른 결과일 텐데, 목마름 자체는 공포반응과 관련된 자율행동의 결과인 것으로 보인다.

전치행동의 발생에 대해 다른 설명방식도 제기되었다. 전치행동의 종류가 다르면 야기되는 방식도 다를 것이라는 것이다.

맥락에서 완전히 벗어난 것처럼 보여서 동물행동 관찰학에서의 전치행동과 비슷한 행위들은, 물론, 인간의 신경증에서 흔하다. 이러한 행위들에 대한 인식이 실제로 프로이트로 하여금 본능이론을 제기하게 만든 주요 이유 중의 하나이다. 프로이트는 그의 본능이론에서 심리적 에너지를 물에 비유해서 관을 타고 이동하는 것으로 그리고 이쪽 관에서 저쪽 관으로 우회하는 경향이 있는 것으로 묘사했다. 전치행동에 대한 동물행동 관찰학자들의 관점은 변화하고 있는데, 이들은 자신들의 이론화 과정에서 정신분석가들이 직면하고 있는 문제들과 아주 유사한 문제들과 씨름하고 있다. 뿐만 아니라, 이들은 심리적 에너지에 근거한 이론이 아닌 다른 이론들을 정교화하고 있는데, 임상가들은 이 이론들을 고려할 준비가 되어 있다. 이상의 두 가지 측면에서 동물행동 관찰학자들의 변화하는 관점은 상당히 흥미롭다.

퇴행, 곧 성인 행동이 좌절될 때 어린아이의 행동으로 되돌아가는 것에 대해서도, 갈등의 개념을 동원해서 혹은 다른 방식으로 동일하게 말할 수 있다. 퇴행과 같은 행동이 사람과 마찬가지로 동물에서도 쉽게 나타나는 것은 잘 알려진 사실이다. 이 현상을 설명하기 위해 동물행동 관찰학자들은 두 종류의 이론을 고려하고 있다. 첫 번째 이론은 어떤 동물이 문제에 직면할 때, 자신이 미성숙했을 때 성공적이었던 문제해결 방식으로 돌아간다는 것이다. 두 번째 이론은 퇴행이 특별한 형태의 전치행동이라고 말한다. 곧, 성인 행동양식들이 서로를 상쇄시킬 때, 잠재적으로 항상 활성화되어 있던 어린아이 시절의 행동양식이 호기를 포착한다는 것이다. 모든 경우의 퇴행행동을 설명하려면 위의 두 가지 이론과 그리고 아마 다른 이론들도 필요하다는 것은 그럴 듯하다.

3. 감각의 입력과 입력된 감각의 변형

지금까지 이 장에서 본능행동을 활성화시키거나 종료시키는 역할을 하는 환경의 사건을 지칭하기 위해 '환경자극'(environmental stimulus)이라는 개념을 사용했다. 하지만, 자극의 개념은 단순한 것이 아니다. 어떤 동물에서 행동에 대한 자극으로 작용하는 사건들은 다른 동물들에게서 눈에 띄지 않을 수도 있다. 한 개체에게는 경각심을 불러일으키는 사건이 다른 개체에게는 전혀 그렇지 않게 여겨진다. 그렇다면 자극이란 무엇이고, 자극과 환경에서 발생하는 것들은 어떤 관련을 맺고 있는가?

지난 20년간 이루어진 신경생리학자들의 연구는 중추신경계의 활동에 의해 입력된 감각이 조절되고 변형되는 방식에 관심을 불러일으켰다. 환경의 사건에서 파생된 입력된 감각은, 처음 받아들여지고 나서 평가된다. 만약 중요하지 않다고 판단되면 지워져버린다. 반면, 중요하다고 판단되면 입력된 내용은 증폭되고, 이후에 관련성이 있는 것으로 판단되면 (관련성이 지나치게 압도적이지 않을 때), 행동에 대한 중요성이 결정되고 운동영역으로 적절한 전언이 전달된다.

입력된 감각을 이렇게 평가하고 조절하는 것은 뇌의 감각영역이 담당하고 있는 주요하고 세련된 활동이다. 일단 결정되면 입력된 감각은 원심성 메시지에 의해 축소되거나 증폭된다. 이때 원심성 메시지는 뇌의 감각영역에서 감각기관 자체나 혹은 원심성 경로 상에 위치한 신경절[7]로 특별한 원심성 신경[8]에 의해 전달된다. 이렇게 해서 감각기관이나 신경절의 순간순간의 반응성이 통제된다(Livingston, 1959).[9]

수용기[10] 반응의 조절은 신경계의 여러 수준 중의 하나 혹은 몇 개의 수준에서 이루어질 수 있다는 것을 실험결과들은 시사한다. 예를 들어, 눈이 부실 만큼 강한 빛은 동공을 수축시키고 눈이 감기게 할 수도 있고, 혹은 얼굴을 돌려서 도망가게 할 수도 있다. 대조적으로 매력적인 여자를 볼 때는 이와는 반대의 반응이 나올 것이다. 각각의 경우에 몇 가지 반응은 반사행동으로, 또 다른 몇 가지 반응은 고정행동양식으로, 그리고 또 다른 몇 가지 반응은 계획으로 조직화되어 있다. 이러한 반응은 말초에서 혹은 중추에서 통제된다.

입력된 감각을 평가하는 것은, 그것이 조절되지 않은 최초의 입력이

---

[7] 신경절(神經節, ganglion)은 말초 신경계에서 신경세포체가 모여 있는 것을 말한다 – 옮긴이.

[8] 원심성 신경(遠心性神經, efferent nerve) 신경 흥분을 중추에서 말초로 전하는 신경이다. 구심성 신경에 상대된다 – 옮긴이.

[9] 감각의 입력과 처리가 중추에 의해 통제된다는 것을 방어하는 이론의 중요성은 3권에서 논의할 것이다 – 옮긴이.

[10] 수용기(受容器, receptor)는 동물체가 외부로부터 자극을 받아들이는 세포, 세포기관, 기관 등을 모두 일컫는 말이다 – 옮긴이.

건 이후에 조절된 입력이건, 숙련된 과정으로 이루어진다. 입력된 감각을 평가할 때, 이전의 경험에 의해 세워진 기준이나 혹은 이전에 저장된 관련 정보에 비추어 입력된 내용을 해석한 다음, 취하게 될 행동의 측면에서 이 해석결과를 판단하는 것이 필요하다. 다시 말하면, 이전에 저장된 관련 정보에 비추어 입력내용을 평가하는 것은 그 자체가 정보의 회수라는 숙련된 과업이다. 이러한 평가와 판단은 중추신경계의 여러 많은 수준에서 이루어지는 것 같다. 때로는 한 가지 수준에서 때로는 여러 수준에서 연속적으로 이루어진다. 처리되는 수준이 높을수록 더욱 변별하여 행동을 선택할 수 있게 된다. 이 행동들은 설정목표를 가진 계획으로 조직되어 있다. 물론, 이러한 계획을 수립하는 데는 환경모형과 유기체모형을 참조하는 것이 필요하다(5장을 보라).

종종 인간에게서 이러한 평가와 판단의 과정은 의식적이다. 그리고 해석된 입력내용은 '흥미로운' 또는 '흥미롭지 않은', '재미있는' 혹은 '불쾌한', '만족스러운' 혹은 '좌절감을 주는' 등과 같이 가치의 측면에서 경험된다. 이 때문에 느낌과 감정에 대해 고려할 필요성이 생긴다.

제7장

평가하기와 선택하기: 느낌과 감정

얼굴 표정과 신체적 표현의 동작들은, 그 근원이 무엇이든지 간에, 그 자체로 우리의 행복을 위해 아주 중요하다. 이 동작들은 엄마와 유아 사이에서 의사소통의 최초의 수단으로서 봉사한다. 엄마는 미소로써 동의를 표현하거나 얼굴을 찡그려서 동의하지 않음을 표현하는데, 엄마의 미소는 올바른 길로 가도록 아이를 격려한다. 이러한 표현의 동작들은 우리가 하는 말에 생생함과 힘을 더해준다. 이 동작들은 타인의 생각과 의도를 드러내는데, 거짓임이 밝혀질 수도 있는 언어적 표현보다도 더 진실하게 드러낸다. … 이런 결과들이 발생하는 것은, 부분적으로, 거의 모든 감정과 이 감정들의 외적 발현 사이에 존재하는 밀접한 관계 때문에 그러하다.

— 찰스 다윈(Charles Darwin, 1872)

1. 서론

임상가들 사이에서는 정서, 느낌, 감정이 마치 행동의 원인이 되는 것처럼 언급되는 것이 보통이다. 이것이 이 시점에서 정서, 느낌, 감정에 대해 논의하는 이유 중의 한 가지이다. 또 다른 이유는 모든 사람들이 타인과의 일상의 의사소통에서 그러는 것처럼, 모든 훌륭한 임상가들이 자신의 환자들과 의사소통하면서 느낌과 감정의 언어를 사용한다는 것이다. 그래서 임상가들과 여타 독자들은 지금까지 논의된 본능행동 이론에서 느낌과 감정이 어떤 위치를 점하고 있는지 알고 싶어서 벌써부터 조바심을 내는지도 모른다.

이 책의 입장은 간단히 말해서 다음과 같다. 곧, 정서, 느낌, 감정의 (다소 무차별적으로) 알려진 용어들 모두 혹은 이 중 최소한 대부분은 어떤 개인의 유기체적 상태와 행위하고자 하는 절박한 욕구 혹은 이 개인이 처한 연속적인 환경 상황에 대한 직관적 평가의 단계들이다. 이러한 평가과정들은 항상 그런 것은 아니지만, 종종 느낌(feeling) 혹은 더 적절한 용어를 사용하자면, 느껴지는 것(felt)으로 경험되는 아주 특별한 속성을 가지고 있다. 한 개인은 이러한 과정들을 자각하고 있기 때문에, 이 과정들은 보통 이 개인의 상태, 절박한 욕구 그리고 상황에 관한 감시기능을 제공한다. 이와 동시에 이 과정들은 대개 얼굴 표정, 신체 자세, 초기 동작들을 동반하기 때문에, 보통 이 과정들은 주변 사람들에게 이 개인에 관한 귀중한 정보를 제공한다.

이러한 평가과정들은 느껴질 수도 있고 느껴지지 않을 수도 있기 때문에 관심을 기울여야 할 첫 번째 대상은 느낌이나 감정이라기보다는 이러한 평가과정이라는 것이 이 장에서 제시하는 논지의 핵심이다. 이러한 평가과정들이 항상 느껴지는 것이 아니라는 사실은, 모호하지만 임상적으로 유용한 개념인 '무의식적 느낌'을 이해하는 데 단서를 제공한다.

그렇다면 평가과정은 세 가지 역할을 하는 것으로 개념화할 수 있다. 첫 번째 역할은 변화하는 환경과 변화하는 유기체의 상태를 평가하는 것이다. 유기체의 상태에는 유기체의 행동 경향성이 포함된다. 이와 같이, 느껴지건 느껴지지 않건(의식적이건 무의식적이건) 이 과정들은 행동의 통제에 있어 절대 불가결한 역할을 수행하고 있다. 두 번째 역할은 평가과정은 지각성 있는 존재로서 한 개인에게 감시기능을 제공하는 것이다. 세 번째 역할은 타인에게 의사소통 기능을 제공하는 것이다.

첫 번째와 세 번째 역할을 수행할 때 평가과정은 의식적일 필요는 없지만, 두 번째 역할을 수행할 때는 평가과정이 의식적이어야 한다.

정서, 느낌, 감정은 보통 각각 독립적 개체인 것처럼 다루어지는데, 이 책의 관점의 특징은 이렇게 다루는 것이 적절하지 않다는 것이다. 정서, 느낌, 감정 등을 마치 원자 한 개 혹은 오렌지 한 개라고 할 때처럼 '정서 한 개', '느낌 한 개', 혹은 '감정 한 개'라고 말하는 것은 '빨강 한 개' 혹은 '네모짐 한 개'라고 말하는 것과 같이 허용될 수 없는 일이다. 그 대신, 감정은 행동과 관련된 특정 과정들이 때때로 소유하는 속성으로 간주된다. 그러므로 느낌 혹은 감정을 실체화하는 어떤 구절도 허용될 수 없다.

우리의 논지를 더 발전시키기 전에 용어를 명확히 해두는 것이 좋다. 전통적으로 '정서'(affect)는 넓은 범위의 느낌의 경험을 — 즐거운, 괴로운, 슬픈 느낌과 사랑하는, 두려운, 화난 느낌 — 나타내기 위해 사용되었다. 그리고 '느낌'(feeling)이라는 단어 자체도 이렇게 광범위한 의미로 종종 사용된다. 반면에, '감정'(emotion)은 항상 좀더 제한적으로 사용된다. 이 단어는 대체로 사랑하는, 싫어하는, 놀란 혹은 배고픈 등과 같이 본래부터 일정한 형태의 행위와 연관된 느낌이나 정서에 한정되어 있다.

이제부터 '느낌'이라는 단어는 항상 일반적 용어로 사용될 것이다. 이 단어는 '정서'나 '감정'보다 선호되는데 그 이유는 '느낌'이 세 단어 중 유일하게 자신의 명사형과 의미가 정확하게 일치하는 동사에서(느끼다) 파생되었기 때문이다. '정서'라는 단어는 전통적 이론들을 논의할 때만 사용할 것이며, '감정'이라는 단어는 위에서 언급한 대로 제한적인 의미로 사용할 것이다.[1]

지금까지 견지하고 있는 본능행동을 순수하게 행동적으로 설명하는 방식으로부터, 느낌에 대해 자각하는 것을 포괄하려는 설명방식으로 옮아가면서, 우리가 직면하고 있는 몇 가지 철학적 문제에 대해 간략하게 고찰해보자.

2. 철학적 문제들

랑게(Langer, 1967)는 다음과 같이 썼다.

어떻게 '느낌'이라고 부르는 것이 동물 유기체를 구성하는 물리적(근본적으로 전기-화학적) 현상에 들어오느냐는 것이 생물과학의 철학에서 골칫거리 질문이다. … 우리 주변의 세계에서, 또한 명백히 우리 자신에게서 우리가 변화의 효과를 느끼면서 그러한 모든 변화를 물리적으로 묘사할 수 있는데도, 변화에 대한 우리의 느낌은 물리적으로 묘사할 수 없

---

[1] affect, emotion, feeling의 개념 정의와 구별방식은 이것들을 연구하는 학자들마다 다르다. 뿐만 아니라 각 단어를 한국어로 번역하는 방식 역시 국내 학자들마다 다르다. 독자들은 이 용어들의 개념을 정의하는 Bowlby의 방식이나 이 용어들을 이와 같이 사용하고 또 번역하는 것은 이 책에만 제한적으로 적용되는 방식임을 유념하기 바란다 – 옮긴이.

다는 사실은 진정한 철학적 도전이 되고 있다.

이러한 질문에 대해 지금까지 많은 답변이 있었다. 이들 대부분은 두 개의 주요 사상 학파에서 갈라져 나왔는데, 이 두 학파는 각각 유심론과 부수현상설이다.[2]

데카르트에서부터 출발하여 인본주의자뿐 아니라 헐링스 잭슨(Hughlings Jackson)과 프로이트와 같은 신경생리학자들을 매료시킨(Jones, 1955) 유심론에서는 몸과 마음의 두 개의 구별되는 개체를 가정한다. 여기서 몸과 마음은 동등한 지위를 차지하며, 아직 이해할 수 없는 방식으로 결합되어 있다. 이와 대조적으로, 부수현상설은 과학자들이 매력을 느끼며 완벽한 것으로 갈채를 받는데, 오직 물리적 세계만을 진실한 것으로 간주한다. 부수현상설을 주장하는 이들에게는 사고와 느낌이란 인생의 드라마에서 실제적 역할을 못하는 그림자나 마찬가지인 것이며, 아마도 과학적 관련성이 없는 미적 흥미의 대상에 지나지 않을 것이다.

오늘날 이러한 두 가지 입장에 대해 만족해하는 이들은 거의 없다. 라일(Ryle, 1949)은 유심론 철학을 "기계 속의 영혼에 관한 교조"라고 풍자하면서, 유심론은 인간의 육체와 마음이 동일한 논리적 범주에 속한다는 가정에 근거하고 있는 범주적 실수에서 파생되었다고 주장한다. 다시 말해서, 육체와 마음 모두 실체이지만 그 종류는 다르다. "데카르트가 그의 마음에 관한 이론을 밀어 넣은 논리적 틀은 … 그와 갈릴레이

---

[2] 유심론(唯心論, mentalism)에서는 어떤 정신 현상이 물리적 법칙으로 설명될 수 없다고 주장한다. 부수현상설(附隨現象說, epiphenomenalism)에서는 심적 과정은 신체적 활동의 부산물이며, 별로 중요한 역할을 하지는 않는다고 주장한다―옮긴이.

가 역학을 확립할 때 사용했던 틀과 동일한 것이었다." 그 결과 데카르트는 마음을 설명할 때 역학에서 사용하는 용어와 표현들을 대비하여 사용하는 경향이 있었는데, 실제로 이 용어와 표현들은 "~가 아니다"라는 부정의 의미로만 사용되었다. 이렇게 해서 마음은 "공간을 차지하지 않고, 움직임도 없고, 물질이 변형된 것도 아니며, 대중이 관찰할 수 있는 것도 아니다. 마음은 시계장치의 일부가 아니라 시계장치가 아닌 것의 일부일 뿐이다"(Ryle, 위의 책).

논리적 오류 때문에 유심론적 관점은 다른 누구보다도 프로이트에 의해 경험적 문제에 적용되었을 때 기복이 심한 결과를 낳게 되었다. 그래서 인간의 삶에서 느낌과 감정이 차지하는 지위는 정당화되었지만, 검증 가능한 형태로 가설을 세우는 방법론적 문제는 해결되지 않았다. 결과적으로 자연과학과 비교되는 수준의 마음에 관한 과학은 수립되지 않았다. 부수현상설 학자들은 보통 극단적 행동주의의 기치 아래 활동했는데, 이들 또한 비록 방식이 다르긴 했지만, 유심론에서와 마찬가지로 기복이 심한 결과를 초래했다. 부수현상설에서는 검증 가능한 가설들의 틀이 갖추어진 것은 사실이지만, 그 대신 값비싼 대가를 치러야 했다. 인간이 경험하는 더욱더 흥미 있는 영역들이 제외되었다. 게다가 이들이 제안하는 이론적 도식 또한 보통 사람들의 일상사를 다루는 임상가를 비롯한 여타의 사람들에게는 거의 쓸모가 없는 것으로 밝혀졌다.

연구에서 행동주의적 전략을 차용하는 연구자들이 모두 부수현상설을 추종하는 것이 결코 아님을 물론 인정할 필요가 있다. 이와 달리, 많은 연구자들은 오래 전에 홀데인(J. S. Haldane, 1936)이 취한 입장과 비슷한 입장을 취한다. 이들은 느낌, 의미, 의식적 통제 등과 같은 것들이 비록 중요하지만, 당분간은 이런 것들을 다루지 않겠다고 자신들의 입장을 설명한다. 그 이유는 이것들과 관련된 사실들이 어떻게 생물학과 행동연구의 다른 자료들과 결합되어 통합적인 과학적 사고체계를 형성할 수 있는지 현재까지 알지 못하기 때문이라는 것이다. 이들은 나중에 어떤 시기가 되면 이러한 문제들을 다루게 될 기회가 무르익게 될 것이라고 연이어 설명한다. 그런 시기가 오기 전까지 당분간 이 영역은 '해결의 기술' 영역 밖에 있는 것으로 보인다.

이상의 입장은 의심할 바 없이 신중한 것이지만, 정신의학자 또는 신경학자를 불문하고 임상가들은 이 입장이 비실제적이라고 생각한다. 임상가들은 환자들이 매일 이야기하는 환자 자신들에 관한 사적 경험을 다루어야 한다. 이러한 사적 경험들로는 배가 아픈 것일 수도 있고, 팔다리 중 하나가 마비되는 것일 수도 있다. 그리고 환자의 부모, 직장 상사, 여자 친구 등에 대해 어떻게 생각하고 어떻게 느끼는가에 관한 것일 수도 있다. 개인적 경험에 대한 사적 시각에서 나오는 이러한 이야기들이 의료 실제의 중요한 부분이다.

그렇다면 임상가들은 필연적으로 어떤 관점을 가져야만 하는데, 이 관점은 어떤 것이어야 하는가? 임상가는 사적인 것과 공적인 것, 주관성과 객관성, 느낌과 물리적 현상, 몸과 마음 등의 관계를 어떻게 그려 보아야 하는가?

필자가 취하는 입장은, 여기저기 바위돌이 널린 들판을 지날 때와 같이 두렵고 조심스러운 것인데, 랑게(1967)가 이 주제에 관해 최근에 쓴 책에 잘 표현되어 있다. 랑게는 어떤 신경학자가 심사숙고한 내용에서 자극을 받았는데, 이 신경학자는 근육의 의식적 통제를 이해하는 데 관심을 갖고 있었다. "우리가 크게 관심 가져야 할 부분은 느낌이 될 것이다"라고 구디(Gooddy, 1949)는 썼다. "왜냐하면 감각적 증상들은 보통

의식적 기능의 장애를 가진 환자들의 아주 흔한 불평거리이기 때문이다. '손을 움직이려고 하면 손에 이상한 느낌이 든다.'" 이것을 숙고하면서 구디는 "'느끼다', '인 듯하다', '마비된', '서투른', '무거운', '어쩔 수 없는', '뻣뻣한' 등의 용어를 자연스럽게 사용하는 경우는 운동기능 장애로 판명되는 것을 묘사할 때[이다]"라고 했다. 그리고 나서 구디는 신경생리적 사건들이 어떻게 "느낌으로 헤치고 들어올" 수 있는가라는 까다로운 질문을 던진다.

이 시점에서 랑게는 '느끼다'가 동사라는 것과, 그리고 느껴지는 것(felt)을 '느낌'(feeling)이라고 말하는 것이 오해를 불러일으킬 수 있음에 주목한다. "대개 '느낌'이라고 묘사되는 현상은 실제로는 한 유기체가 어떤 것을 느끼는 것, 다시 말해서 어떤 것이 느껴지는 것이다. 느껴지는 것은 … 유기체 내의 한 과정이다." 여기에서 랑게의 주요 명제가 도출되었다. 곧, 랑게는 "느껴지는 것은 이 과정 자체 내의 한 단계이다"라고 결론을 내린다(강조는 저자).

랑게가 사용한 '단계'라는 말은 어떤 것이 드러나는 다양한 방식 중의 하나를 의미하는데, 이 어떤 것이 드러나는 과정에서 무엇이 더해지거나 빠지는 것은 아니다. 이것을 설명하기 위해 랑게는 쇠를 달구고 식히는 예를 든다.

쇠가 어느 정도까지 달구어지면 벌겋게 된다. 하지만 쇠의 벌건 상태는 쇠가 식게 되면 어디론가 사라지는 새로운 개체가 아니다. 벌겋게 되는 것은 높은 온도에서 보이는 쇠 자체의 한 단계인 것이다.

느낌이 생리적 과정의 산물 — 곧 형이상학적으로 생리적 과정과 다른 새로운 개체 — 이 아니라 생리적 과정의 한 단계로서 간주되면 신체적인 것과 심리적인 것의 역설은 사라진다.

랑게의 주장은 계속 이어지는데, 이렇게 해서 이 질문은[3] 더 이상 '신체체계에서 어떻게 한 신체적 과정이 비신체적인 것으로 변형될 수 있는가'의 문제가 아니라 '어떻게 느껴지는 단계에 도달하고, 어떻게 이 과정이 다시 느껴지지 않는 단계로 되돌아가느냐'는 것이 된다.

랑게의 관점이 이 문제에 접근하게 해 주는 좋은 관점이라 해도, 제기된 질문에 대해 대답하기에는 아직 완벽한 것이 아니다. 느껴지는 단계는 실제에서 어떻게 발생하는가? 비록 이 질문에 대해 대답하는 것이 아직 불가능하지만,[4] 이 질문과 관련된 다른 질문이 있는데 이 질문

---

[3] 여기서 '이 질문'은 앞 문단에서 언급한 구디의 질문을 가리킨다. 구디는 신경 생리적 사건들이 어떻게 "느낌으로 헤치고 들어올" 수 있는가라는 까다로운 질문을 던진 바 있다 – 옮긴이.

[4] 비록 이 문제는 아직 해결할 수 없지만, 언젠가는 연구의 대상이 될 때가 올 것이다. 전기 기사인 터스틴(Tustin)은 이와 비슷한 역사적인 예를 언급한다.

수십 년 전에 어떤 사람이 쇠, 구리, 무명 천 등을 특정 형태로 조립해서 최초로 발전기를 만들었는데, 이 특별한 기계적 도구를 회전시켰을 때, 새로운 영역의 현상이 분명해졌다. 말하자면, 발전기는 전기적으로 살아있게 되었다. 발전기는 이전에 다른 어떤 곳에서도 인식되지 않았고 거의 발현된 적도 없는 전기현상을 드러냈다. 우리는 이제 다음과 같은 사실을 알고 있다. 곧, 특별한 구조를 갖춘 '기계' 부품들과 전기현상계 사이에 다양한 상호관계가 존재하며, 이러한 기계 부품들 자체는 어떤 면에서 기계적이라기보다는 보다 근본적인 수준에서 전기적으로 이해될 수 있다. 그래서 궁극적으로 이 두 영역이 하나이다.

특별한 구조를 갖춘 기계 부품들과 전기현상 사이에 상호작용이 있고 이러한 상호작용이 현실 속에서 더 이상 무시할 수 없는 존재라고 밝혀지기 전까지 전기현상이 인식되지 않았는데, 이와 마찬가지로 앞서 제시된 기계론적 개념화에 맞는 뇌를 탐구하는 과정에서 진화 역시 질적으로 다른 종류의 현상과 거의 관련을 짓지 않고 생물학적으로 설명하는 것을 상상해볼 수 있는가? 만약 이러한 추측이 우연히도 진실과

은 대답하기 더 쉬울 뿐만 아니라 우리가 다루는 주제와도 훨씬 밀접한 관련을 가지고 있다. 그 질문은 바로 다음과 같다. 일반적으로 느껴지는 단계에 도달하는 과정들은 어떤 종류의 과정들인가?

3. 느껴지는 과정들

감각기관을 통해 유기체에 도달하는 환경사건에 관한 감각자료들은 즉각적으로 평가되고 조절되며 해석된다는 점을 앞 장의 마지막 부분에서 지적한 바 있다. 이런 연후에야 이 감각자료들과 행위와의 연관성이 결정된다. 유기체의 내적 상태에서 파생된 감각자료에도 동일한 것이 적용된다. 그리고 일단 어떤 감각 자료가 가지는 행위에 대한 일반적 연관성이 결정되면, 조정된 행위가 발생하기 전에 이 외의 다른 많은 것들이 평가의 과정을 거치게 된다. 평가과정을 거치는 다른 많은 것들 중에는, 특히, 조정된 행위 이외의 행동들이 환경상황과 유기체에 대해 미칠 수 있는 영향들이 포함되어 있다. 게다가, 조정된 행위가 시작된 이후에도 이러한 평가과정들은 멈추지 않는다. 먼저, 행위가 진행되는 그 자체를 평가하고, 마지막으로 행위의 결과를 판단한 다음 추후에 참고하기 위해 이 결과에 주의를 기울인다.

이러한 평가과정 각각은 느껴지는 단계에 도달하는 것처럼 보인다.

근접한 것이라면, 이러한 현상에 대해 인내력을 가지고 조사하면 궁극적으로 우리가 이 현상을 어느 정도 이해할 수 있게 될 것이라는 희망을 갖게 된다. 하지만, 그러한 설명에 사용되는 개념들은 오늘날의 물리학의 개념과 전적으로 동일한 것은 아닐 것이다(Tustin, 1953).

우리는 이러한 과정을 하나하나 살펴볼 것이다. 그와 동시에, 사실, 모든 평가과정이 느껴지는 것은 아니라는 것을 강조할 필요가 있다. 평가가 모든 통제체계의 작동에 필수불가결한 요소이고, 정교한 체계일수록 더 많은 평가가 이루어지지만, 어느 특정 평가과정이 느껴지느냐 마느냐는 이와 독립된 독특한 문제라는 것을 앞으로 염두에 두어야 할 필요가 있다. 어떤 순간에 보이다가 다음 순간에 보이지 않는 돌고래 떼처럼, 어떤 평가과정은 단계를 바꾸어서 때로 의식의 경계 이상으로 활성화되다가 때로 경계 이하로 떨어지기도 한다. 하지만 다른 평가과정은 대구처럼,[5] 독특한 조건하에서 주의를 끌기 전까지는 수면 이하에 영구히 잠복해 있는 경우가 있다.

한 가지 설명하기 어려운 점은 각각의 평가과정은 여러 수준 중의 하나에서 이루어진다는 것이다. 그래서 입력된 감각은 대충 변별되어 해석될 수 있으며 이 경우 느껴지는 것은 오직 대충 구별될 뿐이다. 이와 대조적으로 입력된 감각은 정밀하게 변별되고 해석될 수도 있는데, 이 경우 느껴지는 것은 고도로 분화된다. 게다가, 어떤 일련의 순차적 행동, 특히 반사, 고정행동양식 등으로 조직화된 순차적 행동들은 일단 시작되면 더 심화된 평가를 거치지 않고서도 진행될 수 있다. 앞으로는 더 정밀하게 변별하고 구별하는 방식으로 조직화된 행동들에 주로 관심을 갖고자 한다.

지난 20년 동안 이러한 문제들에 연관된 많은 증거들이 신경생리학자들에 의해 수집되었다. 이러한 증거수집에는 뇌의 특정 부위를 절제하기, 뇌의 특정 부위에 미소 전극을 정확히 부착하여 얻은 정보를 기

---

[5] 여기서 대구(大口, Gadus Macrocephalus)는 대구목 대구과의 바닷물고기이며 영어로는 'cod'다 – 옮긴이.

록하기, 뇌의 일부분을 직접 자극하기의 기술을 사용했다. 이 중 마지막 기술에는 수술 도중 사람의 뇌를 직접 자극하는 것이 포함된다. 이러한 방법들과 여타의 방법들을 활용하여 대뇌의 구조와 활동에 대한 더욱 적절한 실상을 확보하게 되었다. 특히 행동의 조직화, 그리고 중뇌핵과 변연계[6]의 유기체적 상태나 상황에 대한 평가 등의 영역에서 대뇌의 구조와 활동이 가지고 있는 역할이 명료해졌다(MacLean, 1960). 이 이론의 느낌과 감정에 대한 중요성은 아놀드(Arnold, 1960)에 의해 상세하게 검토된 바 있다. 『감정과 성격』(*Emotion and Personality*)이라는 아놀드의 두 권짜리 책에는 심리학 문헌에 관한 포괄적 검토의 내용도 포함되어 있다. 이 장을 통틀어서 필자는 아놀드의 연구와 그녀가 소개했던 '평가'(appraisal)라는 용어에 많은 도움을 받았다.[7]

---

[6] 중뇌핵(中腦核, midbrain nuclei)은 중뇌에 존재하는 여러 개의 핵을 가리키며 도르래 신경핵(trochlear nucleus), 덧동안신경핵(accessory oculomotor nuclei), 적색핵(red nucleus), 삼차신경중뇌핵(mesencephalic trigeminal nucleus) 등이 있다. 변연계(邊緣系, limbic system)는 대뇌의 편도체, 해마, 유두핵 등으로 구성되고 발생적으로 오래된 부위를 가리키며 기억과 깊은 관계가 있다고 한다 – 옮긴이.

[7] 비록 아놀드가 통제체계의 관점에서 자신의 생각을 제시한 것은 아니지만, 그녀가 했던 대부분의 생각은 어느 정도 통제이론의 용어로 곧바로 전환될 수 있다. 그녀의 입장의 심각한 약점은 기능과 설정목표를 구별할 수 없었다는 것이다(다음 장을 보라). 그 결과 그녀의 이론적 체계의 일부는 목적론에 의해 결함을 갖게 되었다. 게다가 그녀는 '본능'과 '감정'을 구분하는데, 이렇게 하는 것이 유용하다고 생각하지 않는다. 여기서 '본능'이란 먹이기, 짝짓기처럼 '적절한 대상이 없이도 발생한다.' '감정'이란 분노와 도피처럼 '특정 대상을 평가한 이후에야' 발생한다. 앞 장에서 논의한 바 있는 다섯 개의 모든 원인 요인들의 다양한 조합에 의해 이러한 모든 행동들이 활성화된다고 아놀드는 주장하는데, 그녀가 제안한 원인 요인 분류체계는 다소 자의적인 것 같다.

입력된 감각의 해석과 평가

입력된 감각은 크게 두 종류로 나눌 수 있는데, 이 두 가지는 각각 유기체의 상태에 관련된 감각과 환경의 상태에 관련된 감각이다. 이 두 종류의 입력된 감각들이 유용하게 활용되기 위해서는 해석되고 평가되어야 한다. 우리는 먼저 환경의 변화에서 파생된 입력된 감각에서부터 시작하고자 한다.

감각적 메시지는 수용되자마자 평가되고 조절된다(앞 장을 보라). 이 메시지가 무의미한 것이 아니라는 것을 가정한 다음 이 메시지를 해석하게 된다. 입력된 감각 그 자체는 부적절한 것이다. 어떤 측면에서 보면, 입력된 감각은 과잉이기 때문에 관련된 부분만 찾아내기 위해 훑어봐야 한다. 다른 측면에서 보면, 입력된 감각은 불충분하기 때문에 유기체의 기억 저장소에서 이 감각과 들어맞는 정보를 찾아내어 보충해줘야 한다. 환경에서 파생된 원래의 입력된 감각은 오직 이런 수단을 통해서만 전환되어, 공간-시간의 연속선상에서 상호작용하는 대상들로 인식될 수 있는 것이다. 조류와 식물의 외양과 서식처에 관한 풍부한 관련 정보 덕택에 경험이 풍부한 박물학자는 초심자에 비해 훨씬 더 많이 보게 되는 것이다. 이와 유사한 시각이 있는데, '무릇 있는 자는 받아 풍족하게 되고'라고 한다.[8]

---

[8] 존 볼비는 신약 성경의 마태복음 25장 29절과 누가복음 19장 26절 중 일부를 인용하고 있는 것 같다. 마태복음 25장 29절의 개역한글본과 킹 제임스 역(King James Version) 내용은 다음과 같다 - 옮긴이.

"무릇 있는 자는 받아 풍족하게 되고 없는 자는 그 있는 것까지 빼앗기리라."
"For unto every one that hath shall be given, and he shall have abundance:

유기체 자체에서 파생된 입력된 감각 또한 위와 유사한 선택과 보충의 과정을 거친다. 뜨거운, 차가운, 배고픈 등으로 느끼는 것은 원래의 지각이 아니며, 평가과정 중에 있는 특정 입력된 감각들이 거치는 단계들인 것이다. 가끔 이러한 평가과정에서 실수가 생기기도 한다. 처음에 뜨거운 것으로 평가되었던 것이 그 이후에는 정확하게 매우 차가운 것으로 평가될 수도 있는 것이다.

아놀드에 따르면 해석되고 평가되는 입력정보는 그것이 환경에서 파생되었건 유기체에서 파생되었건, '유쾌 혹은 불쾌', '좋은 혹은 혐오스러운', '좋아할 만한 혹은 싫어할 만한'처럼 가치를 포함한 것으로 경험되는 경우가 아주 많다(따옴표는 옮긴이). 유기체로부터 파생된 입력정보가 아주 불쾌한 것으로 해석되면 고통으로 경험된다. 고통스러울 정도로 시끄러운 소음처럼 외부자극 수용기로부터 파생된 입력정보의 경우에도 동일하게 고통으로 경험된다.

평가과정이 느껴지면서 환경 내의 어떤 사람이나 대상에 대해 '좋은 사람', '혐오스러운 냄새' 등과 같이 어떤 특성을 부여하는 경우가 드물지 않다. 이와 달리, '그것 때문에 아주 이상한 기분이 든다'에서와 같이 대상에 대해 어떤 외적 속성도 부여하지 않고 다만 유기체 자체의 상태만을 언급하는 경우도 있다.

입력된 감각은 내부의 설정이나 기준과 비교된 다음, 그 결과로서 유쾌한 그리고 고통스러운, 좋은 그리고 끔찍한 등으로 즉각적으로 대충 분류된다. 이러한 기준 중의 어떤 것은 평생 동안 변화하지 않기도 한다. 하지만 이러한 기준들은 유기체의 현 상태를 반영하기 위해 규칙적

---

but from him that hath not shall be taken away even that which he hath."

으로 다양하게 변화하는 경우가 더 많다. 그래서 배가 고플 때는 좋은 것으로 분류된 후각 입력정보가 배가 부르면 불쾌한 것으로 분류되기도 한다. 온도와 관련된 입력정보를 판단할 때, 그 시점에서 추운가 더운가에 따라, 이와 비슷한 기준의 변동이 발생하기도 한다.

이러한 일시적이고 규칙적인 설정치의 변동을 고려할 때, 입력된 감각에 적용되는 많은 설정치들은 발달과정 중에 환경에 안정적인 듯하며 개인에 따라 비교적 유사한 것 같다. 이와 다른 설정치들은 명백히 환경에 민감한데, 이 경우 설정치는 부분적으로 경험에 의해 결정된다. 그래서 이러한 설정치를 후천적 기호라고 부른다.

일단 해석된 입력감각이 좋거나 불쾌한 것으로 평가되면 특정 종류의 행동이 뒤따르게 된다. 좋은 것으로 평가된 것은 어떤 것이든지 유지되고 추구될 가능성이 높다. 불쾌한 것으로 평가된 것은 어떤 것이든지 감소되고 회피될 가능성이 높다.

이렇게 평가는 복잡한 과정이며 이 과정에는 두 개의 서로 구별된 주요 단계가 포함되어 있다. (1) 유기체 내부에서 일생 동안 발달한 기준과 입력된 감각을 비교하는 단계, (2) 앞 단계의 비교결과에 따라 일반적인 특정 행동형태를 다른 형태보다 선호하여 선택하는 단계 등이 있다.

이러한 비교과정에서 사용되는 기본적 기준의 다수와 비교과정 이후에 나타나는 다가섬과 물러남의 단순행동 다수가 환경에 안정적이기 때문에, 이러한 행동 중 많은 부분은 본능으로 분류할 수 있다. 물론, 이런 행동 중의 많은 부분은 종의 생존을 증진할 가능성이 높은 종류다. 왜냐하면, '좋은' 것으로 분류된 것은 어떤 동물에게 이로운 것과 대응되거나 혹은 그 역도 마찬가지이기 때문이다. 하지만, 이런 것들은 오직 통계적 확률일 뿐이며, 특정 종류의 행동의 생존가치에 관한 질문은 그 자체로 중요하고 구별되기 때문에 다음 장에서 논의하고자 한다.

유기체에서 파생되는 입력정보의 종류는 다양하다. 어떤 입력정보는 해석되고 평가되고 나면 욕망을 불러일으킨다. 예를 들어, 따뜻한 옷에 대한 욕망, 신선한 공기에 대한 욕망, 음식에 대한 욕망, 이성의 어떤 구성원에 대한 욕망 등이 있다. 다음 절에서 이 욕망이 어떻게 잘 개념화될 수 있는지 살펴보고자 한다.

인간과 대상에 대한 더욱 정교한 평가: 감정

환경에서 나오는 입력된 감각들은 해석된 연후에 유쾌한-불쾌한, 좋은-혐오스러운 등의 조잡한 범주로 분류될 뿐만 아니라, 그중 일부는 훨씬 더 정교한 방식으로 분류되기도 한다. 해석된 입력을 특정 범주로 분류하는 것이 우리의 논의와 특별한 관련이 있다. 여기서 특정 범주란 본능행동을 매개하는 어떤 행동체계에 대한 활성화 신호를 내보낼 수 있는 잠재력을 갖춘 범주이다(물론, 어떤 체계가 실제로 활성화되는가의 여부는 호르몬 수준, 유기체에 기인하는 신호 등과 같은 다른 요인들에 의해 결정된다). 입력정보가 이런 범주로 분류되면, 분류의 주체는 감정을 느낄 가능성이 높아진다. 감정의 예로는 경고, 불안, 분노, 배고픔, 정욕, 고통, 죄책감 등과 이와 유사한 느낌들을 들 수 있는데, 이 유사한 느낌들은 어떤 행동체계가 활성화되고 있느냐에 따라 달라진다.

입력 평가와 행동 활성화의 순차적 과정에서 정확히 어느 시점에 감정적 느낌이 경험되기 시작하는지 확인하는 것은 쉽지 않다. 제임스(James)와 랑게(Lange)는 감정이 행동이 시작된 후에만 경험되며, 감정이란 단지 수의근과 내장으로부터의 피드백의 결과라는 관점을 발전시

컸는데, 그 이래로 감정을 경험하기 시작하는 시점이 언제인가는 주요한 논쟁거리가 되었다.

행동이 일단 시작되고 나면 감정을 자주 경험하게 된다는 것은 물론 의심의 여지가 없다. 예를 들어, 도망갈 때 우리는 매우 무서운 느낌을 가질 수 있고, 적과 마주쳤을 때 우리는 매우 화가 난 상태일 수 있다. 경험하고 있는 감정이 어떤 것이든, 수의근에서 전달되는(아마도 내장에서는 전달되지 않을 것이다) 피드백이 이 감정을 증대시킨다는 것 또한 의심의 여지가 없다. 예를 들어, 공격적 자세는 용기를 북돋을 것이다. 하지만, 이런 증거들은 지금 다루는 문제와 거의 연관성이 없다. 왜냐하면, 감정적 느낌은 어떤 행동체계가 활성화되는 바로 그 시점에서, 혹은 실제로, 행동체계 활성화의 대안으로서 경험될 수 있기 때문이다 (Pribram, 1967).[9] 예를 들어, 어떤 사람이나 대상, 혹은 상황을 어떤 행동이 발생하는 데 합당한 것으로 분류하는 바로 그 과정이 감정적으로 경험될 가능성이 있기 때문이다. 입력된 감각을 최초 평가의 결과에 따라 중추적으로 조절하는 과정들이 아마도 이렇게 경험될 것이다.

이 관점은, 우리가 어떤 행동을 하기도 전에 우리의 잠재적 행동의 측면, 예를 들어 '저 매력적인 여자', '저 무서운 개', '저 먹음직스러운 식사', '저 혐오스러운 남자', '저 껴안아주고 싶은 아기' 등에서와 같이 우리의 환경을 범주화하는 경향이 있다는 인상과 궤를 같이 하는 것이다. 그리고 선택되는 행동의 종류는 처음에는 대개 넓은 범위에서만 결정된다. 그래서 누군가 우리를 화나게 하면 실제로 어떻게 대처해야 할지

---

[9] 프리브람(Pribram)은 감정(emotion)이라는 단어가 라틴어의 'emovere'에서 나왔고, 'emovere'의 의미는 동작(motion) '~의 밖으로(out of)' 혹은 '~과 떨어져서(away from)'라는 것을 지적한다.

를 놓고 오랫동안 심사숙고하게 되는 것이다. 다수의 대안 계획들을 세운 다음, 이들 각각의 잠재적 결과들을 (환경모형과 유기체모형 등을 기초로) 상상해보고, 그 다음 각 계획의 결과들을 평가한다. 이런 과정을 거친 다음에야 특정 계획이 실행에 옮겨진다. 그렇지만 화난 느낌은 시작부터 바로 경험된다.

환경의 일부를 특정 부류의 행동을 일으키는 데 대한 적합성의 측면에서 분류하는 과정 자체가 적절한 감정으로 덧칠해져서 경험된다는 가설은 꿈에서 지지하는 증거들을 발견할 수 있다. 감정적으로 덧칠해진 꿈은 항상 행위와 관련되어 있지만, 꿈꾸는 사람은 실제로 대개 활동적이지 않다. 이 꿈꾸는 사람은 감정적 느낌이 매우 강렬할 때에는 이 꿈이 마치 현실인 것처럼 여겨서 현실에서나 적절한 행동을 크게 소리치거나 행동으로 옮기곤 한다.

잠자는 동안 감정적 느낌을 경험할 수 있다는 사실은 감정적 느낌의 단계를 거치는 모든 과정들이 모두 다 환경에서 기인하는 것은 아니라는 것을 상기시켜 준다. 위에서 주목한 바와 같이, 유기체에서 기인하는 입력된 감각은 해석을 거친 다음 욕망을 불러일으키기도 한다. 달리 말해서, 이 말은, 환경에서 기인하는 입력된 감각정보가 범주화되는 것과 아주 동일한 방식으로, 유기체에서 기인하는 입력된 감각정보도 본능행동을 매개하는 어떤 행동체계를 활성화시키기에 적합한 것으로 범주화될 수 있다는 것을 의미한다. 그리고 또한 마찬가지로, 이러한 범주화와 활성화의 과정들은 해석된 입력이 분류되는 범주에 따라 보통 어떤 한가지 감정으로 경험된다.

현재 행동의 진행에 대한 평가

일단 어떤 행동체계가 활성화되면, 유도된 일련의 순차적 행동의 진행경과는 대개 감시되는데, 이 행동이 계획으로 조직화되어 있을 때는 항상 그러하다. 진행경과가 순조롭거나, 멈칫거리거나 혹은 정지하는 것 중 어떤 것으로 판단되느냐에 따라 느낌은 달라진다. 느낌의 질 또한 모든 것이 순조로울 때 느끼는 유쾌한 흥분에서부터 상황이 나빠질 때 느끼는 불쾌함과 상황이 정체되었을 때 느끼는 좌절감까지 그 범위가 다양하다.

어떤 행위의 진행경과 전반이 감시의 대상이 될 뿐만 아니라 이 행위의 작은 부분들도 각각 감시 받게 된다. 앞서 언급한 바 있는 구디의 발견이 이것을 설명해준다. 구디의 환자들이 불평했던 감각증상들은—'마비된', '어색한', '뻣뻣한' 등의 느낌—동작중인 수의근으로부터의 감각 피드백이 하나 혹은 그 이상의 다양한 방식으로 비정상적이라는 보고이다. 이와 대조적으로 우리의 수의근육 조직들이 잘 작동하고 있으면 우리는 대개 신체적 행복감을 갖게 된다.

행동 결과에 대한 평가

마지막으로, 행동결과의 특정 부분들이 감시받고 평가받게 된다.

행동의 어떤 작은 일부분도 그 결과의 종류는 다양하다(다음 장을 보라). 그러나 이 모든 종류의 결과들이 다 감시되는 것 같지는 않다. 특히, 장기적 결과들은 지나쳐 버릴 수도 있다. 감시되는 결과들 중에 최소한 두 가지 종류를 구별하는 것이 가능한데, 이 두 가지는 모두 단기적 결과이며 각각은 종종 느낌의 단계를 거친다.

이 두 가지 중 한 종류는 어떤 행동이 일으킨 환경에서와 그리고/또는 유기체 내부 상태의 즉각적인 변화 중의 일부를 가리킨다. 이러한 변화들은, 보통 때와 마찬가지로 평가되기 전에 해석을 거쳐야 했던 입력된 감각에 의해 결정된다. 평가과정은, 결과에 적용될 때, 유쾌한-고통스러운, 좋아하는-싫어하는, 좋은-나쁜 등으로 종종 경험된다.

단기 결과의 두 번째 종류는 설정 목표가 달성되었느냐의 여부를 가리킨다. 이러한 결과에 대한 평가는 종종 만족-좌절의 측면에서 경험된다.

이러한 두 종류의 단기 결과의 차이점은 "정상에 도달해서 기쁘지만, 경관은 실망스럽다"라고 말하는 사람이 설명해 준다.

유기체가 학습을 하기 위해서는 행동의 진행경과와 행동의 결과 둘 다에 대해 정기적으로 감시하는 것이 물론 필요하다. 이 주제는 방대하고 논쟁거리가 많기 때문에 여기서 논의하지는 않겠다. 하지만, 평가과정을 더 강렬하게 느낄수록, 따라서 어떤 행동의 결과를 유쾌하거나 혹은 고통스러운 것으로 더 예리하게 경험할수록, 이에 뒤따르는 학습은 더 빠르고 더 오래 지속된다는 것에 주목할 필요도 있다. 정서적 유대의 형성은 보통 강렬한 행복감으로 경험되기 때문에 유대관계가 종종 빨리 발전하고, 일단 유대관계가 형성되면 장기간 지속되는 경향이 있다는 것은 놀랄 만한 일이 아니다. 햄버그(Hamburg, 1963)가 말한 바와 같이, "유대관계는 쉽게 배우지만 망각하기는 어렵다."

4. 느낌 혹은 감정이 행동을 일으키는가?

정서, 느낌, 감정이 어떤 식으로 행동을 일으킨다는 것, 곧, 우리가 행동하도록 원인을 제공한다는 인식이 널리 퍼져있다. 이러한 인식은 많은 일상 표현 내에 소중히 모셔져 있으며—'그 남자는 애국심에서 이렇게 이렇게 했다', '그 여자는 질투심 때문에 그런 행동을 했다'—많은 정신분석적 사고에서도 그 뿌리가 깊다(비록 프로이트는 그의 후기 저작에서 이러한 인식을 폐기했다).[10] 이러한 인식은 타당한 것인가? 만약 그렇다면 어떤 의미에서 타당한 것인가?

이 책의 관점이 올바르다면, 쇠가 달구어질 때 발갛게 되는 것이 쇠의 한 단계인 것처럼 느낌은 평가과정의 한 단계이다. 그래서 위의 질문을 고려할 때, 먼저 느낌과 평가과정을 구분해야 한다. 여기서 느낌은 평가과정에 속하는 한 단계이다. 평가과정부터 먼저 살펴보는 것이 더 쉽다.

---

10 라파포트(1953)는 그의 귀중한 한 평론에서 프로이트의 정서에 관한 이론의 세 가지 발전 시기를 설명하고 있다. 첫 번째 시기에서는 정화(catharsis)가 중심개념이었는데, 정서는 심리적 에너지[이후에 충동-고착(drive-cathexis)으로 개념화되었다]의 양과 동등한 것이었다. 여기서 정서는 단순히 행동을 진행시키는 원인의 역할을 하는 것이었다. 두 번째 시기에 정서는 행동에 대한 대안으로 여겨졌다. 여기서 정서는 "충동행위에 의한 충동-고착의 방출이 반대에 직면했을 때 안전밸브의 기능"을 제공했다(Rapaport). 세 번째 시기에 정서의 개념은, 그의 저서, 『억제, 증상 그리고 불안』(*Inhibitions, Symptoms and Anxiety*, 1926)에서 발전했는데, 이 책에서 정서는 "자아의 기능으로서, 그래서 더 이상 안전밸브로서가 아니라 자아에 의한 신호로서 사용된다"(Rapaport). 이러한 개념은 이 장에서 발전시킨 정서의 개념과 유사하다.

물론, 정신분석 이론은 충동과 에너지 수준의 측면에서 계속 체계화되었다. 그리고 정서에 대한 프로이트의 변화된 관점에도 불구하고, 정서를 여전히 둑으로 가로막고, 흘려보내고, 혹은 방출할 수 있는 것으로 다루는 이론이 있다. 그 결과 어떤 임상가 집단은 때로 정서를 어떤 면에서 충동성의 구성요소인 것으로 계속 여기고 있는데, 이는 아마도 별로 놀랄 만한 일이 아니다.

쉽게 말해서, 특정 부류의 어떤 행동에 대한 원인에서, (입력된 감각이 환경에서 기인하건 유기체에서 기인하건 혹은, 더 흔한 경우이지만, 양자가 결합되었건 간에) 이 입력된 감각을 평가하는 과정과 입력된 감각에 적절한 부류의 행동을 선택하는 과정은 중요한 연결고리들이다. 그래서 우는 아이를 달래는 것과 같은 순차적 행동을 유발시킬 때, 이 아이를 달랠 수 있는 어떤 대상으로 평가하는 것은 필수적 단계이다. 왜냐하면, 이러한 평가에 대해 다양한 대안이 있기 때문이다. 예를 들어, 이 우는 아이를 무시되어야 할 어떤 대상 혹은 심지어 소리를 질러야 할 대상이라고 평가를 내릴 수도 있다. 입력된 감각정보의 평가는, 뜨거운 물체의 표면에서 손을 재빨리 떼는 것과 같은 아주 간단한 반응의 예에서 볼 수 있는 것처럼, 다른 행동의 원인 역할을 한다.

그러므로 우리는 입력된 감각을 해석하고 평가하는 과정들이 어떤 행동이 발현되는 데서 의심의 여지없이 원인의 역할을 한다고 결론을 내려야만 한다. 이미 논의된 바 있는 다른 원인 요인들과 마찬가지로 이 과정들은 필요조건이지만 충분조건은 종종 아니다.[11]

이러한 평가과정의 한 단계로써 경험되는 느낌들에도 원인의 역할을 부여해야 하는가는 훨씬 더 어려운 질문이다. 앞의 울고 있는 아기의 예에서 이 아이가 '달래주기에 적합한' 것으로 평가되는 때, 이 아이에 대한 동정심을 경험할 수 있을 것이다(곧, 짜증과 분노와는 달리). 하지만, 이 동정심이, 이끌어내고자 하는 행동에 필수적인지는 분명하지 않다.

---

[11] 평가과정이 원인의 역할을 수행한다는 것에 근거해서, 톰킨스(Tomkins)는 두 권으로 된 그의 저서 『정서, 심상, 의식』(*Affect, Imagery, Consciousness*, 1962~1963)에서 동기를 '어떤 반응에 대한 피드백 보고'라고 정의하면서, '정서는 주요 동기체계를 구성한다'라고 가정하고 있다.

예를 들어, 어떤 엄마들에게는 우는 아이를 달래는 것이 아주 당연한 것이어서 특정 감정을 느끼지 않고서도 달래는 행동을 한다. 이런 상황에서는 느낌과 감정에 원인의 역할을 거의 혹은 전혀 부여할 수 없을 것이다.

하지만 다른 경우에 엄마는 자기의 우는 아이에게 강한 동정심을 느낄 수도 있는데, 어떤 외부 관찰자에게는 이 엄마가 아이를 달래는 방식에 아이에 대한 동정심이 반영되어 있는 것으로 보인다. 예를 들어, 이 엄마는 아이를 위해서 특별한 고통을 감수하는 것으로 보일 수도 있다. 만약 이 외부 관찰자의 추론이 진실이라면, 이러한 결과를 어떻게 평가할 수 있을 것인가?

느낌, 주의집중, 의식성은 동시에 진행된다. 그러므로 우리가 직면하고 있는 문제는 훨씬 더 큰 문제의 한 가지 측면이다. 곧, 자신이 하고 있는 것을 느낌으로 자각하고 있는 어떤 사람이 평가과정 자체에 무언가를 덧붙일 수 있느냐는 것이다. 그리고 만약 덧붙일 수 있다면 그것이 과연 무엇이냐는 것이다. 이 문제에 대해 논의하는 것은 이 책의 한계를 넘어서는 것이다. 하지만, 느낌이 지나치게 강렬하지만 않다면, 강한 느낌은 각성된 주의집중, 정밀한 인식의 분별, 심사숙고된 (하지만 반드시 잘 판단된 것이라고 볼 수는 없는) 행동의 계획, 잘 기록된 결과에 대한 학습 등을 수반할 것이라는 점은 어느 정도 확실해 보인다. 이와 같이, 평가과정이 느껴지는가의 여부는 발현되는 행동에 아마도 상당히 중요한 영향을 미치는 것 같다. 특히, 평가기준과 환경과 유기체의 모형을 재평가하고 수정해야 하는 경우라면, 그리고 미래 행동을 변화시켜야 하는 경우라면, 평가과정이 느껴지는 것은 특별히 더 중요한 것처럼 보인다. 왜냐하면, 어떤 환자가 그가 무엇을 어떻게 느끼는지를 감정적으로 자각한 연후에야 치료적 변화를 기대할 수 있다는 것은 임상적으로 상식적인 것이기 때문이다.

하지만, 이것이 느낌 자체가 현재의 행동에서 원인의 역할을 수행한다고 말하고자 하는 것은 아니다. 그 이유는, 만약 필자가 차용하고 있는 관점이 옳다면, 모든 더욱 변별적인 평가와 재평가 과정들은 의식적 느낌을 야기하는 조건하에서만 발생할 수 있다는 결론을 내릴 수 있게 된다. 이 결론은 쇠가 발갛게 달아오르는 조건하에서만 특정 방식으로 쇠를 조작하는 것이 가능하다는 것과 유사한 것이다. 만약 그렇다면, 느낌은 쇠가 발갛게 되는 것과 동일한 정도로 원인의 역할을 수행할 따름인 것이 된다.

이 문제는 이제 여기에 남겨 두어야 한다. 평가과정은 의심의 여지없이 원인의 역할을 수행한다. 느낌은 평가과정의 한 단계이다. 느낌 자체가 어느 정도까지 어떤 방식으로 원인의 역할을 수행하는가는 여전히 증명되지 않은 채로 남아 있다.

하지만 우리에게는 여전히 '그 남자는 애국심에서 이렇게 이렇게 했다', '그 여자는 질투심 때문에 그런 행동을 했다' 등과 같은 진술들이 남아 있다. 그렇다면 이런 문장들을 어떻게 이해할 수 있는가?

이 질문에 대해 연구한 라일(1949)은 다음과 같이 결론을 내렸다. 곧, '톰은 질투심 때문에 그런 행동을 했다'와 같은 진술은 톰이 그렇게 행동한 것의 원인을 설명하는 것이 아니라, 일상대화에서 톰이 그렇게 행동한 '이유'라고 불리는 것을 설명한다는 것이다.

원인과 이유를 구별하면서 라일은 유리판을 깨는 돌의 예를 들어 설명한다. 라일은 "어떤 사건은 기껏해야 두 가지 서로 다른 의미로 '설명된다'고 말한다"고 한다. "왜 유리가 깨졌는가?"라는 질문에 대한 대답으로 어떤 사람은 '유리가 돌에 맞아서' 혹은 '유리가 약해서'라고 대답할 것이다. 하지만, 전자의 대답만이 원인을 언급하고 있다. 이 대답은 사건, 곧 유리가 돌에 맞는 것의 측면에서 설명을 하고 있다. 그런데, 유리가 돌에 맞는 것은 유리가 깨지는 것과 원인과 결과의 관계에 있다. 후자의 응답에서는, 이와 대조적으로, 어떤 사건도 언급되지 않으며, 따라서 어떤 원인도 언급되지 않고 있다. 그 대신, 두 번째 응답에서는 '유리에 대한 일반적인 가설적 명제', 곧 만약 유리가 단단한 물체에 세게 부딪히면 유리는 조각조각 부서질 것이고 늘어나거나 혹은 증발하거나 혹은 원래 상태를 유지하거나 하지 않을 것이다라고 주장한다. 이 문장은 조건문으로서 왜 유리가 특정 순간에 잘게 부서졌는지에 대해 물론 어떤 것도 말해주지 않는다. 대신 이 문장은 어떤 특정 조건하에서 그렇게 유리가 깨질 것이라고 말해준다. 이렇게 어떤 원인도 언급하지 않고 다만 어떤 이유에 대해서만 말할 뿐이다.

'톰은 질투가 나서 어린 여동생을 깨물었다'는 진술은 '유리가 약해서 깨졌다'라는 진술과 논리적으로 동등하며, 마찬가지로 원인에 대한 언급이 없다. 라일은 '질투하는'이 성향을 표현하는 형용사라고 지적한다. 이 말은, 특정 조건이 만족하면, 예를 들어, 톰의 엄마가 어린 여동생에게만 관심을 쏟고 자신을 무시하면, 톰은 어떤 식으로 여동생을 공격하려 들 것이고, 아마도 만족해서 놀거나 여동생에게 친하게 대하려 하지 않을 것이라는 의미이다. 이 진술문은, 사실, 깨물기의 원인이 된 특정 사건들에 대해 어떤 것도 우리에게 말해주지 않는다. 이 문장이 말해주는 것은 특정 조건하에서 그런 행위가 발생할 가능성이 높다는 것이다.

이런 종류의 오해는 임상이론에서 중요한 의미를 가지기 때문에, 이 책에서 옹호하고 있는 이론적 구조에 맞추어 톰과 톰의 어린 여동생에 관한 진술을 설명해 보는 것도 유용할 수 있다. 톰에게는 어떤 행동체계가 활성화되는 방식으로 특정 상황을 평가하는 성향이 있다고 말할 수 있는데, 이 행동체계가 활성화되면 그 결과로 여동생을 공격하고 깨물게 된다. 그리고 이런 평가를 유발하고 그에 따른 체계를 활성화 시키는 조건들도 최소한 대충이나마 확인할 수 있다. 이런 조건들은 한편으로 어린 여동생에게만 관심을 가지고 톰에게는 무심한 엄마와, 다른 한편으로 톰의 특정 유기체적 상태가 결합된 것일 수 있다. 톰의 유기체적 상태 자체도 특정 조건에 의해 발생하는데, 예를 들자면 아빠의 갑작스런 거부 혹은 피로 혹은 배고픔 등이 될 수 있다. 이런 조건들이 특정 형태로 결합되어 나타날 때는 언제든지, 특정 평가가 이루어진 다음, 특정 행동체계가 활성화될 것이고 톰은 여동생을 깨물게 것이다.

그렇다면 이 이론의 틀 내에서 원래의 문장 내의 '질투하는'이라는 단어는 무엇을 지칭하는가? 성향을 표현하는 형용사인 '질투하는'은 이 맥락에서 톰의 행동을 지칭하는 것이 아니라, 톰이 상황을 특정 방식으로 평가하고 그래서 대충 앞에서 묘사된 방식으로 행동하게 한다고 가정하는 구조들이 존재한다는 것을 지칭한다. 그러므로 '톰은 질투가 나서 어린 여동생을 깨물었다'고 말하는 것은 단순히 부정확한 축약형 대화체인 것이다.

이 진술문은 비록 부정확하긴 하지만 아주 편리하다. 이 진술문을 통해 톰이 여동생을 깨무는 광경을 목격한 사람은, 앞 문단에서와 같은 기술적으로 혼란스럽고 장황한 이야기를 꺼내지 않고도 톰과 톰의 행동에 대해 충분한 의사를 전달할 수 있다. 우리는 이 장의 끝부분에서 느낌을 일상적 언어로 표현하는 것이 아주 편리하다는 것을 다시 살펴볼 것이다. 그 전에 느낌의 표현적 역할에 대해 살펴보자. 느낌의 이러한 역할은 아주 중요하며 지금 이 절에서 고찰하고 있는 문제와 비교할 때 더 쉽고 논쟁의 소지도 더 적다.

5. 느낌과 감정의 의사소통적 역할

우리는 우리의 친한 친구들이 어떤 느낌을 가지는지, 그리고 이보다 는 덜 확실하지만, 주변의 아는 사람들과 낯선 사람들이 어떤 느낌을 가 지는지 어느 정도 말할 수 있다는 것을 일상생활에서 당연시한다. 이런 과정에서 우리는 얼굴 표정, 몸의 자세, 말소리의 높낮이, 생리적 변화, 동작의 빠르기, 막 시작하려는 동작 등과 이 모든 것들이 드러나는 상황 에 주목한다. 우리의 동료가 경험하는 느낌이 강하고 상황이 명료할수 록, 우리는 더 자신 있게 어떤 것이 진행되고 있는지 알 수 있다.

어떤 사람은 타인에 비해 더 정확하게 관찰하고, 어떤 관찰대상은 다 른 관찰대상에 비해 판단하기가 더 쉽다는 것은 의심의 여지가 없다. 표 정이 모호하거나 상황을 오해해서 혹은 의도적인 속임수 때문에, 관찰 하는 사람이 종종 실수한다는 것 또한 의심의 여지가 없다. 하지만 대부 분의 관찰자들에게 대부분의 시간 동안 이런 실수의 경우는 정확한 경 우와 비교했을 때 아마도 거의 없다고 말할 수 있다.[12]

---

[12] 감정적 경험을 관찰하는 사람들이 서로 의견의 일치를 보지 못하고 가망 없이 부정확 하다는 것을 보여주려는 실험들이 있는데, 이 실험들의 명백한 단점에 대해 헵(Hebb, 1946a)과 아놀드(Arnold, 1960) 등이 논의한 적이 있다. 이러한 단점에는 관찰자들에 게 정지 사진을 보여주거나 사회적 맥락 밖의 친숙하지 않은 사람들에 관한 짧은 영 화를 보여주는 것이 포함되어 있다. 헵은 정서표현은 민감성의 변화를 반영하기 때문 에, 감정표현을 진단하는 데는 행동이 시간에 따라 변화하는 것을 관찰할 기회가 있

그렇다면 성공의 준거는 무엇인가? 누군가의 느낌에 대해 말하기에는 다소 어려움이 있다. 왜냐하면 서로 구별되는 다음의 두 진술 중 하나 또는 두 가지 모두를 의미하고 있기 때문이다. 한 가지는 우리가 그의 행동에 대해 예측을 하고 있는 것일 수 있다. 다른 한 가지는 그가 어떤 그리고 무슨 느낌을 자각하고 있는지에 대한 우리의 생각을 기술하고 있는 것일 수 있다. 어떤 경우에는 그 사람의 행동에 관한 예측만이 목적일 수 있고, 또 어떤 경우에는 그 사람이 스스로 어떻게 느끼는지, 그리고 어떻게 행동할 것인지에 대해 자각하고 있는지의 여부가 중요한 경우도 있다.

행동에 대한 예측으로서의 느낌에 대해 먼저 살펴보도록 하자. 그 이유는 행동에 대한 예측으로서의 느낌이 검증 가능한 영역에 바로 속해 있기 때문이기도 하고, 또 (동물행동 관찰학자를 제외하고) 무시되는 경향이 있기 때문이다.

느낌에 대해 묘사하는 것은 추후 행동에 관해 예측하는 것이다. 그래서 어떤 사람을(혹은 어떤 동물을) 호색적인, 화난, 혹은 두려운 등으로 묘사하는 것은, 가까운 시간 내에 다른 종류의 행동에 비해 특정 행동이 나타날 가능성 이 훨씬 더 높다고 예측하는 것이다 — 이 상황이 항상 변화하지 않는다는 조건하에서 그렇다.

느낌을 묘사하는 단어들은 이 단어들이 함축하는 예측의 유형에 따

어야 한다고 지적한다. 이러한 헵의 지적을 염두에 두고 햄버그(Hamburg)와 그의 동료들은(1958) 독립적인 관찰자들에게 하루에 한 번 나흘 동안 계속되는 각 3시간짜리 회기에서 환자들이 표현하는 감정을 평가하도록 했는데, 일치하는 비율이 높았다. 훈련을 받은 관찰자들은 특정 경우에 어떤 정서가 지배적이며 또 그 정서가 어느 정도의 수준인지 동의했다. 특히 정서가 변화하는 방향에서 일치도가 높았다.

라 곧바로 몇 개의 범주로 나누어진다. '호색적인', '화난', '두려운' 등의 단어는 각각 그 예측하는 바가 단기적이고 꽤 구체적이며 그 상황에 제한적으로 적용되기 때문에 같은 범주에 속한다. 이런 단어들은 대개 감정을 표현하는 것으로 분류된다. 이와 대조적으로 기분을 표현하는 것으로 분류되는 단어들도 있다. 예를 들어, '의기양양한', '우울한', 혹은 '절망적인', '활기찬', '자신 있는' 혹은 '조용한' 등이 있다. 어떤 사람(혹은 어떤 동물)에 대해 어떤 기분을 부여할 때, 감정을 부여하는 경우보다 예측의 내용이 더 일반적이다. 다시 말해서, 기분은 비교적 장기간에 걸쳐 마주칠 수 있는 상황에서 보일 가능성이 높은 반응의 유형들을 지칭한다 — 아마 하루일 수도 있고, 일주 혹은 그 이상일 수도 있다. 어떤 경우에 기분을 표현하는 단어들은 어떤 사람에 대해 훨씬 더 장기간에 걸쳐 예측되는 행동유형을 지칭하기 위해 사용된다.

느낌을 표현하는 단어들이 행동을 예측한다는 사실은 이 단어들이 인간과 동물에 대해 엄격한 과학적 방식으로 사용될 수 있다는 것을 의미한다. 사실 이 단어들은 이 단어들이 없었더라면 아주 장황하고, 서툴고, 부적절한 설명이 될 가능성이 있는 것들에 대해 필수불가결한 단축형을 제공한다. 헵(Hebb, 1946a)은 이 점을 분명히 한 최초의 사람들 중의 한 명이다. 침팬지에 관한 연구들에서 동물의 상태를 묘사하는 상이한 방법들이 비교되었는데, 관찰자가 '솔직한 인류학적 감정 개념'을 사용했을 때 행동에 대한 예측이 정확했다는 것이 밝혀졌다. 반면에 더 세부적이고 '객관적으로' 묘사하려는 시도는, 예측에 도움이 안 되는 일련의 특정 행위 묘사들만을 내놓았을 뿐이다.

감정을 판단하고 예측하는 데 사용되는 단서들은 몇 가지 행동 범주에서 나온다. 어떤 단서들은 미소나 울음 등과 같이 특정 사회적 신호이다. 다른 종류의 단서들로는 미소나 울음 등과 유사한 종류의 의도 동작이나 생리적 변화 등을 들 수 있다. 또 다른 종류로는 전치행동을 들 수 있다(6장을 보라). 우리가 어떤 감정이 다른 감정과 어떻게 다른지에 대해 알게 되는 것은, 우리 자신의 감정에 대해 직관적으로 인식하기 때문이 아니라 타인들이 감정적으로 행동하는 것을 관찰함으로써 가능하다는 것을 헵은 확신을 가지고 주장한다.

한 개인이 자신의 동료가 어떤 느낌 상태일 것이라고 지각한 바탕 위에서 이 동료의 행동에 대해 예측할 수 있다는 것은, 이 개인이 이 동료에 대해 어떻게 행동할지를 결정할 때 물론 유용한 정보로 활용된다. 다른 종, 특히 유인원의 구성원들 사이에서도 이것은 마찬가지로 적용된다. 인간이건 혹은 인간보다 열등한 동물이건, 한 동물은 다른 개체의 기분을 비교적 정확하게 평가할 수 있을 때만 사회적 생활에 참여할 수 있게 된다. 그렇지 않다면, 자신에게 호의적인 동물을 마치 자신을 공격하는 것처럼 대할 수도 있고 혹은 자신에게 화난 동물을 그렇지 않을 것처럼 대할 수도 있다. 대부분의 개체들이 성장해서 올바른 예측을 비교적 잘해낸다. 그 이유는 아마도 부분적으로 이렇게 발달하려는 내적 편향성이 있기 때문이기도 하고, 그리고 부분적으로 실수가 곧 드러나서 이 실수로부터 배울 기회가 많기 때문이기도 하다. 임상 장면에서 외적으로 명확하게 표현된 느낌이나 감정이 가지는 예언적 가치는 분명하다. 환자가 자신이 어떻게 느끼는지, 특히 어떻게 상황을 평가하고 그때 어떤 행동을 하고 싶은지에 대해 보고하는 것의 가치 또한 분명하다.

무언가를 느끼고 있는 개인에게, 느껴지는 것에는 세계와 자신에 대해 어떻게 평가하는지, 특정 상황에 대해 어떻게 평가하는지, 그리고 자신의 내부에서 어떤 종류의 행동이 때때로 활성화되고 있는지가 반영되어 있다. 그리하여 이 느낌의 주체에게, 느낌은 자신의 행동상태에 관해 감시해준다(느낌은 생리적 상태에 대해서도 동일하게 감시한다). 이 모든 것에 대해 이 주체는 주목하고 보고할 수 있다. 그리고 이 주체가 그렇게 할 수 있는 한 이 주체는 자연스럽게 느낌의 언어를 차용하게 된다. 이 사실에서 느낌의 언어가 임상 장면에서 왜 그렇게 귀한 것인지에 대한 단서를 얻을 수 있다.

환자가 우리와 함께 있을 때, 이 환자는 동기가 부여된 행동을 실제로는 하지 않을 가능성이 높다. 이 환자는 그의 아내에게 화가 나 있을 수 있지만, 이 환자가 실제로 아내를 공격하는 것을 볼 수 있을 것 같지는 않다. 이 환자는 자신의 어머니를 열망하던 때를 상상하며 그 때를 재현하고 있을 수도 있지만, 그가 어머니를 갈망하는 것을 보지 못한다. 이 환자가 다른 환자를 질투할 지도 모르지만, 이 환자가 그 다른 환자를 방에서 쫓아내려고 하는 것을 목격하지 못한다. 다시 말해서 이러한 순차적 행동들을 매개하는 행동체계들에게는 자유가 주어져 있지 않은 것이다. 그럼에도 불구하고 이 행동체계들은 활성화되어 있으며, 그 때문에 이 체계들에 대한 감시가 가능하다. 그러므로 자신의 감정에 대해 통찰력이 있는 환자는 자신이 아내에 대해 화나 있고, 어머니의 죽음을 아직도 슬퍼하고 있으며, 혹은 다른 환자를 질투하고 있다는 것을 보고할 수 있다. 만약 이 환자가 통찰력이 없다면, 우리는 그의 행동방식과 말하는 내용에 주의를 기울임으로써 이 환자 내부에서 현재 어떤 행동체계가 활성화되어 있는지 유추한 다음, 이 유추한 바를 그에게 알려줄 수 있을 것이다. 이 유추한 바를 알려줄 때는, 환자 자신이 어떻게 상황을 평가하는지 혹은 어떤 행동체계가 자기 내부에서 활성화되고 있는지에 관해 만약 인식할 수 있다면, 우리가 추측하기에 그런 경우에, 그가 어떤 느낌을 가질 수 있는지 혹은 어떻게 느낄지로 이 환자에게 말해 줄 수 있을 것이다.

이렇듯 느낌의 언어는 상황이 평가되는 방식과 활성화 상태의 행동체계, 곧 활성화가 외적으로 분명한 행동으로 나타나게 되는지 혹은 억제로 인해 활성화된 행동이 드러나려고 하는 채로 멈춰 있는지에 대해 말해 줄 수 있는 필수불가결한 수단이다.

하지만 느낌의 언어는 특정 위험성도 가지고 있다. 한 가지 중요한 위험성으로는 느낌의 언어가 상황이 어떻게 평가되고 있고 어떤 행동이 활성화되는지에 관한 지표로서 여겨지는 대신, 실체화된다는 것이다. 이런 경우, 치료자와 환자 모두, 환자가 화나 있고 혹은 슬프고, 혹은 질투하고 있다는 인식 그 자체로서 충분하다고 생각하고서, 이 환자가 어떤 상황을 평가하고 있고 혹은 이 환자가 무슨 행동을 할 성향이 있는지—예를 들어, 아내를 특정 방식으로 해치거나, 어머니를 특정 장소와 시간에 갈망하거나 혹은 다른 환자를 방에서 쫓아내는 등—에 대해 정확하게 결정하는 것을 생략해 버릴 위험성이 있다. 느낌의 언어가 느낌에 특정 종류의 행동이 뒤따를 수 있다고 깨닫는 데 있어 장애물이 될 때, 느낌의 언어를 버리고 일시적으로나마 행동의 언어로 대체하는 것이 최선이다.

이 장에서 다루었던 문제들은 인간의 본성, 특히 인간 본성 중에서 더 복잡하고 정교한 부분들을 이해하는 데 명백히 근본적인 것들이다. 비록 설명수준이 간략하지만, 이 책에서 사용하는 본능행동에 관한 모형을 설명하는 데 충분하기를 바란다. 이 행동모형은 그 자체로는 실생활의 문제들과는 동떨어져 있는 것처럼 보이지만, 일상생활에 더 관련성이 깊은 이론을 세우는 데 그 기초로서 사용될 수 있다.

제8장

본능행동의 기능

기계론자들은 생기론자[1]들의 목적론[2]이 과학적으로 무익하고 자연
과학을 무용지물로 만든다고 하면서 생기론을 부인했다는 점에서
의심할 바 없이 옳았다. 하지만, 기계론자들은 다음과 같은 점, 즉
생명현상들이 목적론적 개념에 적용되는 것처럼 보이게 변형되고
생명현상에 적극적으로 목적론적 개념을 사용하도록 유도하는 독
특한 방식 자체가 생명이 있는 것과 없는 것의 진정한 차이를 가리
킨다는 점을 깨닫지 못함으로써 자신들이 얻은 바를 모두 잃게 되
었다.

— G. 좀머호프(Sommerhoff, 1950)

---

1 생기론(生氣論, vitalism)은 생명론에서 기계론(機械論), mechanism)과 대립되는 입
장이며 생명현상이 물질의 기능 이상의 생명원리에 의한다고 본다. 다시 말해서, 생
명에는 무기물질을 주관하는 기계론과는 다른 별개의 원리가 작용한다고 본다 – 옮긴
이.

2 목적론(目的論, teleology)은 기계론과 대립되는 관점이다. 사실과 현상의 생성변화에
대하여, 시간적으로 이전 것과 이후의 것이 있다고 가정할 때, 이전 것이 뒤진 것을 결
정하고 지배한다고 하는 관점이 있는데 이것이 기계론의 입장이며, 이와 반대로 이후
의 것이 이전 것을 결정하고 지배한다고 보는 관점이 있는데 이것이 바로 목적론의 입
장이다. 곧, 만물의 생성변화를 필연적 인과관계로 보는 입장과 목적개념에 의해 바라
보는 입장이 있는 것이다. 기계론은 정신적인 것을 포함한 세계의 모든 현상의 생성변
화를 전자의 입장에서 이해하려고 한다. 이런 점에서 기계론은 또한 생기론과도 반대
되는 입장이다 – 옮긴이.

1. 행동체계의 기능과 행동체계 활동의 다른 결과들

원인과는 별개로 구분되는 기능

본능행동은 어떤 종의 진화적응환경에서 보통 한 개체 혹은 한 종의 생존에 분명하게 기여하는 효과가 있다는 점을 지금까지 여러 장에 걸쳐서 강조했다. 영양, 안전, 생식은 각각 필수적으로 요구되는 것들이며, 이들 각각은 특별하고 효과적인 역할을 담당하는 행동체계를 소유하고 있다. 본능행동은 예견되는 결과를 충족하도록 조직화되며 이것을 더 단순한 것으로 축소하려는 어떤 시도든지 문제의 핵심을 회피하는 결과를 초래한다. 하지만, 우리가 목적론과 동일한 종류의 이론에 빠져들지 않으려면, 돌다리도 두드리고 건너는 자세가 필요하다. 실제로 이론의 과제는 "생기론자의 관심사를 기계론자의 정확하고 과학적인 언어로 표현하는 방법을 발견하는 것"이다(Sommerhoff, 1950).

목적론적 이론에서는 생리체계이건 행동체계이건 어떤 활성화된 행동체계는 어떤 종의 적응환경에서 이 종에게 대개 유용한 예견되는 결과를 달성한다는 것을 인정한다. 또한 목적론적 이론에서는 이 결과 자체가 어떤 면에서 이 결과를 일으킨 생리체계 혹은 행동체계의 즉각적 원인이라고 가정함으로써 이러한 결과의 달성을 설명한다. '새는 새끼를 키울 장소가 필요해서 둥지를 짓는다'는 말에서, 이 말이 이 새에게 새끼를 키울 장소가 필요하고 이러한 필요성 때문에 둥지를 짓게 되었다는 것을 의미할 때, 이 문장은 목적론적 진술이 된다. 그리고 이러한 목적론적 이론에는 어떤 형태의 '종국적 원인'에 의해 미래가 현재를 결정한다는 가정이 뒤따르기 때문에, 이러한 이론은 과학의 영역 밖에 놓는다. 하지만 '새가 새끼를 키울 장소가 필요해서 둥지를 짓는다'라고 말하는 것은 반드시 비과학적인 것은 아니다—사실 이는 적기를 격추시키기 위해 조준산정 장치로 제어하는 고사포(a predictor controlled gun)로 조준하여 발사한다고 말하는 것이 비과학적이 아닌 것과 마찬가지다. 예견되고 유용한 결과를 가져오는 이러한 행위가 어떻게 엄격한 과학과 양립되는 개념으로 표현되는 원인의 결과일 수 있는가를 이해하느냐 하는 것은 항상 어려운 문제였다.

이 문제에 대한 해결의 비밀은 행위의 즉각적 원인이 아니라 행위자—앞의 새나 조준산정 장치—의 구성양식에 있다. 이 행위자가 매우 특별한 구조를 갖추고 있고 그리고 적응환경에서 활동하고 있다면, 특정 예견되는 결과가 뒤따를 것이다. 인간이 제작한 체계의 경우 이 특정 결과는 이 체계가 달성하도록 설계된 것이다. 예견되는 결과 이외의 다른 결과들도 많이 발생하지만, 이들은 다소 우연하게 발생한 것이다.

어떤 체계가 달성하도록 고안된 것처럼 보이는 이러한 결과를 생물학에서는 대개 이 체계의 '기능'(function)이라고 부른다. 그래서 조직에 혈액공급을 유지하는 것은 심혈관계의 기능이다. 알을 품고 새끼를 기를 수 있는 편리한 장소를 제공하는 것은 둥지짓기를 주관하는 행동체계의 기능이다. 마찬가지로 적기를 격추시키는 것은 조준산정 장치로 제어하는 방공포의 기능이다. 체계의 기능은 체계가 구성되는 방식을 결정한다.

이러한 체계가 이 세상에 존재할 때, 이 체계는 활성화되거나 혹은 비활성화된다. 행동체계를 활성화시키는 요인 중 몇 가지에 대해서 6장에서 살펴보았다—호르몬 수준, 중추신경계의 조직화와 자율활동, 특별한 종류의 환경자극. 이러한 요인 중 어떤 것도 체계의 기능을 포함하지 않고 있다는 것에 주목해야 한다(요인들이 체계의 기능과 특별한 방식으로 연관을 맺고 있다는 것이 비록 우연은 아니지만). 조준산정 장치로 제어하는 고사포를 활성화시키는 원인들은 특정 범위 내에 존재하는 비행기, 그리고 다양한 스위치를 누르는 것과 같은 환경자극들이다. 반복하자면, 비록 원인 요인은 특별한 방식으로 기능과 연관되어 있지만, 어떤 체계의 원인 요인은 이 체계의 기능을 포함하고 있지 않다.

이렇게 어떤 체계를 활성화시키는 즉각적인 원인과 이 체계의 기능은 서로 완전히 다른 것이다. 기능이란 어떤 체계가 구성되는 방식으로부터 나오는 특별한 결과들이다. 원인이란 이 체계가 어떤 상황에서 활성화되거나 비활성화되도록 유도하는 요인들이다.

본능행동의 문제에 이러한 구별을 적용하면, 어떤 행동의 원인이란 특정 행동체계를 활성화시키는 요인들이고, 그 반면에 이 행동의 기능이란 그 행동체계의 구조에서 나온다는 것을 알 수 있다. 이때 이 체계의 구조는 이 체계가 적응환경에서 활성화될 때 보통 생존을 증진하는 결과들이 뒤따르도록 만들어져 있다.

정신병리 이론이 경험적 자료를 있는 그대로 충분히 나타내려는 자신의 기능을 완수하려면, 그리고 진정으로 과학적인 방식으로 자신의 이론을 구축하려면, 행동의 원인과 기능을 구분하고 그 차이를 명확하게 분별하는 것보다 더 중요한 것은 없다. 너무나 자주 행동의 원인과 기능은 아직도 뒤얽혀 혼동되고 있다.

체계의 구조에서 기능이 나오고 기능이 활성화의 즉각적인 원인과는 아무런 관련도 없다고 인식하게 된 것은 커다란 진전이지만, 살아있는 유기체에서 이러한 창조적 구조가 어떻게 나타나게 되었는지 이해하는 문제는 여전히 남아 있다.

인간이 제작한 체계의 경우 이 문제는 별 문제가 아니다. 조준산정 장치로 제어하는 고사포가 작동한 후 그 일반적 결과로 적기가 격추되도록 이 고사포를 구조화하는 방식은, 최근에 이해한 특정 원리에 부합하도록 이 고사포 체계를 구축하는 숙련된 공학자의 관점에서는 쉽게 이해될 수 있는 것이다. 새와 같은 동물이 어떤 동작을 취하고, 그 예견되는 결과가 완성된 둥지가 되도록 이 동물을 구조화하는 방식은, 아마도 고사포의 경우와는 달리 곧바로 이해되는 것 같지는 않다. 하지만, 이미 강조한 바와 같이, 어떤 동물에게 어떤 행동체계가 있고, 이 행동체계가 활성화된 결과로 둥지가 지어지는 것과, 이 똑같은 동물에게 어떤 생리체계가 있고 이 생리체계가 활성화된 결과로 혈액공급이 원만하게 조절되는 것은 서로 다른 별개의 문제가 아니다. 행동체계와 생리체계 각각의 존재는 진화의 관점에서 이해할 수 있다고 굳게 믿는다. 어떤 종이 점유하고 있는 환경에서, 더 효과적으로 기능을 완수하는 행동체계와 생리체계를 발달시킨 유기체들이 덜 효과적인 체계를 보유한 유기체들보다 더 잘 생존하고 더 많은 자손을 갖는다. 행동체계의 현재 구조는 자연선택의 결과물로 여겨진다. 진화 기간 동안 자연선택 과정에서 한 종의 적응환경에서 이 종의 행동체계들 중 보다 효과적인 이형(異形)들을 결정하는 유전자는 이 종이 보유한 유전자 전체에 통합된다.[3] 반면에 이 적응환경에서 보다 덜 효율적인 이형들을 주관하는 유전자는 사라지게 된다.

그러므로 생물학적 체계의 경우, 어떤 체계의 기능은 이 체계의 활동의 결과이다. 이 활동의 결과를 통해 이 체계는 진화를 거듭했고, 이 체

---

[3] '어떤 종이 보유한 유전자 전체'는 '유전자 풀'(gene pool)을 의미하며 '이형(異形)들'은 원어로 'variants'이다 – 옮긴이.

계는 이 종이 보유한 장치의 일부로 계속 남아 있게 되었다.

물론 어떤 체계든지 활성화되면 이 체계의 기능적 결과 외에 다른 많은 결과들을 낳게 될 가능성이 있다. 그렇지만 이러한 모든 결과들을 결코 다 기능적인 것으로 여길 수는 없다. 조준산정 장치로 제어하는 고사포는 큰 소음을 낼 수도 있지만 아무도 이 고사포가 이러한 소음을 내도록 고안되었다고 생각하지는 않는다. 마찬가지로, 어떤 행동체계는 그 때문에 이 행동체계가 진화되었다고 믿어지는 결과, 곧 진화 기간 동안 이 행동체계를 갖춘 동물에게 선택적 이익을 가져다준 특정 결과 외에 다른 많은 결과들을 낳는 경향이 있다. 이렇게 해서 어떤 새가 알을 품을 때, 그 결과로 오랫동안 먹이 없이 지내기도 한다. 또 이 새가 어디론가 이동할 때, 그 결과로 지쳐서 목적지에 도착하기도 한다. 이러한 결과들 때문에 알 품기와 이동을 유도하는 행동체계들은 진화 기간 동안 적극적 선택의 과정을 거치지 않았다고 쉽게 말할 수도 있다. 그러나 사실은 그 정반대이다. 알 품기와 이동의 각각의 경우에 어떤 다른 결과들이 이익을 가져다주기 때문에, 먹이결핍과 피로 등의 불리한 결과에도 불구하고 문제의 행동체계들이 적극적으로 선택되었다고 우리는 생각한다.

예견되는 결과와는 별개로 구분되는 기능

행동체계가 작동하여 발생한 어떤 결과들이 역효과를 낳는 경우가 아주 많다는 사실은 병리를 이해하는 데 아주 중요하다. 하지만, 이보다 훨씬 더 중요한 것은, 어떤 사람 내부의 어떤 행동체계의 활동 이후에, 앞으로 논의할 다양한 이유 때문에, 어떤 때는 기능적 결과가 나타나지 않기도 하고 혹은 어떤 경우에도 이러한 결과가 전혀 나타나지 않는다는 것이다. 이러한 예들은 멀리 있지 않다. 아기가 고무젖꼭지[4]를 빨 때, 그 결과로 어떤 음식도 섭취하지 못한다. 어떤 남자가 다른 남자에게 구애할 때 어떤 임신도 이뤄지지 않는다. 각각의 경우에, 비록 해당 행동체계는 활성화된 상태이고, 결과로 파생되는 행동과 예견되는 결과는 원래 의도한 행동방식과 유사하지만, 기능의 결과 보통 예상되는 결과는 없다. 아기의 빠는 행동에서 그 기능적 결과가 없는 경우는 몇몇의 경우로 한정되어 있다. 그 이외의 경우에는 젖꼭지를 빨게 되면 젖을 먹는 결과가 뒤따른다. 동성애로 확인된 경우에는 모든 경우에 그 기능적 결과가 뒤따르지 않는다(물론, 이성관계에서의 피임은 기능적 결과를 피하기 위한 의도적 계획이지만 취소가 가능하다).

여기서 주목해야 하는 것은 개체에서 어떤 행동체계가 활성화되고, 다소간 전형적인 예견되는 결과를 달성한 다음 이 체계는 비활성화되는데, 이 모든 과정이 이 체계의 기능과 관련 없이 진행된다는 것이다. 이렇게 개체 수준에서 본능행동은 기능과 절대적으로 독립되어 있다. 프로이트는 이 점을 항상 강조했다. 이와 대조적으로 개체들의 집단에서는 상황이 다르다. 비록 다수의 개체들에 있어 어떤 행동체계가 일부 시간 혹은 훨씬 많은 시간 동안 그 기능이 달성되지 않은 채로 활성화될 수 있는데, 이 집단이 생존하려면 이 집단의 몇몇 개체에서 최소한 어떤 시간 동안 이 기능이 충족되어야 한다. 비록 어떤 개체들은 굶고 또 다른 개체들은 다른 이유 때문에 번식에 실패하지만, 이 집단이 유지되기 위해

---

[4] 고무젖꼭지는 영국에서는 'dummy'라고 미국에서는 'pacifier'라고 하는데, 고무로 만든 모조 젖꼭지를 일컫는다. 이 고무젖꼭지는 우유 젖병의 고무젖꼭지와는 용도가 다르며, '공갈 젖꼭지' 또는 '노리개 젖꼭지'라고 불린다 - 옮긴이.

서는 충분한 수의 다른 개체들이 영양을 공급받고 자손을 낳아야 한다. 이렇게 적응의 경우와 마찬가지로 기능을 이해하기 위해서는 개체들의 집단의 행동을 이해하는 것이 필요하며, 연구의 단위가 개체 단독이라면 기능을 이해하는 것은 불가능하다.

그렇다면, 어떤 행동체계의 활동에 대한 예견되는 결과와, 이 체계의 활동이 성취할 수도 있고 성취할 수 없을 수도 있는 기능을 명백히 구분할 수 있다. 예견되는 결과란 특정 개체 내에서의 특정 체계의 속성이다. 기능은 개체들로 구성된 특정 집단 내에서의 이 체계의 속성이다. 어떤 집단이 생존하고자 한다면 이 집단의 충분한 수의 개체들에서 어떤 체계의 예견되는 결과와 그 성취되는 기능이 일치해야 하는 반면, 개체가 생존하고자 한다면 이렇게 되어야 할 이유가 없다.

어떤 행동체계의 활동은 예견되는 결과를 성취할 수 있으면서도 기능적 결과 달성에는 실패하는데, 이렇게 되는 주요한 이유는 두 가지이다.

(1) 체계 자체는 기능적으로 효과적이지만, 즉 기능적 결과를 성취할 수 있지만, 현재의 환경이 진화적응환경과는 다소 동떨어져 있어서 기능을 달성하는 데 요구되는 수준에 부합하지 않는다.

배고픈 아기에게 고무젖꼭지를 주는 것이 한 예가 될 것이다. 이 아기가 결과적으로 젖을 먹지 못하는 것은 빨기 행동을 주관하는 체계와는 아무 관련이 없으며, 이 아기가 빨았던 특정 대상에게 젖이 없었기 때문이다. 다른 예로는 동시에 반대 방향에서 모서리를 돌다가 불시에 서로 마주친 두 마리의 수고양이를 들 수 있다. 수고양이들 간의 일반적인 영역 싸움은 수고양이들이 다른 수고양이를 발견하고 경각심을 느낄 때 발생하는데, 이 경우 주로 상대방에 대해 위협하고 공격하는 시늉만 할 뿐이어서 서로 해를 입히지는 않는다. 서로 갑자기 마주치는 통계적으로 아주 드문 상황에서는 잔인한 싸움이 일어나고 해를 입히기도 한다.

(2) 두 번째 이유는 첫 번째 이유보다 훨씬 더 심각한 것인데, 그 이유는 상대적으로 오래 지속되기 때문이다. 이런 경우는 행동체계 자체가 기능적으로 효과적이지 않아서 진화 적응환경에서조차도 기능적 결과가 (아주 드물게 성취되거나) 결코 성취되지 않는다.

발달과정에서 어떤 동물의 다양한 생물학적 장치의 어떤 특징이 만족스럽게 발달하는 데 실패하는 이유는 여러 가지가 있다. 해부학적 구조가 기형이거나 아예 없는 경우도 있고, 생리체계의 기능이 떨어진 경우도 있고, 혹은 예를 들어 시력이나 청력의 경우 아예 상실한 경우도 있다. 비록 때로, 하나 혹은 그 이상의 유전자가 이러한 기능 이상에 책임이 있기도 하지만, 더 흔하게는 비정상적인 태아 환경이 원인이 되기도 한다 — 바이러스, 화학물질, 기계적 외상 등. 이는 행동체계의 발달에서도 마찬가지일 것이다. 어떤 경우에는 유전자들이 행동체계의 발달실패에 책임이 있지만, 행동장치들의 적응범위를 넘어서는 비정상적인 유아 개체발달 환경이 이러한 문제 대부분의 원인인 것 같다.

고등척추동물에서 행동체계들은 어느 정도 환경에 민감하다는 것, 다시 말해서 성인 개체에서 이 행동체계들이 취하는 형태는 어느 정도 이 성인 개체가 양육되는 환경의 종류에 따라 달라진다는 것을 3장에서 강조한 바 있다. 이러한 방식의 장점은 이 체계가 궁극적으로 취하게 되는 형태가 어느 정도 개방적이어서, 성장과정 동안 접하게 되는 특정 환경에 이 개체가 적응할 수 있다는 것이다. 하지만, 이러한 융통성에는 치러야 할 대가가 없는 것은 아니다. 성장과정 중에 접하게 되는 환경이 특정 범위 안에 놓여 있다면, 이 행동체계의 궁극적 형태는 잘 적응된 것일 것이다. 다시 말해서, 이 행동체계가 활성화되면, 보통의 경우에 그 기능적 결과를 달성하게 된다. 하지만, 성장과정 중에 접하게 되는 환경이 특정 범위 밖에 놓여 있게 될 때, 이 체계의 궁극적 형태는 제대로 적응된 것이 아닐 것이다. 다시 말해서, 이 행동체계가 활성화되면, 이 체계는 종종 혹은 항상 기능적 결과의 달성에 실패하게 된다. 동물행동에 관한 문헌에서 이에 관한 수많은 예들을 찾아볼 수 있다—기능적으로 형태가 비효율적인 운동양식, 기능적으로 비효율적인 순서로 구성된 행동, 행동의 목표가 되고 있지만 기능을 달성하기에 비효율적인 대상, 기타 등등. 이러한 각각의 경우에, 행동체계는 성장기간 동안 특정 예견되는 결과를 달성하도록 조직되었지만, 이 결과들은 체계의 기능을 충족하지 못하는 그러한 종류의 결과들이 되어 버렸다.

척추동물의 거의 모든 행동체계는 성장환경을 적절하게 조작하게 되면 성장과정에서 비정상적으로 우회하게 되어 기능적으로 비효과적인 형태를 취하게 된다. 이동, 둥지짓기, 구애, 부모행동을 주관하는 체계들의 경우, 체계의 활성화 뒤에 그 기능적 결과가 뒤따르지 않는 경우가 있는데, 이러한 발달한 사례들이 기록으로 남아 있다. 어떤 개체가 생존하려면, 몇몇 체계들은, 예를 들어 음식 섭취를 주관하는 행동체계는 비교적 효과적인 기능상태에 있어야 한다. 하지만, 다른 행동체계들, 특히 성행동이나 부모행동을 주관하는 행동체계들의 경우 반드시 그럴 필요는 없다. 이것이 아마도 왜 정신병리의 상당 부분이 성행동과 부모행동을 주관하는 행동체계에 관심을 가지는가에 대한 한 가지 이유일 것이다. 만약 정신병리가 더 직접적으로 생명에 연관된 기능에 관심을 둔다면, 정신과 의사가 어떤 개인을 만나기도 전에 그는 죽고 말 것이다. 이와 마찬가지로 중요한 또 다른 이유는 기능적으로 효과적인 성행동이나 부모행동은 각각 아주 특별한 방식으로 조직된 아주 많은 행동체계들의 산물이라는 것이다. 그리고 이러한 행동체계들의 발달과 조직화의 상당 부분이 이 개체가 아직 미숙할 때 이루어지기 때문에, 이러한 행동체계들이 비정상적 환경으로 인해 정상적 발달경로에서 벗어나게 되는 경우도 아주 많다. 그 결과로 이 성숙한 개체는 어떤 체계를 갖추게 되는데, 비록 이 체계는 잘 작동하고 특정 예견되는 결과를 달성할 수 있지만 자신의 기능을 달성하는 것은 불가능하게 된다.

작동은 하지만 기능적으로 효율적이지 않은 체계나 혹은 그러한 통합체계의 예로는 동성애자라고 확인된 성인의 성행동을 주관하는 통합체계를 들 수 있다. 이런 경우에 행동의 모든 요소들은 효과적으로 실행되지만, 이 요소들이 실행되는 대상이 부적절하기 때문에 생식의 기능적 결과는 뒤따르지 않는다. 이 통합체계에는 예견되는 결과, 다시 말해서 동성의 파트너와의 성적 극치감이 있으며, 이 체계는 이 결과를 달성하도록 조직되어 있다. 이 통합체계를 기능적으로 비효과적으로 만드는 것은, 어떤 이유 때문에, 이 체계의 예견되는 결과와 그 기능이 서로 무관하게 되는 방식으로 이 체계가 발달했다는 것이다. 레이더와 조준산정 장치로 제어하는 방공포에 이와 유사한 오류가 스며들었다면, 이 오류는 이 방공포의 효과적 조준과 발사에 영향을 미쳐서 이 방공포는 적군의 비행기가 아니라 아군의 비행기를 격추시킬 것이다. 이 예는 예견되는 결과와 기능을 명확하게 구분하는 것이 중대하다는 것을 명확히 보여준다. 대개 예견되는 결과가 달성되는 경우에는, 그와 함께 최소한 때때로 기능이 충족되도록 구조화되어 있다. 하지만 실수가 발생할 수 있다―특히 그 구조가 환경적으로 민감한 경우에. 작동하고 있는 이러한 몇 가지 발달과정과 이 발달과정들이 잘못될 수 있는 방식 등에 대해 10장에서 논의할 것이다.

이러한 모든 것의 결론은 다음과 같다. 곧, 특정 개체에서 어떤 행동체계의 행위는 이 종의 생존, 혹은 심지어 이 개체 자체의 생존을 증진하지 못하는 결과를 가져올 수 있으며, 심지어는 이 개체 또는 이 개체가 속한 종 전체의 이익에 반하는 결과를 가져올 수도 있다는 것이다. 그 이유는 현재의 환경이 이 종의 진화적응환경과 동떨어진 것이기 때문일 수도 있고 성장과정 동안 이 체계가 부적응적인 형태를 취해서 이 체계의 일반적 기능이 충족되지 않은 채로 있기 때문일 수도 있다. 그럼에도 불구하고 이 개체는 어떤 집단의 일원이기 때문에 이 종은 아마도 생존할 것이다. 이 집단의 어떤 구성원들에게 있어 성장과정과 현재에 처한 환경이 이 종이 적응하고 있는 환경과 부합하는 것이라면, 행동체계의 활동은 충분한 수의 개체에서 적절한 기능적 결과를 가져올 것이다. 그 결과 이 종은 살아남게 되며, 이 행동체계가 발전할 수 있는 잠재력은 이 종의 유전적 장치 속에 보존된다.

이타적 행동

심리학의 역사에서 이타적 행동의 존재는 때로 문제로 여겨졌다. 그리고 다수의 정신분석적 체계에서는 개인은 본성적으로 오직 이기적 목적만을 추구하며 개인이 이타적인 경우는 사회적 압력이나 사회적 제재에 의해 그렇게 해야만 되는 경우에 한정되어 있다고 제안한다. 본능행동에 관한 생물학적 접근방식은 이러한 관점이 잘못되었음을 보여준다. 어떤 체계의 기능을 고려할 때의 준거가 그 개인이 보유하고 있는 유전자의 생존이라는 것을 일단 인정하게 되면, 많은 행동들이 이타적 기능을 갖고 있다는 것은 놀랄 만한 일이 아니다. 이와 대조적으로, 생물학적 관점에서는 이타적 기능을 가지고 있는 행동이 더 이기적으로 보이는 기능을 가진 행동에 비해 아마도 좀더 곧바로 이해될 것이다.

본능행동의 명백히 대조적인 두 가지 양식을 살펴보자. 어떤 본능행동은 음식 섭취나 좋은 영양상태를 달성하는데, 이렇게 해서 오직 어떤 개체에만 가치 있는 기능을 성취하는 것처럼 보이도록 구조화되어 있다. 하지만 꼭 그런 것 같지는 않다. 왜냐하면 어떤 개체에게 좋은 영양상태를 가져다주는 행동은 또한 이 개체가 보유하고 있는 유전자의 생존에 조만간 기여하게 할 것이기 때문이다. 이 행동이 비록 맨 처음 볼 때는 개체의 생존의 측면에서만 이해할 수 있지만, 가만히 살펴보면 이 행동도 유전자의 생존의 측면에서 마찬가지로 이해할 수 있다.

이와 대조적인 본능행동도 있는데, 이 본능행동은 보통 다른 개체에게 명백히 도움이 되는 기능을 충족시키지만 이 행동을 실제로 행하는 개체에게는 아무런 이익도 없는 방식으로 구조화되어 있다. 한 예로 부모가 자신의 자식들을 돌보는 행동을 들 수 있다. 다른 예로는 어떤 개체가 자신들의 자손보다는 친척을 도와주는 행동이 있는데, 이러한 친척으로는 자신의 형제자매, 조카, 때로는 사촌 등이 해당된다. 이 행동은 모든 경우에 유전자의 생존이라는 측면에서 곧 이해할 수 있다. 자손은 부모 각각의 유전자의 절반씩을 보유한다. 그리고 평균적으로, 형제자매들은 절반의 유전자들을 공통으로 가진다. 사촌들이 공유하는 유전자는 평균 4분의 1이다. 이러한 각각의 경우에 도움을 주는 개체는 도움을 받는 개체에 비해 나이가 많아서 더 강하거나, 혹은 일시적으로 더 나은 환경에 있기 때문에 도움 주는 개체에게 뒤따르는 희생이 도움 받는 이에게 주어지는 이익에 비해 작다. 일벌은 불임인 채로 여왕벌과 여왕벌의 자손을 돌보는 데 일생을 헌신하는데, 이러한 일벌의 일생 동안의 행동은 극단적인 경우이지만 이 또한 마찬가지로 설명할 수 있다. 일벌은 처녀생식으로 태어난 암컷인데, 여왕벌과 유전적으로 동일하며 이 여왕벌의 자손들을 돌본다. 이는 일벌의 돌보는 행동이 생물학적으로 부모의 돌보는 행동과 동등하다는 것을 의미한다.[5]

이렇게, 일단 유전자의 생존을 본능행동의 기능을 평가하는 진정한 준거로서 인식하게 되면, 몇몇의 해묵은 문제들은 사라진다. 어떤 본능행동이 친척에 대해 직접적이고 즉각적인 이익을 주는 기능을 갖추고 있다는 것은 당연한 것이 된다. 다른 형태의 본능행동들도 개체의 생존에 즉각적인 이익을 주며 유전자의 생존에는 간접적인 이익을 주는 기능을 갖추고 있다는 것도 마찬가지로 이해할 수 있다. '이기적인' 것으로 분류되든 혹은 '이타적인'것으로 분류되든 궁극적 기능은 동일하다.

이것은 이타적 행동이 이기적 행동만큼이나 깊은 원천에서 솟아남을 의미한다. 이 둘을 구분하는 것은 실제적이기는 하지만 근본적인 것과는 거리가 멀다.

---

[5] 어떤 동물 개체가 아무 혈연관계가 없는데도 다른 동물에게 도움을 주는 경우가 있다. 인간 이외의 종에서 이러한 도움은 두 가지 형태를 띤다. 첫 번째 도움은 어떤 동물이 자신의 자손 이외의 다른 개체에게 부모로서 돌보는 행동을 하는 경우이다. 이런 경우는 실수로 돌보는 행동의 방향이 잘못된 결과로서 이해할 수 있다. 두 번째 경우는 오랜 동안 친구 관계를 유지하고 있는 개체들 사이에서만 발생한다. 이 경우는 상호 이타주의 원리를 바탕으로 자연선택의 유전이론의 측면에서 설명할 수 있다. 친구를 도왔던 것에 대해 때때로 보답을 받게 된다면, 이타적으로 행동하는 경향은 자연선택에 의해 선호될 것이다. 의식적 계산은 불필요하다. 하지만, 물론 인간은 때로 의식적으로 계산하기도 한다.

체계의 기능은 어떻게 결정되는가

지금까지 우리는 모든 행동체계의 기능을 당연한 것으로 여기고 마치 이것을 아주 명확한 것처럼 이야기했다. 아무도 먹기의 기능—혹은 알 품기 혹은 이동의 기능 등에 대해 질문하려고 하지 않았다. 하지만, 다수의 행동체계들은 그 기능이 모호한 것으로 오랫동안 알려져 있다. 많은 조류와 포유류 종들의 영역 행동이 주목할 만한데, 아무도 이러한 행동이 우리가 본능이라고 부르는 일반적 범주에 속하는 것에 대해 의심하지는 않지만, 이 행동이 이 종에게 가져다주는 정확한 이익(혹은 이익들)은 여전히 불분명하다. 비록 연구자들 사이에서 본능 행동의 기능의 성격에 관해서는 아직 동의된 바가 없지만, 어떤 본능 행동이든지 생존을 돕는 특정 기능 혹은 기능들)을 가지고 있다고 확실하게 가정하는 것이 현대 생물학의 특징이다.

특정 본능행동의 기능이 무엇인지에 대해 정확하게 결정하는 것은 상당히 큰 과제일 것이다. 먼저 어떤 종의 진화적응환경에서 이러한 본능 행동을 갖춘 개체들이 갖추지 못한 개체들에 비해 더 많은 자손을 가진다는 것을 입증해야 하고, 다음으로 이렇게 자손이 많아진 이유를 밝혀야 할 것이다. 이에 필요한 연구는 이상적으로는 야외에서 진행된다. 실험의 과정으로는 이 종의 특정 개체들이 일상적인 방식으로 행동하지 못하도록 개입하는 것이다. 그런 다음 이 개체의 생존비율과 번식 성공률을 개입하지 않은 개체들의 그것들과 비교한다. 최근에 틴버겐(예를 들어 1963년 연구)은 갈매기의 특정 세부적인 알 품기 행동에 대해 이런 종류의 실험을 수행했다. 우리가 관심을 갖고 있는 종들이나 혹은 최소한 우리가 관심을 가지고 있는 종들과 밀접히 관련된 종들에 대해 이런 실험을 수행하지 않고서, 특정 본능행동의 많은 공통의 결과들 중 어떤 것이 이 본능행동의 기능인지에 대해 논의하는 것은 아무 쓸모없는 억측이 될 가능성이 있다.

12장에서는 먼저 자신의 엄마-인물에 대해 근접성을 유지하려는 어린 아기의 행동이(이 행동을 애착행동이라고 부른다) 본능행동의 한 예이며, 그 다음으로 이 행동의 기능이 지금까지 거의 논의된 바도 없고 동의된 바도 없다는 것을 논증할 것이다. 이제껏 임상가 집단에서 거의 고려해 본 적이 없는 가설을 제시할 것이다.

2. 용어의 문제들

지금까지 본능행동[6]의 대안 이론에 대해 간략히 살펴봤으므로 이제 몇 가지 전통적인 용어들의 유용성, 혹은 무익성에 대해 간략히 논의하고자 한다.

3장의 서론에서 '본능적'이라는 단어가 형용사로서 설명적으로 사용되는 한 이 단어는 유용하지만, '본능'이라는 명사를 사용하게 되면 어려움에 직면하게 된다는 것을 언급한 바 있다. 이제 그렇게 되는 이유를 살펴보자.

---

[6] '본능행동'은 원문에서 'instinctive behavior'이다. 따라서 '본능행동'에서의 '본능'은 명사가 아니라 '본능적'이라는 의미의 형용사이다. 볼비는 명사로서의 '본능'은 혼란을 초래하지만, '본능적'이라는 형용사는 유용하다고 말하고 있다. 결론적으로 '본능행동'이라는 용어는 '본능'이 형용사로 사용되기에 유용하며, 실제로 이 책에서 핵심 용어로 사용되고 있다 – 옮긴이.

필자가 주장하는 본능행동의 이론에서는, 본능행동을 특정 환경 내에서 어떤 통합된 행동체계가 활성화된 결과로 여긴다. 여기서 행동체계들은 연쇄적으로, 혹은 위계적으로 혹은 양자가 결합된 방식으로 통합된다. 각각의 행동체계와 각각의 통합 행동체계는 활성화되었을 때, 대체로 생존의 가치가 있는 결과를 달성하도록 구조화된 것으로 여겨진다. 그렇다면 이제 어떤 실체에 '본능'이라는 실재 명사를 적용할 수 있는가? 이 실체는 이 행동 자체인가? 혹은 이 행동체계인가? 혹은 행동체계를 활성화시키는 원인 조건들인가? 혹은 행동체계의 예견되는 결과인가? 혹은, 행동체계가 충족시키는 기능은 아닐까?

실제로 유명한 연구자들이 본능이라는 용어를 이 모든 서로 다른 것들에 적용했었다. 한쪽 극단에서는 이 용어가 '고개를 돌리는 것'과 같은 상대적으로 고정된 행동 양식과 먹이를 붙잡는 것과 같은 일련의 순차적 행동의 끝부분에서 나타나는 동작 등을 지칭하기 위해 좁은 의미로 사용되었다. 다른 쪽 극단에서는 본능이라는 용어가 삶이나 죽음과 같은 일반적인 상태를 유도하는, 원인 요인으로 간주되는 힘을 지칭하기 위해 상당히 넓은 의미로 사용되었다. 때때로 본능이라는 용어는 '둥지짓기 본능'과 '성적 본능'에서와 같이 일련의 본능행동의 예견되는 결과를 지칭하기도 하며, 때로는 '생식본능'에서와 같이 본능행동의 생물학적 기능을 지칭하기도 한다. 가끔 이 용어는 '공포의 본능'에서와 같이 보통 행동에 동반하는 감정을 지칭하는 데 사용된다.

이 용어를 이렇게 다양하게 혼용하는 것이 결국 혼란만을 초래할 것임은 분명하다. 그래서 일정한 표준적인 용례에 대한 논의가 가능하지는 않은지 질문할 수도 있다. 하지만, 그렇게 할 수 없는 두 가지 정당한 이유가 있다. 첫째, 아주 다양한 방식으로 차용된 용어는 정확한 의미로 쉽게 재정의되어 새롭게 사용되지 않는다. 둘째, 복잡성의 모든 수준에 걸쳐 통합 행동체계가 존재하기 때문에 복잡성의 수준 어디엔가 경계선을 긋고, 이 경계선 아래에 위치하는 모든 통합 행동체계들은 본능이라고 부르고, 이 경계선 위에 위치하는 것들은 본능이 아니라고 부른다는 것은 상당히 어려운 일이다. 이렇게 하는 것은 조직의 복잡한 정도에 따라 산업체를 둘로 나누고 복잡성의 정도가 작은 산업체에 특별한 이름을 부여하는 것과 비슷한 작업이 될 것이다. 이 작업이 어려울 것이라는 것은 따로 강조할 필요도 없다. 하지만, 실제적인 문제는 이렇게 분류한다고 해도 그것이 무슨 쓸모가 있느냐 하는 것이다.

어떠한 준거를 사용하여 특정 통합 행동체계를 선택한 다음 이것을 본능이라고 부른다 해도 이는 아무에도 쓸모가 없다. 그뿐만 아니라, 이렇게 하는 것은 널리 통용되는 오류를 지속시킬 뿐인데, 이 오류에서는 어떤 통합체계 내에 존재하는 모든 체계들이 원인 조건을 공유하며 이런 원인 조건들이 '충동'(drive)으로 유용하게 개념화될 수 있다고 가정한다.

6장에서 카나리아가 둥지를 짓도록 유도하는 행동체계에 대해 언급했는데, 이 행동체계의 활성화에 관여하는 다양한 상호작용 요인들 중 몇 가지에 대해 설명한 바 있다. 그리고 이 연구는 또한 지금 설명하고자 하는 바에 대한 좋은 예시가 된다. 카나리아가 둥지를 짓는 것은 재료를 모으기, 둥지로 재료를 가져가기, 둥지 안에 앉은 채 둥지짓기 등으로 자세히 나누어 볼 수 있다. 이러한 활동들은 다소 모두 함께 변동하기 때문에, '둥지짓기 충동'이 이 모든 활동들을 주관한다고 주장할 수 있다. 카나리아가 둥지를 짓도록 하는 요인들을 분석해 보면 이 세 가지 요소들이 모두 특정 원인 요인들을 실제로 공유한다는 것을 알 수 있다. 이 모든 활동들은 에스트로겐[7] 수준에 의해 영향을 받으며 둥지로부터 오는 자극에 의해 억제된다. 하지만, 세 가지 활동 사이의 상관은 절대적이지 않다. 각각의 활동은 자신만의 고유한 원인 요인을 갖고 있으며, 각 활동이 나타나는 순서도 아마 각 활동의 수행에 동반하는 자기 억제 효과 때문인 것 같다. 둥지짓기 충동이라는 단독의 개념은 분명히 부적절한 것이다. 둥지짓기의 개별 요소에 대해 따로따로 충동을 가정하는 것도 마찬가지로 부적절한 것이 될 것이다. 그 이유는, 이러한 각각의 개별 활동도 수많은 구성동작으로 세분할 수 있으며 이러한 각각의 구성동작은 어느 정도 서로 독립적이기 때문이다.

우리가 본능행동(instinctive behavior)에 영향을 미치는 원인 요인들을 더 잘 이해할수록 충동(drive) 개념의 유용성이 떨어진다는 것은 사실이다. 행위의 원인이 미지의 것인 한, 어떤 특별한 힘이 이 행위를 앞으로 추동하여, 아마도 이 행동을 시작하게 할 뿐만 아니라 이 행동을 신비하고 이로운 방향으로 움직인다고 가정하는 것은 쉬우며 아마도 불가피한 것이다. 하지만, 행동체계가 활성화된 결과로 어떤 행동이 나타나고, 이러한 행동체계가 앞서 설명한 방식으로 활성화된다는 우리의 믿음이 옳다면, 이러한 신비성은 날아가 버리고 충동을 가정해야 할 필요성은 사라지고 만다. 공학자들은 조준산정 장치로 통제하는 고사포의 동작을 설명하기 위해 어떤 특별한 '비행기 격추 충동'을 가정할 필요가 없다. 또한 생리학자들도 심혈관계의 동작을 설명하기 위해 '혈액공

---

[7] 여성호르몬에는 에스트로겐(oestrogen, 여포 호르몬)과 프로게스테론(progesterone, 황체 호르몬)의 두 종류가 있다. 여성 호르몬의 2종류는 모두 난소에서 만들어지며, 적은 양이지만 남성의 고환에서도 만들어진다. 여성 특유의 호르몬으로 수정, 착상, 임신과 분만, 수유 및 여성의 2차 성징의 발달과 유지에 중요한 역할을 한다 – 옮긴이.

급 충동'을 가정할 필요가 없다.

그러므로 앞으로는 실재로서의 본능의 개념이나 혹은 충동의 개념은 사용하지 않을 것이다.

그러나 설명적인 용어인 '본능행동'은 계속 유용하다. 이 용어는 대체로 다음과 같은 행동을 지칭한다. 즉, 본능행동은 진화적응환경에서 이 종의 생존에 필수적인 결과를 가져오며 대개 어느 정도 안정적인 체계에 의해 통제된다. 이와 동시에 '본능적'이라는 용어가 순수하게 설명적으로 사용되는 경우에도, 두 가지 관련된 위험성이 동반될 수 있다는 것을 인식할 필요가 있다. 첫 번째 위험성은 모든 종류의 본능행동이 오직 한 유형의 행동체계에 의해 통제된다고 가정하는 것일 수 있다. 두 번째 위험성은 본능행동과 여타의 모든 종류의 행동을 허위로 구분하는 것이다. 실제로는 전통적으로 본능적이라고 묘사되는 행동은 다양한 서로 다른 유형의 체계들에 의해 통제되며, 이러한 체계들은 가장 안정적인 체계에서 가장 변동하기 쉬운 체계까지, 그리고 종의 생존에 가장 필수적인 것에서 종의 생존에 오직 약간의 기여만 하는 것까지 등 수많은 연속선상에 위치한다. 그러므로 본능행동이라고 부르는 것과 그렇지 않은 것 사이에 경계선이 있을 수 없다.

어떤 정신분석 이론에서는 [예를 들어, 슈어(Schur)의 1960a와 b] '본능적'(instinctive)이라는 형용사와 '본능상의'(instinctual)라는 형용사를 각각 특별한 방식으로 사용한다. '본능적'이라는 용어는 여기서 본능적이라고 부르는 종류의 행동에 한정되며, '본능상의'라는 용어는 이러한 본능행동을 수단으로 방출되는 것으로 가정되는 '심리적 충동 에너지'에 적용된다. 이 책이 주장하는 이론에서는 어떠한 심리적 충동 에너지도 가정하지 않기 때문에, '본능상의'라는 형용사는 전혀 사용하지 않는다.[8] 특정 종류의 행동과 이 행동을 주관하는 행동체계를 지칭하기 위해 '본능적'이라는 용어를 사용한다.

본능행동과 정신병리의 논의과정에서 사용되는 다수의 다른 용어들에 대해 고려할 필요가 있다. 이러한 용어들에는 '필요', '바람', '목표', '목적'과 기타 다른 용어들이 포함되어 있다. 다음과 같이 질문할 수 있다. 이런 용어들이 각각 어떻게 현재의 도식에 부합하며, 이런 용어들은 예견되는 결과, 설정목표, 기능적 결과 등의 개념과 어떤 관련을 맺고 있는가?

본능행동에 관한 어떤 특정 이론에 제한되지 않음을 분명히 하기 위해서 그리고 행동체계의 명백한 목적적 특징을 나타내기 위해서, '필요' 혹은 '필요체계'라는 용어를 때로 사용한다. 하지만 이런 용어들은 만족스럽지 않다. 왜냐하면, 이 용어들은 생존을 위해 필수적인 어떤 것—절대적 필요를 의미하는 것— 으로 곧잘 받아들여지기 때문이다. 그리고 절대적 필요라는 개념이 목적론적 사고를 유발할 수 있다는 것은 문제를 더 복잡하게 만든다. 이러한 난점들을 좀더 주의 깊게 살펴보자.

특정 종의 한 동물에게 환경적으로 안정적인 행동체계가 존재하게 된 것은 이 체계의 활동이 보통 이 종에게 생존적 가치가 있는 결과를 가져다주기 때문이라고 이 장에서 강조했다. 먹기행동을 주관하는 체계들의 결과는 대체로 음식의 섭취이다. 짝짓기행동을 주관하는 체계들의 결과는 대체로 종의 재생산이다. 이 체계들의 활동은 이렇듯 공통적으로 분명히 생물학적 필요를 충족시키는데, 그렇다면 왜 이러한 체계를 '필요

---

8 이전에 출판된 불안과 애통에 관한 저작에서 본능행동을 주관하는 행동체계를 지칭하기 위해 '본능상의 응답체계'(instinctual response system)라는 용어가 사실 사용되었다. 위에서 언급한 이유 때문에, 2권과 3권의 개정판에서 이 용어를 수정했다.

체계'라고 부르지 말아야 하는가?

이렇게 부르지 말아야 할 최소한 세 가지 정당한 이유가 있다. 첫째, 각각의 경우에 해당 행동체계의 활동에는 서로 다른 다양한 결과들이 뒤따른다. 특정 개체에게 명백히 음식 섭취와 관련이 있는 어떤 체계가 있는데, 이 체계의 주요한 결과는 엄지손가락이나 파이프를 빠는 것일 수 있다. 다른 개체에게 명백히 짝짓기와 관련이 있는 어떤 체계가 있는데, 이 체계의 주요한 결과는 이성의 신체 일부나 물건[9] 혹은 동성에 대한 성행위일 수 있다. 이런 경우에 이 체계의 활동에는 어떠한 생존의 가치도 없다. 그러므로 이 체계를 필요체계라고 부르는 것은 혼란스러운 것이다. 이러한 어려움에 대처하기 위해, 예를 들어 빨기와 같은 새로운 필요를 가정하게 되면 혼란은 더욱 악화될 것이다. 둘째, 이미 언급한 바와 같이 해당 종에 특징적인 행동체계가 다수 있는데, 이 행동체계들의 생물학적 기능은 아직도 불명확하다. 그런데도 모든 행동체계를 필요체계라고 부르게 되면 이러한 불명확성은 더욱 모호해진다. 왜냐하면, '필요'라는 용어에는 이 모든 체계의 유용성이 자명하다는 것이 암시되어 있기 때문이다. 마지막으로, '필요체계"라는 용어는 이 필요가 이 체계를 활성화시키는 데 어떤 원인의 역할을 수행한다는 가정을 곧바로 유발할 수 있다. 이러한 가정은 목적론의 오류이다.

'필요'라는 용어를 적절하게 사용하려면 이 용어를 종의 생존에 필요

---

[9] '이성의 신체 일부나 물건'은 원문에서 'fetish'로 되어 있다. 여기에서 파생된 'fetishism'은 성도착증의 하나로 이성의 성적 부위가 아닌 신체 일부나 신발, 장갑, 옷 등의 이성의 물건에 대해 성욕을 느끼는 것을 말한다. 달리 말하자면 'fetishism'이란 성적 흥분이나 성적 만족의 대상이 'fetish'로 전치(displacement)되는 것을 지칭한다 - 옮긴이.

한 것을 지칭하는 데만 한정하면 된다. 어떤 종이 생존하려면 이 동물에게는 먹이, 따뜻함, 보금자리, 짝, 기타 등등이 필요하다고 말할 수 있다. 이러한 필요한 것들의 어떤 것도 행동체계가 명백히 아니다. 이 중 어떤 것도 어떤 행동체계를 활성화시키지 않는다. 반면에, 많은 행동체계들에는 이러한 필요한 것들 중 어떤 것을 만족시키는 기능이 있다. 이러한 특정 행동체계들이 진화해 왔던 것은 바로, 만약 어떤 종이 생존하기 위해서는 이 기능들이 충족되어야 했기 때문이다. 그러므로 필요한 것들은 본능행동의 원인이 아니다. 필요한 것들의 역할은 행동체계가 담당하는 기능을 결정하는 것이다. 이렇게 필요한 것들은 선택압력을 구성하며 행동체계들은 이러한 선택압력 하에서 진화를 거듭했다.

필요한 것들이 본능행동의 원인이 아닌 것과 마찬가지로 바라는 것이나 원하는 것도 원인이 아니다.[10] '바람'과 '원함' 등의 용어는 이미 작동 중인, 혹은 최소한 작동하기 위해 대기하고 있는 어떤 행동체계나 통합체계의 설정목표에 대해 인간 주체가 자각하고 있는 상태를 지칭한다. "나는 음식을 바란다" 혹은 "나는 음식을 원한다" 등의 문장은 음식 섭취를 설정목표로 하는 통합 행동체계가 이미 작동되었거나, 혹은 막 시작했으며, 나는 이런 상태를 자각하고 있다는 것을 표현한다. 이러한 보고는 대개 신뢰할 만하지만, 정신분석가들은 항상 그렇지만은 않다는 것을 잘 알고 있다. 실제로 어떤 환자는 현재 활성화되어 있는 행동체계

---

[10] 'wishes'는 '바라는 것'으로, 'wish'는 '바람'으로, 그리고 'desires'는 '원하는 것'으로, 'desire'는 '원함' 등으로 번역하였다. 'wish'를 '희망'으로 'desire'를 '욕구' 등으로 번역하는 것이 더욱 적절할 수도 있지만, 영어에서는 이 단어들이 명사이면서 동시에 동사인 것을 감안해서 이렇게 번역하였다. 이 책에서는 이 단어들이 명사와 동사로 혼용되고 있기 때문이다 – 옮긴이.

의 설정 목표를 잘못 파악할 수 있다—그리고 이렇게 잘못 파악하는 것은 어떤 다른 활성화된 행동체계가 간섭한 결과일 수 있는데, 이 체계의 설정목표는 처음의 설정목표와 조화를 이루지 못하기 때문이다. 이렇게 해서 무의식적 바람이라는 개념이 나오게 되었다.

어떤 사람의 바람이 무의식적이라고 말하는 것은, 이 사람에게 있어 이러이러한 설정목표를 가진 행동체계나 통합 행동체계가 활성화되어 있지만 그 사람은 이 사실을 깨닫지 못한다는 것을 의미한다.

'바람'이라는 용어가 어떤 행동체계의 설정목표를 지칭하는 반면, '의도'라는 용어는 대개 설정목표를 달성하는 과정 중의 어떤 단계를 지칭한다. 내가 이러이러한 것을 하고자 의도한다라고 말할 때, 이 문장은 이러이러한 것이 내 현재 행동을 인도하는 계획의 일부라는 것을 보통 나타낸다(이 점에 대해 밀러, 갤런터, 프리브람의 1960년 저작이 자세히 설명하고 있다).

이 장에서 '예견되는 결과'라고 불렀던 것과 '예견되는 결과'의 하위 범주인 '설정목표'를 지칭하기 위해서 다른 많은 용어들이 사용되고 있다. '목적'(purpose), '목표'(aim), 그리고 간략하게 '목표'(goal)가 이에 포함된다.[11] '목표'(goal)의 결점에 대해서는 이미 다루어진 바 있다(5장을 보라).

'목적'과 '목표'[12] 두 단어 모두 목적론적 원인을 함의하는 경향이 있다는 데 두 단어의 난점이 있다. 그리고 이 두 단어의 보다 심각한 난점

---

[11] 이 문장에는 두 개의 '목표'가 나와 있다. 두 번째 '목표'(goal)의 앞에 '간략하게'라는 말을 덧붙인 이유는 이 말이 '설정목표'(set-goal)라는 용어와 관련되어 있기 때문이다. 이 다음 문장의 '목표' 역시 원문에서 'goal'이다 - 옮긴이.

[12] 이후로부터 나오는 모든 '목표'라는 단어는 'aim'을 번역한 것이다 - 옮긴이.

은 어떤 체계의 예견되는 결과와 기능을 구분하지 못하는 방식으로 이 단어들이 습관적으로 사용된다는 데 있다―치명적 혼동. 이런 이유 때문에 이 책에서 이 두 단어를 사용하지 않고 있다. '목표'라는 영어 단어는 보통 '예견되는 결과'와 '기능'을 다 의미하는 것으로 사용되지만, 프로이트가 본능의 목표를 정의하면서 이러한 몇 가지 혼동의 문제들을 알고 있었다는 것은 흥미로운 일이다. 예를 들어, 프로이트는 그의 「본능과 본능의 변화」(1915a)에서 한편으로 종료자극과 다른 한편으로 기능이 서로 기본적으로 다르다는 것을 알고 있었다. 그리고 프로이트는 '목표'라는 단어를 이 책에서 사용하는 용어로 표현하자면 '해당 행동 체계를 종료시키는 조건에 도달하는 것'이라는 의미로 제한하여 사용했다.

'예견되는 결과' 혹은 '설정목표'로 이 책에서 부르는 것들을 지칭하기 위해 다른 기술적 용어들이 소개된 바 있다. 좀머호프의 '초점조건'(focal condition)은 필자의 '예견되는 결과'와 아주 유사하게 사용할 수 있는 용어이지만, 이 용어는 아주 단순한 형태의 행동, 예를 들어 알 굴리기와 같은 행동의 예견되는 결과를 제외시켜버릴 수 있다. 미텔슈테트(Mittelstaedt)가 소개하고 힌디가 사용하고 있는 독일 용어인 졸베르트(sollwert)는 특정 설정 목표를 지칭하는데, 이 용어는 '(당연히) 그래야만 하는' 상태(the 'should be' state) 혹은 어떤 체계가 달성하거나 유지하기로 설정된 상태를 의미한다. 이 용어의 불리한 점은 다음과 같다. 곧, 이 단어는 설정목표를 지칭하기 위해 소개되었는데, 이 설정목표를 달성하는 데 필요한 지시사항에 오직 한 가지 유형의 상세 조건, 예를 들어, 팔다리의 위치, 혹은 특정 음으로 노래하는 것 등만이 요구된다는 것이다. 다시 말해서, 훨씬 더 복잡한 설정목표에는 이 용어가 적용되지 않을 수도 있다는 것이다. 이러한 복잡한 목표를 달성하는 데 필요한 지시사항에는 두 가지 이상의 상세 조건이 요구된다. 졸베르트 (sollvert)라는 용어의 또 다른 불리한 점은 이 용어에 '(당연히) 그래야만 하는' 상태가 생존에 기여하는 표준이라는 의미가 함축되어 있는 것으로 잘못 해석할 수 있다는 것이다. 반복해서 강조한 바와 같이. 어떤 행동체계의 설정목표나 졸베르트가 특정 개체에게 있어 비전형적일 수 있고 심지어 생존에 적대적일 수 있다는 것이다.

지금까지 몇 개의 장에서 설정목표를 가진 체계를 묘사하기 위해 때때로 '목적적'이라는 형용사를 사용했다. 하지만 이 단어에는 이 단어가 목적론적(telological) 원인을 함축하고 있는 것으로 해석될 수 있는 위험성이 내포되어 있다(유사 형용사인 '의도적'이라는 단어에서 이러한 위험성은 훨씬 더 크다). 이러한 난점에 대처하기 위해 피텐드리 (Pittendrigh, 1958)는 '목적론적'이라는 용어를 제안했다. 이 단어는 살아있거나 혹은 기계적인 어떤 체계를 표현하기 위해 사용될 수 있다. 이 체계는 자신의 진화적응환경에서 활성화되었을 때, 예견되는 결과를 달성하도록 구조화되어 있다. 그러므로 지금까지 다루었던 모든 행동체계들은 '목적론적'(teleonomic)이라고 부를 수 있다.

다시 한 번 설정목표라는 개념을 살펴보자면, 어떤 행동체계의 설정목표에는, 다른 여타 통제체계의 설정목표에서와 같이, 두 가지 주요 유형이 있을 수 있다. 첫 번째 유형의 설정목표는 특정 변인을 일정한 수준으로 계속 유지하는 것이다. 이렇게 해서 어떤 단순한 유기체들은 다음과 같은 행동체계를 갖추고 있다. 곧, 이 행동체계의 설정목표는 이 유기체를 특정 좁은 범위의 온도 내의 환경에 머물도록 하는 것이다. 이러한 행동체계의 과업은 결코 끝나지 않는다. 이러한 과업수행에는 절

정도 없고 극적인 전환도 없다. 단조로운 판에 박힌 일일 뿐이다. 다른 유형의 설정목표는 시간적으로 제한된 사건이다. 그리고 일단 이 사건이 발생하면, 활동은 끝나게 된다. 성적 결합이 한 예인데, 다른 예로는 먹이를 잡는 것을 들 수 있다. 어떤 행동체계의 설정목표는 이러한 극단적인 양자 사이의 중간에 놓여 있다.

인간의 경우에는 성적 극치감과 같은 유한한 설정목표를 가진 행동체계를 과도하게 강조하며, 환경의 대상에 대한 근접성이나 접근 용이성과 같은 지속적인 설정목표를 가진 체계에는 거의 관심을 두지 않는 경향이 두드러진다. 애착행동은 지속적인 설정목표를 가진 행동체계의 활동의 결과라고 여겨진다. 애착행동의 설정목표를 구체적으로 표현하면, 다른 특정 개체에 대한 특정 종류의 관계이다.

제9장

일생 동안 이루어지는 행동의 변화

개체의 행동발달은 두 가지 구분되는 방식으로 고려할 필요가 있다.

(1) 적극적으로 사용되는 행동장치의 부분들이 일생의 단계에 따라
   변화하는 방식
(2) 행동장치의 각 부분들이 특정 형태를 취하게 되는 방식

이 두 가지 주제는 정신분석가들에게 가장 흥미로운 주제이다. 첫 번째 주제는 이 장에서 간략하게만 다룰 것이지만 12장 끝부분에서 다시 언급될 것이다. 두 번째 주제는 행동발달의 개체발생과 관련이 있는데, 아주 복잡하고 중요하기 때문에 다음 장에서 다룰 것이다.

개체의 생존과, 궁극적으로 이 개체가 보유한 유전자의 생존을 위해서, 어떤 동물은 일생의 각 단계에서 적절하게 균형 잡힌 본능행동체계의 목록들을 갖추어야 할 필요가 있다. 성숙한 동물뿐만 아니라 미숙한 동물도 자신만의 균형 잡히고 효과적인 장치들을 갖추고 있어야 한다. 여러 면에서 미숙한 동물의 이러한 장치들은 성숙한 동물의 장치와 다

를 것이다. 그리고 가장 단순한 종을 제외한 모든 종에서, 생존은 다소간 개체의 협력에 달려있기 때문에, 한 개체가 가진 장치의 상당 부분은 이 개체와는 보통 연령이나 성이 다른 개체의 장치와 서로 상보적이다. 미숙한 개체의 성숙한 개체에 대한 애착을 매개하는 행동양식은 성숙한 개체의 미숙한 개체에 대한 보호를 매개하는 행동 양식과 서로 상보적이다. 마찬가지로 한 개체에서 성숙한 남성 행동을 매개하는 체계들은 다른 개체에서 성숙한 여성 행동을 매개하는 체계들과 서로 상보적이다. 이상은 본능행동은 독립된 한 개체의 측면에서는 결코 이해할 수 없으며 다수의 혹은 소수의 협력하는 개체들의 측면에서만 이해할 수 있다는 것을 다시 한 번 강조한다.

조류와 포유류의 모든 종에서 일생의 미숙한 단계에서 동작하는 행동장치의 특정 부분들은 성숙기에 동작하는 특정 부분들과 다르다. 이러한 차이점은 두 가지 주요한 종류로 나누어 볼 수 있다.

(1) 미숙 상태와 성숙 상태 모두에서 동일한 생물학적 기능이 성취되지만, 이 기능을 성취하는 행동체계는 동일하지 않다. 분명한 예로 미숙한 포유류와 성숙한 포유류는 서로 다른 수단을 사용하여 먹이를 먹는다. 어린 개체들은 빨고, 나이 든 개체들은 물어뜯고 씹는다.

(2) 미숙 상태와 성숙 상태에서 성취되는 생물학적 기능이 다르다. 미숙한 유기체들은 대개 매우 취약하기 때문에, 위험을 특별히 감소시킬 것 같은 행동을 산출하는 행동체계를 보통 갖추고 있다. 이러한 행동으로는 부모와의 근접성을 유지하는 행동을 예로 들 수 있다. 반면에 미숙한 유기체들은 성공적으로 번식하는 데 적합하

지 않기 때문에, 이들에게서 생식이나 어린 개체를 돌보는 것에 이르게 되는 행동은 찾아볼 수 없거나 혹은 있더라도 미완성된 형태만을 볼 수 있다.

일생의 특정 시기에 특정 행동이 없다는 것은 여러 가지 매우 다른 근본상태 중 하나를 의미할 수 있다는 점을 염두에 두어야 한다. 첫째, 이 행동을 주관하는 행동체계의 신경적 기저가 발달하지 못해서 어떤 상황에서도 이 체계가 활성화되지 못할 수 있다. 이와 반대로 두 번째 상태에서는 이 행동체계의 신경적 기저가 완전히 발달했지만 이 체계를 활성화시키는 원인 요인들 중 몇 개가 없어서 이 체계는 잠재된 채로 있다. 세 번째 상태에서는 이 행동장치가 부분적으로만 발달해 있거나 혹은 이 체계를 구성하는 요소들 중 몇 개에 대한 원인 요인들만이 존재하기 때문에 행동의 작은 일부분들만 볼 수 있고 완전한 기능적 양식은 여전히 존재하지 않는다. 두 번째와 세 번째 상태는 일반적으로 생각하는 것보다 훨씬 자주 찾아볼 수 있다.

호르몬 수준의 인위적 변화를 수반하는 실험들에서 다음과 같은 사실을 볼 수 있다. 많은 척추동물 종에서 남성과 여성 행동 둘 다를 주관하는 행동체계가 남성과 여성의 모든 개체들 내에 완전한 형태로, 혹은 최소한 잠재적 형태로 존재한다는 것이다. 이렇게 해서, 암탉에게 테스토스테론[1]을 주사하면, 이 암탉은 완전한 형태의 남성 행동을 보여준다. 이와 유사하게, 수컷 쥐를 태어나자마자 거세한 다음 나중에 에스트로겐을[2] 주사하면 이 수컷 쥐는 완전한 형태의 여성 행동을 보여준다. 이

---

[1] 테스토스테론(testosterone)은 남성 호르몬(androgen)의 일종으로서 정소에서 분비되며 사춘기가 되면 합성과 분비가 높아지며 2차 성징을 유발한다 – 옮긴이.

러한 실험 결과들은 다음의 사실을 분명히 보여준다. 곧, 이 동물들에게 이성(異性)에 적절한 행동체계들이 잠재적으로 존재하며, 보통의 경우에 이 체계들이 상당 부분 혹은 전반적으로 비활성화 되는 이유는 호르몬 수준이 이 체계의 활성화 수준과는 거리가 있기 때문이다.[3]

일생의 다른 시기에 보이는 행동의 변화는 호르몬 균형의 변동 때문에 드물지 않게 발생한다. 인간에게 있어 남성과 여성 행동 모두를 주관하는 행동체계가 사춘기 훨씬 이전부터 양성 모두에 존재하며 양성 행동 중 어느 하나가 사춘기 이후에 활성화될 가능성이 훨씬 높아지는 것은 상당 부분 호르몬 수준의 변화 때문이라는 확실한 증거가 있다. 이와 유사하게 미숙한 행동이 사라지는 데 호르몬 수준의 변화가—이 미숙한 행동이 잔존하긴 하지만, 이 행동을 주관하는 행동체계가 더 이상 즉시 활성화되지 않도록 조건을 형성함으로써—어느 정도 기여하는 것 같다.

일생 동안 어떤 행동의 변화는 호르몬 수준이나 호르몬의 균형의 변화 때문에 발생하는 반면, 또 다른 행동의 변화는 새로운 행동체계가 성숙하고 이 체계가 활성화되는 것이 이전에 활성화된 체계에 비해 우위를 차지하기 때문에 발생하기도 한다. 예를 들어, 빨기를 주관하는 행동

---

2 에스트로겐은 여성 호르몬의 한 종류이다. 자세한 내용은 8장의 옮긴이 주 참조 – 옮긴이.

3 포유류 수컷과 암컷이 남성 혹은 여성 행동을 나타내도록 만드는 몇 가지 조건들에 대해 레빈(Levine, 1966)이 묘사한다. 출생 시기의 호르몬 수준이 상당한 영향을 미치는 것으로 드러났는데, 이것은 민감한 시기의 한 예이며 10장의 '발달의 민감한 시기' 절을 참조하라. 예를 들어, 암컷 원숭이에게 출생 직전에 테스토스테론을 투여하면, 비록 다시는 그러지 않지만, 이 암컷의 출생 이후의 행동은 전형적인 수컷 원숭이의 행동이다.

체계는 유아기 이후에도 오랜 동안 그대로 존속하지만, 활성화되는 빈도는 감소한다. 그 이유는 아마도 물어뜯기와 씹기를 주관하는 행동체계들이 작동하게 되고 대부분의 개체들에서 빨기를 주관하는 행동체계보다 더 즉각적으로 활성화되기 때문일 것이다.

미숙 상태를 특징짓는 행동체계들이 성숙기에 활성화되는 빈도가 떨어지는 이유가 무엇이든지 간에 이 체계들이 계속 존속된다는 증거들은 많다. 이 행동체계들은 세 가지 주요 상황에서 활성화되는 경향이 있다. 첫째, 성숙기의 방식이 비효과적인 것으로 드러나거나 혹은 성숙기의 방식이 갈등상황에서 혼란에 빠질 때, 성숙한 개체에게서 미숙기의 방식을 볼 수 있다. 둘째, 성숙한 개체가 아프거나 무기력할 때 미숙기의 방식이 나타난다. 이러한 모든 경우에 미숙한 체계가 활성화되는 것을 보통 '퇴행적'이라고 부른다. 셋째, 성숙한 개체에 특징적인 통합 행동체계 내에 일생의 이전 단계에서 기인하는 요소가 포함될 수도 있다. 이 요소는 아마도 원래 다른 기능을 수행했을 것이다. 특히 분명한 예로 새들의 구애-먹이기 행동(성숙한 수컷이 성숙한 암컷을 먹이는 행동)을 들 수 있는데, 이 경우 수컷이 암컷에게 먹이를 먹인다. 수컷의 행동은 전형적으로 새끼를 먹이는 부모의 행동인 반면 암컷의 행동은 전형적으로 부모에게서 먹이를 받아먹는 새끼의 행동이다. 여기서 새끼에게 영양을 공급하는 두 가지 방식, 곧 성숙기의 방식과 미숙기의 방식이 생식의 기능을 수행하는 일련의 순차적 행동에 통합되어 있다. 정신분석가들은 인간 성인의 성적 상호교환에서 이와 비견되는 것이 발생한다고 오랫동안 믿고 있다.

대부분의 포유류 종에서 환경의 변동에도 불구하고 일생의 한 단계에서 다음 단계로의 행동이 변화하는 것은 놀랄 만큼 규칙적이고 예측 가능한 방식으로 이루어진다. 그런 의미에서 이러한 변화는 상당히 환경에 안정적이다. 그럼에도 불구하고 환경으로부터의 독립성은 결코 완벽한 것이 아니다. 예를 들어, 서구인들에게는 지난 세기 동안 사춘기에 도달하는 연령이 눈에 띄게 낮아졌는데, 아마도 개체의 성호르몬 균형이 변화하는 연령에 영향을 미치는 어떤 환경의 요인 때문인 것 같다. 하지만 아직도 이러한 환경의 요인에 대해서는 알려진 것이 거의 없다. 식습관의 변화 때문이라는 것도 그럴듯하긴 하지만, 사회환경의 변화 때문일 가능성도 무시할 수는 없다. 그럼에도 불구하고 모든 포유류에서, 활성화된 행동체계에서 일생 동안 변화가 발생하는 속도의 변화는 그다지 중요한 것은 아니다. 어떤 행동체계나 통합 행동체계가 어떤 개체가 자라난 환경에 대한 응답으로 그 취하는 형태가 상당히 변화하는데, 이러한 변화에 비하면 속도의 변화는 별다른 것이 아니다. 성장기간 동안 인간 행동체계의 형태들이 부적응적으로 변화하는 경우가 있는데, 정신병리는 이러한 부적응성에서 생겨난다. 인간의 성적 행동의 발달 방식이 사춘기의 오래 전에 발생했던 일에 의존한다는 것을 프로이트가 인식한 이래로, 이러한 부적응성을 초래하는 과정들을 보다 잘 이해하는 것이 정신분석가들의 주된 관심사였다.

제10장

본능행동의 개체발생

적응을 과학적으로 다룰 수 있는 유일한 방법은 사례 각각에 대해
사실들을 수집하는 것이다. 이러한 사실들을 알게 된 후에야 어떤
현상의 적응성 중에서 어느 정도가 진화적 예정에 따라 유전되고,
또 어느 정도가 직접적인 적응적 상호작용에 의해 발생하는지 말
할 수 있게 된다. 이러한 비율은 종이나 기능, 또는 단위에 따라 예
측할 수 없을 정도로 천차만별이다.

— 폴 와이스(Paul Weiss, 1949)

1. 행동체계의 개체발생 동안에 발생하는 변화들

몇몇 하등동물 종에서, 한 개체의 일생에서 처음으로 어떤 행동체계
가 발현될 때, 미의 여신 비너스와 같이 거의 완벽한 형태를 이미 갖춘
경우도 있다. 반면에, 고등 종에서 어떤 행동체계가 발현될 때는 대개
원시적 형태를 띠며 그 후에 정교한 발전과정을 거친다. 비록 갓 태어난
조류와 포유류는, 예를 들어 음식 섭취와 같이, 필수불가결한 기능을 곧
바로 충족할 수 있는 몇 가지 행동체계를 갖추고 있지만, 이들은 맨 처
음에는 이러한 기능을 아주 비효과적으로 성취할 수밖에 없다. 그리고
여타의 많은 체계들은 그 모습을 처음 드러낼 때 제대로 조직을 갖추지

못했기 때문에, 이 체계들이 주관하는 행동들은 미완성 상태이며 이후의 단계에서 보편적으로 나타나는 이 체계들의 기능적 결과[1]가 이 시작 단계에서는 없다는 점이 두드러져 보인다. 그러므로 일반적으로, 조류와 포유류의 행동체계가 완성되고, 그 결과로 이 체계들이 활성화되면서 기능적 결과가 규칙적이며 효과적으로 나타나는 것은 오직 이 개체들이 성장한 이후부터이다.

갓 태어난 조류와 포유류의 행동장치들은 그 범위가 제한되어 있을 뿐만 아니라 형태도 단순하다. 이 사실은 어떤 포유류보다도 인간의 신생아에게 더 정확하게 적용된다. 하지만, 두 살이 될 때까지 인간의 아이는 이미 말하기 시작하며, 곧 행동을 조절하고 통제하는 수단으로서 언어를 사용할 수 있게 된다. 이렇게 인생의 짧은 기간 동안 이 아이의 내부에서 작동하는 행동체계들은 눈에 띄게 정교해진다. 아주 많은 과정들이 이러한 변형을 주관한다.

이 장에서는 고등척추동물에서 행동발달을 매개하는 과정들 중 중요한 과정 몇 가지를 개략적으로 살펴보고, 이를 인간에게서 발생하는 것으로 보이는 과정들과 관련짓고자 한다.[2]

고등 종의 미숙한 구성원들에게 처음 나타나는 본능행동은 성숙한 구성원의 본능행동과 차이가 있는데, 그 차이점을 크게 세 가지로 나누어 볼 수 있다.

---

[1] '기능적 결과'라는 말은 원문에 'functional consequence'라고 되어 있다. 볼비는 8장에서 본능 행동의 '기능'과 '원인'에 대해 구분하고 있는데, 여기서 '기능적 결과'는 어떤 본능행동이 본래의 '기능'을 달성한 결과를 일컫는다 – 옮긴이.

[2] 예를 포함해서 이후의 내용 중 많은 부분을 힌디의 『동물행동』(*Animal Behavior*, 1970)에서 참고했다. 힌디의 이 책에서는 행동발달의 원리에 관한 포괄적인 논의를 찾아볼 수 있다.

(1) 어떤 동작이 비록 그 특징적 형태는 갖추고 있을지 모르지만, 그 환경 내에서 이 동작이 지향하는 대상은 성인기에서의 이 동작이 지향하는 대상과 다르거나 그보다 훨씬 다양하다. 미숙기에는 성인기에 비해 동작의 대상이 훨씬 더 다양하다.

(2) 유아기에 기능적이었던 행동체계는 구조가 단순한 경향이 있는데, 발달과정에서 더욱 복잡한 구조를 갖춘 체계에 의해 대체되곤한다. 이렇게 해서 빨기와 같이 신생아에서 반사행동이나 거의 마찬가지였던 행동이 피드백으로 조절되는 행동으로 대체되며, 혹은 설정목표를 달성할 수 있을 정도로 구조화된 행동으로 대체되기도 한다.

(3) 추후에 기능적 결과를 갖춘 복잡한 순차적 행동의 일부분인 동작이 처음에는 종종 비기능적 단편으로서 나타난다.

이러한 차이점들 때문에 미숙한 개체의 본능행동은 그 기능을 효과적으로 달성할 수 없거나 전혀 달성할 수 없게 된다. 그리고 이러한 차이점들이 병리적 형태의 행동이 발달하게 되는 근원이 되기도 한다. 그러므로 미숙한 상태의 본능행동의 이러한 특징들이 정신분석 이론에서 오랫동안 중심적 위치를 차지했다는 것은 놀랄 만한 일이 아니다. 정신분석의 전통 내에서 위의 세 가지 특징들은 다음의 명제에 반영되어 있다.

(1) 본능행동의 대상과 본능행동을 종결하는 특별한 관계는 '어떤 본능에 대해 상당히 가변적인 것이다'(Freud, 1915a, *S. E.*, 14, p. 122).

(2) 미숙한 상태에서는 행동은 주로 쾌락원리의 지배를 받는다. 건강하게 발달하면서 쾌락원리에 의한 조절은 점차 현실원리에 의한 조절로 대체된다.

(3) 본능행동은 다수의 요소들(부분 본능들)로 이루어져 있으며 이 요소들은 발달과정에서 통합체로 조직화된다. 이러한 통합의 형태는 아주 다양하다.

이렇게 인간뿐만 아니라 인간 이외의 다른 많은 종들에서도 행동체계의 개체발생 과정에서 공통적으로 상당한 변화들이 나타나게 된다. 몇몇 종과 몇몇 행동체계에서 이러한 변화는 환경에 안정적이다. 다시 말해서, 변화의 방향이 발달과정 중에 마주치게 되는 환경의 변동에 의해 크게 영향 받지 않는다. 여타의 종과 여타의 행동체계에서 이러한 변화는 환경에 민감해서 성인기에 취하게 되는 그 형태는 환경의 변동에 의해 크게 좌지우지된다. 이런 경우 행동체계가 환경의 변화에 민감한 시기는 종종 그 기간이 제한되어 있으며, '결정적 단계'(critical phase) 혹은 '민감기'[3]라고 부른다. 상이한 행동체계의 민감기는 상이한 종에 있어 일생의 상이한 시점에서 발현된다. 하지만, 대체로 민감기의 시점은 비교적 일생의 초반기에 위치하며, 어떤 경우에는 이 체계 자체가 기능적[4]이기도 전에 민감기가 발현된다(이 장의 뒤에 나오는 발달의 민감기에

---

[3] '민감기'는 원문에서 'sensitive period'라고 되어 있다. 이 용어는 단순하게 말해서 어떤 유기체가 외부의 자극에 특히 예민하게 반응하는 시기라는 의미이다. 따라서 예민 반응기라고 번역할 수 있어서, 번역본의 초판에서는 예민 반응기로 번역했다. 그러나 2판에서는 좀더 보편적으로 사용되는 용어인 '민감기'로 수정했다. 이 책에 따르면 '민감기'에 행동체계의 변화가 발생할 가능성이 높다 – 옮긴이.

[4] '기능적'이라는 말은 원문에서 'functional'이라고 되어 있다. 이 말은 어떤 본능행동

관한 절을 보라).

민감기가 성인기의 본능행동의 형태가 대부분 결정되는 일생의 초기에 있다는 것은 프로이트가 관심을 기울였던 본능행동의 또 다른 특징이다. 정신분석의 전통에서 민감기가 일생의 초기에 있다는 것은 고착과 리비도 조직화의 단계 개념에 나타나 있다.

인간에 대한 정신분석 연구에서 얻게 된 많은 유서 깊은 개념들은, 현대 본능이론을 통해, 동물에 대한 관찰과 실험에서 얻게 된 유사 개념들과 제휴하게 됨으로써 양자 모두 명확해지고 풍성해지게 되었다.

2. 효과적 자극 범위의 제한

조류와 포유류의 모든 종들의 새끼들은 태어나면서부터 해당 종에 특징적이며 잘 실행되는 특정 수의 완전한 동작들을 보여준다. 조류에서는 쪼기와 깃털 다듬기를 예로 들 수 있고, 포유류에서는 빨기와 오줌싸기, 그리고 심지어는 (예를 들어, 스컹크의) 완벽한 먹이잡기 행동 등을 예로 들 수 있다. 이런 동작들은 사전 연습 없이 정상적인 기능적 맥락에서 나타난다. 인간의 신생아에게는 찾기, 빨기, 울기의 행동이 있으며 미소짓기와 걷기 등의 양식은 어느 정도 지나서 발현된다. 그리고 포옹하기와 골반밀기 등과 같은 성인의 남성행동과 여성행동의 몇 가지 세부 요소들도 또한 이 범주에 속하는 것 같다. 우리는 이런 동작을 다음과 같은 행동체계가 표현된 것으로 추정할 수 있다. 곧, 이 행동체계는

체계가 본래의 기능을 달성한 상태를 지칭한다－옮긴이.

운동양식과 관련해서 발달과정 중에 환경의 변동에 의해 상대적으로 거의 영향을 받지 않으며, 일생의 특정 단계에서 이 체계가 반응하도록 구조화된 어떤 원인 요인에 의해서든 활성화될 준비가 되어 있다. 이러한 행동체계들 중의 몇 가지는 프로이트의 요소 본능의 개념에 부합된다.

이러한 동작들은 적절한 순간이 도달하자마자 곧 실행될 수 있도록 조직화되고 준비되어 있는데, 이는 이 동작들이 운동 형태에서 학습과는 독립되어 있음을 보여준다. 그러나, 이 동작들이 처음 나타날 때 평소의 기능적 결과가 뒤따를지는 전혀 다른 문제이다. 왜냐하면 동작의 양식과 동작이 향하는 대상은 전혀 별개의 것이기 때문이다.

어떤 동작은 대상이 적절할 때만 그 기능적 결과를 달성한다. 예를 들어, 새로 태어난 병아리는 씨앗들이 뿌려져 있는 땅을 우연히도 쪼게 되면, 그 결과로 먹이를 먹게 된다. 그러나, 이 병아리가 우연히도 나무조각이나 분필과 같이 다른 희미한 색의 물체가 뿌려져 있는 땅을 쪼게 되면, 동일한 동작을 했는데도 불구하고 먹이의 가치가 있는 아무것도 얻지 못한다. 이와 비슷하게, 인간의 신생아는 적절한 모습을 갖춘 어떤 대상을 빨고 나서 영양분을 얻을 수도 있고 얻지 못할 수도 있다. 이렇듯, 쪼기와 빨기를 주관하는 행동체계들은 준비되어 있고 필요한 원인 요인들이 존재하는 순간 활성화된다 — 이렇게 활성화되는 것은 평소의 기능적 결과에 도달하는 것과는 관련이 없다.

미숙한 상태에서 어떤 행동체계를 활성화시키는 자극들의 범위는 종종 아주 넓지만, 무한히 넓은 것은 아니다. 처음부터 자극들은 범주들로 분류되어 다양한 유형의 반응들을 불러일으키는 경향이 있다. 이러한 사실에서 슈네얼라(Schneirla, 1959, 1965)는 다음과 같이 제안하게 되었다. 곧, 아주 작은 동물들이 보여주는 많은 반응들은 처음에는 이 동물들이 받아들이는 자극 강도의 양적 차이에 의해 단순히 결정된다는 것이다. 어린 동물들은 신경에 대한 영향이 양적으로 적고 규칙적이며 그리고 강도의 범위가 제한되어 있는 자극 원천에는, 그것이 어떤 것이든지 신체의 일부 혹은 전체를 사용하여 접근하려고 하지만, 신경에 대한 입력 정보의 양이 많고 불규칙적이며 강도의 범위가 넓은 원천에서는 물러나려고 한다고 슈네얼라는 지적한다. 이런 방식으로 구별하는 것은 비록 정교한 것은 아니지만, 어떤 어린 동물이 환경 내의 잠재적으로 위험한 부분에서 물러나고 잠재적으로 안전한 부분에는 접근하게 한다는 점에서 편리한 경우가 많다. 하등동물들에 대한 많은 관찰결과들이 슈네얼라의 이러한 일반론을 지지하지만, 어느 정도까지 적용가능한가는 불확실하다. 고등척추동물의 연구자들 대부분은 자극의 양식이 개체발생의 초기에서부터 발현되는 행동의 특정 형태를 최소한 일부나마 결정한다고 믿고 있다.[5]

다음의 예들은 고등척추동물의 미숙하고 단순한 개체에서 행동체계를 활성화시키는 데 효과적인 자극의 범위가 종종 얼마나 넓은지를 보여준다. 하지만, 경험이 쌓이면서 넓은 범위의 자극에 제한이 가해진다.

---

5 유아기에 지향반응과 방어 반응을 포함한 전신 동작은 뇌간의 망상체와 운동핵이 개입하여 조절된다는 증거가 있는데, 브론슨(Bronson, 1965)이 이에 대해 살펴본 바 있다. 중추신경계 내에서 이 정도수준의 신경망이 활성화되어 있는 한, 감각의 변별은 강도의 변화로 제한된다. 양식의 변화에 반응하기 위해서는 신피질체계의 기여가 필요하다. 인간을 포함한 일부 포유류 종들의 신생아 초기에 신피질체계가 기여하는 바가 미미하다는 사실은 슈네얼라의 일반론과 일치하는 것이다. 하지만, 이 사실이 양식의 변화에 대한 반응이 발현될 때, 이 반응이 반드시 학습의 결과라는 관점을 지지하는 것은 아니다.

병아리는 생후 며칠이 지나고 나면 주로 씨를 쪼고 못 먹는 것은 무시하는 것을 학습하게 되며, 신생아도 배가 고플 때 젖이 나오는 젖꼭지를 선호하게 된다. 효과적인 자극의 범위에 제한이 가해지는 다른 예들을 살펴보자. 많은 조류 종의 새끼들은 처음에는 광범위한 시각적 자극에 반응을 보이면서 따라다니지만, 며칠 내에 이미 따라다닌 적이 있는 대상에만 시각적으로 반응하게 된다. 태어난 지 3~4주 되는 인간의 신생아는 희미한 배경에 두 개의 검은 점이 있는 시각적 자극에는 그것이 어떤 것이든지 미소로 반응한다. 생후 3~4개월째에는 진짜 사람의 얼굴이 필요하다. 5개월째에는 효과적 자극은 친숙한 사람의 얼굴로 제한된다. 이렇게 효과적 자극의 범위가 일반적으로 축소되는 것에 대해 윌리엄 제임스(William James, 1890)도 잘 알고 있었는데, 그는 이러한 축소 현상을 '습관에 의한 본능억제의 법칙'이라고 표현했다.

첫 번째로 영향을 미치는 자극의 범위가 과감하게 축소되고, 두 번째로 특정 반응이 대개 기능적으로 적절한 자극과 연결되는 이러한 과정들은 어떤 것들인가?

그러한 과정 중의 하나는 성장하고 있는 개체의 입력된 감각을 변별하는 능력이 향상되는 것이다. 시각과 청각이 자극을 변별하지 못하는 한, 넓은 범위의 시각 자극 혹은 청각 자극은 마치 서로 비슷한 것처럼 취급될 것이다. 몇몇 종류의 감각 변별력이 향상되는 것은 생리적 발달에 의한 것이며, 학습의 결과라고 볼 수는 없다. 다른 종류의 변별력은 경험에 따라 향상된다. 이렇게 향상되는 것을 '지각학습' 혹은 '노출학습'이라고 부른다.[6] 예를 들어, 포유류에서 동그라미나 네모와 같은 시

---

[6] 슬러킨(Sluckin, 1965)은 '지각학습'이라는 용어가 모호하기 때문에 여러 상이한 과정을 지칭할 수 있다고 지적한다. 이런 이유 때문에 그는 드레버(Drever)가 맨 처음 제

각적 형태를 지각하고 반응하는 능력은 이 동물이 이전에 모양을 구별해 본 경험이 있느냐에 따라 달라진다는 증거가 있다. 어떤 경우에는 친숙함 자체로 충분하다 — 이 동물에게는 어떤 전통적인 보상을 받아본 경험이 전혀 필요 없다. 다른 경우에는, 변별력이 향상되려면 시각적 자극만으로는 불충분하다. 그래서 어린 고양이에게 시각적으로 효과적인 행동이 발달하려면, 이 고양이에게는 환경에 대한 시각적 경험이 필요할 뿐만 아니라 그 환경에서 적극적으로 움직여볼 수 있는 기회가 있어야 한다.

일단 자극을 변별할 수 있게 되면, 여러 과정을 통해 특정 반응과 연관된 자극의 범위가 제한된다. 반응 후의 결과들은 강화와 습관화와는 정반대되는 과정을 통해 이렇게 자극이 제한되는 과정을 매개하는 데 커다란 역할을 담당할 수 있다. 이렇게 해서 병아리는 부리로 집은 후에 삼킴을 유발하는 대상을 계속 쪼아대지만, 그렇지 않은 대상을 쪼는 것은 멈춘다. 핀치[7] 새끼들은 처음에 상이한 씨앗들 중 선호대상이 분명하지 않다. 그러나 경험이 쌓이고 나면 대개 가장 효과적으로 껍질을 벗길 수 있는 종류만을 선택한다.

행동형성에 영향을 미치는 다른 종류의 과정으로는 친숙한 대상에게는 다가가게 만들고 친숙하지 않은 것들은 피하게 만드는 것을 들 수

안했던 '노출학습'이라는 용어를 선호한다. "노출학습은 어떤 유기체가 자신이 노출된 환경에 대해 지각적으로 기록하는 것을 명확하게 지칭한다." 이러한 학습의 결과는 이 동물이 자극의 속성에 대해 학습했기 때문에 생기는 것이지, 이 동물이 어떤 자극-반응 연합을 형성했기 때문이 아니다.

7 핀치는 영어로 'finch'라고 하며 생물학적 분류상으로는 참새목 멧새과의 새들을 총칭한다. 사육하기 쉽고 노래하는 소리가 아름다워서 관상조로 많이 사육한다. 십자매, 문조, 호금조 등이 속하며 대표적인 사육조로 카나리아가 있다 - 옮긴이.

있다. 두 세대 동안 실험 심리학의 단골 주제였던 강화와 습관화의 과정들과는 달리 친숙과 생소함이라는 이분법의 중요성은 상당 부분 헵(1946b)의 연구 덕택 때문에 비교적 최근에 들어서야 인정을 받고 있다.

많은 종의 어린 개체의 발달과정에서 접근행동은 초기에 발현되며, 회피행동과 철회행동보다 앞서 발현된다. 그래서 어린 동물이 최초로 노출된 자극이 어떤 자극이든지 특정 넓은 범위 내에 속하면, 이 자극은 접근을 유발하는 경향이 있다. 하지만, 이 단계는 제한된 시간 동안만 지속되며 밀접하게 관련된 두 과정에 의해 종료된다. 어린 동물은 한편으로 환경을 경험하면서 친숙한 것을 익히게 되고 친숙한 것과 이상한 것을 구별할 수 있게 된다. 다른 한편으로 회피와 철회 반응은 좀더 즉각적으로 발현되며, 특히 이상한 것으로 인식되는 자극에 의해 발현된다. 많은 종에서 공격반응도 철회반응과 유사한 발달과정을 거치는데, 공격반응은 접근반응보다 나중에 발달하고 특히 이상한 것으로 인식되는 자극에 의해 발현된다.

이러한 쌍둥이 과정들에서는 서로 다른 반응들이 성숙하는 속도가 각기 다르고 동물들은 이 과정에서 친숙한 것과 이상한 것을 구별해 내는 것을 배운다. 이러한 쌍둥이 과정들을 통해서 접근행동을 유도하는 자극들은 친숙한 것에만 제한되는 경향이 있고 여타의 자극들은 철회 그리고/혹은 공격 반응을 이끌어내는 경향이 있다(생소한 것과 친숙한 것의 균형은 탐색을 유도하는 경향이 있다).

비록 이러한 쌍둥이 과정들은 원리상 비교적 단순하지만, 이 과정들이 동물의 행동조직화 방식에 폭넓은 영향을 미친다는 것은 명백하다. 먼저, 어떤 동물이 진화적응환경에서 성장할 때, 그 결과로 행동이 조직화되는데, 이 때문에 이 동물은 우호적인 동물들과 안전한 장소에 대한 근접성을 유지할 수 있게 되고, 게다가 포식동물들과 다른 위험으로부터 벗어나 있게 된다. 이런 방식의 조직화는 이런 결과들을 낳기 때문에 생존에 도움을 준다. 이와 대조적으로, 어떤 동물이 자신의 진화적응환경이 아닌 곳에서 성장하게 될 때, 그 결과로 나타나는 행동의 조직은 매우 다른 것이 될 것이다. 때로 이 행동조직은 특이하며 때로 생존에 악영향을 끼친다.

비전형적인 환경에서 성장할 때 생겨나는 행동조직은 비정상적이고 종종 비적응적인데, 이런 행동조직의 한 유형이, 동물의 유별난 우정에 관한 한 문헌에서 묘사되고 있다. 서로 다른 종의 어린 동물들이 함께 자라게 되면 이들 사이에 우정이 싹틀 수 있는데, 심지어는 천성적으로 '타고난 적'인 고양이와 쥐 사이에서도 그렇다. 다른 유형의 비정상적 조직은 심하게 제한된 환경에서 자라난 동물에게서 찾아볼 수 있다. 이런 동물의 행동은 대개 자극을 완전히 변별하지 못하는데, 모든 대상을 다 피하거나 혹은 모든 대상에 다 접근하는 경향이 있다. 예를 들어, 제한된 환경에서 자라난 두 살짜리 침팬지들에 대한 실험에서, 이 침팬지들이 새로운 대상을 조사하거나 만지지 않는다는 것이 밝혀졌다. 또한 자라난 환경이 더 제한적일수록 침팬지들은 더 소심해 지는 것으로 드러났다. 다른 한편으로, 강아지들을 제한된 환경에서 키우는 일련의 실험에서 이 강아지들은 모든 새로운 대상에 다가갔는데, 위험한 대상에도 다가갔다. 이러한 각각의 경우에 결과로서 나타나는 행동은 대상을 분별하는 것이 아니며, 그렇기 때문에 생존을 위해 잘 적응된 것은 아니다.

특정 자극들을 특정 행동체계와 연합하는 것의 상당 부분은 제한의 과정, 곧 잠재적으로 효과적인 광범위한 자극들을 훨씬 좁은 범위로 줄이는 과정에 의해 이루어진다. 하지만 때때로, 이러한 연합은 정반대의 과정, 곧 좁은 자극의 범위를 확대하는 과정에 의해서도 이루어진다. 한 예를 들자면, 암컷 쥐가 정상적인 살아있는 새끼 쥐를 키워 본 후에는, 이 암컷이 새끼를 키우는 경험을 맛보기 전에 비해, 모성 행동은 훨씬 더 빨리 발현되고, 죽은 새끼와 같은, 더 많은 종류의 유사 새끼 자극에 의해서 모성행동이 나타난다.

잠재적 유도 자극의 범위가 줄어드는(혹은 확대되는) 일생의 시기는 종종 짧다. 이 장에서 민감기와 각인에 대한 절들을 보라.

3. 원시 행동체계의 정교화와 정교한 체계에 의한 원시 행동체계의 대체

신생 개체에게는 어떤 행동체계들이 존재하는데, 특히 생식을 매개하는 체계들이 존재한다. 이 체계들은 전혀 활성화되지 않거나 혹은 활성화되었지만 충분히 조직화되어 있지 않아서 기능적 결과를 달성하지는 못한다. 후자의 경우가 더 빈번히 나타난다. 이런 체계의 개체발생은 다음 절에서 다룰 것이다. 이 절에서는 시초부터 기능적인 체계들에만 관심을 가질 것이다.

5장에서 행동체계가 조직화되는 다양한 방식에 대해 설명한 바 있다—고정행동양식의 가장 간단한 형태를 주관하는 유형에서부터 가장 정교한 목표수정적 순차행동을 주관하는 유형까지. 성숙한 동물의 행동체계와 비교했을 때, 갓 태어난 포유류에게 기능적인 행동체계는 그 유형이 보다 단순한 경향이 있다. 발달과정에서 더 복잡한 행동체계 유형들이 작동하며, 처음에는 단순한 유형의 체계에 의해 성취되던 기능이 나중에는 더 정교한 유형의 체계에 의해 성취되는 경우도 드물지 않다.

생애의 초기에 발생하는 체계의 변화의 예를 거위 새끼에게서 찾아볼 수 있다. 생후 첫 24시간 동안 움직이는 대상은 어떤 것이든지 이 거위 새끼에게 뒤따르는 행동을 유발한다. 하지만, 하루나 이틀이 지나고 나면, 친숙한 대상에게만 뒤따르는 행동이 유발되지만, 이 친숙한 대상이 없을 때 거위 새끼들은 이 대상을 찾는다. 이처럼 처음에는 단순한 목표수정적 체계로 조직화되었던 행동이 재빨리 계획의 일부로 재조직화된다. 이와 비슷하게, 새끼 원숭이의 애착행동도 단순한 반사적 움켜쥐기에서 뒤따르기와 매달리기 등의 복잡한 순차적 행동으로 진화하게 된다. 또한 뒤따르기와 매달리기는 계획의 요소들로서 조직화되기도 한다.

단순 체계에서 훨씬 정교하게 조직화된 체계로 통제가 이관되는 것은 보통 이 단순한 체계가 더 정교한 체계 내부로 통합되기 때문이다. 일단 이렇게 통합되고 나면, 이 단순한 체계가 활성화되는 것은 이전 보다 더 변별력 있게 통제된다. 이 단순한 체계는 기본적 수준의 자극을 감지하자마자 곧바로 활성화되는 대신, 매우 특별한 특정 조건이 갖추어질 때까지 활성화를 억제한다. 이러한 조건이 이루어질 때까지 수동적으로 기다릴 수도 있고, 또는 전혀 다르지만, 적절한 종류의 행동에 의해 이러한 조건의 실현이 적극적으로 추진되기도 한다 — 예를 들어, 거위 새끼의 찾는 행동이 이에 속한다.

성숙한 식육동물과 영장류에서는 행동이 때로 단순한 계획위계로 조직화된 것처럼 보인다. 예를 들어, 사자들이 먹잇감을 사냥하는 방식이나, 한 무리의 개코원숭이들이 포식자로부터 방어하기 위해 무리의 형태를 변화시키는 방식은 이러한 가정 하에서 상당히 쉽게 이해할 수 있다. 하지만, 이러한 정교한 행동조직화 방식은 비교적 성숙한 동물들에게서만 나타난다. 이런 조직화는 어린 사자나 어린 개코원숭이에게 가능하지 않다.

단순한 자극-반응 유형으로부터 목표수정적 유형으로, 행동을 통제하는 체계 유형이 변화하는 것을 종종 시행착오에 의한 행동으로부터 통찰에 의한 행동으로의 변화라고 지칭한다. 피아제는 이러한 변화를 감각운동 지능을 토대로 조직화된 행동으로부터 상징적이고 전개념적(preconceptual) 사고를 토대로 조직화된 행동으로의 변화라고 지칭했다.[8] 이러한 발달단계에 대한 자신의 생각을 설명하기 위해 피아제는 다음과 같이 썼다(1947). "감각운동 지능은 느리게 상영되는 영화처럼 행동한다. 이런 영화에서는 모든 사진이 융합되지 않고 한 장씩 보이기 때문에 전체를 이해하는 데 필수적인 지속적 영상이 없다." 반면에, 이보다 더 진보된 조직양식은 적절한 속도로 상영되는 영화와 비슷하다.

인간의 심리발달의 특징으로는 단순한 체계들이 목표수정적 체계에 의해 대체되는 것뿐만 아니라 개체가 자신이 선택한 설정목표에 대해 더 많이 자각하게 되고 이러한 설정목표를 달성하기 위해서 점차적으로 더욱 정교한 계획을 세우는 것, 그리고 계획들을 서로 관련시키고 계

---

[8] 피아제(Piaget)는 아동의 인지발달 단계를 4개 혹은 5개로 나누었는데, 첫 번째 단계가 바로 감각운동기(a sensorimotor stage)이며, 두 번째 단계는 전조작기(preoperational stage)인데, 이 전조작기를 다시 둘로 세분하면 상징적 기능기(symbolic function substage)(또는 전개념기)와 직관적 사고기(intuitive thought substage)로 나누어 볼 수 있다. 피아제가 언급한 상징적 사고와 상징적 기능(또는 전개념적 사고)는 전조작기의 특징이다 – 옮긴이.

획들 사이의 불일치를 감지해서 우선순위에 따라 계획들을 재배치하는 것을 들 수 있다. 정신분석에서는 이러한 변화들이 자아가 원초아를 대체하기 때문에 생긴다고 설명한다.

이러한 인간 발달의 첫 번째 단계들은, 유아의 방광 통제에 영향을 미치는 체계유형의 변화로 설명할 수 있는데, 이러한 변화는 유아의 생애 첫 2~3년 사이에 발생한다. 맥그로(McGraw, 1943)가 이 과정을 연구했다. 인간 생애 첫해 동안에 방광의 내용물을 비우는 것은 반사적 기제에 의해 통제된다. 이러한 반사적 기제는 첫 6개월 동안에는 광범위한 자극들에 민감한데, 두 번째 6개월 동안에 자극의 범위가 좁은 범위로 제한된다. 두 번째 해의 첫 무렵에는 소변을 볼 때 반사적 기제의 자동성이 사라진다. 하지만 유아는 아직도 소변보는 행위와 그 결과에 대해 자각하지 못하고 있는 것처럼 보이며, 짧은 기간 동안이나마 훨씬 더 협력적이고 예측가능하게 행동하는 경우도 있다. 하지만, 이 단계가 지나가고 나면, 많은 아이들은 잠시 동안 특히 비협조적이게 된다. 마침내, 대개 두 번째 해의 끝 무렵에 훨씬 더 복잡한 행동체계를 통해 통제가 가능하게 되는데, 이 체계는 아이의 자세와 처한 상황을 고려하도록 구조화되어 있다. 이 단계에서는 아이가 적절한 용기를 발견해서 그 위에 앉기까지 (대개) 방광의 내용물을 비우는 것이 억제된다. 이러한 행동은 설정목표, 곧 변기에 소변을 보는 것을 달성하도록 구조화되어 있으며 단순한 총괄계획을 기반으로 조직화되어 있다는 것은 분명하다. 이 계획을 실행하는 과정에서 필수적인 순차적 행동의 한 단계에서 다음 단계로 넘어가는 것, 예를 들어, 변기를 찾은 다음 그 위에 앉는 것은 정보 피드백 과정에 의존한다. 그리고 첫 번째 단계, 곧 변기 찾기에 성공하려면 이 아이는 가정 내 편의시설에 대한 인지적 지도를 갖추고 있어야 한다.

이렇게 처음에는 광범위한 비도식적 자극에 민감했던 단순 반응은 계획위계로 조직화된 행동체계 내에 통합되고 매우 구체적인 지각 대상에 민감해진다.

점차적으로 정교한 체계들이 연속적으로 대체되는 이와 비슷한 과정이 인간의 애착행동을 매개하는 것으로 믿어지고 있다. 인생 초기 몇 달 동안 애착행동은 반사동작과 탐지동작으로 구성되지만, 2년째와 3년째에는 설정목표와 계획으로 조직화된다. 이러한 계획들은 점차 복잡한 방식으로 조직화되며 궁극적으로 하위계획들을 포함하게 된다. 이러한 하위계획들 중 한 가지 설정목표로는 엄마-인물에[9] 대한 행동체계와 설정목표를 현재의 애착 대상으로 전환시키는 것이 될 수 있다.

단독 기능을 달성하기 위해 인간이 계속 차용하는 체계 중에서 점차적으로 정교해지는 것의 예로는 음식을 먹도록 하는 행동을 들 수 있다. 신생아에게 음식을 먹는 것은 더듬기, 빨기, 삼키기 등의 연쇄적인 고정행동양식으로 조직화된 행동의 결과이다. 이러한 고정행동양식들은 대체로 신생아가 내적으로 특정 상황에 놓일 때, 비교적 구체적이지 않은 환경자극에 의해 활성화된다. 태어난 지 몇 달이 지나고 나면 외적 조건이 기대되는 특정 양식에 부합한다고 인식될 때만, 먹는 행동이 시작된다. 이러한 기대되는 특정 양식으로는 엄마가 가슴, 병, 숟가락으로 준비가 된 상태 등을 들 수 있다. 둘째 해에는 많은 새로운 종류의 행동들

---

[9] '엄마-인물'은 원문에서 'mother-figure'이다. 엄마의 역할, 곧 유아를 보호하고 양육하는 역할을 담당하는 사람을 일컫는다. '엄마-인물'은 생모가 될 수도 있지만, 생모가 '엄마-인물'의 역할을 수행하지 못할 경우에는 가까운 친척이나 양부모가 그 역할을 대신하는 '엄마-인물'이 되는 것이다-옮긴이.

이 음식을 먹는 데 동원된다—음식을 쥐고, 입으로 가져가서, 물어뜯고, 씹는다—그리고 상이한 종류의 행동들이 서로 연결되어 일련의 순차적 행동보다는 계획으로 조직화된다. 아이가 자라 어른이 되면서 이 계획은 더 복잡해지고 이 계획이 실행되는 기간 또한 점차 길어진다—음식을 사고, 준비하고, 요리하기 등. 궁극적으로 심지어 미개 공동체의 성인들에게도 음식을 먹는 것은 어떤 총괄계획의 정점이 된다. 이 총괄계획을 실행하는 데는 한 해 동안의 농사짓는 기간이 소요될 수도 있고, 이 총괄계획의 하위계획으로서 경작, 추수, 저장, 요리 등의 광범위한 기술이 포함될 수도 있다.

이와 같이 인간은 유아기와 아동기에 가장 단순한 계획 외에 더 복잡한 방식으로 자신의 행동을 구조화할 수 없지만, 청소년기와 성인기의 행동은 보통 정교한 계획위계를 바탕으로 구조화된다. 차용하는 행동조직이 정교화되는 데서 이러한 엄청난 발달이 가능하게 된 것은, 물론, 자라나는 어린이의 상징, 특히 언어를 사용하는 능력이 발전하기 때문이다.

인간에게서 본능행동을 찾아볼 수 없다고 보통 말하는데, 그 이유는 인간이 발달하면서 어떤 기능을 달성하는 데 차용하는 행동이 그 조직상 단순하고 고정된 형태로부터 복잡하고 다양한 형태로 변화하기 때문이다. 이를 달리 표현하자면, 본능행동을 주관하는 체계는 대개 세련된 체계 내부에 포괄되는데, 그렇게 해서 본능행동에서 기대할 수 있는 전형적이고 알아볼 수 있는 양식들은 설정목표에 도달하기 직전 이외에는 더 이상 드러나지 않는다.

개체가 발달하면서 단순한 체계로부터 더 정교한 체계로 통제수준이 높아지는 것은 의심할 바 없이 상당 부분 중추신경계가 발달한 결과이다. 브론슨(Bronson, 1965)은 인간 두뇌의 상이한 부분의 행동능력에 대한 지식과 인생 초기의 몇 해 동안의 인간 두뇌의 상이한 부분의 발달 상태에 대한 지식을 매년 점차 정교해지는 작동 중인 행동체계에 대한 지식과 비교한 바 있는데, 이러한 비교에 따르면 인간이 발달하면서 두뇌구조와 행동구조는 긴밀하게 보조를 맞추는 것으로 보인다.

생후 1개월 동안 신생아의 신피질은 거의 발달하지 않으며, 이것과 보조를 맞추어 신생아의 행동도 오직 반사동작과 탐지동작 수준에 한정된다. 3개월째에는 신피질의 일부가 기능을 수행하게 되면서 도식에 대한 반응이 민감해지고 짧은 시간 동안 반응이 지연될 수 있다. 예를 들어, 3개월째에 아이는 엄마가 음식을 주려고 준비할 때 만족한 채로 기다리기도 하는데, 생후 초기 몇 주 동안 아이는 이런 식으로 행동하지 않는다. 그러나, 생애 첫 2년 동안에 신피질의 정밀 영역들(elaboration areas)의 발달은 1차 투사 영역들(primary projection areas)에 비해 훨씬 지체된다. 그리고 이러한 지체 때문에 인지과정과 계획은 비교적 초보적인 수준을 넘어 발달하지 못한다.

만 2세가 될 때까지도 전전두엽은 거의 발달하지 않은 채로 있다. 어떤 개인이 즉각적 반응을 억제함으로써, 인접한 환경에는 없는 요인들에 의존하는 어떤 행동계획을 완수하려면 전전두엽이 필수적이라는 것을 시사하는 증거들이 있다. 이러한 증거들과 일치하여, 학령 이전기의 끝 무렵이 되어서야 대부분의 아이들은 지금 여기에는 없는 요인들을 중시하는 결정을 내릴 수 있다고 한다.

아동기의 여러 해를 통틀어서 행동체계가 정교화되는 것은 두뇌의 발달상태에 의해 엄격하게 제한된다는 것은 이처럼 명백한 것 같다. 필수적인 신경적 도구 없이 행동적 도구들은 정교화될 수 없다. 그리고 행동적 도구가 정교화될 때까지 행동은 현실원리보다는 쾌락원리에 더 보조를 맞추게 된다.

개체발생 과정에서 단순 행동체계는 계획위계를 포함한 더 정교한 행동체계에 의해 대체되는 것이 통례이다. 적응성과 효율성 측면에서의 이러한 대체의 이점은 분명하다. 그리고 그 위험성도 분명하다. 한 체계가 다른 체계로 연속적으로 대체되는 과정에서 불완전한 전환이 발생함으로써 그 결과로 나타난 체계의 효과성과 적응성이 높아지는 대신 낮아지게 되는 기회는 무수히 많다.

4. 행동체계를 기능적 전체로 통합하기

지금까지 우리는 발달의 시작단계부터 기능적인 체계들을 다루었다. 이 체계들은 발달과정에서 계속해서 동일한 기능을 달성하는 더 정교한 체계로 대체된다. 하지만, 이와 다른 체계들은 처음에는 비기능적이었다가 다른 체계들과 통합될 때만 기능적이 된다. 이 체계들의 각 요소들은 처음 활성화될 때 오직 고립된 동작만을 보여주거나, 혹은 부적절한 맥락에서 발생하는 동작이나 일련의 순차적 행동에서 순서가 잘못된 동작으로 나타난다.

한 예로 다람쥐의 나무열매 묻기 행동을 들 수 있다. 이 행동은 땅 파기, 나무열매 넣기, 주둥이로 열매 밀기, 흙으로 덮기, 표시해 놓기 등의 아주 복잡한 순서로 이루어져 있다. 비록 이런 부분 행동 각각은 특정 연령이 되면 발현되고 연습이 필요 없지만, 순차행동 전체가 효과적이려면 대개 어느 정도 연습이 필요하다. 예를 들어, 경험이 없는 다람쥐는 땅을 파고 나무열매를 넣고 나서 다른 곳에 가서 흙으로 덮는 동작을 하는 경우도 있다. 오직 연습을 통해서만 이 순차행동은 제대로 실행되어 평상시의 기능적 결과를 달성할 수 있게 된다.

어린 동물에서 본능행동이 아주 부적절하게 실행에 옮겨져서 기능적 결과가 나타나지 않는 경우가 있는데, 생식행동의 발달에서 이런 예를 찾아볼 수 있다. 예를 들어 이제 깃털이 나고 있는 박새 새끼에게서 노래의 단편적 일부, 둥지짓기, 그리고 교미행동과 같은 생식행동의 따로 떨어진 일부가 나타나기도 한다. 그러나, 이러한 단편들이 나타나는 맥락은 성숙한 개체에서 이 행동들이 나타나는 맥락과는 완전히 동떨어진 것이다. 많은 포유류 종의 어린 수컷과 암컷들은 보통 서로에게 올라타기도 하는데, 동작이 서투르며 정자가 질 내로 전달되지도 않는다. 영장류에 대한 연구들이 현재 다수 있는데, 정신분석에서 이 연구에 특별한 관심을 가지고 있다.

붉은털원숭이는 만 4세 이후에나 성적 성숙기에 도달한다. 하지만, 생후 몇 주부터 성적 행동의 단편들을 관찰할 수 있다. 6주 무렵부터 다수의 수컷 새끼들에게서 성기가 발기되는 것이 관찰되었으며, 특히 어미 원숭이가 이 새끼들의 털을 골라줄 때 발기 현상이 일어났다. 골반밀기는 이보다 조금 뒤에 관찰되었지만 두 마리 중 한 마리가 올라타는 자세일 때만 관찰되는 것은 아니었다. 골반 밀기의 대상이 되는 동물은 이 새끼의 어미인 경우도 드물지 않았다.

발기와 골반밀기는 침팬지 유아에서도 관찰되었다. 붉은털원숭이와 침팬지에게 이 두 행동은 흥분이 고양된 상황에서 발현될 수 있다. 이런 상황의 예로는 짧은 이별 후에 동료와 다시 만날 때, 먹이를 먹을 때, 낯선 동물과 함께 있을 때, 신체적으로 제한된 상황에 놓일 때 등이다. 메이슨(Mason, 1965a)은 이 주제에 관해 개관하면서 "[남성 교미행동의] 다양한 구성요소들이 개체발생의 상이한 단계에서 나타나고 경험과 발현조건에 상이한 관련을 맺고 있는 것 같다"라고 결론을 내렸다.

비기능적인 종류의 성행동의 단편적 일부분들이 많은 유인원 종들, 아마도, 모든 유인원 종들의 미숙한 구성원들에게 발생하며 주로 부에게 처음으로 이런 행동들이 나타난다는 것은 이런 관찰결과로 보건대 분명하다. 인간의 유아기와 아동기에 활성화되어 있으며, 프로이트가 관심을 기울였던, '요소 성본능들'은 이렇게 인간에게만 한정되어 있지 않다. 아마도 모든 포유류에 있어 유아적 성욕은 보편적인 것이다.

인간의 아이들에게서 비기능적 성행동의 단편을 체계적으로 관찰하는 것은 쉬운 일이 아니다. 하지만, 최근에 루이스(Lewis, 1965)는 생후 8개월에서 10개월 된 유아들에게서 골반밀기 운동이 나타나는 것에 대해 보고한 바 있다.

> 골반밀기 운동은 최고로 안전한 상황에서만 일어난다. … 즐거워 보이는 순간, 이 아이는 아마도 엄마 품에 긴장을 풀고 누워 있는 동안, 엄마를 꼭 붙잡는다. 팔을 엄마의 목 주위로 두르고 엄마의 턱에 머리를 디밀고서 빠르게 회전하는 골반밀기를 1초에 두 번 정도의 횟수로 시작한다. 이것이 오래 지속되지는 않는다(10-15초). 대개 발기도 함께 이루어지는 것은 아니며 … 그 결과로 성적 극치감이라고 볼 수 있는 것이 생기지도 않는다. … 사내아이들만 이러는 것도 아니다. 딸을 셋이나 둔 엄마도 세 딸 모두에게서 이런 행동을 관찰했다. …[이 골반밀기는] 꼭 끌어안는 접촉이 점차 감소하면서 줄어든다. …[하지만] 세 살이 넘은 아이들에게서도 관찰되었다. … 음식 먹기, 옷 입기 또는 활기찬 놀이 등과 연관되어

발생하는 것은 아니다. 하지만, 아이가 긴장을 푼 채 담요 혹은 베개와 배가 맞닿아 있을 때 가끔 골반밀기가 관찰된 적이 있다.

두 살이나 세 살 된 아이들이 함께 노는 것을 본 사람은 누구든지 어린 남자아이와 여자아이가 아주 흥분된 상태에서 성인들이 성교할 때에 전형적인 자세를 취하는 것을 본 적이 있을 것이다. 하지만, 이 두 아이 중 누구도 자신들이 일부 연기하고 있는 순차적 행동의 사춘기 이후의 설정목표에 대해 조금도 알지 못하고 있다는 것은 분명하다.

미숙한 상태에서 나타나지만 순서상으로 충분히 조직화되어 있지 못해서 그 기능적 결과가 나타나지 않는 본능행동의 또 다른 전형적인 예로는 어린 여자아이들이, 그리고 때로 어린 남자 아이들이 보여주는 모성행동이다. 세 살 난 아이는 오랜 기간 동안 인형이나 혹은 심지어 진짜 아이를 향해 전형적인 모성적 방식으로 행동할 수도 있다. 그러다가 뭔가 다른 것이 이 여자 아이의 관심을 끌게 되면 이 모성행동은 갑작스레 끝나고, 오랜 시간 동안 이 인형이나 아이는 무시된 채 놓여 있게 된다.

이렇게 초기에 나타나는 본능행동의 단편들이 정상적인 기능적 결과를 가진 완전한 순차적 행동으로 통합되는 과정들은 아마도 잡다한 것 같다. 어떤 과정에서는 이미 논의한 바와 같이 어떤 행동체계를 활성화시키거나 종료시키고 또는 유도하는 자극 대상들이 제한되도록 한다. 한 예로, 알에서 갓 태어난 병아리는 맨 처음에 서로 구별되는 여러 반응들을 보여주는데, 이런 모든 반응들이 대체로 엄마 암탉에게 집중되는 방식을 들 수 있다. 실험에 따르면 알에서 갓 태어난 병아리는 초기 며칠 동안 (1) 움직이는 대상을 따라다니고 (2) 놀랐을 때 안전한 안식처를 찾고 (3) 추울 때 따뜻한 곳을 찾는다. 비록 인공적인 상황에서 병아리의 이러한 각각의 행동체계가 상이한 대상을 향하도록 병아리를 키우는 것이 가능하지만, 예를 들어, 종이 상자를 따라 다니고, 자루에서 안전한 안식처를 발견하고, 난방기에서 따뜻한 곳을 찾게 하는 것이 가능하지만, 자연상태에서는 이 모든 세 가지가 엄마 암탉에게 집중된다.

행동적 단편들이 기능적으로 통합되며 이와 밀접하게 연관된 과정들에서는, 단순한 행동을 주관하는 어떤 행동체계를 하나 혹은 그 이상의 연쇄행동의 한 단위가 되도록 유도한다.

하지만 이와 다른 종류의 과정에서는 하나의 행동을 어떤 인과적 위계 내부에 통합시킨다. 이 과정은 어떤 행동양식과 어떤 동물의 내적 상태의 인과적 관계가 변화한 후에 발생한다.

어떤 동물이 배가 고플 때 먹는 행동이 곧바로 발현된다고 자신 있게 여길 수 있을 것이다. 그리고 이 동물이 배가 고플수록 더 곧바로 먹는 행동이 나타난다고 생각할 수 있다. 하지만 항상 그런 것은 아니며, 최소한 아주 어린 동물에게서는 그렇지 않다. 예를 들어, 어린 박새 새끼가 쪼기를 시작할 때 이런 행동을 할 가능성이 가장 높을 때는 배가 고프지 않을 때이다. 이 새끼가 배가 고플 때는 어미에게 먹이를 달라고 조른다. 이와 유사하게 강아지의 빨기 행동도 처음에는 배고픔과 먹이 먹기 모두와 독립적이라는 것이 실험에서도 시사되고 있다. 이후의 발달과정에서 쪼기와 빨기는 배고픈 상황에서 가장 잘 발현된다. 이렇게 해서 쪼기와 빨기는 먹이 먹기에 기여하는 다른 행동들과 함께, 원인적 위계로 조직된 체계 내에 속하게 된다.

어떤 동물이 특정 생리적 상황, 예를 들어 배고픈 상황에서만 특정 반응이 나타나게 된다는 것이 경험의 한 결과라면, 이와는 정반대의 것이

다른 결과일 수 있다. 이렇게 해서 두 가지 조건이 만족되면 수고양이의 성행동은 처음으로 기능적 순서로 조직화된다. (1) 안드로겐 수준이 높고 (2) 교미를 해본 경험이 있다. 일단 이렇게 조직화되면, 추후에 안드로겐 수준이 낮을 때도 성행동이 나타날 수 있다. 수고양이의 성행동의 조직화 방식이 연쇄적으로 연결된 체계에서 목표수정적 체계로 변화하는 것이 최소한 가능하다. 이것이 그렇든 그렇지 않든, 이렇게 변화하는 것은 고등동물에서 흔한 것이다. 이러한 새로운 행동체계는 훨씬 효과적일 뿐만 아니라, 이 새로운 체계를 발현시키는 데 필수적이었던 조건들로부터 어느 정도의 자율성을 획득할 가능성이 있다.

이러한 보기들은 행동발달의 매우 일반적 원리들을 묘사한다. 일단 어떤 순차적 행동이 조직화되면, 이 순서는 지속되는 경향이 있다. 그런데, 이 순서가 비기능적 형태로 발달했거나 최초에 의존했던 외적 자극 그리고/또는 외적 자극이 존재하지 않는 상황에서도 이 순서는 계속 지속되는 경향이 있다. 그래서 어떤 특정 행동이 취하는 정확한 형태와 이 행동이 처음 조직화되는 순서는 이 행동의 미래에 있어 가장 중요한 영향력을 행사한다.

복잡한 행동체계를 학습하고 발달시키는 인간의 거대한 능력 때문에, 인간의 본능적 행동은 개인에 따라 다양한 모습을 보이는 유연한 순차적 행동 속에 통합되는 것이 보통이다. 이렇게 해서 어떤 사람이 완료상황에 도달하는 경험을 하게 되면 이 상황에 도달하도록 이끌었던 행동은 설정목표와 계획위계로 재조직화될 가능성이 있다. 이것이 성행동에서 일어나는 것처럼 보인다.

성교와 성적 극치감을 경험하기 전에 인간의 성행동은 대개 연쇄행동으로 조직화되는 것 같다. 성교와 성적 극치감을 경험하고 나서는 성행동은 연쇄 행동이라기보다는 설정 목표를 가진 계획으로 재조직화 된다. 비록 이러한 재조직화를 통해 한 체계가 주관하고 있는 일련의 순차 행동은 예견되는 결과를 달성하는 데 훨씬 효과적이게 되지만, 이 재조직화에 결점이 없는 것은 아닐 것이다. 예를 들어, 일단 완료상황과 완료행위를 예견하게 되면, 어떤 개인은 완료상황과 완료행위를 성급하게 추구하게 되고, 중간 단계를 생략하게 되며, 따라서 경험하게 되는 만족은 예상했던 것보다 훨씬 덜한 것일 수 있다.

경험을 통해 어떤 본능행동체계의 완료상황(혹은 완료행위)에 종종 도달하고 혹은 경험을 통해 완료상황(혹은 완료행위)을 항상 예견할 수 있는 반면, 이 본능행동을 실행하기 전에 그 기능이 예견될 수 있는가의 여부는 훨씬 더 불확실하다. 동물들의 경우 기능을 예견하는 것은 결코 가능하지 않다. 인간의 경우 때로 가능하지만, 아마도 불가능한 경우가 더 많은 것 같다. 예를 들어, 비록 성행동의 기능적 결과는 의심의 여지 없이 대개 성행위를 하기 전에 알려져 있지만, 그렇지 않을 수도 있다. 먹는 행동의 기능적 결과에 대해 성인들도 불완전하게만 알고 있는 것 같다. 그리고 애착행동의 기능적 결과에 대해서는, 이후의 장들에서 논의되겠지만, 심지어 전문가들 사이에서도 대개 알려져 있지 않다.

인간은 때때로 기능을 알고 있기 때문에 두 종류의 비정상적 행동이 발생할 수 있다. 그 중 하나는 행동을 실행하면서도 동시에 그 기능적 결과가 발생하는 것을 의도적으로 막는다. 예를 들어, 피임을 하고 성행위를 하거나, 영양분이 없는 음식을 먹는다. 다른 하나는 본능행동을 수행하지 않고서도 기능을 충족하는 것이다. 예를 들어 인공수정이나 관을 사용하여 음식을 먹이는 것이다.

5. 발달에서 민감한 시기

조류와 포유류의 많은 종들의 성숙한 개체들이 갖추고 있는 행동적 도구들의 형태는 이러한 성체들이 자라난 환경에 의해 상당 부분 결정 된다는 것을 분명히 하기 위해 충분한 설명을 했다. 몇몇 종의 몇몇 체 계에 대해서는 환경에 민감한 정도가 일생 동안 거의 변화하지 않지만, 환경에 대한 민감성은 특정 시기에 더 강해지는 경우가 많다. 때때로 어 떤 행동체계는 어떤 시기에는 상당히 민감하다가도 이 시기가 지나고 나면 민감성이 사라진다.

행동적 도구의 발달과정에서 민감한 시기에 대해 가장 잘 알려진 예 는 어떤 체계를 활성화시키거나 종료시키는 자극들이 급격하고 그리고 아마도 불가역적으로[10] 제한되는 것이다. 다른 예들로는 운동양식과 설 정목표가 취하는 형태를 들 수 있다.

이 장의 앞부분에서 어린 동물에게는 친숙한 것으로 확인된 자극들은 접근행동을 유발하고 이상한 것으로 확인된 자극들은 회피행동을 유발 하는 두드러진 경향이 있다는 것을 지적한 바 있다. 이러한 특별한 예는 오리 새끼와 거위 새끼의 뒤따라가는 행동의 발달과정에서 일어난다. 알에서 깨어난 지 몇 시간 안에, 어린 새들은 자신들이 처음 지각하는 움직이는 대상이 무엇이든지 간에 뒤따라간다. 이뿐만 아니라 이 어린 새들은 이미 뒤따라가 본 적이 있는 대상만을 따르려고 하고 여타의 모든 대상들은 회피하려고 하는데, 이 과정은 아주 짧은 시간 내에 이루 어진다. 이렇게 친숙한 것에 대해 신속히 학습한 다음 그 대상을 뒤따라

---

[10] '불가역적으로'는 원문에서 'irreversibly'이다. 이 말은 어떤 변화가 일단 발생하여 상태가 바뀌면, 이전 상태로 되돌릴 수 없다는 것을 의미한다 – 옮긴이.

가는 것은 '각인'(imprinting)으로 알려져 있다. 이와 비슷한 것이 어린 포유류에게서도 발생한다. 이러한 발견들은 인간 어린이의 엄마에 대한 유대를 논의하는 데 있어 관련성이 깊기 때문에 이 장의 다음 절에서 다루고자 한다(p. 315).

여타의 행동체계들의 잠재적 대상들의 범위도 일생의 다른 특정 시기에 급격하고 그리고 아마도 돌이킬 수 없을 정도로 제한될 수 있다.

정신분석가들이 가장 많은 관심을 가진 예로 성적 행동의 대상을 선택하는 방식을 들 수 있다. 조류나 포유류가 특정 연령에 도달하기 전까지 이들에게서 대개 완전한 형태의 성적 연쇄행동을 찾아볼 수 없다(비록 대개 성적 행동의 고립된 단편을 볼 수는 있지만). 그럼에도 불구하고, 최소한 일부 종에서는, 어떤 개체의 추후 행동 대상들의 범위는 이 개체가 성적으로 성숙해지기 오래전에 이미 결정된다. 이 점은 어떤 동물이 다른 종의 동물과 함께 성장할 때 아주 명백해진다. 이 경우 이 동물은 종종 그렇듯이 모든 성적 행동을 이 다른 종의 개체에게 발산한다. 인간과 함께 자란 동물들은 때로 남자들과 여자들을 성적 행동의 대상으로 삼는다.

다양한 종들의 미성숙 발달 시기에는 성적 대상의 특성이 결정되거나 최소한 큰 영향을 받는데, 이러한 미성숙 발달 시기에 관한 정확한 정보는 아직도 거의 전무하다. 이러한 이유 때문에 물오리 새끼에 관한 최근의 실험은 흥미롭다. 슈츠(Schutz, 1965a)는 성숙한 물오리 수컷이 성적 행동의 대상으로 삼는 종류는 일생의 특정 시기에 함께 시간을 보냈던 새의 종류에 의해 많은 영향을 받는다는 것을 발견했다. 이 특정 시기는 생후 3주 무렵 시작하고 생후 8주 무렵 끝난다. 다시 말해서, 이 시기는 성적 순차행동이 완성되기 오래 전이다. 자신과 같은 종의 수양어미나 수양형제들과 함께 자라나게 되면, 수컷 물오리는 예견되는 대로 항상 자신과 같은 종의 암컷과 교미를 한다. 자신과 같은 종의 새들, 그리고 상이하지만 관련된 종의 몇 마리 새들과 함께 자라나더라도 마찬가지로 수컷 물오리는 같은 종의 암컷과 교미를 한다. 하지만, 상이하지만 관련된 종들의 새들하고만 자라나면, 수컷 물오리의 3분의 2는 이 관련된 상이한 종의 암컷하고만 교미하게 된다. 그러나, 이들이 자신들과 전혀 무관한 종의 새들, 예를 들어, 닭 혹은 물닭과 함께 자라나면 수컷 물오리의 성적 선호대상은 이 무관한 종의 개체들이 아니게 된다.

이러한 연구들은 수컷 물오리의 성적 선호대상은 처음부터 자신과 같은 종이라는 것을 보여준다. 수컷 물오리의 성적 선호는 환경적으로 충분히 민감한 것이어서 밀접하게 관련이 있는 종의 새들을 성적 대상으로 삼을 수 있지만, 전혀 무관한 종을 성적 대상으로 삼는 일은 결코 없을 정도로 환경적으로 충분히 안정적이라는 것을 또한 보여준다.

슈츠의 또 다른 발견으로는 다른 종의 수양어미(foster-mother)와 함께 성장하는 것이 이 다른 종의 수양형제(foster-siblings)들과 함께 성장하는 것보다 같은 종의 암컷을 성적으로 선호할 가능성을 더 높게 만든다는 것이다. 하지만, 함께 성장한 새들이 서로 교미를 하는 일은 드물기 때문에 이렇게 생애 초기에 형성된 성적 선호 대상은 어떤 종의 일반적 구성원들이지 특정 개체가 아니라는 것은 명백하다.

슈츠(1965b)는 또한 수컷 물오리가 동성 파트너를 선택하는 상황에 대해서도 보고한다. 수컷 물오리는 양성의 새들과 함께 성장하면 암컷을 선택한다. 하지만, 수컷으로만 구성된 집단에서 최소한 75일 이상 성장하면 수컷 물오리들은 동성의 짝을 형성하고 이후로 암컷에게 관심을 보이지 않는다. 그 이후로 동성 파트너에 대한 선호는 뚜렷하게 안정적이다. 이 두 마리의 수컷은 항상 수컷의 역할을 담당하며 그래서 결코 교미를 할 수 없다는 사실에도 불구하고 이러한 동성에 대한 선호는 계속된다.

일단 성적 선호가 확고해지면 성행동의 대상 집단이 안정적으로 되는 현상은 다른 종들에서도 실제로 흔한 것이다. 일단 성적 선호 집단이 확정되면 성행위와 기능적 결과의 양자에 대한 부적절성에도 불구하고 더욱 적절한 집단으로 성적 선호를 바꾸는 것은 설사 더욱 적절한 집단의 구성원들이 있다고 해도 흔한 일이 아니다. 인간에게 있어서는 성욕 도착증을 가진 남성이 여기에 해당한다.

조류와 포유류의 많은 종들에서 모성행동의 대상은 환경적으로 민감하다. 작은 새들이 우연히도 자신들의 둥지에 나타난 어린 뻐꾸기를 돌보면서 보여주는 헌신은 악명 높은 예이다. 조류의 다른 많은 종들은 낯선 종의 새끼들에게 수양어미로서 행동하려고 하며, 포유류의 암컷들이 다른 종의 새끼들에게 수양어미로서 행동한다는 무수히 많은 일화들이 있다. 하지만, 대부분의 경우에 이러한 정상에서 벗어난 모성행동은 변화가능한 것이다. 다시 말해서, 다른 종의 새끼를 대리 양육한 경험 때문에 이 종의 새끼를 영구적으로 선호하게 되지는 않는다는 것이다.

하지만, 포유류의 특정 종에서 분만 직후 발생하는 민감기 동안에 모성행동의 대상이 되는 어린 개체가 한정된다는 증거는 많다. 양치기들은 이 사실을 오랫동안 알고 있었다. 양치기들은 새끼를 잃은 암양에게 다른 암양에게서 난 고아 새끼 양을 입양시키려고 노력하는데, 이 암양은 잃어버린 새끼에 대한 집착을 버리지 못해서 양치기들은 아주 어렵게 이 암양이 고아 새끼 양의 수양어미(foster-mother)가 되도록 설득할 수 있다. 모성행동의 대상이 이렇게 급격하게 제한되는 것은 허셔,

무어, 리치몬드(Hersher, Moore, & Richmond, 1958)가 보고한 실험에서 충격적으로 묘사되고 있다. 암염소 한 마리가 쌍둥이를 분만한 직후에 쌍둥이 중 한 마리를 2시간 동안 어미에게서 떼어놓았다가 다시 어미에게 되돌려줬다. 그동안 쌍둥이 중 다른 한 마리는 계속 어미와 함께 있었다. 이 암염소는 자신과 함께 있었던 쌍둥이는 계속 돌봤지만, 떨어져 있었던 다른 쌍둥이와는 어떤 관계를 맺는 것을 거부했다. 모성행동의 대상이 제한되는 것은 이 종에서 분만 직후 몇 시간 안에 일어난다.

운동양식의 형태들과 이 형태들이 기능적(혹은 비기능적) 순차행동으로 통합되는 방식은 어떤 경우에 민감기를 거치는 것으로 알려져 있다. 예로써 작은 우리에 갇혀서 홀로 자란 많은 동물들의 특징인 고착화된 운동 동작들을 들 수 있다. 비록 이런 동작들은 비적응적이지만, 일단 확고해지면, 상황이 진화적응환경의 상황으로 바뀐 후에도 계속 지속되는 경향이 있다. 이와 비슷하게 일단 확고해진 운동 동작이 계속 지속되는 것은 근육의 협응을 수반하는 게임을 해본 모든 사람들에게 친숙한 것이다. 만약 어떤 사람이 테니스나 이와 유사한 게임에서 특정한 팔 휘두르는 동작을 습득했다면, 이 사람은 그 이후로 더 나은 동작을 배우기 위해 이 동작을 그만두는 것이 극히 어렵고 처음 배웠던 동작으로 계속 후퇴하게 된다는 것을 깨닫게 된다.

환경에 안정적인 행동과 환경에 민감한 행동 둘 다에서 얻은 이런 종류의 증거를 바탕으로 힌디는 다음과 같은 결론을 내리게 되었다. 곧, 어떤 반응이 실행되는 것은, 그 사실로 인해, 이 반응이 추후 상황에서 실행될 가능성을 높일 것이다.

최소한 몇몇 종들에서 성행동의 대상군이 사춘기 이전에 민감기를 거칠 때 어떤 경향이 있는지에 대해 이미 설명한 바 있다. 영장류에서 성행동의 운동양식 역시 발달과정에서 민감기를 거친다는 명확한 증거가 있다. 할로(Harlow)와 그의 동료들은 오랫동안 연속된 실험에서 다수의 상이한 사회적 환경에서 유아기의 붉은털원숭이를 키웠다. 이 원숭이들의 양육환경은 모두 이 원숭이들의 진화적응환경과는 아주 동떨어진 것이었다. 할로는 다음과 같이 결론을 내렸다.

위스콘신 실험실로부터의 방대한 양의 관찰자료에 따르면 이성 행동은 생애 초기의 경험의 영향을 많이 받으며, 유아들이 서로서로 효과적인 정서적 관계를 맺는 데 실패하게 되면 성인기의 적절한 이성 행동은 그 발달이 지체되거나 혹은 파괴된다(Harlow & Harlow, 1965).[11]

할로와 할로는 비록 그 이전의 논문에서(예를 들어, 1962) 어린 원숭이에게 원숭이 어미에게 양육 받은 경험이 없더라도 동갑내기들과의 놀이 경험이 있으면 행동은 정상적으로 발달한다고 보고한 바 있지만, 최근 발견된 바에 따르면 상당한 개인차가 있고 이렇게 양육된 모든 원숭이들이 청소년기와 성인기에도 이성 행동을 보이는 것은 아니라고 한다. 필자와의 개인적 서신에서 할로는 다음과 같이 썼다. "생애 초기의 사회화 과정에서 어미 원숭이를 대체할 수 있을 만큼 적절한 것은 없다고 저는 지금 상당히 확신합니다."

할로와 할로는 붉은털원숭이 수컷의 성행동이 암컷의 성행동에 비해 환경에 더 민감하다고 보고하고 있다. 침팬지에 대해서도 이보다도 더 명확한 이런 종류의 차이점이 보고되고 있다. 영장류에서의 수컷의 성

---

11 '이성 행동(異性行動)'은 원문에서 'heterosexual behaviour'로서 '동성 행동(同性行動)', 곧 'homosexual behaviour'과 반대되는 것이다 – 옮긴이.

행동의 발달에 관한 비교연구에서 메이슨(1965a)은 다음과 같이 관찰했다.

이러한 반응들이 성숙한 개체들의 교미 유형에 통합되는 것은 침팬지보다는 원숭이들에게 훨씬 일찍 발생한다. … 만약 어떤 수컷 원숭이가 적절한 사회적 접촉을 경험하게 되면[하지만 다른 측면에서는 적절하지 않았다], 이 원숭이는 사춘기 훨씬 이전에 성숙한 개체들에게 특징적인 성행동 양식을 발달하게 된다. 반면에 침팬지는 유사한 상황에서도 명백히 그렇지 않게 된다. … 다른 한편으로 청소년기까지 성숙한 개체의 양식을 습득하지 못한 수컷 원숭이는 이후에도 습득하지 못할 가능성이 높지만, 침팬지에게는 이런 학습이 가능하다. … 청소년기까지 사회적 학습의 기회가 상대적으로 많지 않았던 수컷 원숭이는 [자신 내부에] 존재하는 장난기 있고 공격적인 강한 성향 때문에 성적으로 적응하는 데 장애를 겪을 것이다.

메이슨의 마지막 문장은 성행동과 부모행동을 포함하는 사회적 행동이 적응적이기 위해서는 특정 반응들이 억제되거나 최소한 제한되어야 한다는 사실에 주목하게 한다. 예를 들어, 어떤 수컷에게 강도 높은 공격적 행동은 이 행동이 포식자에게 향하거나 때로 다른 성숙한 혹은 청소년기의 수컷에게 향하게 되면 적응적이지만, 암컷이나 어린 새끼에게 향해지면 부적응적일 수 있다. 이와 비슷하게, 애착행동과 부모행동이 적응적인 것이 되려면 이 행동들은 적절한 경우에 발현되어야 한다. 성숙한 포유류 개체가 적응적인 사회적 역할을 수행하기 위해서는 자신의 다양한 사회적 반응을 표출하는 데 있어 실제로 지극히 분별력이 있어야 하며 이러한 반응들 사이에 미묘한 균형을 유지해야 한다.

인간 이외의 영장류에게 성숙한 사회적 반응들의 발달과정에서 정확하게 어떠한 민감기가 있을 수 있는지, 그리고 이러한 성숙한 사회적 반응들이 제대로 발달하려면 유아기와 아동기, 그리고 청소년기에 정확하게 어떠한 조건들과 경험들이 필요한지는 아직도 확실하지 않다.[12] 인간의 경우 이러한 것들은 더욱 불확실하다. 인간 발달에서도 민감기가 있다는 것은 생각보다 가능성이 높아 보인다. 민감기에 대해 훨씬 더 많이 알게 될 때까지 인간의 아이가 양육되는 사회적 환경이 진화적응환경과 (이러한 진화적응환경은 아마도 아빠, 엄마, 형제자매들, 조부모와 한정된 수의 다른 친한 가족들로 구성된 사회적 환경일 것이다) 더 동떨어진 것일수록 이 아이에게 부적응적인 사회적 행동양식이 발달하게 될 위험성은 더 커진다라고 가정하고 조심하는 것이 현명하다.

6. 각인

각인이라는 용어의 용례

각인이 인간의 유아에서도 발생하는지에 대해 의문이 많기 때문에 이 용어의 의미가 무엇이고 현재 어떻게 적용되고 있는지 명확하게 해두

---

[12] 예를 들어, 다른 실험실에서 고립된 상태로 자란 성숙한 붉은털원숭이들에 대한 새로운 관찰자료는 이들이 이성 행동에서 주요한 손상을 보일 것이라는 할로의 연구결과와는 부합하지 않는다. 메이어(Meier, 1965)와 할로 두 연구자 모두 이러한 연구결과의 불일치를 설명하지 못하고 있다.

는 것이 좋다.

'각인'(imprinting)이라는 용어는 오늘날 두 가지 서로 다른 방식으로 사용되고 있다. 이 두 가지 의미는 거위 새끼와 오리 새끼에 관한 로렌츠의 선구적 연구(Lorenz, 1935)에 그 기원을 두고 있다. 그 중 하나는 협의의 의미이고 다른 하나는 광의의 의미이다.

협의의 의미에서 이 용어는 각인에 관한 로렌츠의 본래의 사고에 긴밀하게 연결되어 있다. 로렌츠는 그의 초기 논문들에서 많은 조류 종들에서 특정 대상 혹은 대상군에 애착행동이 신속하게 집중된다는 사실에 주목했을 뿐만 아니라 이러한 집중의 과정에 독특한 속성이 있다고 가정하기도 했다. "각인에는 학습과정과 근본적으로 구별되는 여러 특징들이 있다. 다른 어떤 동물, 최소한 포유류에 관한 심리학에 있어 이와 동등한 것은 없다"(Lorenz, 1935). 로렌츠가 각인에 부여했던 네 가지 독특한 속성들로는 (1) 각인은 일생의 짧은 결정적 시기에만 발생한다, (2) 각인은 불가역적이다, (3) 각인은 개체 초월적 학습이다, (4) 각인은 유기체의 행동군 중에서 예컨대 성적 대상의 선택행동과 같은 아직 발달하지 않는 행동유형에 영향을 미친다. 로렌츠는 또한 각인을 움직이는 대상을 따라가는 특정 활동과정 중에 어린 새에게 발생하는 학습이라고 파악했다.

로렌츠가 이러한 주장을 한 이래로 30년 동안 각인에 대한 이러한 입장은 변화를 겪었다. 한편으로, 로렌츠가 주목했던 현상들에 대한 더욱 자세한 연구를 통해 결정적 시기나 불가역성이 로렌츠가 생각했던 것처럼 그렇게 분명하지 않다는 것이 밝혀졌다. 그리고 어린 동물이 어떤 대상을 따라가지 않을 때도 — 예를 들어, 움직이는 않는 양식에 노출될 때에도 — 각인과 동일한 종류의 학습이 발생한다는 것 또한 밝혀졌다.

다른 한편으로, 상당 부분 로렌츠 자신의 연구에 의해 한때 각인에만 고유한 것으로 여겨졌던 몇 가지 특징들이 포유류의 학습을 포함한 다른 많은 학습의 사례에 적용된다는 것이 인정되고 있다. 이렇게 해서 처음에는 흑백의 명백한 대조인 것으로 보였던 것이 점차적으로 진해지는 회색의 연속인 것으로 조사를 통해 판명되었다.

이러한 관점의 전환을 통해 각인이라는 용어는 좀더 일반적인 의미를 획득하게 되었다. 각인이 이런 의미로 사용되면, 각인은 어린 조류나 포유류의 애착행동이 하나(혹은 그 이상)의 구별되는 대상(들)에게 선택적이고 안정적으로 지향하는 데 기여하는 모든 종류의 과정들을 지칭하게 된다. 더 확장해서 각인은 여타의 행동을 포함한 동물의 행동이 특정 대상에게 향하도록 만드는 과정들, 예를 들어 특정 새끼에 대한 모성행동, 특정 짝에 대한 성행동 등을 지칭하는 데 사용될 수 있다. 베이트슨(Bateson, 1966)을 인용하자면 다음과 같다.

비록 많은 반응들이 맨 처음 자신들을 발현시켰던 자극들에 제한되지만, 조류의 사회적 선호의 발달과정은 특히 두드러진 예가 될 것이다. 이 과정은 실제로 특히 두드러지기 때문에 여타의 선호와 습관을 획득하는 과정들은 이러한 조류의 사회적 선호의 발달과정에 대한 유사성에 따라 분류된다. 사회적 선호를 특정 대상군에 제한하는 이 과정을 일반적으로 '각인'이라고 지칭한다.

각인이라는 용어의 영역 내에 속하게 된 다른 종류의 행동들 중에는 어떤 동물의 특정 거주지 혹은 거처에 대한 선호의 발달이 있다(예를 들어, Thorpe, 1956).

1960년대 후반에 각인의 협의의 의미와 광의의 의미 중에서 어떤 것이 더 좋은가라고 질문하는 것은 거의 비실용적인 질문이 되었다. 왜냐하면 슬러킨(Sluckin, 1965)과 베이트슨(1966) 두 학자는 이 주제에 관한 두 표준적 개관에서 각인을 일반적 의미로 사용했기 때문이다. 비록 로렌츠의 최초의 가설 중 일부는 잘못된 것이지만, 로렌츠가 주목했던 현상은 아직도 분명하며, 그 현상을 설명하기 위해 그가 도입했던 개념은 아주 효과적인 것이기 때문에, 각인의 정확한 과정들이 무엇이든지 간에 각인이라는 용어 자체가 필요하다는 것은 명백한 사 실이다.

이 용어가 일반적 의미로 사용될 때, 항상 다음과 같은 의미를 함축한다. (1) 분명하게 정의된 선호의 발달 (2) 보통 인생의 제한된 특정 시기에 어느 정도 급속도로 발달하는 선호 (3) 일단 형성되면 비교적 일정한 상태를 유지하는 선호 등. 특히 선호의 대상이 이끌어낼 수도 있는 반응들은 종류가 많을 수 있고 개체가 성숙하면서 바뀔 수 있지만, 이러한 반응들은 모두 접근행동의 변종들이다(가끔 접근-공격 행동이 포함된다).

하지만, 이러한 기본적 함의를 넘어서 현재 이 용어는 경계가 분명하지 않은 채로 많이 사용되고 있다. 각인이라는 현상의 밑바탕에 깔린 과정들이 상이한 종에서 동일한 종류인지의 여부, 다시 말해서 이 과정들이 종, 목, 문에 따라 달라지는지의 여부에 있어 특히 경계가 불분명하다.[13] 이 문제는 중요한데, 힌디가 항상 강조했듯이 진화선 상에서 조류와 포유류가 서로 갈라져 나온 시기는 파충류의 조상들이 활동했던 시

---

[13] 원문에서 '종(種)'은 'species', '목(目)'은 'orde', '문(門)'은 'class'이다. 종, 목, 문 등의 용어는 각각 생물분류의 단계를 나타낸다. 예를 들어, 사람의 생물학적 분류는 동물계, 척추동물문, 포유강, 영장목, 사람과, 사람속, 사람종이다.

기만큼이나 오래됐기 때문이다. 그 당시에는 애착행동이 존재하지 않았기 때문에, 동물계의 각 상위 분파들은 상호 독립적으로 애착행동을 발전시켰다. 비록 그 결과로 나타난 행동의 형태는 놀랄 만큼 서로 비슷하지만, 이러한 유사성은 오직 수렴진화 때문에 가능하다. 그래서 전혀 기반이 다른 과정들이 이러한 유사성 밑에 감춰져 있을지도 모른다.

그렇다면, 조류에게 일어나는 일에 신경 써야 할 이유가 있는가? 그이유는 지난 십 년 동안 이루어진 조류에 대한 광범위한 실험연구의 결과로 논쟁점들이 첨예화되고 문제들이 재구성되었기 때문이다. 현재 사용하고 있는 각인이라는 용어의 의미는, 실제로 실용적인 목적 때문에, 조류의 애착행동에 대한 연구결과로 형성된 의미이다.

조류의 각인

다음의 요약은 슬러킨(1965)과 베이트슨(1966)의 연구 개관에서 나온 것이며 또한 힌디(1961, 1963, 1966)의 연구결과도 상당 부분 참고한 것이다.

(1) 땅에 둥지를 짓는 많은 조류 종들의 새끼들은 알에서 막 깨어난 후 짧은 시간 내에 경험했던 거의 모든 대상을 분명히 선호하며 그 이후에 그 대상과 시각적으로 그리고 청각적으로 접촉을 유지하려는 경향이 있다. 이로 인해 이 새끼들은 보통 이 대상에 접근하고 가까이 있으려 하고 이 대상이 움직일 때는 따라가려고 할 뿐만 아니라, 이 대상이 없을 때는 이 대상을 찾는다. 또한 이 선호의 대상이 있느냐 없느냐에 따라 새끼의 울음소리가 달라진다.

선호대상이 없을 때 이 어린 새끼는 고통스런 소리를 내는 경향이 있는데, 선호대상을 발견하게 되면 고통스러운 울음소리는 멈추고 만족스러운 울음소리로 대체된다. 이렇게 조류의 각인 여부는 광범위하고 다양한 종류의 행동에 영향을 미친다.

(2) 비록 정의상으로는 어린 새들은 광범위한 시각적, 청각적 자극 대상에 의해 각인되도록 노출되어 있지만, 특정 자극대상에 대해서 각인이 더 효과적으로 이루어질 수 있다. 그래서 움직이는 것이나 혹은 눈에 띄는 양식을 가진 것에 대한 각인은 정지해 있거나 양식이 별로 없는 것에 대한 각인에 비해 대개 더 신속하고 더 오래 지속된다. 그리고 최소한 몇몇 종에서는 꽥꽥 거리는 소리와 같은 청각자극에 동시에 노출되는 것이 시각적 자극의 효과성을 더 높여준다. 이처럼 맨 처음부터 새끼 새는 어떤 특정 대상에 대해 각인이 되도록 강하게 편향되어 있다.

(3) 비록 로렌츠는 각인 과정이 다소간 순간적인 것이고 아마 일회 학습의 보기일 것이라고 제안했지만, 어떤 대상에 새가 더 오래 노출될수록 그 대상에 대한 선호가 더 강해지는 것은 현재로서는 명백하다.

(4) 각인의 과정은 '지각학습' 혹은 '노출학습'으로 알려진 학습 형태와 공통점이 많은 것 같다. "왜냐하면 이 두 학습의 경우에 자극에 대한 예민성은 어떤 보상과의 연합과는 상관없이 이 자극에 대한 이전 경험에 의해 영향을 받기 때문이다"(Hinde, 1966). 이러한 관점으로 인해 힌디와 슬러킨은 각인이 "그것이 고전적 조건화이든 조작적 조건화이든 조건화와 동일한 방식으로 연합되

거나 강화되는 않는다"(Sluckin, 1965)[14]는 점에서 여타 학습형태
와 다르다는 데 대해 로렌츠와 동의하게 되었다.

(5) 선호대상의 속성에 대한 학습이 가장 손쉽게 시작되는 민감기가
있다. 어떤 학습은 최대로 민감한 시기를 전후해서 발생할 수 있
기 때문에, 결정적 시기가 갑자기 시작돼서 갑자기 종결 된다는
로렌츠의 본래 제안은 특히 종결과 관련해서 수정이 필요하다.

(6) 조류에서 민감기가 시작하는 연령은 알에서 깬 이후의 경험에 의
해 크게 영향받지 않는다. 민감기가 시작하기 전에는 각인이 발생
하지 않는다. 이는 민감기의 시작이 환경에 안정적인 발달 과정에
기인한다는 것을 의미한다.

(7) 각인에 대한 용이성이 감소하는 연령은 훨씬 더 가변적이다. 이
연령에 영향을 미치는 조건들과 과정들은 아직도 토론의 주제이
다.

어린 새가 주변 환경이 단조로운 곳에 고립되어 있게 되면 각인되지
않은 채로 머물러 있으며 여전히 각인이 가능하다는 것을 많은 실험들
이 보여준다. 반면에 이 새가 일단 어떤 대상에게 각인되면 다른 대상에

---

14 베이트슨(1966)이 슬러킨과 힌디와 전적으로 동의하지는 않는다는 점에 유의해야
한다. 베이트슨은 연합학습과 노출학습이 슬러킨과 힌디가 생각하는 것만큼 그렇게
다른 것은 아니라고 여긴다. 하지만, 이 세 연구자들 중 누구도 몰츠(Moltz, 1960)가
제안한 관점은 수용하지 않는다. 몰츠는 어떤 대상에 대한 각인은 어린 동물이 이 대
상과 낮은 불안 수준을 연합한 결과로 생긴다고 주장했다. 슬러킨(1965)이 주장한 바
와 같이 이러한 설명은 필요하지도 않고 경제적인 것도 아니며, 모든 학습은 충동감
소와 연합되거나 충동감소에 의해 강화되어야 한다고 확신하는 이들에게만 호소력
이 있는 것이다.

이 새를 각인시키는 것은 점점 더 어려워진다. 이렇게 어떤 새를 고립시킴으로써 민감기를 (비록 무한히는 아니지만) 연장시킬 수 있다. 하지만, 일단 각인이 이루어지면, 민감기는 종료된다. 만약 이런 방식으로 각인이 이루어진다면, '각인의 결과로 각인의 가능성은 끝난다'는 말 이외에 더 필요한 것이 없다.

베이트슨(1966)이 비록 이런 관점을 취하려고 하지만, 최소한 몇몇 종에서는 첫 번째 각인 과정과는 별도의 다른 과정이 작동하는 것 같다. 힌디(1963, 1966)가 가정한 이 두 번째 과정은 연령이 높아지면서 공포반응이나 도피반응은 더 쉽게 발현되면서 이런 반응들에 습관화되기 더 어려워진다는 것이다.

이것이 사실이든 아니든, 어떤 새가 일단 각인되면 이 새는 마주치는 모든 여타의 대상에 대해 공포반응을 보이는 경향이 있다는 것은 의심의 여지가 없다. 그러므로 이 새가 자유롭게 반응을 보일 수 있게 되면 이 새는 어떤 새로운 대상이든지 회피하며 그래서 이 새로운 대상에 대한 노출은 짧아지고 각인은 발생할 수 없다. 게다가 본래의 각인이 강할수록 새로운 것에 대한 회피는 더욱 영속적이게 된다.

하지만, 어떤 어린 동물을 새로운 대상과 억지로 함께 있게 하면, 공포반응은 부분적으로 혹은 전반적으로 습관화될 수도 있다. 이런 경우에 이 어린 동물은 어느 정도 시간이 지나고 나면 새로운 대상에게 접근하기도 하고 심지어는 따라다니기도 한다. 심지어 이 새로운 대상을 본래의 각인 대상보다 더 선호하기도 한다. 이런 습관화 현상이 발생하는가의 여부는 아마도 많은 요인들에 의해 영향을 받는데, 본래 각인의 강도가 가장 중요한 요인인 것 같다. 하지만 새로운 대상을 실제로 선호하는 것이 때로 가능하기 때문에 각인이 가역적인 몇몇 상황들은 분명히 존재한다.

(8) 로렌츠가 각인은 불가역적이라고 주장했을 때, 로렌츠가 사실을
과장했던 것은 의심의 여지가 없다. 각인에서의 선호의 안정성은
높을 수도 있고 낮을 수도 있으며 많은 요인들에 의해 영향을 받
는다. 이런 요인들에는 해당 동물의 종, 어린 개체가 각인 대상에
노출된 시간의 길이, 그리고 고려 대상이 어떤 행동인가 등이 포
함된다. 곧, 이 고려되는 각인 행동은 각인 후 며칠 혹은 몇 주 동
안의 새끼로서의 애착행동일 수도 있고, 혹은 각인 이후 몇 달 혹
은 몇 년 동안의 성행동일 수도 있다. 그럼에도 불구하고, 일단 확
고하게 정립된 선호는, 항상 불가역적인 것은 아니지만, 예상보다
는 훨씬 더 안정적이다. 각인 대 상의 부재시에도 이 대상에 대한
강한 선호가 오랜 기간 지속되는 놀랄 만한 예들은 많이 알려져
있다.

개체 간의 차이를 학습하는 것과 종(種) 간의 차이를 학습하는 것의
관계에 대한 부분은 아직도 명확하게 해야 할 필요가 있는 영역이다. 로
렌츠는 그의 본래 이론적 체계에서 두 가지를 주장했다. 첫째, 각인이
개체 초월적이라는 것이다. 곧, 각인은 특정 개체의 특징보다는 종과 같
은 대상군의 특징을 학습하는 것이라는 것이다. 그리고 각인은 유기체
의 행동군에서 아직 발달하지 않은 행동에 영향을 미친다는 것이다. 예
를 들어, 추후에 성행동이 지향되는 대상군을 학습하는 것이다. 현재 다
수의 종에서 이런 두 가지 과정이 발생할 수도 있다는 어떤 증거가 있
다. 하지만, 어떤 어린 새가 어미의 특징을 파악하고 어미를 뒤따라갈

때, 이 학습은 특정 어미 새에 대한 것이며 어떤 의미에서도 개체 초월적인 것은 아니다[힌디(1963)가 지적한 대로 어미 새와 다른 새를 구별하지 못하는 새끼는 곧 곤란한 상황에 직면할 것이다. 왜냐하면 어떤 낯선 어미가 당연히 이 새끼를 공격하기 때문이다].

포유류에서의 각인 문제와 인간에게서도 비슷한 어떤 것이 발생하는가에 대한 질문은 이후의 장들, 특히 12장에서 다룰 것이다.

7. 본능행동에 대한 새로운 이론과 이전 이론의 비교

이 장과 이전 장들에서 오늘날의 많은 행동과학자들이 본능행동을 바라보는 방식에 대해서, 그리고 이들이 직면하고 있는 몇 가지 문제들과 이들이 소개했던 몇 가지 개념들에 대해서 기술한 바 있다. 이러한 기술 과정에서 이 책이 주장하고 있는 본능이론은 전통적인 정신분석 이론이 고민했던 문제들을 동일하게 고민하고 있고, 몇몇 경우에는 정신분석의 사고와 동일한 사고를 제시하며, 다른 많은 경우에는 정신 분석의 사고와 밀접하게 연관된 변형된 사고를 제시한다는 것을 보여줄 수 있는 많은 기회가 있었다. 보다 더 추상적인 초심리학적 수준에서만 이러한 두 개념체계 사이에 상당한 차이가 존재한다.

현재 이 책에서 개괄하고 있는 종류의 이론은, 이미 강조한 바와 같이, 『종의 기원』에서 다윈이 개괄했던 이론의 직계 후손이다. 지금 개괄하는 이 이론에서는 본능행동을 특정 조건들 하에서 활성화되고 여타 조건들 하에서는 종료되는 행동체계들의 결과로 본다. 일련의 복잡한 순차행동은 행동 단위들의 순차적 활성화와 종료에 기인하는 것으로 여겨진다. 상부구조가 이러한 행동 단위들의 순차적 발현을 통제하는 것으로 여겨진다. 이 상부구조는 연쇄, 인과적 위계, 계획위계, 혹은 이상의 것들의 어떤 통합체로 조직되어 있다. 이러한 여러 가지 측면에서 볼 때, 필자가 제안하는 이론은 프로이트가 『성 이론에 관한 세 개의 에세이』(*Three Essays on the Theory of Sexuality*, 1905)와 「본능과 본능의 변천」("Instincts and their vicissitudes", 1915a) 등의 저서에서 주창했던 생각들을 포괄하고 있다. 이 책들에서 프로이트는 부분 본능을 가정했고 본능의 목표(곧, 본능행동을 종료시키는 조건들)와 본능의 기능을 구별했으며 어떤 특정 종류의 본능행동의 대상이 얼마나 변화무쌍한지를 강조했다.

하지만, 이 책의 새로운 사고들은 프로이트가 주창했던 다른 특정 사고들과 정반대임을 알아야 한다. 그러한 것 중의 하나로는 심리적 에너지에 관한 것인데, 이 에너지는 흘러 다니고 상이한 통로들을 통해 방출될 수 있다는 것이다. 이외에 또 다른 반대되는 것들은 『쾌락 원리를 넘어서』(*Beyond the Pleasure Principle*, 1920a)와 이후의 연구들에서 나오는데, 여기서 프로이트는 특정 형태의 행동을 삶과 죽음의 본능과 같이 극단적으로 일반화된 힘들이 표현된 것으로 이해하려고 시도한다. 프로이트의 이후 이론들에서는 유기체가 일정량의 비구조화된 에너지를 가지고 삶을 시작하며, 이러한 비구조화된 에너지는 발달과정에서 점차 구조화하는 것으로 개념화하는 반면—"원초아가 있던 곳에 자아가 있을 것이다"—이 이론은 프로이트의 초기 사고의 많은 부분들과 궤를 같이하여, 유기체가 많지만 유한한 수의 구조화된 행동체계들과 함께 삶을 시작하거나 혹은 발달하는 것으로 여긴다. 이러한 구조화된 행동체계들은 발달과정에서 학습과 통합의 과정을 통해, 그리고 인간의 경우 모방과 상징의 사용을 통해 아주 정교해지는 데, 그 결과로 나타나는 행동은 놀랄 만큼 다양하며 신축적이다. 이 결과로 나타나는 행동이 또한 적응적인지 아닌지는 개체발생의 많고 다양한 변화에 의존한다.

지금 제안하고 있는 이론의 체계에서는, 본능행동이 겪을 수밖에 없는 흥미롭고 종종 부적응적인 뒤틀림을 이해하려면 어떤 일반적 목적의 심리적 에너지의 가설이 필요하다는 신념을 중복적이라고 보고 이를 거부한다. 물론, 어떤 행동체계가 활성화될 때 신체적 에너지가 이용된다. 하지만, 어떤 기계적 통제체계의 행동을 설명하기 위해서 심리적 에너지를 가정할 필요가 없듯이 어떤 동물의 행동을 설명하기 위해 심리적 에너지를 가정할 필요도 없다. 부적응 행동의 존재와 어떤 다른 행동을 대체하는 것처럼 보이는 행동의 존재는 여러 가지 방식으로 설명될 수 있는데, 이러한 설명방식 중 어떤 것도 한 통로에서 다른 통로로 전환될 수 있는 심리적 에너지에 대한 인식은 필요하지 않다. 이와 유사하게, 어떤 한 행동의 강도가 변화하는 것은 존재하는 활성화 조건의 변화와 활성화된 행동체계의 발달상태에 기인하는 것이지 심리적 에너지의 고양된 압력 때문에 그런 것이 아니다. 프로이트의 충동이라는 개념[15]은 정말 불행하게도 '본능'으로 오역되고 있어서 불필요한 것이며 마찬가지로 '경제적' 접근 또한 당연히 불필요한 것이다.

어떤 과학적 이론의 장점은 이 이론이 포괄하는 현상들의 범위와 그 구조의 내적 일관성, 예측의 정확성과 이러한 예측 내용을 시험할 수 있는 실용성의 측면에서 판단할 수 있다. 이러한 각각의 준거에서 볼 때

---

[15] '충동'은 원문에서 프로이트가 사용했던 대로, 독일어로 'Trieb'이라고 되어 있는데, 이 단어는 영어로 번역하면 'impulse' 혹은 'urge'가 될 수 있다. 독일어 'Trieb'의 동사형인 'treiben'은 영어에서 흔히 동사 'drive'로 번역된다 – 옮긴이.

이 새로운 유형의 이론은 높은 점수를 받고 있다. 특히, 이 새로운 이론에서 제안하고 있는 개념들과 동물행동 관찰학과 비교 심리학에서 나온 관찰방법과 실험방법을 활용하여 유아기의 언어 이전기로부터 그 이후 시기까지의 인간의 사회적 반응들에 대해 원대한 연구 프로그램을 수행하는 것이 이제 가능하다. 이렇게 해서 인간의 본능행동을 매개하는 행동체계들에 대해 목록을 작성할 수 있으며, 각 행동체계의 발달양식에 대해 확인할 수 있다. 각 체계를 활성화시키는 조건들의 성격과 종료시키는 조건들의 성격을 발견하기 위해, 그리고 왜 어떤 개체에서는 체계들이 유별난 대상에 의해 활성화되고 종료되는지 알아보기 위해 각 체계들을 연구할 수도 있다. 특정 행동이 비정상적 수준의 강도로 너무 낮거나 혹은 너무 높게 발현되도록 유도하는 조건들, 그리고 이런 비정상적 상태가 계속 지속하도록 유도하는 조건들에 대해서도 탐색할 수 있을 것이다. 둘 혹은 그 이상의 조화를 이루지 못하는 체계들이 동시에 활성화될 때 발생하는 갈등과 이러한 갈등이 조절되는 양식에 대해 연구하는 것도 주요한 흥밋거리이다. 마지막으로, 갈등조절 과정이 발달하는 민감한 시기와 어떤 개체에서 한 조절양식이 지배적으로 되는 조건들을 조사하는 것도 특별히 흥미로운 것이다.

이러한 간단한 초안도 광범위한 프로그램을 묘사하고 있다. 임상가들은 이 이론에 대한 평가에서 서로 차이를 드러낼 것이다. 그리고 인생 초기 이후의 발달시기에 대한 조사 내용으로부터 인생 초기의 경험을 재구성해내는 전통적 연구방법과 이 새로운 이론의 연관성에 대해 어떻게 인식하는가에 있어 임상가들은 서로 차이를 드러낼 것이다. 하지만, 이 새로운 접근방법의 열매는 이제 막 나타나기 시작하고 있어서 이 새로운 방법의 잠재적 가치를 판단하려고 시도하는 것은 아마도 이른

감이 있다. 이 새로운 접근방법은 인생 초기의 정서발달을 조사하는 데 있어 더 정확한 개념과 더 엄격한 방법을 소개함으로써, 점증하는 신뢰할 만한 자료들을 바탕으로 대안적인 이론적 체계를 감정해 볼 수 있는 새로운 시대가 도래하고 있다는 희망을 많은 이들에게 주고 있다.

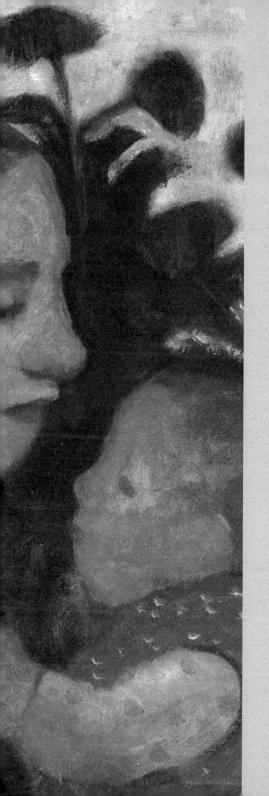

제3부

애착행동

제11장

엄마에 대한 아이의 유대: 애착행동

나는 내게 새로운 충격으로 다가왔던 두 가지 사실을 진술함으로써 시작했다. 아버지에 대한 여성의 강한 의존성은 어머니에 대한 이 여성의 동등하게 강한 애착을 상속받은 것이라는 사실과, 이러한 초기 단계는 예측할 수 없을 정도로 오랜 시간 동안 지속된다는 사실이다.

이 어머니에 대한 최초의 애착 영역 내에 있는 모든 것들은, 분석에서 내게 아주 이해하기 힘든 것처럼 보였다….

— 지그문트 프로이트(1931)

1. 대안 이론들

엄마-인물[1]과의 이별이나 엄마-인물을 상실하는 것에 대한 아이의 반응을 이해하려면 이 아이와 엄마-인물을 묶어주는 유대에 대해 이해해야 한다. 정신분석 저작들에서 이 주제에 관한 논의는 대상관계[2]의 측

---

[1] 2장에서 다음과 같이 설명한 바 있다. 비록 이 책 전체를 통틀어서 엄마-인물이 아니라 엄마를 언급하고 있지만, 모든 경우에 이 용어의 지칭 대상은 생모라기보다는 이 아이를 양육하고 이 아이가 애착을 느끼는 사람이라는 것을 이해해야 한다.

[2] 이 용어는 프로이트의 본능이론에서 유래한다. 이 이론에서 본능의 대상은 "본능이

면에서 이루어졌다. 그래서 전통적 이론에 대한 어떤 설명에서나 대상관계라는 용어를 종종 사용해야 했다. 하지만 필자는 새로운 이론을 이렇게 제안하면서 '애착'과 '애착-인물' 등과 같은 용어를 더 선호하게 되었다.

오랫동안 정신분석가들은 한 아이의 최초의 인간관계를 이 아이가 가진 성격의 초석으로 인정하는 일치된 관점을 가지고 있었다. 하지만 이러한 관련성의 특성이나 원천에 대해서는 아직까지 동의된 바가 없다. 이 관련성 자체의 중요성 때문에 입장들 간의 차이는 첨예하며 서로의 감정이 고조되는 것은 의심의 여지가 없다. 거의 모든 유아들이 12개월 내에 엄마-인물에 대해 강한 유대를 발달시킨다는 경험적 사실에 대해 모든 이들이 동의하는 것은 당연시될 수 있지만, 이러한 유대가 얼마나 빨리 형성되고, 어떤 과정을 통해 유지되며, 얼마나 오래 지속되고 혹은 어떠한 기능을 성취하는지에 대해서는 아직 합의된 바가 없다.

할로의 최초 논문들과 이 책의 관점의 초기 형태(Bowlby, 1958)가 출판되었던 1958년까지 정신분석과 여타의 심리학 문헌에서 아이의 이러한 유대의 특성과 원천에 관련해서 4가지 주요 이론을 찾아볼 수 있었다. 이 이론들은 다음과 같다.

(1) 아이는 만족되어야 하는, 특히 음식과 따뜻함에 대한, 여러 가지
    생리적 욕구를 가지고 있다. 한 아이가 어떤 사람, 특히 엄마에게
    관심을 가지고 애착관계를 형성하게 되는 것은, 엄마가 이 아이의
    생리적 욕구를 만족시켜 주기 때문이며, 그래서 이 아이는 오래지

그것을 통해서 혹은 그것과 관련해서 자신의 목표를 성취할 수 있도록 해줄 때의 바로
그것"으로 정의된다(Freud, 1915a, *S. E.*, 14, p. 122).

않아 엄마가 욕구만족의 근원이라는 것을 학습하기 때문이다. 필자는 이 이론을 2차 충동 이론이라고 부를 것이다. 이 용어는 학습이론에서 나온 것이다. 이 이론은 또한 대상관계의 이해타산적 사랑 이론[3]이라고 불리고 있다.

(2) 유아 내부에 자신을 인간의 젖가슴과 연관시켜서 젖가슴을 빨고 입으로 소유하는 이미 구축된 성향이 존재한다. 이 유아는 오래지 않아 젖가슴에 애착된 채로 엄마가 있다는 것을 알게 되고, 엄마에게도 그렇게 애착관계를 형성하게 된다. 필자는 이것을 일차적 대상 빨기(Primary Object Sucking) 이론이라고 부르자고 제안한다.[4]

(3) 유아 내부에는 인간과 접촉하고 인간에게 매달리는 이미 구축된 성향이 존재한다. 이런 의미에서 음식과는 별개로 어떤 대상에 대한 '욕구'가 있으며, 이러한 욕구는 음식이나 따뜻함에 대한 '욕구'만큼이나 일차적인 것이다. 필자는 이 이론을 일차적 대상 매달림(Primary Object Clinging) 이론이라고 부르자고 제안한다.

(4) 유아들은 자궁에서 밀려나온 것에 대해 분개하며 자궁으로 회귀하고자 한다. 이 이론을 일차적 자궁회귀 갈망(Primary Return-

---

3 '대상관계의 이해타산적 사랑 이론'은 원문에서 'the cupboard-love theory of object relations'라고 되어 있다. 영국에서는 이해타산적 사랑을 'cupboard love'라고 부른다 – 옮긴이.

4 이러한 용어들에서 '1차적'은 유아의 반응이 자동적으로 발달하는 것으로 여겨지는 것을 지칭하고 '2차적'은 유아의 반응이 학습의 과정을 통해 어떤 좀더 원초적인 체계에서 전적으로 파생되는 것으로 여겨지는 것을 지칭한다. 이 책 전체에서 이 용어들은 이런 의미로 사용될 것이다. 이 용어들은 유아의 이 반응이 나타난 일생의 시기나 혹은 프로이트가 가정한 1차 과정과 2차 과정을 지칭하는 것은 아니다.

to-Womb Craving) 이론이라 부른다.

이러한 네 가지 이론들 중에 지금까지 가장 광범위하고 강력하게 지지되는 이론은 2차 충동 이론이다. 프로이트 이래로 계속해서 이 이론은 비록 결코 전체는 아니지만, 상당수의 정신분석 저작의 기초를 형성했으며, 학습이론가들이 공유하는 가정이었다. 이 이론의 대표적 진술로는 다음과 같은 것들이 있다.

사랑의 근원은 만족된 영양의 욕구에 대한 애착에 있다(Freud, 1940, *S. E.* 23, p. 188).
아마도 먹는 경험이 아이가 타인과 함께 있는 것을 좋아하도록 배우게 되는 기회가 될 수 있다(Dollard & Miller, 1950).

이 주제에 관한 필자의 1958년 논문에는 1958년까지의 정신분석 문헌들에 관한 개관이 포함되어 있다. 그리고 약간의 내용을 첨부하여 이 개관 내용은 이 책의 초판의 부록으로서 재출판되었다. 다른 개관으로는 맥코비와 마스터(Maccoby & Masters, 1970)의 저작을 참고하라. 이들의 개관은 특히 학습이론 문헌 쪽에 강세를 보이고 있다.

이 책에서 제시하고 있는 가설은 위에서 제시한 가설들과는 다르며, 이미 개략적으로 살펴본 본능행동 이론을 바탕으로 하고 있다. 이 가설에서는 아이의 엄마에 대한 유대는 다수의 행동체계들의 활동의 결과라고 가정한다. 이 행동체계들로 인해 예견되는 결과는 엄마에 대한 근접성이다. 인간의 아이에게 있어 이러한 체계의 개체발달은 느리고 복잡하며 발달 속도가 아이에 따라 차이가 나기 때문에 생애 첫해 동안의 발달의 진전에 대해 간략하게 진술하는 것은 가능하지 않다. 하지만, 아이가 만 한 살을 넘기고 이동할 수 있게 되면서 상당히 전형적인 애착행동을 거의 항상 관찰할 수 있게 된다. 이 정도의 나이가 되면 대부분의 아이들에서 관련된 통합 행동체계들은 곧잘 활성화되는데, 특히 엄마가 떠나거나 뭔가 아이를 놀라게 하는 자극이 있을 때 활성화된다. 그리고 이러한 체계들을 가장 효과적으로 종료시키는 자극들은 엄마의 소리, 모습, 혹은 접촉이다. 아이가 만 3세가 될 무렵까지 이 체계들은 계속 상당히 곧잘 활성화된다. 이 이후로 대부분의 아이들에게서 이 체계들은 덜 쉽게 활성화되며, 이 체계들은 엄마에 대한 근접성의 절박성이 약화되는 여타의 변화들을 겪게 된다. 청소년기와 성인기에 더 심화된 변화가 발생하는데, 이러한 변화에는 애착행동의 대상의 변화도 포함된다.

애착행동은 짝짓기행동과 부모행동과 동등한 정도로 중요한 사회 행동군으로 여겨진다. 애착행동은 자체만의 고유한 생물학적 기능을 보유하고 있는데, 이에 대해서는 지금까지 고려된 적이 거의 없다.

이러한 이론체계에서는 '욕구들' 혹은 '충동들'에 대해 지칭하지 않는다는 점에 주목하게 될 것이다. 그 대신, 애착행동이 특정 행동체계가 활성화될 때 발생하는 것으로 여겨진다. 이 행동체계 자체는 유아 내부에서 이 유아와 진화적응환경과의 상호작용, 특히 이 환경에서의 주요 인물, 곧 자신의 엄마와 하게 되는 상호작용의 결과로서 발달한다. 음식과 먹기는 이러한 행동체계의 발달과정에서 미약한 역할만을 담당하는 것으로 여겨진다.

문헌에서 찾아볼 수 있는 네 가지 이론들 중에서 일차적 대상 빨기 이론과 일차적 대상 매달리기 이론은 필자가 지금 제안하고 있는 가설에 가장 근접해 있다. 이 이론들 각각은 특정 속성을 지닌 대상들에 대해 특정 방식으로 행동하는 자율적 성향에 대해 가정한다. 현재 이 가설과 아무런 공통성도 없는 이론들은 2차적 충동 이론과 1차적 자궁 회귀갈 망 이론이다. 전자의 이론에 대해서는 논의한 바 있고 후자의 이론은 장황하고 생물학적으로 받아들이기 힘들다는 두 가지 점에서 논의의 대상이 되지 못한다.

여기서 제안하는 가설은 1958년에 필자가 주창했던 가설의 발전된 모습을 나타낸다. 필자의 가설에 주요한 변화가 생긴 이유는 통제이론을 보다 잘 이해하게 됐고, 본능행동을 통제하는 행동체계들이 취하는 정교한 형태 자체에 대해 인식했기 때문이다. 현재의 가설에서는, 애착을 주관하는 행동체계의 어떤 발달단계에서 엄마에 대한 근접성이 설정목표가 된다고 가정한다. 이 이론의 이전 형태에서는 다섯 가지 행동 유형—빨기, 매달리기, 뒤따라가기, 울기, 미소짓기 등—이 애착에 기여하는 것으로 묘사한 바 있다. 새로운 형태의 이론에서 이 행동유형들은 여전히 상당히 중요한 것들로 여겨지지만, 9개월에서 18개월 사이에 이 행동유형들은 대개 훨씬 더 정교한 목표수정적 체계들 내부에 통합된다고 가정한다. 이러한 체계들은 아이가 엄마와의 근접성을 유지할수 있도록 조직화되고 활성화된다.

이 이론의 이전 형태는 요소본능 반응 이론(a theory of component instinctual responses)으로 설명되었으며, 새로운 형태의 이론은 애착 행동의 통제이론이라고 설명할 수 있다.

이 이론이 근거하고 있는 몇 가지 증거들(12장과 13장을 보라)과 함께, 이 이론에 대해 아주 자세하게 설명하기 전에 인간 아기에서 볼 수 있는 애착행동과 다른 동물 종의 어린 개체에서 볼 수 있는 애착행동을 비교한 다음, 애착행동의 자연사(自然史)에 대해 알려진 바를 고찰하는 것이 유용하다.

2. 애착행동과 자연에서 애착행동의 위치

봄에 시골에서 어떤 동물의 어미와 새끼가 함께 있는 것만큼 친숙한
광경은 없다. 들판에는 암소와 송아지, 암말과 망아지, 암양과 새끼 양
들이 있다. 연못과 강에는 오리와 오리 새끼들이, 백조와 백조 새끼들이
있다. 이런 광경은 아주 친숙하고 아주 흔한 것이어서 새끼 양과 암양이
함께 있고 한 떼의 새끼 오리들이 어미 오리와 함께 있는 것을 당연하게
여기고서 다음과 같은 질문을 거의 던지지 않는다. 무슨 이유로 이 동물
들은 서로 함께 있는가? 이렇게 함께 있음으로써 무슨 기능이 성취되는
가?

언급했던 종들의 경우 새끼들은 생후 몇 시간 후에 마음대로 돌아다
닐 수 있을 정도로 발달이 충분히 진전된 상태에서 태어난다. 각각의 동
물들의 경우에 어미가 어떤 방향으로 움직이면 새끼들도 보통 어미를
따라가는 것을 관찰할 수 있다. 육식동물과 설치류, 그리고 인간 자신을
포함한 다른 종들에서는 갓 태어난 개체의 발달수준은 훨씬 더 낮다. 이
런 종들의 어린 새끼들이 이동성을 획득하기 위해서는 몇 주 혹은 몇 달
이 걸릴 수도 있다. 하지만, 일단 어린 새끼들이 이동성을 획득하게 되
면 어미 동물의 주위에 있으려는 동일한 경향성은 분명해진다. 일반적
으로 인정하듯이 어린 동물이 길을 잃으면 어미가 새끼와의 근접성을
회복하도록 자신을 움직이는 그런 때가 있다. 하지만 어린 새끼가 홀로
된 자신을 발견하고서 스스로 근접성을 회복하는 주체가 되는 경우도

그만큼 자주 있다.

지금까지 묘사한 종류의 행동은 두 가지 주요 특징을 갖고 있다. 첫 번째 특징은 다른 동물에 대한 근접성을 유지하고 이 근접성이 훼손되면 이 근접성을 회복하는 것이다. 두 번째 특징은 이 다른 동물이 구체적 대상이라는 것이다. 종종 새끼들이 세상에 태어난 지 몇 시간 후에 어미는 자신의 새끼와 다른 어미의 새끼들을 구별할 수 있으며 자신의 새끼들에만 어미처럼 행동한다. 새끼들도 마찬가지로 여타의 모든 성체들로부터 자신들의 어미를 곧 구별할 수 있게 되며 그 이후로 어미에게는 특별한 방식으로 행동하게 된다. 이렇게 어미와 새끼 모두 대개 다른 모든 여타의 동물에 대해 행동하는 방식과는 아주 다른 방식으로 서로서로에게 행동한다. 그래서 개체 인식과 고도로 차별화된 행동은 조류와 포유류의 어미-새끼 관계에 있어 일반적이다.

다른 형태의 본능행동과 마찬가지로 애착행동의 일반적인 발달양식도 자연스럽게 잘못될 수 있다. 특히 새끼가 자신의 어미가 아닌 다른 동물, 혹은 어떤 생명이 없는 대상에 대해 근접성을 추구할 수도 있다. 하지만 자연 조건에서는 이러한 비정상적 발달은 드물고 이에 대해 이 시점에서 더 깊게 논의할 여력은 없다.

대부분의 종들에서 새끼의 행동의 결과로 새끼와 어미가 서로 가까이 있게 되는 그런 행동의 종류는 한 가지 이상이다. 예를 들어, 새끼가 부르는 소리에 어미가 끌리게 되고, 새끼는 자신이 스스로 움직여 어미에게 다가간다. 이러한 두 가지 종류의 행동은 다른 종류의 행동들과 마찬가지로 동일한 결과, 곧 근접성을 낳기 때문에 이러한 모든 행동을 포괄할 수 있는 일반적 용어를 가지는 게 유용하다. 이런 목적에서 '애착행동'(attachment behavior)이라는 용어를 사용한다. 그래서 어떤 행동의 결과가 근접성이 되는 미숙한 개체의 어떤 형태의 행동이든지 애착행동의 한 요소로서 간주될 수 있다. 이런 유형의 용어는 이미 확립된 동물행동 관찰학의 전통을 따른다. 여러 상이한 종류의 행동들이 공통적으로 동일한 결과를 가질 때는 언제든지, 이 행동들은 대개 동일한 범주로 묶여지고 그 동일한 결과를 참고하여 이름이 붙여진다. 둥지짓기 행동과 짝짓기행동 두 가지는 잘 알려진 예이다.

어린 동물의 애착행동에 대응되는 어미의 행동은 '양육행동'(care-giving behavior)이라고 하며, 13장에서 좀더 깊게 논의될 것이다.

애착행동과 양육행동은 알에서 깨어나자마자 곧 둥지를 떠나는, 땅에 둥지를 짓는 새들에게 흔하며 이 두 종류의 행동은 포유류의 모든 종에 존재한다. 발달과정에서 어떤 불운이 없다면 애착행동은 처음에 항상 어미를 향하게 된다. 아버지가 새끼 양육의 주요 역할을 담당하는 종들에서는 애착행동이 또한 아버지에게도 향해질 수 있다. 인간의 경우 애착행동은 몇몇 다른 사람들에게도 향해질 수 있다(15장을 보라).

일생에서 애착행동이 발현되는 시기가 차지하는 비율은 종에 따라 상당한 차이를 보인다. 대체로 이 시기는 사춘기까지 지속되지만, 반드시 성적으로 완전히 성숙하는 시기까지 지속되는 것은 아니다. 조류의 많은 종들에게 있어 애착행동이 끝나는 시기는 수컷과 암컷에게 동일하다. 곧 이 시기는 어린 새끼들이 짝짓기를 할 준비가 되어 있을 때인데, 이들이 처음 맞게 되는 겨울의 끝 무렵이거나 거위와 백조의 경우 두 번째 혹은 세 번째 겨울의 끝 무렵이 될 수 있다. 다른 한편으로 포유류의 많은 종들의 경우, 확실한 성차가 있다. 유제류(양, 사슴, 소 등)[5]의 암컷

---

5 유제류(有蹄類, ungulates)는 발굽을 가진 포유류 전체를 일컫는다 - 옮긴이.

의 경우, 어미에 대한 애착은 노년기까지 지속되기도 한다. 그 결과로 양 떼나 사슴 떼는 어미를 따르는 새끼와, 이 어미의 어미를 따르는 어미와, 이 어미의 어미의 어미를 따르는 어미의 어미 등등으로 구성된다. 이 종들의 어린 수컷들은, 대조적으로, 청소년기가 되면 어미에게서 떨어져 나온다. 그 이후로 이 수컷들은 자신들보다 나이가 많은 수컷들과 애착관계를 형성하며 이 관계는 매년 찾아오는 몇 주 동안의 발정기를 제외하고 일생 동안 지속된다.

원숭이와 유인원의 경우 애착행동은 유아기와 아동기에 강하게 발현되지만 청소년기에 어미에 대한 유대는 약화된다. 비록 과거에는 이러한 유대가 그 이후에 멈춘다고 암묵적으로 가정되었지만, 최근의 증거에 따르면 최소한 몇몇 종에서 이러한 유대는 성인기까지 지속된다. 이러한 유대를 통해 동물의 하위집단들이 생겨나는데, 이 모든 하위집단들의 어미는 동일하다. 붉은털원숭이에 관한 세이드(Sade, 1965)의 보고와 침팬지에 관한 구달(Goodall, 1965)의 보고를 개관하면서, 워시번, 제이, 랭커스터(Washburn, Jay, & Lancaster, 1965)는 이러한 혈족 하위집단들이 "어미와 신생 유아의 필수적으로 밀접한 연합에 의해 결정되며, 이러한 연합은 시간과 세대를 통해 확장되며 형제자매 간의 밀접한 연합으로 세분화되도록 허용된다"고 강조한다. 이들은 "어미와 그 자손들 사이의 이러한 유형의 지속되는 사회적 관계는 영장류의 다른 종에서도 발견될 것이다"라는 신념을 표현한다.

인간의 유아는 아주 미성숙한 채로 태어나며 아주 서서히 발달하기 때문에 인간보다 애착행동이 나타나는 데 시간이 더 오래 걸리는 동물은 없다. 이것이 아마도 최근까지 인간 아이의 엄마에 대한 행동이, 아주 많은 동물 종에서 찾아볼 수 있는 동일한 일반적 범주의 행동에 속하는 것으로 여겨지지 않았던 이유 중의 하나인 것 같다. 또 다른 이유로 동물의 애착행동이 체계적 연구의 주제가 된 것은 오직 최근 20년간이라는 것을 들 수 있다. 그 이유가 무엇이든 간에, 아이의 엄마에 대한 유대가 많은 다른 동물 종에서 흔하게 찾아볼 수 있는 행동의 인간적 형태라는 것은 이제 논란의 여지가 없어 보인다. 바로 이러한 관점에서 이 유대의 성격을 살펴보고자 한다.

그럼에도 불구하고 주의를 기울일 필요가 있다. 결국 조류와 포유류로 나뉘게 된 동물 진화의 두 방향은 파충류의 초기 조상들이 살던 시대 이래로 명백히 구분되는 것이었다. 그래서 이 두 집단에서 애착행동이 서로 독립적으로 진화해 온 것은 거의 확실하다. 이 사실과, 조류의 두뇌구조와 포유류의 두뇌구조가 아주 다르다는 사실로 비추어 보건대, 이 두 집단에서 애착행동을 매개하는 행동기제는 아주 다를 가능성이 상당히 높다. 그러므로 조류 행동에 대한 지식을 토대로 여기서 진행하는 논의들은 유추에 의한 논의와 다를 바 없다는 것을 인식해야 한다. 반면에, 어린 포유류의 애착행동에 대한 지식을 토대로 진행하는 논의들은 훨씬 더 설득력이 있다. 그래서 인간 이외의 영장류에서 발견되는 어떤 행동이든지 인간에서 발견되는 것과 진정으로 동등할 것이라고 우리는 자신할 수 있다.

인간 아이에서의 애착행동의 성장과 시간에 따른 애착행동의 변화 경로에 대한 기록들은 사실 아주 빈약하다. 부분적으로 이런 이유 때문에, 그리고 주로는 인간의 사례를 바라보는 보다 폭넓은 관점을 제공하기 위해서, 원숭이, 개코원숭이, 유인원의 애착행동에 대해 알려진 바로부터 논의를 시작하고자 한다.

3. 인간 이외의 영장류에서의 애착행동

출생시 혹은 출생 직후에 인간을 제외한 모든 영장류의 유아들은 어미에게 매달린다. 아동기 초기를 통틀어서 이 유아들은 어미와 신체적으로 직접 접촉해 있거나 혹은 몇 십 센티나 몇 미터 정도만 떨어져 있게 된다. 어미도 이에 대한 응답으로 이 유아를 자신의 곁에 가까이 둔다. 이 새끼가 나이가 들면서 어미와 직접 접촉해 있는 시간은 점차 감소하며 외부로 탐색을 나가는 거리는 점차 증가한다. 하지만, 이들은 밤에는 계속 어미와 함께 잠을 자고 아주 작은 놀랄 만한 사건에도 어미의 곁으로 달려온다. 고등 종의 경우 어미에 대한 어떤 형태의 애착이 청소년기까지 계속되기도 하며 어떤 종에서는 이러한 유대가 약화된 형태로 성인기까지 지속된다.

어린 암컷들은 수컷에 비해 활동적이지 않고 모험심도 적다. 청소년기에 암컷들은 집단 중앙부의 종종 성숙한 수컷의 근처에 있을 가능성이 높다. 이에 비해 청소년기의 수컷은 집단의 주변부나 혹은 홀로 있을 가능성이 높다.

네 영장류 종의 어린 개체들의 애착행동의 발달에 대한 설명을 하고자 한다—두 종의 구대륙 원숭이인 붉은털원숭이와 개코원숭이, 그리고 침팬지와 고릴라의 두 유인원 종 등. 이들을 선택한 이유는 다음과 같다.

(1) 모든 네 종, 특히 개코원숭이와 고릴라는 육상생활에 적응되어 있다.
(2) 모든 네 종에 대해 훌륭한 야외 연구 결과들을 이용할 수 있다.

(3) 붉은털원숭이와 침팬지에 대해서는 실험연구 자료들을 이용할
    수 있다.

간결성을 위해 다음의 설명들은 절대적인 형태로 진술되어 있지만,
동일한 종의 서로 다른 동물들의 행동에도 서로 상당한 차이가 있을 뿐
만 아니라, 어떤 종의 한 사회적 집단에서의 특징적 행동이 동일한 종의
다른 집단에서의 특징적 행동과 어떤 점에서 다를 수도 있다는 것을 기
억해야 한다. 집단 간의 이러한 차이점 중 몇 가지는 각 집단이 살고 있
는 서식처의 차이 때문이라고 설명할 수도 있지만, 어떤 차이점들은 한
집단의 어떤 동물에서 시작된 혁신이 사회적 전통에 의해 그 집단의 다
른 구성원들에게 전수됨으로써 발생하는 것 같다.

붉은털원숭이의 애착행동

붉은털원숭이는 상당히 자연적인 조건에서 관찰되었으며 다수의 실
험실 관찰과 실험의 주제였다.[6] 이 원숭이들은 북부 인도 전역에 널리
퍼져 있는데, 약간은 숲에 살고 있지만 상당수는 마을과 경작지에 산다.
이들은 육상 종이라기보다는 수상 종임에도 불구하고, 하루의 상당 부

---

[6] 붉은털원숭이의 행동에 대한 묘사를 보려면, 다음의 연구들을 참조하라. 북부 인도
의 붉은털원숭이에 대한 사우스윅, 베그와 시디퀴(Southwick, Beg, & Siddiqi, 1965)
의 연구; 푸에르토리코의 반야생 집단에 대한 코포드(Koford, 1963a와 b)와 세이드
(Sade, 1965)의 연구; 사로잡힌 상태에서 작은 사회적 집단으로(성숙한 수컷 한 마리,
서너 마리의 성숙한 암컷과 자손) 생활하고 있는 원숭이들에 대한 힌디와 그의 동료들
(1964, 1967)의 연구; 어린 원숭이들을 매우 비전형적 상황에서 양육한 결과에 대한
할로와 그의 동료들(예를 들어, Harlow, 1961; Harlow & Harlow, 1965)의 연구.

분을 땅에서 보낸다. 밤에는 나무 꼭대기나 지붕에서 쉰다. 양성의 성체와 청소년기의 개체들, 그리고 어린 새끼들로 구성되는 이 원숭이 집단은 오랫동안 안정 상태를 유지하며 아주 제한된 특정 지역에서 낮과 밤을 지낸다. 집단의 크기는 약 15마리에서 100마리가 넘는 것까지 다양하다.

4살이 되면 붉은털원숭이는 사춘기에 도달한다. 6살이 되면 완전히 성숙하고 이후에 20년을 더 살 수 있다. 3살이 될 무렵까지 어린 붉은털원숭이는 야생에서 어미와 가까이 있게 된다. 3살이 되면 "대부분의 수컷은 어미를 떠나서 집단의 가장자리에서 다른 청소년기의 수컷들과 함께 지내거나 다른 집단으로 옮긴다"(Koford, 1963a). 암컷들은 아마도 더 오래 어미와 함께 머무는 것으로 여겨지고 있다. 지위가 높은 암컷들의 수컷 자식들은 때로 어미와 함께 머물기도 한다. 이 특권 수컷들은 성숙하자마자 그 집단에서 지배적 지위를 차지할 것이다.

힌디와 그의 동료들은 사로잡힌 동물들의 여러 작은 집단에서 유아가 태어난 후 2년 반 동안 이 유아와 어미의 상호작용에 대해 세부적으로 기술했다(Hinde, Rowell, & Spencer-Booth, 1964; Hinde & Spencer-Broth, 1967).

태어나자마자 어떤 유아들은 즉시 어미의 털가죽에 매달리고 또한 어미의 몸으로 올라가려고 하는 경향도 보여준다. 하지만, 다른 유아들은 처음에는 팔과 다리를 굽힌 채로 있고 그런 다음 어미에 의해서만 지원을 받는다. 생후 몇 시간이 지나도록 어떤 새끼도 젖을 물지 않아 젖을 물기까지의 시간이 오래일 경우 9시간이 넘기도 한다. 하지만 일단 젖꼭지를 발견하게 되면 비록 물고 있는 동안의 극히 일부의 시간만을 젖을 빠는 데 소비하는데도 불구하고 오랫동안 젖꼭지를 물고 있게 된다.

생후 1주 혹은 2주 동안 유아들은 어미와 계속 배와 배가 맞닿은 상태로 지내며 낮 동안의 거의 모든 시간을 손과 발과 입으로 어미를 붙잡는 데 소모하고 밤에는 어미에게 붙들려 지낸다. 그 이후로 유아는 낮 동안에 어미로부터 벗어나서 짧은 시간 동안 외부세계에 대한 탐험을 하기 시작한다. 하지만 유아가 생후 6주가 될 때까지는 이러한 거의 모든 탐험이 반경 60센티미터를 넘지 않는다. 그 이후로 이러한 외부세계에 대한 탐험은 더 멀리 가고 더 오래 지속된다. 하지만 생후 약 10주가 지나서야 유아는 낮 시간의 약 절반을 엄마와 떨어져 지내게 되며, 생후 1년이 지나고 나면 이 비율은 70%까지 상승한다.

생후 2년이 되면 유아는 대부분의 낮 시간을 어미와 육체적으로는 떨어졌지만 시야는 확보한 상태에서 보낸다. 그럼에도 불구하고 유아는 무시할 수 없을 정도의 낮 시간과 — 대개 전체의 10 내지 20% — 밤 시간 전체를 실제로 어미와 접촉하면서 지낸다. 만 두 살이 지나고 나서야 낮 동안의 어미와의 신체적 접촉 시간은 무시할 정도가 된다.

접촉하기를 그만 두었다가 다시 시작하는 주도권의 일부는 어미에게 그리고 또 다른 일부는 유아에게 있다. 하지만 이 유아가 성장하면 서 이 균형은 복잡한 방식으로 변해간다. 생후 몇 주 동안 유아는 때로 '명백히 두려운 자세로' 탐색을 나가는데, 어미는 종종 이들을 제지한다. 생후 첫 두 달이 지나고 나면 이 균형은 변화하기 시작한다. 어미는 이전보다 유아를 덜 제지하며 때로 치거나 거부하기 시작한다. "이때부터 유아가 어미와의 근접성을 유지하는 데 있어 점점 더 많은 역할을 수행하기 시작한다." 하지만, 어미도 계속 중요한 역할을 수행한다 — 어미가 앉아 쉬고 위험이 없을 때 유아가 너무 가까이 근접하면 이를 단념시키지만, 어미가 곧 움직이려고 하거나 놀라게 될 경우에는 신속하게 접촉을 주도한다.

어미가 얼마만큼의 거리를 이동하든지 유아는 대개 어미의 배 밑에서 이동하는데, 이때 유아는 손과 발로 어미의 털을 움켜쥐고 입으로는 젖꼭지를 문다. 생후 1주 혹은 2주 동안 어떤 어미는 손을 사용해서 약간 더 지탱해준다. 유아들은 이러한 이동 자세를 취하고 자신의 목뒤나 어깨를 어미가 가볍게 만져주는 것에 적절히 반응하는 것을 재빨리 학습한다. 어미가 이렇게 만져주는 것은 이동한다는 신호인 것 같다. 이 유아들이 3살 혹은 4살이 되면 이들은 때로 어미의 등에 올라타기도 한다.

새끼 원숭이가 어미 곁을 처음 떠난 지 몇 주 동안 이 새끼 원숭이가 땅에 있고 어미가 떠나가고 있으면, 이 새끼는 대개 어미를 따라간다. 비록 이 원숭이가 바닥을 거의 길 수밖에 없더라도 여전히 이 원숭이는 따라가려고 시도한다.

어미들은 천천히 그리고 머뭇머뭇 떠나가면서 종종 새끼의 이러한 초기의 따라가려는 시도를 적극적으로 격려한다. 어미는 계속 고개를 돌려서 새끼를 바라보거나 혹은 심지어 새끼가 따라오는 것을 격려하기 위해 잡아끌기도 한다.

어미가 너무 빨리 움직이거나 혹은 갑자기 출발하면 새끼는 '놀라게 되고', 어미는 새끼를 끌어안음으로써 이에 응답한다. 새끼가 어미에게서 떨어져 있는 다른 경우에는, 새끼가 짧고 높은 찍찍거리는 소리를 내면 어미는 곧바로 달려와서 새끼를 집어든다. 어미를 잃어버린 새끼는 입을 쭉 내밀고 소리를 길게 외친다. 이 소리를 듣고 다른 암컷이 와서 이 새끼를 집어들기도 한다. 새끼가 어미에게서 떨어져 있을 때, 갑작스럽게 혼란스러운 상황이 닥치면, 각각은 서로를 향해 즉시 달린다. 새끼는 어미에게 배를 맞닿은 채로 매달리며 젖꼭지를 문다. 이런 행동은 몇 년 동안 계속된다.

비록 2년 반이나 3년이 지나면 청소년기의 원숭이들은 어미와 떨어져서 지내게 되지만, 이들 간의 유대 관계는 지속되며 성인기의 사회적 관계를 결정하는 데 상당한 영향력을 행사한다는 증거들이 축적되고 있다. 어떤 반(半)야생의 군거지는 몇 년 동안 체계적으로 관찰되었고, 개체들의 가족력이 알려져 있었는데, 이 반(半)야생 군거지에서 다음의 사실이 명백하게 밝혀졌다. 먼저 각 집단에는 안정적인 하위집단들이 있는데, 이러한 하위집단은 성숙한 수컷과 암컷 여러 마리와 다수의 어린 개체들과 유아들로 구성되어 있었으며 이 모든 하위집단 구성원들은 서로서로 근접해 있었다. 그리고 이러한 하위집단의 모든 구성원들은 어떤 한 마리의 나이든 암컷의 자녀이거나 손자들일 가능성이 있었다(Sade, 1965).[7]

개코원숭이의 애착행동

몸집이 대략 붉은털원숭이의 2배 정도 되는 차크마 개코원숭이는 아프리카 여러 지역의 자연 서식지에서 관찰되었는데, 적도의 남쪽에서

---

[7] 수컷 자손들끼리(아버지가 다른 형제) 서로 긴밀한 관계를 유지하고 암컷 자손들끼리 (아버지가 다른 자매) 또한 서로 긴밀한 관계를 유지하는 경향은 분명한 것 같다. 청소년기와 성인기에 수컷 자손들은 자신들의 어미를 떠나는 경향이 있지만, 암컷 자손들은 어미를 떠나지 않는 경향이 있기 때문에, 여러 대에 걸친 친족의 하위집단은 항상 수컷보다는 암컷의 비율이 훨씬 높은 경향이 있다.

아주 흔하다. 어떤 무리들은 삼림지역에 서식하지만 많은 무리들은 넓은 사바나 지역에 거주한다. 어디에 살든지 이들은 대부분의 낮 시간을 땅바닥에서 보내고, 잠을 잘 때나 포식동물로부터 도피할 때는 나무나 절벽에 올라간다. 붉은털원숭이와 마찬가지로 이들은 안정된 집단을 이루어 살아가는데, 이 집단은 성숙한 수컷, 암컷들과 청소년기의 개체들, 그리고 어린 새끼들로 구성된다. 집단의 크기는 10여 마리 내외에서 100마리 이상까지 다양하다. 각각의 집단은 제한된 지역에서 계속 거주하며 인접한 집단 간에 거주 지역이 겹치기도 한다. 집단 간의 관계는 우호적이다.[8]

어린 개코원숭이의 성장속도는 붉은털원숭이보다 약간 느리다. 4살 무렵에 사춘기에 도달하고 암컷은 6살 무렵에 첫 새끼를 낳는다. 하지만, 수컷은 암컷보다 훨씬 크게 자라며 9살이나 10살 정도 되어야 완전히 자라게 된다.

새끼 개코원숭이는 생후 첫해 동안 계속 어미와 가까이 붙어 지내며, 두 번째 해와 세 번째 해에는 가끔 떨어져 있는 경우도 있다. 이 시기 이후로 수컷과 암컷의 발달과정은 서로 다르다.

새끼 개코원숭이는 생후 첫 달의 대부분을 붉은털원숭이와 마찬가지로 어미의 배와 자신의 배가 맞닿은 채로 어미에게 매달려서 지낸다. 약 5주가 지나고 나면 이 새끼는 가끔 어미 곁을 떠나며, 어미의 등에 올라타기 시작하는 것도 바로 이때이다. 4개월 정도가 되면 어미 곁을 떠나

---

8 『영장류 행동』(*Primate Behavior*, 드보어 엮음, 1965)에 실린 홀(Hall)과 드보어가 공동으로 쓴 두 개의 논문과 야생 상태의 어미-유아 개코원숭이의 관계에 관한 드보어(Devore, 1963)의 논문을 참조하라. 어미와 유아에 관한 좀더 최근의 연구로는 알트만(Altmann) 등(1977)과 알트만(1980)의 책을 보라.

는 횟수가 점점 많아지고 어미로부터 20미터 정도까지 움직일 때도 있다. 어미의 등에 말타는 자세로 올라타는 것을 좋아하는 것도 바로 이 무렵이며 (어미가 달리거나 어딘가 올라갈 때는 제외된다. 이런 경우, 새끼는 다시 어미 배에 자신의 배를 맞댄 채로 매달린다), 또래와의 사회적 놀이도 시작된다. 6개월 후부터는 또래와의 놀이도 증가하고 이러한 놀이는 새끼 개코원숭이의 정력과 시간의 많은 부분을 차지하게 된다. 하지만, 12개월 무렵까지 새끼는 어미의 곁에 상당히 가까이 머무르며 항상 어미와 함께 잠을 잔다. 어미에게 올라타는 것은 줄어들고 자신의 발로 따라가는 횟수는 늘어난다.

새끼 원숭이는 두 번째 해의 대부분을 또래와 함께 보내는 데 사용 하며 자신의 어미와 격렬하게 싸우는 경우도 있다. 새끼에게 젖을 주는 동안 암컷 개코원숭이는 정상적인 성적 주기를 거치지 않는다. 하지만, 새끼가 만 한 살 정도 되어서 젖을 뗄 무렵이 되면, 어미는 새끼가 젖을 물려고 하거나 등에 타려고 하는 것을 거절하며 심지어 밤에도 이를 거부하는 경우가 있다. 이러한 거절 때문에 "새끼는 어미의 품에 안기려고, 어미의 젖꼭지를 물려고, 그리고 잠자리 나무에 올라 갈 때 어미의 등에 타려고 전보다 더 안달하는 것 같다"고 드보어(Devore)는 보고한다. 발정이 진정되고 나면, 어미는 "종종 다시 새끼를 받아들인다." 이런 거절에도 불구하고, 새끼나 어미 중에 누가 놀랄 일이 생기면, 서로가 서로를 찾는다. 또래나 성숙한 수컷과의 사이에서 이 새끼가 곤경에 처할 때면, 어미는 새끼를 보호하려 든다.

둘째 해의 끝 무렵에 새끼의 어미는 새로운 새끼를 낳게 될 수도 있지만, 이 유년의 새끼는 계속 어미 곁에서 시간을 보내며 밤에도 자주 함께 잠을 잔다. 놀랄 만한 일이 생기면 이 두 살짜리 새끼는 여전히 어미에게 달려가지만, 근처에 잘 아는 성숙한 수컷이 있으면 이 수컷에게 달려가기도 한다.

4살이 될 때까지 청소년기의 암컷은 성숙한 암컷들과 함께 지내면서 성숙한 개체처럼 행동하는 경향이 있다. 같은 또래의 수컷들은 성숙하기까지 4~5년이 더 걸리며, 그동안 이들은 다른 개코원숭이 무리들에 관심을 가진다. 완전히 성숙하게 될 때까지 대부분의 수컷들은 다른 집단으로 옮기며 어미와의 관계를 단절한다. 이와 대조적으로 암컷 개코원숭이는 평생 동안 어미와의 긴밀한 관계를 계속 유지하며, 어떤 경우에는 (어미가 같은) 자매들과도 가까이 지낸다.

침팬지의 애착행동

침팬지는 아프리카의 삼림지대와 숲으로 덮인 고지대에서 관찰되는데, 이 지역들이 자연 서식지이다. 침팬지는 오랫동안 실험실 실험의 대상이었다. 비록 침팬지는 나무를 타고 이동하는 데 탁월하며 나무에서 잠을 자지만, 50미터 이상을 이동할 때는 대개 땅으로 내려온다. 그리고 침입자로부터 도망칠 때는 침팬지는 항상 땅으로 달린다. 대부분의 다른 연구되는 영장류와 달리, 침팬지는 안정된 사회적 집단 안에서 서로 가까이 지내지는 않는다. 그 대신, 60~80마리로 구성된 단일한 사회집단으로 여겨지는 것에 속한 개체들은 한시적인 다양한 하위 집단으로 끊임없이 이합집산을 거듭한다. 각각의 하위집단은 구성원의 연령, 성별, 혹은 나이에서 아주 다양하지만, 두 종류의 하위집단은 특히 흔하다. 그 중 하나는 여러 마리의 수컷으로 이루어진 집단이고 다른 하나는 여러 마리의 암컷들과 새끼들로 이루어진 집단이다.[9]

침팬지는 붉은털원숭이나 개코원숭이보다 성장하는 속도가 훨씬 느리다. 탄자니아에서의 푸세이(Pusey, 1978)의 관찰에 따르면 암컷 침팬지는 9살 무렵에 사춘기에 도달하고 그로부터 2~3년 후에 첫 임신을 한다. 수컷들은 9살 무렵에 성적으로 성숙하게 되지만, 완전히 성숙하려면 몇 년을 더 기다려야 한다. 침팬지는 대개 무리를 지어 다니지만, 무리의 구성원들은 항상 바뀌기 때문에 유일한 안정적인 사회적 단위는 한 어미와 이 어미의 새끼, 그리고 이 새끼보다 나이 많은 어미의 자손들이다. 구달(Goodall, 1975)은 증거를 확인할 수 있는 거의 모든 경우에 한 어미와 이 어미의 자손, 그리고 이 어미가 낳은 자식들 간에도 평생 동안 가까운 관계가 지속된다고 보고한다.

다른 모든 영장류의 유아들과 마찬가지로 새끼 침팬지는 유아기 전체 동안 어미 곁에서 아주 가까이 지낸다. 생후 첫 4개월 동안 침팬지 새끼는 어미의 배에 자신의 배를 맞대고 매달리며 아주 가끔 어미의 곁에서 떨어져 있는 것이 관찰되며 그런 후에도 대개 어미의 곁에 앉아 있게 된다. 이 새끼가 1미터 이상 떨어지려고 하면 어미는 이 새끼를 잡아끈다. 어미가 포식동물을 발견하면 어미는 새끼를 더 가까이 끌어안는다.

생후 6개월에서 18개월 사이에 침팬지 새끼는 어미의 배보다는 등 위에 경마하는 자세로 이동하는 경우가 더 많아지며, 실제로 어미에게 매달려서 지내지 않는 시간이 증가한다. 이 시기의 끝 무렵까지 새끼와 어

---

9 야생상태의 침팬지에 대한 묘사로는 구달(1965, 1975), 레이놀즈와 레이놀즈(Reynolds & Reynolds, 1965) 그리고 푸세이(Pusey, 1978)를 보라. 감금당한 침팬지의 사회적 행동에 대한 묘사로는 예르케스(Yerkes)의 『침팬지: 어떤 실험실의 무리』(*Chimpanzees: A Laboratory Colony*, 1943)와 예르케스의 다른 출판물들, 그리고 메이슨(1965b)을 보라.

미가 신체적으로 접촉하지 않고 지내는 시간은 낮 시간의 25% 정도까지 되며, 대개 이 시간 동안 새끼는 또래들과 놀면서 지낸다. 하지만, 새끼가 어미의 시야에서 벗어나는 경우는 절대 없다. 새끼는 종종 놀이를 중단하고 어미에게 달려와서 어미의 무릎이나 곁에 앉는다. 어미가 움직이려고 할 때, 새끼를 만지기 위해 손을 뻗거나, 새끼에게 손짓을 하거나, 혹은 나무 위에 있을 때는 나무의 몸통을 부드럽게 두드림으로써 자신의 의도를 표현한다. 이 새끼는 여기에 즉각 순종하고 이동자세를 취한다.

만 3세가 되기까지 다음 18개월 동안에는 어미에게서 떨어져서 활동하는 양과 또래들과의 놀이도 증가한다. 새끼 침팬지는 낮 동안의 75~90% 정도의 시간을 어미와의 신체적 접촉 없이 지내게 된다. 하지만, 어미가 빨리 움직이지 않는 한 새끼는 계속 어미의 등을 타고 경마 자세로 이동하며 여전히 어미와 함께 잠을 잔다.

4~7세 사이에 새끼는 젖을 떼며, 먹이를 먹고, 이동하고, 잠을 자는 상황에서 어미로부터 독립하고, 또래들과 노는 데 많은 시간을 보내기는 하지만, 여전히 어미와 함께 시간을 보내고 이동한다. 예를 들어, 곰베(Gombe) 강 보호구역에서 행한 연구에서 푸세이(1978)는 다음과 같은 내용을 관찰했다. 아직 어미가 살아있는 네 마리의 청소년기 암컷들 각각은 최소한 5분의 4 정도의 시간을 어미와 함께 보내며, 처음으로 발정한 이후에만 어미와 보내는 시간은 줄어들고 다른 성숙한 수컷들과 보내는 시간은 늘어난다. 이와 비슷하게, 사춘기에 도달할 때까지 수컷들은 여전히 최소한 절반 정도의 시간을 어미와 함께 보내며, 이 수컷들 각각은 어미가 죽을 때까지 계속 어미를 가끔 만난다. 이러한 독립성이 계속 증가하는 시기를 통틀어서 이탈과 복귀의 주도권은 이 어린 수컷

에게 있는 것 같다. 어미가 자신의 새끼를 단념 시키거나 거부하는 표현
은 한 번도 관찰된 적이 없다.

고릴라의 애착행동

고릴라는 침팬지와 마찬가지로 중앙아프리카의 열대 우림지대와 숲
으로 뒤덮인 고지대에 살고 있으며 최근 체계적인 야외 연구의 주제가
되었다. 고릴라는 종종 나무 위에서 자고 어린 고릴라들은 나무에서 놀
기도 하지만, 나머지 시간에는 거의 전적으로 육상생활을 한다. 소수
의 성숙한 수컷들을 제외하고 고릴라는 모든 연령대의 양성으로 구성
된 사회적 집단을 이루어 살아가며, 한 집단의 개체 수는 6마리에서 거
의 30마리 정도까지 다양하다. 집단의 구성원은 몇 년에 걸쳐 불안정하
게 변화하며, 집단에 따라 이러한 불안정성은 차이가 있다. 수컷과 암컷
모두 청소년기나 혹은 그 이후에 자신이 태어난 집단을 떠나는 경우도
있다. 고릴라 집단들의 조우는 항상 평화로운 것은 아니다. 홀로 다니는
수컷이 혹은 다른 집단의 수컷 여러 마리가 암컷들을 공격해서 이 암컷
들의 새끼들을 죽이는 것들이 관찰되었다. 상이한 침팬지 공동체 사이
의 관계 또한 종종 적대적이다.[10]

생물학적 증거는 고릴라와 침팬지가 인간의 가장 가까운 친척임을 시
사한다.

고릴라의 성숙 속도는 대충 침팬지의 성장 속도와 비슷하지만, 만약
어떤 차이가 있다면 고릴라가 약간 빨리 성장한다. 새끼와 어미와의 관

---

[10] 야생상태의 고릴라에 대한 묘사에 대해서는, 쉘러(Schaller, 1963, 1965)의 출판물과
포세이(Fossey, 1979)와 하코트(Harcourt, 1979)의 최근 연구를 참조하라.

계가 변화하는 모습은 침팬지의 경우와 아주 유사하다.

생후 첫 2~3개월 동안 새끼 고릴라에게는 어미의 털을 꼭 붙잡을 힘이 없기 때문에 어미는 자신의 팔로 이 새끼를 붙들어준다. 하지만, 3개월이 될 무렵까지 새끼는 효율적으로 매달릴 수 있게 되고 어미의 등에 올라타기 시작하는 경우도 있다. 3개월에서 6개월까지의 시기에 새끼는 종종 어미 곁의 땅바닥에 있으며, 이때 어미는 천천히 걸어가면서 새끼가 따라오도록 격려한다. 하지만 새끼가 반경 3미터 밖에서 헤매도록 허용되는 경우는 거의 없으며, 그렇게 되기 전에 어미는 새끼를 끌어온다. 8개월이 될 때까지 새끼는 어미가 곧 움직이려고 한다는 것을 깨닫지 못하기 때문에 어미가 새끼를 거두어야 한다. 8개월이 지나게 되면 새끼는 어미의 위치와 행동에 활발하게 반응하며, 그래서 어미가 움직이려는 기미만 보여도 어미에게 달려가서 올라탄다.

만 1살이 되면 새끼는 집단이 휴식을 취하는 동안 다른 고릴라 사이에서 이리저리 옮겨 다니기도 하며 잠깐 동안이나마 어미의 시야에서 벗어나기도 한다. 새끼들은 또한 어미의 무릎 대신 어미의 곁에 앉아 시간을 보내기 시작한다. 새끼가 18개월이 된 후에 어미들은 새끼들을 나르는 것을 종종 주저하게 된다.

암컷이 천천히 걸어가고 새끼가 이 암컷의 발꿈치 뒤에서 아장아장 [때로 한 손이나 두 손으로 어미의 엉덩이의 털을 붙잡고] 따라가는 광경은 흔히 볼 수 있는 것이다. 하지만, 위험을 감지하자마자 혹은 어미가 빨리 움직이기 시작하면 거의 세 살까지의 모든 새끼들은 어미에게 돌진해서 올라탄다(Schaller, 1965).

3살에서 7살까지의 청소년기의 고릴라들과 어미들의 상호작용은 침팬지의 상호작용과 다른 것 같지는 않다. 어미들은 청소년기의 고릴라들은 더 이상 날라주지 않으며, 청소년기의 고릴라들은 스스로 먹고 잔다. 이들은 하루의 상당 부분을 다른 청소년기의 고릴라들과 함께 보내는 데 사용한다. 하지만, 어미와의 관계는 지속된다. 어미와의 관계는 어미에게 새로운 새끼가 태어난 후에도 계속되는데, 이때 새로운 새끼보다는 어미의 관심을 덜 받게 된다. 성숙기가 가까워지면서, 청소년기의 고릴라들은 오고 가는 것을 스스로 책임지게 되고, 어미와의 관련성도 덜 긴밀해진다. 8살 무렵 거의 모든 청소년기의 고릴라들은 다른 성숙한 고릴라들과 대부분의 시간을 보내게 된다.

어린 원숭이 및 유인원과 그 집단 내 다른 개체 간의 관계

유아기 동안(붉은털원숭이와 개코원숭이의 경우 생후 1년까지, 유인원의 경우 생후 3년까지) 어린 원숭이와 유인원들은 자신의 어미 이외의 다른 성숙한 개체들과는 거의 함께 시간을 보내지 않는다. 어미와 떨어져 있을 때는 대개 다른 유아기의 개체들이나 청소년기의 개체들과 함께 놀이를 하며 시간을 보낸다. 하지만, 자신의 새끼가 없는 성숙한 암컷이 다른 새끼를 돌봐 주려고 하는 경우도 드물지 않은데, 때로 이들은 자신이 낳지 않은 유아를 돌보는 데 성공하기도 한다. 대다수의 종들의 경우, 어미는 이런 행동을 아주 싫어하며 자신의 새끼를 곧 되찾아온다. 하지만, 인도 랑구르 원숭이는 다른 성숙한 암컷들이 자신의 새끼를 대신 돌봐주는 것을 허용한다.[11] 쉘러(Schaller, 1965)는 두 마리의 새끼 고릴라가 자신들의 어미들이 아닌 다른 암컷들과 강한 유대를 맺고 있는 것을 관찰했다. 이 중 생후 6개월 된 새끼 한 마리는 한 시간 정도 혹은 그 이상의 시간을 이 '이모'와 함께 시간을 보냈으며, 다른 한 마리는 생후 2년째의 6개월 동안 "대부분의 시간을 다른 어린 암컷 한 마리와 보냈으며 낮에는 가끔, 그리고 밤에는 확실히 어미에게 돌아왔다."

대부분의 종들에서 성숙한 수컷들은 새끼를 데리고 있는 어미들에게 상당한 관심을 가지고 있는데, 새끼를 나르고 있는 어미들이 자신들의 곁에 가까이 있도록 허용할 뿐만 아니라 특히 이들을 호위하기 위해 이들의 뒤에 있기도 한다. 하지만, 대체로 성숙한 수컷들은 직접 새끼를 나르는 경우가 결코 없으며 그런 경우가 있더라도 아주 드물다. 이에 대한 예외로는 (붉은털원숭이의 친척이 되는) 일본원숭이가 있다. 일본원숭이의 몇몇 집단에서는 지위가 높은 성숙한 수컷이 어떤 어미가 새로운 새끼를 출산한 후에 이 어미의 1살짜리 유아를 '입양하는' 경우가 흔히 있다. 제한된 일정 기간 동안 이 성숙한 수컷의 행동은 "새끼에게 젖을 먹이는 것을 빼고 어미의 새끼에 대한 행동과 아주 유사하다"(Itani, 1963). 이런 종류의 부성 행동은 인도 붉은털원숭이에게는 찾아볼 수 없으며, 인도 붉은털원숭이의 수컷은 어린 새끼들에게 관심이 없거나 적대적이다.

많은 종들의 경우 어린 새끼가 자라나면서 성숙한 수컷들과의 교류는 점차 증가하는데, 이렇게 교류가 증가하는 연령대는 아주 다양하다. 사바나 개코원숭이의 경우 한 마리의 어린 새끼가 딸린 어미는 대개 한 마리의 (때로 두 마리의) 특정 수컷(들)과 특별한 관계를 가진다. 이 어미

---

11 암컷 붉은털원숭이 '이모들'의 참견하는 행동은 힌디가 쓴 논문(1965a)의 주제이다. 이 새끼들의 어미들은 '이모'에게 자신의 새끼를 뺏기지 않으려고 극단적으로 제한적이 되었다.

의 새끼는 이 수컷과 애착관계를 형성하는 경우가 많고, 이 애착관계는 어미가 다른 새끼를 출산한 후에도 종종 지속된다(Altmann, 1980). 그래서 빠르면 생후 2년째에 어린 개코원숭이가 놀라게 될 때 자신의 어미보다도 성숙한 수컷에게 달려가는 현상은 놀랄 만한 일이 아니다. 새끼 고릴라들은 주도적인 수컷들에게 매력을 느끼며 집단이 휴식을 취할 때 종종 이 수컷의 곁에 앉아 있거나 놀기도 한다. 때로 이 수컷의 등에 올라타기도 하며 심지어 이동할 때 등을 얻어 타기도 한다. 놀이가 너무 거칠지만 않으면 이 수컷은 상당히 관대하다. 청소년기의 고릴라들은 때로 성숙한 수컷과 한패가 되려고 집단을 떠나 이 수컷의 뒤를 따라가기도 한다. 이러한 우호적인 관계는 침팬지의 경우 보고되지 않고 있다. 하지만, 청소년기의 침팬지들은 암수 모두 성숙한 수컷들과 종종 교류한다. 이상의 모든 종들의 경우 집단 내에서의 짝짓기는 무차별적이기 때문에, 관찰자들은 지금까지 어떤 수컷이 특정 유아의 아비인지 알 도리가 없다는 입장을 취하고 있다. 하지만, 최근의 연구에 따르면, 최소한 몇몇 종에서는 수컷들이 다른 유아들에 비해 특정 유아들과 더 많은 시간을 보내는데, 이 유아들은 대개 임신을 했을 가능성이 가장 높았을 때 이 수컷과 짝짓기한 암컷들의 자식이다(Bernstein 등, 1982; Altmann, 1980).

어미-새끼 관계에서의 새끼와 어미의 역할

지금까지 살펴본 바에 따르면 생후 첫 몇 개월 동안 인간 이외의 모든 종의 영장류의 경우, 새끼가 어미 곁에 가까이 있도록 하는 데서 어미가 주도적인 역할을 한다는 것은 명백하다. 만약 새끼가 효과적으로 붙잡을 능력이 없으면 어미는 새끼를 붙잡아준다. 새끼가 어미 곁을 벗어나 너무 멀리 떨어져 있으면 어미는 새끼를 끌어온다. 매가 상공을 날고 있거나 인간이 너무 가까이 접근하면 어미는 새끼를 품에 안는다. 그래서 새끼가 비록 멀리 떨어져 있고 싶어 한다 할지라도 어미는 결코 이를 허용하지 않는다.

하지만, 모든 증거에 따르면 새끼에게 이렇게 멀리 떨어지려는 성향은 없다. 많은 상이한 종류의 원숭이와 유인원의 새끼들이 그렇듯 새끼들이 어미와 따로 떨어져서 양육될 때도 이러한 멀리 떨어지려는 성향이 없다는 것을 확인할 수 있다. 인간의 가정에서 새끼를 양육했기 때문에 이 새끼의 일생에 대해 자세히 설명할 수 있는 몇 가지 사례가 있다. 로웰(Rowell, 1965)의 어린 개코원숭이 사례와 볼위그(Bolwig, 1963)의 어린 파타스원숭이 사례(이 원숭이도 육상 종이며 성장속도는 개코원숭이와 비슷하다), 켈로그와 켈로그(Kellogg & Kellogg, 1933) 그리고 헤이즈(Hayes, 1951)의 어린 침팬지 사례들, 마지막으로 마티니(Martini, 1955)의 어린 고릴라 사례 등이 좋은 예이다. 어린 새끼가 실험용 인형과 함께 자란 사례들 중에 가장 잘 알려진 예는 할로와 그의 동료들이 보고한 내용들이다(Harlow, 1961; Harlow and Harlow, 1965).

새끼 영장류에게 양부모 역할을 했던 모든 용감한 과학자들은 이 새끼가 얼마나 강하고 집요하게 매달리는지에 대해 증언한다. 로웰은 자신이 (생후 5주에서 11주 사이에) 돌보았던 작은 개코원숭이에 대해 쓰고 있다. "큰 소리나 갑작스런 움직임으로 놀라게 되면 내게 달려와서 필사적으로 내 다리를 꼭 붙잡았다." 로웰이 이 새끼를 돌본 지 10일 후에 "이 새끼는 내가 시야 밖으로 사라지도록 가만 놔두지 않았으며 고무젖꼭지나 앞치마를 거부했고 더 세게 나를 붙잡았다." 생후 몇 일째부터 키웠던 파타스원숭이 새끼에 대해 볼위그는 다음과 같이 쓰고 있다. 맨 처음부터 "손안에 있는 어떤 물체든지 강하게 붙잡았고 이 물체를 치우려고 하면 소리를 지르면서 저항했으며 이 새끼의 애착은 빠르게 점점 강해져서 마침내 거의 떼어낼 수 없을 정도가 되었다." 헤이즈는 생후 3일째부터 키웠던 비키(Viki)라는 침팬지 암컷에 대해 묘사하고 있는데, 이 침팬지가 생후 4개월 무렵에 잘 걸어 다니게 되면서 어떻게 "한 시간 동안의 낮잠 시간을 제외하고 유아용 침대를 떠나는 순간부터 저녁에 잠자리에 들 때까지 젖먹이 아기처럼 자신에게 매달렸는지"에 대해 보고하고 있다. 이러한 모든 기술들에는 유사한 표현들이 들어 있다.

어미에 대한 새끼의 구별

애착행동은 다른 개체에 대한 근접성을 추구하고 유지하는 것으로 정의했다. 이상의 보고들을 볼 때 모든 영장류 종의 어린 새끼들이 극도로 집요하게 대상에게 매달린다는 것은 전혀 의심의 여지가 없지만, 이 새끼들이 얼마나 빨리 특정 개체를 구별해서 이 개체에게 애착하게 되는가의 문제는 여전히 생각해 볼 문제이다.

붉은털원숭이의 새끼는 생후 첫 주 혹은 둘째 주에 '특정 어미(자신의 어미)에 대한 애착을 배운다'라고 할로는 믿고 있다(Harlow & Harlow, 1965). 힌디 또한 이런 관점을 지지한다(필자와의 개인적 의견 교환). 힌디는 붉은털원숭이의 새끼가 생후 며칠 내에 다른 원숭이가 아닌 자신의 어미를 선호하고 그쪽으로 향한다는 점을 지적한다. 예를 들어, 생후 첫 주의 끝 무렵에 이 새끼는 잠시 어미를 떠나서 다른 암컷으로 기어가기도 한다. 하지만 곧, 몸을 돌이켜 어미 쪽으로 움직인다. 이렇게 곧바로 특정 개체를 인식하는 능력은 인간 이외의 영장류들이 출생시부터 어느 정도 모양에 대한 시각적 인지능력을 갖추고 있음을 시사하는 증거들을 고려할 때 그렇게 놀라운 것은 아니다(Fantz, 1965).

이들 영장류를 양육했던 인간 양부모들이 보고한 내용도 이와 관련해서 또한 흥미롭다.

볼위그의 어린 파타스원숭이는 생후 5일에서 2주 사이에 볼위그의 집에 왔는데 이 원숭이는 도착하자마자 곧 가족 내의 개별 구성원들을 구별하기 시작했다. 도착한지 3일밖에 지나지 않았는데도 이 원숭이는 이렇게 구별할 수 있었다. 볼위그 박사의 딸이 이 원숭이를 주로 돌봤는데, 볼위그 박사와 있게 되면 이 원숭이는 소리 지르며 볼위그 박사의 딸을 쫓아서 문 앞으로 달려갔다. 볼위그 박사의 딸이 돌아와서 안아 올려줘야 울음을 그쳤다.

그 이후에 애착은 내 딸에게서 내게로 옮겨졌다. 이 애착은 아주 강해서 내가 어디를 가든 이 원숭이를 내 어깨 위에 데리고 다녀야 했다. … 생후 3개월 반이 될 때까지 이 원숭이는 가족 중의 다른 사람에게 맡겨지면 상당히 말썽을 부리곤 했다.

비록 생후 5개월 끝 무렵에 이 원숭이는 다른 사람들과, 그리고 자신과 같은 종의 다른 원숭이들과 많은 시간을 보내게 되었지만, 볼위그 박사를 선호하는 것은 지속되었으며 고통스러울 때 특히 그랬다. 이러한 볼위그 박사에 대한 선호는, 볼위그 박사가 4개월 동안이나 자리를 비운 후(생후 9개월째)에도 여전히 분명했다.

로웰이 한 개코원숭이의 양엄마가 되었을 때 이 원숭이는 생후 5주 정도였다. 첫 주부터 벌써 이 작은 개코원숭이는 친숙한 사람과 낯선 사람을 구별할 수 있었으며 주 양육자가 누구인지 인식할 수 있었다. 처음에 이 원숭이는 배가 고프지 않으면 고무젖꼭지와 주 양육자의 앞치마만 있어도 만족했다. 하지만, 열흘 후에 "이 원숭이는 더 이상 내가 시야에서 사라지는 것을 허용하지 않았다. … 내가 움직이는 것을 보거나 혹은 나와 시선이 마주치면 이 원숭이는 고무젖꼭지를 내던지고 내게 달려왔다."

그러므로 이러한 보고들로 보건대, 구대륙에 서식하는 몇몇 원숭이 종들의 경우 애착행동은 생후 약 1주 내에 나타나고 특정 선호하는 개체를 대상으로 하며, 애착 선호의 대상이 일단 결정되면 이러한 선호는 극히 강하며 지속적이다.

침팬지의 경우 원숭이에 비해 성장 속도가 더 느린데, 그 때문에 양육자에 대한 명백한 선호는 더 나중에 나타나는 것 같다. 하지만, 일단 이러한 선호의 대상이 결정되면 선호의 강도는 원숭이에 못지않게 강하다. 헤이즈가 기술한 내용에 따르면 비키는 생후 3개월쯤 후에 자신이 누구와 함께 있는지에 대해 크게 관심을 가지게 된 것 같다. 이 무렵에 비키의 선호대상은 혼동의 우려 없이 명백해졌다. 예를 들어, 비키가 생후 4개월이 조금 안 되었을 때, 어떤 파티에서 어떻게 번갈아가며 손님들을 탐색하다가 그 다음에는 다시 양엄마의 곁으로 되돌아오기를 반복하는가를 헤이즈는 묘사하고 있다. 손님들이 옆방으로 옮겨갈 때 비키는 실수로 다른 여자 손님의 옷을 붙잡고 있었다. 그런데, 비키가 우연히도 위를 쳐다보고서 자신의 실수를 알아차렸을 때, 비키는 짧은 울음소리를 내면서 곧바로 양엄마에게 올라탔다.[12]

애착행동의 강도의 변화

야생상태의 영장류 새끼에 대한 모든 묘사 내용을 보면, 최소한의 놀랄 만한 사건에도 어미에게서 떨어져 있는 새끼는 곧바로 어미에게 달려가며, 이미 어미의 곁에 있는 새끼는 어미에게 더 꼭 매달린다. 이러한 상황에서 애착행동이 반드시 나타난다는 것은 애착행동의 원인과 기능을 이해하는 데 있어 상당히 중요하다.

애착행동이 나타나게 하거나 혹은 더 강하게 나타나게 하는 다른 조건들은 인간 양부모들이 키운 새끼들에 대한 기술들에서 보고되고 있다. 로웰은 자신이 키우는 개코원숭이 새끼는 배가 고플 때 "계속 함께 있으려 하고 혼자 내버려두면 계속 울부짖었다"고 보고한다. 원숭이 새끼가 더 성숙해지고 환경을 탐색하게 될 때 어떻게 이 새끼가 양육자가 떠나려는 아주 작은 움직임을 즉각 알아채고 재빨리 양육자에게 매달리는지에 대해 로웰과 볼위그 둘 다 묘사하고 있다. 잠깐 동안 서로 떨어져 있는 것도 동일한 효과가 있다. 볼위그는 그가 키우던 파타스원숭이 새끼가 다른 파타스원숭이들과 함께 몇 시간 동안 우리에 갇혀 있다가 풀려났을 때 보인 행동에 대해 다음과 같이 기록하고 있다.

이 원숭이는 우리 밖으로 나온 이후로 종일 내가 시야에서 사라지는 것을 거부하고 내게 꼭 매달려 있으려고 했다. 그날 저녁잠을 자다가도

---

12 예르케스가 기술한 내용도 역시 새끼 침팬지들은 생후 몇 개월이 지나서 대상을 아주 명확히 구분한다는 것을 시사한다. 어떤 어미가 키우고 있던 한 쌍의 침팬지는 거의 생후 5개월이 될 때까지 "서로를 사회적 대상으로 인식하는" 것처럼 보이지 않았다 (Tomilin & Yerkes, 1935).

작은 소리로 울며 깨어나서 나를 꼭 붙들었는데, 이 원숭이를 떼놓으려 하면 이 원숭이는 아주 두려워했다.

애착행동의 쇠퇴

야생상태의 영장류 새끼의 애착행동에 대해 기술한 내용들은, 이 새끼들이 성장하면서 어떻게 어미와 보내는 시간은 줄어들고, 또래 그리고 이후에는 성인들과 보내는 시간이 늘어나는지에 대해 묘사하고 있다. 그리고 이러한 변화가 어떻게 새끼들의 주도하에서 발생하는지를 또한 묘사한다. 어미가 이러한 변화를 고무시키는 정도는 종에 따라 아주 다양한 것 같다. 어미 개코원숭이의 경우 자신의 새끼가 생후 10개월이 되면, 특히 곧 새로운 새끼가 태어날 예정이면, 이 새끼 원숭이를 거부하는 경우가 많다. 붉은털원숭이의 어미도 가끔 새끼를 거부하기도 한다. 침팬지나 고릴라의 경우 이런 예는 많지 않은 것 같다.

하지만, 가용한 증거들로 판단하건대, 어미가 새끼를 거부하는 경우가 전혀 혹은 거의 없어도 특정 연령대 이후에는 애착행동이 발현되는 강도나 빈도가 모두 감소하는 것은 분명해 보인다. 아마도 여러 상이한 과정들이 개입되어 있는 것 같다. 그중의 한 과정은 애착행동 자체를 매개하는 행동체계의 형태의 변화일 것이다. 다른 과정은 호기심과 탐색행동이 증가하는 것인데, 이러한 증가의 효과에 대해서 할로(1961)와 다른 연구자들이 상당히 강조한 바 있다.

볼위그는 자신이 키우던 파타스원숭이의 애착행동이 쇠퇴하는 것에 대해 기술했는데, 이는 좋은 예이다. 이 원숭이가 첫날부터 얼마나 호기심이 강하고 손과 얼굴을 바라보는 것을 좋아했는지 볼위그는 생생하게 묘사하고 있다. 무생물체를 탐색하는 데 대한 흥미는 처음부터 존재했는데, 이 흥미는 꾸준히 증가했으며 2개월째의 말미에 이 원숭이는 집 안에서 보내는 시간의 상당 부분을 가구를 올라타면서 보냈다. 거의 생후 4개월 무렵이 되었을 때 이 원숭이는 여러 학생들과 시간을 보내는 것을 좋아했기 때문에 불러도 돌아오려고 하지 않았다. 그 이후에 이러한 거부는 점점 횟수가 많아졌다. 볼위그는 다음과 같이 결론을 내렸다. 이 어린 원숭이의 놀이와 탐색에 대한 흥미는 "애착단계에 적대자로서 활약했으며 이 원숭이의 매시간의 활동에서 점차 애착단계를 지배하게 되었다."

애착행동이 쇠퇴하는 속도는 의심할 바 없이 많은 변수들의 영향을 받는다. 그중의 한 가지 변수는 놀라게 하는 사건의 빈도이다. 놀라게 되면 심지어 나이가 많은 청소년기의 개체들도 어미에 대한 근접성을 즉각 회복시킨다는 데 모든 관찰 기술들이 의견의 일치를 보인다. 다른 변수는 너무 이른 시기에 강요된 분리의 빈도이다. 볼위그는 자신이 데리고 있던 파타스원숭이를 돌보는 사람에게 집 밖으로 쫓아내거나 혹은 우리에 가두는 방법으로 이 원숭이를 훈련시키라고 지시한 뒤 이 원숭이가 보여준 집요한 매달리는 행동을 묘사하고 있다. "내가 시도할 때마다… 원숭이의 발달은 지체되었다. 이 원숭이는 더 많이 매달렸으며, 더 말썽을 부렸고 더 어려워졌다."

자연 상태에서 인간 이외의 영장류에서 어미에 대한 애착행동은 점차 감소하지만, 애착행동이 완전히 사라지는 것은 아니다. 하지만, 야생 연구로부터 도출할 수 있는 증거는 성숙기에서의 애착행동의 역할에 대해 확실한 결론을 도출하기에는 아직 미미하다. 그리고 인간에게 포획되어 양육된 영장류의 경우에도 이는 마찬가지이다.

이제껏 언급한 인간이 기른 모든 원숭이나 영장류들은 청소년기도 채 지나지 않아서 동물원이나 실험실 군집에 배치되었다. 일반적으로 이러한 개체들은 자신과 동일한 종의 다른 개체들과 대개 비교적 좋은 관계를 유지하지만 자연 상태에서 자란 개체들보다는 인간에 대해 더 강한 흥미를 지속적으로 보여준다. 게다가 이들 중 몇몇은 인간에 의해 성적으로 흥분되며 인간에 대해 성적 행동을 표출하기도 한다. 그래서 유아기에 애착행동을 표출했던 대상의 성격은 여러 면에서 장기적으로 영향을 미치게 된다.

4. 인간의 애착행동

인간 이외의 영장류에서 발견되는 애착행동과의 차이점과 유사점

처음에 인간의 애착행동과 인간 이외의 영장류에서 관찰할 수 있는 애착행동 사이에는 뚜렷한 간극이 있는 것으로 보일 수도 있다. 인간 이외의 영장류의 경우 새끼는 출생 직후 혹은 머지않아 어미에게 매달린다는 점을 강조할 수도 있다. 반면에 인간의 유아는 아주 천천히 어미를 알아보며 움직일 수 있게 된 연후에야 어미와 함께 있으려고 한다. 비록 이러한 차이점은 실제적이지만, 이러한 차이점이 쉽게 과장되기도 한다고 필자는 믿는다.

첫째, 최소한 한 종의 유인원, 곧 고릴라의 경우 유아는 출생 직후 자신의 체중을 지탱할 만큼 충분한 힘이 없기 때문에 2~3개월 동안은 어미가 지탱해 주어야 한다는 것을 알고 있다. 둘째, 더욱 단순한 인간 사회, 특히 수렵채집 생활을 하는 인간 사회에서, 유아는 유아용 침대나 유모차에 두는 것이 아니라 엄마의 등에 업혀 이동한다. 그래서 고릴라와 인간의 엄마-유아 관계의 차이는 그렇게 크지 않다. 사실, 가장 하등의 영장류에서부터 서구의 인간까지에서 하나의 연속선을 식별해낼 수 있다. 영장목에서 가장 덜 발달한 구성원, 예를 들어, 여우원숭이와 명주원숭이의 경우 새끼는 출생 직후부터 계속 매달리는 것을 스스로 해내며, 어떤 경우에도 어미가 대신 지탱해 주는 경우는 없다. 더 발달한 구대류 원숭이, 예를 들어 개코원숭이와 붉은털원숭이의 경우, 새끼는 매달리는 것의 대부분을 스스로 해내지만 출생 이후 며칠 동안은 어미가 약간 도와주기도 한다. 가장 발달한 인간과 고릴라의 경우 새끼는 계속 매달리기는 하지만 스스로 오랫동안 지탱할 수 있을 만큼 충분한 힘을 갖고 있지 못하다. 결과적으로 몇 달 동안은 어미 자신의 행동에 의해서만 새끼는 어미 곁에 가까이 있게 된다. 오직 경제적으로 발전한 인간 사회, 특히 서구 사회에서만 유아는 보통 낮 동안 여러 시간 동안 엄마와 떨어져 있으며, 종종 밤에도 떨어져 있기도 한다.

이처럼 어미와의 접촉을 유지하는 데 있어 새끼가 모든 주도권을 행사하는 것에서 어미가 모든 주도권을 행사하는 것으로 진화상으로 균형이 변화하는 것은 중요한 결과를 초래했다. 이것은 붉은털원숭이는 어미와 다른 원숭이들을(그리고 무생물체들을) 구별하는 것을 배우기 이전에 이미 강하게 매달리지만, 인간의 유아는 엄마에게 매달리거나 엄마에게 적극적으로 이동할 수 있는 능력을 갖추기 이전에 엄마와 다른 사람들(혹은 대상들)을 구별할 수 있게 되었다는 것을 의미한다. 이 때문에 인간에 있어 애착행동의 시작을 판단할 수 있는 준거가 무엇인지를 결정하는 데서 약간의 어려움이 있다.

첫해 동안의 애착행동의 성장

가족 내에서 생후 3개월 된 대부분의 유아들은 다른 사람들과 비교했을 때 이미 엄마에게 달리 반응한다는 충분한 증거가 있다. 이 무렵에 유아들은 자신들의 엄마를 볼 때 미소를 지으며 더 즉각적으로 옹알거리며 다른 사람들보다 더 오래 응시한다. 그러므로 인식적 분별은 존재한다. 하지만, 이 유아가 자신의 엄마를 인식할 뿐만 아니라 엄마에 대한 근접성을 유지하는 방식으로 행동하는 경향성이 있다는 증거가 있을 때까지는 애착행동이 존재한다고 말하기는 거의 힘들다.

근접성을 유지하는 행동이 가장 분명하게 나타나는 경우는 엄마가 방에서 나갈 때 아기가 울거나 혹은 울면서 엄마를 따라가려고 시도하는 것이다. 에인스워스(Ainsworth, 1963, 1967)가 보고한 바에 따르면 한 집단의 아프리카 유아들에서 우는 행동과 엄마를 따라가려고 시도하는 행동이 나타났는데, 어떤 유아에서는 각각 생후 15주와 17주에 이러한 행동들이 나타났다. 이 두 가지 행동 모두는 생후 6개월 무렵에 이 아프리카 유아들의 집단에서 보편적으로 나타났다. 이 유아들 중 4명을 제외한 모든 아기들이 기어다닐 수 있게 되자마자 자신을 떠나려는 엄마를 따라가려고 시도했다.[13]

이 연구에서 에인스워스는 우간다의 간다(Ganda) 부족의 유아들을 관찰했는데, 이러한 관찰은 엄마들이 대개 아침 일을 끝내고 쉬거나 종

---

[13] 간다(Ganda) 아이들의 이 표집에서 기어다닐 수 있게 되는 연령의 중앙값은 생후 25주였으며, 이에 비해 미국 백인 아이들의 경우 이 중앙값은 생후 7개월 반이었다 (Gesell, 1940). 이 점에서 그리고 다른 많은 점들에서 간다 아이들의 운동능력 발달은 백인 아이들의 발달에 비해 훨씬 더 빠르다.

종 손님들을 맞이하는 오후에 2~3시간 동안 이 엄마들을 방문함으로써 이루어졌다. 이 시간에 깨어 있는 유아들은 대개 엄마가 안고 있거나, 엄마의 무릎 위에 앉아 있거나 혹은 마음대로 기어 다녔다. 다수의 성인들이 관찰하는 동안 함께 있었기 때문에 엄마에 대한 차별적 반응과 애착행동을 곧 관찰할 수 있었다. 25명의 엄마와 27명의 유아들[14]을 방문하여 관찰했는데, 이러한 방문은 2주의 간격을 두고 약 7개월에 걸쳐 이루어졌다. 이 연구의 끝 무렵에 가장 어린 유아들의 연령은 여전히 생후 6개월이었지만 대부분의 유아들은 생후 10개월에서 12개월 사이의 연령대였다. 네 명을 제외한 모든 유아들이 애착행동을 보였다.

에인스워스의 연구 결과는 다음과 같은 사실들을 분명히 보여준다. 곧, 소수를 제외한 모든 간다 부족의 유아들에게 생후 6개월 무렵이면 애착행동이 분명히 나타나며, 이 애착행동은 엄마가 이 유아를 놔두고 방을 나갈 때 우는 행동으로 나타날 뿐만 아니라, 엄마가 되돌아올 때 미소를 짓고 팔을 들어올리며, 기쁨에 겨워 소리를 지르는 등의 엄마를 반기는 행동으로 나타난다. 우는 행동은 이 아기를 혼자 혹은 타인과 함께 내버려 둘 때 나타날 가능성이 더 높았지만, 이 연령대에서는 그러한 모든 경우에 우는 행동이 나타나는 것은 아니었다. 그러나, 추후 3개월 동안, 곧 이 유아들의 연령이 생후 6개월에서 생후 9개월이 되는 시기 동안 이러한 모든 행동들은, '마치 엄마에 대한 애착행동이 더욱 강해지고 더욱 굳어지는 것처럼', 보다 규칙적으로 그리고 보다 힘 있게 발현되었다. 이 연령대의 아이들은 엄마가 방을 떠나면 엄마를 뒤따라갔으

---

[14] 관찰대상에는 다른 유아 한 명이 더 있었는데, 연구종료 시점에 이 유아의 연령은 생후 3개월 반에 불과했기 때문에 연구를 요약하고 있는 이 책에서는 언급하지 않고 제외되었다.

며, 엄마가 다시 되돌아오면 엄마를 먼저 반기고 가능한 한 빨리 엄마에게 기어갔다.

이러한 모든 행동유형들은 생후 첫해의 마지막 4분기와 둘째 해를 통틀어서 지속적으로 나타났다. 생후 9개월이 될 무렵이면 유아들은 엄마가 자신들을 놔두고 방을 떠날 때 보다 효과적으로 엄마를 따라갈 수 있었고, 그렇게 해서 이런 경우에 유아들이 우는 행동은 감소했다. 엄마에게 매달리는 행동 또한 생후 9개월이 지난 이후에 특히 분명하게 나타났는데, 특히, 예를 들어 낯선 사람이 나타나거나 해서 유아들이 놀란 경우에 그러했다.

비록 이 아이들의 애착행동은 가족의 다른 성인들에 대해서도 나타났지만, 엄마에 대한 애착행동은 이들에 대한 애착행동보다 항상 선행되었으며 더욱 강렬하고 더 일관성이 있었다. 생후 6개월에서 생후 9개월 사이에 아빠가 정기적으로 집으로 돌아오는 유아들은 모두 아빠가 나타났을 때 기쁘게 아빠를 반겼지만, 생후 9개월이 될 때까지 자신을 놔두고 떠나는 (엄마 이외의) 낯익은 성인을 실제로 따라가는 경우는 관찰된 적이 없다. 생후 9개월 이후에 엄마가 없을 때는, 유아들은 그 자리에 우연히도 함께 있었던 낯익은 성인을 따라가는 경향이 있었다.

비록 에인스워스가 연구한 27명의 간다 아이들 중 23명이 혼동의 여지없이 애착행동을 보였지만, 4명의 유아들에게서는 관찰이 끝날 때까지 어떤 종류의 애착행동도 나타나지 않았다. 이 네 명의 아이들의 연령은 당시에 각각 8개월 반(쌍둥이), 11개월, 12개월이었다. 이 유아들의 발달지체의 가능한 원인에 대해서는 15장에서 논의될 것이다.

에인스워스가 관찰한 바와 같이 간다 부족의 유아들에게서 애착행동이 발달하는 연령은 쉐퍼와 에머슨(Schaffer & Emerson, 1964a)이 밝혀낸 스코틀랜드의 유아들에게서 애착행동이 발달하는 연령과 크게 다르지 않다. 쉐퍼와 에머슨은 60명의 유아들을 출생시부터 생후 12개월까지 연구했다. 이들은 부모로부터 4주의 간격을 두고 정보를 수집했다. 애착의 준거는 엄마가 유아를 놔두고 떠날 때 이 유아가 보이는 반응으로 제한되었다. 7개의 가능한 상황들, 예를 들어, 방에 홀로 놔두는 것, 밤에 침대에 홀로 놔두는 것 등의 상황에 대한 정의를 내렸고 그 다음 유아가 저항하는 강도에 대해 점수를 매겼다. 직접적 관찰은 한정되었으며 반기는 반응도 고려되지 않았다.[15]

이러한 스코틀랜드의 유아들에 대한 조사연구에서 전체 유아 중 3분의 1은 생후 6개월이 될 무렵, 4분의 3은 생후 9개월이 될 무렵 애착행동을 보였다. 간다 부족의 유아들과 마찬가지로 몇몇 유아들에게서는 애착행동이 서서히 나타났다. 2명의 유아들은 생후 12개월이 됐는데도 여전히 애착행동이 나타난 것으로 보고되지 않았다.

쉐퍼와 에머슨이 발견한 바를 액면 그대로 받아들이면, 이 사실은 스코틀랜드의 아이들이 간다 부족의 아이들에 비해 애착행동 발달속도가 약간 느리다는 것을 암시한다. 이 사실은 당연한 것일 수도 있으며 간다 부족 아이들의 현저히 빠른 운동능력 발달속도와 일치하는 것이기도 하다. 이러한 보고된 발달의 차이에 대한 또 하나의 대안적 설명으로, 두 연구에 적용된 애착의 준거가 서로 다르며 관찰방법 또한 서로 다르다는 것을 들 수 있다. 에인스워스는 관찰현장에서 직접 관찰을 수행했

---

15 여기서 '반기는 반응'이란 'greeting response'로서 엄마가 아기를 혼자 놔두고 아기 곁을 떠났다가 다시 돌아왔을 때 이 아기(유아)에게 나타나는 엄마를 반기는 행동을 지칭한다. 좀더 자세한 내용은 앞부분에 나오는 에인스워스의 연구를 참조하기 바란다.-옮긴이.

기 때문에 애착의 초기 지표들을 기록했을 것으로 예상할 수 있지만, 쉐퍼와 에머슨은 엄마들의 보고 내용에 의존했기 때문에 그렇게 하지 못했을 수 있다.[16] 두 보고의 내용의 차이가 어떤 이유 때문이건, 두 보고 내용은 많은 부분에서 상당히 일치한다. 일치하는 내용 중의 하나로 서로 다른 아이들이 애착행동을 최초로 보이는 연령대의 범위가 크다는 것이다 — 생후 4개월 이전부터 생후 12개월 이후까지. 이러한 광범위한 개인차를 결코 잊어서는 안 된다. 이러한 개인차의 원인에 대해서는 15장에서 논의할 것이다.

이 두 보고 사이에는 또한 애착행동이 엄마 이외의 인물에게 지향되는 빈도에 관해서도 견해가 일치한다. 쉐퍼와 에머슨은, 최초로 애착행동을 보인 후 1개월 내에 이 유아들 중 4분의 1이 가족 내의 다른 구성원들에게도 애착행동을 나타냈으며, 생후 18개월이 될 무렵이면 소수의 아이들을 제외한 모든 아이들이 최소한 엄마 이외의 다른 한 사람과 애착관계를 형성했으며 종종 다른 몇 사람들과 애착관계를 형성했다. 애착행동을 발현시키는 엄마 이외의 인물 중에서 가장 빈도가 높은 사람은 아빠였다. 그 다음으로 빈도가 높은 사람은 나이 많은 형제자매였는데, 이들은 "때로 엄마의 일상적 양육행동을 대신 떠맡을 정도로 나이가 많기도 했지만, 때로 취학연령 이전의 아이들이기도 했다." 쉐퍼와 에머슨은 다른 사람들에게 애착행동이 지향될 때 엄마에 대한 애착이 약화된다는 어떤 증거도 발견하지 못했다. 그와 반대로 애착행동 발현 초기 몇 달 동안에는 애착관계를 형성하는 사람들이 많을수록, 유아

---

[16] 자신을 놔두고 떠나는 엄마에 대한 유아의 저항이 최초로 보고되었을 때, 이러한 저항은 이미 혹은 거의 최고조에 달해 있었다. 이 사실로 미루어 볼 때, 쉐퍼와 에머슨에게 초기의 일관성이 떨어지는 애착행동은 보고되지 않았을 가능성이 있다.

의 주요 인물이 될 가능성이 높은 엄마에 대한 애착도 더 강렬했다.

이 두 연구는 아동 간의 발달속도의 큰 차이에 대해 기록할 뿐만 아니라, 어떤 한 아동에 있어 애착행동이 발현되는 강도와 일관성이 날마다 혹은 시간마다 아주 다양할 수 있다는 것에 대해서도 보고한다. 이러한 다양성을 초래하는 변인은 유기체적 변인과 환경적 변인의 두 종류이다. 에인스워스는 유기체적 변인으로 배고픔, 피로, 질병, 불행감을 언급하는데, 이들 때문에 우는 행동과 엄마를 따라가는 행동이 증가한다. 마찬가지로 쉐퍼와 에머슨은 유기체적 변인으로 피로, 질병, 고통 등을 언급한다. 환경적 요인들로 두 연구는 아이가 놀랐을 때 애착행동이 강렬해진다는 것에 주목한다. 에인스워스는 이러한 관찰을 특히 잘 수행할 수 있었는데, 아언스워드가 하얀 피부의 이방인으로서 특히 아이들에게 경계심을 불러 일으켰기 때문이었다. 어떤 간다 부족의 어린이도 생후 40주가 되기 전에는 경계심을 보이지 않았지만, 그 이후에는 모든 관찰된 어린이들이 경계심을 보였다. "[생후 첫해의 마지막] 4분기에 나를 처음 접한 아이들은 나를 보고 놀란 것 같았다. …이러한 맥락 하에서 놀라서 끌어안는 것에 주목할 수 있었다." 쉐퍼와 에머슨은 유아가 엄마와 헤어진 후 일정 기간 동안 유아의 애착행동의 강도가 증가한다는 것에도 주목한다.[17]

유아가 엄마에게서 어떤 종류의 양육을 받느냐가 이 유아의 애착행동이 발달하는 방식에 상당 부분 영향을 미친다는 증거는 많지만, 유아

---

[17] 쉐퍼와 에머슨은 애착행동의 강도의 어떤 변동을 야기하는 요인들이 무엇인지 확인할 수 없었으며 "어떤 변동은 그 특성상 자연발생적인 것처럼 보였다"고 보고한다. 하지만, 한 달에 한 번씩 하는 면접에서 엄마들이 보고할 수 없는 내용이, 그보다는 횟수가 많은 직접적인 관찰에 의해 드러날 수도 있는 가능성이 전혀 없는 것은 아니다.

자신이 상호작용을 주도하고 상호작용의 형태에 영향을 미치는 정도에 대해서도 결코 잊어서는 안 된다. 에인스워스와 쉐퍼 모두 인간 유아의 매우 적극적인 역할에 대해 관심을 기울인 여러 학자들 중 일부이다.

에인스워스(1963)는 간다 부족에서 수행했던 자신의 관찰 내용을 검토하면서 다음과 같이 썼다.

특히 내 주의를 끌었던 애착행동의 한 가지 특징은 유아 자신이 상호작용을 추구하면서 주도권을 행사하는 정도였다. 최소한 생후 2개월 이후부터 지속적으로, 이 유아들은 상호작용을 추구하는 데 있어 수동적이거나 받아들이는 입장이라기보다는 오히려 적극적이었으며, 이러한 경향은 생후 첫해를 통틀어 점차적으로 강해졌다.

쉐퍼(1963)도 동일한 방식으로 그가 연구했던 스코틀랜드의 유아들에 대해 쓰고 있다.

아이들은 종종 자신들의 요구를 고집함으로써 부모들의 행동방식을 결정하는 것처럼 보인다. 우리가 면접했던 다수의 엄마들은 자신들이 생각하기에 바람직하다고 여겼던 것보다 아이들에게 더 지나치게 반응하도록 아이들이 강요했다고 보고했기 때문이다….

쉽게 무시되는 우는 행동과는 별도로 유아는 종종 끈질기게 불러대며, 엄마나 다른 사람이 여기에 관심을 기울이면 그들을 향해 미소를 짓는다. 나중에 유아는 엄마를 반기며 엄마에게 다가가고 수많은 매력적 방법을 동원해서 엄마의 주의를 끈다. 이런 방법을 통해 유아는 자신과 함께 하는 사람들로부터 반응을 이끌어낼 뿐만 아니라 "특정 반응에는 강화를 주고 여타 반응에는 그렇지 않음으로써 이들의 반응을 유지하고 조절한다"(Rheingold, 1966). 유아와 엄마 사이에서 점진적으로 발전하는 상호작용 양식은, 각각이 기여한 바의 결과, 특히 각자가 상대방의 행동에 서로 영향을 미치는 방식의 결과로서만 이해할 수 있다. 이 주제는 16장에서 상세히 다루어질 것이다.

인간의 애착행동의 추후 과정

비록 생후 첫해에 보이는 애착행동의 발달에 대해서는 비교적 잘 기술되어 있지만, 그 이후의 발달과정에 대해서는 그렇지 못하다. 가용한 정보에 따르면 생후 둘째 해와 셋째 해의 대부분의 시기에 애착행동은 그 강도와 빈도에서 생후 첫해의 끝 무렵에 보이는 애착행동보다 덜하지는 않은 것 같다. 하지만, 유아의 인식범위와 주변세계의 상황을 이해하는 능력이 발전하면서 애착행동을 발현시키는 상황이 변화하게 된다.

이러한 변화 중의 하나로 아이는 임박한 엄마와의 헤어짐을 점차적으로 인식하게 된다는 것이다. 생후 첫해에 유아는, 특히 침대에 눕혀지고 나서 잠시 후에 엄마가 시야에서 사라지면 저항한다. 엄마가 자신을 놔두고 떠날 때 아이는, 엄마가 떠나지 않았더라면 몰두해 있을 테지만, 엄마가 사라진 것을 알아차린 다음 저항한다. 이런 이후로 아이는 엄마의 소재에 대해 면밀한 촉각을 세우게 되며, 엄마를 쳐다보거나 혹은 엄마가 보이지 않으면 엄마의 움직이는 소리를 들으면서 많은 시간을 보낸다. 아이는 생후 11개월 혹은 12개월째에 엄마의 행동에 주의를 기울임으로써 엄마와 곧 헤어지게 되는 것을 예상할 수 있게 되며, 엄마가 떠나기 전에 저항하기 시작한다. 두 살배기 아이를 가진 많은 부모들은 이런 현상이 발생할 것을 알고서 소란을 피하기 위해 마지막 순간까지 떠나려고 준비하는 것을 감춘다.

거의 3살 끝 무렵까지 대부분의 아이들에게서 애착행동은 강하게 그리고 일상적으로 발현된다. 그런 다음 변화가 찾아온다. 이러한 변화는 보육학교 교사들이 보편적으로 경험하는 것에서 그 예를 찾아볼 수 있다. 생후 2년 9개월이 될 때까지 보육학교에 다니는 대부분의 아이들은 엄마가 자신들을 두고 떠날 때 기분이 불쾌하게 된다. 비록 이 아이들의 우는 행동은 아주 짧게 지속되지만, 그럼에도 불구하고 이들은 조용하게 그리고 비활동적 상태에서 교사의 관심을 계속 끌려고 하는 경향이 있다. 이런 행동경향은 동일한 상황에서 엄마가 이들과 함께 있을 때 행동하는 방식과 명백한 대조를 이룬다. 하지만, 아이들이 만 3세가 되고 나면 이들은 대개 엄마와의 일시적 이별을 훨씬 더 잘 수용하게 되고 다른 아이들과의 놀이에도 훨씬 더 잘 참여하게 된다. 많은 아이들에게 이러한 변화는 거의 갑작스럽게 발생하는 것처럼 보이는데, 이 사실은 아이들이 이 연령대에서 어떤 성숙의 단계를 통과한다는 것을 시사한다.

주요한 변화는 대부분의 아이들이 만 3세가 지나고 나면 낯선 장소에서 하위 애착-인물들, 예를 들어 친척 혹은 학교 교사와 점차적으로 안정감을 느낄 수 있게 된다는 것이다. 하지만, 이런 경우에도 이러한 안정감은 제한적이다. 첫째, 하위 애착-인물들은 친숙한 사람들이어야 하며, 이 아이가 엄마와 함께 있을 때 알게 된 사람일수록 좋다. 둘째, 이 아이는 건강하며 놀란 상태여서는 안 된다. 셋째, 아이는 자신의 엄마가 어디에 있는지 알고 있어야 하며, 자신이 엄마를 부르면 빠른 시간 내에 엄마와 재회할 수 있다는 자신감이 있어야 한다. 이런 조건들이 만족되

지 않으면 아이는 '생기를 잃게' 되거나 혹은 '생기가 없는' 상태로 지내
게 되거나 여타의 행동장애를 보일 가능성이 있다.

연령이 증가하면서 생기는 자신감에 대해서는 머피(Murphy)와 그녀
의 동료들이(1962) 기술한 내용에 잘 묘사되어 있다. 이들은 놀이모임
에 참석하라는 초대에 대해 2살 반에서 5살 반 사이의 아이들이 반응하
는 방식의 서로 다른 차이점에 대해 기술하고 있다. 연구자는 아이의 가
정을 사전 방문한 자리에서 며칠 후에 아이를 놀이모임에 차로 태워 데
리고 가기 위해 다시 방문하겠다고 계획을 세웠다. 비록 아이는 혼자 놀
이모임에 가도록 격려되었지만, 아이가 저항하거나 또는 엄마가 원할
경우 엄마가 동행하는 것을 막지는 않았다. 비록 엄마들과 연구자들은
서로 친숙했지만, 연구자의 사전 방문 동안의 만남을 제외하고는 연구
자와 아이들은 서로 만난 적은 없었다.

예상한 대로, 연구자들이 놀이모임 장소로 아이들을 데려가기 위해
아이들의 가정을 방문했을 때, 대부분의 아이들은 엄마가 동행하지 않
는다면 가지 않겠다고 했다. 거부와 연령 간의 상관관계는 높았다. 17명
의 4~5세 아이들 중 2명을 제외한 모든 아이들은 엄마의 약속과 격려
를 수용하고 홀로 연구자를 따라가려고 한 반면에, 15명의 2~3세 아이
들은 극히 일부만 그렇게 하려고 했다.[18] 대부분의 더 나이 어린 아이들
은 엄마도 함께 가야 한다고 졸라댔을 뿐만 아니라, 첫 번째 회기에 엄
마 곁에 앉거나 엄마의 치마에 매달리거나 엄마의 손을 잡거나 혹은 엄
마를 잡아끌어 엄마와의 신체적 접촉을 확실하게 유지하려고 했다. 이
들은 이러한 지지를 받고서야 이후 회기부터 꾸준히 점점 더 자신감을

---

[18] 머피는 정확한 숫자나 상관계수를 제시하지 않고 있다.

갖게 되었다. 이와 대조적으로 더 나이 많은 아동들의 상당수는 스스로 만족하여 첫 번째 회기에 갔으며, 제공된 장난감과 검사를 곧 또는 바로 즐기기 시작했다. 만 4세 6개월 이상의 아동들 중 누구에게도 이보다 나이 어린 아이들에게 아주 전형적인, 엄마에게 매달리는 행동이 나타나지 않았다. 머피는 각각의 아동이 보이는 행동을 분명하게 묘사함으로써 다른 연령대 아동의 차이를 잘 보여주고 있다.

머피가 이 연구에서 묘사하는 아이들은 모두 숙련 기술자와 전문직 백인 가정 출신이며 대부분 전통 있는 미국 가문에서 태어났다. 이들의 양육방식은 보수적이고 엄격한 경향이 있었다. 그러므로 이 아이들은 과보호를 받고 자란 것은 아니며, 이들이 어떤 식으로든 전형에서 벗어난다고 가정할 만한 이유는 없다.

영국의 아이들도 이들과 아무런 차이가 없다. 뉴슨과 뉴슨(Newson & Newson, 1966, 1968)은 영국 중부의 700명의 4살짜리 아이들을 표본으로 애착행동의 발현과 발생률에 대해 연대기적으로 잘 기록하고 있다. 이 네 살 난 아이들이 "약간 어리광을 부리기 위해 치맛자락을 붙잡으며 당신에게 다가온 적이 있는가"라는 질문에 대해 16%의 엄마들은 '종종'이라고 답했고 47%의 엄마들은 '때때로'라고 대답했다. 비록 나머지 3분의 1에 해당하는 엄마들은 "한 번도 그런 적이 없다"라고 답했지만, 어떤 경우에 이런 대답은 엄마들의 염원이 담긴 것 같았다. 애착을 보이는 매달리는 행동을 하지 않는 아이들은 대체로 건강이 좋지 않거나 동생을 질투하는 경우가 많다. 비록 거의 모든 엄마들이 자기 아이들의 요구에 잘 응답하는 편이라고 자신들을 묘사했지만, 4분의 1가량은 마지못해 응답한다고 주장했다. 이에 덧붙여서 뉴슨과 뉴슨은 엄마들과의 대화에서 반복적으로 나타나는 주제에 대해 말하고 있다. 곧,

아이들이 권력을 행사하는데, 아이들 자신의 목표를 달성하기 위해 성공적으로 이 권력을 행사한다는 것이다. 뉴슨과 뉴슨은 이것이 사실이며 "대다수의 부모들이 이 사실에 대해 깨닫게 되지만, 아동양육 지침서들은 이에 대해 사전에 거의 가르쳐주지 않는다"고 언급한다.

이와 같이, 비록 대부분의 아이들은 만 3세가 지나고 나면 이전보다는 애착행동을 덜 다급하고 덜 빈번히 나타내지만, 그럼에도 애착행동은 여전히 행동의 주요 부분을 차지한다. 게다가 애착행동은 비록 약화되지만 만 4세 때의 애착행동과 아주 다르지 않은 종류의 애착행동이 학령기 초기까지 지속된다. 밖에서 걸을 때 만 5세나 6세 혹은 그보다 더 나이 많은 아이들도 때로 부모의 손을 붙잡거나 심지어 꼭 쥐는 것을 좋아한다. 만약 부모가 이를 거부하면 아이들은 분개한다. 다른 아이들과 놀다가 뭔가 심각하게 잘못되면, 아이들은 즉각 부모나 부모를 대신할 만한 사람에게 되돌아온다. 좀 심하게 놀라게 되면 아이들은 부모와 즉각 접촉하려고 한다. 이렇게 애착행동은 평범한 아이에게 잠재된 채로 이 아이의 삶 속에서 지배적 요소로서 계속 작용한다.

청소년기에 부모에 대한 아이의 애착은 변화한다. 다른 성인들이 부모와 동등하거나 혹은 그 이상의 중요성을 차지하기도 하며 또래에 대한 성적 매력이 상황을 복잡하게 만들기 시작한다. 그 결과, 이미 상당한 차이를 보이는 개인 간의 다양성은 더 커지게 된다. 한쪽 극단에는 부모와의 관계를 단절한 청소년들이 있고 다른 쪽 극단에는 강렬한 애착관계를 유지하면서 타인에게 애착행동을 지향할 수 없거나 혹은 지향하려 하지 않은 청소년들도 있다. 이 양 극단 사이에 부모에 대한 애착관계를 지속하면서도 타인과의 결속 또한 아주 중시하는 상당수의 청소년들이 있다. 대부분의 사람들에게 부모와의 유대는 성인기까지 지속되며 수없이 다양한 방법으로 행동에 영향을 미친다. 많은 사회에서 엄마에 대한 딸의 애착이 엄마에 대한 아들의 애착보다 더 분명하다. 영과 윌모트(Young & Willmott, 1957)가 보여줬듯이 서구의 도시화된 사회에서조차도 성인 딸과 엄마 사이의 유대는 사회생활에서 커다란 역할을 담당한다.

마지막으로, 애착행동의 대상이 더 이상 자신보다 더 나이 많은 세대 혹은 동등한 세대의 구성원이 될 수 없는 노년기에는, 애착행동의 대상이 그 대신, 자신보다 나이 어린 세대의 구성원이 되기도 한다.

청소년기와 성인기에 일정 정도의 애착행동은 보통 가족 외의 사람들뿐 아니라 가족 이외의 집단이나 단체에게 지향되기도 한다. 학교 혹은 대학, 업무집단, 종교집단 혹은 정치집단은 많은 사람들에게 하위 애착-'인물'이 될 수도 있고 어떤 사람들에게는 주요 애착-'인물'이 될 수도 있다. 이런 경우에 집단에 대한 애착의 발달은, 최소한 처음에는, 그 집단에서 주요한 지위를 차지하고 있는 사람에 대한 애착에 의해 매개될 가능성도 있어 보인다. 그래서 많은 시민들에게 국가에 대한 애착은 이들의 국가원수 혹은 대통령에 대한 애착에서 파생된 것이며 최초에는 이러한 애착에 의존한다.

성인기의 애착행동이 아동기의 애착행동과 직접적으로 연결되어 있다는 사실은 성인의 애착행동을 보다 즉각적으로 발현시키는 상황들을 살펴보면 분명해진다. 아프거나 큰 불행을 겪을 때, 성인들은 종종 타인에게 요구를 하게 된다. 갑작스런 위험이나 재난이 닥칠 때, 사람들은 잘 알거나 믿을 만한 사람과 가까이 있으려 한다는 것은 거의 명백하다. 모든 사람들은 이런 상황들에서 애착행동이 늘어나는 것을 자연스러운 것으로 인식한다.[19] 그러므로 성인기에 애착행동이 표출되는 모든 것에 대해 '퇴행적'이라고 통칭하는 것은 극단적인 오해를 불러일으킬 수 있다. 정신분석 저작에서 종종 이렇게 통칭되는데, 여기서 이 용어는 병리적 혹은 최소한 바람직하지 못하다는 의미를 함축한다(예를 들어 Benedek, 1956). 성인기의 애착행동을 퇴행적이라고 부르는 것은, 요람에서 무덤까지 애착행동이 인간의 삶에서 수행하는 절대 불가결한 역할을 진정으로 간과하는 것이다.

애착을 매개하는 행동의 형태들

이 주제에 관한 이전의 논의(Bowlby, 1958)에서 애착행동을 유도하는 반응들로 다섯 가지를 열거한 바 있다. 그 중의 두 가지인 울기와 미소짓기는 엄마가 유아에게 다가오게 하고 엄마가 유아에게 가까이 있도록 유지하게 하는 경향이 있다. 다른 두 가지인 따라가기와 매달리기는 유아가 엄마에게 다가오게 하고 유아가 엄마에게 가까이 있게 하는 효과가 있다. 다섯 번째인 빨기의 역할은 다른 것들보다 쉽게 범주화되지 않으며 면밀한 검토가 필요하다. 여섯 번째인 부르기도 또한 중요하다. 유아는 생후 4개월 후에 어느 때든지 짧고 날카롭게 부르는 소리로 엄마를 반기며 나중에는, 물론, 엄마라고 직접 불러서 엄마를 반긴다.

이 반응들이 담당하는 역할과 이 반응들의 특징은, 이 반응들의 발달과 함께 가장 편리하게 논의될 수 있기 때문에, 이 반응들에 대한 보다 심도 깊은 논의는 이후의 장들로 미루고자 한다.

---

[19] 와이스(R. S. Weiss)는 성인기의 애착에 대해 많은 연구를 수행했다. 그의 연구성과들을 살펴보려면 Weiss(1982)를 참조하라.

엄마를 탐색에 필요한 기지(base)로 사용함

생후 첫해에 애착행동의 성장을 설명하기 위해서 두 가지 주요 준거가 사용되었다. 첫 번째 준거는 엄마가 떠날 때의 울기와 따라가기이고 두 번째 준거는 엄마가 되돌아올 때의 엄마를 반기기와 엄마에게 다가가기이다. 다른 준거들로는 대개 생후 4개월 무렵에 관찰할 수 있는 엄마를 구별해서 엄마에게 미소짓기와, 그리고 아이가 놀랐을 때 엄마에게 다가가서 엄마에게 매달리기가 있다. 더욱 심화된 지표로서 엄마와 애착관계를 형성하고 있는 아이가, 엄마와 함께 있을 때와 없을 때 행동하는 방식의 차이를 들 수 있다.

에인스워스(1967)는 간다 부족의 아이들에 대한 연구에서 아이들이 기어다닐 수 있게 된 직후, 어떻게 이 아이들이 엄마 곁에 항상 머물러 있지 않은지에 대해 특별히 언급한다. 이 아이들은 엄마 곁에 머물러 있는 대신 조금씩 엄마 곁을 떠나 다른 대상과 사람들을 탐색하며, 허용될 경우에는 엄마의 시야에서 벗어날 정도로 멀리 가기도 한다. 하지만, 아이는 마치 엄마가 아직도 거기에 있는지 확인하려는 것처럼 때때로 엄마에게 되돌아온다. 만약 다음의 두 조건 중의 어느 하나가 발생하면 이러한 자신감 있는 탐색은 갑자기 끝나게 된다. (1) 아이가 놀라거나 상처를 입을 때, (2) 엄마가 자신에게서 멀어질 때이다. 이런 경우 아이는 다소간의 고통을 표현하면서 혹은 어쩔 줄 모르고 울부짖으며 엄마에게 되돌아온다. 에인스워스가 이런 행동양식을 관찰할 수 있었던 가장 나이 어린 간다 부족 아이는 생후 28주 된 아이였다. 간다 부족의 아이들은 생후 8개월이 지나자 대부분 이런 행동을 보였다.

이 연령대가 된 후부터 지속적으로 아이들은 엄마와 함께 있을 때,

엄마와 함께 있지 않을 때에 비해, 아주 다르게 행동한다. 특히 아이가 낯선 사람이나 낯선 장소에 직면했을 때 이러한 차이점은 두드러진다. 엄마와 함께 있을 때 아이들은 명백히 더 자신감 있고 탐색하려고 준비가 되어 있지만, 엄마와 함께 있지 않을 때 아이들은 훨씬 더 소심하며 고통스럽게 주저앉는 경우도 드물지 않다. 에인스워스와 위티그(Ainsworth & Wittig, 1969) 그리고 라인골드(Rheingold, 1969)는 이러한 반응을 보여주는 생후 약 12개월 된 아동들을 대상으로 한 실험결과에 대해 보고하고 있다. 각각의 연구에서 결과는 분명하며 극적이다. 이 주제는 16장에서 더 심도 있게 다룰 것이다.

느낌

어떤 형태의 행동도 애착행동만큼 강한 느낌을 동반하지는 않는다. 애착행동의 대상이 되는 사람은 아이의 사랑을 받으며 이 사람이 아이에게 다가오면 아이는 기쁨으로 환영한다.

아이가 도전 받지 않은 상태에서 주요 애착-인물과 함께 있거나, 혹은 쉽게 접촉할 수 있는 위치에 있으면 아이는 안정감을 느낀다. 주요 애착-인물의 상실에 대한 위협은 불안을, 실제적인 상실은 슬픔을 불러일으킨다. 게다가, 이 불안과 슬픔은 분노를 일으킬 가능성이 있다. 이 저작의 두 번째 권과 세 번째 권에서 이 주제들에 관해 심도 있게 탐색할 것이다.

제12장

애착행동의 성격과 기능

당신은 안다 — 최소한 알아야만 한다,
내가 지금껏 이렇게 말해왔기 때문에 —
아이들이 군중 속에서 보모를 떠나도록
결코 허용되어서는 안 된다는 것을;

이것이 짐(Jim)이 가지고 있는 특별한 약점이었는데,
짐은 달아날 만하게 되자 달아났다,
그리고 이 불운한 날에
짐은 손을 슬며시 놓고서 달아났다!
짐이 채 1야드도 가지 못 해서 '쿵'하고 소리가 울렸다!
입을 쩍 벌리고 사자가 튀어 나와서,
게걸스럽게 먹기 시작했다
이 소년을: 이 소년의 발부터 시작해서.

* * *

자제력이 강한 짐의 아버지는,
주위에 있는 모든 아이들에게 명령했다
짐의 비참한 최후에 주목하도록,
그리고 항상 보모를 꼭 붙잡도록
이보다 더한 일이 닥칠까 두려워하면서,
　　　　　　　— 힐레어 벨럭(Hilaire Belloc), 「짐」(Jim)

1. 2차 충동 이론: 기원과 현황

앞 장에서 다섯 종의— 붉은털원숭이부터 인간까지— 영장류의 일생에서 애착행동의 발전경로에 대해 간략히 살펴보았다. 이제 고려해야 할 과제는 이러한 애착행동의 성격과 애착행동을 통제하는 요인들을 어떻게 가장 잘 이해하느냐는 것이다.

현재까지 가장 광범위하게 받아들여지고 있는 이론은 2차 충동 이론이다. 그래서 우선 이 이론의 기원과 현황에 대해 먼저 고려하는 것이 유용하다.[1]

2차 충동 이론에서는 동일한 종의 다른 구성원들과 함께 있는 것을 선호하는 이유는 이 구성원들이 먹여주기 때문이라고 주장한다. 달러드와 밀러(Dollard & Miller, 1950)가 표현한 바와 같이 "… 아마도 먹는 경험이 아이가 다른 사람과 함께 있기를 좋아하게 되는 계기가 될 수 있을 것이다. 다시 말해서, 먹는 경험이 사교성의 기초가 될 수 있다." 또는 프로이트가 표현한 대로 "팔에 안긴 아이가 엄마의 존재를 인식하기 원하는 이유는, 단지 이 아이가 경험을 통해 엄마가 자신의 욕구를 지체하지 않고 만족시켜 준다는 것을 이미 알고 있기 때문이다"(1926, S. E., 20, p. 137). 프로이트는 이후에 좀더 구체적으로 다음과 같이 말했다. "사랑의 기원은 영양에 대한 욕구가 만족되는 데 대한 애착에 있다"(1940, S. E., 23, p. 188).

이 이론에 대해 맨 먼저 주목해야 할 것은, 이 이론이 가정에 기반하고 있고 관찰이나 실험에 근거하지 않는다는 것이다. 헐(Hull)은 음식,

---

[1] 이 이론의 정신분석적 견해와 사회학습적 견해 모두에 대한 최신의 포괄적인 설명을 보려면 매코비와 매스터스(Maccoby & Masters, 1970)를 참조하라.

음료, 따뜻함, 성으로 1차 충동의 종류는 제한되어 있으며 여타의 모든 행동들은 이러한 1차 충동에서 학습의 과정을 통해 파생된다는 관점을 받아들였다. 프로이트도 이와 상당히 동일한 가정을 했다. 학습이론과 정신분석의 두 이론 모두 이러한 기본가정이 정당하다는 신념 하에서 추가적 논의를 거치지 않고서 정교화되었다. 실제 현장에는 여타의 이론이 없었기 때문에 2차 충동 이론은 거의 자명한 진리인 것처럼 여겨지게 되었다.

이 이론은 로렌츠의 각인에 대한 이론을 통해 처음으로 심각한 의문에 직면하게 되었다. 로렌츠의 연구는 1935년에 출판되었지만, 1950년 이전에 그의 발견은 거의 알려지지 않았으며 그 후 10년 혹은 20년이 지나서야 심리학적 사고에 깊은 영향을 주게 되었다. 로렌츠의 발견에서 어떤 의심의 여지도 없이 확실한 것은 오리 새끼와 거위 새끼가 먹이나 혹은 여타의 전통적 보상을 받지 않고서도 이 동물들에게 애착행동이 발달할 수 있다는 것이다. 오리나 거위 새끼는 알에서 깨어난 지 몇 시간 내에 쳐다보게 되는 어떤 움직이는 대상이든지 그것이 어미 새이건 인간이건 고무풍선이건 혹은 종이상자이건 이 대상을 따라가려는 경향이 있다. 게다가 이들은 일단 특정 대상을 따라가고 나면 다른 대상보다 이 대상을 더욱 선호하게 되며 어느 정도 시간이 지나고 나면 다른 어떤 대상도 따라가지 않는다. 뒤따라가는 대상의 특징을 학습하는 과정은 각인이라고 알려져 있다(10장을 보라).

로렌츠의 실험이 반복되고 그가 발견했던 내용이 검증되자 자연스럽게 포유류와 인간 자신의 애착행동이 유사한 방식으로 발달하는지를 고려하게 되었다. 포유류와 인간에게서도 유사한 방식으로 발달한다는 증거는 현재 많다. 그러므로 2차 충동 이론을 계속 지지하는 사람들은,

미래에 그들이 이론이 진지하게 받아들여지려면, 어떤 설득력 있는 증거를 제시해야 한다.

인간 이외의 포유류의 경우, 음식, 따뜻함 혹은 성과 같은 전통적 보상의 어떤 것도 제공하지 않는 대상에 대해 애착행동이 발달할 수 있다는 증거는, 엄격히 말해서, 모르모트, 개, 양, 붉은털원숭이에서만 찾아볼 수 있다[케언스(Cairns)의 1966a 개관을 보라].

쉬플리(Shipley, 1963)는 일련의 실험에서 생후 4시간 이내에 어미에게서 격리된 모르모트는 나무로 된 흰색의 평면체를 쫓아감으로써 이 평면체의 움직임에 반응을 보인다. 이러한 반응에는 접근뿐만 아니라 냄새 맡기, 핥기, 접촉 시도하기 등 다른 여러 전형적인 사회적 반응들이 포함된다. 다른 실험에서 새끼 모르모트들은 어미와 함께 완전한 어둠 속에서 5일 동안 함께 있었다. 그런 다음 이 새끼들을 어미에게서 격리시킨 다음 빛과 움직이는 모형에 노출시켰다. 다시 한 번 이 새끼들은 이 모형에 접근하기, 따라가기를 비롯한 다른 사회적 반응들을 보이면서 반응했다. 이 새끼들은 어둠 속에서 자랐기 때문에 어미로부터의 시각적 일반화의 가능성은 전무했으며, 모형과의 접촉이 있기 이전에 모형을 따라갔기 때문에 어미와의 이전 접촉의 효과도 배제할 수 있었다.

비록 스캇(Scott)과 그의 동료들이 강아지를 대상으로 한 실험(스캇이 1963년 개관함)은 약간 덜 엄밀하지만, 그럼에도 그 결과는 인상적이다. 이 실험에서 강아지들은 사람과는 완전히 격리되었지만 어미와 그리고 함께 태어난 다른 새끼들과 실험이 시작될 때까지 밝은 곳에 머물러 있었다. 이 새끼들이 생후 2주 혹은 3주 혹은 그 이상이 되었을 때 실험이 시작되었다. 이 실험이 답하고자 했던 질문은 한 번도 사람을 보거나 사람에게서 먹이를 받아먹어 본 적이 없는 강아지가 사람에게 접근하고 사람을 따라갈 것인가였다. 그리고 만약 이 강아지가 사람을 따라간다면, 어떤 상황 하에서 그렇게 따라가며, 그때 강아지의 나이는 얼마인가 하는 것이다.

한 실험에서 각각 생후 연령이 다른 시점에서 움직이지 않고 가만히 앉아 있는 사람에게 강아지들을 노출시켰다. 이러한 노출은 일주일 동안 매일 10분 동안 지속되었다. 생후 3주 혹은 5주가 되었을 때 사람에게 처음 노출된 강아지들은 모두 즉시 실험자에게 접근해서 10분 전체를 이 실험자와 함께 보내는 데 사용했다. 생후 연령이 더 지난 상태에서 처음 노출된 강아지들은 두려워하는 경우가 더 많았으며 생후 14주에 노출된 강아지들은 아무도 사람에게 접근하지 않았다. 이렇게 강아지들은 처음 기어 다니기 시작한 지 몇 주 이내에는 사람이 움직이지 않고 있어도 그리고 사람과 음식을 연합시킬 수 있었던 경험이 전무하다 하더라도 인간에게 접근하려고 한다.

다른 실험에서 스캇의 동료 중의 한 사람인 피셔(Fisher)는 강아지들을 생후 3주가 지나자 완전히 격리시킨 다음 이들이 기계적 수단을 통해 음식을 먹도록 했다. 그런 다음 매일 짧은 시간 동안 이 강아지들을 밖으로 내보내서 걸어 다니는 사람들에 대한 이들의 반응을 관찰했다. 모든 강아지들이 사람을 따라갔다. 한 집단의 강아지들의 경우, 따라가는 행동에 대해 어떤 보상도 주지 않았을 뿐만 아니라 따라가려고 시도할 때마다 '사람과의 접촉의 유일한 경험은 고통뿐이라 할 정도로' 처벌을 받았다. 여러 주가 지난 다음 실험자는 처벌을 중지했다. 곧 강아지들은 실험자에게서 도망가는 것을 멈추었을 뿐 아니라 심지어 접근할 때마다 일관되게 쓰다듬어주고 친절을 베풀어 보상을 해주었던 통제집단의 강아지들보다 더 많은 시간을 실제로 이 실험자와 보냈다.

케언스는 새끼 양을 대상으로 실험했는데 그 결과는 위와 비슷하다 (Cairns, 1966a & b; Cairns/Johnson, 1965). 생후 6주 무렵부터 어떤 새끼 양을 격리시켰다. 하지만, 작동하고 있는 TV 수상기를 쳐다보고 또 TV 수상기의 소리도 들을 수 있었다. 이 새끼 양은 TV 수상기와 가까이 있으려고 했을 뿐만 아니라 9주 동안 고립된 채로 TV 수상기와 함께 지낸 후에 TV 수상기와 따로 떼어놓자 즉시 TV 수상기를 찾으려고 했으며, 발견하자 곧 수상기에 다가갔다. 또 다른 실험에서 새끼 양들을 개한 마리와 시각적·청각적·후각적으로 접촉한 상태에서 키웠다. 어떤 경우에는 새끼 양과 개가 상호작용할 수 없도록 그 사이에 철조망을 쳐놓았다. 몇 주가 지나고 나서 다시 한 번 새끼 양은 개를 애착-인물로 취급했으며, 떨어져 있으면 소리 내어 울며 개를 찾았고, 개를 발견하고 나서는 어디든지 따라다녔다. 이렇게 새끼 양의 경우에도 대상에 대한 어떤 형태의 신체적 상호작용이 없는 상태에서도 단지 시각적·청각적 노출만으로도 애착이 발전할 수 있다.

그리고 새끼 양은 강아지와 같이 동반자로부터의 처벌적 대접을 감수하고서도 그러한 애착을 발달시킬 것이다. 새끼 양 한 마리와 개 한 마리를 움직임에 어떤 제재도 가하지 않은 채로 우리에 함께 두면 이 개는 이 새끼 양을 물어뜯고 할퀴고 다른 방식으로 괴롭힐 것이다. 이런데도 이 새끼 양을 이 개와 따로 떼어놓으면 이 새끼 양은 즉시 이 동료 개를 찾으려 하고 개에게 접근하려고 한다. 이런 연구결과들의 어느 것도 2차 충동 이론과는 융화될 수 없다.

이와 마찬가지로 붉은털원숭이를 대상으로 한 할로의 실험도 2차 충동이론과 같은 유형의 이론을 조금도 지지하지 않는다. 일련의 실험에서 새끼 원숭이들을 태어나자마자 어미로부터 격리시키고 이 새끼들에게 모형 어미를 제공했다. 모형 어미들은 원통형이었는데 하나는 철사로 감겨져 있었고 다른 하나는 부드러운 천으로 덮여 있었다. 각각의 모형에 장착된 병에서 새끼는 젖을 먹을 수 있었다. 이렇게 해서 음식과 안길 수 있는 안락함의 효과에 대해 따로따로 측정할 수 있게 되었다. 모든 실험결과는 '접촉에서 오는 안락함'은 애착행동을 유발하지만 먹이는 그렇지 않다는 것을 보여주었다.

한 실험에서 8마리의 새끼 원숭이들을 천 모형과 철사 모형 사이에서 키웠다. 네 마리의 새끼는 천 모형에서 (요구에 따라) 젖을 먹었고, 다른 네 마리는 철사 모형에서 젖을 먹었는데, 이 새끼들이 각각의 모형에서 보낸 시간을 측정했다. 결과에 따르면 어떤 모형에서 젖을 먹는가에 관계없이 원숭이 새끼들은 젖을 먹고 나면 재빨리 천 모형으로 와서 대부분의 시간을 천 모형과 보냈다. 두 집단의 새끼들은 하루에 평균 15시간을 천 모형에 매달려서 보냈지만, 두 집단의 어떤 원숭이도 철사 모형에서 1시간 혹은 2시간 이상을 보내지는 않았다. 철사 모형에서 젖을 먹는 어떤 원숭이는 천 모형을 여전히 한 손으로 붙잡고서 몸을 기울여 가까스로 젖꼭지를 빨고 있었다. 할로와 짐머만(Harlow & Zimmerman, 1959)은 다음과 같은 결론을 내렸다.

이러한 자료들로 보았을 때 접촉에서 오는 안락함은 수양어미[곧 모형]에 대한 정서반응의 발달에 있어 상당히 중요한 변인이며 젖을 먹이는 것이 담당하는 역할은 미미한 것이다. 나이가 많아지고 학습할 기회가 증대하면서 철사 모형에서 젖을 먹는 새끼는 충동-파생 이론에서[2] 예견

2 '충동-파생 이론'은 원문에서 'drive-derived theory'이며, 그리고 '충동-감소 이론'은 'drive-reduction theory'이다. 두 가지 이론 모두 2차 충동 이론(secondary drive

하는 것처럼 철사 모형에 더 많은 반응을 보이지 않으며, 그 대신 젖을 주지 않는 천 모형에 점차적으로 더 많은 반응을 보이게 된다. 이러한 결과는 정서발달의 충동-감소 이론과는 완전히 다른 것이다.

할로의 여러 다른 실험결과들도 이러한 결론을 지지한다. 특히 어떤 실험들에서는 두 집단의 원숭이 새끼들의 행동을 비교했는데, 한 집단의 원숭이들은 젖을 주지 않는 천 모형과 함께 시간을 보냈고 다른 집단의 원숭이들은 젖을 주는 철사 모형과 시간을 보냈다. 두 번의 실험에서 (1) 원숭이 새끼가 놀랐을 때, (2) 원숭이 새끼가 낯선 상황에 있을 때, 이 원숭이들의 행동을 관찰했다.

젖을 주지 않는 천 모형과 자란 새끼들은 놀라게 되자 즉각 천 모형을 찾아 매달렸다(야생상태의 원숭이들이 비슷한 상황에서 즉시 어미를 찾아 매달리는 것과 똑같이). 이렇게 매달린 다음 새끼들은 덜 두려워했고 심지어 이제껏 자신들을 놀라게 했던 대상을 탐색하는 경우도 있었다. '젖을 주는' 철사 모형과 자란 새끼들이 비슷한 상황에 놓였을 때, 이 원숭이들의 행동은 아주 달랐다. 이들은 철사 모형을 찾지도 않았고 두려워하는 채로 그대로 있었으며 놀라게 하는 대상을 탐색하지도 않았다.

두 번째 실험에서는 새끼 원숭이를 다양한 '장난감'이 놓여 있는 낯선 실험실(6입방피트)에 놔두었다. 천 모형과 실험실에 함께 있는 동안에 이 새끼 원숭이는 장난감을 탐색했으며 가끔 되돌아오는 기지로 이 모형을 사용했다. 하지만, 천 모형이 없을 때, 이 새끼 원숭이들은

---

theory)을 지칭하는 것 같다-옮긴이.

실험실을 뛰어 다니고, 머리와 몸을 움켜쥐고 고통스러운 소리를 내지르며 안면을 바닥으로 해서 몸을 내던지곤 했다. … 철사 모형 어미가 있긴 했지만 어미가 전혀 없는 것과 마찬가지로 어떤 확신도 주지 못했다. 태어난 이후로 오직 젖을 주는 철사 모형만을 알았던 원숭이들에 대한 통제실험 결과 이 새끼들은 철사 모형에 대해 어떤 애정도 보이지 않았으며, 철사 모형과 함께 있어도 안락함을 느끼지 못한다는 것이 드러났다(Harlow, 1961).

이 두 가지 실험 모두에서 전형적인 애착행동의 대상은 젖을 주지 않는 천 모형인 반면, 젖을 주는 철사 모형은 그러한 애착행동의 대상이 전혀 아니었다.

로웰은 직접 개코원숭이 새끼를 키웠던 경험이 있는데, 로웰의 경험은 붉은털원숭이에 대한 할로의 실험결과와 일치한다. 이 개코원숭이 새끼는 젖병에서 젖을 먹었으며 빨 수 있는 고무젖꼭지와, 원하면 매달릴 수 있는 양육자도 있었다. 이런 상황에서 젖병은 이 원숭이가 배가 고플 때만 흥미의 대상이었다. 배가 고플 때 원숭이는 젖병을 거칠게 붙잡았다. 배가 고프지 않을 때는 원숭이의 행동대상은 고무젖꼭지 혹은 수양엄마였다. "비록 가끔 젖병을 물긴 했지만, 젖병에 대한 관심은 비슷한 크기의 다른 대상들이나 마찬가지였다"(Rowell, 1965).

할로의 실험에서 음식은 단지 천 모형을 다른 모형보다 약간 더 매력적으로 만들 뿐이다. 그래서 두 가지 천으로 된 모형 중에 선택의 기회가 주어지면, 예를 들어 파란 천 모형에서는 젖을 주고 갈색 천 모형에서는 젖을 주지 않으면 원숭이 새끼는 젖을 주는 파란 모형에서 약간 더 많은 시간을 보낸다. 생후 40일이 지났을 때 새끼는 하루에 11시간을 젖을 주는 모형에서 시간을 보내며 젖을 주지 않는 모형에서는 8시간을 보낸다. 하지만 이런 별다른 차이가 없는 선호도 감소하며 생후 4개월이 되면 원숭이는 두 모형을 지극히 동일한 것으로 취급한다(Harlow, 1961).

강아지가 처벌에도 불구하고 더 끈질기게 따라가는 것을 발견한 피셔나, 새끼 양도 마찬가지로 동일하다는 것을 발견한 케언스와 마찬가지로, 할로도 새끼 원숭이가 처벌에 직면해서 더 강하게 매달리는 것을 발견했다는 것은 흥미로운 일이다. 이 실험에서 천 모형에 분사구를 장치했는데, 이 분사구를 통해 압축공기를 강하게 뿜어낼 수 있었다. 압축공기가 곧 강하게 분출할 것이라는 것을 새끼에게 경고하는 조건 자극으로서 경보장치가 있었다. 공기의 강한 분출은 원숭이가 아주 싫어하는 자극으로 알려져 있다. 원숭이 새끼들은 예견되는 바를 곧 학습했지만 회피하는 행동 대신 그 반대의 행동을 취했다. 이 새끼들은 모형을 더 힘차게 붙들었기 때문에 압축공기가 얼굴과 배를 향해 최대 강도로 분출되었다(Harlow, 1961; Rosenblum, 1963). 어미에게서 심하게 학대를 받는 새끼 원숭이들도 상당한 강도의 애착행동을 보인다(Seay, Alexander, & Harlow, 1964). 물론, 이러한 모순적 행동은 놀라게 하는 것은 어떤 것이든지 애착행동을 발현시킨다는 사실의 불가피한 결과이다. 이 점에 대해서는 다음 장에서 좀더 자세히 논의할 것이다.

인간의 사례

비록 이러한 모든 실험들이 인간 이외의 하등 동물에 대해 2차 충동이론이 적용되지 않는다는 것을 효과적으로 보여주는 것 같지만, 인간의 경우에도 그러한지 확인시켜 주는 것은 여전히 아니다. 불가피하게도 인간에 대한 증거는 결론을 내릴 만큼 충분하지 않다. 하지만, 다수의 관찰결과로 볼 때, 인간의 애착행동에 기여하는 요인들은 인간과 가까운 포유류에서의 기여 요인들과 크게 다르지 않은 것 같다.

첫째, 인간의 유아가 자신의 몸무게를 지탱할 수 있을 정도의 매달리는 능력을 가지고 태어난다는 것은 잘 알려져 있다. 프로이트는 이 능력을 관찰하고서 '붙잡기-본능'이라고 불렀다(프로이트, 1905, *S. E.*, 7, p. 180). 둘째, 인간은 다른 인간들과 함께 있는 것을 즐긴다. 심지어 태어난 지 며칠 지나지 않은 신생아도 번쩍 들어올리기, 말하기, 쓰다듬기와 같은 사회적 상호작용에 의해 유순해진다. 그리고 이들은 곧 사람들이 움직이며 다니는 것을 보고서 즐거워한다. 셋째, 유아의 옹알이나 미소 짓기 모두에 대해 어떤 성인이 순수하게 사회적인 방식으로 반응하면, 다시 말해서 이 아이에게 약간의 관심을 보여주면, 그 강도가 증가한다 (Brackbill, 1958; Rheingold, Gewirtz, & Ross, 1959). 비록 음식을 주거나 신체적으로 돌보아 주는 것이 도움을 주긴 하지만, 이것들이 필수적으로 요구되는 것은 아니다. 이렇듯 인간의 유아는 사회적 자극에 즉각적으로 반응하며 사회적 상호작용에 빨리 참여한다는 명백한 증거가 있다.

실제로 인간의 유아는 사회적 자극에 반응을 보이는 성향이 아주 강해서, 같은 나이 또래의 다른 유아나 혹은 자신보다 약간 나이가 더 많은 유아와 애착관계를 형성하는 경우가 많고, 이 아이가 자신을 버려두고 떠나면 이에 저항해서 이 아이의 뒤를 따르며, 이 아이가 되돌아오면 반가워하며 이 아이에게 접근한다. 쉐퍼와 에머슨(1964a)은 이런 유형의 애착에 대해 보고하고 있다. 이런 유형의 애착은 안나 프로이트와 소피 단(Anna Freud & Sophie Dann, 1951)이 쓴 논문의 주제인데, 이 논문은 3세에서 4세 사이의 6명의 아이들로 구성된 한 집단에 대해 묘사하고 있다. 이 아이들은 수용소에서 지내 왔는데, 이들의 유일한 일생 동안의 동반자는 서로서로였던 것 같다. 이 논문의 저자들은 "이 아이들의 긍정적 감정의 중심은 배타적으로 자신들의 집단 내부에 있었다. … 이들은 서로서로를 각별히 돌보았으며 다른 누구나 다른 어떤 것도 전혀 신경 쓰지 않았다"라고 강조한다.

어떤 유아가 같은 나이 또래의 다른 유아나 자신보다 약간 나이가 더 많은 유아와 애착관계를 형성할 수 있다는 사실로 볼 때, 애착행동이 이 유아의 심리적 필요를 만족시키기 위해 아무것도 하지 않는 인물에게 지향되어 발전할 수 있다는 것은 명백하다. 이것은 애착-인물이 성숙한 성인이라 할지라도 마찬가지이다. 쉐퍼와 에머슨(1964a)은 60명의 스코틀랜드 아이들을 연구했는데, 주요 혹은 공동 주요 애착-인물이라고 평가된 사람들 중에 5분의 1 정도가 "아이를 신체적으로 돌보는데 있어 어떤 식으로든 조금도 참여한 적이 없었다"고 한다. 쉐퍼와 에머슨은, "애착을 형성한 개인들이 어떤 방법으로도 유아의 신체적 만족과 상관이 없는데도 애착은 발달하는 것처럼 보인다"라고 결론을 내렸다. 이 연구자들이 발견한 이 아이들이 애착관계를 형성하는 인물을 가장 분명히 결정하는 요인은 어떤 사람이 유아에게 반응을 보이는 속도와 이 사람의 유아와의 상호작용의 강도였다.

최근의 실험결과들은 위의 연구결과들을 상당히 지지하고 있는데, 이 실험결과들은 변별 기술이나 운동 기술을 요하는 작업에서 어떤 아이의 수행능력을 증대시키는 가장 강력한 방법은 다른 사람이 이 아이를 반가워하는 것으로 보상해 주는 것임을 보여준다. 바우어(Bower, 1966)

는 조작적 조건화 기술을 사용해서 생후 2주 이상 된 유아들의 시각적 세계를 탐색하는 것이 어떻게 가능한지를 설명한다. 그런데, 이 조작적 조건화에서 강화물은 단순히 까꿍놀이 하듯 유아 앞에 나타나는 성인 일 뿐이다. 스티븐슨(Stevenson, 1965)은 다수의 연구를 개관했는데 이 연구들에 따르면 아동의 정확한 응답에 대해 약간의 사회적 인정으로 보상해 주면 단순 작업에서 아동의 기술이 향상된다고 한다.[3]

그래서 이러한 증거들은 인간의 애착행동도 다른 종에서와 마찬가지로 음식과 따뜻함과 같은 전통적인 보상이 없어도 발달할 수 있다는 관점을 강하게 지지한다. 이것이 의미하는 바는 만약 2차 충동 이론이 인간과 상당히 가까운 종에서 성립하지 않은 것으로 입증된 상황에서 인간 사례에 이 이론이 적용되려면 새롭고 거부할 수 없는 긍정적 증거가 필요하다는 것이다. 그런 증거가 있다는 징후는 없는 것 같다.[4] 그렇다

---

[3] 다수의 학습 이론가들은 이런 결과들에 감명을 받고 다음과 같이 결론을 내렸다. 곧, 애착행동의 발달은 유아의 사회적 반응에 대한 조작적 조건화의 측면에서 전적으로 설명할 수 있으며, 사회적 강화는 유아의 애착인물을 통해 이루어진다는 것이다 (Gewirtz, 1961). 비록 이 관점의 어떤 것도 이 책에서 주장하는 관점과 모순되는 것은 아니지만, 이 관점은 애착관계의 각각의 짝이 동반자 관계에 투여하는 것으로 여겨지는, 강한 타고난 편향을 지나치게 무시하는 경향이 있다. 에인스워스(1973)는 타고난 편향이 무시되면, 모든 행동체계가 환경에 무한한 영향을 받는 것으로 여겨질 수 있는 위험성이 있으며, 이는 실제에서 잠재적으로 매우 불리한 결과를 초래할 수 있다고 지적한다.

[4] 최근에 머피는(1964) 2차 충동 이론의 수정된 형태를 제안했지만, 이것을 지지하는 새로운 증거를 내놓지는 못했다. 이전에 언급한 바와 같이(Bowlby, 1958) 머피는 필자의 입장을 비판하는 과정에서 음식이 중요한 유일한 보상은 아닐지 모른다고 인정했다. 하지만, 머피는 유아의 애착은, 엄마-인물이 오직 자신을 만족시켜 주고 보호해 주고 길러주는 것을 유아가 알기 때문에 발달한다고 가정한다. "매달리는 행동과 따라가는 행동은 애착을 만들어내지 않는다. 이 행동들은 욕구를 만족시켜 주고 보호해 주고 길러주는 엄마-인물에 대한 유아의 의존성의 표현이다." 만약 이것이 사실이라

면 왜 2차 충동 이론을 여전히 붙들고 있는가?

정신분석가들이 이 이론을 포기하기 꺼려하는 이유들 중에는, 모든 종류의 신경증과 정신병에서 임상적으로 확실한 구강 증상이 높은 빈도로 발생하는 것을 설명할 수 있는 어떠한 이론이 필요하다는 이유도 있다.

2차 충동 이론의 기반에서는, 단순히 초기의 정상적 시기로의 퇴행으로 여김으로써 이러한 증상들을 쉽게 설명할 수 있는데, 이 초기의 대상관계는 오직 구강적이다. 만약 이러한 설명이 더 이상 받아들여질 수 없는 것이라면 어떤 대안이 있는가? 이 문제에 접근할 수 있는 세 가지 방법이 있다. 첫 번째로, 비록 이 책이 주장하는 가설에서 애착행동은 음식과는 상관없이 발달하는 것으로 여겨지지만, 애착행동은 빨기와 상관없이 발달하는 것은 아니다 — 이 역설에 대해 다음 장에서 충분히 논의할 것이다. 그러므로 퇴행의 이론이 전적으로 배제되는 것은 아니다. 두 번째로, 환자는 상징적 대체를 통해 구강적 증상을 어떤 사람과의 관계와 동등한 것으로 때로 여기기도 한다. 이 환자에게 일부분은 전체를 대표한다. 세 번째로, 많은 경우에 구강활동은 전치 활동, 곧 다른 활동이 좌절될 때 나타나며 맥락에 관련 없이 발생하는 활동으로 분류될 수도 있다. 이러한 전치활동이 갈등상황에서 발생할 수 있는 가능한 상황들에 대해 6장에서 논의한 바 있다. 가정된 과정들은 상징화 이전 수준에 있기 때문에 인간의 삶에서 이 과정들이 수행하는 역할에 대해 간략히 살펴보는 것도 유용할 수 있다.

인간에 대해 연구하면서 우리는 어떤 활동이 다른 활동으로 대체되

면, 어린아이나 혹은 위의 어떤 것도 만족시켜 주지 못하는 성인에 대한 애착이 발달하기란 거의 불가능하다.

는 것을 둘 사이의 상징적 동일성의 측면에서 바라보는 데 아주 익숙하기 때문에, 표면적으로 비슷하게 대체되는 것이 상징화 이전 수준에서 발생할 수도 있다고 생각하기는 어렵다. 두 가지 예를 들어보자. 어른의 눈 밖에 난 아이는 엄지손가락을 빨고, 엄마와 헤어져 있는 아이는 과식을 한다. 이 두 가지 상황에서 손가락과 음식이 엄마 전체를 혹은 최소한 젖꼭지와 젖을 상징하는 것으로 생각해 볼 수 있다. 또는 이와 달리 이러한 활동들을, 예를 들어 서로 싸우는 갈매기들이 둥지를 짓는 행동의 밑바탕에 깔려 있는 것처럼, 상징화 이전 수준에서 작용하는 심리적 과정에 의해 만들어진 대체물로 여길 수도 있다. 다시 말해서, 한 아이의 엄마에 대한 애착이 좌절될 때, 맥락에서 벗어나는 비상징적 활동으로서 빨기 혹은 과식이 발전한다고 가정하는 것이다. 인간 이외의 영장류에서 이런 종류의 뭔가가 거의 확실하게 발생한다는 것은 주목할 만하다. 매달릴 수 있는 어미가 없이 자란 붉은털원숭이와 침팬지 새끼들은 과도한 자기 발정적인 빨기 행동을 보인다. 니슨(Nissen)이 보고한 바에 따르면 어미와 함께 자란 침팬지 새끼들에게서는 엄지손가락 빨기를 찾아볼 수 없지만 어미 없이 홀로 자란 새끼들의 약 80% 정도에게서 이런 행동이 나타난다고 한다. 붉은털원숭이의 경우도 마찬가지이다. 할로의 실험실에서, 성숙한 붉은털원숭이 암컷 한 마리는 습관적으로 자신의 가슴을 빨았으며 수컷 한 마리는 자신의 성기를 빨았다. 이 두 마리는 어미 없이 홀로 자랐다. 이런 경우에 우리가 구강 증상으로 묘사하는 것들은 새끼가 어미에 대한 애착이 결핍된 채로 자란 결과로서 발전한 것이며 명백히 상징보다 더 낮은 수준으로 보이는 과정들에 의해 발전한 것이다. 인간 유아의 구강 증상도 마찬가지가 아닐까?

수용소의 여섯 명의 아이들에 대한 안나 프로이트와 소피 단의 관찰 내용은 시사하는 바가 있다. "피터(Peter), 루스(Ruth), 존(John)과 레아(Leah)는 모두 고질적으로 엄지손가락을 빨았다." 저자들은 이 현상이 이들 모두에게 "대상세계가 실망스러웠기" 때문에 발생했다고 생각한다. 저자들은 계속 말한다.

이러한 과도한 빨기가 이 아이들의 대상관계의 불안정성과 직접적으로 비례한다는 것을 그 해 연말에 확인할 수 있었다. 그 해 연말에 이 아이들은 자신들이 블독스 뱅크를 곧 떠날 것임을 알게 되었는데, 다시 한번 이 아이들 모두에게 낮 동안에 빨기 행동이 유행처럼 번졌다. 이렇게 구강 만족이 지속되는 것은 … 아이들의 환경에 대한 관계에 따라 변동했다.

인간의 유아에게도 이런 종류의 대체가 발생한다면, 어떤 이유에서인지는 모르지만 유아기 이후에 전체 대상관계가 어려워지면서 나타나는 구강 증상의 최소한 일부를, 상징화 이전 수준에서 일어나는 과정으로 설명할 수 있지 않을까?

구강 증상에 대한 이런 시각이 지지를 받을 수 있는가는 추후의 연구를 통해서만 밝혀질 것이다. 이 책이 제안하고 있는 애착행동에 관한 이론이 2차 충동 이론에 근거한 구강 증상에 대한 전통적 설명을 합리적으로 대체할 수 있다는 것을 여기에서 논증하고자 한다.

2. 각인의 문제

일단 2차 충동 이론을 포기하고 로렌츠와 로렌츠의 영감을 받은 연구자들의 연구에서 새로운 이론에 대한 단서들을 추구하게 되면, 애착행동이 인간에게서 발달하는 방식이 각인과 유사한가라는 질문에 직면하게 된다.

각인에 대한 초기 주장에서 로렌츠(1935)는 포유류에서 각인과 같은 것이 발생한다는 것을 단호히 부인했다. 하지만, 시간이 지나면서 관점이 바뀌었다. 한편으로, 각인의 개념은 확장되었다(10장을 보라). 다른 한편으로, 인간 이외의 포유류에 대한 실험 연구를 통해 최소한 몇몇 종의 발달과정은, 이소성[5]이 있는 새들의 발달과정과 충분히 유의미하게 비교될 수 있다는 것을 보여준다. 힌디가 경고한 것과 같은 종류의 손쉬운 가정을 하지 않는다면,[6] 인간에게 각인과 유사한 과정이 발생하는지 고려해 보는 것은 유용하다. 이에 앞서 인간 이외의 포유류에서 각인과 같은 종류의 어떤 것이 발생하는지 먼저 살펴보아야 한다.

---

[5] 이소성(nidifugous)이란 부화해서 새끼의 발육이 빨라 둥지에 오래 머물러 있지 않는 성질을 의미한다 – 옮긴이.

[6] 포유류와 조류를 비교하는 것의 유용성을 재검토하면서, 힌디는 둘 사이의 어떤 "유사성이 비슷한 기제 때문에 생기는 것이 아니라 단지 비슷한 선택의 동력 때문에 생길 수도 있다"고 경고한다(1961). 그는 다른 곳에서 연이어 다음과 같이 말했다. "어떤 사례의 문제점을 살펴보는 것은 이와 다른 사례의 문제점을 돋보이게 할 수 있지만, 그렇다고 해서 이 다른 사례에 해결책을 주지는 않는다. 우리는 각각의 사례를 그 자체로 세밀하게 분석해야 한다."

인간 이외의 포유류

다수의 포유류 중에서 애착행동이 발달하는 방식은, 이소성이 있는 조류에서 애착행동이 발달하는 방식과 공통점이 많다는 것에 대해서는 앞 절에서 충분히 논의한 바 있다. 그래서 적절한 지향 대상이 어미가 되는 많은 반응들이, 처음에는 광범위한 대상들에 의해 발현될 수 있다. 대개는 곧 이러한 유효한 대상의 범위가 축소된다. 그 이유는 첫 번째로는 노출학습을 들 수 있고, 두 번째로는 접촉, 운동, 혹은 어미가 부르는 소리의 특정 지각 특질의 강화 속성을 들 수 있다. 일단 애착-인물의 개별 특징들을 학습하게 되면, 반응은 주로 혹은 전적으로 이 대상에게 향하게 된다. 그리고 일단 어떤 대상이 선정되면 이 대상에 대한 선호는 안정적이 되는 경향이 있으며, 친숙한 인물에서 새롭고 낯선 인물로 애착행동이 전환되는 것은 점점 더 어려워진다. 그 주요한 이유는 조류와 마찬가지로 포유류에서도 성장하면서 어떤 낯선 대상에 대한 반응은 점점 더 공포와 철회 중의 하나가 될 가능성이 높기 때문이다.

공포반응은 동물이 성장하면서 애착이 발달할 가능성을 제한하는 역할을 하는데, 이에 대해서는 이미 언급한 바 있는 강아지를 대상으로 한 스캇(1963)의 실험에 잘 묘사되어 있다. 강아지가 단지 생후 5주일 경우 사람에게 처음 노출되면 즉시 사람에게 접근한다. 이와 대조적으로 생후 7주에 강아지가 사람에게 처음 노출되면 실험이 시작된 후 처음 이틀 동안에는 사람을 멀리하다가 그 이후에야 사람에게 접근한다. 생후 9주가 지나서 사람에게 처음 노출된 강아지들은 실험 시작 후 사흘 동안 사람을 멀리했다. 하지만, 생후 14주에 노출된 다른 강아지들은 실험이 진행되는 일주일 내내 사람을 멀리했다. 마지막 집단의 강아지들은 주의 깊고 장기간 동안 지속된 처치를 통해서만 그들의 공포를 극복할 수 있었다고 스캇(1963)은 쓰고 있다. 이렇게 공포를 극복했어도 이들은 계속해서 인간에 대해 겁을 냈다.[7]

붉은털원숭이에 대해 할로와 그의 동료들이 발견한 결과도 동일하다. 새끼 원숭이가 생후 6주 혹은 7주가 되기 전에 뭔가를 시각적으로 인지하고서 공포반응을 보이는 경우는 드물다(1959). 그러므로 생후 연령이 이 정도가 될 때까지, 원숭이 새끼는 어떤 새로운 동물이나 대상에 대해 즉각적으로 접근하려고 한다. 하지만, 이 시점 이후로 새끼는 점차 뒤로 물러나려고 한다. 그래서 생후 첫 3개월 동안 사회적으로 계속 격리된 새끼는 다른 원숭이들과 함께 훨씬 다양한 주변 환경으로 이동하는 것에 대해 극단적으로 혼란스러워 하기 때문에, 현재 있는 그 자리에 머물러 있으려 하고 음식을 먹지 않기도 한다. 심지어 이런 경우에도 이 새끼들은 몇 주가 지나고 나면 어느 정도 회복 기미를 보이며 한 달이나 두 달 후에는 다른 어린 원숭이들과 함께 상당히 활발하게 논다(Griffin, 1966). 하지만, 생후 6개월 동안 사회적으로 격리된 원숭이들은 이렇게 회복되지 않는다. 16개월 동안이나 격리된 동물의 경우 다양한 주변 환경으로 옮겨지게 되면 몸을 웅크리고, 쪼그리며, 흔드는 것 외에 거의

---

[7] 풀러와 클라크(Fuller & Clark, 1966a & 1966b)는 이전에 격리된 경험이 있는 강아지에게 사회성 검사를 실시하기 이전에 약간의 클로르프로마진(chlorpromazine)을 투여했을 때, 낯선 상황에 대한 강아지들의 공포반응이 감소될 수 있었다는 것을 추후의 일련의 실험에서 발견했다. 그 결과, 생후 3주부터 15주까지 계속 격리되었던 강아지들은 클로르프로마진 약물을 투여받지 않은 유사한 조건의 강아지들에 비해 낯선 상황에서 훨씬 덜 두려워했으며, 실험자에게 접근하는 데 덜 주저했고 애착을 형성하기 시작했다.

  *클로르프로마진(chlorpromazine)은 구토를 억제하며 진정제와 안정제로 쓰인다. 특히 정신분열증과 다른 정신병에 쓰인다. - 옮긴이.

아무것도 하지 못하며, 이런 현상은 최소한 2년 혹은 3년 동안이나 지속된다(Mason & Sponholz, 1963). 이러한 행동장애는 다른 원숭이들도 포함한 모든 새로운 것에 대해 이들이 느끼는 극단적 공포 때문에 생기는 것 같다.

이렇게 강아지와 붉은털원숭이 모두 애착이 가장 쉽게 발달할 수 있는 시기는 제한되어 있다. 일단 이 시기를 지나쳐 버리면, 이들이 새로운 대상과 애착을 형성하는 것은 비록 가능하기는 하지만, 점차 더 어려워진다.

애착행동의 발달과 관련 있는 다른 많은 것들과 마찬가지로, 이러한 점에서 포유류와 조류 사이에는 명백히 강한 유사성이 있다. 실제로 포유류와 조류 사이의 어떤 유사성이, 어떤 공통의 기제를 유전을 통해 물려받은 결과가 아니라 수렴적 진화의 결과라는 것을 고려할 때, 이러한 유사성의 정도는 놀랄 만하다. 의심할 바 없이 힌디(1961)가 지적한 대로, 이러한 유사성은 동물계에 속하는 각 종들이 당면하고 있는 생존의 문제가 동일하다는 사실의 결과이다.

인간의 각인

이후의 장에서 더 명백하게 드러나겠지만, 지금까지 논의한 바에 의하면 인간 유아의 애착행동의 발달은, 비록 다른 포유류에 비해 그 발달 속도가 훨씬 느리지만, 인간 이외의 포유류의 애착행동의 발달과 동일하다. 많은 증거들이 이 주장을 지지하며 어떤 증거도 이 주장과 모순되지 않는다.

인간의 애착행동의 발달에 대한 현 단계의 지식들은, 10장에서 조류의 각인에 관한 현 단계의 지식들을 설명하기 위해 사용했던 8개의 동일한 항목으로 간략하게 요약될 수 있다.

(1) 인간 유아에서 모든 종류의 사회적 반응은 처음에는 광범위한 자극들에 의해 발현되지만 추후에는 훨씬 더 좁은 범위의 자극들에 의해 발현되며, 이러한 유효한 자극의 범위는 몇 달이 지나고 나면 한 명 혹은 소수의 특정 사람들에게서 나오는 자극들로 제한된다.

(2) 특정 종류의 자극에 사회적으로 더 많이 반응하는 명백한 편향이 있다는 증거가 있다.

(3) 유아가 어떤 사람과 사회적으로 상호작용한 경험이 많을수록 이 사람에 대한 애착은 더 강해진다.

(4) 보통 일정 기간 동안 주의 깊게 응시하고 들은 후에 서로 다른 얼굴들을 구별하는 것을 학습한다는 사실은 노출학습이 일정 역할을 수행한다는 것을 암시한다.

(5) 대부분의 유아들의 경우 선호하는 인물에 대한 애착행동은 생애 첫해에 발달한다. 생애 첫해에 민감기가 있으며 이 시기에 애착행동이 가장 즉각적으로 발달한다는 것은 그럴 듯하다.

(6) 어떤 민감기도 대략 생후 6주 이전에 시작하는 것 같지는 않으며 아마도 이보다 몇 주 후인 것 같다.

(7) 생후 약 6개월 후, 좀더 분명하게는 생후 8~9개월 후에, 아기들은 더 어렸을 적에 비해 낯선 사람에 대한 공포반응을 보일 가능성이 더 높으며 강한 공포반응을 보일 가능성도 높아진다. 이러한 공포반응의 빈도와 강도가 증가하기 때문에, 생애 첫해의 끝

무렵과 그 이후에 새로운 인물에 대한 애착의 발달은 점차 어려워진다.

(8) 일단 어떤 아이가 특정 인물과 강한 애착관계를 맺게 되면, 이 아이는 다른 모든 이들보다 이 인물을 더 선호하는 경향이 있으며 이러한 선호는 서로 떨어져 있어도 지속되는 경향이 있다.

이후의 장들에서 이상의 진술을 지지하는 증거들을 제시하고자 한다. 그러므로 우리는 다음과 같은 결론을 내릴 수 있다. 곧, 현재까지 알려진 바에 따르면, 인간 유아의 애착행동이 발달하는 방식과 애착행동이 차별화된 인물에게 집중되는 방식은 애착행동이 다른 포유류와 조류에서 발달하는 방식과 충분히 유사하기 때문에, 인간의 행동은 정당하게 각인의 표제 아래 포함될 수 있다—각인이라는 용어가 현재와 마찬가지로 일반적 의미에서 사용되는 한 그러하다. 실제로 인간의 애착을 각인에 포함시키지 않는 것은 인간의 사례와 다른 종들의 사례 사이에 전적으로 부당한 간극을 만드는 것이 될 것이다.

3. 애착행동의 기능

8장에서 특정 종류의 행동의 원인과 이 행동이 충족시키는 기능 간의 차이를 아주 분명하게 구분한 바 있다. 어떤 행동체계의 구조가 주어졌을 때 이 체계가 활성화되도록 하는 원인 변인들에는, 호르몬 수준과 환경으로부터의 특정 종류의 자극들과 같은 것들이 포함된다. 반면에 이 행동이 충족시키는 기능은 이 기능이 생존에 기여하는 바에서 추구되어야 한다. 남성의 짝짓기행동이 한 예가 될 수 있다. 이 행동의 일상적 원인들에는 안드로겐 수준과 여성의 존재가 포함된다. 이 행동의 기능은 이 행동이 종의 재생산에 기여하는 바이다.

아이의 엄마에 대한 유대에 관한 전통적 논의에서는, 원인과 기능이 명확하게 구분되지 않았다. 그 결과 이 유대의 기능이 무엇인지에 대해 체계적으로 고려하지 않게 되었다. 이 유대가 배고픔에서 파생된 2차 충동의 결과라고 주장하는 사람들은, 이러한 유대를 통해 아이가 음식을 공급해 주는 사람과 가까이 지낼 수 있기 때문에 이 유대가 유용하다고 가정하는 것 같다. 하지만, 이러한 가정에 대해 논의하지는 않는다.

아이의 엄마에 대한 유대의 기능은 주로 음식공급을 보장해 주는 것이라고 프로이트도 또한 주장했다고 쉽게 여겨지기도 하는데, 프로이트의 입장은 사실 이와 약간 다르다. 이 문제에 관한 최초의 체계적 논의(Inhibitions, Symptoms and Anxiety, 1926)에서 프로이트는 다음과 같이 주장한다. 유아가 직면하고 있는 기본적 위험은 만족되지 않은 생리적 요구에서 발생하는 과도한 자극이 존재함으로 인해 그의 심리적 기구들이 혼란에 빠지지 않을까 하는 것이다. 이러한 위험을 홀로 감당하기에는 유아는 너무 무력하다. 하지만, 엄마는 이런 위험을 끝낼 수 있다. 따라서, 유아는 "엄마가 자신의 모든 필요를 지체하지 않고 만족시켜 준다는 것을 경험을" 통해 알고서 "자신의 엄마가 있다는 것을 인식하기 원한다." 이 논의의 결론은 다음과 같은 것처럼 보인다. 곧, 2차 충동은 유아와 엄마가 유대관계를 맺게 하는데, 이 2차 충동에 의해 충족되는 기능은 엄마가 확실히 곁에 있게 함으로써 "제거되어야 할 자극들이 양적으로 축적됨으로써" 심리적 기구들이 혼란에 빠지는 것을 방지하는 것이다(S. E., 20, p. 137). 이러한 관점에서는 음식이 과도한 양의 자극을 없애는 것을 도와주기 때문에 중요하다.

모든 증거들이 시사하는 바에 따르면, 아이의 유대에 관한 2차 충동 이론은 어떤 형태를 취하건 잘못된 것이며, 심지어 포유류에서도 음식은 애착행동의 발달과 유지 과정에서 별로 중요하지 않은 역할을 수행하기 때문에 아이의 엄마에 대한 유대의 기능에 대해서는 전혀 새롭게 고려해 봐야 한다.

필자가 이미 제안한 관점에서 애착행동의 기능은 포식동물로부터의 보호이다(1964).[8] 최근에 다른 이론이 또한 제안되었는데, 곧, 애착행동은 유아에게 엄마로부터 생존을 위해 필요한 다양한 활동들을 학습할 기회를 준다는 것이다. 후자의 제안은 때로 논의에서 제기되기도 하는데, 머피의 논문(1964)에 함축되어 있는 것 같다.[9]

이러한 두 가지 제안은 서로 모순된 것이 아니다. 뿐만 아니라 두 가지 모두 아주 그럴듯하다. 주변에 포식동물이 있다면, 유아의 애착행동은 의심의 여지없이 유아의 안전에 기여할 것이다. 게다가 엄마와 함께 있으면서 유아는 자신의 생존에 유용한 활동과 다른 것들을 학습할 수 있는 좋은 위치에 있게 된다. 이러한 각각의 성과들은 애착행동의 결과이며 그리고 유익한 결과이므로 이 두 가지 모두 아마 기능일 것이라는 생각에 왜 동의해서는 안 되는가?

하지만 이 문제를 이런 식으로 해결하는 것은 문제를 회피하는 것이다. 8장에서 논의한 바와 같이 특정 행동의 생물학적 기능이란 이 행동의 수행으로 얻을 수 있는 어떤 호의적 결과를 의미하는 것이 아니다.

---

[8] 킹(King, 1966)이 이 가설을 주창한 바 있다.
[9] 머피는 다음과 같이 쓰고 있다. "… 엄마는 영양적 필요와 다른 신체적 필요를 만족시켜 줄 뿐만 아니라 … 특정 자아 기능들의 발달을 지지해 준다…."

생물학적 기능은 더 좁은 의미로 정의되며, 진화과정에서 문제의 행동이 이 종의 생물학적 장치에 통합되도록 한 그 결과이다. 이러한 통합은 이 행동이 이 행동을 소유한 동물에게 가져다주는 (생존과 차별적 번식 성공의 측면에서의) 어떤 유익의 결과로 발생한다. 문제의 행동을 발달시키는 데 필요한 능력을 타고난 개체들은 이 능력이 결핍된 개체들에 비해 더 많은 자손을 남길 수 있기 때문에, 그리고 유전을 통해 이들의 자손들도 또한 이 능력을 충분히 타고날 가능성이 있기 때문에 이 종의 (혹은 이 종의 일부 집단의) 거의 모든 개체들이 이 행동을 발전시킬 수 있는 능력을 충분히 타고나게 되는 때가 도래하게 된다. 이 행동의 생물학적 기능을 결정하기 위해서는 다음의 질문에 대답해야 한다. 주목하고 있는 행동이 이 행동을 발달시킬 수 있는 능력을 타고난 개체들에게 정확하게 어떤 이점을 제공하기에 이 개체들이 이 능력이 결핍된 개체들에 비해 자손 번식에서 더 큰 성공을 거두는가?

애착행동의 경우 어떤 사람이든지 확신할 수 있는 증거는 너무 적다. 그렇다면 위에서 언급한 애착이론에 대한 두 가지 제안 내용 각각에 대해 찬성하고 반대하는 주장은 각각 어떤 것인가?

애착행동이 유아에게 생존에 필요한 다양한 활동을 엄마에게게서 학습할 수 있는 기회를 제공한다는 것이 애착행동의 중요한 이점이라는 주장은 얼핏 보기에 전도유망한 것처럼 보인다. 논의되었던 종, 특히 포유류의 새끼들은 유연한 행동장치들을 가지고 태어난다. 발달과정에서 이 장치들은 학습을 통해 상당히 정교해지며 어미의 행동을 모방하면서 어미가 행동을 지향하는 동일한 대상, 예를 들어, 음식물에 자신의 행동을 지향함으로써 학습내용 중 상당 부분을 획득하게 된다. 어린 동물이 어미의 곁에 가까이 있게 된 결과로 어미에게게서 유용한 것을 학습할 기회가 풍부해진다는 것은 의심의 여지가 없다.

하지만, 두 가지 이유 때문에 이것이 우리가 추구하는 본질적인 이점이 아닐 가능성이 높다. 첫째, 왜 애착행동은, 다수의 포유류 종에서 그렇듯이 학습이 끝난 오랜 후의 성인기에까지 지속되어야 하는가? 그리고 왜 애착행동은 특히 암컷에게서 지속적이어야 하는가? 둘째, 왜 애착행동은 어떤 동물이 놀랐을 때 그렇게 높은 강도로 발현되어야 하는가? 학습의 기회를 강조하는 기능에 관한 이론은 이러한 질문들에 대해 답을 주는 것 같지 않다.

애착행동이 동물에게 가져다주는 주요한 이점이 포식동물로부터의 보호라는 제안은 모든 현장 박물학자들에게는 친숙하지만, 심리학자들이나 정신분석가들에게는 거의 알려지지 않은 계열의 논법을 소개한다. 하지만 모든 종의 동물에게 공격에 의한 죽음의 위험은 기아에 의한 죽음의 위험만큼이나 중대하다는 것은 의심의 여지가 없다. 모든 동물은 식물 혹은 동물의 생명 혹은 양자 모두의 포식자이다. 그러므로 생존하려면 모든 종의 동물들은 자신이 먹을 음식의 공급을 확보하는 데 성공해야 하며, 최소한 다른 종의 동물의 먹이가 되기 이전에 번식하는 데 성공해야 한다. 그래서 포식동물로부터 자신을 보호하는 행동장치는 영양섭취나 재생산을 유도하는 장치와 동등하게 중요하다. 실험실이나 도시환경에서는 이러한 자연의 기본적 사실이 너무나 자주 잊혀진다.

포식동물로부터의 보호가 현재까지 애착행동의 가장 그럴듯한 기능이라는 것은 세 가지 주요 사실을 통해 지지를 받고 있다. 첫째, 조류와 포유류의 많은 종들을 관찰한 결과로 얻은 훌륭한 증거가 있는데, 홀로 고립된 동물은 같은 종의 다른 동물들과 함께 어울려 있는 동물에 비해 포식동물에 의해 공격을 받고 붙잡힐 확률이 훨씬 높다. 둘째, 나이 어린 새끼, 임신한 암컷, 병든 개체와 같이 나이, 크기 혹은 조건의 이유로 포식동물에게 특히 취약한 동물들에게서 애착행동은 더 쉽고 강하게 발현된다. 셋째, 놀란 상황에서 애착행동은 항상 강도 높게 발현되는데, 여기서 놀란 상황이란 보통 포식동물의 존재를 감지하거나 혹은 그 존재가 의심되는 상황이다. 다른 어떤 이론도 이러한 사실들에 들어맞지 않는다.

미숙한 개체가 처벌을 더 많이 받을수록 처벌을 가하는 개체에 대한 이 미숙한 개체의 애착이 더 강해진다는 것은 역설적인데, 이 사실은 다른 이론에서는 설명하기 어렵지만 애착행동의 기능이 포식동물로부터의 보호라는 관점과는 조화를 이룬다. 이 사실은 지배적인 수컷이 포식동물이나 다른 위험을 감지하게 되면, 이 수컷은 조심성 없이 위험한 곳으로 접근하는 어린 개체에게 대개 위협을 가하거나 심지어 공격하기도 한다는 중요한 관찰에서도 나타난다(Hall & DeVore, 1965; Kawamura, 1963). 이 지배적인 수컷의 행동은 미숙한 개체를 놀라게 함으로써 이 미숙한 개체의 애착행동을 유발시킨다. 그 결과 이 미숙한 개체는 성숙한 동물에게 가까이 가려고 하며 종종 자신을 놀라게 했던 바로 그 수컷에게 다가간다. 이렇게 함으로써 이 미숙한 개체는 위험에서 벗어나게 된다.[10]

비록 이러한 주장은 상당한 영향력이 있지만, 인간 이외의 하등 영장

---

10 쿠머(Kummer)는 어미를 떠났지만 아직 미성숙한 어린 원숭이의 행동을 묘사한다. 어린 원숭이는 집단의 성숙한 개체에게서 위협을 받게 되면 항상 가능한 한 서열이 가장 높은 동물을 찾는데, 이 동물은 대개 지배적인 수컷이다. 이 동물이 대개 처음에 위협을 가했던 동물과 동일하기 때문에, 이 어린 원숭이가 접근하는 동물이 두려움의 원인이 되었던 바로 그 동물인 경우가 종종 벌어진다[챈스(Chance, 1959)가 인용함].

류에 대한 현장 연구 내용을 살펴볼 때 이 주장의 타당성에 어떤 의혹이 생길 수도 있다. 원숭이에 대한 공격은 아주 가끔 관찰되며, 침팬지나 고릴라에 대한 공격은 전혀 관찰된 바가 없다. 실제로, 심지어 이 두 유인원 종들은 적으로부터 해방된 채 에덴동산에서 살고 있다고 말하기도 한다. 실제로 그러한지는 아직 확실하지 않다. 워시번과 그의 동료들은 이에 대해 의문을 제기한다. 이 문제를 논의하면서(Washburn, Jay, & Lancaster, 1965) 이들은 다음과 같이 쓴다.

영장류에서의 포식동물-먹이 관계의 전반적인 문제는 연구하기가 어렵다. 독수리가 공격하는 것과 같은 드문 사건들(Haddow, 1952~)은 영장류의 생존에 아주 중요할 것이다. 하지만 인간 관찰자의 존재가 포식동물이나 먹이를 혼란스럽게 하기 때문에 이런 유의 공격은 거의 관찰되지 않는다. 현재 영장류에 대한 포식의 중요성을 덜 강조하는 이유는 관찰의 어려움 때문이며, 그리고 자유로이 활보하는 영장류에 대한 현재의 대부분의 연구들은 인간에 의해 포식동물이 감소되었거나 사라진 지역에서 이루어지기 때문이기도 하다. 대부분의 포식동물은 밤에 활동하며, 원숭이나 유인원의 야간 활동에 대한 적절한 연구는 아직 없다.[11]

---

[11] 영장류에 대한 포식을 측정하는 방법론상의 문제에 대해 더 깊이 논의하면서, 워시번 (1968)은 다음과 같이 결론을 내린다. 곧, 영장류에 대한 포식을 측정하는 유일한 효과적 방법은 잠재적인 포식동물의 행동을 연구하는 것이다. 그래서 랑구르 원숭이에 대한 광범위한 현장 연구에도 불구하고 어떤 관찰자도 표범이 이들을 공격하는 것을 보고한 적이 없다. 그럼에도 불구하고, 셸러의(1967) 최근 연구에 따르면 표범 똥의 27%에 이 표범이 랑구르 원숭이를 잡아먹은 증거가 포함되어 있다고 한다. 포식이 영장류의 신체적 형태와 행동을 결정짓는 주요 요인이 된다는 이러한 최근의 증거는 워시번도 논의하고 있다.

여기에 이 문제를 그대로 두어야 한다. 결국, 애착행동의 기능에 대한 다양한 제안 중에서 포식동물로부터의 보호가 가장 그럴듯하다고 여겨진다. 이후로부터는 이것을 애착행동의 기능이라고 가정하고자 한다.

4. '의존'이라는 용어에 대한 주석

이 책에서는 '의존'[12]이라는 용어 사용을 기피한다는 것을 알게 될 것이다. 하지만, 2차 충동 이론에 호의를 가지고 있는 정신분석가들과 심리학자들은 이 용어를 오랫동안 흔하게 사용해왔다. 생리적 만족의 원천으로서 아이가 엄마에게 의존하기 때문에 아이와 엄마가 서로 연결되어 있다는 생각으로부터 의존이라는 용어가 파생되었다. 하지만, 의존이라는 용어가 거의 확실하게 잘못된 이론에서 생겼다는 것 이외에도 이 용어를 사용하지 않는 확실한 다른 이유들이 있다.

실제로 엄마-인물에게 의존하는 것과, 엄마-인물과 애착관계를 형성하는 것은 아주 다른 것이다. 그래서 생애 초기의 몇 주 동안 유아는 의심의 여지없이 엄마의 보살핌에 의존하지만 아직 엄마와 애착관계를 맺지 않은 상태이다. 이와 반대로, 낯선 사람의 보살핌을 받고 있는 두세 살 난 아이는 비록 당시에는 엄마에게 의존해 있지는 않지만 계속 엄마와 강한 애착관계를 유지하고 있다는 아주 분명한 증거를 보여주기도 한다.

논리적으로 '의존'이라는 단어는 한 개체가 자신의 존재를 위해 타인

---

[12] 원문에서 '의존'이라는 용어는 'dependence'와 'dependency'의 두 가지로 표현되어 있다. 이 두 용어는 동의어이므로 '의존'이라는 한 단어로 번역했다 — 옮긴이.

에게 기대는 정도를 지칭하며, 그렇기 때문에 기능에 대한 언급이 포함되어 있다. 반면에 여기서 사용하는 애착이라는 용어는 행동의 형태를 지칭하며 순수하게 설명적이다. 이러한 의미의 차이 때문에 의존은 출생시에 최고 수준이고 성숙에 도달할 때까지 다소 꾸준하게 감소하지만, 애착은 출생시에 전혀 찾아볼 수 없으며 유아가 생후 6개월이 되고 나서도 뚜렷한 증거를 찾아볼 수 없다. 의존과 애착은 동의어라고 보기는 힘들다.

이러한 논리적 장애에도 불구하고 아주 많은 심리학자들이 의존이라는 용어에 익숙하다는 것만으로도, '애착행동' 대신 '의존행동'과 같은 용어를 계속 사용할 수 있다고 여전히 주장할 수도 있다. 하지만, 의존이라는 용어를 사용하지 말아야 하는 또 다른 이유가 있는데, 이 이유는 앞서 말한 이유보다 훨씬 더 중요하다. 그 이유는 '의존'이라는 용어가 함축하고 있는 가치는 '애착'이라는 용어가 전달하고 그리고 전달하려고 의도하는 함축된 가치와 정반대라는 것이다.

상식적으로 판단했을 때, 어떤 사람이 의존적이라는 것은 이 사람이 독립적이라는 것보다는 덜 좋은 것이다. 사실, 어떤 사람이 사적 관계에서 의존적이라고 말하는 것은 대개 약간은 험담하는 것이다. 하지만 어떤 사람이 애착되어 있다고 말하는 것은 험담하는 것과는 거리가 멀다. 그와 반대로 많은 이들은 어떤 가족의 구성원들이 서로서로에게 애착되어 있는 것을 존경스러운 것으로 간주한다. 이와 달리, 어떤 사람이 사적 관계에서 분리되어[13] 있다는 것은 보통 존경스러운 것으로 간주되

---

[13] '분리되어'는 원문에서 'detached'이며 'attached', 곧 '애착되어'의 반대 의미로 사용되고 있다. 다시 말해서 이 사람은 사적 관계에서 다른 사람들과 적절한 애착관계를 형성하지 못하고 있다는 뜻이다 - 옮긴이.

지는 않는다. 이렇게 사적 관계에서 의존은 피해야 하거나 버려야 할 조건이지만 애착은 종종 소중히 여겨지는 조건이다.

이런 이유들 때문에 지칭의 대상이 근접성을 유지하는 행동인데도 이에 대해 '의존'이나 '의존 욕구'와 같은 용어를 계속 사용함으로써 혼동만이 야기될 수 있다는 주장이 있다. 지그문트 프로이트와 안나 프로이트 모두 2차 충동이론을 고수했음에도 불구하고 '애착'이라는 용어를 사용했다는 것은 흥미로운 일이다(Freud, 1931; Burlingham & Freud, 1944).

현재까지 사용되고 있는 다른 용어들로는 '대상의 고착'과 '결연'을 들 수 있다.[14]

'고착'에는 두 가지 결점이 있다. 첫 번째 그리고 주요한 결점으로는 이 용어가 프로이트의 에너지 이론에서 나왔다는 것이며, 이 에너지 이론의 난점에 대해서는 1장에서 논의한 바 있다. 이 용어의 부차적 결점은 애착행동이 지향하는 대상과 성적 행동이 지향하는 대상 간의 차이점을 논의할 수 없게 한다는 것이다. 이 문제에 대해서는 이 장의 뒷부분에서 논의하고자 한다.

'결연'(affiliation)이라는 개념은 머리(Murray, 1938)에 의해 소개되었다. "우호성, 선의, 타인과 어떤 것을 함께 하려는 욕망 등을 표출하는 모든 것들이 결연이라는 항목 속에 포함된다." 이렇게 이 개념은 애착보다 훨씬 광의의 개념이며, 애착행동의 지표인 하나의 인물 혹은 소수의 몇몇 특정 인물들에게 지향되는 행동을 지칭하려는 의도가 없다. 머

---

14 원문에서 '대상의 고착'은 'cathexis of object'이고 '결연'은 'affiliation'으로 되어 있다. 'cathexis'(고착)는 심리적 혹은 정서적 에너지가 특정 대상이나 생각에 집중해 있는 상태를 말한다 – 옮긴이.

리는 '원조'[15]라는 추가적 욕구를 가정함으로써 이러한 차이를 인정하고 있다. 머리의 도식에서 결연과 원조가 융합된 결과로부터 의존이 생기는 것으로 여겨진다.

'결연'의 또 다른 결점으로 이 개념이 '욕구들'의 측면에서 개념화되었다는 것이다. '욕구들'이라는 개념의 모호성에 대해서는 8장에서 논의한 바 있다. '결연'이라는 개념은 머리가 원래 의도한 대로 계속 사용되고 있어서(예를 들어, Schachter, 1959), 애착 개념의 대안이 되기에는 명백히 부적절하다.

5. 애착과 사회적 행동의 다른 체계들

이 장과 앞 장에서 성행동이나 다른 종류의 사회적 행동을 언급하지 않고서 엄마에 대한 아이의 유대에 관해 논의했다. 그 대신, 애착은 자체의 내적 구조를 가지고 있고 자체의 기능을 충족하는 행동체계로 제시되었다. 그리고 성행동을 논의할 때도(10장을 보라) 성행동체계는 애착행동과는 구별되는 행동체계이며 상이한 개체발생 경로와 상이한 기능을 가진 체계로 언급되었다. 다음과 같은 질문을 던질 수 있다. 현재의 새로운 도식에서 애착행동과 성행동 사이에는 어떤 연관성도 없다고 해야 하는가? 만약 그렇다면, 이것은 프로이트의 가장 위대한 업적을 무시하는 것은 아닌가?

---

[15] '원조'는 원문에서 'succorance'이다. 'succorance'는 'succor'라는 말에서 파생된 말인 것 같다. 'succor'의 의미는 '도움이 필요하거나 위급한 상황에 처한 사람을 원조하거나 돕는다'는 의미이다 − 옮긴이.

이 질문들에 간략하게 답을 하자면, 애착행동과 성행동은 비록 서로 구별되는 것으로 간주되지만, 이 두 행동은 보통 이상으로 서로 밀접하게 연관되어 있는 것으로 여겨진다. 그래서 이 책이 주장하는 새로운 도식은 프로이트가 자신의 이론을 통해 설명하고자 했던 임상적 현상들을 명백히 인식하면서도 이 현상들에 대해 프로이트와는 다른 설명을 하고자 한다.

유아의 성에 관한 프로이트 이론의 일부는 대체로(아마도 항상) 아동기에 기인하는 성도착의 근거가 되는 현상들을 설명하기 위해 주창되었다. 10장에서 현재 어린 동물에게서 흔한 것으로 알려진 여러 발달과정에 대해 언급한 바 있다. 만약 이 발달과정이 엉뚱한 방향으로 진행되면 성행동의 조직화는 비전형적으로 발달할 수 있고, 이 때문에 인간이 비정상적으로 발달할 수도 있는 것이다.

어떤 개인이 성인기에 취하는 성적 행동의 형태는 이 개인이 유아기에 엄마 그리고/혹은 아빠에게 취했던 행동의 형태에 의해 상당 부분 영향을 받는다는 사실을 설명하기 위해 정신분석 이론에서 유아의 성에 관한 다른 부분들이 주창되었다. 전통적인 정신분석 이론에서는 이러한 연관성을 유아기와 성인기의 두 가지 형태의 행동은 단지 단 하나의 리비도적 힘이 상이한 형태로 표현된다는 것을 기반으로 설명한다. 이러한 관점에서 연관성과 영향은 당연한 것이다. 설명이 필요한 부분은 두 가지 행동 형태 사이의 차이이다. 이와 대조적으로 이 책이 주장하는 새로운 이론에서 당연한 것은 두 가지 행동 형태 사이의 차이이며 설명이 필요한 부분은 둘 사이의 연관성이다.

애착행동과 성행동을 구분하는 것이 왜 현명한 것인지 세 가지 주요한 이유가 있다. 첫 번째 이유는 두 체계의 활성화는 상호 독립적으로 다르다. 두 번째 이유는 각 행동이 지향하는 대상군이 완전히 다를 수 있다. 세 번째 이유는 각 행동이 발달하는 민감기의 연령이 서로 다르다. 이러한 이유들을 순차적으로 살펴보자.

완전하게 기능을 발휘하는 애착행동은 항상 일생의 초기에 성숙하며 곧 강렬한 수준에서 활성상태에 있게 된다. 이와 달리, 성인기에 애착행동은 대개 활성화 강도의 수준이 낮아지며 혹은 어떤 종에서는 거의 활성화되지 않는다. 대조적으로 성행동은 뒤늦게 성숙한다. 그리고 미숙한 상태의 성행동은 대개 일부 조각만 나타나며 그 기능을 달성할 수 있는 형태가 아니다.

애착행동과 성행동이 일생 동안 활성화되는 방식의 차이에 대한 극적인 예를 유제류에서 찾아볼 수 있다. 새끼 양은 어렸을 때 자신의 어미를 따라 다닌다. 만약 이 새끼 양이 암컷이라면 일생 동안 어미를 계속 따라다닌다. 그 결과, 이미 강조했듯이 한 무리의 양떼는 증조모를 따르는 조모와 이 조모를 따르는 어미, 그리고 이 어미를 따르는 새끼 양으로 구성되며, 그래서 모든 양들 중에 가장 나이 많은 암양이 이 무리를 이끌게 된다. 그래서 암양 및 그와 연관된 많은 종의 암컷의 경우, 애착행동은 태어나서 죽을 때까지 강하게 유지된다. 이와 대조적으로 이 동물들의 성행동은 일시적이다. 양들은 성숙해지면 젊은 수컷들은 암양으로 구성된 무리를 떠나 수컷들로 이루어진 집단에 합류한다. 일 년에 한두 번 있는 발정기에만 이 수컷들은 암컷 떼로 몰려 들어가서 구애와 짝짓기를 하게 된다. 그런 다음 이 수컷들은 다시 이 암컷 집단을 떠나며 수컷과 암컷의 개체 모두 다음 발정기 때까지 성적으로 비활성화된 삶을 다시 살아간다. 이렇게 애착행동과 성행동의 실제적 유형이 다를 뿐만 아니라, 이 행동들이 일생 중에 가장 활성화되는 시기 또한 상당히 다르다.

그리고 서로 다른 이 행동유형이 지향하는 대상군 또한 어떤 경우에는 완전히 다를 수 있다. 예를 들어, 자신의 모든 애착행동을 인간을 대상으로 발산했던 오리 새끼는, 그럼에도 불구하고 자신과 동일한 종에게 모든 성행동을 발산할 수도 있다. 이렇게 되는 이유는, 첫째, 각각의 행동을 발현시키는 자극의 범위가 서로 아주 다를 수 있고, 둘째, 각각의 자극의 범위가 협소화되는 민감기가 서로 다를 수도 있기 때문이다. 물오리에 대한 실험에서, 따라가는 행동의 민감기는 생애 첫 48시간가량인 반면, 성행동의 민감기는 3주에서 8주 사이이다(10장을 보라). 포유류의 경우 만족스러운 증거는 없지만 포유류의 경우에도 성적 대상을 선택하는 민감기는 애착 대상을 선택하는 민감기보다 시간상으로 뒤인 것 같다. 인간의 경우에도 성적 감정을 일으키는 대상물의 선택과 관련한 부모의 보고에 따르면 이 대상물을 선택하게 되는 시기는 종종 만 3세 생일 무렵인 것 같다. 만 3세가 되는 시점은 애착 대상을 선택하는 민감기보다 최소한 2년 후이다.

이것이 사실이든 아니든, 인간 이외의 영장류에 대한 실험연구를 통해, 할로는 다른 종들과 마찬가지로 인간 이외의 영장류에서도 애착행동과 성행동은 서로 별개의 체계인 것으로 충분히 여겨질 수 있다고 확실한 결론을 내리게 되었다.

최근에 이들의 연구를 개관하면서, 할로와 할로(1965)는 다섯 개의 정서체계를 구분했다.[16]

---

16 이 책에서 사용하는 용어를 적용하자면, 각각의 정서체계는 특정 종류의 사회적으로 지향된 본능행동을 매개하는 통합된 행동체계이다.

이 다섯 체계는 다양한 개체들을 어떤 [영장류의] 종 안에서 조절적이고 건설적인 사회적 관계로 묶는다. … 각각의 체계는 자체의 성숙 단계를 통해 발달하고, 자신의 특정 반응 유형을 만들어내며 통제하는 기반 변인들이 서로 다르다. 전형적으로 성숙 단계들은 서로 겹친다. … 이러한 다섯 개의 정서체계들을 발달 순서대로 살펴보면 다음과 같다. (1) 유아가 엄마와 유대관계를 맺게 하는 유아-엄마 정서체계[이 책에서는 애착행동이라고 부른다], (2) 엄마-유아 혹은 모성 정서체계, (3) 유아-유아, 동갑내기, 혹은 또래 정서체계. 이 체계를 통해 유아들과 어린이들은 상호관계를 맺는다. … 그리고 서로에 대한 지속적인 정서를 발전시킨다, (4) 성과 이성 정서체계. 이 체계는 청소년기의 성과 마침내 번식을 유도하는 성인의 행동에서 정점을 이룬다, (5) 부성 정서체계. 이 체계는 유아나 청소년 그리고 자신들이 속한 특정 사회적 집단의 다른 구성원들에 대한 성숙한 수컷들의 긍정적 반응의 측면에서 넓은 의미로 정의된다.

이러한 체계들을 서로 구분하는 것에 대해 할로 등이 제시하는 이유는, 곧 특별히 언급하겠지만, 위에서 말한 것과 동일하다. 다시 말해서, "각각의 체계는 자체의 성숙 단계를 통해 발달하고, 자신의 특정 반응 유형을 만들어내며 통제하는 기반 변인들이 서로 다르다." 할로 등이 내린 이러한 결론에 대한 실험의 증거는 이들의 과학적 논문에 포함되어 있다.

이처럼 영장류뿐만 아니라 다른 목과 다른 과에 속하는 동물들에서도 애착행동과 성행동의 속성은 서로 구별된다는 증거는 충분하다. 인간은 여기에서 예외라고 가정할 하등의 이유도 없다. 그럼에도 비록 두 체계는 서로 구별되지만, 두 체계가 서로 작용하고 서로의 발달에 영향을 미친다는 증거도 충분하다. 인간뿐만 아니라 다른 종에서도 이런 현상은 발생한다.

애착행동은 다수의 요소 유형들로 구성되어 있으며 성행동도 이와 마찬가지이다. 이 두 행동은 몇몇 요소를 공유한다. 공유 요소들은 두 종류의 행동 모두의 요소로 간주되지만, 대개 어느 한 쪽의 요소로 간주되는 경우가 흔하다. 예를 들어, 오리의 어떤 종의 구애에서 전형적으로 볼 수 있는 동작을 알에서 갓 깨어난 오리 새끼에서도 볼 수 있다. 이 경우 이 동작은 따라가기 반응을 발현시키는 대상이 어떤 것이든지 이 대상을 지향한다(Fabricius, 1962). 인간의 경우 매달리기와 키스는 두 행동 모두에 공통된 유형의 예이다.

앤드루(Andrew, 1964)는 애착행동과 성행동의 연관성에 관한 다른 증거에 대해 보고한다. 여러 조류 종의 어린 수컷들과 모르모트의 어린 수컷들에게 성발달을 가속화시키기 위해 테스토스테론으로 처치하면, 이 수컷들은 이미 애착행동이 각인된 대상은 어떤 대상이든지, 이 대상에게 성행동을 나타낸다. 비슷하게 테스토스테론 주사를 맞았지만 아직 각인이 되지 않은 통제집단의 동물들의 경우, 비슷한 대상이 제시되었을 때 어떤 성행동도 나타나지 않았다. 이 현상에 대한 그럴 듯한 설명은, 이 종들의 경우 애착행동과 성행동이 특정 발현기제와 통제기제를 공유한다는 것이다.

실제로, 애착행동과 성행동은 특정 요소와 원인기제를 공유할 뿐만 아니라, 부모행동도 몇몇 요소를 이들과 공유하는 것일지도 모른다. 이미 언급한 바 있는 예를 들자면, 구애 먹이기는 조류에서 성행동과 부모행동이 중복되는 부분이다. 구애 먹이기에서 수컷 새는 암컷 새를 부모 새가 새끼를 다루듯 다룬다. 반면에 암컷은 새끼가 부모에게 음식을 달라고 조르는 데서만 볼 수 있는 자세를 취하고 수컷에게 졸라댄다 (Hinde, 1966).

인간의 경우 애착행동, 부모행동 그리고 성행동 사이에 중복되는 부분은 흔하다. 예를 들어, 어떤 개인이 성적 상대를 마치 부모인 것처럼 대하고 그 상대는 이에 대해 부모와 같은 태도로 응답하는 것이 특별한 경우에 속하는 것은 아니다. 미숙한 역할을 담당하는 상대의 행동에 가능한, 실제로 가능성이 있는, 설명은 다음과 같다. 즉 이 상대의 경우 흔히 볼 수 있듯이, 애착행동이 성인기에까지 지속되었을 뿐만 아니라, 어떤 이유 때문에, 흔치 않게 어린아이의 경우와 마찬가지로 애착행동이 거의 즉각적으로 계속 발현되고 있는 것이다.

단순히 말하자면, 이러한 모든 상호 중복되는 부분들과 어떤 행동이 다른 행동에 미치는 영향을 밝혀내기 위해서는 많은 연구 노력이 필요하다. 애착행동, 성행동, 부모행동이 서로 구별되는 체계라고 인정하는 것이 어떤 식으로도 정신분석적 통찰의 열매를 위험에 빠뜨리지 않는다는 것에 대해 충분한 설명이 되었기를 바란다.

제13장

애착행동에 대한 통제체계적 접근

그들은 자유로이 가야 한다
바다의 물고기처럼
혹은 창공의 찌르레기들처럼
그들이 우연히 다시 찾아오는 바닷가에
당신이 머물러 있는 동안.

— 프랜시스 콘퍼드(Frances Cornford)

1. 서론

2차 충동 이론과 같은 유형의 이론에서, 애착행동이라는 실제는 다루기 거북하고 불편한 것이다. 이와 달리 통제이론과 같은 유형의 이론에서, 애착행동의 실제는 흥미 있는 도전이 된다. 실제로 이러한 접근방법이 관련성을 갖게 되면 가능한 해결책에 대해 광범위한 개요를 파악하는 것은 아주 어려운 것이 아니다.

5장에서 동물들이 많은 본능행동을 통해 환경의 특정 일부분과 특정 종류의 관계를 오랜 기간 동안 유지하게 된다는 것을 지적한 바 있다. 알을 품는 행동을 예로 들 수 있는데, 이 행동의 결과로 몇 주의 기간 동안 어미 새는 알과 둥지에 대한 근접성을 유지하게 된다. 그리고 또 다른 예로 영역행동을 들 수 있는데, 이 행동의 결과로 몇 달에 걸쳐, 때로 몇 년에 걸쳐 환경의 특정 부분에 계속 위치하게 된다. 이런 종류의 결과가 나타날 것이라고 예견할 수 있는 행동은 덜 혹은 더욱 정교한 방향으로 조직화된다는 것을 또한 지적한 바 있다. 예를 들어, 덜 정교한 행동의 경우, 특정 목표대상으로부터의 거리가 멀수록 이 목표대상으로 움직여 갈 가능성은 점점 높아진다. 이 장의 주요 명제는 애착행동은 이렇게 덜 정교한 방식으로 조직화되어 있다는 것이다.

물론 위의 도식적 서술은, 이 책이 제안하고 있는 이론의 빈약한 틀에 불과하다. 실제로 보이는 행동을 설명하려면, 더욱 정교한 서술이 필요하다. 우선, 어린아이가 애착행동을 나타내는 강도는 매일, 매시간, 매분마다 달라진다. 그래서 애착행동을 활성화하고 종료하는, 혹은 애착행동이 활성화되는 강도를 조절하는 조건들에 대해 살펴볼 필요가 있다. 둘째, 애착행동을 매개하는 상이한 체계들이 조직화되는 방식은, 유아기와 아동기에 커다란 변화를 겪게 된다. 하지만 이러한 문제들을 논의하기 전에 아이의 상대로서의 엄마의 역할에 대해 먼저 고찰해 보아야 한다. 엄마 혹은 아이가 움직여서 둘 사이의 거리가 멀어질 뿐만 아니라 엄마 혹은 아이가 움직여서 둘 사이의 거리가 가까워지기도 하기 때문이다.

2. 엄마-아이 상호작용에서 아이와 엄마의 역할

여러 행동군의 결과로서의 상호작용

일정 기간 동안 어떤 엄마와 이 엄마의 한 살 혹은 두 살 된 아이가 행동하는 것을 관찰한 적이 있는 사람은 누구든지, 두 사람 각각에게 아주 많은 상이한 유형의 행동이 나타나는 것을 보게 될 것이다. 각 상대의 몇몇 행동은 그 결과로 근접성이 증가하거나 혹은 유지되지만, 두 사람의 행동의 상당 부분은 전적으로 그 종류가 다르다. 어떤 행동은 근접성의 문제와 상관이 없다. 예를 들어 엄마는 요리하고 바느질을 하며, 아이는 공을 가지고 놀거나 엄마의 손가방에서 물건을 꺼낸다. 다른 행동은 근접성 유지와는 정반대되는 것이다. 예를 들어, 엄마는 다른 방으로 가거나 아이는 계단을 올라가려고 엄마 곁을 떠난다. 또 다른 행동은 근접성 추구를 부인하는 것이 될 수도 있다. 예를 들어, 때로 드물기는 하지만, 엄마나 아이가 아주 격분하거나 화가 나서 상대방으로부터 멀리 벗어나는 방식으로 행동하기도 한다. 그래서 근접성의 유지는 이 두 상대가 취하는 행동의 많은 결과 중 오직 하나일 뿐이다.

그럼에도 불구하고 평상시에 두 사람 사이의 거리가 특정 최대한도를 넘어설 가능성은 아주 낮다. 이 한도를 넘어설 때마다 두 사람 중 최소한 어느 한 사람은 둘 사이의 거리를 좁히기 위해 곧 행동할 것이다. 어떤 경우에는 엄마가 주도권을 행사한다 — 엄마는 아이를 부르고, 아이가 어디까지 갔는지 보러 간다. 다른 경우에는 엄마에게 다시 빨리 뛰어오거나 혹은 울면서 아이가 주도권을 행사하기도 한다.

이처럼 엄마-아이 사이에는 역동적 균형이 존재한다. 각자의 행동의 많은 부분이 근접성 유지와 무관하고 어떤 행동은 조화를 이루지 못하거나 혹은 반대되는 행동이지만 양자 사이의 거리는 대체로 어떤 안정된 한계 내에서 유지된다. 어떻게 이렇게 되는지를 이해하려면 이 둘 사이의 공간적 관계를 다음의 네 가지 행동군의 결과로 간주하는 것이 유용하다.

(1) 아이의 애착행동
(2) 애착에 반대되는 아이의 행동, 특히 탐색행동과 놀이
(3) 엄마의 양육행동
(4) 부모 양육에 반대되는 엄마의 행동.

(1) 혹은 (3)으로 분류된 행동 형태들은 기능의 측면에서 동질적이지만 (2) 혹은 (4)로 분류된 행동 형태들은 이질적이다.

이러한 네 행동군의 각각의 행동은 특정 시점에 따라 강도가 아주 다양하게 변하며, 어떤 행동군에 속한 행동이든지 일정 시간 동안 전혀 나타나지 않을 수도 있다. 그리고 각 행동군은 다른 행동군의 존재 혹은 부재에 의해 영향을 받기도 한다. 왜냐하면, 어떤 한 행동군에 속한 행동의 결과로 여타의 세 행동군에 속한 행동은 발현되거나 혹은 억제되거나 할 것이기 때문이다. 그래서 엄마가 어디론가 불려 나가면 아이의 애착행동은 발현되고 탐색행동은 억제될 것이다. 이와 반대로 아이가 너무 멀리 탐색을 나가면 엄마의 보호행동이 발현되고 엄마가 하고 있는 다른 모든 행동은 억제될 것이다. 행복한 엄마-아이 쌍에게 이러한 네 가지 행동군은 함께 조화를 이루어 나타나며 발전한다. 그러나 갈등의 위험성은 항상 존재한다.

이러한 분석은, 아이의 애착행동이 엄마-아이의 상호작용을 구성하는, 서로 분리 된 네 가지 행동군—둘은 아이에게 고유한 것이고, 다른 둘은 엄마에게 고유한 것이다—중의 하나라는 것을 보여준다. 애착행동에 대해 더 심도 있게 논의하기 전에 여타의 세 행동군 각각에 대해 간략히 고찰하는 것이 유용하다. 아이를 엄마에게서 떼어놓기 때문에, 애착행동과 아주 상반되는, 행동군으로부터 시작하고자 한다.

탐색행동과 놀이

피아제가 오랫동안 주장했던 관점은 지난 10년간 폭넓게 받아들여졌다. 피아제의 관점은 다음과 같다. 곧, 탐색과 조사는 음식 먹기와 짝짓기처럼 이미 인정되는 행동군과 같이 독특하고 중요한 행동군을 구성한다는 것이다.

탐색행동은 크게 세 가지 형태로 나누어 볼 수 있다. 첫째, 머리와 몸의 지향 반응을 들 수 있다. 이 지향 반응을 통해서 감각기관은 자극 대상을 더 잘 시험해 볼 수 있는 위치에 놓이며 근육조직과 심혈관체계는 곧 행동을 취할 수 있도록 각성된다. 둘째, 자극대상에 대한 신체적 접근이 있다. 이를 통해 모든 감각기관들은 자극대상에 대해 더 많고 더 나은 정보를 얻게 된다. 셋째, 대상을 조작하고 다른 방식으로 대상을 실험해 봄으로써 대상을 조사하는 것이 있다. 이러한 행동은 조류와 포유류의 모든 종에서 흔한 것이며, 특히 조류에서는 까마귀 그리고 포유류에서는 영장류와 같은 특정 종들에서 흔하다. 어린 개체들이 나이 든 개체들에 비해 이런 유의 행동을 더 많이 보여준다.[1]

탐색행동은 새롭고 그리고/혹은 복잡한 자극들에 의해 전형적으로 발현되는데, 어떤 자극의 새롭고 복잡한 특징들은 종종 함께 나타난다. 우리 안에 갇힌 동물에게 어떤 새로운 물체를 넣어주면 그 동물이 원숭이이건, 쥐이건 혹은 코뿔소이건, 이 새로운 대상이 어떤 것이든지 조만간 이 대상을 검사하고 조사해 본다. 어느 정도 시간이 지나고 나면 흥미는 줄어든다. "신선함이 닳아 없어진다." 하지만 새로이 제시되는 대상은 신선한 흥미를 불러일으키며, 이전에 익숙해진 대상도 일정 시간이 지난 다음 다시 제시하면 마찬가지로 신선한 흥미를 불러일으킨다.

어떤 동물은 자신의 노동의 대가가 단지 함께 놀 수 있는 새로운 대상이거나 바라볼 수 있는 새로운 광경인데도, 지렛대를 밀거나 덧문을 열거나 하면서 오랫동안 일을 한다. 먹이는 불필요하다. 게다가, 먹이와 새로운 뭔가를 동시에 제시하면, 새로운 것에 대한 탐색이 먹이를 먹는 것에 비해 우선하여 이루어진다—심지어 이 동물이 배고플 때도.

인간, 특히 어린이들도 이와 마찬가지로 행동한다. 모든 엄마들은 아이들이 장면이 바뀌는 것을 보기 좋아한다는 것을 알고 있다. 그리고 라인골드(1963a)가 실험을 통해 보여주었던 것처럼, 생후 4주밖에 되지 않은 어린아이도, 공을 만지는 행동을 했을 때 짧은 시간 동안 영화를 보여주면 반복적으로 이 조그만 공을 만지는 것을 곧 학습하게 된다. 모든 엄마들은 새로운 어떤 것 혹은 새로운 사람이 아이의 시야에 들어오면 이 아이가 먹는 것을 즉각 멈춘다는 것을 또한 알고 있다. 아이에 대한 새로운 것의 영향은 이런 정도이기 때문에 '새 장난감을 가진 아이처

---

[1] 베릴린(Berlyne)의 『갈등, 각성 그리고 호기심』(*Conflict, Arousal and Curiosity*, 1960)의 4장, 5장, 6장에 보면, 동물과 인간의 탐색행동에 대한 경험적 연구들을 개관해 놓았는데 유용하다. 플라벨(Flavell)의 『장 피아제의 발달 심리학』(*The Developmental Psychology of Jean Piaget*, 1963)도 참조하라.

럼'과 같은 구절이 환경의 어떠한 물체에 대한 집중된 몰입을 전형적으로 표현하게 되었다.

탐색행동은 이와 같이 먹기행동이나 성행동의 부속물이 아니다. 그 대신, 탐색행동은 그 자체로 하나의 행동군이다. 탐색행동은 환경에서 정보를 추출해 내는 특별한 기능을 위해 진화된 일련의 행동체계들이 매개하는 행동으로 가장 잘 이해할 수 있다. 여타의 행동체계와 마찬가지로 이 행동체계들도 특정 특성을 가진 자극들에 의해 활성화되며, 특정 속성을 가진 자극들에 의해 종료된다. 탐색행동의 경우 새로움이 이 체계들을 활성화시키고 친숙함이 이 체계들을 종료시킨다. 탐색행동은 새로운 것을 친숙한 것으로 변형시키고 이 과정에서 활성화 자극이 종료 자극으로 전환되는데, 이것이 탐색행동의 특별한 속성이다.

탐색행동의 역설적 특징은 탐색을 발현시키는 거의 동일한 속성들이 또한 놀람과 철회를 일으킨다는 것이다. 이 때문에 어떤 동물은 종종 관심을 가진 상태에서의 접근과 놀란 상태에서의 철회를 반복적으로 혹은 연속적으로 빨리 나타낸다. 대체로 이 둘 사이의 균형은 놀람에서 흥미로 전환된다. 처음에 전적으로 낯선 것은 오직 철회만을 불러일으킨다. 그 다음에, 멀리 떨어져서 이 낯선 것을 살펴보게 된다 — 이 과정은 종종 강렬하며 오래 지속된다. 그런 다음 조만간 그 대상이 가만히 머물러 있고 어떤 놀랄 만한 소리도 발산하지 않거나 보기에도 놀랄 만하지 않으면, 이 대상에게 접근해서 탐색하게 된다 — 처음에는 주의 깊게, 나중에는 자신감에 차서 탐색한다. 대부분의 동물들의 경우 또래와 함께 있을 때 이러한 과정은 상당히 빨라진다. 특히 어린 동물의 경우 엄마와 함께 있으면 이 과정에 가속이 붙는다.

또래와의 놀이 또한 무생물 대상에 대한 놀이와 탐색이 확대되면서 시작되는 것 같다. 원숭이 새끼들에 대해 할로와 할로(1965)가 쓴 내용은 인간의 아이들에게도 아마 동일하게 적용되는 것 같다.

> 대상 탐색과 사회적 탐색을 발현시키는 변인들은 의심의 여지없이 종류가 비슷하다. … 움직이는 물리적 대상은 원숭이에게 상호적 반응성의 기회를 제공하지만, 어떤 움직이는 대상도 영장류의 유아에게 사회적 동료나 동료들과의 접촉을 통해 성취할 수 있는 자극적 피드백의 엄청난 기회를 줄 수는 없다. … 놀이의 단계는 물리적 대상을 매우 복잡하게 사용하는 개별 활동으로서 아마도 시작하는 것 같다. … 이러한 개별적 놀이 유형은 …의심의 여지없이, 추후에 나타나는 다면적이고 복잡한 상호작용적 놀이반응의 선구자이다.

아이의 탐색행동과 놀이는 아이를 엄마에게서 떼어놓음으로써 애착행동의 반대가 된다. 반대로, 엄마의 모성행동은 엄마를 아이에게 다가가게 함으로써 아이의 애착행동에 상호적이다.

모성 양육

인간을 포함한 모든 포유류의 경우 모성행동의 종류는 한 가지 이상이다. 다수의 종들에서 처음에는 돌보기, 집짓기, 되찾기를 서로 구별하는 것이 유용하다. 어린 새끼가 생존하기 위해서 이런 각각의 행동은 필수불가결하지만, 현재의 목적을 위해서는 되찾기가 특별히 흥미를 끈다.

되찾기는 부모의 행동인데, 그 예견되는 결과가 새끼를 집으로 혹은 엄마에게 혹은 둘 다에게 가까이 데려오는 행동은 어떤 것이든지 되찾기로 정의할 수 있다. 설치류와 식육동물은 입을 사용하는 반면, 영장류는 손과 팔을 사용한다. 게다가 대부분의 동물 종들은 특징적인 부르는 소리를 사용하는데—종종 약간 부드럽고 낮은 소리로—이 소리는 애착행동을 발현시켜서 어린 새끼가 부모에게 돌아오게 하는 효과를 가지고 있다.[2]

인간의 경우 되찾기 행동은 '자녀양육', '모성보호', '양육' 등의 많은 항목 아래에 포함되어 있다. 어떤 맥락에서는 더 일반적인 용어인 '모성보호'를 선호하지만, 다른 상황에서는 '되찾기'가 더 낫다. 특히, '되찾기'는 많은 모성행동이 유아와 엄마 사이의 거리를 단축시키고, 유아를 엄마와 신체적으로 가까이 접촉하게 하는 데 관심을 가진다는 사실에 주목하게 한다. 다른 용어들을 사용하면 이러한 중대한 사실을 쉽게 간과할 수 있다.

영장류 어미의 되찾기 행동은 새끼를 팔로 거두어 붙잡는 것이다. 되찾기 행동은 새끼의 애착행동과 그 결과가 비슷하기 때문에 아마도 비슷한 용어들을 사용하면, 가장 잘 이해할 수 있을 것이다—다시 말해서, 되찾기 행동은 다수의 행동체계에 의해 매개되는데, 이 체계들의 예견되는 결과는 유아에 대한 근접성의 유지이다. 이러한 체계를 활성화시키고 종료시키는 조건들에 대해서 연구할 수 있다. 이 체계의 활성화에 영향을 미치는 유기체적 변인들 중에서 어미의 호르몬 수준은 거의 확실하게 일정한 역할을 수행한다. 환경 변인들 중에는 유아의 소재와 행동이 있다. 예를 들어, 새끼가 특정 간격을 초과해서 방황하거나 혹

---

[2] 포유류의 모성행동에 대한 개관을 보려면 라인골드(1963b)를 참조하라.

은 울 때, 어미는 행동을 취할 것이다. 어미가 놀란 상황에 부닥치거나 자기 새끼를 다른 동물들이 데리고 가는 것을 볼 때, 어미는 새끼를 되찾아오기 위해서 즉시 그리고 맹렬하게 노력할 것이다. 새끼가 어미의 품안에 안전하게 있을 때만 이런 유형의 행동은 멈춘다. 다른 경우, 특히 새끼가 어미의 근처에서 어미가 알고 있는 다른 개체들과 만족한 채로 놀고 있을 때, 어미는 상황이 그대로 흘러가도록 내버려둘 수도 있다. 하지만, 새끼를 되찾아 오려는 어미의 성향은 전적으로 휴지상태인 것은 아니다. 새끼가 알리는 즉시 행동을 취할 수 있도록 준비된 상태에서, 어미는 새끼를 계속 감시하며 새끼의 어떤 울음소리에도 마음을 놓지 않는 것 같다.

어미의 되찾기 행동의 예견되는 결과가 아이의 애착행동의 예견되는 결과와 유사하듯이, 되찾기 행동과 애착행동이 각자의 대상 인물을 선택하는 것 또한 유사한 과정을 통해 이루어진다. 유아의 애착행동이 특정 엄마-인물을 그 대상으로 선택하는 것과 동일한 방식으로, 엄마의 되찾기 행동도 특정 유아를 그 대상으로 선택한다. 모든 포유류 종에서, 새끼가 태어난 지 몇 시간 혹은 며칠 안에 어미는 새끼를 인식하게 되며, 일단 새끼를 인식하게 되면 어미는 이 특정 새끼만을 양육하게 된다는 증거가 있다.

하지만, 어미의 되찾기 행동이 새끼의 애착행동과 닮은 세 번째 측면은 되찾기 행동의 생물학적 기능이다. 어미가 새끼에 대한 근접성을 유지하고, 그리고 놀라게 하는 상황에서 새끼를 거두는 것 등은 명백히 보호기능을 수행하는 것이다. 야생에서는 아마도 포식동물로부터의 위험이 그로부터 유아를 보호해야 할 가장 큰 위험일 것이다. 다른 위험한 것들로는 높은 데서 떨어지거나 물에 빠져 익사하는 것이 있다.

인간 이외의 종에서 어미의 되찾기 행동의 가장 기본적인 형태를 볼 수 있지만, 모성 되찾기 행동은 인간의 엄마들에서도 명백히 볼 수 있다. 원시사회에서 엄마는 유아의 곁에 바짝 붙어 있으려 하며 거의 항상 유아를 볼 수 있거나 들을 수 있는 거리에 있으려 한다. 엄마가 놀라거나 유아가 고통을 겪게 되는 상황이 닥치면, 즉각 행동이 발현된다. 훨씬 더 발달한 공동체에서 이러한 광경은 더 복잡해진다. 그 이유는 부분적으로 엄마가 누군가에게 하루의 어느 정도 시간 동안 엄마로서의 자신의 역할을 대신 맡아주도록 부탁하기 때문이다. 심지어 이런 경우에도 대부분의 엄마들은 자신의 아기나 자녀들과 가까이 있으려는 강력한 끌림을 경험한다. 이들이 이러한 끌림에 굴복하는가 아니면 견뎌내는가는 100여 개의 개인적·문화적·경제적 변수에 따라 달라진다.

유아를 돌보는 것에 반대되는 모성행동

엄마가 아이를 돌볼 때 엄마는 또한 돌보는 행동 이외에도 다른 많은 방식으로 항상 행동한다. 이런 다른 방식의 행동들 중의 어떤 행동은 아이를 돌보는 행동과 본래부터 부조화를 이루는 것은 아니지만, 그럼에도 불구하고 아이를 돌보는 행동과 다소간 경쟁적이다. 하지만, 이외의 다른 종류의 행동들은 돌보는 것과 아주 반대되며, 그래서 본래부터 돌보는 것과 부조화를 이룬다.

아이를 돌보는 것과 어느 정도 경쟁관계에 있는 행동들로는 모든 일상적인 가사 일들을 들 수 있다. 하지만, 가사 일의 대부분은 대개 급히 그만 둘 수 있어서 자녀 양육과는 상당히 조화를 이룬다. 다른 활동들의 경우 가사 일에 비해 보류하기가 더 어렵다. 가장 대처하기 어려운 것들로는 다른 가족 구성원들, 특히 남편과 다른 어린 자녀들의 요구를 들 수 있다. 그러므로 엄마는 불가피하게 갈등을 경험하며, 엄마는 아기를 돌보면서 고통을 겪는다.

그럼에도 불구하고 엄마의 시간과 노력을 놓고 아이를 돌보는 활동과 단지 경쟁하는 활동들은 아이를 돌보는 것과 본질적으로 부조화를 이루는 활동들과는 그 속하는 범주가 완전히 다르다. 예를 들어, 엄마는 아이와의 접촉을 싫어하거나 아이가 우는 것을 싫어할 수 있는데, 이 때문에 엄마는 아이에게서 멀어질 수도 있다. 평범한 엄마의 경우, 철회행동이 비록 가끔 일어나긴 하지만 자주 일어나거나 오래 지속되지는 않을 것 같으며, 상황이 요구할 때는 이러한 철회행동은 재빨리 돌보는 행동으로 대체된다. 하지만, 정서적으로 혼란을 겪는 엄마의 경우 철회행동은 양육을 상당히 방해할 수도 있다.

유아의 애착행동이 유아의 탐색행동과 놀이에 의해 상쇄되는 것과 마찬가지로 엄마의 되찾기 행동은 다수의 경쟁적인 활동들과 소수의 부조화를 이루는 활동들에 의해 상쇄된다.

지금까지 아이와 엄마의 여러 행동군 중 일부에 대해 간략히 살펴보았다. 이러한 행동군들은 아이의 애착행동과 함께 엄마-아이 상호작용을 구성하게 된다.

이러한 모든 상호작용에는 가장 강력한 느낌과 감정들이 수반된다는 사실을 염두에 두는 것이 좋다. 이 느낌과 감정은 행복감이거나 혹은 그 정반대이다. 엄마와 아이 사이의 상호작용이 부드럽게 진행되면 각 당사자는 상대와 동행하는 것에 대해, 그리고 특히 상대편이 정서를 표현하는 것에 대해 강렬한 기쁨을 표출한다. 이와 반대로 상호작용의 결과로 갈등이 지속될 때마다, 특히 상대편이 거부할 때, 각 당사자는 때때로 강렬한 불안이나 불행을 표출할 것이다.

7장에서 간략히 살펴본 이론의 측면에서 보면, 이 사실은 엄마와 아이가 행동의 결과를 평가할 때 채택하는 내적 기준은 애착의 발달을 강하게 촉진한다고 말하는 것과 마찬가지가 된다. 근접성과 따뜻한 상호교환에 대해서는 두 당사자 모두 기분 좋은 것으로 평가하고 느끼는 반면, 상대와의 먼 거리와 거부의 표현에 대해서는 두 당사자 모두 동의할 수 없거나 고통스러운 것으로 평가하고 느낀다. 아마 인간의 다른 어떤 행동 결과에서도, 평가기준이 이처럼 시작부터 분명하고 환경에 안정적인 경우는 없을 것이다. 실제로 이 평가기준들은 대체로 아주 안정적이어서 아이가 엄마를 사랑하고 엄마가 아이를 사랑하는 것은 인간 본성에 비추어 본질적인 것으로 당연시된다. 그 결과, 어떤 개인의 발달과정에서 이러한 기준들이 가끔 그렇듯이 정상에 비해 확연히 달라질 때마다 모든 사람들은 이 상황을 병리적이라고 판단하게 된다.

근접성을 유지하는 책임의 변동

모든 고등동물 종들에게 있어 어미와 새끼 사이에 근접성을 유지하는 책임은 유아기와 아동기에 점차 어미에게서 새끼로 이동한다.

인간을 포함한 이 모든 종들의 경우, 맨 처음에 유아의 애착행동은 아예 존재하지 않거나 매우 비효율적이다. 유아는 무언가를 붙들 수 있을 정도로 힘이 세지도 않고 이동능력도 없다. 이동능력이 있다 해도 유아는 부주의하게 멀리 헤매기도 한다. 그 결과로 어미에 대한 근접성을 유지하는 것이 주로 어미 자체의 행동에 의해 성취되는 유아기의 한 단계가 있다. 처음에 어미는 새끼를 끌어안는데, 이것은 인간의 이외의 종들이나 원시적 인간들이나 비슷하다. 좀더 발달한 인간 사회에서는 유아기의 이 단계에서 엄마는 아이를 요람에 눕히거나 요람판[3]에 묶는다. 어떤 경우에나 엄마는 아이에 대한 전적인 책임을 지며 누구에겐가 엄마의 역할을 대신 해주도록 부탁하지 않고서 아이 곁에서 멀리 떠나는 일은 드물 것이다.

다음 단계에서 유아는 이동할 수 있게 된다 — 붉은털원숭이의 경우 생후 1~2주가 지나서, 고릴라의 경우 생후 1~2개월이 지나서, 그리고 인간의 경우 생후 6개월부터. 이 모든 종들의 유아는 엄마-인물에 대한 근접성을 유지하려는 강한 성향을 나타내지만, 이를 실제로 수행할 수 있는 능력은 일관되게 적다. 어미가 한 장소에 머물러 있으면 새끼는 탐색을 시도하려 하는데, 분별력이나 판단력이 많지 않기 때문에 어미가 인정하는 범위를 넘어서 가기도 한다. 어미가 걸어가고 있을 때 어미를 따라갈 수 있는 새끼의 능력은 처량할 정도로 변변치 못하다. 그래서 이 단계에서도 근접성은 새끼의 행동만큼이나 엄마의 행동에 의해서도 유지되며 혹은 엄마의 행동의 역할이 더 클 수도 있다. 인간의 경우 이 단계는 생후 3년째의 끝까지 지속된다. 이 생후 2년 반 동안을 통틀어서 (만 3세가 되기까지 6개월 남음) 애착행동은 비록 강하지만, 일관되게 효율적이지는 않다.

추후 단계에서 균형이 이동한다. 이 단계가 되면 유아의 애착행동은 훨씬 더 효율적이며 언제 근접성이 필요하고 불필요한지에 대한 판단

---

[3] '요람판'은 원문에서 'cradle-board'로 되어 있다. 'cradle-board'는 엄마가 아이를 데리고 이동할 때 등에 짊어지기 위해 사용하는 판이나 틀을 지칭하며 이동식 요람이라 할 수 있다. 흔히, 아이를 담요에 싼 다음 요람판에 안전하게 줄로 묶는다 – 옮긴이.

력이 향상된다. 이때 근접성은 새끼와 어미의 동등한 노력에 의해 유지된다. 실제로 때로 어미는 새끼를 거부하기도 하며 새끼가 더 멀리 떨어져 있도록 격려하기도 한다. 하지만 어미가 위급한 상황을 감지할 때, 어미가 맨 먼저 자신의 새끼를 찾아서 꼭 끌어안는다. 어미와 새끼가 낯선 상황에 함께 있게 될 때마다 어미는 새끼가 부주의하게 호기심을 갖지 않도록 새끼를 계속 주시한다. 인간의 경우 이 전환기는 몇 년 동안 지속되며, 그 기간은 가족이 살고 있는 상황에 따라 달라진다. 예를 들어, 현대 도시사회에서는 아이가 열 살이 되기 전에 집에서 멀리 떨어진 곳에 스스로 가도록 허용하는 경우는 거의 없다.

이 전환기는 알아차릴 수 없게 마지막 단계로 넘어간다. 이 마지막 단계에서 어미는 점차 근접성 유지의 역할을 성장하고 있는 어린 새끼에게 거의 전적으로 맡긴다. 그 이후로는 비상시를 제외하고, 어미는 별로 중요하지 않은 역할만을 담당한다.

3. 애착을 매개하는 행동의 형태들과 이 행동 형태들의 조직화

인간의 애착은 여러 상이한 종류의 행동들에 의해 매개된다. 이 행동들 중 가장 분명한 것들로는 울기와 부르기, 옹알이와 미소짓기, 매달리기, 습관적 빨기,[4] 그리고 이동하기를 들 수 있다. 이 이동하기는 접근하기, 따라가기, 찾기에서 활용된다. 나중에 이러한 각각의 행동은 하나

---

[4] '습관적 빨기'는 원문 'non-nutritional sucking'을 의역한 것이다. 'non-nutritional sucking'은 유아가 엄마의 젖꼭지나 고무젖꼭지를 젖을 먹기 위해 빠는 것이 아니라, 젖을 먹으려는 목적이 아닌 상황에서 빠는 것을 지칭한다 - 옮긴이.

이상의 상위 체계와, 종종 목표수정적 체계들 내부에서 조직화된다.

모든 형태의 애착행동은 공간 속의 어떤 특정 대상, 대개 특별한 애착-인물을 향한다. 이 행동이 이 대상을 지향하기 위해서는 유아가 이 대상에게 방향을 맞추어야만 한다. 유아는 다양한 방식으로 이렇게 방향을 맞춘다. 예를 들어, 생후 6개월이 될 때까지 대부분의 유아들은 이미 엄마와 다른 사람을 구별하며, 엄마의 동작을 시각적으로 그리고 청각적으로 따라가는 데 이미 능숙하다. 유아는 이런 수단을 통해 엄마의 행방에 대해 잘 알고 있기 때문에 어떤 한 형태의 애착행동 혹은 여러 형태의 애착행동들이 활성화되든지, 이 활성화된 하나의 행동 혹은 여러 행동들을 엄마에게 지향할 수 있다. 지향행동은 이렇듯 애착행동에 있어 필수불가결한 것이다(다른 많은 종류의 행동들도 마찬가지로 꼭 필요하다).

애착을 증진시키는 보다 구체적인 행동 형태들은 두 개의 주요한 부류로 묶을 수 있다.

(1) 신호행동: 이 행동의 결과는 엄마를 아이에게 오게 하는 것이다.
(2) 접근행동: 이 행동의 결과는 아이를 엄마에게 오게 하는 것이다.

신호행동

울기, 미소짓기, 옹알이 그리고 이후의 부르기와 특정 몸짓 등은 모두 사회적 신호로 곧바로 분류될 수 있다. 이 모든 행동의 예견되는 결과는 엄마가 아이에게 더욱 가까워지는 것이다. 그렇지만, 각 신호가 발현되는 상황과 각 신호가 모성행동의 상이한 요소들에 대해 미치는 영향은 아주 다르다. 심지어 울기와 같은 신호행동의 단일 형태도 그 종류가 여럿이며, 각각의 종류는 일련의 상이한 조건들에 의해 발현되고, 그 결과도 서로 어느 정도 다르다. 이렇게 면밀히 살펴보면, 애착행동의 서로 다른 신호요소들은 상호 교환될 수 있는 것들이 아니며, 오히려 각각의 신호요소들은 서로 독자적이며 상호 보완적이다.

울기는 여러 다양한 조건들에 의해 발현되며, 여러 형태 중에서 하나의 형태를 취하게 된다.[5] 예를 들어, 배가 고파서 우는 것과 아파서 우는 것 등이 있다. 배가 고파서 우는 것은 느린 속도로 점차 강해진다. 이런 울음소리를 들어보면, 처음에는 강하지 않고 리듬도 불규칙적이지만, 시간이 지나면서 소리가 강해지고 리듬도 규칙적이게 되며, 숨을 내쉬면서 내는 우는 소리와 숨을 들이키면서 내는 휘파람 소리가 교대로 나타난다. 이와 대조적으로 아파서 우는 소리는 첫 시작부터 소리가 크다. 첫 울음소리는 갑자기 터져 나오며 소리가 길고 크다. 첫 소리 다음에는 완전한 침묵이 오랫동안 지속되는데, 그 이유는 일시적 호흡정지 때문이다. 이 단계가 끝나고 나면, 짧게 헐떡거리며 들이마시는 숨과 기침하며 내쉬는 숨이 교대로 나타난다.

이 두 종류의 울음은 엄마의 행동에 영향을 미칠 것인데, 서로 다른 방식으로 영향을 미칠 것이다. 아파서 우는 소리는 엄마를 서둘러 아이에게 오게 하는 모든 자극들 중에서 가장 강력한 것들 중의 하나라는 것을 울프가 발견했다. 하지만, 처음에 약하게 시작하는 울음에 대한 엄마의 반응은 좀더 여유 있는 것일 가능성이 있다. 엄마는 어떤 경우에는

---

[5] 필자는 14가정의 아이들의 울음에 대한 울프(Wolff)의 자연사적 연구와 필자의 동료인 앤서니 앰브로즈(Anthony Ambrose) 박사와의 사적 의견교환에서 이에 대한 정보를 얻었다.

아이를 위해 비상행동을 취할 준비가 되어 있고, 다른 경우에는 아이를 흔들어 주거나 음식을 줄 준비가 되어 있다.

미소짓기와 옹알이는 울기가 발생하는 상황과는 전혀 다른 상황에서 발생하며, 그 효과도 전혀 다르다.[6]

태어나서부터 효과를 발휘하는 울기와 달리, 미소짓기와 옹알이는 생후 4주가 지나기 전까지는 엄마의 행동에 큰 영향을 미치지 못한다. 또한 미소짓기와 옹알이는 울음과 달리, 아이가 깨어서 만족한 상태에서, 다시 말해서 배가 고프거나, 외롭거나, 혹은 고통스럽지 않을 때 발현된다. 마지막으로, 울기는 엄마로 하여금 아이를 보호하고, 먹이고, 혹은 위안시켜 주도록 하는 반면, 미소짓기와 옹알이는 전혀 다른 종류의 행동을 발현시킨다. 아이가 미소를 짓고 옹알이를 할 때, 엄마는 아이에게 미소를 지어주고, '말을 건네고', 두드려주고 쓰다듬어 주며, 때로는 들어 올려주기도 한다. 이런 모든 경우에 각 상대는 상대와 함께 있는 데서 기쁨을 표현하는 것처럼 보이며 그 결과로 이들의 사회적 상호작용은 확실히 연장된다. 모성행동의 이러한 아주 중요한 요소를 묘사하는 용어를 찾기란 쉬운 일이 아니다. 아마도 '모성 사랑 행동'(maternal loving behavior)이 적절할 것이다.

유아의 미소는 엄마의 행동에 즉각적인 영향을 미칠 뿐만 아니라, 아마 장기적인 영향도 미칠 것이다. 앰브로즈(Ambrose, 1960)는, 엄마가 아이의 최초의 사회적 미소를 목격할 때, 이 미소가 엄마에게 미치는 충격적 효과와, 이 효과 때문에 어떻게 엄마가 그 이후로 아이에게 더 많은 반응을 보이는지에 대해 묘사한다. 엄마가 아이 때문에 지치고 짜증

---

[6] 미소짓기와 옹알이의 초기 발달에 대해서는 울프(1963)를 보라. 모성행동에 대한 미소짓기의 효과에 대해서는 앰브로즈(1960)를 보라.

이 날 때 아이의 미소는 엄마의 무장을 해제한다. 엄마가 아이에게 음식을 주거나 다른 방식으로 아이를 돌볼 때, 아이의 미소는 엄마에게 보상이자 격려가 된다. 엄격하게 과학적인 용어로 정리하자면, 어떤 아이의 미소는 이 아이의 엄마가 이후에 이 아이의 신호에 즉각적으로 그리고 이 아이의 생존을 조력하는 방식으로 반응할 가능성이 증가되도록 엄마에게 영향을 미친다. 아이가 만족한 상태에서 옹알이 하는 것을 듣는 것도 아마 동일한 장기적 효과가 있을 것이다.

처음에는 울기, 미소짓기, 옹알이 중 그 어떤 것도 목표수정적이지 않다. 그 대신, 어떤 신호가 발현되고, 이 신호에 대해 상대방은 반응을 보이거나 혹은 반응을 보이지 않는다. 상대방이 울기와 미소짓기에 대해 반응을 보이면 울기와 미소짓기는 보통 멈춘다. 그래서 잘 알려진 바와 같이, 아이가 우는 것을 멈추게 하는 좋은 방법은 아이를 들어 올려서 흔들어 주거나 혹은 말을 건네는 것이다. 이보다는 덜 알려져 있지만, 아이를 들어 올리면 이 아이는 미소짓는 것도 멈춘다(Ambrose, 1960).

옹알이는 약간 다른 계열로 조직화되어 있다. 아이의 옹알이는 대개 엄마의 옹알이를 발현시켜서 다소간 긴 상호작용이 일어난다. 그렇지만, 마찬가지로, 아이를 들어 올리면 옹알이도 멈춘다.

신호에 대한 반응이 없을 때 그에 따른 행동은 다양하다. 어떤 경우에, 예를 들어 울기의 경우, 이 울기 신호는 오랫동안 계속 진행되기도 한다. 다른 경우에 어떤 신호는 멈추거나 다른 신호로 대체되기도 한다. 예를 들어 미소짓기에 대해 반응이 없을 때 미소짓기는 무한정 지속되지는 않으며, 울기로 대체되는 경우도 드물지 않다. 이와 비슷하게, 약간 성장한 아이들은 처음에는 엄마를 부르다가, 엄마가 응답하지 않으면 울기도 한다.

지금까지 살펴보았던 신호들과는 종류가 판이하게 다르면서 상당히 흥미로운 신호로는 팔을 들어 올리는 몸짓이 있다. 이 몸짓은 엄마가 요람 근처에 모습을 보일 때, 생후 6개월 무렵[7]의 아이들에게서 볼 수 있다. 기어 다니거나 아장아장 걷는 아이가 엄마에게 다가가거나 엄마가 이 아이에게 다가올 때 이런 몸짓을 볼 수 있다. 엄마는 이 몸짓을 들어 올려주기를 원하는 것으로 해석하며, 보통 해석한 대로 아이에게 반응한다.

팔을 들어 올린 인간의 몸짓은 형태상으로 어미의 옆구리를 붙잡기 위해 팔을 뻗는 원숭이의 동작과 놀랄 만큼 유사하다. 이 동작은 인간 이외의 영장류 새끼들에서 엄마에게 매달리는 순차적 행동의 일부로서 나타난다. 그러므로 인간 유아의 팔을 들어 올린 몸짓은 어떤 신호기능을 수행하도록 의례화된 것이고, 형태는 다르지만 근원은 동일한 동작일 가능성도 적지 않다.

신호행동의 한 형태인 것으로 가장 잘 이해할 수 있지만, 시작부터 목표수정적인 행동 형태는 엄마의 관심을 끌고 유지하려는 행동이다. 셜리(Shirley, 1933)가 연구한 23명의 유아들 중에 이런 형태의 행동을 최초로 보인 아이는 생후 23주 된 아이였고, 2주 후에 이 아이들 중 절반이 이 행동을 나타냈다.

아이들은 생후 8개월 무렵부터 계속 부모의 관심을 끌려고 하며 이 관심을 얻을 때까지 만족하지 못하는데, 아이들의 이러한 열심은 잘 알려져 있으며 이런 열심 때문에 때로 상당히 짜증을 내기도 한다. 실제로 이 행동 형태는, 다른 많은 애착행동과 마찬가지로, 성가시고 가능한 한

---

7 아이에게서 이 반응이 처음 나타나는 것은 이르면 생후 14주, 늦어도 생후 37주이다 (Shirley, 1933).

빨리 치유되어야 할 어린아이의 특징으로 간주된다. 하지만, 이 행동을 일단 애착행동의 통합된 일부로 간주하게 되면, 이 행동에 대해 이해할 수 있게 되면서 좀더 공감적으로 바라볼 수 있게 된다. 인간의 진화적응 환경에서 3~4세 아이를 둔 엄마는 아이가 정확히 어디에 있고 무엇을 하고 있는지 알고 있어서, 위험이 닥치면 개입할 준비가 되어 있어야 한다는 것은 명백히 중요하다. 아이가 자신의 행방과 활동에 대해 엄마에게 계속 알리고 엄마가 '소식을 받았다'는 신호를 보낼 때까지 아이가 계속 이렇게 하는 것은 그러므로 적응적이다.

접근행동

아이를 엄마에게 가도록 하거나 아이를 엄마와 함께 있게 하는 행동 중에 가장 잘 알려진 예로 두 가지를 들 수 있다. 첫 번째는 접근행동 자체인데, 이 행동에는 찾기와 따라가기가 포함되어 있으며, 이 두 가지 모두, 활용할 수 있는 어떤 이동수단이든지 사용한다. 두 번째는 매달리기이다. 세 번째로는 쉽게 인정되지는 않지만, 습관적 빨기 혹은 젖꼭지 붙잡기가 있다.

엄마에게 접근하고 엄마를 따라가는 것은 인간의 아이가 이동성을 갖추자마자 대개 분명히 나타난다. 그리고 곧, 보통 생후 첫해의 마지막 4분기에, 이 행동은 목표수정적 기초 위에서 조직화된다. 이것은, 엄마가 위치를 바꾸면 아이 자신의 동작도 그에 따라 방향을 바꾼다는 것을 의미한다. 게다가 일단 아이의 인지기관들이 눈앞에 없는 대상을 인식하고 이 대상을 찾기 시작할 수 있는 상황이 되면, 아이가 엄마를 보거나 엄마의 소리를 들을 때 엄마에게 접근하거나 따라갈 것이라고 예상할 수 있을 뿐만 아니라, 엄마가 없을 때는 친숙한 장소에서 엄마를 찾을 것이라고 예상할 수 있게 된다. 피아제(1936)가 주장하듯이 이 단계는 생후 9개월 무렵에 시작한다.

엄마에 대한 근접성이라는 설정목표를 달성하기 위해서, 아이는 자신이 활용할 수 있는 모든 이동기술을 이용하려 할 것이다. 아이는 기어다니고, 발을 질질 끌며 걷고, 서서 걷고, 혹은 달린다. 예를 들어 안정제 때문에[8] 아이의 이동수단에 상당한 결함이 있을 때, 아이는 몸을 굴려서라도 여전히 목적을 달성하려 한다(Décarie, 1969). 이러한 관찰 내용으로 볼 때 이 행동은 목표수정적일 뿐만 아니라, 계획의 측면에서 조직화되어 있다. 전반적 목표는 일정하지만, 목표를 획득하는 기술들은 융통성이 있다.

비록 인간 유아는 인간의 사촌인 원숭이 유아들에 비해 매달리는 데 서툴지만 매달릴 수 있는 능력을 가지고 태어난다. 생후 4주가 될 때까지 인간 유아의 매달리는 능력은 점차 향상된다. 생후 30일이 되면 유아는 막대에 손으로 매달려서 30초 동안 지탱할 수 있다는 것을 맥그로(McGraw, 1943)는 발견했다. 이 시기 이후에, 부분적으로 비록 사용하지 않아서 그렇게 된 것이긴 하지만, 서구 사회에서 유아의 이런 능력은 감퇴한다. 생후 18개월이 지나면, 비록 더욱 정교하게 조직화되지만, 이 능력은 다시 향상된다.

생후 초기와 그 이후에 아이에게 매달리기를 발현시키는 조건들에는 예를 들어 엄마의 무릎 위에서 옷이 벗겨지는 것과 같이 나체가 되는 것

---

[8] '안정제'는 원문에서 'thalidomide'인데 안정제로 쓰이는 약물이다. 이 약물은 임신 중에 복용하면 태아에게 기형을 유발할 수 있는 것으로 알려져 있다. 이렇게 태어난 기형아를 'thalidomide baby'라고 한다 – 옮긴이.

그리고 예를 들어, 엄마가 뛰거나 비틀거릴 때와 같이 '중력'의 변화를 경험하는 것 등이다.[9] 나중에 아이는 꼭 매달리는데, 아이가 놀랐을 때 특히 그렇다. 예를 들어, 생후 9개월이 되었을 때, 낯선 사람의 팔에 안긴 아이는, 이 낯선 사람이 자신을 낯선 상황에 내려놓으려 하면 아주 꼭 매달리는데, 이 낯선 사람이 이 아이를 '떼 놓으려면' 상당한 노력을 기울여야만 한다(Rheingold, 사적 의견 교환).

한때, 인간 유아의 매달리기는 인간들이 나무에 살았던 시절의 유물인 것으로 치부되었지만, 사실 인간의 매달리기는 모든 원숭이와 유인원들에게서 발견되는 유아 매달리기가 인간에 맞게 각색된 것이고, 효율성은 떨어지지만 동일한 기능을 수행한다는 것은 의심의 여지가 없다. 조직화의 측면에서 매달리기는 처음에는 상당히 간단한 반사반응인 것 같다. 어느 정도 시간이 지나서만 매달리기는 목표수정적이 된다.

빨기를 대개 단순히 음식을 섭취하는 수단으로만 여기는데, 빨기에는 그 이외의 기능이 있다. 모든 영장류의 유아들은, 인간이나 인간 이외의 영장류와 마찬가지로, 젖꼭지나 젖꼭지와 비슷한 대상을 붙잡거나 빠는 데 상당히 많은 시간을 보낸다. 그렇다고 이들이 이 시간의 대부분을 음식을 먹으며 보내는 것은 아니다. 인간의 아기들의 경우 손가락이나 고무젖꼭지를 빠는 것은 아주 흔한 일이다. 어미 없이 자란 원숭이들의 경우에도 이 현상은 보편적이다. 하지만, 원숭이 새끼들이 어미와 함께 자랄 때, 이들이 빨거나 붙잡는 것은 어미의 젖꼭지이다. 그래서 자연 조건에서 습관적 빨기와 젖꼭지 붙잡기의 주된 결과로서 새끼와 어미는 서로 가까이 접촉을 유지하게 된다. 이에 대해 힌디, 로웰, 스펜서부스

---

[9] 나체가 되는 것이 행동을 발현시키는 속성에 대해 필자가 관심을 갖게 된 것은 필자의 딸, 메리(Mary) 덕분이다.

(Hinde, Rowell, & Spencer-Booth, 1964)가 강조하고 있다. 이들은 다음과 같이 지적한다. 곧, 붉은털원숭이 새끼가 달리거나 기어오르는 어미에게 매달릴 때, 이 새끼는 대개 두 손과 두 발 뿐만 아니라 입도 사용한다는 것이다. 이 입으로 하나 혹은 심지어 두 개의 젖꼭지를 붙잡는다—사실 5개의 지점을 붙잡는 것이다. 이러한 상황에서 젖꼭지 붙잡기는 매달리기와 동일한 기능을 달성한다.

이러한 관찰결과로 볼 때, 영장류에서 젖꼭지 붙잡기와 빨기는 두 개의 서로 분리된 기능, 곧, 첫째는 영양섭취, 둘째는 애착의 기능을 수행한다는 것은 명백하다. 이 두 기능의 각각은 그 자체로도 중요하지만, 영양섭취가 어떤 면에서 일차적으로 중요하고 애착은 이차적이라고 생각하는 것은 오류일 것이다. 실제로 영양섭취 목적의 빨기가 아닌 습관적 빨기에 훨씬 더 많은 시간이 소비된다.

빨기의 서로 다른 두 가지 기능을 볼 때, 이 행동의 두 가지 형태에 사용되는 동작들이 서로 다르다는 것은 놀랄 만한 일이 아니다. 습관적 빨기의 동작들이 영양섭취를 목적으로 하는 빨기의 동작들에 비해 더 약한데, 로웰(1965)이 이 점에 대해 관심을 기울였다. 로웰이 길렀던 개코원숭이 새끼의 경우, 실제로 이 두 형태의 빨기는 특히 쉽게 구별되는데, 영양섭취 목적의 빨기는 항상 젖병이 그 대상이 되는 반면 애착성 빨기는 고무젖꼭지가 그 대상이 되기 때문이다. 배가 고플 때, 이 새끼원숭이는 항상 젖병을 빨았지만, 놀랐을 때는 항상 고무젖꼭지를 빨았다. "음식 제공자는 안전 제공자로서의 가치가 거의 없다." 물론, 그 반대도 마찬가지이다. 새끼가 놀랐을 때 이 고무젖꼭지를 빨자마자 이 새끼는 곧바로 긴장을 풀고 만족한 상태가 되었다.

이상의 발견 내용으로부터 인간의 아기가 습관적 빨기에 소비하는 시간을 설명할 수 있게 된다. 원시 공동체에서 아기의 습관적 빨기의 대상은 대개 이 아기의 엄마의 젖가슴이다. 다른 공동체들에서 이 습관적 빨기의 대상은 젖꼭지의 대체물, 곧 손가락이나 고무젖꼭지이다. 하지만, 그 대상이 어떤 것이든, 습관적 빨기를 할 수 있는 아이는 그럴 수 없는 아이에 비해 더 만족하고 여유를 누릴 것 같다. 이러한 두 가지 발견은 인간 유아의 습관적 빨기가 영양섭취를 목적으로 하는 빨기와는 구분되는 그 자체로 별개의 활동이며, 습관적 빨기는 인간의 진화적응환경에서 애착행동의 통합적 일부이고, 습관적 빨기의 예견되는 결과 중의 하나는 엄마에 대한 근접성이라는 결론과 일치하는 것이다.

이로써 엄마-인물에 대한 애착을 매개하는 주요 행동 형태의 몇몇에 대한 개략적 고찰을 마치고자 한다. 다음 장에서, 개체발생을 다루면서, 이 형태들과 다른 형태들에 대해 더욱 자세하게 논의할 것이다.

애착행동의 강도

애착을 매개할 수 있는 행동의 형태와 순차적 행동들의 그 수가 많기 때문에 강도에 대한 단순한 척도는 존재하지 않는다. 그 대신, 애착을 매개하는 각 행동 형태는 강도가 변화할 수 있으며, 전반적 강도가 상승하면서 더 많고 상이한 행동 형태들이 발현될 수도 있다. 이렇게 해서 애착의 전반적 강도가 낮을 때 보통 발현되는 행동 형태로는 미소짓기, 여유 있는 이동, 관찰하기, 만지기가 있다. 애착 강도가 높을 때 발현될 가능성이 높은 행동 형태로는 빠른 이동과 매달리기가 있다. 울기는 애착 강도가 높을 때 항상 존재하며, 때로는 애착 강도가 낮을 때도 존재한다.

애착을 매개하는 행동체계들의 조직화

5장의 일부에서 행동체계들이 조직화되는 서로 다른 방식들의 밑바탕에 깔린 몇 가지 원칙들에 대해 설명한 바 있다. 기본적인 구분방법 중의 하나는 목표수정적 행동체계와 비목표수정적 행동체계로 구분하는 것이다. 이 두 종류는 진화적응환경에서 활성화되면 보통 특정 예견되는 결과를 달성하게 되는데, 서로 명백히 구별되는 방식으로 달성하게 된다. 목표수정적 체계의 경우 활성화 뒤에 예견되는 결과가 뒤따른다. 왜냐하면, 이 체계는 설정목표와 수행 사이의 차이를 지속적으로 고려하도록 구조화되어 있기 때문이다. 매가 먹이를 덮치는 것이 그 예이다. 다른 체계들의 경우 설정목표가 없으며 따라서 어떤 차이를 계산하지도 않는다. 그 대신, 예견되는 결과는 단순히 특정 행위가 특정 순서로 특정 상황에서 수행된 결과일 뿐이다. 이런 유형의 체계의 예로 거위가 알 굴리는 행동을 통해 알을 둥지로 되가져오는 것을 들 수 있다.

애착을 매개하는 체계들의 경우, 어떤 체계는 목표수정적 체계로, 또 어떤 체계는 좀더 단순한 계열로 조직화되어 있다. 최초로 발달하는 체계들은 목표수정적인 것은 분명히 아니지만, 이후의 유아기에, 특히 첫 번째 생일이 지나고 나서는 목표수정적 체계들이 점진적으로 그리고 궁극적으로 지배적인 역할을 수행하게 된다.

예견되는 결과가 엄마에 대한 근접성이지만, 목표수정적이지 않은 행동체계의 두 가지 예를 고려해 보자. 생후 4개월 정도 된 아이가 엄마와 잠시 헤어진 후에 엄마를 다시 보게 되면, 이 아이는 미소를 지을 것이다. 이에 대한 반응으로 엄마는 아이에게 더 가까이 다가가서 미소를 짓고 말을 건네며, 그리고 아마도 아이를 쓰다듬어 주거나 들어 올릴 것이다. 이렇게 해서 아이의 미소짓기의 예견되는 결과는 엄마와 더 가까워지는 것이다. 하지만, 이 결과를 달성하는 과정에서 엄마가 다가오는 것이 보이느냐 보이지 않느냐에 따라 미소가 규칙적으로 변화하는 경향이 있는 것 같지는 않다. 그 대신, 이 연령대에서 아이의 미소는 주로 엄마의 얼굴을(얼굴의 측면이 아닌 전면) 보는 데서 발현되는 고정행동양식이며, 사회적 상호작용에 의해 증대되고, 아이를 들어 올릴 때 종료되는 것 같다.

활성화된 결과가 보통 근접성이지만, 목표수정적이지 않은 행동체계의 두 번째 예로는 울기를 들 수 있다. 진화적응환경에서, 다시 말해서 반응을 보이는 엄마가 들을 수 있는 범위 내에서, 어린아이가 울 때, 예견되는 결과는 엄마가 아이에게 가는 것이다. 하지만, 생후 초기 몇 개월 동안에는 목표수정적 체계에서 그러는 것처럼 엄마가 멀리 있는지 가까이 있는지, 혹은 오는지 가는지에 따라 울음이 달라지는 경향은 없는 것 같다.

생후 약 8개월이 지나고 나면, 특히 생후 1년이 지나고 나면 더욱 그러한데, 애착을 매개하는 더욱 정교한 체계들의 존재가 점차 분명해 진다. 아이는 엄마를 면밀히 주시하면서 엄마가 곁에 있으면 만족하고 놀지만, 엄마가 움직이려고 할 때마다 엄마를 따라가려고 고집을 부리는 경우도 드물지 않다. 이런 경우에 아이의 행동은 다음과 같이 가정함으로써 이해할 수 있다. 곧, 아이의 행동은 어떤 체계의 지배를 받는데, 이 체계는 엄마를 볼 수 있고 만질 수 있는 한 비활성화 상태를 유지하지만, 이러한 상황들이 바뀌면 활성화되는 경향이 있다. 일단 이 체계가 활성화되면, 아이가 다시 엄마를 보고 만질 수 있게 될 때까지 아이는 적절하게 목표를 수정해 가면서 접근행동을 계속한다. 아이가 엄마를 다시 보고 만질 수 있게 되면 이 체계는 종료된다.

애착을 매개하는 목표수정적 행동의 다른 유형으로는 부르기가 있다. 생후 두 번째 해의 어떤 시기에 아이는 엄마를 보통 새로운 방식으로 부르기 시작한다. 이때 아이가 추정하는 엄마의 행방과 엄마의 현재 움직임에 따라 부르는 방식이 변화한다. 아이가 추정하기에 엄마가 멀리 있거나 자신을 떠나고 있으면 부르는 횟수는 증가하고, 엄마가 가까이 있고 자신에게 다가오고 있으면 부르는 횟수는 감소한다.

이동이나 부르기와 같이 목표수정적 연쇄행동 후에는 종종 팔 올리기 몸짓이나 손 붙잡기와 같은 애착행동의 다른 형태들이 연속된다. 후자의 행동 형태들의 예견되는 결과는 아이와 엄마 사이에 신체적 접촉이 뒤따른다는 것이다. 이런 경우에 이렇게 연속되는 행동들은 연쇄적으로 조직화되어 있는 것 같다. 아이와 엄마 사이의 간격이 특정 범위 이내로 좁혀질 때만 후자의 유형의 동작이 발현된다.

4. 상이한 상황들에서 두 살 난 아이의 전형적인 행동

애착을 매개하는 특정 행동 형태와, 이 행동 형태들이 상이한 연령과 상이한 상황에서 조직화되고 나타나는 특정 조합방식은, 거의 무한할 정도로 다양하다. 하지만, 특정 연령, 예를 들어 생후 15개월이 지나고 나면, 이러한 특정 행동 형태와 특정 행동 조합은 상당히 빈번하게 발생하는 경향이 있으며, 이들 중의 어떤 것은 아이가 몇몇 상황 중의 하나에 있게 될 때, 전형적으로 발생하는 경향이 있다. 이러한 상황들을 정의하는 주요한 방법은 엄마의 행방과 움직임을 고려하는 것이다. 다른 방법은 아이가 처한 상황이 친숙한가 아니면 낯선가를 고려하는 것이다.

이하에서는 몇몇 흔한 상황에서 전형적인 행동을 설명하려고 시도할 것이다. 행동에 영향을 미치는 많은 변인들과 상이한 아이들 간의 커다란 차이, 신중하게 수행된 연구의 부족 등을 고려할 때, 단지 개략적인 소개만이 가능하다.

엄마가 곁에 움직이지 않고 머물러 있을 때의 행동

종종 한두 살 된 아이는 친숙한 환경에서 30분 혹은 그 이상 동안 움직이지 않고 가만히 있는 엄마를 기지로 사용해서 만족한 상태로 놀거나 탐색을 한다. 이런 상황에서 근접성을 유지하기 위해 아이는 엄마를 향해 있거나, 엄마의 행방을 염두에 두거나, 이동능력을 사용한다. 매달리기, 빨기, 울기 등의 행동은 모두 보이지 않는다. 서로 쳐다보거나 가끔 서로에게 미소를 짓거나 서로를 만짐으로써 각각은 상대방이 자신의 행방을 알고 있다고 확신하게 된다.

앤더슨(Anderson, 1972)은 공원의 외딴 곳에서 어린아이가 엄마와 함께 있는 동안 어떻게 행동하는지에 대해 관찰한 내용을 보고한다. 앤더슨은 아이의 나이가 생후 15개월에서 2년 반 사이로 추정되고 엄마가 조용히 앉아서 이 아이를 아주 친숙한 것처럼 보이는 환경에서 뛰어 놀게 하는 경우들을 선정한 다음, 15분 동안 각 아이들의 엄마에 대한 상대적인 동작들을 주시했다. 관찰대상인 35명의 아이들 중에서 24명이 엄마로부터 60미터 이내에 계속 머물러 있었다. 그러면서 이 아이들은, 아이를 가까이 있도록 하기 위해 엄마가 어떤 행동도 취하지 않은 상태에서, 엄마로부터 멀리 갔다가 다시 되돌아오곤 했다. 앤더슨은 엄마의 즉각적 통제에서 벗어날 정도로 멀리 가면서도 엄마에 대한 지향성을 유지하는 아이들의 능력에 대해 논평한다. 나머지 11명의 아이들 중에 8명은 그네나 그와 유사한 흥밋거리에 매력을 느끼고 60미터 이상으로 뛰쳐나갔는데, 8명 모두 엄마가 아이를 보호하기 위해 아이를 따라갔다. 단지 3명의 아이들은 너무 멀리서 헤매거나 엄마의 시야에서 벗어나 있었기 때문에 엄마가 이들을 다시 데리고 와야 했다.

전형적으로, 엄마를 지향하고 있는 아이들은 중간 중간 계속 멈추면서 조금씩 움직였는데, 엄마로부터 똑바로 멀리 가거나 엄마에게 똑바로 되돌아오거나 했다. 엄마에게 되돌아올 때, 아이는 엄마에게서 멀어질 때 보다 더 멀리 그리고 더 빨리 뛰었다. 엄마 근처에서는 자주 멈추지는 않았지만 멈추어 있는 시간은 비교적 길었다. 엄마에게서 멀리 떨어져 있을 때는 멈추는 횟수는 더 많았지만 멈추어 있는 시간은 훨씬 짧았다.

앤더슨은 밖으로 뛰쳐나가는 것이나 엄마에게 되돌아오는 것과, 진행 중인 사건들 사이에 어떤 연관성이 있는 경우는 아주 가끔이라고 강조한다. "아이는 엄마로부터 떨어져서 자신의 두 발로 서보겠다는 열망 이외에 어떤 분명한 동기도 가지지 않고서 자유로이 꿈틀거리며 몇 발짝을 내딛는다. 거기서 이 아이는 다음 행보를 시작할 때까지 서 있다." 종종 심지어 엄마를 흘낏 한 번 쳐다보지도 않고서 아이는 엄마에게 되돌아오기 시작한다. 7명의 아이들에게서 엄마에게 되돌아오는 행동이 49회 나타났는데, 그 중에서 오직 2회만이 엄마와 관련 있는 어떤 것에 의해 발현된 것 같았다. 두 경우 모두 엄마는 친구를 만나게 되었다.

돌아오는 동작은 엄마와의 거리가 대략 1~2미터 정도 될 때, 혹은 엄마와 접촉할 때 멈출 수 있다. 이 아이들 중 약 4분의 1 정도는 엄마의 무릎에 올라가거나 무릎에 기대거나 혹은 엄마의 손을 잡아끌면서 엄마와 접촉했다. 이와 비슷한 비율의 아이들은 엄마에게 가까이 왔지만 엄마와 실제로 접촉하지는 않았다. 절반 정도의 아이들은 멀리서 멈췄다.

서로 가까이 있을 때를 제외하고는 아이나 엄마나 서로 음성을 사용해서 의사소통을 하지는 않았다. 엄마와 더 멀리 떨어져 있을 때 아이는 약간 소리를 내긴 했지만, 단지 혼잣말이었다. 엄마들도 아이를 불러서 데려오려는 노력은 거의 하지 않았으며, 설사 그런 노력을 한다 해도 아주 드문 경우를 제외하고는 아무 소용이 없었다.

비록 앤더슨이 이에 대해 체계적으로 보고하고 있지는 않지만, 우리는 다른 출처들을 통해 다음과 같은 사실을 알고 있다. 곧, 움직이지 않고 가만히 있는 엄마 곁에서 아이들이 놀 때, 이들은 종종 엄마의 관심을 끌려 하며, 엄마의 관심을 끌게 될 때까지 만족하지 않는다는 것이다. 가족 내의 상황에서 생후 13개월 된 아이들이 엄마와 상호작용하는 방법에 대해 기술하면서, 아펠과 데이비드(Appell & David, 1965)는 한 쌍의 엄마와 아이에 대해 묘사하고 있는데, 이들은 서로 비교적 드물게 접촉하며, 이들 사이의 상호작용의 상당 부분은 서로 쳐다보는 것이었다. 이 엄마가 아이를 바라보는 방식과 아이에게 가지고 놀 수 있는 것들을 많이 주는 방식 등을 기록한 다음, 이들은 다음과 같이 쓰고 있다.

밥(Bob)은 스스로 엄마를 많이 바라본다…. 밥은 엄마가 자기를 바라보기를 원하며, 엄마가 자신의 일에 몰두해 있을 때 그것을 견디지 못한다. … 밥은 이럴 때 엄마가 자기를 두고 다른 곳으로 갈 때처럼 푸념하고 좌절감을 느끼게 된다….

이 쌍과는 대조적으로 아펠과 데이비드는 신체적으로, 그리고 시각적으로 상호작용하는 다른 쌍들을 발견했다.

엄마가 곁에서 움직일 때의 행동

아이가 목표수정적 이동을 통해 움직이는 인물에 대한 근접성을 유지할 수 있게 되는 시기가 아이의 일생에 찾아온다. 이 시기는 아마도 아이가 만 3세가 될 무렵이며, 그래서 흔히 생각하는 것보다 상당히 늦다. 비록 생후 2년 반이 된 아이는 엄마가 움직이지 않고 가만히 있을 때 엄마 곁을 떠나 오랫동안 방향성을 유지하고서 외부를 탐색할 수 있지만, 일단 엄마가 자리에서 일어나 움직이면 아이는 이상하게도 무능해진다. 아동발달의 이런 사실에 대해 아는 사람은 거의 없으며, 이런 사실을 모르기 때문에 많은 부모들이 화를 낸다. 세부적인 정보를 얻기 위해 우리는 다시 한 번 앤더슨의 관찰 내용을 살펴보고자 한다.

대체로, 앤더슨이 관찰했던 두 살 난 아이를 둔 엄마들이 외출 끝 무렵에 자리에서 일어날 때, 엄마들은 아이에게 신호를 보낸다. 유모차가 있으면 아이는 유모차에 기꺼이 올라탄다. 하지만 아이가 걸어가는 것을 엄마가 선호하면, 엄마가 매우 천천히 걸으면서 아이의 손을 잡아 주지 않으면 곧바로 어려움이 닥친다. 자주 엄마는 인내심을 잃고 팔을 잡고 아이를 들어 올리거나 질질 끌고 간다고 앤더슨은 보고 한다.

만약 엄마가 아이에게 신호를 보내지 않은 채 뭔가를 가져오기 위해 갑자기 일어서면, 아이는 대부분 자신이 서 있던 곳에 그대로 붙박여 있을 것이다. 이때 아이가 자신과 함께 가기를 원하면, 엄마는 상당한 인내심을 갖고 있어야 하고 아이를 격려해 주어야 한다. 그렇지 않으면 아이는 꼼짝 못하고 가만히 있을 것이다.

앤더슨은 위와 동일한 연령대의 아동 12명을 추가로 관찰했다. 이 아이들은 유모차를 타지 않고 있었고 이 아이들의 엄마들은 공원에서 걷고 있었는데, 앤더슨의 관찰 내용은 이 아이들의 따라가기 행동이 상당히 비효율적임을 확인시켜 주었다. 아이들은 종종 엄마와 상당히 떨어진 지점에서 반복해서 멈추었기 때문에, 약 5분에서 8분 정도 걸리는 길 위에서 모든 엄마들은 걷기보다는 아이들을 기다리는 데 더 많은 시간을 소비했다. 이 아이들 중 8명은 길을 벗어나서 헤매었고 엄마가 이들을 데리고 와야 했다. 잠깐 동안의 이 관찰이 끝날 무렵에는 이 아이들 중의 절반이나 엄마가 함께 데리고 가고 있었다. 이들 중 세 명은 아이가 먼저 원해서, 다른 세 명은 엄마가 먼저 원해서, 엄마가 아이를 데리고 가고 있었다.

앤더슨의 증거는 다음을 강하게 시사한다. 곧, 만 3세 미만의 아이들은, 어떤 사람이 움직일 때 이 사람에 대한 근접성을 유지하게 하는, 효율적인 목표수정적 체계를 갖추고 있지 않으며, 그리고 이 연령대까지는 엄마가 아이를 데리고 이동하는 것이 인간에게 적합한 방식이라는 것이다. 이 연령대의 아이들은 데려다 주겠다는 제안을 재빨리 받아들이고, 누가 자기를 데려다 주겠다고 했을 때 만족하고 효율적인 자세를 취하며, 단호하게 그리고 종종 갑자기 데려다 줄 것을 요구하는데, 이 모든 것들이 앞 문장에서 제시한 가능성을 지지한다. 앤더슨은 엄마 곁에서 걷고 있는 아이가 팔을 들어 올리면서 어떻게 엄마의 얼굴을 쳐다보기 위해 갑자기 돌아서는 경향이 있는지에 대해 보고한다. 이 동작은 아주 갑작스러워서 엄마가 아이에게 걸려 비틀거리기도 하고 심지어는 아이를 쓰러뜨리기도 한다. 아이가 이런 불행한 결과에도 기가 죽지 않는다는 사실은, 이 동작이 본능적인 것이며 엄마가 움직이는 것을 봤기 때문에 발현된다는 것을 시사한다.

가용한 증거들에 따르면 선진 사회나 후진 사회나 부모가 어디로 갈 때마다 만 3세 미만의 아이들을 거의 항상 부모가 데리고 다니는 것 같다. 서구 사회에서는 보통 아이를 몇몇 종류의 유모차에 태우고 이동한다. 라인골드와 키인(Rheingold & Keene, 1965)의 연구에 따르면 워싱턴 D.C.의 공공장소에서 어른들이 데리고 다니는 500명 이상의 어린이들 중에 약 89%는 만 3세 미만이었고 각 연령대별로 상당히 골고루 분포되어 있었다. 만 3세가 지난 아이들은 어른들이 데리고 다니는 아이들 중에 작은 부분을 차지했다. 8%는 생후 4년차였으며 오직 2%만이 이보다 나이가 많았다.

대략 만 3세가 된 이후에 대부분의 아이들은, 심지어 부모-인물이 움직이고 있을 때도 이들에 대한 근접성을 유지하게 해주는, 비교적 효율적인 목표수정적 체계를 갖추게 된다. 이런 연령이 된 후에도, 아이들은 2~3년 혹은 그 이상 동안 부모의 손이나 옷을 쥐려고 하거나 유모차의 손잡이를 붙잡으려고 고집을 부린다. 일곱 번째 생일이 지난 후에야 대부분의 아이들은 부모의 손을 잡지 않으려 하지만, 다른 모든 것과 마찬가지로 이것도 개인차가 크다.

엄마가 떠날 때의 행동

생후 12개월 후에, 종종 그 이전에, 아이는 엄마가 자신을 두고 떠나는 것을 볼 때, 보통 저항한다. 이러한 저항은 흐느낌에서 대성통곡까지 그 수준이 아주 다양하다. 아이는 또한 종종 엄마를 따라가려고 시도한다. 하지만 정확한 행동 양태는 아주 많은 요인에 따라 달라진다. 예를 들어, 아이가 어릴수록 더 많이 울지만 따라가려고 시도할 가능성은 더 적다. 다른 요인으로는 엄마가 떠날 때 엄마가 움직이는 방식이다. 느리고 조용히 물러나는 것은 저항과 따라가기 행동을 거의 발현시키지 않지만 급하고 서둘러 나가는 것은 큰 소리의 저항과 따라가려는 불굴의 노력을 불러일으킬 것이다. 다른 요인으로는 상황의 친숙성 혹은 낯설음이다. 친숙한 환경에 남겨지면 아이는 비교적 만족할 수 있지만 낯선 상황에 남겨지면 아이는 확실히 울거나 따라가려고 할 것이다.

엄마가 떠나는 것을 보는 것은 단순히 혼자 있는 것과는 아주 다른 행동을 발현시킨다. 엄마가 떠나는 것을 볼 때 저항하고 따라가려고 하는 아이들 중 다수는 엄마가 어디에 있는지 알고 있고, 그리고 자신이 원하면 엄마에게 갈 수 있다는 것을 알고 있으면, 엄마가 없어도 혼자서도 잘 논다. 이런 경우 아이는 길면 한두 시간 동안 놀기도 한다. 이 시간이 지나고 나면 애착행동의 어떤 형태를 나타낸다 — 아이의 연령과 다른 요인들에 따라 다르지만, 대개 엄마를 찾거나 운다.

엄마가 되돌아올 때의 행동

엄마가 되돌아올 때 아이가 어떻게 행동하는가는 엄마가 자리를 비웠던 시간의 길이, 엄마가 되돌아올 때의 감정상태에 따라 달라진다. 엄마가 되돌아올 때의 감정상태는 또한 엄마에 대한 아이의 관계가 어떤 유형인가에 따라 달라진다(16장을 보라).

엄마가 일상적으로 잠시 자리를 비운 다음에 되돌아오면, 아이는 거의 확실히 엄마 쪽으로 방향을 틀고 엄마에게 다가간다. 아이는 미소를 짓기고 한다. 이때 만약 이 아이가 울고 있었다면, 아이는 울음을 그칠 것이다. 특히 엄마가 아이를 들어 올려주면, 아이는 울음을 그칠 것이다. 만약 아이가 오래도록 많이 울고 있었다면, 아이는 엄마를 붙들려 할 것이고, 엄마가 들어 올려주면 아이는 엄마에게 꼭 매달릴 것이다.

엄마가 이보다 더 오래, 덜 일상적으로 자리를 비운 다음에 되돌아오면, 아이는 상당한 고통을 겪고 있을 수도 있다. 이런 상황에서 아이가 엄마를 다시 보게 되면, 아이는 반응을 덜 보이며 심지어 엄마에게서 물러나기도 한다. 아이가 울고 있지 않았다면, 아이는 얼마 동안 조용히 있다가 울기 시작한다. 일단 아이가 엄마와 신체적으로 접촉하게 되면 울음은 줄어들어서 마침내 멈출 것이다. 그런 다음 아이는 엄마에게 꼭 매달려서 바닥에 내려놓으려 하면 저항할 것이다. 또한 아이는 습관적 빨기를 많이 하기도 한다.

엄마와의 이별이 며칠 혹은 그 이상으로 길어지면, 특히 관련된 상황이 낯선 것일 때, 아이의 애착행동은 이상한 형태를 띠게 되는데, 정상적 상태와는 달리 강도가 지나치게 강해지거나 혹은 표면적으로 전혀 나타나지 않을 수도 있다.

엄마가 되돌아올 때, 이런 상이한 반응들 중에 어떤 형태로 반응하든, 애착행동의 어떤 부분은 명백히 목표수정적이지만, 다른 부분은 아마도 목표수정적이지 않은 것 같다.

5. 애착행동을 매개하는 체계들의 활성화와 종료

애착행동이 가장 분명하게 나타나는 생후 2~3년 사이에 해당하는 그 어떤 아이를 관찰해 보더라도, 애착행동은 활성화, 형태, 강도 등의 측면에서 아주 다양하다는 것을 알 수 있다. 어떤 순간에 아이는 엄마를 시야에서 멀리하고 그리고 겉으로 보기에는 엄마를 마음에도 두지 않은 채, 만족한 상태로 자신의 주변을 탐색한다. 다음 순간에 이 아이는 절박하게 엄마를 찾거나 엄마를 향해 울부짖는다. 어떤 날은 명랑한 기분으로 엄마에 대해 요구를 하지 않지만, 다른 날은 우는 소리를 하면서 '칭얼댄다.'

필자가 주장하는 이론의 관점에서, 아이의 애착행동의 이러한 다양성을 주관하는 조건들에 대해 고려하는 것은, 이러한 애착행동을 매개하는 체계들을 활성화하고 종료하는 조건들에 대해 고려하는 것과 마찬가지다.

이 장에서 우리는 목표수정적 체계들과 이 체계들에 영향을 미치는 조건들만 고려한다. 목표수정적이지 않은 체계들을 활성화시키고 종료시키는 조건들에 대한 논의는 다음 장으로 미룰 것이며, 다음 장에서 이 조건들의 개체발생에 대해 고찰할 것이다. 한 아이의 몇 달 혹은 몇 년에 걸친 행동의 차이를 설명할 수 있는 변인들과, 아이들 간의 개인차를 설명할 수 있는 변인들은 16장에서 간략하게 논의할 것이다.

이 책의 초판에서 제안했던 모형은 아주 단순한 시작-정지 모형이었다. 하지만 보다 심도 깊은, 특히 브레서튼(Bretherton, 1980)의 연구를 통해, 초판에서 제안했던 이 모형은 비록 출발은 좋았지만 적절한 것은 아니었다는 것이 드러났다. 그래서 19장에서 이 모형에 대해 상세하게 설명할 것이다. 당분간은 단순한 모형으로 시작한다.

대부분의 행동체계에 해당되듯이, 애착행동을 매개하는 체계들이 활성화되면, 활성화의 강도는 낮음에서 아주 높음까지 다양할 수 있다. 현재 제안된 모형의 주요 특징은 활성화의 강도에 따라 종료 조건도 아주 다양하다는 것이다. 애착행동을 매개하는 체계들이 강렬하게 활성화되어 있으면 엄마와의 신체적 접촉 이외의 어떤 것도 이 체계들을 종료시키지 못할 것이다. 이 체계들이 좀더 덜 활성화되어 있으면, 엄마를 바라보거나 심지어 엄마의 소리를 듣는 것만으로도 이 체계들은 종료될 수 있으며, 하위 애착-인물에 대한 근접성이 엄마에 대한 근접성을 충분히 대체할 수도 있다. 종료 조건들은 그 범위가 엄격한 것에서부터 느슨한 것까지 아주 다양하다고 말할 수 있다.

많은 조건들이 애착행동을 활성화시킨다. 아마도 가장 단순한 조건은 전적으로 엄마로부터 떨어진 거리이다. 이 엄마와의 거리가 수행하는 역할은 앤더슨이 관찰한 내용에 잘 나타나 있다. 앤더슨이 관찰한 아이들 중에서 소수를 제외한 모든 아이들은 엄마로부터 60미터 반경 안에 머물러 있었다. 엄마와 60미터 정도 떨어져 있을 때 아이들은 더 멀리 가기보다는 엄마에게 되돌아왔다. 이와 동일한 다른 조건으로는 시간의 경과가 있다. 시간의 경과와 관련된 체계적 관찰은 비록 몇 개 되지 않지만, 일반적인 양육경험에 따르면, 시간의 경과가 일정 부분 역할을 수행하는 것 같다. 예를 들어, 뭔가에 만족한 채로 집중해 있는 아이는, 대체로 엄마가 어디 있는지 때때로 확인하곤 한다. 이러한 확인은 주기적으로 그리고 낮은 강도로 활성화되는 애착행동의 예라고 생각해 볼 수 있다.

애착행동을 활성화시키고 애착행동이 취하는 형태와 애착행동이 발현되는 강도에 영향을 주는 여타의 잘 알려진 조건들은 세 개의 주요 항목으로 분류된다.

(1) 아이의 조건:

　　피로　　　고통　　나쁜 건강상태

　　배고픔　　추위

(2) 엄마의 행방과 행동:

　　함께 있지 않은 엄마

　　떠나는 엄마

　　가까이 오는 것을 말리는 엄마

(3) 기타 환경 조건:

　　놀라게 하는 사건들의 발생

　　여타의 성인들이나 아이들의 거부

'아이의 조건' 범주에 나열되어 있는 조건들이 미치는 영향에 대해 먼저 고찰해보자.

피곤하고, 배고프고, 춥고, 건강상태가 나쁘거나 혹은 고통을 겪는 아이는, 특히 '칭얼대기도' 한다는 것을 모든 엄마들은 알고 있다. 이 아이는 엄마가 시야에서 사라지는 것을 꺼려할 뿐만 아니라 종종 엄마의 무릎 위에 앉고 싶어 하거나 엄마가 데려다 주기를 요구한다. 애착행동은 이 정도 강도에서 오직 신체적 접촉에 의해서만 종료되며, 엄마가 움직여서 엄마와 신체적으로 떨어지면, 이 때문에 애착행동은 두 사람이 다시 접촉할 때까지 새로이 강렬하게 발현된다―울기, 따라가기, 매달리기 등. 이와 대조적으로 아이가 더 이상 피곤하고, 배고프고, 춥고, 건강

상태가 좋지 않거나 혹은 고통을 겪고 있지 않게 되면, 이 아이의 행동은 완전히 달라진다. 엄마가 자신에게서 어느 정도 떨어져 있거나 혹은 단지 서로의 소리를 들을 수 있는 범위 내에 있어도 다시 한 번 아이는 만족해한다. 이렇게 이러한 다섯 가지 조건들의 효과에 대해 다음과 같이 이해할 수 있다. 곧, 다섯 가지 조건들은 애착행동이 높은 강도로 표출되도록 하며, 그렇게 해서 종료 조건도 그에 따라 엄격해진다.

아이가 놀라거나 혹은 다른 성인이나 아이로부터 거부를 당하게 되면—'기타 환경 조건'으로 분류된 조건들—비슷한 변화가 발생한다.

특히 아이를 놀라게 할 것 같은 사건들로는, 첫째, 밝은 빛, 갑작스런 어둠, 큰 소음과 같이 커다란, 특히 갑작스런 자극의 변화를 만들어내는 사건들이 있다. 둘째, 그 자체로 낯설거나 혹은 예상하지 못했던 맥락에서 나타나는 대상들이 있다. 이런 방식으로 놀라게 된, 2살 혹은 그 이상의 아이는 거의 항상 엄마에게 달려간다. 다시 말해서, 애착행동은 높은 강도로 발현되며 종료 조건들 또한 그에 따라 엄격해진다. 접근 이외에도 울기 혹은 매달리기 등의 행동이 발현될 수도 있다. 반면에 아이가 약간만 놀랐을 때는 애착행동의 강도는 낮으며 종료 조건들도 느슨하다. 이런 경우 아이는 엄마에게 단지 조금 더 가까이 가기 위해 움직이거나 단지 머리를 돌려서 엄마의 행방을 확인한 다음 엄마의 얼굴표정과 몸짓 등을 살피기만 하기도 한다.[10]

---

10 로젠탈(Rosenthal, 1967)은 세 살 반에서 네 살 반 되는 어린 여자아이들을 대상으로 실험을 했다. 이 아이들이 놀랐을 때, 실험실에 있던 누구에게든지(때로는 엄마 때로는 낯선 사람) 이들이 가까이 있으려고 하는 경향이 있다는 것을 로젠탈은 발견했다. 근접성 유지의 평균점수는 그렇지 않은 상황에 비해 놀라게 하는 상황에서 50% 높았다. 이와 대조적으로, 관심과 도움 추구의 평균점수는 두 상황에서 차이가 없었다.

마지막으로, 엄마가 아이에게 행동하는 방식이 아이에게 애착행동이 나타나는 강도에 영향을 미칠 수 있다. 흔히 애착행동을 높은 강도로 발현시키고 그에 따라 종료 조건도 엄격해지는 모성행동으로는 아이가 가까이 오는 것을 말리거나 가까이 오지 못하도록 위협하는 행동은 어떤 것이든지 해당된다. 엄마가 자신에게 가까이 오려고 하거나 혹은 무릎 위에 앉으려고 하는 아이를 거부할 때, 이런 거부행동은 종종 의도한 것과는 정반대의 결과를 낳는다 — 아이는 지금까지 보다 더 매달린다. 이와 비슷하게, 엄마가 자기를 내버려두고 곧 떠날 것이라고 아이가 의심하게 될 때, 아이는 엄마 곁에 있으려고 사정없이 고집을 부린다. 이와 반대로 엄마가 자기에게 관심을 기울이고 있고, 엄마에게 더 가까이 가려고 할 때마다 엄마가 응답할 준비가 되어 있다는 것을 아이가 보게 되면, 아이는 만족한 상태로 더 멀리 탐색을 나가기도 한다. 비록 이런 행동이 괴팍한 것처럼 보일지 모르지만, 애착행동이 보호기능을 충족시킨다는 가정에서 볼 때 이것은 실제로 예견되는 것이다. 엄마가 근접성을 유지하는 역할을 충실하게 수행하지 못하는 것처럼 보일 때마다, 아이는 경계심을 가지고, 근접성이 유지될 수 있도록 스스로 행동을 취한다. 반대로 엄마가 근접성을 유지할 준비가 되어 있는 것으로 보이면, 아이는 스스로의 노력을 줄인다.

대부분의 아이들에게 엄마가 자신보다 더 어린 아기를 팔에 안고 있는 것을 보는 것만으로도 강한 애착행동이 충분히 발현된다. 이러한 나이가 더 많은 아이들은 엄마 곁에 계속 있으려고 하거나 엄마 무릎 위에 올라가려고 고집을 부린다. 종종 아이는 자신이 마치 어린 아기인 것처럼 행동한다. 이런 잘 알려진 행동은, 자신에 대한 엄마의 관심과 예민성의 부족에 대해 반항하는, 단지 특별한 경우일 수도 있다. 하지만, 심지어 엄마가 자신에게 규칙적으로 민감하게 관심을 기울여 주는 아이들도 이런 식으로 반항한다는 사실은, 더 많은 것이 관련되어 있다는 것을 시사한다. 레비(Levy, 1937)의 선구적 연구도 단지 엄마의 무릎 위에 다른 아기가 앉아 있는 것이 이 아기보다 나이가 많은 아이가 엄마에게 훨씬 더 많이 매달리게 만드는 데 충분하다는 것을 지적한다.

연령에 따른 변화

만 3세가 지나고 나면 대부분의 아이들이 어떻게 애착행동을 이전보다 덜 긴급하게 그리고 덜 자주 보이는지에 대해 11장에서 묘사한 바 있다. 그리고 비록 애착행동은 결코 완전히 사라지지는 않지만, 이런 경향이 어떻게 몇 년 더 지속되는지에 대해서도 묘사한 바 있다. 필자가 주장하는 이론에 따르면, 이러한 변화의 발생을 다음과 같이 설명 할 수 있다. 곧, 이러한 변화는 크게 이 행동 자체가 덜 즉각적으로 활성화되기 때문이며 그리고 어떤 주어진 상황에서 이 행동의 활성화 강도가 낮기 때문이다. 그 결과, 종료 조건들도 더 완화되는 경향이 있다. 그래서 아이의 연령이 많아지면, 예전에는 높은 강도로 애착행동을 발현시켰던 조건들이 이제는 더 낮은 강도로 이 행동을 발현시킨다. 그래서 예전에는 이 애착행동이 가까운 신체적 접촉에 의해서만 종료되었지만, 이제는 가벼운 접촉이나 심지어 한 번의 안심시키는 눈짓에 의해서도 종료될 수 있다.

어떤 이유 때문에 애착행동이 이전보다 덜 긴급하게 그리고 덜 강렬하게 활성화되는지는 알려져 있지 않다. 의심의 여지없이 경험이 일정 역할을 수행한다. 예를 들어, 예전에는 낯설었던 많은 것들이 이제는 더 친숙하게 되고, 따라서 덜 놀라게 하는 것이 된다. 하지만 경험이 연령 증가에 따르는 이러한 변화에 영향을 미치는 유일한 요인일 것 같지는 않다. 성행동이나 모성행동과 같은 본능행동의 주요 체계들의 경우, 내분비계의 균형의 변화가 상당히 중요한 것으로 알려져 있다. 애착행동의 경우에도 내분비계의 변화가 주요한 역할을 수행하고 있는 것 같다. 애착행동이 남성보다는 여성에게서 약간 더 쉽게 계속 발현된다는 증거가 있는데, 만약 이 증거가 확증된다면, 이 증거는 이러한 결론을 지지하는 것이다.

애착행동이 이전보다 덜 긴급하게 그리고 덜 강렬하게 활성화되는 것과 함께, 연령의 증가에 따라 발생하는 또 다른 변화는 애착행동이 점차 큰 범위의 조건들에 의해 종료될 수 있다는 것이다. 이런 조건들 중의 몇몇은 순수하게 상징적인 것이다. 이렇게 해서, 사진, 편지, 전화 대화 등도, 강도가 지나치게 높지 않은 한, '접촉을 유지하는' 다소 효과적인 수단이 될 수 있다.

애착행동 형태의 이러저러한 변화에 대해서는 마지막 장에서 심도 있게 논의할 것이다.

이상이 애착행동의 통제이론에 대한 개략적 설명이다. 두 가지 목적을 염두에 두고 이 설명을 진행했다. 첫 번째 목적은 이런 유형의 이론이 인생 초기의 애착행동에 대한 현 단계의 지식을 비교적 잘 포괄할 수 있다는 것을 보여주고자 하는 것이다. 두 번째 목적은 연구를 격려하고자 하는 것이다. 이런 종류의 모형이 있으면, 행동을 정확하게 예측할 수 있고 예측한 내용을 검증해 볼 수 있을 것이다.

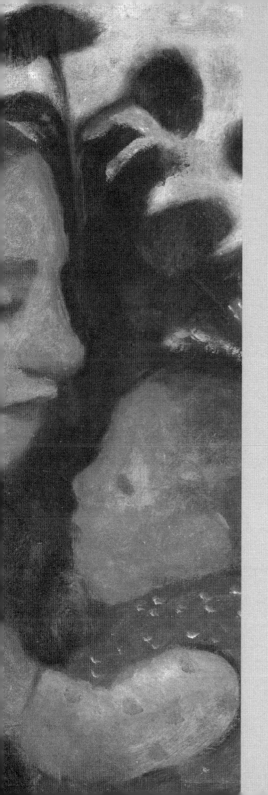

제
4
부

인간애착의
개체발생

제14장

애착행동의 시작

유전은 계획하고… 발달은 결정한다.[1]

— P. B. 메다워(Medawar, 1967)

1. 애착발달의 단계들

대다수의 아이들이 양육되는 일반적인 가정환경 내에서, 애착을 매개하는 행동체계들의 복합체는 이 아이들에게서 어느 정도 비교적 안정된 방식으로 발달하기 때문에, 어떤 한 아이에게 이러한 체계가 나타나는 것이다. 이런 체계들의 발달과 이 발달에 영향을 미치는 변인들에 대해 우리는 무엇을 알고 있는가?

한 아이가 태어날 때, 이 아이는 백지상태(tabula rasa)가 전혀 아니다. 그와 반대로 이 아이는 곧 활성화될 수 있는 다수의 행동체계들을 갖추고 있을 뿐만 아니라 각각의 체계는 이미 편향되어 있어서, 특정 범위혹은 그 이상의 넓은 범위에 속하는 자극들에 의해 활성화되고, 다른 넓

---

[1] 이 구절은 영어의 경구인 'Man proposes, God disposes'(계획은 사람이 세우지만, 일의 성패는 하늘에 달려 있다)와 유사한 느낌을 준다 ─ 옮긴이.

은 범위에 속하는 자극들에 의해 종료되며, 다른 종류의 자극들에 의해 강화되거나 약화된다. 이러한 체계들 중에는 추후의 애착발달 과정에서 구성요소들을 공급하는 체계들이 이미 존재한다. 예를 들어, 이런 체계들로는 신생아의 울기, 빨기, 매달리기, 방향찾기를 매개하는 원시적 체계들이 있다. 몇 주가 지나고 나면 이런 것들 위에 미소짓기와 옹알이가 더해지며, 또 몇 달이 지나고 나면 기어 다니기와 걷기가 더해진다.

이런 행동 형태 각각이 처음으로 표출될 때 이들은 단순하게 구조화되어 있다. 어떤 운동양식들은 고정행동양식보다 좀더 정교한 계열로 조직화되어 있으며, 이러한 양식들을 활성화하고 종료하는 자극들은 아주 대충 그리고 아주 쉽게만 구분될 뿐이다. 그렇다 하더라도 시작부터 어떤 구별은 존재한다. 또한 시작부터 흔히 인간으로부터 발산되는 여러 종류의 자극에 대해 특정한 방식으로 반응하는 분명한 편향이 존재한다 — 인간의 목소리에서 나오는 청각 자극, 인간의 얼굴에서 나오는 시각 자극, 인간의 팔과 폼에서 나오는 촉각과 운동 자극 등. 이러한 미약한 시작으로부터 유아기와 아동기에 — 실제로는 일생 동안 — 특정 인물에 대한 애착을 매개하는, 고도로 차별적이고 정교한 체계들이 나온다.

11장에서 인간의 유아에게서 애착행동이 발달하는 방식에 대해 개략적으로 살펴보았다. 더 심도 있는 분석을 위해서 애착발달을 몇 개의 단계로 나누는 것이 편리하다. 하지만 이러한 단계들 사이에 분명한 경계가 존재하는 것이 아니라는 점을 인정해야 한다. 아래에서 이러한 네 단계들에 대해 간략히 설명하고자 한다. 이 단계들에 대한 좀더 완전한 논의는 이 장과 이후의 장들에서 이루어질 것이다.

단계 1: 인물을 제한적으로 구별하는 지향성과 신호

이 단계에 유아는 사람들에게 특징적인 방식으로 행동하지만, 사람을 구별하는 능력은 후각과 청각 자극으로 제한되어 있다. 이 시기는 출생 시부터 최소한 생후 8주까지, 더 일반적으로는 생후 12주경까지 지속되며 좋지 않은 환경에서는 더 오래 지속되기도 한다.

아이가 자신과 가까이 있는 사람들에게 행동하는 방식에는 이 사람에게 몸을 향하기, 눈의 움직임 추적하기, 붙잡기와 손뻗기, 미소짓기와 옹알이가 포함된다. 종종 아이는 소리를 듣거나 얼굴을 보자마자 울음을 그친다. 이러한 각각의 유아행동은 아이와 함께 있는 사람의 행동에 영향을 줌으로써, 아이가 이 함께 있는 사람과 가까이 있는 시간을 증가시키는 것 같다. 생후 약 12주가 지나면 이러한 우호적인 반응의 강도는 증가한다. 그 이후로 아이는 "완전한 사회적 반응을 정말 즉각적으로, 활기차게 그리고 기쁘게" 나타낸다(Rheingold, 1961).

단계 2: 한 사람의(혹은 그 이상의) 구별된 인물(들)에게 향하는 지향성과 신호

이 단계에서 아이는 단계 1과 마찬가지로 사람들에게 계속 우호적으로 행동하지만, 이런 태도는 여타의 사람들보다는 엄마에게 더 두드러진다. 생후 4주경 이전에 청각 자극에 대한 차별적 반응을 관찰하는 것은 쉽지 않을 것이며, 생후 10주경 이전에 시각 자극에 대한 차별적 반응을 관찰하는 것도 쉽지 않을 것이다. 하지만 가정에서 자라난 대부분의 아이들에게 생후 12주 이후부터 청각과 시각 자극에 대한 차별적 반응은 아주 분명하게 나타난다. 이 단계는 생후 6개월, 혹은 상황에 따라 그 훨씬 이후까지 지속된다.

단계 3: 신호와 이동에 의해 유지되는 구별된 인물에 대한 근접성

이 단계에서 유아는 사람들을 대하는 방식이 점점 차별화될 뿐만 아니라 반응의 방법도, 떠나가는 엄마를 따라가기, 되돌아오는 엄마를 반기기, 엄마를 탐색의 기지로 사용하기를 포함할 정도로 확대된다. 이와 동시에 모든 사람들에 대한 우호적이고 다소 무차별적인 반응은 약화된다. 특정 타인들을 선택하여 하위 애착-인물로 삼으며 그 이외의 사람들은 선택되지 않는다. 낯선 사람을 대할 때는 점점 조심성이 많아지고 낯선 사람은 조만간 경계심과 철회를 불러일으킬 것이다.

이 단계에서 엄마에 대한 아이의 행동을 매개하는 체계들 중 몇몇은 목표수정적 기초 위에 조직화된다. 그 이후에 아이의 엄마-인물에 대한 애착은 누가 봐도 분명해진다.

단계 3은 보통 생후 6~7개월 무렵 시작된다. 하지만, 특히 주요 인물과 접촉할 기회가 거의 없었던 유아들의 경우, 시작 시기가 만 1세 이후까지 연기되기도 한다. 단계 3은 생후 두 번째 해와 세 번째 해까지 아마도 지속될 것이다.

단계 4: 목표수정적인 동반자 관계의 형성

단계 3에서 유아와 어린아이들은 단순하게 조직화된 목표수정적 체계들을 이용하여 애착-인물에 대한 근접성을 유지하기 시작한다. 이 체계들은 다소간 원시적인 인지적 지도를 활용한다. 이 인지적 지도 내에서 엄마-인물은 조만간 시간과 공간상에서 영속적이며, 시-공 연속선상에서 다소간 예측가능하게 움직이는 독립적 대상으로 여겨지게 된다. 하지만, 아이가 이러한 개념을 획득했다고 할지라도, 자신에게 다가오거나 자신으로부터 멀어지는 엄마의 행동이 무엇에 의해 영향을 받는지, 혹은 엄마의 행동을 바꾸기 위해 자신이 어떻게 할 수 있는지 등에 대해 아이가 조금이라도 이해하고 있다고 가정할 수는 없다. 엄마의 행동이 엄마 자신이 가진, 다양하고 어느 정도 서로 충돌하는 설정목표들에 의해 조직화되어 있고, 이러한 설정목표들이 무엇인지 아이가 추론한 다음 이에 따라 행동하는 것이 가능할 지도 모른다는 것 등은 아이가 이해할 수 있는 능력 범위를 훨씬 초과하는 것 같다.

하지만, 조만간 변화가 찾아온다. 엄마의 행동과, 무엇이 엄마의 행동에 영향을 주는지를 관찰함으로써, 아이는 엄마의 설정목표와 이 설정목표를 달성하기 위해 엄마가 세운 계획에 대해 뭔가를 추론하게 된다. 이 시점 이후로 아이의 세계에 대한 밑그림은 훨씬 정교해지며 아이의 행동 또한 잠재적으로 더욱 유연해진다. 이를 달리 표현하자면, 아이는 엄마의 느낌과 동기에 대한 통찰력을 획득하게 된다고 말할 수 있다. 일단 이렇게 되면, 이 한 쌍이 서로에 대한 훨씬 더 복잡한 관계를 발전시킬 수 있는 기초가 놓이게 된다. 필자는 이 관계를 동반자 관계라고 부른다.

이 단계는 명백히 새로운 단계이다. 아직도 증거는 부족하지만, 가용한 증거들로 볼 때, 예를 들어 브레서튼과 베클리스미스(Bretherton & Becghly-Smith, 1981)는, 어떤 아이들에게 이 단계는 생후 3년째의 중반에 이미 시작한다고 주장한다. 이 문제에 대해서는 18장에서 더 깊게 논의할 것이다.

어느 단계에서 아이가 애착관계를 형성하게 되었다고 말하는 것은 전적으로 자의적인 것이다. 단계 1에서 아이는 애착관계가 분명히 형성되어 있지 않은 것과 마찬가지로, 단계 3에서 애착관계는 분명히 형성되어 있다. 단계 2에서 아이에게 애착관계가 형성되어 있다고 말할 수 있는지, 그리고 어느 정도로 형성되어 있다고 말할 수 있는지는 우리가 어떻게 애착을 정의하느냐에 따라 달라진다.

이러한 연속적 단계들을 통해 유아의 행동수단들을 발달하게 하는 내적 과정들과 외적 조건들에 대해서는, 이 장의 나머지 부분과 이후의 장들에서 설명하고자 한다. 이 발달과정을 추적하면서 10장에서 이미 제안한 바 있는 개체발생의 원리들을 계속 언급할 것이다. 이 원리들은 다음과 같다.

(1) 효과적 자극들의 범위가 협소해지는 경향성
(2) 원시적 행동체계들이 정교화되고 보다 정교한 체계들로 대체되는 경향성
(3) 행동체계들이 비기능적 상태로 시작해서 이후에 기능적인 전체로 통합되는 경향성

그러나 이러한 개체발생적 여행을 시작하기 전에, 우리의 출발점, 곧 인간의 유아가 세상에 태어날 때 가지고 태어나는 행동수단에 대해 잠시 살펴보도록 하자.

2. 인간 신생아의 행동수단

생애 첫 달 동안의 인간 유아의 행동수단에 대해 무의미한 말들이 많았다. 한편으로 신생아의 반응을 마치 완전히 무차별적이고 무질서한 것처럼 묘사했고, 다른 한편으로, 단계 4에 전형적으로 분류되는 종류의 생각과 행동들이 어린 아기의 속성인 것으로 생각했다. 신생아가 보유한 것으로 믿어지는 학습 능력도, 거의 무의 상태에서부터 아마도 만 3세 된 아이와 동등한 능력까지 다양했다.

1960년대에도 이런 신화들에 대한 근거는 없었다. 1980년대 초반인 현재, 수많은 발달 심리학자들의 정성스런 연구 덕분에, 예전에는 추측만 가능했던 많은 것들에 대해 풍부한 지식을 축적하게 되었다. 더 많은 지식을 알고 싶은 독자들은 오소프스키(Osofsky, 1979)가 편집한 인상적인 논문집을 참조하라. 10년 전의 라인골드의 일반론은 예언적이었음이 입증되었다. "향상된 기술로 주의 깊게 조사하면 거의 항상 짐작했던 더욱 예리한 증거가 산출된다"(1968).

아이가 태어날 때, 혹은 태어난 직후에 아이들의 모든 감각체계들이 작동하고 있다는 것에 대해 실험은 보여준다. 그뿐만 아니라, 생후 며칠 이내에 신생아는 상이한 개인들의 냄새와 음성을 이미 구별할 수 있다. 엄마에게 머리를 더 많이 돌리고 엄마를 더 자주 빠는 것을 볼 때, 아이는 엄마의 냄새와 소리 모두를 선호하는 것 같다(Macfarlane, 1975; DeCasper & Fifer, 1980). 시각적으로 아이는 아직 덜 능숙하지만, 곧 빛을 응시하고 잠시 동안 빛을 추적할 수 있게 된다. 그리고 생후 몇 주 안에 모양을 인식할 수 있게 된다.

유아가 자극들을 변별할 수 있는 정도는, 아이가 자극을 선택해야 하거나 자극들이 변화될 때, 아이가 어떻게 달리 반응하는지를 관찰해 보면 분명해진다. 그러므로 유아가 상이한 자극들에 어떻게 반응하는 지를 살펴봄으로써 유아의 선호에 대한 귀한 정보를 얻을 수 있다. 이렇게, 어떤 소리는 아이를 울게 하지만, 다른 소리는 아이를 조용하게 한다. 어떤 것을 보고서는 거기에 집중하지만, 다른 것을 보고서는 별로 집중하지 않는다. 어떤 맛을 보고서는 빨기가 유발되고 행복한 표정을 짓지만, 다른 맛을 보고서는 피하려는 움직임이 발현되고 혐오스러운 표정을 짓는다. 이러한 차별적 반응을 볼 때, 받아들인 입력된 감각에 대해 아이가 상당한 영향력을 행사해서 어떤 종류는 상당히 증가시키고 다른 종류는 감소시켜 없애버린다는 것은 분명하다. 이러한 타고난 편향성 이 사회적 상호작용의 발달을 선호한다는 것은 반복적으로 발견되었다.

초창기의 이러한 실험적 연구에서 헤처와 튜더하트(Hetzer & Tudor-Hart, 1927)는 유아들을 상당히 다양한 소리들에 노출시켰다――어떤 소리는 크고, 어떤 소리는 부드러웠다. 사람의 목소리, 방울소리, 호각소리, 도자기 소리 등등. 처음부터 유아들은 큰 소리와 부드러운 소리에 아주 달리 반응했다. 이들은 큰 소리를 듣고서 불쾌함을 암시하듯, 움찔하면서 찡그린 표정을 지었다. 하지만 부드러운 소리를 듣고서는 조용히 위를 응시했고 팔을 뻗은 다음 기뻐하는 듯한 소리를 냈다. 생후 3주 이후부터 유아들은 사람의 목소리에 아주 구체적인 방식으로 반응했다. 목소리를 들을 때, 아이들은 빨고 꼴꼴 소리를 내기 시작했으며 기뻐하는 듯한 표정을 지었다. 목소리가 그치자 아이는 울기 시작했고, 불쾌감을 표시했다.[2]

유아의 시각능력이 발달하는 속도, 특히 무엇을 보는 것을 선호하는

지를 조사하기 위해 많은 연구가 수행되었다. 이에 대해 개관한 내용을 보려면, 코헨(Cohen)과 다른 사람들의 연구(1979)를 보라. 다수의 실험결과들로 볼 때, 비록 유아들은 생후 4개월 무렵 이전에 인간의 얼굴과 여타의 동등한 자극을 구별할 수 있는 시각적 능력을 갖추고 있지 못한 것으로 보이지만, 토마스(Thomas, 1973)는 이러한 결론의 결함을 찾아냈다. 개별 유아들의 선호를 조사했을 때(다수의 유아들의 선호를 평균하는 대신), 얼굴과 비슷한 자극에 대한 선호는 빠르면 생후 5주에 발견된다고 토마스는 지적한다. 토마스의 한 연구에서(Thomas & Jones-Molfese, 1977), 생후 2개월에서 9개월까지의 아이들에게 4개의 그림을 제시했다—빈 타원형, 뒤범벅이 된 개략적인 얼굴, 정상적인 개략적인 얼굴, 진짜 얼굴의 흑백 사진 등. 가장 나이 어린 아이들을 포함한 모든 아이들은, 해당 그림이 진짜 얼굴과 비슷할수록 그 그림을 더욱 선호했다.

하지만, 개별 얼굴을 구별하는 능력은 생후 14주 무렵 이전에는 없는 것 같다. 그 이후부터 엄마의 얼굴을 인식하는 능력은 가정에서 자란 아이들에게 분명히 존재하는데, 이것은 다른 사람을 대할 때보다 더 즉각적이고 더 관대한 미소로 엄마를 반기는 데서 드러난다.

이렇게, 타고나는 선택적 예민성 때문에 상이한 종류의 자극이 상이한 종류의 행동을 발현시키며 환경의 다른 부분이 아닌 어떤 부분에 더

---

2 헤처와 튜더하트는 생후 3주에 여성의 목소리에 대한 이런 차별적 반응이 이 아이가 여성의 목소리와 음식을 연합했기 때문에 생긴 것으로 보려고 한다. 하지만, 이것은 불필요한 가정이다. 그리고 이런 가정 또한 자신들이 발견한 다음의 내용에 의해 지지를 받지 못하고 있다. 곧, 동일한 연령대의 아이들에게서 젖병을 준비하는 데서 발생하는 소음은 이러한 특별한 반응을 발현시키지 않는다는 것이다.

많은 관심을 쏟는 것이다(Sameroff & Cavenagh, 1979). 이뿐만 아니라, 어떤 행동의 결과는 중추적으로 피드백을 받게 되면 미래 행동에 상이한 영향을 미치기 때문에, 어떤 종류의 순차적 행동은 빨리 증대되지만(강화되지만), 다른 순차적 행동도 마찬가지로 빨리 감소된다(습관화된다). 생후 2~3일 된 유아에서도 이런 두 종류의 변화가 나타날 수 있으며, 이 변화의 효과는, 일생의 첫 몇 주와 몇 달 동안 축적되면서, 장기적으로 영향을 미칠 수 있다.

과거에는 아이가 한 어떤 행동에 대해 음식을 주거나 주지 않는 것이 아이의 행동을 수정하는 주요 방법이라고 생각했다. 음식을 보상으로 여기는 이러한 편견 때문에 두 가지 나쁜 결과가 생겼다. 먼저, 거의 확실하게 오류인 사변적인 이론들이 많이 생겨나게 되었다. 그리고 슬프게도 모든 여타의 보상물들은 무시하게 되었는데, 이들 중의 어떤 것은 사회적 애착의 발달과정에서 음식보다 더 큰 역할을 수행한다. 빨기의 경우, 별로 놀랄 만한 일은 아니지만 음식을 받아들이는 것이 강화물로서 작용한다는 것이 밝혀졌는데, 이런 빨기의 경우에도 음식을 받아들이는 것이 반응을 증대시킬 수 있는 유일한 결과는 아니다. 립시트(Lipsitt, 1966)가 밝힌 바와 같이 빨아먹는 대상의 모양도 또한 중요하다.

이 장의 나머지 부분에서 애착을 매개하는 행동의 다양한 형태들에 대해 관심을 갖고자 한다. 첫째, 유아의 인식수단이 있고, 이 인식수단을 통해 아이가 엄마-인물을 향해 지향하게 되고 그렇게 해서 엄마와 친숙하게 되는 방식이 있다. 둘째, 유아의 효과기 수단인 손과 발, 머리와 입이 있는데, 이 수단들은 기회가 주어지면 유아가 엄마와 접촉하여 떨어지지 않도록 하는 경향이 있다. 셋째, 유아의 신호수단인 울기와 미소짓기, 옹알이와 팔 올리기 몸짓이 있는데, 이들은 엄마의 유아에 대한 동작과 유아를 대하는 방법에 현저한 영향을 미친다. 이러한 각각의 수단들을 고려하면서 인생 초기 몇 달 동안에 특히 이들 수단이 발달하는 경로에 집중한다. 인생 초기 몇 달 동안 유아는 여전히 애착발달의 첫 단계인 '인물을 제한적으로 구별하는 지향성과 신호'의 단계에 있다. 이러한 발달경로에 영향을 미치는 것으로 알려져 있거나 혹은 짐작되고 있는 요인들에 대한 논의는 나중으로 미루고자 한다.

3. 사람들에 대한 초기 반응들

지향성

신생아들은 사람들에 대해 그들이 사람들인 것처럼 반응하지 않는다. 그럼에도 불구하고, 지금까지 살펴보았듯이, 신생아들의 인식수단은 사람들로부터 나오는 자극들을 선별하고 처리하도록 잘 설계되어 있으며, 신생아들의 반응수단은 사람들로부터의 자극들에 특정 방식으로 반응하도록 편향되어 있다. 아이들은 사람들이 아주 자주 발산하는 자극들을 최대화하는 방식으로 행동한다는 것이 알려져 있다. 이미 살펴봤던 예로는, 특히 어떤 모양이 인간의 얼굴을 닮았을 때 이 모양이나 혹은 최소한 그 윤곽을 응시하는 경향성과, 인간의 목소리, 특히 여성의 목소리를 들으려고 하고 그 목소리가 그치면 우는 경향성이 있다. 아주 초기부터 존재하는 또 다른 편향으로는 정지해 있는 것보다는 움직이는 것을 바라보려는 경향성이 있다.

아이들은 사람들에게 특별한 방식으로 행동하도록 편향되어 있을 뿐만 아니라, 엄마들도 아이들에게 특별한 방식으로 행동하도록 편향되어 있다. 엄마는 얼굴과 얼굴을 맞대도록 아이의 방향을 지정해줌으로써 아이가 엄마를 볼 수 있는 기회를 아이에게 준다. 엄마는 배와 배가 맞닿도록 아이를 안아줌으로써 반사반응을 발현시키는 것 같다. 이 반사반응을 통해, 아이는 엄마를 향해 좀더 정확하게 방향을 잡을 뿐만 아니라 입, 손 그리고 엄마의 일부를 붙잡는 발을 사용할 기회를 갖게 된다. 이러한 상호작용 속에서 각자가 서로를 더 잘 경험할수록 각자의 연관된 반응들은 더욱 강해지는 경향이 있다. 엄마와 아기 사이의 초기 상호작용은 이러한 상호적 방식으로 시작한다.

아이의 시각적 행동과, 이 행동이 엄마-인물과의 상호작용을 증진하는 방식에 대해 좀더 살펴보자. 엄마의 젖가슴에서 젖을 먹을 때, 우연히도 각성상태이고 눈을 뜬 신생아는 종종 엄마의 얼굴을 응시할 것이다(Gough, 1962; Spitz, 1965). 이 사실은 아기가 특정 종류의 모양을 선호한다는 것을 기억하면, 그리고 거기에 덧붙여서 다음 두 가지 사실을 알게 되면, 그리 놀랄 만한 일은 아니다. 첫째, 인생 초기의 몇 주 동안 유아는 자신의 눈에서 20~23센티미터 정도 떨어진 대상에만 초점을 깨끗하게 맞출 수 있으며[Haynes(Fantz, 1966에서 인용)에서 재인용], 둘째, 유아는 일단 어떤 대상을 응시하면 눈과 머리로 이 대상을 따라가는데, 처음에는 오직 가끔 그럴 뿐이며 비효율적이지만, 생후 2~3주가 되면 횟수도 많아지고 더 효율적이 된다(Wolff, 1959). 아이에게 젖을 주는 엄마의 얼굴은 아이가 눈으로 응시하고 따라갈 수 있도록 이상적 위치를 점유한다는 것을 알게 될 것이다.

생후 4주가 될 때까지 다른 대상들보다 인간의 얼굴을 바라보기를 선호하는 성향은 이미 확고하다(Wolff, 1963). 맥그로(1943)도 이 사실을 강조한다. 맥그로는 시각적 수렴의 발달에 대해 연구했는데, 적절하게 놓인 얼굴이 어떻게 무생물 대상보다도 훨씬 더 쉽게 시각적 수렴을 일으키는지에 대해 주목한다. 맥그로가 기록한 인간에 대한 이런 선호는 인간의 얼굴이 맥그로가 시도했던 어떤 대상들보다 더 많은 윤곽선을 가지고 있었기 때문이라고 단순하게 설명할 수도 있다. 왜냐하면, 최소한 생후 3개월 이후로는 유아들이 특히 윤곽선이 비교적 많은 대상은 어떤 것이든지 쳐다보려는 경향성이 있다는 것을 벌린(Berlyne, 1958)이 발견했기 때문이다. 상당히 그리고 점점 더 중요한 요인은 변화무쌍한 표정을 가진 얼굴의 움직임이다. 울프(1963)는 "생후 2개월이 될 때까지 중요한 요인은 움직임이다"라고 주장한다.

인간의 얼굴을 바라보는 것에 대한 선호는 인생 초기부터 있으며, 또한 생후 14주 이후부터는, 최소한 특정 상황에서 타인의 얼굴이 아닌 엄마의 얼굴을 바라보는 것에 대한 선호가 분명해진다. 그리고 에인스워스는, 생후 18주 무렵부터 간다 부족의 유아들이 엄마가 아닌 다른 사람에게 안겨 있을 때 엄마가 약간 떨어져 있는데도 엄마에게 몸을 계속 향하고 있는 것을 관찰했다.

그 아이는, 엄마에게서 떨어져 있었지만 엄마를 볼 수는 있었는데, 다소간 계속해서 엄마에게 시선을 돌렸다. 이 아이는 두세 번 딴 곳을 쳐다보기도 했지만 반복해서 엄마를 쳐다봤다. 이 아이는 다른 누군가에게 안겨 있었는데, 이 아이가 여전히 엄마를 향해 동작 지향성을 유지하고 있다는 것을 느낄 수 있었다. 왜냐하면 이 아이는 자신을 안고 있는 사람과 상호작용할 준비도 되어 있지 않았고 그 사람의 품속에서 긴장을 풀고 있지도 않았다(Ainsworth, 1964).

이러한 발달경로를 결정하는 데서 최소한 네 가지 과정들이 작용하고 있는 것 같다.

(1) 다른 모양이 아닌 특정 모양을 선호하여 바라보고, 움직이는 것을 바라보려는 타고난 편향성
(2) 노출학습; 이를 통해 낯선 것으로부터 친숙한 것을 구별해냄
(3) 친숙한 것에 접근하려는(나중에는 낯선 것에서 물러나려는) 타고난 편향성
(4) 결과의 피드백; 이를 통해 특정 결과가 뒤따를 때 어떤 순차적 행동은 증대되고 다른 결과가 뒤따를 때는 감소함

전통적으로 유아의 행동을 증대시키는 데 주요한 역할을 수행하는 것으로 여겨졌던 결과는 음식이다. 하지만, 음식이 실제로 엄마에 대한 시각적 지향성을 강화한다는 증거는 없다. 그 대신, 아이가 엄마를 더 많이 바라볼수록 엄마가 아이에게 와서 제스처를 취하고, 말을 하거나 노래를 불러주며, 아이를 쓰다듬어 주거나 안아줄 가능성은 더 높아진다는 것은 이제 분명하다. 아이의 행동의 이러한 결과들은 아이의 행동을 통제하는 체계들에 피드백을 하게 되는데, 이 피드백을 통해 아이의 시각적 지향성과 바라보는 행동은 명백히 증대된다.

엄마는 바라보기에 흥미 있고 보상을 주는 대상일 뿐만 아니라, 듣기에도 흥미 있고 보상을 주는 대상이다. 여성의 목소리가 생후 3주 된 유아를 조용하게 만드는 특별한 속성에 대해서는 이미 설명한 바 있다. 목

소리를 듣는 것은, 이렇게 조용하게 만드는 효과 이외에도, 아이로 하여금 머리를 돌리도록 하거나 안락함의 소리를 내도록 할 것이다. 실제로 울프(1959)는 생후 24시간 이내에도 이런 종류의 차별적 반응들이 존재한다는 것을 발견했다.

　조용한 육아실에서 깨어 있지만 움직이지 않고 있는 아이에게 날카롭고 깨끗한 소리를 들려주었을 때, 아이는 마치 소리의 근원을 찾으려는 것처럼 머리와 눈을 좌우로 돌렸다. … 부드러운 소리는 큰 소리보다 더욱 분명한 추적 운동을 발현시켰다.

　그리고 생후 3일이 될 때까지 유아는 이미 엄마의 목소리를 구별할 수 있다는 것을 좀더 최신의 연구결과는 보여준다.

　그리고 시각적 관심과 시각적 추적의 경우와 꼭 마찬가지로, 청각적 관심과 청각적 추적도 피드백과 학습의 과정을 통해 격려되고 증대될 수 있다. 한편으로 엄마의 목소리에 대한 아이의 관심은 엄마로 하여금 아이에게 말을 더 많이 하게 할 것이다. 다른 한편으로 엄마에 대해 아이가 관심을 갖게 된 결과로 엄마가 말과 아이에 대한 다른 행동을 더 많이 하게 된다는 바로 그 사실 때문에, 아이는 엄마의 소리에 훨씬 더 많은 관심을 기울인다. 이렇게 상호간에 강화를 함으로써 엄마와 아이 간의 시각적·청각적 상호작용은 증가한다.[3]

---

[3] 기초적 형태의 사회적 상호작용에 참여하려는 건강한 신생아의 강한 잠재력과, 이러한 상호작용에 성공적으로 참여하려는 평범한 민감한 엄마의 잠재력 등에 대해, 최근의 연구결과들, 특히 클라우스와 케넬(Klaus & Kennell, 1976), 브레질튼(Brazelton)과 그의 동료들(1974), 샌더(Sander, 1977), 스턴(Stern, 1977), 쉐퍼(1977)의 연구결

머리 돌리기와 빨기

유아가 다른 인간과 신체적으로 접촉하는 주요 기관은 머리와 입, 손과 발 등이다.

머리를 움직여서 신생아의 입은 젖꼭지와 접촉하게 되는데, 이 머리의 운동에 대해서는 프레츨(Prechtl, 1958)이 상세하게 연구했다. 프레츨은 두 가지 주요 행동 형태를 구분한다. 두 가지 모두 '뒤지기'라고 불리는데, 아마도 이 용어는 첫 번째 형태의 행동에 가장 잘 어울리는 것 같다.

첫 번째 형태는 교대로 좌우로 흔드는 동작인데, 고정행동양식인 것 같다. 이 형태는 많은 종류의 촉각자극들이 입 주위의 어느 지점에 닿을 때 발현될 수 있다. 유아가 배고플 때 이 행동 형태는 '진공 활동'(vacuum activity)으로서 나타나기도 한다. 이 형태는 비록 빈도와 강도에서 다양하지만, 동작의 형태는 고정되어 있으며 자극의 특정 소재에 의해 영향을 받지 않는다.

두 번째 행동 형태는 방향성을 갖는 머리 돌리기 동작인데, 훨씬 더 정교한 계열로 조직화되어 있다. 촉각자극이 입술에 바로 인접한 피부 위에 가해지면, 자극이 오는 방향으로 머리가 돌아가게 된다. 그리고 이

과들이 보여준다. 이미 생후 2~3주가 될 때까지 활기찬 사회적 상호작용의 단계는 이탈의 단계와 교대로 나타난다. 맨 처음에 유아는 자신의 자생적 리듬에 맞춰 상호작용을 시작하고 또 상호작용에서 물러난다. 그동안 엄마는 자신의 행동이 유아의 행동과 잘 맞물릴 수 있도록 자신의 행동을 조절한다. 이후에 유아의 리듬은 엄마의 개입에 맞춰 변화된다. 이러한 대화들이 발달하는 속도와 효율성 그리고 이러한 대화들이 주는 상호간의 즐거움은, 이 두 참여자가 이 대화에 참여하도록 미리 적응되어 있다는 것을 분명히 보여준다. 이러한 연구들에 대한 탁월한 개관으로는 쉐퍼(1979)를 보라.

자극이 피부의 어떤 부위에 더 오랫동안 계속 가해진 다음 다른 쪽으로 돌아가면 머리도 따라서 돌아간다. 이 사실은 촉각자극에 의해 동작이 발현될 뿐만 아니라 동작의 형태와 방향도 촉각자극의 정확한 위치에 따라 계속 조절된다는 것을 보여준다.

머리를 좌우로 흔드는 고정행동양식은 연령이 생후 28주 혹은 그 이상인 미숙한 아이들에게서 쉽게 발현시킬 수 있지만, 방향성을 갖춘 머리 돌리기 행동은 훨씬 뒤에 발달한다. 절정기에도 오직 3분의 2 정도의 아이들만이 방향성을 갖춘 머리 돌리기 행동을 나타낸다. 이 행동이 나타나지 않는 아이들 중에서 다수는 두 종류의 행동이 함께 나타나는 단계를 거치지만, 소수의 아이들에게는 이 고정행동양식이 사라지고 이 조절된 동작이 나타나는 데 하루 혹은 그 이상의 간격이 존재하게 된다.

유아의 진화적응환경에서, 이 두 동작 중에서 어떤 것이 사용되든지, 그 예견되는 결과는 동일하게 음식을 먹는 것이다. 두 행동 각각의 경우, 연쇄적으로 조직화된 순차적 행동의 순서는 다음과 같다(Prechtl, 1958).

(1) 머리의 움직임을 통해 아이의 입은 엄마의 젖꼭지와 접촉하게 된다.

(2) 아이의 입술이나 입술의 바로 옆에 가해지는 촉각자극은 아이로 하여금 입을 열고 입술로 젖꼭지를 물도록 한다.

(3) 아이의 입 속의 어느 부분, 특히 아마도 경구개에 대한(Gunther, 1961) 촉각자극은 빨기 운동을 발현시킨다.

(4) 입 속에 젖이 있게 되면 삼키는 동작이 발현된다.

이 순서를 관찰해 보라. 머리를 움직이며 젖꼭지를 물고 빤다 — 이 모든 동작은 음식을 얻기 전에 일어난다. 건터(Gunther)가 강조한 바와 같이,

아이가 배고프기 때문에 먹는다는 일반적 개념에 찬성하지 않는다. 심지어 어떤 아이가 태어난 직후에, 만약 당신이 빈 병을 이 아이의 입에 물리면, 이 아이는 먹으려고 시도하도록 추동된다. 이것은 입 뒤로 단지 흘러 내려가는 한 찻숟가락의 우유[를 이 아이에게 주었을 때 생기는 일]와는 명백히 대조적인 것이다.

신생아에게서 이런 종류의 순차적 행동의 연쇄에 의해 먹기행동이 시작되자마자, 이 행동은 변화와 발전을 거치기 시작한다. 예를 들어, 인생의 초기 며칠 동안, 아기의 빠는 힘은 쉽게 증대되거나 감소될 수 있다는 것이 밝혀졌다(Lipsitt, 1966). 빠는 힘이 늘어나는 데는 음식이 중요한 요인이라는 점은 놀랄 만한 일이 아니다. 그래서 아이는 음식이 나오는 이상한 모양의 대상을 음식이 나오지 않는 동일한 모양의 대상에 비해 더 많이 빨게 된다. 그럼에도 불구하고 음식이 빨기를 증대시키는 유일한 요인인 것은 절대 아니다. 빠는 대상의 모양 또한 상당한 연관성이 있다. 모양이 전통적인 것, 예를 들어 고무젖꼭지일 때, 아이는 이것을 곧 빨 뿐만 아니라 젖이 나오지 않을 때도 점점 더 많이 빨게 된다. 모양이 전통적인 것과는 확연히 다를 때, 예를 들어, 고무 튜브일 때, 그리고 여전히 음식이 나오지 않을 때, 아이는 이것을 덜 빨게 되고 빨기는 감소한다.

인생 초기에 일어나는 다른 종류의 발달은 유아가 자신의 얼굴과 입

이 젖가슴이나 젖병과 접촉할 것을 기대하면서 몸을 그 쪽으로 지향하는 것이다. 콜(Call, 1964)은 이러한 기대지향성이 빠르면 유아가 네 번째로 음식을 먹게 될 때 발생하는 것을 관찰했으며 열두 번째로 음식을 먹을 때까지는 흔하게 발생했다. 일단 이런 행동이 발달하게 되면 유아가 젖을 먹는 위치에 놓이게 되자마자, 다시 말해서 유아의 얼굴이 아닌 몸이 엄마의 몸과 접촉하자마자, 유아는 입을 열고 자신의 자유로운 손을 들어 올려서 자신의 입과 다가오는 엄마의 가슴 쪽으로 이 손을 가져간다. 몇 명의 유아를 관찰했는데, 이들에게서 이런 지향성은 느리게 발달했다. 이 아이들은 젖을 먹을 때 엄마와의 신체적 접촉이 최소 수준이었다.

처음에 아이의 기대동작은 젖가슴이나 젖병을 본 시각자극 때문이 아니라, 젖 먹는 위치에 놓일 때 받아들였던, 촉각자극 그리고/혹은 자기자극 수용적 자극에 의해 발현된다. 생후 3개월이 지나서야 유아의 기대동작은 보는 것에 의해 지배를 받는다(Hetzer & Ripin, 1930).

프레츨이 묘사한, 방향성을 갖는 머리 돌리기 동작은 아이가 배가 고플 때 특히 쉽게 발현된다. 그리고 이 동작을 통해 보통 입이 젖꼭지와 맞닿게 되기 때문에 이 동작은 음식먹기에서 절대 필요한 부분이다. 하지만 이 외에도 방향성을 갖는 머리 돌리기는 음식을 먹지 않을 때도 아이가 엄마 쪽으로 몸을 향하도록 만든다. 블로벨트(Blauvelt)가 이 점을 지적했다. 블로벨트와 맥케나(Blauvelt & McKenna, 1961)는 시간·동작 연구 기술을 활용하여 유아가 자극에 반응해서 얼마나 정확하게 머리를 돌리는지를 보여주었다. 촉각자극이 귀에서 입 쪽으로 움직이고 있을 때 유아는 이 자극과 마주치기 위해서 머리를 돌린다. 이와 반대로 자극이 반대 방향으로 움직이면 유아는 이 자극을 따라가기 위해 입을 돌린다. 이 두 경우 모두 결과는 동일하다. 자극과 마주치려고 자신을 움직이는 것이다.

붙잡기, 매달리기, 손뻗기

매달려서 자신의 몸무게를 지탱하는 인간 신생아의 능력에 대해서는 이미 설명한 바 있다. 이 행동이 인간 이외의 영장류의 매달리기 행동과 상동체⁴라는 것을 추가로 가정한 바 있다. 최근 몇 년간의 연구는 이러한 관점을 지지하고 있으며, 그리고 추후 인간의 유아기에서, 방향성을 가진 매달리기가, 어떻게 인간 신생아가 갖추고 있는 특정 원시적 반사로부터 발달하는지에 대해서도 많은 부분을 규명하고 있다. 이러한 원시적 반사 두 가지는 모로(Moro) 반사와 붙잡기 반사이다.

1918년에 독일의 소아과 의사인 모로(E. Moro)가 최초로 끌어안기 반사[Umklammerungs-Reflex(embracing reflex)]에 대해 묘사했다. 이 반사는 지금은 대개 모로 반사로 알려져 있다. 프레츨(1965)에 따르면, 이 반사는 "여러 구성요소로 이루어진 매우 복잡한 양식"이며, 아이를 갑자기 흔들거나, 옆으로 기울이거나, 들어 올리거나, 떨어뜨릴 때 발현된다. 모로 반사의 발현 자극은 확실히 전정기관과 관련되어 있으며⁵ 아

---

4 '상동체'는 원문에서 'homologous'라고 되어 있다. 번역의 편의를 위해 형용사를 명사로 번역했다 – 옮긴이.

5 '전정기관과 관련되어 있다'는 원문의 'vestibular'를 번역한 것이다. 전정기관 (vestibular organ)은 몸의 운동감각과 위치감각을 중추에 전해주는 수용기관(受容器官)이다. 직진운동과 회전운동 또는 운동의 속도 등을 느끼는 감각기이기도 하기 때문에 평형감각기라고도 한다. 이 수용기는 내이(內耳) 속에 있는 골미로(骨迷路)라는 빈 곳에 있다 – 옮긴이.

이의 목에서 나오는 자기자극 수용 감각과 관련되어 있을 수도 있다.

모로 반사 동작의 성격과 순서, 그리고 유아의 행동목록에서 이 반사의 위치와 기능에 관해서 그동안 적잖은 논쟁이 있었다. 인간 유아의 진화적응환경과는 다른 환경에서 이 반사에 대해 연구했기 때문에 혼란과 논란의 상당 부분이 발생했다는 것은 의미심장한 것이다. 일단 이 반사에 대해 생물학적으로 적절한 환경에서 연구하게 되면, 문제를 새로운 시각에서 보게 되고 문제에 대한 해결책도 분명해진다.

전통적으로 아기의 손이 어떤 것도 붙잡고 있지 않을 때 모로 반사를 발현시킬 수 있었다. 이 반사는 보통 두 단계로 이루어져 있는데, 첫 번째 단계에서 팔과 특정 손가락들의 외전과 확장이 있고, 두 번째 단계에서는 팔의 내전이 있다.[6] 그 사이에 다리는 아주 일정하지 않은 방식으로 확장되고 굽혀진다. 하지만, 유아의 손과 팔이 수축되는 방식으로 유아를 안고 있고, 그렇게 해서 손바닥 쥐기 반사를 발현시키면서 그와 동시에 모로 반사를 일으키면, 모로 반사가 아주 달라진다는 것을 프레츨은 보여준다. 이런 상황에서는 아이를 갑자기 떨어뜨려도 관절은 거의 혹은 전혀 펴지지 않으며, 그 대신 아이의 관절은 굽혀지고 상당히 강하게 매달린다. 아기의 팔이 자유로울 때 모로 반사를 발현시키면, 이것은 생물학적으로 부적절한 환경에서 모로 반사를 일으키는 것이며, 이해하기 어려운 이상한 운동양식을 불러일으킨다고 프레츨은 결론을 내린다. 하지만, 일단 영장류의 매달리기의 맥락에서 인간의 모로 반사를 보게 되면 이 문제를 설명할 수 있게 된다. 이 새로운 발견은 "어린 붉은 털원숭이에 대한 관찰 결과와 일치한다. … 엄마 동물의 빠른 동작은 새

---

[6] '외전(外轉)'은 영어로 'abduction'이며 관절의 운동방식 중의 하나이며 '내전(內轉, adduction)'에 대비되는 개념이다 – 옮긴이.

끼에게서 매달리기와 붙잡기를 발현시킨다. 이렇게 해서 엄마의 몸에서 새끼가 떨어지는 것을 막을 수 있다"라고 프레츨은 덧붙인다. 다시 말해서 모로 반사의 기능은 엄마를 '끌어안는' 것이라고 믿었다는 점에서 프레츨은 옳았다.

할버슨(Halverson, 1937)과 데니 브라운(Denny-Brown, 1950, 1958)은 인간 유아의 붙잡기 반사에 대해 연구했다. 데니 브라운은 이 반사의 세 가지 상이한 유형을 구분했는데, 각각은 상이한 정교화 수준에서 조직화되어 있다.

가장 단순한 것은 수축 반응이다. 매달려 있는 아이를 갑자기 낮출 때 수축에 대한 반응으로 손과 발을 굽히는 것으로 이루어진다. 이보다 한 단계 더 정교한 반사는 진정한 붙잡기 반사이며 두 단계로 이루어진다. 첫 번째 단계는 손이나 발을 약하게 오므리는 단계인데, 손바닥에 촉각 자극을 가하면 발현된다. 두 번째 단계에서는 강하게 관절을 구부리는 동작이 나타나는데, 첫 단계의 오므리는 동작에 관여했던 근육들에서 발생하는 자기자극 수용적 자극에 의해 발현된다.

수축 반응과 진정한 붙잡기 반사 모두 공간에서 지향성을 갖지 않는다. 이와 달리, 이들보다 몇 주 후에 발달하는, **본능적 붙잡기 반사**는 지향성을 갖는다. 진정한 붙잡기 반사와 마찬가지로, 이 반사도 두 단계로 나누어진다. 첫 번째 단계는 촉각 자극이 멈출 때 발현되는데, 손을 마지막 접촉점에 대해 직각으로 움직이는 동작으로 구성되어 있고, 더듬는 듯한 인상을 준다. 두 번째 단계는 손바닥에 다시 촉각 자극이 가해지자마자 발현되는데, 손을 찰싹 오므리는 것이다.

이후의 발달단계에서 이 모든 형태의 반사들은 훨씬 더 정교한 형태로 대체된다. 특히 붙잡기는 시각적 자극의 통제를 받게 된다. 유아는 더 이상 맨 처음 손바닥에 닿는 것을 부지불식간에 붙잡지 않는다. 그 대신 자신이 보고 선호하는 어떤 대상을 선택적으로 붙잡게 된다.

화이트, 캐슬, 헬트(White, Castle, & Held, 1964)는 손뻗기와 붙잡기가 시각적 통제 하에 놓이게 되는 과정에 대해 연구했다. 이들은 인간의 유아는 생후 2개월이 지나서야 보는 것과 팔과 손의 동작을 통합할 수 있게 된다는 것을 발견했다. 생후 2~3개월째에 유아는 특정 모양으로 움직이는 물체에 손을 뻗쳐서 그것을 주먹으로 힘껏 쳐보지만, 붙잡으려는 시도는 하지 않는다. 하지만, 생후 4개월이 되면 유아의 내뻗는 손은 벌려져 있고, 손이 대상으로 가까이 접근할 때 손과 대상을 번갈아 쳐다보며, 마침내 대상을 붙잡는다. 비록 처음에 유아의 동작은 서툴지만 몇 주가 지나고 나면 이 모든 동작은 통합되어서 단 한 번의 직접적인 동작으로 손을 뻗어 대상을 붙잡게 된다.

이제 유아는 생후 5개월이 되었다. 유아는 엄마를 인식할 수 있을 뿐만 아니라 대부분의 사회적 행동의 대상은 이제 엄마가 될 것이다. 그래서 유아는 손을 뻗어서 엄마의 신체 일부, 특히 엄마의 머리카락을 붙잡을 것이다. 하지만, 1~2개월이 더 지나야 유아는 엄마에게 진정으로 매달리기 시작하며, 특히 유아가 놀랐을 때 그리고 몸이 좋지 않을 때, 유아는 이렇게 매달린다. 에인스워스가 관찰했던 간다 부족의 유아들의 경우 매달리기가 최초로 나타난 연령은 생후 6개월이었으며, 어떤 아이들은 생후 9개월이 지나서야 나타났다. 이 연령이 지나고 나면 낯선 사람을 볼 때 특히 엄마가 아이를 이 낯선 사람에게 넘겨주려 할 때 매달리기가 나타났다.

화이트, 캐슬, 헬트는 시각적으로 방향성을 갖는 붙잡기의 발달에 대한 자신들의 실험결과를 검토하면서, 다수의 상대적으로 구별되는 동작

체계들이 각각 기여한다고 결론을 내렸다.

　이러한 운동체계들은 양손의 촉각 운동체계 뿐만 아니라 눈-팔과 눈-손의 시각적 동작체계들을 포함한다. 이러한 체계들은 각기 상이한 시점에서 발달하는 것 같으며… 서로서로 비교적 고립된 상태를 유지하는 것 같다. … 이들은 점차적으로 협응되어서 각자의 분리된 능력들을 통합하는 복잡한 상위체계가 된다.

이들은 이러한 발달이, 유아가 자신의 가정환경에서 흔히 관여하는, 다수의 자연스러운 활동들에 따라 달라진다고 가정한다. 일례로 유아가 자신의 두 손을 자연스럽게 붙잡고 다루는 것을 들 수 있다. 이러한 동작들을 시각적으로 감시할 때 시각과 촉각은 '이중 피드백 체계에 의해' 연결된다. 눈은 양손이 느끼는 것, 다시 말해서 양손 각각을 볼 뿐만 아니라, 각각의 손은 동시에 서로를 만지고 만져지고 있기 때문이다. 이와 달리, 아기가 이런 유형의 적극적 경험을 할 기회를 갖지 못하게 되면, 시각적으로 방향성을 갖는 손뻗기를 가능하게 하는 체계들의 일상적 통합은 결코 일어나지 않거나, 이후에 오직 불완전한 형태로 일어날 가능성이 있다. 이 사실은 다음과 같은 일반적 원리의 또 다른 예이다. 이 일반적 원리에 따르면, 비록 행동수단은 대개 특정 방향으로 발달하도록 심하게 편향되어 있지만 어떤 새끼 동물이 그 종의 진화적응환경에서 양육되지 않는 한 그렇게 편향된 방향으로 발달하지 않는다.

미소짓기

인간 유아의 미소는 아주 사랑스럽고 그 부모에게 아주 강한 영향을 미친다. 그래서 이 미소가 다윈(Darwin, 1872) 이후로 계속해서 수많은 연구자들의 관심을 끌게 되었다는 것은 놀랄 만한 일이 아니다. 프리드먼(Freedman, 1964)은 광범위한 문헌들을 개관했고, 앰브로즈(1960)는 이 문헌들을 세세하게 비평했다.

과거에는 유아의 미소의 운동양식은 학습된 것이며, 유아가 사람에 대해 미소 짓게 만드는 주요한 요인은 어떤 사람이 이 아이에게 음식을 먹여주었기 때문이라고 여겼다. 이 두 가지 관점 어느 것도 자체를 지지할 수 있는 증거가 없다. 오늘날 가장 많은 지지를 받는 관점들은 다음과 같다.

(1) 미소의 운동양식은 이 책에서 본능이라고 명명된 범주에 속한다.

(2) 비록 일정 범위의 자극들이 미소를 발현시킬 수 있지만, 그 유기체는 편향되어 있어서 처음부터 어떤 자극들이 다른 자극들보다 더 효과적이다.

(3) 진화적응환경에서 이러한 효과적 자극들의 원천은, 그것이 생물이건 무생물이건 다른 어떤 것보다도, 아이의 엄마-인물과 가족 내의 다른 사람일 가능성이 훨씬 높다.

(4) 학습의 과정을 통해, 이러한 효과적 자극들은 인간을 근원으로 하는 것들, 특히 인간의 목소리와 얼굴 등으로 제한된다.

(5) 더욱 심화된 학습과정을 통해, 미소는 낯선 목소리와 얼굴보다는 친숙한 목소리(생후 4주 무렵)와 친숙한 얼굴(생후 14주 무렵)에

의해 더 즉각적이고 더 강렬하게 발현된다. 원인론에 관한 이런 널리 수용되는 관점들 이외에도 우리는 다음을 덧붙일 수 있다.

(6) 아기의 미소는 사회적 해발인[7]으로 작용하며, 이때 미소의 예견되는 결과는 엄마와(혹은 아이가 미소를 지은 다른 인물과) 아이 사이의 사회적 상호작용을 연장시키고 추후에 엄마의 모성 행동이 발현될 가능성을 높이도록 엄마가 아이에게 사랑스럽게 반응하는 것이다(13장을 보라).

(7) 아기의 미소의 기능은 엄마와 아기 사이의 상호작용을 증가시키고 서로서로에 대한 근접성을 유지시키는 것이다.

생후 첫해에 유아의 미소짓기는 네 개의 주요 단계를 통해 발달한다.

(1) **자발적이고 반사적인 미소짓기**의 단계인데, 이 단계에서는 아주 다양한 자극들 중의 어떤 것도 가끔 미소짓기를 발현시킬 수 있지만, 미소는 순간적이며 불완전하다. 이 단계는 출생시부터 시작되며 대개 약 5주 동안 지속된다. 생후 첫 3주 동안 이 미소짓기 반응은 아주 불완전하기 때문에 이 미소를 바라보는 사람은 전혀 감동을 받지 않는다. 다시 말해서 이 단계의 미소에는 기능적 결과가 없다. 생후 4주와 5주에, 때로는 그보다 일찍, 이 반응은 여전히 짧지만, 훨씬 더 완성되어 있으며 사회적 영향력을 갖기 시작한다. 그러므로 이 두 주간은 두 번째 단계로의 전환기이다.

(2) 두 번째 단계는 **무차별적 미소짓기**의 단계인데, 이 단계에서는 발

---

7 '해발인'은 원문에서 'releaser'로 되어 있다. 해발인(解發因)은 동물에 특정 행동을 유발시키는 소리, 냄새, 몸짓, 색채 등의 자극을 일컫는다 — 옮긴이.

현 자극들이 점점 더 제한되며, 효과적 자극들은 대부분 인간의 목소리와 얼굴에서 나온다. 미소 반응 자체는, 여전히 발현시키기에 어렵지만, 이제 완전하고 오래 지속되며, 아이의 동반자가 재미있고 사랑스럽게 아이에게 반응하도록 하는, 완전한 기능적 결과를 갖추고 있다. 대부분의 아기들에게 이 단계는 생후 5주의 끝 무렵에 분명하게 나타난다.

(3) 세 번째 단계는 **차별적 미소짓기**의 단계인데, 이 단계에서 유아는 점차 자극을 분별하게 된다. 이미 생후 4주가 되면 유아는 음성을 구별할 뿐만 아니라 친숙한 목소리에 보다 즉각적으로 미소를 짓는다. 이보다 약 10주 정도 더 지나고 나면, 친숙한 양육자의 얼굴 또한, 덜 친숙한 사람의 얼굴이나 색칠한 가면보다 더 즉각적이고 더 풍성한 미소를 발현시키게 된다. 상이한 얼굴에 대한 이러한 차별적 미소짓기는, 기관에서 자란 아이들보다는(생후 약 20주) 가정에서 자란 아이들에게서(생후 14주) 더 빨리 시작한다. 그럼에도 불구하고, 아기의 연령이 생후 6~7개월이 되기 전까지는, 낯선 얼굴이나 심지어 가면도, 때로 마지못해 약하게 미소를 짓는 것이지만, 여전히 미소짓기를 발현시키기도 한다.

(4) 마지막으로 **차별적인 사회적 예민성**의 단계가 있는데, 이 단계는 여생 동안 지속된다. 이제, 친숙한 인물들에게는, 특히 놀거나 반길 때, 자유롭게 미소를 짓는다. 하지만 낯선 사람을 대할 때는 다음과 같은 많은 상이한 방식들 중의 하나를 선택할 것이다. 낯선 사람을 대하는 상이한 방식들은 놀라서 뒤로 물러나는 것과 마지못해 반기는 것에서부터 거의 자의식적인 사회적 미소에 이르기까지 다양하다. 후자의 미소는 대개 안전할 정도의 거리를 두고 짓

는다.

자발적이고 반사적인 미소짓기의 단계

미소짓기의 개체발생의 초기 단계들에 관한 지식의 상당 부분을 울프 (1963)의 철저한 관찰에서 얻었다. 울프는 약 8명의 아이들의 행동을, 처음에는 산부인과에서 그리고 나중에는 각자의 가정에서, 생후 첫 몇 주 동안 관찰했다. 울프는 매주 5일 동안 하루에 4시간씩, 그리고 매주 하루는 10시간씩 체계적이고 일화적인 관찰을 수행했으며, 모든 형태의 사회적으로 관련된 행동에 대해 계획적 실험도 수행했다. 또 다른 가치 있는 연구로는 프리드먼의 연구를 들 수 있는데, 프리드먼은 동료들과 함께, 20쌍의 동성 쌍둥이를 대상으로 사회적 반응들의 발달을 연구했다(Freedman & Keller, 1963; Freedman, 1965).

울프가 관찰했던 8명의 유아들은 모두 태어난 지 12시간 내에 웃는 듯이 입을 가지고 얼굴을 찌푸렸다. 하지만, 이 동작은 짧았으며 미소에 전형적인 (눈가에 주름이 나타나도록 근육을 수축함으로써 생기는) 눈웃음을 동반하지 않았다. 종종 이 동작은 일방적이었다. 이러한 초기의 불완전하고 비기능적인 미소는 때때로 자발적으로 나타났으며, 또한 발현시킬 수도 있었다. 생후 첫 주에 미소가 자발적으로 나타났는데, 그 시점은 대개 "졸려서 아이들이 눈을 감는 정확하게 그 순간"이었다(Wolff, 1963). 바람 때문에 이러한 미소가 생긴다고 가정할 만한 어떤 근거도 없으며, 추가적인 정보가 필요하지만, 이런 미소는 '진공 활동'으로 가장 잘 여겨질 수 있다. 대부분의 유아들에게 이렇게 가끔 자발적으로 나타나는 미소-찌푸리기는 생후 1개월이 지나고 나면 더 이상 볼 수 없다 (Freedman, 1965).

생후 첫 2주 동안 미소가 발현될 수 있는 거의 유일한 상황은 아이가 방해받지 않으면서 불규칙적으로 잠을 자고 있는 상태라고 울프는 보고한다. 하지만, 이 첫 2주 중의 두 번째 주에는, 아이가 배부른 상태에서 두 눈을 뜬 채로 허공을 맥없이 멍하니 쳐다보고 있을 때 미소를 발현시킬 수 있다. 이러한 두 상태에서 아이의 볼이나 배를 가볍게 쳐주거나 아이의 눈에 부드러운 빛을 비춰주거나 부드러운 소리를 들려주면 때때로 짧은 미소 짓는 동작이 나타날 수도 있다. 하지만, 아이의 반응은 불확실하며 반응의 잠복기도 길다. 한 번 미소를 발현시키고 나면 얼마 동안 더 이상 추가 반응을 이끌어낼 수 없게 된다. 생후 첫 주에 여러 종류의 소리는 동일하게 효과적인 것 같다. 하지만 둘째 주에는 인간의 목소리가 다른 소리, 예를 들어 종소리, 새소리, 방울소리 등보다 약간 더 효과적인 것 같다.

생후 첫 2주 동안 모든 미소는 유도된 것이든 자발적인 것이든 지속시간도 짧고 불완전하기 때문에 이 미소를 바라보는 이들에게 거의 영향을 주지 못한다. 다시 말해서 이 미소는 비기능적이다.

무차별적인 미소짓기의 단계

이 단계는 흔히 생후 14일째에 시작하며, 생후 5주 끝 무렵이 되면 잘 안정되어 있다는 것을 울프는 알게 되었다. 이 단계는 두 가지 커다란 변화를 통해 시작되는데, (1) 미소는 이제 각성상태의 눈이 맑은 아이에게서 나타난다. (2) 입의 동작은 이전보다 넓으며 눈에 주름이 잡힌다. 게다가 아이의 미소가 독특한 인간의 자극에 의해 가장 쉽게 발현된다는 것은 이제 분명하다. 그럼에도 불구하고 미소 반응은 아직도 천천히 나타나고 지속 시간도 짧다.

생후 세 번째 주간에 이러한 원시적인 사회적 미소를 가장 일상적으로 발현시키는 자극은 청각 자극이며, 이때까지 가장 효과적인 것은 인간의 목소리, 특히 높은 소리의 목소리이다. 생후 네 번째 주 끝 무렵이 되면 여성의 목소리는 아주 효과적이어서 아이가 울거나 빨고 있을 때에도 미소를 발현시킬 수 있을 정도라는 것을 울프는 발견했다. 아이가 울고 있을 때, "여자가 말하는 첫 번째 구절은 대개 울음을 그치게 하며 두 번째 구절은 아이를 각성시키고, 세 번째 구절은 활짝 핀 미소를 짓게 할 수도*있다." 아이가 젖병을 빨고 있을 때, 심지어 그 첫 순간에도 아이는 목소리를 듣자마자 빨기를 멈추고 커다란 미소를 지은 다음 다시 젖병을 빤다.

생후 네 번째 주의 마지막까지 시각적 자극은 미소짓기와 관련해서 여전히 실제적으로 아무런 역할도 하지 않는다. 시각적 자극의 역할은 인간 목소리를 조금 더 효과적으로 만드는 것이다. 예를 들어, 고개를 끄덕이는 것을 보면 목소리의 효율성이 증대된다. 하지만, 시각적 자극 그 자체로서는 가시적 효과가 전혀 없다.

생후 5주째에, 이제껏 가장 효율적인 자극이었던 목소리는 미소를 발현시키는 힘의 대부분을 잃는다. 이 이후로 미소를 발현시키는 가장 흔하고 효과적인 자극은 인간의 얼굴이며, 아기의 미소는 행복한 시각적 상호교환 가운데서 스스로의 역량을 충분히 발휘하게 된다.

시각적 자극이 아주 중요한 역할을 담당하게 되는 것과 거의 비슷한 시기에 자기자극 수용 자극과 촉각 자극 또한 상당히 중요한 역할을 담당하게 된다. 이렇게, 생후 4~5주에, 심지어 아기가 동반자를 보지도 못하고 듣지도 못하는 데도, '펫어케익'(pat-a-cake)[8] 동요를 부르며 하는 놀이에서 생기는 자기자극 수용-촉각 자극이 미소를 발현시키는 데 있어 갑자기 그리고 현저히 효과가 증대되는 것을 울프는 발견했다.

자신이 보는 대상에 대해 미소를 짓기 전에, 아기는 며칠 혹은 일주일 동안 계속되는 어떤 단계를 보통 거치게 된다. 이 기간 동안 아기는 골똘히 얼굴을 쳐다본다. 생후 첫 3주 동안 아기는 얼굴을 보고 얼굴을 눈으로 따라가지만, 초점을 못 맞춘 것처럼 보인다. 하지만, 생후 3주 반이 지나면, 관찰자가 받는 인상은 확연히 달라진다. 그 이후로 아기는 자신의 동반자의 얼굴에 초점을 맞추고 이 사람이 눈과 눈을 마주치도록 관여시키는 것처럼 보인다고 울프는 보고한다. 정확히 어떤 변화가 생겼는지 확인하는 것은 어렵지만, 아이의 동반자에 대한 이러한 변화의 영향은 분명하다. 울프가 이렇게 어떤 아이의 시선의 변화에 대해 주목한 지 2~3일 내에, 이 아이의 엄마는 "이제 걔는 날 볼 수 있어요" 혹은 "이제 걔는 데리고 놀기 재미있어요" 등의 말을 하기 시작했다. 그리고 이와 동시에 이 엄마는 자신의 아이와 노는 데 갑자기 훨씬 더 많은 시간을 소비하기 시작했다.[9]

생후 네 번째 주에 골똘하게 쳐다보는 것은 흔한 것이다. 그리고 몇몇 아이들에게서는 시각적으로 발현된 최초의 미소를 또한 살펴볼 수 있다. 하지만 대다수의 아이들의 경우 이러한 미소는 생후 5주가 될 때까지 나타나지 않는다. 처음부터 아이의 동반자의 눈이 상당히 중요하다.

---

[8] 아기들에게 불러주는 아주 오래된 영국 동요 중 하나로 지금은 여러 나라로 퍼져나감 − 옮긴이.

[9] 롭슨(Robson, 1967)도 동일한 순서의 사건들을 묘사하고 있다. 이러한 변화는 아마 신피질의 통제가 시작됐다는 신호일 것이라고 브론슨(Bronson)은 지적한다(개인적 의견 교환).

먼저 그 아이는 머리털이 난선, 입, 그리고 얼굴의 나머지 부분들을 쳐다보면서 얼굴을 찾았다. 그런 다음 눈과 눈이 마주치자마자 환하게 미소를 지었다. 나중에 이와 동일한 행동을 보인 다른 아이들도 모두 마찬가지로 눈에 초점을 맞추고 미소를 짓기 전에 얼굴의 나머지 부분을 살펴보는 과정을 밟았다(Wolff, 1963).

생후 5주째 말미에 거의 모든 아이들은 시각적 미소짓기에 참여하고 있으며 이들의 미소는 점점 더 오래 지속된다. 그리고 이들의 미소에는 옹알이, 팔흔들기, 그리고 발차기 등의 행동이 동반된다. 이 이후로 엄마는 자신의 아이를 새로이 경험하게 된다.

생후 2~3개월을 통틀어서 거의 모든 아이들에게 사회적 미소짓기가 나타나지만, 미소는 여전히 천천히 나타나며 강도도 낮고 비교적 짧은 시간 동안 지속된다. 하지만, 생후 14주 후에 대부분의 아이들은 훨씬 더 많이 미소를 짓게 된다—더 즉각적으로, 더 환하게, 그리고 더 오래 미소를 짓는다(Ambrose, 1961).

시각적 자극에 의해 미소짓기가 발현되는 것이 최초로 확립된 이후로 가장 효과적인 시각적 자극은 움직이는 인간의 얼굴이다. 얼굴이 빛을 받아 환하고 얼굴이 아이에게 다가올 때, 얼굴은 훨씬 더 효과적이다. 접촉과 목소리가 동반될 때 얼굴은 더더욱 효과적이다. 다시 말해서 자신을 쳐다보고, 자기에게 다가오며, 자기에게 말을 걸고 쓰다듬어 주는, 움직이고 있는 사람을 바라볼 때 이 아이는 가장 많이 그리고 가장 잘 미소를 짓는다(Polak, Emde, & Spitz, 1964).

얼굴 이외의 시각적 자극에 대해 아이가 미소짓는 정도는 불확실하다. 스피츠를 포함한 여러 실험 연구자들은, 아이들이 젖병을 보고 미소

짓지는 않는다고 보고한다. 이와 달리, 생후 10주부터 16주까지의 유아들이 친숙한 장난감 — 양털이나 셀룰로이드로 된 작은 공 — 을 보고서 미소 짓는 것을 피아제(1936)가 관찰했다. 자신의 연구결과들을 개관하면서 피아제는 이 대상들이 아이들에게 친숙하다는 점을 특별히 강조하면서 다음과 같이 결론을 내린다. "미소는 우선, 이미 보아왔던 친숙한 이미지에 대한 반응이다." 피아제는 이 결론에서 다른 결론을 유도한다. 미소가 점차적으로 오직 사람들에 의해서만 발현되는 이유는 사람들이 "이런 종류의 재현과 반복을 할 가능성이 가장 높은 친숙한 대상이기 때문이다."

친숙함의 역할을 상당히 강조한다는 점에서 피아제의 관점은 최근의 많은 연구와 일치한다(10장을 보라). 하지만, 미소가 사람에게만 한정되는 주요한 혹은 유일한 요인이 친숙함이라는 피아제의 신념은 사실일 것 같지는 않다. 이미 논의한 바와 같이 아이는 이 세상에 태어날 때 특정 타고난 편향성을 이미 가지고 있다고 하는 것이 더 타당한 것 같다. 이러한 편향성 중의 하나는 다른 대상들보다도 인간의 얼굴을 선호하여 바라보려는 편향성이다. 또 다른 편향성은 다른 어떤 것보다도 인간의 얼굴, 특히 움직이고 있는 인간의 얼굴에 더 즉각적으로 미소를 짓는 것인 것 같다.

카일라(Kaila, 1932), 그리고 스피츠와 울프(Spitz & Wolff, 1946)의 고전적 연구 이래로 많은 실험 연구가들은 인간 얼굴이 유아에게 미소를 발현시키는 데 있어 왜 그렇게 강력한가를 발견하기 위해 심대한 노력을 기울여 왔다. 이 연구를 해석하면서 충분 자극과 최적 자극을 구별할 필요가 있다. 심지어 가끔 미소를 발양시킬 수 있는 자극은 어떤 것이든지 충분 자극이라고 부를 수 있지만, 많은 준거에 비추어 볼 때 충분 자극이 최적 자극과는 거리가 멀다는 것은 명백한 것 같다. 일반적으로 좋은 자극은 미소를 빨리 발현시키며 오랫동안 그리고 강력하게 미소를 지속시키지만, 약한 자극은 미소를 천천히 발현시키며 짧게 그리고 강도가 낮게 미소를 지속시킨다(Polak 등, 1964).

비록 움직이는 인간의 얼굴은 곧바로 최적의 시각적 자극이 되지만, 생후 2개월에서 7개월까지의 반 년 동안에는 얼굴을 특정 방식으로 개략적으로 표현한 것이 때로는 몇몇 종류의 미소를 발현시키는 데 충분하다. 거의 처음부터 모든 이러한 모형들은 공통적으로 한 쌍의 눈과 유사한 두 개의 점을 가지고 있다. 이러한 매우 일관된 발견은, 유아가 동반자의 눈을 쳐다보는 것이 이 유아의 미소를 발현시키는 데 주요한 역할을 수행한다는 울프의 사실적 관찰과 일치한다. 이것은 또한 얼굴의 측면은 비효과적이라는 잘 검증된 발견과도 일치한다.

상이한 종류의 가면을 사용하는 일련의 실험에서 생후 2개월째에 유아는 얼굴만한 크기의 카드 위에 찍힌 두 개의 점에 대해 미소를 지으려 하고, 두 개의 점보다는 여섯 개의 점이 찍힌 카드가 더 효과적이라는 것을 아렌스(Ahrens, 1954)가 발견했다. 또한 아렌스는 심지어 생후 3개월째에도 유아는 입과 턱은 없고, 눈과 눈썹만 있는 가면에 대해 미소를 짓는다는 것을 발견했다. 유아가 점점 나이가 들면서, 가면은 더욱 더 세밀해질 경우에만 충분히 미소를 발현시킬 수 있었다. 생후 8개월째가 되자 실제 인간 얼굴 이외의 어떤 것도 미소를 발현시킬 수 없었다.

비록 이런 모든 실험결과들은 아이가 생후 약 7개월이 될 때까지 자신이 누구에게 미소를 짓는지에 대해 잘 분별하지 못한다는 것을 보여주지만, 그렇다고 아이에게 분별할 수 있는 능력이 전혀 없다고 결론을 내려서는 안 된다. 이와 반대로, 폴락 등은 잠재성, 강도, 지속시간을 준거로 사용해서 다음과 같은 사실을 발견했다. 곧, 이미 생후 3개월의 말미에 유아는 실제 얼굴과 실물 크기의 컬러 사진을 구별할 수 있고, 비록 사진은 계속해서 유아의 미소를 발현시키는 충분한 자극이지만 최적 자극과는 거리가 멀다. 인간 얼굴에 대한 유아의 미소는 더 빠르고, 더 길고, 더 강력하다.

눈이 먼 유아도 미소를 짓는다. 이들에게서 미소가 발달하는 방식에 대한 관찰을 통해 시력이 있는 아이들에게 작용하고 있는 몇몇 과정들이 밝혀지게 되었다[관찰 내용과 문헌 개관을 보려면 프리드먼(Freedman, 1964)을 참조하라].

눈이 먼 아이들에게는 목소리와 촉감이 미소짓기를 발현시키는 주요한 자극들이며, 목소리 하나만으로도 상당히 효과적이다. 하지만, 생후 6개월이 지나고 나서야 이들은 정상적으로 웃게 된다. 시력이 정상적인 아이들에게서 나타나는 지속적인 미소 대신, 이들의 미소는, 오랜 기간 동안, 마치 생후 첫 주에 절반쯤 잠든 아이들이 보여주듯이 극단적으로 스치듯 짧다. 눈이 먼 아이들의 미소가 생후 6개월 무렵에 지속적이게 되기 전에 이들은 어떤 단계를 거친다. 이 단계에서 이들의 미소는 연속적인 짧은 반사적 미소들로 이루어져 있다.

눈이 먼 아이들의 경우, 인간의 목소리는 이후의 유아기 동안에도 주요한 역할을 계속 담당하게 된다. 인간의 목소리는 시력이 있는 아이들의 경우, 생후 초기 몇 주 동안 주요한 역할을 담당하는 자극이다. 하지만, 눈이 먼 아이가 생후 6개월이 될 때까지, 인간의 목소리는 시력이 정상적인 아이들에게 나타나는 지속적 미소를 눈이 먼 아이들에게서 발현시키는 데 충분하지 않다. 이 사실은 시력이 있는 아이들에 대한 관찰에서 얻은 다음과 같은 관점을 지지한다. 생후 5주가 지난 다음에 시력이 있는 아이가 미소를 지속하게 되는 것은 미소를 발현시키는 시각적 유형을 이 아이가 계속 인식하기 때문이라는 것이다. 예를 들어, 시력이 있는 아이는 동반자의 얼굴 전체를 보고 있는 한 계속 미소를 지을 것이지만, 동반자의 얼굴이 측면만 보이게 되면 즉시 미소를 멈춘다.

차별적인 미소짓기의 단계

이미 생후 4주가 되면, 아이는 다른 사람보다 엄마의 목소리를 들었을 때 더 일관되게 미소를 짓는다(Wolff, 1963). 하지만, 시각적 자극에 대해서는 아이는 훨씬 더 오랫동안 무차별적인 상태에 있게 된다. 생후 3개월 말까지는 아이는 실제로 엄마에게 그러는 것처럼 낯선 사람에게도 거리낌 없이 미소를 짓는다. 기관에서 양육되는 아이들은 생후 5개월까지는 친숙한 얼굴과 낯선 얼굴에 대해 차별적으로 서로 반대되게 반응하지 못한다(Ambrose, 1961).

일단 아이가 친숙한 사람과 낯선 사람을 구별하기 시작하면, 낯선 사람에 대해 이전보다는 덜 미소를 짓는다. 예를 들어, 아이는 생후 13주에 심지어 낯선 사람의 움직임이 없는 얼굴에도 거리낌 없이 미소를 지었지만, 그보다 2주 후에 이 낯선 사람의 얼굴에 전혀 미소 짓지 않을 수도 있다. 다른 한편으로 자신의 엄마에 대해서는 이전과 마찬가지로 거리낌 없이 미소를 지으며 이전보다 더 많이 미소를 짓기도 한다. 앰브로즈(1961)는 이러한 민감성의 변화에 대한 많은 가능한 설명 중 몇 가지에 대해 논의한다. 의심할 바 없이 낯선 사람에 대한 놀람이 생후 첫 번째 해의 3/4분기와 4/4분기에 일정 역할을 수행하지만, 2/2분기에 이러한 놀람이 주요한 요인인 것 같지는 않다. 그 대신, 아이가 미소 짓는 모습에 대한 엄마의 사랑하는 행동이나 심지어 엄마가 익숙하게 함께 있는 것이 주요한 영향을 미치는 것 같다.

아이의 미소에 대해 사랑이 넘치는 사교적 방식으로 반응하면, 아이가 그 이후로 더 강하게 미소를 짓는다는 충분한 증거가 있다. 브랙빌(Brackbill, 1958)은 8명의 생후 3개월 된 아이들을 대상으로 실험을 했는데, 그녀 자신의 얼굴을 아이들에게 보여주면서 미소를 발현시켰다. 아이들이 미소를 지을 때마다 브랙빌도 미소를 짓고, 속삭여주고, 아이를 들어 올려서 껴안아 주었다. 이런 종류의 경험을 두세 번 한 결과, 모든 아이들은 미소를 더 많이 짓게 되었다(반응을 보이는 비율로 측정함). 이와 반대로, 연구자가 응답하기를 멈췄을 때, 미소 짓는 비율은 점차 감소했으며 결국 미소는 사라지고 말았다. 브랙빌의 실험 결과는 조작적 조건화의 양식에 꼭 맞아떨어지는 것이다. 이 결과는 어떻게 해서 아이가 특정 인물과 애착관계를 맺게 되는지에 관한 다른 많은 관찰 내용과 일치하는 것이다. 여기에 대해서는 다음 장에서 논의할 것이다(pp. 470~476).

아이가 미소를 지을 때 다른 많은 것들도 함께 일어난다. 아이는 자신에게 다가오는 인물을 쳐다볼 뿐만 아니라, 머리와 몸을 돌리고, 팔을 흔들며 다리를 흔든다. 또한 옹알거린다. 옹알이는 인간의 유아에게 부여된 두 가지 강력하고 특징적인 반응 중의 두 번째 것이 되었으며, 유아는 이 두 가지를 소유함으로써 자신의 동반자들과 사회적 의사소통에 참여하게 되었다.

옹알이

사회적 교환에서 옹알이의 역할은 미소짓기의 역할과 유사하다. 두 가지 모두 유아가 깨어 있고 만족한 상태에서 일어나며, 둘 모두의 예견되는 결과는 아이의 동반자가 사교적인 방식으로 아이에게 반응하고 연쇄적 상호작용에 아이와 함께 참여하는 것이다. 그리고 이 두 가지는 생후 5주라는 거의 동일한 연령에서 사회적 해발인(releaser)으로서 효과적이다. 그리고 두 가지 모두 동일한 자극에 의해 발현되기 때문에 둘다 함께 발생하는 경향이 있다. 하지만 둘 사이의 주요한 차이는 미소와 그와 연관된 사지의 움직임은 시각적 신호인 반면, 옹알이는 청각적 신호라는 점이다.

아이가 생후 4주 무렵에 맨 처음 꼴꼴 소리를 내거나 속삭이는 소리를 낼 때, 아이는 주로 목소리에 대한 반응으로 이런 소리를 낸다. 목소리는 이 연령대에 또한 미소를 이끌어낸다. 비록 약 1주일 동안 목소리는 옹알이와 미소짓기를 모두 이끌어내지만, 그 이후로는 목소리를 통해 미소짓기가 많이 나타나지는 않으며, 목소리는 주로 옹알이를 이끌어내게 된다(Wolff, 1963). 목소리는 옹알이를 아주 효과적으로 이끌어낸다. 생후 6주경부터 계속해서 "아이의 소리를 모방함으로써 아이와 함께 10개에서 15개 사이의 소리를 교환하는 것이 가능하다"고 울프는 보고한다. 이미 이 연령이 되면, 엄마의 목소리가 울프 자신의 목소리보다 더 효과적이라는 것을 울프가 발견했다.

하지만, 시각적 자극에 의해서도 옹알이를 이끌어낼 수 있다. 유아는 움직이는 인간의 얼굴을 보고서 미소를 짓기 시작하자마자 옹알이도 시작하게 된다. 하지만, 옹알이는 미소 짓는 것만큼 아주 규칙적으로 나타나지는 않는다. 움직이는 얼굴을 보면서 동시에 목소리를 듣게 되면 유아는 대부분 옹알이를 하게 된다.

이렇게 옹알이는 미소짓기와 마찬가지로 사회적 맥락에서 가장 자주 발생하는 경향이 있다. 그럼에도 불구하고, 역시 미소짓기와 마찬가지로 옹알이는 여타의 상황에서 발생할 수도 있다. 라인골드(1961)는 어떻게, 생후 3개월 된 아이는 방울을 보고, 그리고 그 소리를 듣고서, 미소를 짓고 꼴꼴 소리는 내는데도 생후 5개월 된 아이는 그렇게 하지 않는지를 강조한다. 생후 5개월 된 아이가 생후 3개월 된 아이처럼 더 이상 반응하지 않는 이유는 아마도, 무생물 대상이 자신의 미소와 옹알이에 영향을 받지 않기 때문인 것 같다 ― 이 아이의 인간 동료들과는 현저한 대조를 이룬다.

브랙빌이 아기가 미소를 지을 때마다 이 아이에게 미소를 짓고, 속삭여주고, 이 아이를 들어 올려 줌으로써 아이의 미소를 강화하는 데 성공했듯이, 라인골드, 게비르츠, 로스(Rheingold, Gewirtz, & Ross, 1959)도 유사한 사회적 보상을 사용해서 아이가 옹알이하는 횟수를 늘리는 데 성공했다. 이들의 실험대상은 생후 3개월 된 21명의 유아들이었다. 실험 연구자는 아이 위로 상체를 구부린 채 무표정한 얼굴로 3분 동안 아이를 응시함으로써 옹알이 반응을 이끌어냈다. 실험 첫째 날과 둘째 날, 연구자들은 계속되는 옹알이에 반응을 보이지 않았다. 셋째 날과 넷째 날, 유아가 소리를 낼 때마다 연구자는 즉각적으로 반응했다. 연구자의 각각의 응답은 세 가지로 구성되어 있었다 ― 환한 미소를 지어주고, '츠크'[10] 소리를 세 번 내고, 유아의 배를 가볍게 끌어안아 주었다. 다섯째 날과 여섯째 날에는 다시 반응을 보이지 않았다. 결과는 분명했다. 아이가 소리 내는 것에 응답을 해줄 때마다 아이는 더 많이 소리를 냈다. 아이에게 보상을 해주었던 이틀 중 두 번째 날에 아이들의 소리는

---

[10] 원문에 'tsk'로 표기된 소리로 유아에게 내는 소리 - 옮긴이.

거의 두 배로 늘어났다. 아이가 소리 내는 것에 더 이상 반응이 없었을 때, 아이들의 소리는 다시 감소했다.

다른 수단을 통해서도 아이들의 옹알이는 증가될 수 있는지, 그리고 만약 증가될 수 있다면 어떤 종류의 수단을 통해서 증가되는지 등의 문제는 아직 미지의 상태이다. 하지만, 아이가 옹알이를 할 때마다 문에 걸린 차임 소리를 들려줬는데, 옹알이는 더 이상 증가하지 않았다 (Weisberg, 1963).

어떤 범위 내에서 해석해 보건대, 분명히 이 결과들은 미소짓기와 마찬가지로 옹알이도 사회적 해발인이며, 옹알이의 기능은 아이와 엄마 사이의 사회적 상호작용을 증진함으로써 엄마-인물을 유아에게 가까이 있게 하는 것이라는 관점과 일치한다.

여타의 사회적 반응들의 경우와 마찬가지로, 유아는 조만간 다른 사람들과의 상호작용에서보다는 엄마와의 상호작용에서 더 많은 소리를 내게 될 것이다. 울프(1963)는 이런 현상을 빠르면 생후 5주 내지 6주에 관찰했다. 에인스워스(1964)는 생후 20주가 지나서야 이것을 관찰했지만, 이러한 특정 행동 특징에 대한 자신의 관찰이 체계적이지 못했다고 언급했다.

생후 4개월이 되면 유아는 아주 다양한 소리를 낼 수 있게 된다. 이후로 유아는 어떤 소리를 다른 소리보다 더 많이 사용하는데, 생후 첫해의 후반기에 자신의 동반자의 어조와 억양을 선별해내는 두드러진 경향성을 보인다. 이러한 음성적 발달과정에서 다음의 두 가지 경향성 모두 중요한 역할을 수행하는 것 같다. 동반자가 만들어 내는 특정 소리를 모방하는 유아의 경향성과 동반자가 내는 소리를 유아가 모방하여 낼 때, 동반자 자신의 소리와 동일한 소리를 선택적으로 강화하는 동반자의 경향성이 이 두 가지 경향성이다.

울기

이제껏 고찰했던 유아적 반응들은 모두 아이의 동반자들이 환영하는 것들이다. 아이의 동반자들은 이 반응들을 행복하게 발현시킬 뿐만 아니라 이 반응들을 북돋는다. 대조적으로, 울기는 아이의 동반자들에게 환영을 못 받으며, 이들은 울기가 나타날 때 울기가 그치게 하거나 울기가 발생할 가능성을 줄이기 위해서도 최선을 다하려고 할 것이다. 그러므로 울기에 대한 사회적 자극의 역할은 우호적 반응에 대한 사회적 자극의 역할과는 거의 반대되는 것이다. 우호적 반응들의 경우, 사회적 자극들은 주요 유도체이며 주요 강화자이지만, 울기의 경우, 사회적 자극들은 주요 종료 자극들과 미래에 울기의 발생가능성을 줄이기 위한 주요 동인들 중의 일부이다.

앞 장에서 울기의 종류가 한 가지 이상이라는 것을 지적 했다. 각각의 종류는 고유한 높이와 양식, 고유의 원인 자극, 고유의 종료 자극, 아이의 동반자에 대한 고유한 영향력을 가지고 있다. 대체로 아이가 울면 엄마는 아이가 울음을 멈추도록 조치를 취한다. 엄마는 갑작스런 고통의 울음소리를 들을 때처럼, 이러한 조치를 즉시 취하며, 혹은 주기적인 울음이 점차 커질 때와 같이 자신에게 편리한 시간에 조치를 취하기도 한다. 실제로, 아기의 울음은 쉽게 간과하거나 참을 수 있는 것이 아니다. 그러한 주요 이유는 아이의 울음소리의 리듬과 음역의 변동폭이 상당히 크기 때문이라고 앰브로즈는 지적한다. 이것은 울음소리에 습관화되는 것이 쉽지 않다는 것을 의미한다.

모든 엄마들이 알고 있듯이, 아이들은 각자 고유한 방식으로 운다. 실제로, 소리를 분석한 사진들을 보면 '울음-성문'은 손가락 지문과 마찬가지로 신생아의 신원확인에 사용될 정도로 고유한 것이다 (Wolff, 1969). 엄마는 곧 자기 아이의 울음소리를 인식하게 된다. 폼비 (Formby, 1967)가 연구한 23명의 엄마 표집에서, 아이가 태어난 지 48시간 내에 절반의 엄마들은 능숙하게 자기 아이의 울음소리를 구별해 냈으며, 이 이후에 검사를 받은 8명 중에 아무도 실수하지 않고 구별했다. 울프도 또한 대부분의 엄마들이 이런 측면에서 곧 능숙해진다는 것을 발견했다. 이후로 엄마들은 다른 사람의 아기가 아닌 자신의 아기를 돌보면서 자신의 아기에 선택적으로 반응한다.

두 종류의 울음에 대해 이미 설명한 바 있다—점진적으로 시작해서 율동적이게 되는 배고픔의 울기와 갑자기 시작해서 비율동적이게 되는 고통의 울기 등. 울프(Wolff, 1969)가 간략하게 설명한 세 번째 울기 유형은 특징적인 고함치는 소리를 갖고 있으며 대개 분노의 신호로 해석된다고 한다. 네 번째 유형은 주로 혹은 오직 뇌 손상을 입은 아이들에게만 나타나는데, 이 유형은 특히 아이의 동반자에게 불쾌함을 주며 이 동반자는 흥분해서 이 울음소리가 들리지 않는 곳으로 벗어나려고 하는 경향성이 있다고 울프는 보고한다.

어린 아기에게 가장 흔한 울음소리는 율동적이지만 이러한 울음은 배고픔 외에도 다른 많은 것들에 의해 생길 수도 있다. 예를 들어, 이 울음은 꽤 갑자기 시작할 수도 있다. 이런 경우, 울음은 아마도 외부 자극에 의해 시작되었을 것이다. 혹은 울음은 호들갑스럽게 시작해서 천천히 커지기도 한다. 이 경우, 울음은 아이 내부의 어떤 변화 혹은 냉기가 원인이 되었을 가능성이 있다.

율동적인 울음을 발현시키는 외적 자극에는 갑작스런 소음, 조명과 자세의 갑작스런 변화 등이 포함된다. 또한 나체 상태도 여기에 포함된다. 울프(1969)는 특히 생후 둘째, 셋째, 넷째 주에 많은 유아들이 옷이 벗겨지자마자 울기 시작하고 이들에게 다시 옷을 입혀 주거나 두꺼운 담요를 덮어주자마자 울기를 그친다고 보고한다.

배고프거나 추위에 떨고 있는 아기들은 자신들의 이러한 상황을 율동적 울음을 통해 알리는 것 같다. 이러한 율동적 울음은 천천히 커지며 음식이나 따뜻함에 의해 각각 끝나게 된다. 하지만, 음식을 먹은 후 시간도 얼마 되지 않았고 몸이 따뜻한 아이들에게도 율동적 울음이 유사하게 커지는 현상이 발생한다. 이러한 울음은 흔한데 이러한 울음의 원인들은 약간 혼란스러운 것으로 입증되었다.

엄마는 여러 가지 수단을 사용해서 아이가 우는 원인을 파악한다. 고통이 원인이라면 울음의 유형이 단서를 제공할 가능성이 있다. 외적 자극이 원인이라면 엄마 스스로 아이에게 해를 끼쳤던 사건을 알아차렸을 수도 있다. 배고픔이나 추위가 원인이라면 상황이 단서를 암시할 수도 있으며, 음식을 제공하거나 따뜻하게 해주면 엄마의 추측이 정확했는지를 효과적으로 검증할 수 있다. 이상의 것들 중 어떤 것도 원인이 아니라면, 엄마는 당혹해 할 것이다.

지금까지 살펴보았던 원인들이 아닌 다른 원인에 의해 발생하는 울음이 있다. 이런 울음에 대해 인상적인 것은, 이런 종류의 울음이 자연환경에서 거의 확실하게 인간이 근원이 되는 자극들에 의해 효과적으로 종료된다는 것이다. 이러한 자극들에는 소리, 특히 사람의 목소리와, 습관적 빨기와 누군가 유아 자신을 흔들어 주는 것에서 발생하는 촉각 자극과 자기자극 수용 자극 등이 포함된다. 이렇게 사회적으로 파생된, 유아의 울음을 멈추게 하는 것들 각각의 효율성에 대해 알려진 바를 고찰해 보자.

울프는 보스턴(Boston)에 있는 각자의 집에서 양육되고 있는 14명의 유아의 초기 사회적 반응에 대해 연구하면서, 울음에 대한 많은 자연사적 관찰을 진행했으며 많은 실험을 수행했다(Wolff, 1969). 최소한 일시적으로 울음을 멈추게 하는 데 있어, 출생시부터, 여러 상이한 종류의 소리들이 효과적이라는 것을 울프는 발견했다. 생애 첫 주에는 방울소리나 종소리가 인간의 목소리만큼 혹은 심지어 그 이상으로 효과적인 것 같다. 하지만, 이러한 효과성의 균형은 오래 지속되지 않으며, 지속되더라도 그 이유는 아이가 종이나 방울 소리가 자신의 울음소리를 뚫고 더 쉽게 들리기 때문인 것 같다. 어찌 되었든, 아이의 생애 두 번째 주에는 인간의 목소리는 아이의 울음을 그치게 만드는 데 가장 효과적인 자극이 되며, 세 번째 주에는 여성의 목소리가 남성의 목소리보다 더 큰 효과를 발휘하게 된다. 2~3주가 더 지나고 나면, 대개 가장 효과적인 자극은 특히 엄마의 목소리이다 — 실제로 아주 효과적이어서 엄마의 목소리는 울음을 그치게 할 뿐만 아니라, 만약 아이가 엄마의 목소리를 계속 듣게 되면 아이에게서 미소가 발현되기도 한다(Wolff, 1963).

대부분의 엄마들은 단순히 빠는 행위가 아이를 진정시킨다는 것을 알고 있다. 그래서 서구 사회에서는 고무젖꼭지가 수년 동안 시장에서 팔리고 있다. 영국의 중부에서 진행된 아동양육에 관한 한 대규모 연구에서(Newson & Newson, 1963), 만족한 것으로 평가된 엄마들의 50%는 고무젖꼭지를 자기 아이들에게 주었다는 것이 밝혀졌다 — 고무젖꼭지는 어떤 명백하게 나쁜 영향도 미치지 않았다. 서구 사회보다 덜 발달한 나라들에서 엄마들은 보통 울고 있는 아이를 젖가슴에 놓아두는데, 젖이 나오는지 안 나오는지에 대해 크게 걱정하지 않는다.

습관적 빨기의 아이를 진정시키는 효능은 케센과 로이첸도르프 (Kessen & Leutzendorff, 1963)의 실험의 주제였는데, 이들은 생후 24시간에서 60시간까지의 유아 30명을 관찰했다. 이들의 목적은 아이를 진정시키는 데서 짧은 기간 동안 고무젖꼭지를 빠는 것의 효능을 동일한 기간 동안 아이의 이마를 쓰다듬어 주는 것의 효능과 비교해서 파악하는 것이었다. 아이의 손과 발의 움직임의 양과 울음의 양, 두 가지 모두를 측정했다. 결과는 분명했다. 30초간의 빨기 후에 아이의 동작은 평균적으로 절반만큼 감소되었고 울음은 5분의 4만큼 감소되었다. 동일한 시간 동안 쓰다듬어 준 후에, 아이의 동작과 울음 모두 평균적으로 약간 증가되었다(비록 유의미한 차이는 아니었다). 저자들은 다음과 같이 논평한다. 아이들은 이미 다른 상황에서 빨기에 의해 약간의 음식을 받아 먹어본 경험이 있기 때문에, 빨기의 진정 효과는 "젖꼭지와 음식 빨기를 연합한 데서 학습한 이차적 강화의 결과"라고 주장하는 것이 여전히 가능하다는 것이다. 그러나, 이러한 주장이 아마 사실과 다를 것이라는 증거를 울프(1969)가 보고하고 있다. 선천적으로 식도폐쇄증에 걸린 아이들은 따라서 입을 통해 어떤 음식도 받아먹을 수 없는데, 이들에게 빨 것을 주었을 때 우는 것을 멈추었다.

울프(1969)는 또한 고무젖꼭지를 빨지 않고 입술 사이에 물고만 있어도 효과가 있다고 언급한다. 아이가 고무젖꼭지를 빨다가 잠이 들었지만 아직 깊은 잠에 빠지지 않았을 때, 이때 고무젖꼭지를 빼내면 아이는 잠에서 깨서 울기도 한다는 사실을 울프는 지적한다.

아이를 흔들어 주는 것이 흔히 아이를 진정시키는 좋은 방법이라는 것은 오랫동안 전승되어 내려오는 보육지식이다. 최근에 이것의 가치는 음식먹기의 중요성이 지나치게 강조되면서 모호하게 되었다. 그래서 전혀 상이한 두 상황에서 생애 첫 3개월 동안 유아들에게 일어났던 실제적인 경험을 숙고해 볼 이유가 있다.

다음의 첫 번째 기술은 영국의 한 소아과 의사가 한 것이다.

이 시기에 울음의 상당히 중요한 원인은 외로움이나 누군가 자신을 안아주기를 바라는 것이다. 최소한 이것이 울음의 원인인 것처럼 보인다. 왜냐하면 아이를 들어 올려서 껴안아주는 즉시 울음을 그치기 때문이다. 상당수의 엄마들이, 아이가 안아주기를 원하고 또 아이에게 안아주기가 필요하다는 것을 깨닫지 못해서 아이가 우는 것은 모두 배고파서라고 잘못 생각한다는 것은 놀랄 만한 일이다. 배고픔의 울음과 외로움의 울음을 구별하는 기본 특징은 배고픔이나 혹은 다른 불편함 때문에 생기는 울음은 아이를 들어 올려준다고 해서 멈추지 않는다는 것이다(Illingworth, 1955).

다음의 두 번째 기술은 동아프리카의 반투어를 사용하는 공동체의 풍습을 인용한 것이다.

엄마들은 생후 첫 3개월 동안에 젖을 줘서 만족시킬 수 없는 종류의 울음이 있다는 것을 인식한다. … 밤에 가장 잦아진다. … 엄마는 불을 켜고 아이를 등 뒤에 업고서 위 아래로 흔들면서 집안을 이리저리 걸어 다닌다. 얼굴의 측면을 엄마의 등에 찰싹 달라 붙이고서, 아이는 이런 자세로 밀쳐지다가 종종 조용해진다. 낮 동안에 아이의 보모들도, 울면서도 음식을 거부하는 조그만 아이들을 달래기 위해, 아이를 자신의 등에 업거나 팔에 안고 흔들어준다(Levine & Levine, 1963).

몇 년 전에 앰브로즈는(1969, 사적 의견 교환) 이러한 조건들에서 효과적인 자극들에 대해 실험분석을 시작했다. 앰브로즈는 태어난 지 5일 된 아기들을 오후 회기마다 관찰했는데, 오후 회기는 아이가 음식을 먹고 옷을 갈아입은 다음 즉시 시작되었다. 아기는 요람에 눕혀져 있는데, 이 요람은 어떤 장치 위에 놓여 있었다. 이 장치는 흔들어 주는 장치와 흔들림 정도를 측정하는 장치[11]의 두 가지 역할을 동시에 수행하고 있었다. 이 장치는 처음에는 움직이지 않았다. 약 1시간 동안 아이를 연구했는데, 그동안 행동 변인들과 생리적 변인들에 대한 정보들을 다용도 기록계를 사용하여 기록했다.

이런 상황에서 아이는 회기 내내 울지 않고서 깨어 있거나 잠든 채로 조용히 누워 있을 수도 있다. 하지만, 종종 아이는 대개 분명한 이유 없이 조만간 울기 시작한다. 때로 울음은 시작하자마자 곧 멈추는 경우도 있지만 다른 경우에는 계속 된다. 울음이 최고 2분 동안 지속되면 아이를 흔들어 준다. 울음을 그치게 하는 데 특정 속도가 다른 속도에 비해 더 효과적인지 보기 위해 흔드는 동작의 속도를 다양하게 적용한다.

예비 실험 결과는 이런 상황에서 아이가 흔들어 주는 기구에서 나오는 전정기관에 대한 자극을 받게 되면 모든 아이는 울음을 멈춘다는 것

---

[11] '흔들림 정도를 측정하는 장치'는 원문에서 'stabilimeter'라고 되어 있다. 'stabilimeter'는 두 발을 붙이고 두 눈을 감고 서 있을 때 신체가 좌우로 흔들리는 정도를 측정하는 장치이다(An instrument to measure the sway of the body when standing with feet together and usually with eyes closed). 이 장치의 정의는 다음의 웹 사이트에서 확인할 수 있다: http://www.dictionarybarn.com/STABILIMETER. php - 옮긴이.

을 보여준다. 흔들어 주는 동작은 수직 방향이었으며 동시에 좌우로 7~8센티미터 점도 움직이는 것이었다. 분당 30회 정도의 낮은 속도로 흔들어 주는 것은 울음을 그치는 데 효과적이지 않다. 하지만, 일단 속도를 분당 50회로 올리면 울음은 감소한다. 분당 60회와 그 이상의 속도에서는 모든 아이들이 울음을 그치고, 거의 항상 조용한 채로 있게 된다. 그리고 일단 속도가 이 정도에 도달하면 심장박동 수는 현저하게 저하되고(우는 동안 심장박동 수는 분당 200회 이상이 되기도 한다), 호흡은 더욱 규칙적이게 되며, 아이는 긴장을 풀게 된다. 이 관찰의 놀랄 만한 특징은 속도가 구체적이라는 것이다. 비록 몇몇 아이들은 분당 70회 정도가 필요했지만, 분당 60회에서 대부분의 아이들은 울음을 멈춘다. 분당 50회 이하는 비효과적이다. 흔들어 주는 것이 아이의 울음을 멈추는 데 계속적으로 효과적인 수단이 될 것이라는 점도 특별히 언급할 필요가 있다(개인적 관찰). 다시 말해서, 흔들어 주는 것은 아이에게 결코 습관화될 것 같지 않은 자극이다.

앰브로즈는 자신의 실험과정에서 울음을 그치는 데 있어서의 여타의 자극군들의 상대적 효능에 대해 연구했다. 습관적 빨기의 경우 앰브로즈의 관찰은 케센과 로이첸도르프의 관찰을 확인하고 확대하는 것이다.

아기의 입에 흔히 볼 수 있는 고무젖꼭지를 살며시 물려주면 아이는 곧 진정된다는 것을 앰브로즈가 발견했다. 하지만, 이것의 효능은 흔들어 주는 것만큼 크지 않았다. 심장박동에 미치는 각각의 영향을 보면 분명해진다. 아이를 흔들어 주면 아이의 심장박동 수는 보통 휴식 상태의 수준으로 돌아간다. 이와 달리 습관적 빨기를 할 동안에, 흔들어 줄 때와 마찬가지로 울음이 완전히 멈추기도 하고 심장박동 수 또한 줄어들기도 하지만, 심장박동 수는 휴식상태 이상의 수준으로 유지된다.

지금까지 살펴봤던 관찰과 실험에서 도출할 수 있는 결론은, 아이가 배고프거나, 춥거나, 고통스럽지 않을 때, 울음을 그치게 하는 데 가장 효과적인 것들은, 오름차순으로, 목소리, 습관적 빨기, 흔들어 주기 등이다. 이러한 발견 내용은 왜 아이들이 외로워서 울고, 왜 누군가 자신을 들어 올려주기를 원하는지에 대해 쉽게 설명해 준다. 생애 초기의 몇 달 동안에 아이들이 이러한 정서를 가지고 있다고 하는 것은 거의 확실히 정당화될 수 없지만, 그럼에도 불구하고 이 주장들은 약간의 진리 이상을 포함하고 있다. 누군가 아이들을 흔들어 주지 않고 아이들에게 말을 걸어 주지 않을 때 아이들은 쉽게 운다. 누군가 아이들을 흔들어 주고 아이들에게 말을 걸어 줄 때 아이들은 울음을 그치고 만족해한다. 지금까지 아이를 흔들어 주고 아이에게 말을 걸어 줄 가능성이 가장 높은 행위자는 아이의 엄마이다.

　덧붙여 말하건대, 아이를 특정 방식으로 흔들어 주는 것이 절대 확실하고 완전해 보이는 효능을 갖고 있다는 것은 특히 인상적이다. 아이를 흔들어 주는 것이 아이의 울음을 그치게 하려면, 흔들어 주는 것의 속도가 분당 60회 혹은 그 이상이어야 한다는 사실은 아마도 성인이 걷는 속도와 관련되어 있을 것이다. 이것이 의미하는 바는, 엄마가 아기를 등이나 엉덩이에 업고 나를 때 아이는 최소한 분당 60회 정도로 흔들리며 그래서—아이가 배고프거나 아프지 않으면—울지 않는다는 것이다. 이러한 행복한 결과는 우연히 그렇게 된 것일 수도 있다. 보다 그럴 듯한 설명은 이것이 인간 진화의 과정에서 작용하고 있었던 선택적 압력의 결과라는 것이다.

　그러므로 율동적 울음을 멈추게 하는 데 있어, 흔들어 주는 것과 음식을 먹이는 것이 똑같다는 것은 명백하다. 아이가 배가 고플 때 음식을 주는 것은 울음을 그치는 데 효과적이다. 아이가 배가 고프지 않을 때는 아이를 흔들어 주는 것이 울음을 그치는 데 가장 효과적이다. 이와 반대되는 조건들에서는 둘 다 잠시 동안만 효과를 발휘한다.

아이를 흔들어 주는 것은, 율동적 울음을 그치게 하는 데뿐만 아니라 율동적 울음이 시작하는 것을 늦추는 데서도 효과적이라는 것이 밝혀졌다. 이 사실은 고든과 포스(Gordon & Foss, 1966)의 실험에서 보인다. 어떤 산부인과 병원에서는 일상적 일과의 일부로서 생후 몇 시간에서 10일까지의 아기들은 매일 오후 약 1시간 동안 보육실에 있게 된다. 이 아기들은 보육실에 들어오기 전에 음식을 먹었기 때문에 한두 명을 제외하고는 모두 조용하다. 18일 동안 매일 이 조용한 아기들 중의 한 명을 (무작위로) 선택한 다음, 그 아기를 요람 속에서 30분 동안 흔들어 주었다. 그런 다음 실험 연구자는 보육실에 30분 동안 머무르면서, 만약 누군가 운다면 그 조용한 아기들 중에서 누가 울기 시작하는지를 살펴봤다. 실험 결과, 흔들어 주었던 아기가 흔들어 주지 않았던 아기들에 비해 관찰시간 동안 울 가능성이 더 낮은 것으로 나타났다.

아기가 자라면서 울음을 유발하고 그치게 하는 상황은 변화한다. 아기가 보게 되는 것이 특별한 중요성을 갖게 된다. 이르면 생후 다섯 번째 주에, 다른 점에서 보면 만족해 있을 많은 아이들이 자신이 보고 있는 사람이 시야에서 사라지면 울기 시작하고 이 사람이 다시 나타날 때마다 울음을 멈춘다는 것을 울프(1969)가 발견했다. 이 연령대와 그리고 몇 달이 더 지날 때까지 아이가 보는 사람이 누구인가는 거의 혹은 전혀 중요하지 않다. 심지어 애완동물이 사라졌다 다시 나타나는 것도 사람이 사라졌다 다시 나타나는 것과 동일한 결과를 나타낸다. 하지만, 생후 5개월 무렵부터 어떤 사람이 오고 가느냐는 상당히 중요하다.

에인스워스(1967)는 간다 부족의 어린이들에 대한 기술에서, 아이들에 따라 개인차는 크지만 생후 5개월 무렵부터, 엄마가 아이를 두고 방에서 나갈 때 아이는 곁에 함께 있을 사람이 있는데도 울기 시작하는 경향이 있다고 보고한다. 생후 약 9개월 후부터 아이는 덜 울게 되는데, 그 이유는 아이가 이 시기가 되면 더 효율적으로 엄마를 따라갈 수 있기 때문이다. 이러한 울음의 발생빈도는 아이에 따라 다를 뿐만 아니라 관련된 특정 상황에 따라서도 달라진다. 예를 들어, 엄마가 방에서 떠날 때 생후 12개월 된 아이가 어떻게 행동하는가는 엄마가 어떻게 움직이느냐에 따라 상당히 달라진다는 것을 어느 가정에서나 관찰할 수 있다. 엄마가 천천히 조용히 방을 빠져나가면 아이는 거의 저항하지 않을 것이다. 하지만 빨리 서둘러서 나가면 아이는 큰 소리로 시끄럽게 저항할 것이다.

생애 첫해의 끝 무렵이 되면 유아는 낯선 얼굴과 낯선 상황을 점차 인식하게 되고 놀라게 된다. 이후로부터 유아는 낯선 것 때문에 흔하게 울고 엄마를 찾게 된다. 애착행동과의 중요하고 긴밀한 관련성 때문에, 낯선 얼굴과 낯선 장소에 대한 두려움은 다음 장에서 좀 더 완전하게 논의할 것이다.

아이가 낯선 사람을 보고 울음을 터뜨리게 되는 연령대와 거의 동일한 시기에 아이는 불쾌한 것이 일어날 것을 예견하고서 울음을 터뜨리기도 한다. 레비(Levy, 1951)가 기록한 예를 들자면, 병원에서 아이가 몇 주 전에 맞았던 주사를 한 번 더 놓기 위해 의사가 준비하는 광경을 볼 때 아이는 운다. 생후 11개월 이전에 아이가 이렇게 반응하는 것은 아주 드물게만 관찰된다. 이와 달리 생후 11~12개월째는 표집의 4분의 1의 아이들이 이런 반응을 보였다. 이런 행동은 만 1세의 아동이 획득하

고 있는 아동 자신의 주변 세계에 대한 신속하게 증진되는 이해의 중요
한 부분이다.

4. 본성과 양육[12]

모든 생물학적 특징의 발달에서와 마찬가지로 애착행동의 발달에서
도 본성과 양육은 계속 상호작용 한다. 환경이 특정 한계 내에서 유지되
는 한, 상이한 아동들의 행동 차이의 상당 부분은 유전적 차이에서 기인
하는 것 같다. 하지만, 일단 환경적 변화가 커지면 이러한 변화 때문에
생기는 결과를 쉽게 이해할 수 있게 된다.

거의 확실하게 유전적 차이 때문에 발생하는 것으로 보이는 변화의
예로는 소년들과 소녀들의 시각적 집중의 차이가 있다(Lewis, Kagan,
& Kalafat, 1966; Lewis & Kagan, 1965). 이 연구자들은 생후 24주 된 아
이들을 연구했는데, 여자 아이들은 얼굴 이외의 모양보다는 얼굴을 바
라보는 것을 선호한 반면, 남자 아이들에게는 이런 선호가 나타나지 않
는다는 것을 알게 되었다.

일란성 쌍둥이와 이란성 쌍둥이를 비교한 프리드먼의 연구에서 지
향성과 미소짓기가 처음 발현되는 것 또한 유전적 요인의 영향을 받는
다는 것을 시사하는 증거를 찾아볼 수 있다(Freedman & Keller, 1963;

---

[12] '본성과 양육'은 원문에서 'Nature and nurture'라고 되어 있다. 'nature and nurture'
에는 선천적으로 타고난 것과 후천적으로 획득된 것의 관계가 포괄적으로 함축되어
있다. 이 구절은 '유전과 학습', '천성과 교육' 등으로 흔히 번역되는데, 여기서는 '본성
과 양육'으로 번역했다 – 옮긴이.

Freedman, 1965). 일란성 쌍둥이의 쌍에서 지향성과 미소짓기가 처음 발현되는 연령 간의 차이는 이러한 지향성과 미소짓기가 동성의 이란성 쌍둥이의 쌍에서 처음 발현되는 연령 간의 차이보다 더 작은 경향이 있다. 이 연구의 모든 쌍둥이들의 각 쌍은 동일한 가정에서 함께 양육되었기 때문에 환경적 차이는 최소화되었다.

일단 상이한 아동들이 자라나는 환경이 더 많이 차이가 나게 되면, 환경이 발달에 미치는 영향은 곧 명백해진다. 이와 관련된 많은 연구들은 가정에서 양육되는 아이들과 기관에서 양육되는 아이들을 비교하는 방법으로 수행되었다. 그렇게 해서, 앰브로즈(1961)가 사용한 실험상황에서, 미소짓기는 기관에서 자라는 아이들보다 가정에서 자라는 아이들에게서 몇 주 더 빨리(가정에서 자라는 아이들의 경우 6~10주 사이에, 기관에서 자라는 이들의 경우 9~14주 사이에) 나타났다. 이미 생후 3개월이 되면 기관의 아이들은 가정의 아이들보다 옹알이를 덜 한다고 프로방스와 립톤(Provence & Lipton, 1962)은 보고한다. 그 이후로 빈한한 기관에서 양육되는 아이들의 발달은 가정에서 양육되는 아이들의 발달과는 점차 동떨어지게 된다. 프로방스와 립톤은, 기관 아이들은 얼굴과 가면 그리고 상이한 얼굴들을 더 늦게 구별할 수 있으며, 사회적 접촉을 시작하려는 시도가 더 적고 표현 동작의 목록도 더 적으며, 생후 12개월이 되어도 여전히 특정 사람에 대한 애착의 어떤 기미도 보이지 않는다고 보고한다. 이 기관 아이들이 고통을 겪을 때 애착의 부재는 특히 확연하다. 이런 상황에서도 이들은 어른을 찾지 않는다.

기관의 어떤 면이 이러한 발달지체라는 결과에 대해 책임이 있는지에 대해 많은 논의가 있었다. 캐슬러(Casler, 1961)와 같은 몇몇 사람들은 주요한 지체 동인은 입력된 자극의 감소이며, 엄마-인물의 부재를 연루시키는 이들의 판단은 잘못된 것이라고 주장했다. 에인스워스(1962)는 생애 초기 몇 달 동안 유아의 엄마-인물은 그 당시까지 이 유아가 받아들이는 모든 자극의 주요 근원이라는 것을 강조함으로써 이 주장에 대해 반박했다. 게다가, 아이와의 일상적 상호작용 과정에서 엄마는 자극을 제공하는 것 외에도 아이 자신의 세상을 시각과 손을 사용하여 적극적으로 탐색할 기회를 제공한다. 이러한 기회들이 감각-운동 발달에 있어 상당히 중요하다는 것에 대해서는 피아제(1936)가 처음 제안한 바 있으며, 화이트와 헬드(1966)의 최근의 실험연구들도 이를 지지하고 있다. 빈한한 기관에서 양육되는 유아가 경험하고 있는 결핍은 그러므로 다중적이다 — 이 중 몇 가지를 언급하자면, 입력된 자극의 부족, 노출 학습 기회의 부족, '의존적으로 구조화된 환경에서의 자발적 운동' 기회의 부족을 들 수 있다.

그러므로 이후로부터는 환경변화의 결과로 나타날 수 있는 엄청난 발달의 차이를 계속 염두에 두어야 한다. 16장에서 이 소재에 관해 심도 있게 논의할 것이다.

제15장

인물에 집중하기

'아, 그런데 아기가 뭘 좋아하지?'라고 고양이가 들으며 물어보았다. '아기는 부드럽고 간질이는 걸 좋아해'라고 박쥐가 말했다. '아기는 잠 자리에 들 때 따뜻한 걸 팔에 안고 싶어 하지. 누군가 같이 놀아주는 것 도 좋아하고. 아기는 이런 모든 걸 좋아해.'

— 러디어드 키플링(Rudyard Kipling), 『바로 그런 이야기』(*Just So Stories*)

1. 서론

앞 장에서 애착발달에 대해 기술했는데, 기술 범위는 네 단계 중의 첫 단계인 '인물을 제한적으로 구별하는 지향성과 신호' 단계에서 약간 더 진행되었을 뿐이다. 이 장에서는 일반적인 가정환경에서 자라나는 아 이들에게 일어나는 두 번째 단계와 세 번째 단계에 대해 설명할 것이다. 이 두 단계는 다음과 같다:

단계 2—'한 사람의(혹은 그 이상의) 구별되는 인물(들)에게 향하는
　　　　　지향성과 신호'
단계 3—'신호와 이동에 의한, 구별된 인물에 대한 근접성의 유지'

단계 4, 곧 '목표수정적인 동반자 관계의 형성' 기간의 발달을 이해하는 데 있어 발생하는 문제들은 17장과 18장에서 논의될 것이다.

단계 2에서 발생하는 행동발달에 대한 주요 자료는 다음 세 가지다. 보스턴 지역의 아일랜드계 미국인 유아들에 대한 울프(1963)의 아주 자세한 관찰, 워싱턴 D.C. 지역의 유아들에 대한 야로(Yarrow, 1967)의 관찰, 그리고 간다 유아들에 대한 에인스워스(1967)의 관찰 등이다. 단계 3에서 발생하는 행동발달에 대한 주요 자료는 다음 두 가지이다. 간다 유아들에 대한 에인스워스(1967)의 관찰과 글래스고의 스코틀랜드 유아들에 대한 쉐퍼와 에머슨(1964a)의 관찰 등이다.

시골과 스코틀랜드의 도시와 같이 아주 상이한 환경에서 자란 유아들에 대해 상당히 비교할 만한 자료를 활용할 수 있다는 것이다. 왜냐하면, 이러한 두 환경의 유아들에게 공통적인 행동상의 변화는 그것이 어떤 것이든지, 여타 환경의 유아들에게도 또한 적용될 가능성이 있기 때문이다. 하지만, 이 두 종류의 자료를 비교하는 데 있어 한 가지 난점을 계속 염두에 두어야 했다. 쉐퍼와 에머슨의 연구에서 애착행동의 유일한 준거는 누군가에 의해 혼자 남겨질 때 아이가 보여주는 저항이었다. 이와 대조적으로 간다 부족의 아이들에 대한 에인스워스의 연구에서 준거는 훨씬 더 광범위했다. 이별할 때의 저항 이외에도, 유아가 어떤 인물을 반기는 것, 유아가 탐색할 때 어떤 인물을 기지로 사용하는 것 등이 애착의 준거로 포함되었다.

2. 차별적으로 지향된 행동의 유형들

이미 설명한 바와 같이, 행동의 개체발생 과정에서 습관적으로 발생하는 주요 변화는 어떤 반응을 발현하고 종료하는 데 있어 효과적인 자극의 범위가 제한된다는 것이다. 이 점은 유아기의 우호적 반응들과 울음에서 두드러지게 그러하다.

엄마를 냄새와 목소리로 구별하는 유아의 능력은 다른 사람보다 엄마를 향해 좀더 분명하게 몸을 돌리고, 그리고 엄마의 목소리를 듣게 될 때 더 자주 빠는 유아의 경향성에 의해 드러나는데, 이러한 유아의 능력은 생애 초기의 며칠 동안 신속하게 발달한다. 그리고 생후 5주가 될 때까지, 어떤 유아들의 경우, 엄마의 목소리는 아빠나 관찰자의 목소리에 비해 미소를 유발하는 데 일관되게 더 효과적이다(Wolff, 1963). 야로 (1967)는, 비록 자신이 연구했던 유아들 중 소수를 대상으로 했지만, 생후 1개월 말미에 엄마와 낯선 사람에 대한 유아들의 반응의 차이를 관찰했다. 야로의 연구는 각 연령대별로 최소한 40명의 유아들로 이루어진 표본을 기초로 했으며, 낯선 사람의 목소리나 모습보다 엄마의 목소리와 모습을 선호하는 유아의 선택적 관심과 낯선 사람에게는 표출되지 않고 엄마에게는 표출된 흥분과 긍정적 정서를 준거로 사용하였다. 이 연구에서 생후 1개월 된 유아들의 20%에서 엄마에 대한 분명한 선호가 나타났고, 생후 3개월 된 유아들의 80%가 엄마에 대한 선호를 보였고, 그리고 생후 5개월 된 관찰된 모든 유아들은 이런 선호를 보였다.

에인스워스(1967)는 십 수 개 이상의 행동들을 나열하는데, 이 행동들은 생애 첫해에 유아들에게 나타나고, 생애 첫해에 가정에서 양육되는 대부분의 아이들에서 특정 인물에 의해 발현되며, 이 특정 인물에게 지향된다. 다음은 주로 에인스워스가 기술한 내용을 요약한 것이다. 에인스워스 자신이 강조하는 것처럼 더 체계적이고 더 민감한 관찰방법을 사용한다면, 각 차별성의 예들을, 에인스워스가 관찰을 수행했던 자연적 조건에서 관찰할 수 있었던 것보다 몇 주 혹은 몇 달 더 일찍 볼 것이라고 믿을 만한 근거가 있다. 유아들의 개인차도 크고, 관찰을 수행하는 정확한 조건들도 차이가 크기 때문에 다음의 차이들이 처음 나타나는 연령은 오직 대략적으로만 표현할 수밖에 없다.

차별적 소리내기

준거는 아기가 다른 사람과의 상호작용에서보다는 엄마와의 상호작용에서 더 즉각적으로 그리고 더 자주 소리를 내는 것이다. 울프(1963)는 이러한 차이를 이르면 생후 5주 내지 6주에 관찰했다.

안아주었을 때 차별적 울음 그치기

준거는 엄마 이외의 다른 사람이 안아주면 아기는 계속 울지만 엄마가 안아주면 아기는 울음을 멈추는 것이다. 에인스워스가 관찰한 바에 따르면, 가장 초기에 발생한 경우는 생후 9주된 유아에서였다.

엄마가 떠날 때의 차별적 울기

준거는 엄마가 방을 떠날 때 아기는 즉시 울지만, 엄마 이외의 다른 사람이 떠날 때 아기는 울지 않는 것이다. 에인스워스가 관찰한 바에 따르면, 가장 초기에 발생한 경우는 생후 15주된 유아에서였다.

시각적 자극에 대한 차별적 미소짓기

준거는 아기가 다른 사람의 모습보다는 엄마의 모습을 보고서 더 자주, 더 즉각적으로 그리고 더 충만하게 미소를 짓는 것이다. 간다 부족에서 관찰된 바에 따르면, 가장 초기에 발생한 경우는 생후 15주된 유아에서였다. 앰브로즈(1961)가 실험을 수행했던 다수의 런던 유아들에서 낯선 사람에 대한 미소짓기가 최고조에 이른 연령은 생후 약 13주였다. 그 이후로 유아들은 주로 혹은 오직 엄마에게만 미소를 지었다.

시각-자세의 차별적 지향성

준거는 엄마 이외의 타인이 아이를 안고 있을 때, 이 타인이 아닌 엄마를 선호해서 계속 쳐다보고 엄마에게 긴장된 상태에서 몸을 돌리는 것이다. 에인스워스는 생후 18주된 한 아이에게서 이러한 지향성을 관찰했다.

차별적 맞이하기 반응

준거는 유아가 엄마를 이별 후에 다시 볼 때, 유아가 엄마를 어떠한 전형적인 방식으로 맞이하는 것이다. 반가운 맞이하기는 처음에 미소짓기, 소리내기, 일반적인 신체적 흥분 등이 결합되어 있다. 이후에 팔을 드는 것이 추가로 포함된다. 에인스워스는 이런 식의 반가운 반응을 생후 21주된 아이에게서 관찰했지만, 이 반응의 일부분을 이보다 몇 주 전에 관찰했을 수도 있다는 것에 대해서 거의 의심하지 않는다. 아이가 기어다닐 수 있게 되자마자, 맞이하기 반응의 일부로서 아이는 엄마에게 기어간다.

두 개의 여타의 맞이하기 반응도 상당히 흔하지만, 두 가지 모두 문화적으로 결정되는 것 같다. 이 둘은 손뼉치기와, 그리고 키스하기와 안기이다. 에인스워스는 손뼉치기가 생후 약 30주 이후에 간다 유아들에서는 상당히 흔하게 일어나지만, 미국의 백인 유아들의 표본에서는 관찰되지 않는다는 것에 주목한다. 키스하기와 안기는 간다 유아들에서는 관찰되지 않았지만, 서구 문화의 유아들에서는 생후 첫해 끝 무렵에 나타났다.

차별적 접근

준거는 방에 유아가 엄마와 다른 사람과 함께 있을 때 아이가 기어가는 대상으로 엄마를 선택하는 것이다. 때로 엄마가 다시 나타나서 아이가 엄마를 맞이한 이후에도 아이는 이렇게 접근했다. 에인스워스는 이런 행동을 생후 28주 된 아이에게서 관찰했다.

차별적 따라가기

준거는 엄마가 방에서 나갈 때 다른 사람이 아닌 엄마를 따라가려고 시도하는 것이다. 에인스워스는 유아들이 기어다닐 수 있게 되자마자 이렇게 하려고 시도하는 것을 관찰했다. 대부분의 간다 유아들은 생후 24주 무렵에 기어다닐 수 있게 되었다. 이보다 어린 아이들은 따라가면서 우는 경향을 보였다. 생후 약 9개월 후에 이 아이들은, 엄마가 너무 빨리 움직이지 않으면, 종종 울지 않고서도 엄마를 따라갔다.

차별적 올라타기와 탐색하기

준거는 유아가 엄마에게 올라타고, 엄마를 탐색하고, 엄마의 얼굴, 머리카락, 옷 등을 가지고 놀이를 하지만, 다른 사람에게는 엄마에게보다는 덜 이렇게 한다는 것이다. 에인스워스는 이런 행동을 생후 22주된 아이에게서 처음 관찰했다.

차별적 얼굴 묻기

준거는 엄마에게 올라타거나 엄마를 탐색하는 도중에, 혹은 외부 탐험에서 돌아와서, 유아가 엄마의 무릎이나 다른 신체 부위에 얼굴을 파묻는 것이다. 에인스워스는 이 행동이 오직 아이의 엄마에게만 향해 지며 다른 사람에게는 결코 향해지지 않는다는 것을 관찰했다. 어떤 아이에게는 생후 28주에 이 행동이 나타났고, 여타의 아이들에게는 몇 주 뒤에 나타났다.

엄마를 탐험의 기지로 이용

준거는 아이가 엄마로부터 탐색적 외유를 나가며 때때로 엄마에게 되돌아오지만, 다른 사람을 이 정도로 동일한 방식으로 이용하지는 않는 것이다. 에인스워스는 이런 행동을 생후 28주된 아이에게서 관찰했는데, 생후 8개월이 되자 이 행동은 흔하게 되었다.

안전한 피난처인 엄마에게 도피하기

준거는 놀랐을 때, 아이는 가능한 한 빨리 자극으로부터 벗어나서 다른 사람보다는 오히려 엄마 쪽으로 가는 것이다. 에인스워스는 이런 행동을 생후 약 8개월 된 아이에게서 관찰했다. 야로가 연구했던 아이들의 경우, 생후 3개월밖에 안 된 아이들의 약 절반이 고통스러울 때 달래 주기를 기대하면서 엄마 있는 쪽을 쳐다봤다.

차별적 매달리기

엄마에 대한 차별적 매달리기는, 특히 아이가 놀랐거나, 피곤하거나, 배고프거나, 건강이 좋지 않을 때, 분명하게 나타난다. 비록 에인스워스는 차별적 매달리기의 발생에 대해 특별히 연구하지는 않았지만, 생애 첫해의 마지막 4/4분기에 특히 분명하게 나타났다고 보고한다.

이러한 발견들과 여타의 발견들을 요약하자면 다음과 같다. 생후 16주 이전에는 차별적 반응은 비교적 거의 없으며, 관찰 방법이 민감할 때만 볼 수 있다. 생후 16주와 26주 사이에 차별적 반응은 더 많아지고 더 분명해진다. 가정에서 자란 생후 6개월 혹은 그 이상 된 유아들의 대다수에서 차별적 반응들을 쉽게 볼 수 있었다.

3. 애착행동이 지향하는 인물

지금까지의 논의에서는 아이가 자신의 애착행동을, 엄마-인물 혹은 심지어 단순히 엄마라고 지칭되는 한 사람의 특정 인물에게 나타낸다고 암묵적으로 가정했다. 이러한 용법은 단순성을 위해서는 불가피했지만, 때로 오해를 불러일으킨 적도 있었다.[1] 애착-인물과 관련하여 답이 필요한 질문들에는 다음과 같은 것들이 있다.

---

[1] 예를 들어, 필자가 다음과 같은 관점을 표현했다고 혹자는 때로 언급하기도 한다. 곧, 아이의 생모가 항상 아이를 양육해야 하고 엄마의 양육은 '여러 인물들 사이에 안전하게 배분될 수 없다'라는 것이다(Mead, 1962). 필자는 지금까지 그러한 관점을 표현한 적이 없다.

(1) 아이들이 보통 자신들의 애착행동을 한 사람 이상에게 나타내는
   가?
(2) 만약 그렇다면, 여러 인물에 대한 애착이 동시에 발달하는가, 아
   니면 한 인물에 대한 애착이 여타의 인물들에 대한 애착보다 앞
   서는가?
(3) 어떤 아이와 애착관계를 형성하고 있는 인물이 하나 이상일 때,
   이 아이는 모든 인물을 동일하게 대하는가, 아니면 그 중의 한 인
   물을 선호하는가?
(4) 아이의 생모 이외의 여자가 주요 애착-인물의 역할을 적절하게
   담당할 수 있는가?

이상의 질문들에 대한 답들은 모두 서로 연관되어 있기 때문에 각각
의 질문을 분리해서 논의하기 전에 전체 질문에 대해 간략한 답을 하는
것이 편리하다. 거의 처음부터 많은 아이들은 자신들의 애착행동을 하
나 이상의 인물에게 나타낸다. 유아는 이러한 인물들을 동일하게 대하
지 않는다. 아이의 주요 애착-인물의 역할은 생모가 아닌 타인이 대신
담당할 수 있다.

주요 애착-인물과 하위 애착-인물

대다수의 아이들은 생후 두 번째 해에 애착행동을 한 사람 이상의 구
별되는 인물들에게 나타낸다. 그리고 종종 여러 인물들에게 애착행동을
나타낸다. 어떤 유아들은 사람들을 거의 구별할 수 있게 되자마자 한 사
람 이상의 애착-인물들을 선택한다. 하지만, 대부분의 유아들은 아마도

이보다 약간 뒤에 선택하는 것 같다.

쉐퍼와 에머슨(1964a)이 연구했던 스코틀랜드의 58명의 유아들 중에 17명은 애착행동을 보이기 시작한 거의 그때부터 한 사람 이상의 인물에게 애착행동을 나타내었다고 보고되었다. 4개월이 더 지나고 나서 절반의 아이들이 한 명 이상의 애착-인물을 가지고 있었을 뿐만 아니라, 이들 중의 다수는 많게는 다섯 혹은 그 이상의 애착-인물을 보유했다. 생후 18개월이 될 때까지 이 아이들 중 애착행동을 여전히 오직 한 인물에게만 나타내는 아이들은 이 표본의 13% 정도로 그 비율이 하락했다. 이것이 의미하는 바는 생후 18개월 된 아이가 여전히 오직 한 명의 애착-인물을 가진다는 것은 상당히 예외적이라는 것이다. 간다 부족의 유아들에 대해 에인스워스가 발견한 바도 유사한 상태를 보여주는데, 극히 소수를 제외한 모든 유아들이 생후 9~10개월까지 다중 애착을 보이고 있었다.

그럼에도 불구하고, 비록 생후 12개월까지 애착-인물의 복수성은 아마도 지배적인 사실이겠지만, 유아는 이러한 애착-인물들은 서로 동등한 인물로 대하지는 않는다. 살펴봤던 두 문화 각각에서 유아들은 분명한 차별성을 보인다. 스코틀랜드 표본의 경우, 여러 애착-인물들 각각이 떠날 때, 아이가 표현하는 저항의 강도를 측정하기 위해 척도가 고안되었다. 결과는 다음과 같다. 대부분의 아이들은 규칙적으로, 어떤 한 인물이 떠날 때, 다른 인물이 떠날 때보다 더 많은 저항을 했다. 그리고 아이의 애착-인물들을 위계적으로 배열할 수 있었다. 에인스워스는 더 광범위한 준거를 사용하여 간다 부족의 아이들이 자신들의 애착행동을 특별한 한 사람에게 집중시키는 경향이 있다는 것을 발견했다. 생후 약 9개월이 될 때까지 한 사람 이상의 애착-인물을 갖는 아이라도 실제로 뒤따라가는 사람은 한 사람으로 한정시키는 경향이 있다는 것을 에인스워스는 관찰했다. 게다가 아이가 배고프거나, 피곤하거나, 아플 때, 아이는 대개 특히 이 한 사람을 찾았다. 이와 달리, 아이의 기분이 좋을 때 여타의 애착-인물들을 찾았다. 이 여타의 인물은 아이와 습관적으로 놀이를 하는 더 나이 많은 아이일 가능성이 있었다.

이러한 발견 내용들은 다음의 두 가지 사실을 시사한다. 먼저, 아이가 아주 어릴 때부터 상이한 애착-인물이 상이한 사회적 행동양식을 유발한다는 것이다. 그리고 이들 모두를 애착-인물이라고 부르고 이런 행동 모두를 애착행동이라고 부르는 것은 혼란스러울 수 있다는 것이다. 추후의 연구에서는 다음과 같은 차이들에 더 많은 주의를 기울일 필요가 있을 것이다. 놀이 친구에 대한 접근과 여기서 정의한 애착-인물에 대한 접근은 아주 다른 특징을 가진 것으로 입증될 수도 있다. 이 질문에 대해서는 나중에 심도 있게 고찰할 것이다(p. 534를 보라). 그동안 에인스워스의 결론을 특별히 언급할 것이다.

유아는, 그렇게 할 기회가 주어지면, 한 인물과의 애착을 추구하려고 한다. … 심지어 양육자가 될 수 있는 사람들이 여럿 있는데도 불구하고. 이러한 가설과 배치되는 내용을 관찰한 적이 없다(Ainsworth, 1964).

주요 애착-인물

아이가 누구를 주요 애착-인물로 선택하는지, 그리고 얼마나 많은 인물들과 애착 관계를 맺는지 등은 대개 누가 아이를 돌보는지 그리고 아이와 함께 살고 있는 가족의 구성이 어떠한지에 따라 달라진다. 경험적 사실에 비추어 볼 때, 거의 모든 문화에서 애착-인물의 후보자는 아이의 생모, 생부, 유아보다 더 나이 많은 형제자매, 그리고 아마도 조부모가 될 가능성이 상당히 높으며, 아이는 바로 이 인물들로부터 주요 애착-인물과 하위 애착-인물을 선택할 가능성이 상당히 높다는 것은 의심의 여지가 있을 수 없다.

스코틀랜드의 유아들의 연구와 간다 부족의 유아들의 연구 둘 다 생모와 함께 살고 있는 유아들만을 관찰대상으로 선택했다. 이러한 상황들에서 아이의 주요 애착-인물이 압도적인 비율로 아이의 생모라는 것은 놀랄 만한 일이 아니다. 하지만, 소수의 예외도 있었다. 생후 약 9개월 된 2명의 간다 부족 아이들은, 한 명은 남자, 다른 한 명은 여자였는데, 엄마와 아빠 모두에게 애착되어 있었지만 아빠를 더 선호했다고 한다. 남자 아이의 경우 피곤하거나 아플 때도 그러했다고 한다. 세 번째 예외적인 간다 부족의 아이는 여자 아이였는데, 심지어 생후 12개월이 됐는데도 엄마에 대해 애착행동을 전혀 나타내지 않았지만, 그 대신 아빠와 이복 자매와 애착관계를 맺고 있었다.

스코틀랜드 유아들의 경우, 생후 첫해를 통틀어서 엄마가 거의 항상 주요 애착-인물이었지만, 몇몇 경우에 생후 두 번째 해에는 대개 아빠가 주요 인물의 역할을 공유하기도 했다. 하지만 58명의 스코틀랜드 유아들 중 세 명의 경우, 첫 애착-인물이 엄마가 아닌 다른 사람이었다고 한다. 이 세 명 중 두 명은 첫 애착-인물이 아빠였고, 세 번째 아이의 경우 엄마는 전일 노동을 하고 있어서 대부분의 시간 동안 자신을 돌봐 주는 할머니가 첫 애착-인물이었다(쉐퍼와 에머슨이 사용한 애착의 준거는 제한적이었기 때문에 이들의 다른 약간의 자료들을 어떻게 해석해야 할지 불분명하다).

이상의 관찰과 다른 여타의 관찰을 볼 때, 아이의 생모가 아이의 주요 애착-인물이 되는 것은 흔하지만, 타인이 이 역할을 효과적으로 수행할 수 있다는 것 또한 충분히 명백하다. 우리가 가진 증거에 따르면, 대체 엄마가 어떤 아이에게 자기 자식을 기르는 것처럼 대해주면 이 아이는 대체 엄마를 자신의 생모를 대하듯 대할 것이다. '자기 자식을 기르듯' 아이를 다루는 것이 어떤 것으로 구성되어 있는가는 다음 절에서 논의할 것이다. 간단히 말하자면, 이것은 아이와 생기 넘치는 사회적 상호작용에 참여하고 아이의 신호와 접근에 대해 즉각 반응하는 것처럼 보인다.

대체 엄마가 어떤 아이에게 완전하게 자기 자식을 기르는 것처럼 행동할 수 있고 또 많은 사람들이 그렇게 한다는 것은 의심의 여지가 없지만, 대체 엄마보다는 생모가 이렇게 하는 것이 더 쉬울 것이다. 예를 들어, 무엇이 자식을 양육하는 행동을 유발하는지에 관해 다른 종들에서 얻은 지식을 토대로 살펴볼 때, 분만 이후의 호르몬 수준과 새로 태어난 새끼로부터 발산되는 자극들이 상당히 중요하다는 것을 짐작할 수 있다. 만약 이것이 인간의 엄마들에게도 사실이라면, 대체 엄마는 생모와 비교했을 때 불리할 것임에 틀림없다. 우선, 대체 엄마는 생모와 동일한 호르몬 수준에 노출될 수 없다. 다른 한편으로, 대체 엄마는 자신이 기를 아이가 태어난 지 몇 주 혹은 몇 달이 지날 때까지 이 아이와 거의 혹은 전혀 관련성을 갖지 않을 수도 있다. 이러한 두 가지 한계의 결과로 대체 엄마의 양육 반응은 생모의 양육 반응에 비해 약하게 그리고 일관성이 떨어지는 방식으로 유발될 수도 있다.

하위 인물들

    지금까지 했던 것보다 더 주의 깊게 애착-인물과 놀이상대를 구분할 필요가 있을 수도 있다고 말한 바 있다. 아이는 피곤하거나, 배고프거나, 아프거나 혹은 놀랄 때 그리고 애착-인물의 행방이 묘연할 때 애착-인물을 찾는다. 아이는 애착-인물을 발견하면 애착-인물과 가까이 있기를 원하고 애착-인물이 안아주거나 껴안아주기를 바라기도 한다. 대조적으로, 아이는 기분이 좋거나 애착-인물의 행방에 대해 잘 알고 있을 때 놀이 상대를 찾는다. 게다가 놀이 상대를 발견하면 아이는 이 놀이 상대와 재미있는 상호작용에 참여하기를 원한다.

    만약 이러한 분석이 옳다면, 애착-인물의 역할과 놀이 상대의 역할은 구별되는 것이다. 하지만, 이 두 가지 역할은 서로 부조화되지 않기 때문에 어떤 한 인물이 상이한 시점에서 두 가지 역할을 다 소화하는 것이 가능하다. 그래서 엄마는 때때로 놀이 상대와 주요 애착-인물의 두 역할을 동시에 수행하기도 한다. 그리고 주로 놀이 상대역을 수행하는 사람, 예를 들어, 더 나이 많은 아이가 때에 따라 하위 애착-인물이 되기도 한다.

    불행하게도 우리가 자료로 활용하고 있는 두 선구자적 연구는 이러한 구분을 하지 않는다. 그 결과 이 연구들에서 '하위 애착-인물'로 묘사된 다양한 인물들이 항상 그렇게 분류될 수 있는지를 명백히 하는 것은 쉽지 않다. 그래서 이들이 발견한 내용에 대해 이 책에서 기술하면서, 이러한 여타의 인물들 중 몇몇은 진정으로 하위 애착-인물이고 다른 이들은 주로 놀이 상대들이며 두셋은 하위 애착-인물과 놀이 상대 둘 다라는 가정 하에서, 이러한 모든 여타의 인물들을 단순히 '하위 인물들'로 지칭한다.

간다와 스코틀랜드의 유아들 모두에서 가장 흔한 것으로 보고된 하위 인물은 아빠와 형제자매였다. 조부, 조모, 혹은 집에 머물고 있는 다른 사람, 때로 이웃도 이런 하위 인물에 포함되었다. 유아가 추가로 호감을 갖게 되는 이러한 각각의 인물들은, 호감을 받지 못하는 인물들과 확연히 구분된다는데, 두 연구는 동의한다. 에인스워스(1967)는 "친숙한 사람들 가운데서 선호의 구체성과 … 선명성은 매우 두드러진다"라고 말한다. 예를 들어, 어떤 한 형제자매는 항상 기쁘게 환영받지만, 다른 형제자매는 이렇게 환영받지 못한다.

불가피하게, 각각의 아이들에게 이러한 추가적 인물들의 수와 신원은 시간이 흘러가면서 변한다. 쉐퍼와 에머슨은 특정 아이에게 어떻게 추가적인 인물의 수가 갑자기 늘어나고, 또 나중에는 갑자기 줄어드는지 기록한다. 대체로, 항상 그런 것은 아니지만, 이런 변화는 당시에 가족 내에서 누가 우연히도 가용할 수 있는 인물인지를 명백히 반영했다.

사회적 행동이 주요 애착-인물에게 처음 나타나는 것과 동시에 구별된 하위 인물들에게도 나타나기 시작하는 것인지, 아니면 하위 인물들에게는 조금 더 늦게 나타나는 것인지는 확실하지 않다. 쉐퍼와 에머슨은 엄마가 떠날 때 저항하는 것을 준거로 사용해서, 자신들의 연구 결과가 첫 번째 관점을 지지한다고 주장한다. 반면에 에인스워스의 생각은, 하위 인물들에 대한 애착행동은 주요 인물에 대한 애착행동보다 약간 늦게 나타난다는 주장에 가깝다. 그러나, 두 연구 어느 것도 이 문제가 해결될 정도로 충분히 정밀한 방법을 사용하지 않았다.[2]

---

[2] 에인스워스는 약 2주의 간격을 두고 관찰을 수행했다. 쉐퍼와 에머슨은 주로 부모가 보고한 내용에 기초했는데, 4주 간격을 두고 이 내용을 수집했다.

아이에게 한 명 이상의 애착-인물이 있을 때, 주요 인물에 대한 아이의 애착은 약할 것이고, 이와 반대로 애착-인물이 단 한 명 있을 때는 이 인물에 대한 애착은 특히 강할 것이라고 가정하기 쉽다. 하지만, 이것은 사실과 다르다. 실제로, 스코틀랜드 유아들과 간다 부족의 유아들의 경우 정확하게 반대 상황을 보고한다. 스코틀랜드 유아들의 경우, 처음에 주요 인물에게 강렬한 애착행동을 나타냈던 유아는 다른 구별된 인물들에게도 애착행동을 나타낼 가능성이 상당히 높은 것으로 보고된 반면, 애착행동을 약하게 나타낸 유아는 단 한 사람의 인물에게 모든 사회적 행동을 제한하려는 성향이 더 강했다. 에인스워스도 간다 부족의 유아들에서 동일한 상관관계를 보았다. 에인스워스는 이런 현상에 대한 가능한 설명으로서, 주요 인물에 대한 아이의 애착이 더 불안정할수록 다른 인물과 애착관계를 형성할 가능성도 더 제한된다고 말한다. 에인스워스의 설명에 대한 보충 혹은 대안으로서 이를 달리 설명할 수도 있는데, 아이의 애착유형이 불안정할수록 아이는 다른 인물들과 놀이관계를 발달시키는 데 있어 더 제한된다는 것이다.

이 상호관계에 대한 진정한 설명이 어떤 것으로 입증되든 간에 한 가지는 분명한 것 같다. 어린아이는 자신의 애착을 많은 인물들에게 퍼뜨려서 어느 한 사람에게 강한 애착을 나타내지 않고서도 잘 살아가며, 그 결과 어떤 사람이 곁에 없다고 해서 그 사람에 대해 아쉬워하지 않는다고 생각하는 것은 옳지 않다는 것이다. 이와 달리, 이전의 증거들과 최근에 활용 가능한 증거 모두(Rutter, 1981; Ainsworth, 1982) 필자가 이전 논문에서(Bowlby, 1958) 제시했던 가설을 지지한다. 필자의 가설은 애착행동은 주로 한 사람에게 나타나는 강한 편향성이 있다는 것이다. 이 관점을 지지하는 것으로서, 보육 기숙학교에서 어린아이들이 기회가 주어지면, 특정 보모에게 자신을 밀착시키려고 하는 방식에 대해 관심을 갖게 되었다. 벌링햄과 안나 프로이트는 『가족이 없는 아이들』 (*Infants without Families*, 1944)에서 아이들의 이러한 경향성에 대해 많은 실례를 들고 있다.

브리짓(Bridget, 2살~2살 반)은 자신이 정말 좋아하는 장(Jean) 보모 의 가족에 속해 있었다. 장이 며칠 간 아팠다가 다시 보육학교로 돌아왔 을 때, 브리짓은 계속 '나의 장, 나의 장'을 반복했다. 릴리안(Lilian, 2살 반)도 '나의 장'이라고 한 번 말한 적이 있었다. 브리짓은 릴리안의 말에 반대하면서 설명했다. '장은 내 것이야. 루스(Ruth)는 릴리안의 것이고, 일사(lisa)는 바로 케이트(Keith)의 것이고.'

특히 한 사람에게 애착을 나타내는 아이의 편향성은 잘 입증되어 있 고, 그리고 정신병리에 있어 장기적인 관련성을 갖기 때문에, 필자는 이 러한 편향성을 특별하게 명명해야 한다고 생각한다. 이전의 논문에서 필자는 이것을 '단일 집중성'(monotropy)이라고 언급했다.

무생물 대상의 역할

지금까지 우리는 애착행동이 지향할 수 있는 상이한 사람들에만 관심 을 가졌다. 하지만, 애착행동의 특정 요소들이 때로 무생물 대상에게 나 타난다는 것은 잘 알려져 있다. 습관적 빨기와 매달리기가 그 예가 될 것이다.

물론 영양을 섭취하는 빨기가 무생물 대상, 곧 젖병에게 향하는 것은 아주 흔한 일이다. 하지만, 먹기행동은 애착과는 범주가 다른 것으로 여겨지기 때문에, 영양을 섭취하는 빨기가 엄마의 젖가슴 이외의 대상에 향하는 것은 이 책의 범위를 넘어서는 것이다.

아이가 24시간의 대부분을 엄마와 접촉해서 보낼 수 있는 가장 단순한 사회에서 습관적 빨기와 매달리기는, 인간 이외의 모든 영장류 종에서 그렇듯이 엄마의 신체로 향하게 된다. 이와 달리 우리 사회를 포함한 사회들에서, 습관적 빨기는 생후 초기 몇 주 동안 고무젖꼭지나 손가락으로 향할 수도 있고, 이 시기 이후에, 대개 생후 첫해의 끝 무렵에, 아이는 특정 옷이나 담요, 혹은 안을 수 있는 장난감에 애착되기도 한다. 아이는 이런 것을 침대에 가져가려고 고집을 부리며, 하루의 다른 시간에도, 특히 기분이 좋지 않거나 피곤할 때, 이런 것과 함께 있기를 요구한다. 아이는 이런 부드러운 물건들을 종종 빨거나 꼭 붙잡는데, 항상 꼭 그런 것은 아니다.

위니컷(Winnicott, 1953)이 이러한 최초의 소중한 것들에 대해 관심을 기울였는데, 그의 뒤를 이어 한 사람 이상의 연구자들이 부모들로부터 이에 대한 보고자료를 수집했다. 이 연구자들의 보고에 따르면 현재 영국에서 이러한 애착의 발생률은 꽤 높다. 쉐퍼와 에머슨(1964b)은 생후 18개월 된 28명의 아이들 중에서 11명이, 곧 3분의 1 이상이 특별히 안을 수 있는 대상과 애착관계를 현재 형성하고 있거나, 혹은 이전에 형성했던 것을 알게 되었다. 게다가 이 아이들의 3분의 1은 엄지손가락 빨기를 하고 있거나 (혹은 과거에 했다고) 한다. 안을 수 있는 장난감을 가지고 있는 아이들과 손가락을 빠는 아이들의 거의 대부분이 엄마가 안아주는 것을 상당히 즐겨하던 아이들이라는 보고는 흥미 있다.

엄지손가락 혹은 고무젖꼭지를 빠는 것은 대개 생후 초기 몇 주 만에 시작되지만, 부드럽고 안을 수 있는 특정 물체에 대한 애착은 생후 9개월 이전에는 거의 존재하지 않으며 종종 훨씬 이후에야 발달한다. 이런 소유물에 대해 애착되어 있거나 혹은 과거에 애착되었던 일련의 43명의 아이들 중에서, 9명은 생후 12개월 이전에, 22명은 만 1세와 만 2세 사이에, 12명은 만 2세 이후에 이러한 애착관계를 형성했다고 아이의 엄마들이 보고했다(Stevenson, 1954).

이런 보고들 어떤 것에서도 남자 아이와 여자 아이 사이에 특정 측면에서 차이가 있다는 증거는 없다.

아이에게 익숙한 안을 수 있는 특정 대상이 아이들의 평화로운 마음 상태에 미치는 엄청난 영향력은 엄마들 사이에 잘 알려져 있다. 이 안을 수 있는 대상을 활용할 수 있으면, 아이는 만족한 채 잠자리에 들고 엄마를 포기한다. 하지만 이 대상을 잃어버리면, 아이는 이것을 다시 찾을 때까지 슬픔에 잠긴다. 때로 아이는 한 개 이상의 대상과 애착관계를 맺는다. 세 아이들 중의 맏이인 마크(Mark)는 항상 엄마의 온전한 관심을 받았다. 마크의 예를 살펴보자.

마크는 네 살 반이 될 때까지, 특히 스트레스를 받거나 밤 시간에는 엄지손가락을 빨았다. 생후 14개월이 되기 전에 마크는 오른손 엄지손가락을 빨면서 왼손으로 최상급의 담요를 끌어 당겨서 왼쪽 주먹 주위에 담요를 휘감았다. 그런 다음 담요로 감싼 주먹으로 잠이 들 때까지 이마를 때렸다. 이 담요는 그의 '망토'로 알려졌고 그가 가는 곳 어디든지 따라다녔다 — 침대, 공휴일에 등등. 만 3세 때부터 마크는 나무 다람쥐를 가지게 되었는데, 마크는 밤에 이것을 담요의 끝으로 감싸서 자기 밑에 끼워 넣었다[엄마의 보고, Stevenson(1954)에서 재인용].

무생물 대상에 대한 애착이 아이의 장래에 나쁜 조짐이 된다고 생각할 이유는 없다. 이와 반대로, 이러한 애착이 성공적인 대인관계와 결합될 수 있다는 증거는 많다. 실제로 어떤 아이들은 부드러운 대상에 대해 흥미가 없는데, 이것이 오히려 염려할 거리이다. 예를 들어, 프로방스와 립톤(1962)은 자신들이 관찰했던, 생후 첫해 동안 빈한한 기관에서 양육된 아이들 누구도 좋아하는 안을 수 있는 대상과 애착관계를 형성하지 못했다고 보고한다. 때때로 어떤 아이들은 부드러운 대상을 적극적으로 싫어하기도 하는데, 이 경우에 이들의 사회발달이 뭔가 잘못된 게 아닌가 생각해 볼 수 있는 이유가 있다. 스티븐슨(1954)은 이런 아이 한 명을 묘사한다. 이 아이는 초기 아동기 이래로 두드러지게 부드러운 장난감을 싫어했다. 이 아이의 엄마는 처음부터 아이를 거부했으며 나중에는 아이를 버렸다. 이 아이가 부드러운 대상을 싫어하는 것은 어떤 면에서 엄마를 싫어하는 것이 반영되어 있다고 생각하는 것은 일리가 있다.

안고 싶은 대상에 대한 애착은 만족스러운 대인관계와 서로 모순관계가 아닐 뿐만 아니라 무생물 대상에 대한 애착이 이후의 아동기까지 연장되는 것도 일반적으로 생각하는 것보다 훨씬 더 흔한 것일 수 있다. 많은 아이들이 이런 애착관계를 학교에 다닐 때까지도 유지한다. 비록 이렇게 애착관계가 연장되는 것이 아이가 불안정하다는 것을 암시하는 것이라고 생각하기 쉽지만, 이것은 전혀 확실한 것이 아니다. 하지만, 아이가 사람보다 무생물 대상을 더 선호하면 문제는 달라진다. 스티븐슨은 어떤 예들을 제시한다.

로이(Roy)의 엄마는 로이가 넘어지면 로이는 엄마가 자신을 위로해

주기보다는 항상 자신의 먼지떨이인 'Say'를 찾았다. 두 명의 엄마들은 자신들의 아들들이 수술을 마치고 난 뒤 처음 찾은 것이 무생물 대상들이라고 내게 말했다.

이 두 명 중의 한 명인 마크는 여섯 살 때 편도선 제거 수술을 받았다. 마취에서 깨어난 뒤 마크는 '다람쥐'를 찾았고, 그것을 갖게 되자 편안하게 잠을 잤다.

한 아이의 애착행동 전체가 무생물 대상에게 나타나고 사람에게는 전혀 나타나지 않는 경우도 생각해볼 수 있을 것이다. 이런 상태가 조금이라도 지속되면 미래의 정신건강에 확실히 해를 끼칠 것이다. 이러한 '상식적' 관점에 대해 할로와 할로(1965)의 관찰이 아주 강력하게 지지하고 있다. 이들은 붉은털원숭이들을 관찰했는데, 이 원숭이들의 유아기의 애착행동은 인형으로만 배타적으로 지향되었다. 나중에 이 원숭이들이 다른 원숭이들과 함께 있게 되자 이 원숭이들은 모든 사회적 관계에서 극심한 혼란에 빠진다는 사실이 입증되었다.

무생물 대상에 대한 아이의 애착의 이론적 중요성에 대해서는 임상가들, 특히 위니컷(1953)이 논의한 바 있는데, 그는 이러한 무생물 대상을 전이적 대상(transitional object)[3]이라고 불렀다. 이러한 이론적 도식 내에서 위니컷은 이러한 대상들이 대상관계의 발달에서 특별한 위치를 점유한다고 주장했다. 이 대상들은 어떤 단계에 속하는데, 이 단계에서 유아는 상징을 거의 사용하지 못하지만, 그럼에도 상징으로 나아가는 중이라고 위니컷은 믿고 있다. 그래서 '전이적'이라는 이름을 붙인 것

---

[3] 'transitional object'는 '중간대상' 또는 '전이적 대상'으로 번역된다. 이 책에서는 '전이적 대상'으로 번역한다 – 옮긴이.

이다.[4] 위니컷의 용어는 광범위하게 사용되고 있지만, 이 용어가 기초를 두고 있는 그 이론은 의문의 여지가 있다.

이러한 무생물 대상의 역할을 좀더 간결하게 바라보는 방법은, 이 대상들을 단순히 '자연스러운' 대상이 가용하지 않기 때문에 애착행동의 특정 요소가 지향하는 혹은 다시 지향하는 대상으로 여기는 것이다. 습관적 빨기는 젖가슴 대신 고무젖꼭지를 지향한다. 매달리기는 엄마의 몸, 머리카락 혹은 옷 대신, 담요나 안고 싶은 장난감으로 지향한다. 이러한 대상들에 대한 인식적 상태가 아이의 각 발달단계에서의 주요 애착-인물에 대한 인식적 상태와 동등하다고 가정하는 것은 일리가 있다 — 처음에는 고립된 자극보다 좀더 정교하고, 나중에는 인식할 수 있고 기대할 수 있는 것이고, 최종에는 시간과 공간에서 지속하는 인물이다. 아직 더 많은 증거가 필요하지만, 이른바 전이적 대상이 아이의 인지, 혹은 다른 영역의 발달에서 어떤 특별한 역할을 수행한다고 가정할 이유가 없기 때문에, 전이적 대상에 대한 좀더 적절한 용어는 단순히 '대체대상'(substitute objects)이 될 것이다.

이 책의 초판 이후의 연구결과들(Boniface and Graham, 1979)과, 어

---

[4] 위니컷의 입장은 설명하기에 쉽지 않기 때문에, 위니컷 자신의 말로 직접 제시하는 것이 가장 좋다.

… 담요는(혹은 그 무엇이든지) 젖가슴과 같은 어떤 부분 대상을 상징한다. 그럼에도 불구하고 전이적 대상의 핵심은 상징성보다는 실제성이다. 담요가 젖가슴이 (혹은 엄마가) 아니라는 것은 담요가 젖가슴을(혹은 엄마를) 상징한다는 것만큼 중요하다 … 나는 시간에서의 상징의 근원을 표현하는 용어가 쓸모 있다고 생각한다. 이 용어는 순수하게 주관적인 상태에서 객관적인 상태로의 유아의 여행을 묘사한다. 내가 보기에 이 전이적 대상(예를 들어, 한 장의 담요)은 경험하는 것으로 나아가는 여행에 대해 우리가 보는 것이다.

미와 떨어져서 자란 인간 이외의 영장류의 행동관찰에 의해 이러한 좀 더 간결한 유형의 이론이 지지된다. 인간 유아의 경우와 마찬가지로 원숭이와 유인원의 새끼들도 젖을 먹기 위해 젖병을 빨고, 습관적 빨기를 위해 고무젖꼭지와 손가락을 빤다. 습관적 빨기 또한 이들 신체의 다양한 다른 부분들로 지향할 수 있다. 흔히 발가락으로, 가끔 암컷의 경우 자신의 젖꼭지로, 수컷의 경우 자신의 성기로. 할로가 보여준 바와 같이, 원숭이 새끼는 인형 어미가 부드러우면 이 인형 어미를 매달릴 만한 것으로 재빨리 간주한다.

원숭이와 유인원은 인간의 양육을 받게 되면, 이 사람을 즉시 어미로 여기고 아주 끈질기게 매달린다. 이들은 아주 끈질기게 매달리기 때문에 때로 옷 한 벌로 이들을 속여서 잠시 동안 떼어놓을 수 있다는 것은 다행한 일이다. 이러한 다시 지향된 행동에 대해 헤이즈(Hayes, 1951)는 생생하게 묘사하고 있는데, 헤이즈는 새끼 침팬지 한 마리를 키웠다. 생후 약 9개월 된 비키(Viki)의 행동에 대해 보고하면서 다음과 같이 기록하고 있다.

비록 비키와 나는 충실한 친구였지만, 고통스러울 때는 내가 유일한 위안인 것은 아니었다. 비키에게 쥘 수 있는 수건을 줘서 … 우리는 비키가 위로를 받을 수 있다는 것을 발견했다. … 비키는 어디를 가든지 수건을 한 손이나 주먹에 쥐고 혹은 등 뒤에 걸치고서, 등 뒤로 질질 끌면서 다녔다. … 비키가 [어떤] 장난감에 싫증이 나서 다른 데로 가려고 결심할 [때], 비키는 항상 자신 있게 등 뒤로 수건을 잡으려고 손을 뻗었다. 만약 수건이 느껴지지 않으면, 비키는 뒤를 쳐다봤는데, 수건이 그래도 보이지 않으면, 수건을 찾기 위해 온 방을 미친 듯이 뛰어 다녔다. 그런 다음 비키는 내 치마를 움켜쥐고, 내가 내 자신을 보호하기 위해 수건을 줄 때까지, 위아래로 뛰었다.

비전형적인 환경에서 자란 새끼 영장류의 이런 행동에 대한 예들은 많다.

인간의 유아이든 혹은 원숭이의 유아이든, 애착행동의 '자연스러운' 대상을 가용할 수 없을 때는 언제든지, 애착행동이 어떤 대체대상으로 향한다는 것은 분명한 것 같다. 이 대상이 비록 무생물이라 할지라도, 이런 대상은 자주 비록 보조적이지만 중요한 애착 '인물'의 역할을 채울 수 있는 것 같다. 특히 아이가 피곤하고, 아프고 혹은 고통을 겪을 때, 이 아이는, 주요 애착-인물과 마찬가지로, 이 무생물 대상을 찾는다.

4. 인물 선택에 이르는 과정들

앞 장에서(pp. 479~481) 특정 인물에 대해 아동이 보이는 애착행동의 발달은 그 아동 내에서 발생하는 최소 네 가지 과정의 산물이라고 했다. 아래에는 처음 세 가지 과정과 유아가 일반 가정에서 양육된다면 거의 대부분 나타나는 결과가 제시되고 있다.

(1) 다른 종류가 아닌 특정 종류의 자극들을 선호하여 지향하고, 바라보고, 들으려고 하는 타고난 편향성. 이러한 편향성의 결과로, 어린 유아는 자신을 양육하는 사람들에게 특별한 관심을 기울이게 된다.

(2) 노출학습. 이를 통해 유아는 자신을 양육하는 모든 사람들의 인식적 속성을 학습하게 되고, 이 사람을 여타의 사람들과 물체들과 구별하게 된다.

(3) 친숙한 모든 것에 접근하려는 타고난 편향성. 이를 통해 유아는, 자신의 운동수단이 허용하자마자, 구별하는 것을 배웠던 친숙한 인물들에게 접근하게 된다.

작동 중인 네 번째 과정은 잘 알려진 형태의 학습인데, 이 학습을 통해서 어떤 행동은, 이 행동의 결과에 대한 특정 피드백의 결과로서, 증대될(강화될) 수 있다. 이제 다음과 같은 질문을 던질 수 있다. 애착행동의 원시적 형태는 여러 가지 결과를 낳았을 것인데, 이 결과들 중에서 중추신경계로 피드백이 되었을 때, 그 이후로 이 애착행동이 증대되었던 그러한 특정 결과는 어떤 것인가?

애착행동의 주요 강화자가 음식이고 아이가 특정 인물과 애착관계를 형성하는 이유는 이 인물이 음식을 먹여주고 다른 신체적 욕구들을 만족시켜 주기 때문이라는 전통적 이론을 지지하는 증거가 아직까지 제시된 적이 없다는 것을 12장에서 언급한 바 있다. 이와 대조적으로, 애착행동의 가장 효과적인 강화자들 중의 하나는 아이의 사회적 진보에 대해 아이의 동반자가 반응하는 방식이라는 데 대해서는 설득력 있는 증거들이 있다. 이제 이 증거를 좀더 완전하게 제시할 수 있다. 이 증거는 두 가지 원천—자연관찰과 실험에서 나온다.

자연관찰을 사용하는 연구들 중에는 스코틀랜드의 아이들을 대상으로 한, 쉐퍼와 에머슨의 연구와 간다 부족의 어린이들을 대상으로 한 에인스워스의 연구가 있으며, 이스라엘의 키부츠에서 양육된 아이들을 대상으로 한 체계성이 약간 떨어지는 연구들도 있다. 이 모든 연구 결과들의 내용은 동일하다.

쉐퍼와 에머슨(1964a)은 생후 18개월 된 아이가 엄마에게 높은 강도로 혹은 낮은 강도로 애착관계를 형성하는 것과 연관된 조건들을 확인하는 데 관심을 가졌다. 아이들의 애착 강도는 엄마가 떠날 때의 아이의 저항으로 측정했다. 이들의 결론은 36명의 아이들에 대한 자료를 근거로 했다.

전통적으로 애착 강도와 연관된 것으로 여겨지는 다수의 조건들은 유의미한 관계가 없는 것으로 나타났다. 이러한 조건들에는 음식 먹이기, 젖떼기, 용변훈련과 같은 방법들과 연관된 여러 변인들이 포함되었다. 관련이 없는 것으로 입증된 다른 변인들에는 아이의 성, 출생순서, 발달지수 등이 있다. 이와 대조적으로, 엄마의 유아와의 사회적 상호작용에 관련된 두 개의 변인들은 상당히 유의미했다. 이 두 변인은 엄마가 유아의 울음에 반응하는 즉시성과 엄마 자신이 유아와 사회적 상호작용을 주도하는 정도였다. 엄마가 유아의 울음에 더 즉각적으로 반응할수록, 그리고 더 많은 상호작용을 주도할수록, 생후 18개월 된 아이의 엄마에 대한(엄마가 떠날 때 아이의 저항으로 측정'한) 애착은 더 강한 것으로 나타났다. 이 두 변인은 비록 약간 겹치기는 했지만, 둘 사이의 상관은 통계적으로 유의미하지 않았다.

… 어떤 엄마들은 … 유아의 울음에는 빨리 반응했지만, 자발적으로 유아와 상호작용하는 일은 거의 없었다. 이와 반대로 어떤 엄마들은 유아가 우는 것을 말렸는데, 그럼에도 불구하고 아이와 많은 상호작용을 했다.

쉐퍼와 에머슨이 하위 인물들에 대해 수집한 자료들도 울음에 대한 민감성과 사회적 상호작용에 대한 준비성이 가장 연관성 있는 변인들에 속한다는 결론을 지지 한다. 유아의 울음에 즉시 반응했지만 유아를 신체적으로 돌보지 않았던 사람들은 하위 인물로 선택되는 경향이 있었지만, 반면에 때때로 유아를 신체적으로 돌봤지만 사회적으로 반응을 보이지 않았던 사람들은 선택될 가능성이 낮았다.

자연스럽게도, 울음에 즉시 반응하고 자주 사회적으로 상호작용 했던 인물들은 종종 가장 자주 시간을 낼 수 있었던 사람들이었다. 하지만, 항상 그런 것은 아니었다. 예를 들어, 어떤 엄마들은 하루 종일 시간을 낼 수 있었지만, 유아에게 반응을 보이지도 않았거나 사교적이지도 않았다. 반면에 어떤 아빠들은 자주 시간을 내지는 못했지만, 유아와 함께 있을 때마다 강렬하게 상호작용을 했다. 이런 가정들에서는 엄마보다는 아빠와 더 강렬한 애착관계를 맺는 경향이 있다는 것을 쉐퍼와 에머슨은 알게 되었다.

몇몇 엄마들은 …'버릇없게 키우지' 않으려는 자신들의 방침이 남편 때문에 아무 쓸모가 없게 되었으며, 엄마만 있을 때는 별 요구가 없던 아이가 휴가 기간, 주말, 저녁에는 아빠의 존재와 관심을 강하게 요구하곤 한다고 실제로 불평했다.

에인스워스는 간다 부족의 어린이들에 대한 자료를 분석하면서, 자신의 관찰 자료의 결함 때문에 조심스럽기는 했지만, 이와 유사한 결론을 내리려고 한다. 하지만, 아프리카에서의 경험으로 말미암아, 에인스워스는 (메릴랜드 주의 백인 아이들을 대상으로 한) 추가 연구를 진행하게 되었다. 이 연구에서 에인스워스는 엄마가 아이에게 나타내는 경향이 있는 사회적 반응들의 속도, 빈도, 형태를 훨씬 더 체계적으로 기록했다. 이 연구의 결과(Ainsworth 외, 1978)는 이 두 가지 변인들이 애착행동의 발달에 유의미하게 연관되어 있다는 것을 분명히 보여준다. (1) 아이의 신호에 반응하는 엄마의 민감성과 (2) 엄마와 아이 사이의 상호작용의 양과 성격. 아이에게 가장 안정적으로 애착되어 있는 엄마들은 아이의 신호에 즉각적으로 적절하게 응답했으며, 아이들과 많은 상호작용을 하고 있었다 ── 서로서로의 즐거움이었다.

이스라엘의 키부츠에서 양육된 유아들의 애착행동 발달에 관한 잘 검증된 관찰자료들은 전통적인 이론의 관점에서는 쉽게 이해할 수 없다. 이와 달리, 애착발달에서 사회적 상호작용의 역할을 강조하는 이론에는 잘 들어맞는다.

이스라엘의 키부츠에서는 아이들을 대부분의 시간 동안 공동체 보육학교에서 보모가 양육한다. 아이의 부모는, 하루 종일 아이와 함께 있게 되는 안식일을 제외하고는, 하루 1~2시간 정도만 아이를 돌본다.[5] 그래서 아이에게 음식 주기를 비롯한 다른 일상적인 양육활동의 가장 많은 부분을 보모가 담당하게 된다. 하지만, 이런 상황에도 불구하고, 키부츠 아이의 주요 애착-인물은 아이의 부모이다 ── 모든 관찰자들이 여기에 동의하는 것 같다. 예를 들어, 스피로(Spiro, 1954)는 어떤 특정 키부츠에서 아이들의 발달을 연구한 뒤에 다음과 같이 썼다.

비록 부모들은 아이들의 사회화나 신체적 욕구를 충족시키는 데 있어

---

[5] 1981년 무렵 이런 체제는 예전에 비해 덜 보편적 형태가 되었다.

눈에 띄는 역할을 수행하지는 않지만 … 부모는 아이의 심리적 발달에서 결정적으로 중요하다. … 부모는 아이가 다른 누구에게서도 얻을 수 없는 어떤 안정감과 사랑을 준다. 오히려 이 아이들의 부모에 대한 애착은 우리 사회에서보다도 더 크다.

펠리드(Pelled, 1964)는 이러한 개괄적 지식을 반복한다. 펠리드는 키부츠에서 자란 개인들과 20년 동안 진행했던 정신치료적 연구를 바탕으로 다음과 같은 결론을 내리게 되었다.

　… 키부츠 아이들의 주요 대상관계는 아이의 가족에 대한 관계이다—부모와 형제자매. … 어떤 경우에도 보모에 대한 강하고 지속적인 유대를 발견할 수 없었다. … 과거에 속했던 보모는 오직 지나치듯, 감정적으로 무심한 상태에서, 때로는 상당한 분노의 감정과 함께 언급되었다. … 돌이켜 보건대, 보모와의 관계는 일시적이고, 교체가 가능하고, 욕구를 만족시키는 종류의 대상관계처럼 보인다. 이러한 대상관계는 그러한 욕구상황이 끝나면 멈춘다.

이러한 내용들은 전통적 이론이 예측하는 것과 정반대라는 것은 분명하다. 이와 달리 이러한 내용들을 지금 주장하는 이론의 관점에서 이해하는 것은 어렵지 않다. 공동체 보육학교에서 보모에게는 항상 양육해야 할 여러 명의 아이들이 있으며, 보모는 이들에게 음식을 준비해 줘야하고 옷을 갈아 입혀야 한다. 따라서 어떤 유아의 신호에 응답하거나 함께 놀이에 참여할 시간이 비교적 적을 것이다. 대조적으로 엄마가 아이 양육의 책임을 질 때는, 엄마는 보통 다른 일들에 관여하지 않기 때문에 자유롭게 아이의 접근에 반응하며 사회적 놀이를 시작한다. 그래서 일주일 동안 아이는 보모보다는 엄마와 더 많은 상호작용에 참여하며, 더 적절하게 시간적으로 조화를 이루는 상호작용에 참여하게 될 가능성이 적지 않다. 이것이 진정으로 그러한지 아닌지는 체계적 관찰을 통해 확인할 수 있다.[6] 만약 이것이 키부츠에서 진정으로 널리 발생하는 것이라면, 이것은 쉐퍼와 에머슨이 보고 했던 몇몇 가정들에 대한 내용과 상당히 유사한 것이 될 것이다. 이 가정들에서는 아이가 엄마보다 아빠에게 더 많이 애착되어 있었는데, 아이는 아빠를 조금밖에 보지 못했지만 아빠는 아이에게 자유로이 반응했으며, 엄마는 아이를 하루 종일 돌봤지만 아이와 거의 상호작용을 하지 않았다.

지금까지 보고했던 관찰들은 모두 아이가 양육되는 일상적 환경에서 수행된 것들이다 — 일상생활에서 얻을 수 있는 모든 이점과 이러한 환경들이 제시하는 사실 해석의 모든 어려움과 함께. 하지만, 이 연구들로부터 도출된 결과들은 (앞 장에서 보고한 바 있는) 현재까지 수행된 소수의 연구 결과들과 일치한다는 것을 언급할 것이다. 이렇게 해서 브랙빌 (1958)은 아이가 미소를 지을 때마다 사회적으로 반응하는 단순한 수단을 — 다시 말해서 다시 미소지어 주고, 정답게 속삭여주고, 들어 올려주고, 안아주고 — 사용해서 생후 3개월 된 아이들의 미소짓기를 증가시킬 수 있었다. 라인골드, 게비츠, 로스(1959)는 동일한 연령대의 아이

---

6 게비츠와 게비츠(1968)가 발견한 내용은 이러한 제안을 강력하게 지지한다. 이들은 직접관찰을 사용하여 연구를 진행했는데, 키부츠의 유아는 생애 첫 8개월 동안 매일 보모보다 엄마를 최소한 두 배 정도 더 많이 보게 된다는 것을 발견했다. 이렇게 되는 이유는 아이가 보모의 보호를 받는 동안 이 보모는 상당 시간 동안 아이와 실제로 함께 있지 않기 때문이다.

들의 옹알이를 비슷한 방법을 사용해서 증가시킬 수 있었다 — 아이가 옹알이를 할 때마다 실험 연구자는 환하게 미소지어주고, '츠크' 소리를 세 번 들려주고, 아이의 배를 가볍게 안아 줌으로써 반응했다.

애착형성의 지체

애착발달이 지체되는 아이들에 관한 자료 또한 필자가 현재 주장하고 있는 이론과 일치한다. 대부분의 아이들은 생후 9개월까지 차별적으로 지향된 애착행동의 매우 분명한 징후를 보이는 반면, 소수의 아이들에서는 이러한 행동의 발현이 지체된다. 때로 생후 2년째까지도 지체되는 경우가 있다. 이런 지체된 아이들은 발달이 빠른 아이들에 비해 대개 어떤 이유로 엄마-인물로부터 사회적 자극을 훨씬 적게 경험했다는 것을 증거들이 시사한다.

비인간적인 기관에서 자라난 유아들이 이런 경우에 해당한다. 프로방스와 립톤(1962)의 발견에 대해서는 이미 언급한 바 있다. 생후 12개월에 이들이 연구했던 75명의 아이들 중 누구에서도 차별적으로 지향된 애착행동의 징후가 나타나지 않았다고 이들은 보고한다(이 아이들은 모두 생후 5주 혹은 그 이전부터 이 기관에 있었다).

가정환경에서 자란 간다 부족의 유아들과 관련한 에인스워스(1963, 1967)의 발견 내용도 프로방스와 립톤의 발견 내용과 일치한다. 에인스워스가 관찰했던 27명의 간다 부족 아이들 중 네 명에서 애착 발현이 현저하게 지체되었다. 이 네 명 중 두 명은 이복 자매였는데, 생후 11개월과 12개월에 각각 대상에 대한 분별이나 애착을 거의 나타내지 않았다. 다른 두 명은 쌍둥이였는데(남자와 여자) 관찰이 종료되었던 생후

37주에 애착행동을 거의 보이지 않았다.

이 27명의 아이들의 엄마들 각각에 대해 자녀에 대한 양육의 양을 7점 척도로 등급을 매겼는데, 유일하게 가장 낮은 두 개 범주에 등급이 매겨진 엄마들이 바로 애착이 형성되지 않은 아이들의 엄마들이었다. 이 엄마들은 일상적으로 오랫동안 아이들을 내버려두고 떠났으며, 자기 자신들이 시간을 낼 수 있는데도 불구하고 다른 사람들과 아이 돌보는 것을 함께 했다. 엄마 혹은 다른 사람들에게서 아이가 받은 양육의 전체 양을 고려했을 때, 이 아이들은, 애착을 형성했던 모든 아이들 중 1명을 제외하고서 비교한 결과, 아주 낮은 범주에 속했다.

에인스워스는 자신의 결과를 논의하면서, 자신이 사용했던 '엄마의 양육'이라는 차원이 아주 불명확하다는 점을 지적한다. 이미 진술한 바와 같이 에인스워스가 믿는 가장 중요한 엄마 양육의 요소는 사회적 상호작용이며 일상적 양육이 아니다.

상이한 감각기관들의 역할

이러한 실험상황들과 일상적인 환경 모두에서, 애착행동을 증진하는 데 효과적인 것으로 보고되는 사회적 자극들은 시각, 청각, 촉각 자극과 그리고 운동 자극과 후각 자극의 혼합체로 구성되어 있다. 제기되는 질문은 다음과 같다. 애착이 발달하는 데 있어, 이러한 상호작용의 양식들에서 만약 필수불가결한 것이 있다면, 어떤 것이 그러한가? 그리고 어떤 양식이 그러한 목적을 달성하는 데 가장 강력한가?

이 주제에 관해 논의하면서 두 가지 경향이 눈에 띈다. 아이가 음식을 받아먹었기 때문에 애착이 발달했다고 가정하는 초기 문헌의 상당 부분은, 촉각, 특히 구강 자극을 강조했다. 이후에 이런 가정은 도전을 받았는데, 특히 라인골드(1961)와, 월터스와 파크(Walters and Parke, 1965)의 연구들이 이런 가정에 도전을 했고 이들의 이론적 입장은 이 책의 입장과 유사하다. 이 연구자들은, 생후 몇 주부터, 유아의 눈과 귀는 사회적 상호작용을 매개하는 데 있어 활동적이라는 것을 강조한다. 그리고 이들은 그때까지 촉각과 운동 자극에 부여되었던 특별한 역할에 의문을 제기한다. 미소짓기와 옹알이뿐만 아니라, 눈맞춤도 유아와 엄마 사이의 유대를 발전시키는 데 아주 특별한 역할을 수행하는 것 같다(Robson, 1967).

시각적 접촉이 상당히 중요하다는 것은 다음의 사실에 의해 더욱 지지 받는다. 일상적 양육활동에서 엄마는 자신의 얼굴과 유아의 얼굴이 마주 보도록 아이를 안는 일은 거의 없다. 반면에 엄마가 사교적이라고 느낄 때, 엄마는 습관적으로 아이의 얼굴이 자신에게 향하도록 아이를 안는다(Watson, 1965). 이러한 관찰결과는 유아가 자신의 신체적 욕구를 돌봐주는 인물보다는 자신과 사회적으로 상호작용하는 인물에게 애착된다는 발견과 일치하는 것이다.

얼핏 보기에, 안기는 것을 싫어하는 유아들의 애착발달에 대해 보고한 쉐퍼와 에머슨의 연구(1964b)도, 촉각이나 운동 자극보다는 시각 자극이 대단히 우세하다는 관점을 지지한다고 생각하게 할 수도 있다. 그러나, 그러한 결론은 거의 정당화되지 않을 것이다.

이 연구는 애착발달에 관한 그들의 더 큰 규모의 연구(Schaffer and Emerson, 1964a)의 일부인데, 연구자들은 37명의 표본에서, 엄마들이 보고하기에 생후 12개월째에 안기는 것에 적극적으로 저항하는, 9명의 아이들을 확인했다. 그 중의 한 엄마는 "개는 안아주는 것을 허용하지 않아요. 도망가려고 싸워요."라고 말했다. 19명의 아이들은 안기는 것을 즐겨하는 것으로 보고되었고 나머지 9명은 중간에 해당했다.[7] 안기기를 싫어하는 아이들과 좋아하는 아이들 사이에 애착발달에서 발견되는 차이는 거의 없었다. 생후 12개월이 되었을 때, 안기기를 싫어하는 아이들보다는 좋아하는 아이들에서 애착 강도의 등급이 더 높았다는 것이 유일하게 유의미한 차이였다. 하지만, 생후 18개월이 되자 이러한 차이는 여전히 존재했지만, 더 이상 유의미하지는 않았다. 이 연령대에, 애착행동이 지향되는 사람들의 수에서, 아이들 사이에 어떤 차이도 없었다.

비록 이 두 집단 간의 차이가 아주 작다는 것은, 신체 접촉의 경험이 애착발달에서 담당하는 역할이 거의 없다는 것을 의미하는 것으로 해석될 수도 있지만, 주의가 필요하다. 쉐퍼와 에머슨이 안기기를 싫어한다고 묘사한 아이가 촉각이나 운동 자극을 전혀 못 받는다고 가정하는 것은 심각한 잘못이기 때문이다. 이와 대조적으로, 안기기를 싫어하는 아이들은 누군가 자신들을 좌우로 흔들면서 장난치며 놀아주는 것을 즐겼다. 게다가 이들은 음식을 먹여줄 때 엄마 무릎에 만족한 채 앉

---

[7] 쉐퍼와 에머슨은 다음과 같이 진술한다. 안기기를 싫어하는 모든 아이들의 엄마들이 설명한 바에 따르면, 이 아이들은 생후 초기 몇 주부터 이런 이상한 행동을 보였다고 한다. 하지만, 메리 에인스워스 박사는 (사적 의견교환) '개는 결코 안아주는 것을 좋아하지 않았어요'라는 회상적 보고는 어떤 것이든지 의심한다. 메릴랜드 표본에 대한 에인스워스의 연구는, 최소한 몇 명의 안기기 싫어하는 아이들의 경우, 엄마들이 생후 초기 몇 달 동안 이 아이들을 거의 안아주지 않았다는 것을 시사한다.

"내 조수들과 나는, 엄마들이 말하기에 안기기 싫어한다고 하는 어린아이들을 특별히 규칙적으로 안아주었다. 이 아이들은 우리에게 안기기를 좋아 했다. 실제로는 엄마들이 아이를 안기 싫어하는 것이었다. 이후에 우리는 이 아이들이 안기기 싫어하고 안아 주면 몸부림을 친다는 것을 알게 되었다. 물론, 몇몇의 뇌 손상을 입은 아이들은 과도하게 긴장하기 때문에 처음부터 안기기를 싫어할 수도 있다."

아 있었다. 그리고 놀랐을 때 엄마의 치마를 붙잡거나 엄마의 무릎 사이에 얼굴을 숨기려고 했다. 이들이 다른 아이들과 다르다고 생각하게 만드는 유일한 것은, 실제로 제지되는 것에 분노를 느낀다는 것이다. 안기는 것이 이들의 움직임을 제약할 때마다, 이들은 저항했다. 이렇게, 비록 이 유아들은 아마도 안기기를 좋아하는 아이들보다 촉각 자극을 조금 덜 받았겠지만, 이들이 받았던 자극은 무시할 만한 수준은 결코 아니었다.

눈 먼 유아들의 애착발달에 대한 연구 또한 그 결과가 약간 모호하다. 우선 엄마에 대한 눈먼 아이의 유대는, 구체성과 강도 모두의 측면에서, 시력이 있는 유아의 유대보다 상당히 약하다는 진술들이 있다[롭슨(Robson, 1967)에서 프리드먼(Daniel Freedman), 프라이버그(Selma Fraiburg), 벌링햄(Dorothy Burlingham)의 개인적 진술로서 인용됨]. 다른 한편으로, 눈 먼 아이들이 친숙한 애착-인물을 낯선 인물과 쉽게 교체한다는 인식은 잘못된 것이며, 이러한 잘못된 인식은 눈 먼 아이가, 놀랐을 때의 시력이 있는 아이와 마찬가지로, 친숙한 사람이 일시적으로 곁에 없을 때는 가용한 아무에게나 매달리는 경향이 있다는 사실에서 기인한다는 견해도 있다(Nagera & Colonna, 1965). 이러한 명백히 반대되는 관점들은 다음과 같이 설명할 수 있다. 곧, 눈먼 유아의 특정 인물에 대한 애착은 시력이 있는 유아들에 비해 보다 천천히 발달하지만, 일단 애착이 발달하면, 애착은 눈먼 유아들에서 더 강렬하며 시력이 있는 아이들보다 더 오래 지속된다.

실제로, 이러한 제기된 질문들에 답할 수 있는 자료들이 아직 존재하지 않는다. 거리 감각 기관들이 지금까지 생각했던 것보다 훨씬 더 중요한 역할을 수행한다는 것은 의심의 여지가 없는 것 같지만, 촉각과 운동 감각 기관들이 중요하지 않다고 결론을 내리는 것은 결코 아니다. 이와 반대로, 유아가 상당한 고통을 겪고 있을 때, 신체적 접촉은 아주 중요한 것 같다. 이러한 접촉이 생후 초기 몇 달 동안 우는 아이를 달래기 위한 접촉이건, 혹은 이보다 조금 후에 아이가 놀랐을 때 아이를 안심시키기 위한 접촉이건 상관없이 신체적 접촉은 아주 중요한 것 같다. 현재 취할 수 있는 가장 현명한 입장은 다음과 같다. 아마도 사회적 상호작용의 모든 양식들이 주요한 역할을 수행하지만, 애착행동의 조직화에서 이런 양식들은 상당 부분 서로 중첩되기 때문에 어떤 양식의 부족분은 다른 양식들을 통해, 아마도 넓은 한계 내에서 보충될 수 있다는 것이다. 생존의 필수조건들을 만족시킬 수 있는 과잉의 대체 수단들은 동물의 왕국에서 아주 흔한 것으로 알려져 있다.

5. 민감기와 낯선 사람에 대한 두려움

인간 이외의 다른 종들에서 선호대상에 대한 애착행동이 가장 쉽게 발달하는 시기가 있다는 사실은 이제 확고하게 정립되어 있다. 다음으로 자연스럽게 제기되는 질문은 이것이 사람에게도 동일하게 적용되느냐는 것이다. 동물행동 관찰학을 지향하는 대부분의 연구자들은 인간에게도 아마 그럴 것이라고 생각하는 경향이 있다. 어떤 증거가 있는가?

민감성이 증가하는 시기에 대한 증거

이 주제에 관한 여러 연구자들, 예를 들어, 그레이(Gray, 1958), 앰브로즈(1963), 스캇(1963), 브론슨(1965) 등은 생애 최초의 5~6주 동안 유아는 구별되는 인물에 대한 애착행동이 발달할 만큼 아직 준비되어 있지 않을 것으로 추측한다. 인식능력이나 행동이 조직되는 수준 모두 제대로 갖춰지지 않아서 유아는 아주 원시적인 방식으로만 사회적 상호작용을 할 수 있다.[8]

생후 약 6주가 지나면 유아는 점차 자신이 보고, 듣고, 느끼는 것을 구별할 수 있게 되며, 게다가 유아의 행동은 훨씬 더 잘 조직화된다. 그 결과, 생후 3개월까지 가정에서 자란 유아와 기관에서 자란 아이의 사회적 행동에서의 차이는 분명해진다. 이러한 증거와 유아의 신경학적 장치가 빠르게 성장하는 점을 고려할 때, 생후 몇 주 동안 애착이 발달할 수 있는 준비성은 낮지만 생후 2개월째와 3개월째에 이 준비성은 증가한다고 조심스럽게 결론을 내릴 수 있다. 생후 6개월의 끝까지 애착행동의 요소들이, 다수의 유아들에서 분명히 안정되어 있다는 사실은 그 이전 몇 달 동안—생후 4, 5, 6개월—대부분의 아이들이 애착행동이 발달할 수 있는 민감성이 높은 상태에 있다는 것을 시사한다.

이런 종류의 일반적 진술보다 더 구체적인 진술을 할 수는 없다. 특히, 이 석 달 중 어느 한 달 동안의 민감성이 다른 달보다 더 큰지에 대한 증거는 없다.

예를 들어, 추가 증거 없이는 생후 6주에서 14주까지의 기간이 특별히 민감한 기간이라는 앰브로즈(1963)가 제안한 내용을 수용할 수 없다. 이 기간 동안 유아는 인간 얼굴의 특징을 학습하며(초개인적 학습), 그리고 이 기간은 특정 얼굴을 구별하는 능력이 생기기 이전이다. 앰브

---

[8] 하지만, 생후 6주에 인간 유아는 학습할 수 없다는 그레이(1958)의 주장은 확실히 잘못된 것이다(14장을 보라).

로즈가 제시하는 증거는 확고하지 않다. 게다가 앰브로즈의 주장의 일부가 근거하는 이론 — 각인(imprinting)은 불안감소의 결과이다(Moltz, 1960) — 은 보편적으로 받아들여지지 않고 있다.

일정 정도의 민감성이 몇 달 동안 지속한다는 증거

비록 생후 6개월까지 가정에서 자란 아이들의 다수는 애착행동을 나타내지만 몇몇은 나타내지 않으며, 기관에서 자란 대부분의 아이들도 나타내지 않는다. 이러한 아이들의 다수는 나중에 확실히 애착행동을 나타낼 것이기 때문에 일정 정도의 민감성이 최소한 얼마 동안 지속되는 것은 분명하다.

쉐퍼의 한 연구는 이 질문에 대해 약간의 해답을 주었다. 이 연구에서 쉐퍼(1963)는 생후 첫해 중반에 발생하는 장기간의 분리가 애착행동의 시작에 미치는 영향을 알아보려고 했다. 이 연구에 참여했던 20명의 유아들은 두 기관 중 어느 한 곳에서 10주 혹은 그 이상의 시간을 보냈다. 이 두 기관 중 어디에서도 아이들은 구별된 애착이 발달할 수 있는 기회를 갖지 못했다. 모든 아이들은 생후 30주에서 52주 사이의 연령이 되었을 때 가정으로 되돌아갔다. 이들이 가정에 되돌아왔을 때의 연령대가 구별된 애착을 기대할 수 있는 연령대였기 때문에, 연구의 관심사는 이전의 분리 경험이 이들에게서 구별된 애착이 나타나는 것을 얼마나 지연시키는지 알아보려는 것이었다.

쉐퍼는 생후 12개월까지 이 아이들 중 한 명을 제외한 모든 아이들에게서 애착행동이 발달했다는 것을 알게 되었다. 애착행동 발현이 지체되는 기간은 3일에서 14주까지로 아주 다양했다. 8명의 아이들은 집에

돌아온 지 2주가 되기 전에 애착을 나타냈다. 다른 8명은 4주에서 7주가 걸렸고, 나머지 세 명은 12주에서 14주가 걸렸다

이러한 차이를 설명할 수도 있는 많은 요인들 중에서 두 가지는 아주 쉽게 확인할 수 있다. (1) 기관의 상황들, (2) 귀가한 후의 경험. 놀랍게도 떨어져 있었던 시간이나 귀가할 때의 연령은 중요하지 않았다.

쉐퍼가 연구했던 유아들은 두 개의 집단으로 나누어 볼 수 있다. 11명으로 이루어진 한 집단은 병원에서 양육되었는데, 이들은 거기에서 사회적 자극이나 다른 종류의 자극을 거의 받지 못했다. 엄마는 이들을 방문할 수 있었지만, 대부분의 엄마들은 일주일에 한 번만 방문했고, 몇명의 엄마들은 일주일에 네다섯 번 방문했다. 9명으로 구성된 다른 집단은 양성 결핵과의 접촉을 피하기 위해 보육원(baby home)에서 양육되었다. 비록 이 9명의 아이들의 엄마들은 이들을 한 번도 방문하지 않았지만, 비교적 많은 수의 보모들과 상당한 양의 사회적 상호작용을 경험했다.

귀가한 후에 보육원에 있던 아이들에게서 병원에 있던 아이들에게서 보다 훨씬 빨리 엄마에 대한 애착이 발달되었다. 병원에 있던 모든 아이들은 한 명을 제외하고 애착이 나타나는 데 4주 이상이 걸린 반면, 보육원에 있던 모든 아이들은 두 명을 제외하고 2주 안에 애착을 나타냈다. 보육원에 있던 한 아이는 엄마와 37주나 떨어져 있은 후에 생후 12개월이 되었을 때 보육원에서 나왔는데 귀가한 지 사흘째 되는 날 벌써 애착 행동을 보이고 있었다.

이러한 발견들로부터 다음과 같이 안전하게 결론을 내릴 수 있는 것 같다. 곧, 일단 어떤 유아가 생애 첫해의 중간과 후반에 많은 사회적 상호작용을 경험하고, 이 유아에게 애착이 발달할 기회가 주어지면 구별

된 애착은 빨리 발달할 것이다. 반면에 그러한 사회적 자극이 없다면, 애착은 훨씬 더 늦게 발달할 것이다. 사회적 자극 수준이 낮을 때, 엄마가 가끔 방문하는 것은 부족분을 보충하는 데 충분하지 않다 (물론 아예 그러지 않는 것보다는 낫겠지만).

의심할 바 없이 쉐퍼의 연구에서 가장 흥미로운 부분은 보육원에서 양육되었던 아이들에게서 애착이 발달하는 속도와 관련되어 있다. 9명 중 7명은 귀가 후 2주 안에 애착이 나타났다. 나머지 두 명 중 한 명에게서 애착 발현이 지체된 이유는 거의 확실한데, 이는 귀가 후 사회적 관심을 아주 적게 받았기 때문이다. 이 아이는 보육원에서 12주 동안 가족과 떨어져서 지내다가 귀가했는데, 귀가할 때의 나이가 생후 36주 된 남자 아이였다. 이 아이의 아버지는 건강이 좋지 않았고 엄마는 일을 했는데, 그래서 아빠가 이 아이를 양육했고 이 아이는 엄마를 거의 보지 못했다. 비록 양친 모두 이 아이를 사랑했지만, 이 시기에 아무도 많은 관심을 기울이지 못했으며, 그래서 애착행동은 나타나지 않았다. 하지만, 두 달 반 후에 엄마가 일을 그만 두고 가족을 위해 헌신하게 되었다. 엄마가 이렇게 한 지 며칠 안에 이때 아이는 거의 만 1세가 다 되었는데, 엄마에 대한 강하고 구체적인 애착이 발달했다.

이러한 자료들은 사회적 조건들이 최소 수준 이상이면, 애착이 발달할 수 있는 준비 상태는 어떤 유아들의 경우에 최소한 생애 첫해의 끝까지 유지될 수 있다는 것을 나타낸다. 하지만 많은 의문들이 미해결 상태로 남아 있다. 첫째, 최소한의 조건들이란 무엇인가? 둘째, 뒤늦게 발달하는 애착은 그 이전에 발달하는 애착만큼 안정적이고 확고한가? 셋째, 생후 둘째 해의 어느 시점까지 애착이 발달할 수 있는 준비 상태가 지속될 수 있는가? 안전을 보장할 수 있는 여지가 어느 정도이든 간에 생후 약 6개월이 지나고 나면 애착의 발달조건은 더 복잡해지는 경향이 있다는 것은 확실하다. 이렇게 되는 주요한 이유는 두려움 반응이 더 쉽고 더 강렬하게 유발되기 때문이다.

낯선 사람에 대한 두려움과 줄어든 민감성

인간의 유아는 성장하면서, 다른 종의 어린 개체들과 마찬가지로, 낯선 사람을 포함한 어떤 낯선 것을 보게 되면 두려움을 나타나게 된다. 일단 이런 반응이 흔하게 나타나거나 강해지면, 유아는 접근하는 대신 뒤로 물러나는 경향이 있다. 그 결과, 유아는 새로운 인물에 대해 애착을 형성할 가능성이 더 적어진다.

유아가 두려움을 나타내기 전에, 낯선 사람에 대해 세 가지 반응 단계를 거친다(Freedman, 1961; Schaffer, 1966; Ainsworth, 1967). 이 세 단계는

(1) 낯선 사람과 친숙한 사람을 시각적으로 분별하지 못하는 시기.

(2) 비록 친숙한 사람에게만큼 즉각적이지는 않지만, 낯선 사람에게 긍정적으로 그리고 상당히 즉각적으로 반응하는 시기. 이 시기는 보통 6주에서 10주간 지속된다.

(3) 낯선 사람을 보게 되면 진지해지고 응시하는 단계. 이 시기는 보통 4주에서 6주간 지속된다.

이 기간이 지난 후에야 유아는 두려울 때의 전형적인 행동, 예를 들어, 낯선 사람에게서 멀어지려는 지향성과 움직임, 훌쩍이거나 울기 그

리고 싫어함을 표현하는 얼굴 표정을 보인다.[9]

낯선 사람을 보고서 두려움이 처음으로 분명하게 나타나는 연령은 아이에 따라 개인차가 크며, 사용된 준거에 따라서도 개인차가 발생한다. 몇몇 유아들의 경우 이런 두려움은 이르면 생후 26주에 나타난다. 대부분의 유아에서 생후 8개월이 될 때까지 나타나며, 소수의 유아들에서는 생후 2년째까지 두려움 반응의 시작은 지체된다(Freedman, 1961; Schaffer, 1966; Ainsworth, 1967).[10] 낯선 사람이 만지거나 들어 올리는 것에 대한 두려움은 낯선 사람을 보는 것에 대한 두려움보다 더 일찍 발생한다(Tennes & Lampl, 1964).

어떤 아이들에게는 낯선 사람을 보고서 두려워하는 것이 늦게 나타나는데, 상이한 연구자들은 이러한 늦은 발현에 대해 상이한 변인들을 지목한다. 프리드먼(1961)과 에인스워스(1967)는 애착발달이 늦을수록 낯선 사람에 대한 두려움도 늦게 발달한다고 보고한다. 반면에 쉐퍼(1966)는 유아가 습관적으로 더 많은 사람들을 접할수록 두려움의 시작도 늦춰진다고 보고한다. 물론 이 두 가지 변인 이외에도 다른 변인들이 존재한다.

유아들이 성장하면서 낯선 사람에 대한 두려움은 대개 더 분명해진

---

[9] 앰브로즈는(1963) 이러한 명백한 행동이 드러나기 이전에도 두려움 반응이 존재할 수 있다고 주장한다. 앰브로즈는 이러한 관점의 근거로, 낯선 사람에 대한 유아의 미소짓기 반응이 급격히 줄어드는 것을 들고 있는데, 이러한 미소짓기 반응의 급격한 감소는 생후 14주에서 16주의 유아들에게서 관찰할 수 있고, 앰브로즈가 믿기로는, '새로이 간섭하는 반응의 … 아마도 두려움의 거대한 억제 때문에' 생긴다. 하지만, 이러한 결론이 정당화되는지는 결코 확실하지 않다. 그리고 만약 정당화된다면, 두려움 반응은 강도가 낮고 빨리 습관화되는 것 같다.

[10] 야로(1967)는 자신의 표본에서의 발생률을 다음과 같이 보고한다. 생후 3개월에 12%, 생후 6개월에 40%, 생후 8개월에 46%.

다. 테네스와 램플(1964)은 두려움의 강도가 절정을 이루는 연령대로 생후 7개월에서 9개월 사이를 꼽는다. 반면에 모건과 리키티(Morgan & Ricciuti, 1969)는 그 절정기가 생후 두 번째 해라고 믿는다. 에인스워스 (1967)는 생후 9~10개월에 두려움이 명백히 증가하는 경향이 있다고 언급한다. 하지만, 에인스워스는 유아에 따라 개인차가 크고, 어떤 아이에게나 월별로 설명할 수 없는 변동이 생기는 경향이 있다고 또한 언급한다.

두려움이 시작되는 연령과 두려움의 강도가 절정을 이루는 연령을 결정하는 데 있어 가장 어려운 점은, 개별 유아들이 낯선 사람에 대한 두려움을 겪는 방식과 정도는 각각의 조건들에 따라 상당히 달라진다는 것이다. 예를 들어, 두려움의 발생과 강도 모두, 낯선 사람이 얼마나 멀리 떨어져 있고, 낯선 사람이 유아에게 접근하는지 아닌지 그리고 낯선 사람이 그 외에 무얼 하는지에 따라 크게 달라진다. 또한 두려움의 발생과 강도 모두, 유아가 친숙한 상황 혹은 낯선 상황에 있는지, 그리고 유아가 아픈지 혹은 건강한지, 피곤한지 혹은 생기 넘치는지에 따라서도 달라지는 것 같다. 특히 모건과 리키티(1969)가 연구한 다른 변인은 유아가 엄마의 무릎에 있는지 혹은 엄마에게서 떨어져 있는지이다. 생후 8개월 이후부터 계속해서 이것은 상당한 차이를 만들어낸다. 엄마로부터 1미터 정도 떨어져 있는 아이는 엄마의 무릎 위에 앉아 있는 아이보다 두려움을 훨씬 더 많이 나타낸다. 이러한 발견은 의심할 바 없이, 생후 8개월 이후부터 유아는 엄마를 탐색의 기지로 사용하기 시작한다는 사실과 관련되어 있다.

낯선 사람에게 적대적으로 반응하는 경향이 증가하는 것을 지적하는 다른 증거로는, 상이한 연령의 아이들이 한 엄마-인물에서 다른 엄마-

인물로 옮겨질 때 반응하는 방식에서 찾아볼 수 있다. 야로(1963)는 75명의 유아들을 대상으로 한 연구의 예비결과를 보고했다. 이 아이들 각각은 생후 6주와 12개월 사이에 일시적인 수양가정에서 입양가정으로 옮겨졌다.

생후 6주에서 12주 사이에 옮겨진 유아들 중 아무도 감정적 혼란을 겪는 것으로 보이지 않았다. 하지만, 생후 3개월에 옮겨진 아이들 중 몇 명은 혼란을 겪는 것으로 보였다. 연령이 높아지면서, 더 높은 비율의 아이들이 불안을 겪는 것으로 기록되었을 뿐만 아니라 불안의 심각성과 침투 정도 또한 더 커졌다. 생후 6개월 된 아이들의 86%는 약간의 불안을 보였다. 생후 7개월 이상 된 아이들 한 사람 한 사람은 "명백히 불안하게 반응했다." 불안한 행동에는 미소짓기와 옹알이와 같은 사회적 반응이 줄어드는 것과 울기와 매달리기가 증가하는 것이 포함된다. 불안한 행동에는 또한 비일상적 무감동, 불안하게 먹는 것과 잠자는 것, 그리고 이전에 보였던 능력의 상실이 포함된다.

결론

콜드웰(Caldwell, 1962)이 강조한 것처럼 민감기의 문제는 복잡하다. 예를 들어, 힌디(1963)는 각각의 개별적 반응에는 아마도 고유한 민감기가 있을 것이라고 제안한다. 물론, 우리가 관심을 두는 것이 구별된 애착의 발달인지 혹은 일단 형성된 애착이 혼란에 빠지는 것인지에 따라 많은 것이 달라진다. 예를 들어, 확립된 애착이 만 1세 이후에 몇 년 동안 특히 취약한 조건에 있다는 데 대해서는 의심이 있을 수 없다.

최초의 애착의 발달과 관련해서, 생애 첫해의 2/4분기 동안 유아는 구별된 애착을 형성할 준비가 되어 있고 그만큼 민감하다. 생후 6개월이 지나서도 유아는 여전히 애착을 형성할 준비가 되어 있고 그만큼 민감하다. 그러나, 시간이 지날수록 애착형성은 더욱 어려워진다. 생후 2년째에는 상당히 어려워지며, 이러한 애착형성의 어려움은 줄어들지 않는다. 이에 대해 18장에서 더 많은 증거를 제시할 것이다.

6. 스피츠(Spitz)의 입장: 비평

생애 첫해 동안의 대상관계의 발전에 관한 르네 스피츠의 이론에 대해 친숙한 사람은 누구든지, 스피츠의 이론이 여기서 제시된 이론과 다르다는 것을 깨달을 것이다. 스피츠의 관점은 널리 받아들여지고 있기 때문에, 여기서 스피츠의 관점에 대해 세부적으로 논의할 이유가 있다.

스피츠의 관점은 그의 초기 논문들에서 처음으로 윤곽이 잡혔으며, 스피츠의 책 『생애 첫해』(*The First Year of Life*, 1965)에서 변함없이 재진술되고 있다. 진정한 대상관계는 생후 8개월 이전에는 확립되지 않는 것으로 여겨진다는 것이 스피츠 이론의 주요 특징이다.

이러한 결론에 도달하는 과정에서 스피츠는 자신의 논점의 기초를 자신이 명명한 '생후 8개월 불안'(여기서는 '낯선 사람에 대한 두려움'이라고 부른다)에 두고 있다. 그의 입장은 다음과 같이 네 가지 항목으로 요약할 수 있다.

(1) 낯선 사람으로부터의 철회가 흔히 발생하는 연령에 대한 관찰: 스피츠는 이러한 철회행동이 대부분의 유아들에게서 생후 약 8개월에

시작한다고 생각한다.

(2) 낯선 사람으로부터의 철회는 두려움 때문에 생길 수는 없다는 가정: 낯선 사람이 유아에게 어떤 고통이나 불쾌함을 줄 수는 없었기 때문에, 스피츠의 관점에서 이 유아는 이 낯선 사람을 두려워 할 아무런 이유가 없다.

(3) 그러므로 낯선 사람으로부터의 철회는, 놀라게 하는 것으로부터의 철회가 아니라, 그 대신 분리불안의 한 형태이다: "낯선 사람과 마주쳤을 때 [유아가] 반응하는 것은 이 사람이 엄마가 아니라는 것이다. 엄마는 이 유아를 '버리고 떠난 것이다' …"(1965, p. 155).

(4) 아이가 엄마 인물을 구별하고 '진정한 대상관계'를 발달시키는 연령에 관한, 자료와 이론으로부터 도출한 추론. 스피츠는 다음과 같이 기술했다(1965, p. 156).

생후 8개월 된 아이의 [낯선 사람을 식별하는] 이런 능력은, 아이가 이제 진정한 대상관계를 확립했고 엄마가 이 아이의 리비도 대상, 애정 대상이 되었다는 사실을 반영하는 것이라고 우리는 생각한다. 이런 식별 능력이 생기기 전에, 우리는 사랑에 대해 거의 말할 수 없다. 왜냐하면, 사랑받는 사람이 여타의 모든 사람들로부터 구별되기 전까지, 사랑은 존재하지 않기 때문이다….

이 장에서 이미 상세하게 설명했던 관찰 내용들로 보건대, 스피츠가 취하는 입장을 지지할 수 없다는 것은 명백하다.

첫째, 그리고 가장 중요하게, 어떤 사람이나 물체에 대한 아이의 두려움은 이 사람이나 물체가 아이에게 고통이나 불쾌함을 주었던 결과로서만 발달한다고 스피츠는 가정하는데, 이것은 잘못된 것이다. 낯섦 그 자체가 두려움의 흔한 원인이다. 그래서 아이가 낯선 사람의 낯섦 때문에 놀라게 되었다는 이유 외에, 아이가 낯선 사람에게서 왜 물러날까에 대한 어떤 설명을 찾을 이유는 없는 것이다.

둘째, 낯선 사람에 대한 두려움은 분리불안과는 전혀 다른 반응이라는 명백한 증거가 있다. 심지어 엄마와 낯선 사람을 동시에 보면서도 유아는 낯선 사람에 대해 계속 불안해 할 수 있다. 이러한 반론이 처음 제기되었을 때, 스피츠(1955)는 이런 식으로 행동하는 아이는 드문 예외라고 말했다. 하지만 스피츠의 관점은 더 이상 지지를 받을 수 없다. 모건과 리키티(1969)는 조심스럽게 실험연구를 진행했는데, 생후 10개월에서 12개월 사이의 아이들 중의 거의 절반에서 이런 행동이 나타나는 것을 관찰했다(32명 중 13명).

마지막으로, 유아가 낯선 사람에 대한 두려움을 외적으로 드러내기 훨씬 이전에, 친숙한 것과 낯선 것을 구별할 수 있다는 충분한 증거가 있다.

스피츠의 입장을 검토해 보면 스피츠의 핵심 오류는 다음과 같은 주장이라 할 수 있다. 곧, 낯선 사람과 직면할 때, 유아는 '실제적 두려움'을 가질 수 없다는 것인데, 이러한 주장은 아이가 '이전의 불쾌한 경험을 통해' 연합시킨 사람과 물체만이 이러한 '실제적 두려움'을 유발한다는 가정에 근거하고 있다.

스피츠의 이론은 확실히 좋지 않은 영향을 끼쳤다. 그중의 하나는 '생후 8개월의 불안'을 진정한 대상관계의 최초의 지표로 간주함으로써, 다수의 유아들이 생후 8개월이 되기 훨씬 이전에 친숙한 사람을 구별하고 애착행동을 나타내게 된다는 명백한 관찰과는 동떨어진 것이 되었다는 것이다. 두 번째로, 낯선 사람에 대한 두려움과 분리불안을 동일한 것으로 파악함으로써, 분명히 구별해야 하는 두 가지 반응을 뒤섞어버렸다.[11]

낯선 사람에 대한 두려움, 분리불안, 그리고 애착행동

이 책에서 주장하는 입장은 분리불안과 낯선 사람에 대한 두려움은 비록 상호 연관되어 있지만 상호 구분되는 행동 형태라는 것이다. 이 문제에 관해 실제 자료를 제시하는 이들과 이 문제를 고찰했던 거의 모든 사람들은 이 책의 입장을 지지한다. 이러한 지지자들 중에는 메일리(Meili, 1955), 프리드먼(1961), 에인스워스(1963, 1967), 쉐퍼(1963, 1966; 쉐퍼와 에머슨, 1964a), 테네스와 램플(1964), 야로(1967) 등이 있다.

비록 이 연구자들 사이에는 세부 내용을 둘러싸고 상당한 의견 불일치가 있지만, 아동 발달 과정에서 낯선 사람에 대한 두려움과 분리불안은 서로 독립적으로 나타난다는 데 모든 연구자들의 생각이 일치한다. 예를 들어, 쉐퍼는(개인적 의견 교환) 23명의 유아들의 표본에서 12명의 경우 낯선 사람에 대한 두려움이 나타나기 이전에 분리불안이 발달했고, 8명의 경우 두 가지가 동시에 발달했고, 3명의 분리불안 이전에

---

[11] 스피츠의 '생후 8개월의 불안'이라는 용어는 두 가지 점에서 만족스럽지 않다. (1) 낯선 사람에 대한 두려움은 유아에 따라 시작되는 연령이 다르고 발달 경로도 다르며, 많은 변수들의 영향을 받기 때문에, 특정 생후 몇 개월을 지정해서 이름을 붙인다는 것은 오해를 불러일으킨다. (2) 프로이트의 용례를 따라서(1926). '불안'이라는 용어를 '사랑과 갈망의 대상이 되는 어떤 사람이 없어서 아쉬워하는 것'과 같은 상황에만 제한적으로 사용하는 것이 가장 좋다.

낯선 사람에 대한 두려움이 발달했다고 보고한다. 이와 대조적으로 벤자민(Benjamin, 1963)은 자신의 표집에서 분리불안이 발생하고 절정을 이루는 평균 연령이 낯선 사람에 대한 두려움의 경우보다 몇 달 가량 더 늦다고 보고한다.[12]

비록 낯선 사람에 대한 두려움과 분리불안의 관계와 관련해서, 의심의 여지없이 많은 변인들이 작용하고 있고 상이한 준거들이 적용되고 있어서 이렇게 다양한 의견들이 있지만, 둘 사이의 관계는 결코 단순한 것이 아니라는 데 대해서는 연구자들 모두 동의한다. 어떤 보고내용도 이 두 반응이 동일한 근원에서 나왔고 평행선을 그리며 발달한다는 증거를 제시하지는 않는다.

분리불안과 낯선 사람에 대한 두려움이 상호 구별되는 반응이라는 것은 프로이트의 입장과 일치한다. 프로이트는 처음부터 불안과, 환경 내의 놀라게 하는 어떤 것을 두려워하는 것이, 동일하지 않다고 생각했으며, 각각에 대한 용어를 서로 구별할 필요가 있다고 생각했다. 대부분의 정신분석가들은 이러한 구별이 타당하다고 느꼈지만, 이를 구별하는 방식은 극단적으로 다양했다. 필자는 이전 논문들(Bowlby, 1960a, 1961a)에서 분리불안에 관련된 이러한 몇 가지 문제들을 논의했으며, 프로이

---

12 벤자민의 자료와 벤자민의 동료들(Tennes & Lampl, 1964)의 자료는 이 둘이 서로 구분되는 행동양식이라는 관점을 강력히 지지하지만, 벤자민의 이론은 타협적이다. 우선 스피츠의 입장을 따라 벤자민은(1963) '낯선 사람에 대한 불안'과 분리불안은 한 가지 주요 요인, 곧 대상 상실에 대한 두려움을 공유한다고 주장한다. 다른 한편으로, 스피츠와 달리 벤자민은 이 두 가지가 동일한 것이 아니라고 믿는다. 대상 상실에 대한 두려움은 분리불안의 '유일하고 즉각적이며 역동적인 결정 요인'인 반면, '… 낯선 사람에 대한 불안의 단지 여러 주요 요인들 중의 하나'이다. 또 다른 여러 요인들 중의 하나는 낯선 것 자체에 대한 두려움이라고 벤자민은 주장한다.

트가 후기에 채택했던 것과 유사한 도식을 주장한 바 있다.

이러한 구별에 대해 가장 단순하게 진술하자면 다음과 같이 진술할 수 있다. 한편으로 우리는 우리가 보기에 놀라게 하는 상황이나 대상으로부터 때로 물러나거나 도망가려고 하지만, 다른 한편으로, 우리에게 안전감을 주는 어떤 사람이나 어떤 장소에 가까이 가려고 하거나 함께 머물러 있으려 한다. 첫 번째 행동 유형에는 보통 공포나 놀람의 느낌이 동반되며, 이러한 느낌은, 프로이트가 '실제적 두려움'에 대해 이야기할 때 염두에 두었던 것과 크게 다르지 않다(프로이트, 1926, *S. E.*, 20, p. 108). 물론, 두 번째 행동 유형은 여기에서 말한 애착행동이다. 애착-인물에 대한 근접성이 필요한 정도로 유지되는 한, 아무 불쾌한 느낌도 생기지 않는다. 하지만, 애착-인물의 상실이나 장애물의 간섭으로 근접성이 유지될 수 없을 때, 그 결과로 나타나는 찾기와 갈망에는 다소간 격렬한 동요가 뒤따른다. 애착-인물에 대한 상실의 위협을 느낄 때도 이는 마찬가지이다. 분리와 분리의 위협에 대한 이러한 동요 속에서 프로이트는 그의 후기 저작에서 '불안을 이해하는 데 있어서의 핵심'을 보게 되었다(프로이트, 1926, *S. E.*, 20, p. 137).

이러한 것들은 이 책의 제2권에서 논의될 문제들이다. 이 책의 제2권에는 초기 논문들을 개정한 내용이 나온다. 그 사이 애착행동의 발달에 대해 좀더 많은 내용을 다루고자 한다.

제16장

애착유형과 기여 조건들

우리는 우리를 사랑했던 사람들에 의해 형성되고 재형성되었다. 비록 그들의 사랑은 이미 과거의 것일 수 있지만, 좋든 나쁘든, 우리는 그들의 작품이다.

— 프랑수아 모리아크(François Mauriac)

1. 해결해야 할 문제들

만족스러운 애착발달이 주장하는 바와 같이 정신건강에 중요한 것이라면, 순조로운 발달과 순조롭지 않은 발달을 구별하고 어떤 조건들이 순조롭거나 순조롭지 않은 발달을 촉진하는지 아는 것이 절실히 필요하다. 사실, 여기에는 상호 분리된 네 가지 부류의 해결해야 할 문제들이 있다.

(1) 기술(記述)적으로 특정 연령에서 애착의 변동 범위는 어떠하며, 어떤 차원으로 이러한 변동을 가장 잘 묘사할 수 있는가?
(2) 각각의 양식의 발달에 영향을 미치는 선행 조건들은 무엇인가?
(3) 각 연령에서 각각의 양식은 얼마나 안정적인가?

(4) 각각의 양식은 추후의 인성발달과 정신건강에 어떻게 관련되어 있는가?

이 질문들과 이와 관련된 질문들에 대해 응답하려는 목적으로 풍성한 연구들이 있었지만, 결론을 내리기는 어렵다. 실제로 이 문제들은 극단적으로 복잡하며 어떤 연구도 이 문제들의 아주 적은 일부분 이상을 규명할 것이라고 기대할 수는 없다. 게다가 1970년 이전의 거의 모든 연구들은 어떤 식으로도 자신들이 수행하고자 목적했던 과업에—이론적 수준에서나 경험적 수준에서나—적절하지 않은 것이었다.

이론적 수준에서 '의존'이라는 오래된 개념은 기대되는 역할을 충족하는 데 실패했다. 예를 들어, 시어즈(Sears)는 장기간의 연구 프로그램에서 의존을 다양한 방식으로 측정했으며, 이러한 측정들은 어린아이의 '공공연한 의존행동'은 '단일 충동 혹은 단일 습관 구조'를 반영한다는 가정에 기반하고 있었는데, 이러한 다양한 측정들 간의 상호상관은 실제적으로는 없다고 밝혀졌다. 그 결과 시어즈는 "일반화된 특성으로서의 의존이라는 개념은 반론의 여지가 없는 것이 아니다"라고 결론을 내리게 되었다(Sears 외, 1965). 이후에 시어즈는 행동체계가 주관하는 것으로 개념화된 애착은 충동이 표출된 것으로 개념화된 의존과는 관련성이 거의 없다는 점을 강조했다(Sears, 1972).

경험적 수준에서, 이전에 연구를 위해 선택했던 선행 변인들의 다수가, 예를 들어, 음식먹이기, 젖떼기, 용변훈련 등의 기술이 애착과는 단지 간접적으로만 관련되어 있다는 것이 현재 알려져 있다. 게다가 그러한 변인이나 다른 변인들에 대한 정보는 과거에 대한 부모들의 회상을 통해 수집되었는데, 이러한 정보는 그러한 방법이 태생적으로 가지고 있는 부정확성이나 잘못된 해석과 같은 문제를 모두 가지고 있다. 그래서 전적으로 새로이 시작하는 것이 필요했다.

이전 장에서 애착이 어떤 한 인물에게 발달하는가의 여부에 아마도 기여하는 것으로 묘사된 조건들에는 (1) 아이의 신호에 반응하는 이 인물의 민감성 (2) 아이와 이 인물 사이의 상호작용의 양과 성격 등이 포함된다. 만약 그렇다면, 우리의 질문에 답하는 데 필요한 기본 자료는 오직 엄마와 아이의 상호작용에 관한 세부적이고 직접적인 보고로부터만 얻을 수 있다. 최근 몇 년 동안, 다수의 이러한 연구들이 수행되었으며 그 결과들이 보고되었다. 이 연구결과들은 대부분 생후 1~2년으로 제한되어 있다. 이 연구들은 커다란 성과를 거두었다. 하지만, 이 연구들 중 몇몇은 활용하기에 어려움이 있었는데, 그 이유는 아이의 애착행동에 관한 자료와·아이와 엄마의 상호작용의 유형과 양에 관한 자료가 항상 구분되지 않았기 때문이다. 하지만, 13장에서 우리가 봤던 대로 아이의 애착행동은 상호작용하는 엄마와 아이의 더 커다란 체계 내의 오직 한 가지 구성 요소일 뿐이다.

그럼에도 불구하고 문제의 연구들이 우리의 목적을 고려할 때 전혀 가치가 없는 것은 아니다. 애착행동의 유형과 아이들 간의 다양성의 원인이 되는 조건들을 우리가 이해하려면, 애착행동이 일부를 구성하는 이 커다란 체계와 엄마-아이의 어떤 한 쌍과 다른 쌍 간에 생기는 상호작용 유형의 다양성을 반드시 항상 염두에 두어야 하기 때문이다. 상호작용 하는 엄마와 아이를 직접적으로 기술한 초기의 몇몇 연구들, 예를 들어, 데이비드와 아펠의 연구는 상당히 도움이 된다. 첫째, 이 연구들은, 일련의 쌍들을 비교할 때 볼 수 있는 상호작용의 양과 종류의 엄청난 범위의 다양성에 대해 인상적인 방식으로 기록하고 있다. 둘째, 이 연구들은 아이가 만 1세가 될 때까지 각각의 엄마-아이 쌍 사이에 고도로 특정적인 상호작용 양식이 대개 이미 발달한 상태라는 것을 확증한다. 셋째, 이 연구들은 이 양식들이 인식할 수 있는 형태로 최소한 2~3년 동안 지속한다는 것을 보여준다(Appell & David, 1965; David & Appell, 1966, 1969).[1] 다수의 대조적인 쌍들에 관한 기술들은 재미있는 읽을거리이다.

상호작용하는 쌍에 대한 이러한 서술들과 여타의 서술들을 읽는 독자들에게 아마도 가장 강력한 인상을 심어주는 것은, 서로를 알게 된 지 12개월 후에 아주 많은 엄마와 아이들이 성취하는 찰떡궁합의 정도이다. 이 과정을 거치면서 엄마와 아이 각자는 수많은 크고 작은 방식으로 바뀌었다는 것은 분명하다. 아주 소수의 예외를 제외하면, 아이가 행동과정에서 제공하는 것이 무엇이든지 엄마는 이것을 예견하게 되고 전형적인 방식으로 이에 반응한다. 마찬가지로 엄마가 제공하는 것이 무엇이든지 아이는 이것을 예견하게 되고 대개 전형적인 방식으로 이에 반응한다. 각자는 서로를 만든 것이다.

이 때문에, 상이한 아이들을 특징짓는 애착유형에 대해 고려할 때, 상이한 엄마들을 특징짓는 양육의 유형 또한 참고하는 것이 항상 필요하다.

---

[1] 이들이 언급한 다양한 상호작용 유형들에는 다음과 같은 종류들이 있다. 아이가 깨어 있는 시간 동안 엄마와 상호작용하는 비율로 나타내는, 아이와 엄마 사이의 상호작용의 습관적인 양. 연쇄적인 상호작용의 길이와 누가 상호작용을 시작하고 종료하는가. 아이와 엄마 쌍의 상호작용의 습관적 양식, 예를 들어, 쳐다보기, 만지기, 안기, 그리고 둘 사이의 전형적인 거리. 이별에 대한 아이의 반응. 엄마가 곁에 있을 때, 그리고 엄마가 곁에 없을 때, 낯선 사람에 대한 아이의 반응. 아이가 탐색할 때, 혹은 친구를 사귈 때, 엄마의 반응 등.

2. 애착유형을 구분하기 위해 적용하는 준거들

아이의 애착행동을 설명하는 데 있어 가장 명백한 준거 중의 하나는 엄마가 잠시 아이를 두고 떠날 때 아이가 저항을 하는지의 여부와 얼마나 강하게 저항하는가이다. 이것이 쉐퍼가 사용했던 애착 강도의 준거였다(Schaffer & Emerson, 1964a). 하지만, 에인스워스는 이 준거만으로는 불충분하며, 실제로 오해를 불러일으킬 수 있다는 것을 알게 되었다. 에인스워스는 간다 부족의 아이들에 대해 자신이 관찰했던 내용을 곰곰이 생각해보면서 다음과 같이 쓴다(1963).

이 유아들 중 몇몇은 … 엄마와 상당히 견고한 애착관계를 맺고 있는 것처럼 보였는데, 이들은 저항행동이나 분리불안을 거의 나타내지 않았다. 오히려 이들은 세상을 탐험하고 자신들의 지평을 확대해서 다른 애착들을 포괄하는 데 있어, 엄마를 안전 기지로 사용하려는 준비성을 통해 엄마에 대한 애착 강도를 나타냈다. 불안하고 불안정한 아이는 엄마를 더 당연시하는 것처럼 보이는 행복하고 안정적인 아이들에 비해, 엄마에게 훨씬 더 강하게 애착되어 있는 것처럼 보일지도 모른다. 하지만, 엄마에게 매달리는 이 아이는—세상과 그 세상에서 사는 사람들을 두려워하며, 다른 것들이나 다른 사람들을 탐색하기 위해 엄마 곁에서 움직이려고 하지 않는 이 아이는—더 강하게 애착되어 있는가, 아니면 단지 더 불안정한 것인가?

한 사람 혹은 그 이상의 구별된 인물들에 대한 애착 강도의 개념은 너무나 단순해서 쓸모가 없다는 것은 명백한 것 같다(단일 의존 충동의 개념이 그랬던 것으로 입증되었던 것과 꼭 마찬가지로). 새로운 개념들이 필요하다. 이 새로운 개념들을 개발하기 위해서는, 다수의 상이한 행동 형태들이 다수의 특정 조건에서 발생할 때, 이 행동 형태의 측면에서 아이의 애착을 기록하는 것이 필요하다. 행동 형태들에는 다음과 같은 것들이 포함된다.

(1) 환영하기를 포함한, 엄마와의 상호작용을 시작하는 행동: 예를 들어, 다가가기, 만지기, 안기, 엄마에게 기어오르기, 엄마의 무릎에 얼굴을 묻기, 부르기, 말하기, 손을 들어 올리는 몸짓, 미소짓기.

(2) 상호작용을 시작하는 엄마에 대한 반응 행동과 상호작용을 유지하는 행동: 이 행동에는 '(1)'의 모든 행동과 바라보기가 또한 포함된다.

(3) 엄마와 헤어지는 것을 피하려는 목적의 행동: 예를 들어, 따라가기, 매달리기, 울기 등.

(4) 고통스러운 이별 후에 엄마와 재회할 때의 행동: 이 행동에는 환영하는 반응뿐만 아니라 회피하는 반응과 거부하는 반응, 그리고 양가적인 반응이 포함된다.

(5) 탐색행동: 특히 엄마-인물과 관련해서 이 행동이 어떤 방향을 취하는지, 그리고 환경 내의 사물에 대한 아이의 관심이 얼마나 강렬하고 지속적인지 등.

(6) 철회(두려움) 행동: 특히 엄마-인물과 관련해서 이 행동이 어떤 방향을 취하는지.

아이의 행동을 관찰하는 조건들에는, 최소한 엄마의 행방과 움직임,

타인의 존재와 부재, 인간 이외의 환경의 상태, 아이 자신의 상태가 포함되어야 한다. 다음의 목록을 보면, 관찰시 고려해야 할 다양한 조건들에 대해 어느 정도 짐작할 수 있다.

(1) 엄마의 행방과 움직임:
　　엄마와 함께 있다.
　　엄마가 떠나고 있다.
　　엄마가 없다.
　　엄마가 되돌아오고 있다.
(2) 타인:
　　친숙한 사람(들)과 함께 있거나 친숙한 사람(들)이 없다.
　　낯선 사람(들)과 함께 있거나 낯선 사람(들)이 없다.
(3) 인간 이외의 환경:
　　친숙하다.
　　약간 낯설다.
　　아주 낯설다.
(4) 아이의 상태:
　　건강하거나, 아프거나 혹은 고통을 겪고 있다.
　　생기가 넘치거나 혹은 피로하다.
　　배고프거나 혹은 배부르다.

아이가 피로하거나 고통을 겪고 있을 때 어떻게 행동하는지가 종종 중요한 정보를 알려준다는 것은 강조할 필요가 있다. 이러한 상황에서 평범한 아이는 거의 확실히 자신의 엄마를 찾아가지만, 모성양육을 오랫동안 받지 못해서 탈착된(detached)[2] 아이이거나 자폐적인 아이는 엄마를 찾아가지 않을 것이다. 로버트슨(Robertson)은 탈착된 한 아이가 극심한 고통을 겪으면서 어떻게 행동하는지에 관한 사례를 보고했으며(Ainsworth & Boston, 1952를 보라), 베텔하임(Bettelheim, 1967)도 한 자폐아동의 사례를 보고했다.

실제에서는 이렇게 이론적으로 완전한 범위의 조건들로부터 상당히 제한된 수의 조건들만을 선택한다고 해도 한 아이에 대해 적절하게 묘사할 수 있을 것이다. 만약 이것이 입증된다면 선택한 몇 가지 조건 각각에서의 아이의 행동을 나타내는 프로파일로 한 아이의 애착행동을 묘사할 수 있다. 에인스워스 자신은 자연관찰에서 그리고 실험을 계획하면서 이런 식의 사고를 활용했다.

이러한 묘사를 완벽하게 하기 위해서는, 아이의 엄마가 어떻게 행동하는지에 관한 상보적인 프로파일을 구성하는 것이 또한 당연히 필요할 것이다. 엄마의 프로파일에는 아이와 비교할 만한 일련의 상황들 각각에서 아이의 애착행동에 엄마가 어떻게 반응하며, 엄마 자신이 어떻게 그리고 언제 상호작용을 시작하는지 등이 포함된다. 이렇게 할 때에만 엄마와 아이 사이의 상호작용 유형을 볼 수 있으며, 이 상호작용에서의 아이의 역할을 이해할 수 있다.

---

[2] '탈착된'은 원문에서 'detached'이며, '애착된'(attached)에 상대적인 개념이다 – 옮긴이.

3. 첫돌에 볼 수 있는 몇 가지 애착유형들

이 절의 목적은 첫돌 무렵에 볼 수 있는 애착유형의 흔한 이형(異形)들 중의 몇 가지를 간략히 살펴보는 것이다. 가정에서 안정적인 엄마-인물과 함께 자란 아이들에게 나타나는 유형들만 고려했다. 비정상적 유형들을 포함해서, 엄마와 이별했거나 모성양육이 결핍되어서 발생하는 유형들은 크고 전문화된 영역을 구성하며, 이에 대해서는 18장에서 간략히 살펴볼 것이다.

이 책의 초판에서는 메리 에인스워스와 에인스워스의 동료들이 메릴랜드 주의 볼티모어에서 진행하고 있었던 단기 종단 연구의 예비결과에 대해서만 살펴 볼 수 있었다. 이 연구에서 에인스워스와 그녀의 동료들은 백인 중산층 가정들을 선정해서 생후 첫 12개월 동안 아이의 애착행동의 발달을 관찰했다. 초판이 나온 이후로 이 연구는 상당히 많이 진전되었는데, 출생부터 생후 12개월까지 관찰을 진행한 표본 내의 숫자도 증가했고, 자료들도 아주 많은 세부적 분석을 거치게 되었다. 이들은 또한 생후 12개월에 관찰한 전형적인 애착유형에 관한 추가적인 증거들을 확보했는데, 추가로 83쌍의 엄마-아이 쌍을 추가로 표집하여, 애착유형의 발달을 관찰하려는 목적으로 고안한, 낯선 상황(Strange Situation)을 통해 측정함으로써 이 증거들은 얻게 되었다. 이 중요한 연구의 전체적 세부내용은 현재 모노그래프 형태로 볼 수 있다(Ainsworth 등, 1978). 에인스워스 등이 진행했던 연구의 절차들과 주요 연구결과들은 『애착과 상실』시리즈의 2권에서(3장과 21장) 이미 제시했기 때문에, 여기서는 개략적 내용만 살펴보고자 한다. 낯선 상황과 유사하거나 관련된 방법을 이용해서 생후 2년째와 그 이후의 시기 동안 아이들을 연구한 단기 종단 연구의 결과들에 대해서는 18장에서 설명할 것이다.

낯선 상황 절차는 생후 12개월 된 유아의 엄마에 대한 애착행동 조직화의 개인차를 측정하기 위해 고안되었다. 간략히 말하자면, 낯선 상황은 일련의 3분짜리 일화로 구성되어 있으며, 전체 절차는 20분 동안 진행된다. 20분 동안 만 1세 된 아이를 작고 안락하지만 낯선 놀이방에서 관찰하는데, 이 방에는 장난감이 넉넉하게 비치되어 있다. 처음에는 아이가 엄마와 함께 있을 때, 그 다음에는 엄마가 없을 때, 나중에는 엄마가 되돌아온 후에 각각 아이를 관찰한다. 낯선 상황은 유아를 부가적인 긴장 상황에 노출시키는 것이며, 자신의 양육자를 탐색의 기지로 사용하는 유아의 능력, 양육자에게서 위로를 얻는 유아의 능력, 그리고 일련의 변화하는 상황 속에서 그에 따라 변화하는 애착-탐색의 균형 등을 관찰하는 기회이다.

비록 이 일련의 각 일화에서 유아들에게 나타나는 행동 유형은 상당히 다양하지만, 다수의 행동 유형들 간의 유사성은 이 유형들 간의 차이만큼이나 인상적이다. 『애착과 상실』 시리즈의 2권 3장에서 이에 대해 예와 함께 상세히 설명하고 있다. 유아 홀로 엄마와 함께 있는 첫 3분 동안 거의 모든 유아들은 엄마에게 시선을 계속 돌리면서도, 그와 동시에 새로운 상황을 탐색하느라 바쁘게 시간을 보낸다. 우는 아이는 실제로 거의 없다. 이때 낯선 사람이 등장하면 거의 모든 유아들은 탐색행동을 줄이지만 여전히 우는 아이는 실제로 거의 없다. 하지만, 엄마가 아이를 낯선 사람과 함께 놔두고 자리를 뜨면 절반 이상의 유아들의 행동이 갑작스레 변하고 차별적 반응들이 훨씬 더 분명해진다.

에인스워스는 자신의 연구결과를 논의하면서 이 유아들을 단순히 애착 강도의 순서대로 일렬로 늘어놓으려고 하는 것이 비합리적이라는 것에 대해 유의하고 있다. 쉽게 말하자면, 에인스워스의 연구자료를 제대로 설명하기 위해서는 다수의 척도가 필요하다.

에인스워스가 발견한 특별히 유용한 차원은 아이의 애착의 안정성이다. 에인스워스는 생후 12개월 된 아이들 중, 엄마가 잠시 곁에 없는 것에 대해 아이가 힘들어하든 혹은 심적 동요 없이 그것을 견뎌내든, 엄마를 안전 기지로 사용해서 낯선 상황에서 상당히 자유롭게 탐색할 수 있고, 낯선 사람이 나타난다고 해서 힘들어하지 않으며, 엄마가 곁에 없을 때도 엄마의 행방에 대해 자각하고 있다는 것을 나타내고, 엄마가 되돌아올 때 엄마를 환영하는 아이를 안정적으로 애착되어 있다고 평가했다. 이 반대편 끝에는 극단적 수준에서 불안정적으로 애착되어 있는 것으로 평가된 유아들이 있었는데, 이 유아들은 심지어 엄마가 곁에 있는데도 탐색을 하지 않았고, 낯선 사람이 나타나면 상당히 놀랐으며, 엄마가 곁에 없으면 어쩔 줄 몰라 하고 방향을 잃고 힘들어했으며, 엄마가 되돌아오면 엄마를 반겨 맞이하지 않기도 한다.

한 아이의 엄마에 대한 애착 안정성을 나타내는 특히 귀중한 지표는, 엄마가 잠시 아이 곁을 떠났다가 다시 되돌아올 때 아이가 엄마에 대해 반응하는 방식이라는 것이 입증되었다. 애착유형이 안정적인 아이는 연쇄적으로 조직화된 목표수정적 행동을 보여준다. 아이는 엄마를 반기고 엄마에게 다가간 다음, 엄마가 안아줘서 엄마에게 안기려고 하거나 혹은 엄마와 가까이 있으려고 한다. 애착유형이 안정적이지 않은 아이들의 반응은 크게 두 가지이다. 한 가지 반응은 엄마가 돌아온 것에 대해 겉으로 무관심하거나 엄마를 회피하는 것이고, 또 다른 반응은 양가적 반응으로서 절반쯤은 엄마를 원하면서도 나머지 절반쯤은 엄마에게 저항하는 것이다.

유아들이 이러한 절차에서 행동하는 방식에 대해 이 준거들을 적용해서 세 가지 주요한 애착유형이 드러났다. 이 세 가지 유형은 맨 처음에는 임상적 판단으로 확인되었지만, 나중에는 정교한 통계적 기술을 사용하여 조사되었으며, 그 타당성이 확립되었다(Ainsworth 등, 1978). 에인스워스는 이 세 가지 유형을 각각 B, A, C로 명명했는데, 다음과 같다.

유형 B

대부분의 표본에서 다수를 차지하며, 엄마에게 안정적으로 애착되어 있는 것으로 분류되는 유아들의 유형이다. 이 유형에 속하는 유아들의 주요 특징은 활발하게 논다는 것이다. 또한 엄마와의 짧은 이별 후에 고통을 겪을 때도 엄마와의 접촉을 시도하는 데 있어 적극적이며, 엄마와의 접촉 후에 곧바로 안정을 되찾으며 곧 놀이에 몰두한다.

유형 A

대부분의 표본에서 약 20%를 차지하며, 엄마에게 불안하게 애착되어 있으며 엄마를 회피하는 것으로 분류되는 유아들의 유형이다. 이 유형에 속하는 유아들은 엄마와 재회할 때 엄마를 회피하며, 엄마와의 두 번째 짧은 이별 후에 특히 그렇다. 이들 중 다수는 자신의 엄마보다도 낯선 사람을 더욱 친근하게 대한다.

유형 C

약 10%를 차지하며, 엄마에게 불안하게 애착되어 있으며 엄마에게 저항하는 것으로 분류되는 유아들의 유형이다. 이 유형에 속하는 유아들은 엄마와 가까이 있고 싶어하고 접촉하려고 시도하는 것과 엄마와의 접촉과 상호작용에 대해 저항하려는 것 사이에서 동요한다. 이 유형에 속하는 몇몇 유아들은 다른 유아들에 비해 두드러지게 더 화가 나 있으며, 소수의 유아들은 좀더 수동적이다.

　이 분류체계는 전적으로 낯선 상황 절차에서의 유아의 수행 결과를 바탕으로 한 것인데, 이 체계가 심리학적으로 일반적인 중요성을 가진 변인들을 다루고 있다는 증거는 다음과 같은 사실에서 찾을 수 있다. 곧, 가정에서 엄마와 함께 있을 때 관찰한 유아의 행동은 낯선 상황에서 관찰한 유아의 행동과 대부분 유사할 뿐만 아니라, 분류에 따라 어떤 집단에 속하느냐에 따라 체계적으로 다르다는 것이다. 안정적으로 애착된 유아들과(B집단) 불안하게 애착되어 있는 유아들을 비교할 때 이러한 행동의 차이는 상당히 놀라운 것이다. 여기서 불안하게 애착되어 있는 유아들은 불안하고 회피적이거나(A집단) 혹은 불안하고 저항적인(C집단) 유아들을 모두 포함한다.

　생애 첫해의 4/4분기에 B집단에 속하는 유아들의 가정에서의 행동을 A집단과 C집단에 속하는 유아들과 비교했을 때, B집단 유아들의 주요 특징은 다음과 같았다. 탐색과 놀이를 할 때 B집단 유아들은 엄마를 안전 기지로 사용하는 것 같았다. 이들은 만족한 상태로 엄마에게서 멀어졌지만 엄마의 움직임을 계속 주시했으며 때때로 엄마에게 끌리듯 되돌아가곤 했다. 이 장면은 탐색과 애착이 행복한 조화를 이루는 것이었다. 불안하게 애착된 유아들 누구도 이러한 조화를 보여주지 않았다. 불안한 애착을 보이는 아동들 몇몇은 수동적이고 탐색을 거의 하지 않거나 거의 접촉을 시도하지도 않는 경향이 있었다. 고착화된 동작을 가장 자주 관찰할 수 있는 경우가 바로 이 불안 유형의 유아들이었다. 불안한 애착을 보이는 유아들 중 다른 일부는 탐색을 하긴 했지만, 안정적 애착을 보이는 유아들에 비해 그 시간이 훨씬 짧았으며 항상 엄마의 행방에 대해 염려하는 것처럼 보였다. 이들은 종종 엄마와 가까이 있으려 하고 엄마와 접촉하려고 열심이었지만, 이렇게 하는 것이 이들에게 기쁨을 주는 것 같지 않았다.

B집단의 유아들은 A집단이나 C집단의 유아들에 비해 훨씬 적게 울었다. 엄마가 방을 떠날 때, B집단의 유아들은 동요하는 것 같지 않았으며, 엄마가 되돌아올 때 엄마를 즉시 그리고 활기차게 반겼다. 엄마가 들어 올려주면 유아는 이것을 즐겼으며, 나중에 바닥에 다시 내려놓으면 만족한 상태로 다시 놀이를 시작했다. 생애 첫해의 끝 무렵에 B집단의 유아들은 불안하게 애착된 유아들에 비해 적게 울었으며 엄마와의 의사소통에서 훨씬 다양하고 섬세한 수단들을 발전시켰다. 그리고 엄마가 말한 희망이나 명령에 대해 더 협력적이었을 뿐만 아니라 자신의 뜻에 맞지 않을 때도 화를 내는 경우가 적었다.

불안하고 회피적인 A집단의 유아들과 불안하고 저항적인 C집단의 유아들을 가정에서 관찰했을 때 이들 사이에 상당한 차이가 있었다. 하지만 이 두 집단 간의 차이는 방금 살펴봤던 B집단과 A, C집단 전체와의 차이만큼 놀라운 것은 아니다. A집단 유아들의 주요 특징으로는 엄마와의 친밀한 신체 접촉에서 전형적으로 접근-회피 갈등이 나타난다는 증거가 있다는 것이다. 예를 들어, A집단의 유아는 엄마에게 가까이 가지만, 그러다가 중간에 멈춘 다음 되돌아가거나 다른 방향으로 진로를 바꾸기도 했다. 엄마와 가까이 있을 때, 엄마를 만지지 않는 경향이 있었으며, 만지더라도 엄마의 발과 같이 신체의 주변부를 만지는 경우가 많았다. 엄마가 안아 올려 주면 엄마의 품속에서 편안하게 쉬지 못하는 경우가 많았지만, 다시 내려놓으면 다른 유아들에 비해 저항하고 다시 안아 올려주기를 바라는 경우가 많았다. 엄마가 방을 떠날 때도 다른 유아들에 비해 엄마를 따라가는 경우가 많았다.

A집단의 유아들은 다른 두 집단의 유아들에 비해 분노행동을 더 많이 표출하는 경향이 있었다. 하지만, 이런 분노를 느낄 때, 분노가 표출되는 대상이 엄마인 경우는 거의 없었으며 대개 어떤 물리적 대상으로 전환되는 경우가 많았다. 그럼에도 불구하고, 때로 명백한 이유 없이 그리고 어떤 감정도 내보이지 않고서 엄마를 때리거나 물어뜯는 경우가 있었다.[3]

불안하고 저항적인 C집단의 유아들 또한 상당한 갈등을 나타냈다. 하지만, C집단의 유아들은 엄마와의 접촉을 회피하는 것이 아니라 더 원하는 것처럼 보였고, 엄마가 자신을 따로 떨어져서 놀도록 흥미를 유도할 때 특히 저항하고 화를 내는 것처럼 보였다. 이렇게 해서 C집단의 유아는, 다른 집단의 아이들은 활발하게 놀이를 즐기는 상황에서, 두드러지게 수동적인 경우가 많았다.

이상의 관찰 결과들은 에인스워스가 애착유형을 분류하기 위해 사용했던 준거들에 대해 정당성을 제공하며, 이러한 정당성은 이 책의 초판 발간 이후에 수행된 많은 연구결과들에 의해 더욱더 확고해진다. 이 연구결과들에 대해서는 이 책의 18장에서 보고할 것이다. 안정-불안정의 차원에 대해 임상가들이 상당히 공감한다는 것을 우리는 주목한다. 베네덱(Benedek, 1938)이 언급했던 '신뢰의 관계', 클라인(Klein, 1948)이

---

[3] 이런 유형의 행동은, 인생 초기에 어떤 반응과 이 반응을 발현시킨 상황이 불일치하는 예인 것 같다. 이러한 불일치는 많은 정신병리적 상황들에서 발생한다. 3권의 4장과 14장을 보라.

말했던 '좋은 대상의 내사', 그리고 에릭슨(Erikson, 1950)이 언급했던 '기본적 신뢰' 등은 명백히 유아의 이러한 동일한 특징을 언급하는 것 같다. 이렇게 안정-불안정의 차원은 정신 건강과 직접 연관된 인성의 한 측면을 측정한다.

4. 다양성에 기여하는 생애 첫해의 조건들

어떤 한 아이의 애착행동이 취하는 형태는, 유아와 엄마가 자신들의 동반자 관계에 가지고 들어오는 각자의 최초의 편향성에 따라 일부분 달라지고, 그리고 애착행동의 발달과정에서 서로에게 영향을 미치는 방식에 의해 또한 일부분 달라진다는 것은 명백하다. 각 동반자의 행동의 어느 정도까지가 각자의 최초의 편향성에 의한 결과이고, 또 어느 정도까지가 상대방의 영향에 의한 결과인지는, 실제에서 계속 제기되는 문제이다. 이에 대한 가능성의 범위는 거의 무한하고 체계적 연구 또한 아직 상당히 미비하기 때문에 오직 소수의 예만을 들 수 있다.

아이의 편향성과 엄마에 대한 영향

모스(Moss, 1967)는 생후 초기 몇 개월 동안 잠을 자거나 우는 데 소비하는 시간이 아이들에 따라 천차만별이고, 이러한 다양성이 엄마의 행동에 어떻게 영향을 미치는가를 보여줬다. 남자아이와 여자아이는 이런 면에서 서로 다르다. 모든 것을 고려해 볼 때, 남자아이는 여자아이에 비해 덜 자지만 더 우는 경향이 있다는 것을 모스는 발견했다. 아마도 이 때문에, 남자아이들이 생후 3개월까지 여자아이들에 비해 평균적으로 사회적 관심을 더 많이 받고 접촉(안아주기나 흔들어 주기)을 더 많이 경험하게 된다고 모스는 생각한다. 이것이 추후의 상호작용에 어떠한 영향을 미치는지는 알려져 있지 않지만, 만약 아무런 영향도 미치지 못한다면 이는 놀라운 일이 될 것이다.

아이의 편향성의 다른 근원으로는 출생 전과 분만 시에 발생하는 신경생리적 손상이 있다. 이러한 장애를 겪은 아이들은, 추후에 발달하는 애착행동 유형에 직·간접적으로 영향을 미칠 수도 있는 다수의 불리한 경향성을 나타낸다는 충분한 증거가 있다. 출생시에 무호흡증을 경험한 29명의 남자아이들의 행동을 통제집단의 행동과 생후 5년 동안 비교한 한 연구에서, 우코(Ucko, 1965)는 다수의 의미심장한 차이들을 발견했다. 출생시에 무호흡증을 겪었던 아이들은 통제집단에 비해 처음부터 소음에 더 민감했으며 수면장애도 더 많이 겪었다. 이들은 환경이 변화화면 훨씬 더 혼란스러워 했는데, 예를 들어, 가족의 휴가, 이사, 가족 구성원과의 짧은 이별에 수반하는 변화에 혼란스러워 했다. 이들은 보육학교나 정규학교에 입학했을 때 통제집단에 비해 상당히 많은 수가 두려워하고 매달렸다. 생후 5년 동안의 이들의 행동에 대한 모든 가용한 정보들을 평가할 때, 무호흡증을 겪었던 아이들은 통제집단에 비해 훨씬 더 자주 '아주 어렵다' 혹은 '상당 기간 동안 어렵다'로 평가되었다(무호흡증 집단 중 13명 대 통제집단 중 2명). 게다가, 손상 입은 아이들의 이 척도상의 분포는 원래 기록된 무호흡증의 심각성 정도와 유의미한 상관관계를 보였다.

쉽게 말해서, 이 유아들에게 태어날 때부터 존재하는 이런 종류의 행동 편향성은 그 자체가 지속되는 경향이 있을 뿐만 아니라, 또한 최소한 어느 정도는 엄마의 반응방식에 영향을 미치는 경향이 있다. 프레츨 (Prechtl, 1963)은 이에 대해 몇몇 증거를 제시한다. 프레츨은 극소한 뇌 손상을 입은 아이들에게 흔히 발생하는 두 가지 증후군을 묘사한다. (1) 신체 움직임이 적고 감정표현이 없는 아이들로서 약하게 반응하고 거의 울지 않는다. (2) 쉽게 흥분하는 아이들로서 경미한 자극에도 과도한 반응을 보이며 쉽게 울 뿐만 아니라, 졸리는 듯하고 각성시키기 어려운 상태에서 지나치게 각성되어 있고 진정시키기 어려운 정반대의 상태로 갑자기 그리고 예측 불가능하게 변화한다. 비록 이 두 증후군은 생후 첫해에 호전되지만, 이 두 증후군 중 어느 하나를 보이는 아이는 정상적인 반응을 보이는 아이에 비해 엄마에게 훨씬 커다란 부담을 지우게 된다. 이렇게 해서 감정표현이 없는 아이는 상호작용을 덜 주도하고 엄마에 대한 보상도 적으며, 따라서 무시되는 경향이 있고, 반면에 과도하게 반응하며 예측 불가능한 아이는 엄마가 화를 낼 때까지 엄마를 몰아붙일 수도 있다. 이렇게 되면 엄마는 아이를 양육하려고 노력하면서 과도하게 걱정하게 되거나, 아니면 올바로 양육하려는 노력을 자포자기하고 아이를 거부하려고 한다. 각각의 경우에 엄마의 행동 유형은 정상적인 아이에 대한 행동 유형과는 상당히 달라질 수 있다. 하지만, 샌더 (Sander, 1969)가 보여준 바와 같이 마음이 한결같은 엄마라면 엄마의 행동 유형이 반드시 달라지지는 않는다.

아이의 최초, 혹은 아주 이른 시기의 편향성이 달라지면 엄마의 행동에 미치는 영향 또한 달라진다는 다른 증거로는 야로(1963)의 연구에서 찾을 수 있다. 이 연구에서 야로는 수양가정에서 자라는 아이들을 연구했다. 연령과 성별이 동일한 유아들이 생후 초기부터 동일한 수양가정에서 자라는 경우에도, 성향이 적극적인 유아들은 사회적 관심을 요구할 뿐만 아니라 사회적 관심을 받게 될 때 이에 대해 보상을 한다는 단순한 이유로, 성향이 적극적인 유아들이 수동적인 유아들에 비해 훨씬 더 많은 사회적 관심을 받는다는 것을 야로는 발견했다.

야로는 한 예로써, 생후 6개월 된 두 남자아이의 행동적·사회적 경험을 대비하여 묘사하고 있는데, 이 아이들은 생후 초기부터 동일한 양엄마의 양육을 받았다. 처음부터 두 아이 중 잭(Jack)은 비교적 수동적이었고, 다른 아이인 조지(George)는 비교적 적극적이었다. 잭은 "사회적 상호작용에서 전혀 주도적이지 않았다. 사람들에게 다가가지도 않았고 접근 반응을 보이지도 않았다. … 깨어 있을 때 [잭은] 수동적 만족상태에서 손가락이나 엄지를 빨면서 상당 시간을 보냈다." 이와 대조적으로 조지는 잭과 나이가 같았는데, "자신이 원하는 것을 매우 강력하게 요구했으며 만족할 때까지 집요하게 요구했다. … [조지는] 사회적 반응에 고도로 민감했으며 타인으로부터 사회적 반응을 추구하는 데 있어 주도적이었다." 예측할 수 있듯이, 이 두 남자아이가 받아들이게 되는 사회적 경험의 양과 형태가 아주 달랐다. 조지의 경우, "양부모와 다른 모든 아이들이 많이 안아주고 함께 놀아 주었던" 반면, 잭은 "유아용 놀이틀의 바닥에서 … 식당의 고립된 구석에서, 가족들이 주로 다니는 통로의 바깥에 누워서 상당 시간을 보냈다." 오직 두 아이 각각이 받는 신체적 양육만이 양적으로 비슷했다.

이런 예들은 유아 자신이 자신의 환경을 결정짓는 데 있어 담당하는 역할의 정도를 납득시켜 준다. 하지만, 지금까지 묘사한 것처럼 출생시에 모든 초기의 편향성들이 분명히 나타난다고 가정할 이유는 없다. 이와 반대로, 어떤 편향성들은 출생한 지 몇 달 혹은 몇 년 후에야 드러나는 경우도 있다. 그래서 이러한 편향성의 존재를 판별할 수 있는 방법이

나올 때까지 편향성에 대해 논의하는 것은 추측으로 퇴보하는 경향이
있다.

엄마의 편향성과 아이에 대한 영향

아이가 가진 최초의 특성이 이 아이에 대한 엄마의 양육방식에 영향
을 미칠 수 있는 것과 마찬가지로 엄마가 가진 최초의 특성도 엄마가 아
이에게 반응하는 방식에 영향을 미칠 수 있다. 하지만, 엄마가 아이와의
관계에서 나타내는 최초의 특성은 훨씬 더 복잡하다. 이러한 특성은, 엄
마가 천성적으로 타고난 것뿐만 아니라 엄마가 태어나고 자란 가족과
의 오랜 동안의 대인관계 이력, 그리고 엄마가 속한 문화의 가치와 실제
들을 오랜 동안 습득한 결과로부터 파생된 것이다. 이러한 많은 상호작
용하는 변인들을 조사하고, 이러한 변인들이 어떻게 우리가 살펴보고
있는 다양한 모성행동을 함께 만들어내는지를 살펴보는 것은 이 책을
범위를 넘어서는 것이다.

엄마가 자신의 아이를 어떻게 대할 것인가를 아이가 태어나기 전
에 어느 정도 예측할 수 있다는 사실은 전혀 놀라운 일이 아니다. 모스
(1967)는, 이미 언급한 바 있는 연구에서, 아이의 생후 첫 3개월 동안 아
이가 울 때 엄마가 이에 반응하는 방식이 이보다 2년 전에 엄마가 표현
했던 생각과 느낌과 상관이 있는지, 그리고 상관이 있다면 어느 정도 상
관이 있는지를 발견할 수 있었다. 2년 전에 표현했던 생각은 가정생활
과 일반적인 유아양육, 그리고 자신만의 아이를 가진다는 것이 어떤 기
쁨과 좌절을 가져다 줄 거라고 상상하는 지에 관한 것이었다. 모스는 23
쌍의 엄마와 아이들을 대상으로 연구했는데, 2년 전에 '양육자의 역할

을 수용하고' 자신의 아이를 가지는 것의 보상적 측면에 대해 숙고하는 것으로 평가된 여성이 이러한 척도들에서 더 낮게 평가된 여성에 비해 아이가 태어난 후 아이가 울 때 아이의 울음에 반응을 보이는 경우가 더 많았다.

다른 유형의 증거, 곧 자신이 태어나고 자란 가정에서의 엄마의 경험 또한 엄마가 아이를 대하는 방식을 예측하는 것으로 나타났다. 월킨드 (Wolkind, 1977)는 이에 대한 확고한 증거를 보고한다.

모스의 연구나 월킨드의 연구 어떤 것도 논지에 관한 증거자료를 제시하지는 못 하지만, 더 많은 반응을 보여주는 엄마를 가진 아이들이 반응이 적은 엄마를 가진 아이들과는 달리 발달하는 경향이 있고, 이러한 차별적 발달이, 이번에는 엄마 자신의 행동방식에 추가적으로 영향을 미칠 것이라는 것은 예측 가능한 것이다. 이러한 방식으로, 광범위한 영향을 미치는 순환과정이 시작된다.

이에 관한 증거는 상호작용하는 엄마와 아이를 종단적으로 기록한 연구들이 제시하고 있다. 이러한 종단 연구들 중에는 아이가 태어나기 전부터 기록을 시작한 것들도 있다. 데이비드와 아펠(1969), 샌더(1964, 1969), 에인스워스와 위티그(1969)의 연구들은 엄마와 아이의 상호작용을 묘사하고 있는데, 이 연구들에는 처음부터 상이한 방식으로 편향된 엄마들이 등장한다. 물론 각각의 엄마들은 자신의 아이에 의해 다소간 영향을 받는 것으로 보인다. 하지만, 엄마들은 각자 고유한 방식으로 반응하는데, 어떤 엄마는 아이의 사회적 진전에 용기를 얻지만 다른 엄마는 아이의 사회적 진전을 회피하며, 어떤 엄마는 아이가 울면 더 염려를 하지만, 다른 엄마는 인내심을 잃는다. 그러므로 엄마가 아이를 대하는 방식은 아이와의 경험이 엄마의 최초의 편향성을 어떤 방식으로 확증하고 수정하고 확장했는가를 반영하는 복잡한 결과물인 것이다.

아이가 첫돌이 될 때까지 각각의 엄마-아이 쌍이 이미 어떻게 고도로 특징적인 상호작용 유형을 발전시키는지에 대해 이미 언급한 바 있다. 그리고 엄마-아이 쌍들간의 상호작용의 차이의 정도는 거의 과장하기 힘들 정도로 이미 크다. 예를 들어, 데이비드와 아펠(1966, 1969)은 자신들이 발견한 내용을 보고하면서, 단지 상호작용의 양에서만 보더라도—상호작용의 질적 차이는 별개로 하고서—이 쌍들 간의 다양성의 범위가 상당히 크다는 것을 강조한다.[4] 이러한 다양성의 한 쪽 극단에 위치한 쌍의 경우, 딸이 깨어 있는 거의 모든 시간 동안 지속적으로 엄마는 자신의 딸과 상호작용을 했지만, 다른 쪽 극단에 위치한 쌍의 경우, 엄마와 딸 둘 다 함께 있는 시간이 거의 없었고 엄마는 가사에만 몰두하고 딸을 대부분 무시했다고 데이비드와 아펠은 보고한다. 또 다른 세 번째 엄마-아이 쌍의 경우, 각자 개인적 활동을 하면서 동시에 서로를 조용히 바라보며 많은 시간을 보낸다. 네 번째 쌍의 경우, 오랜 동안 상호작용이 없다가, 간혹 엄마의 주도로 약간 긴 시간 동안 긴밀한 상호작용이 예측 불가능하게 발생하기도 한다.

비록 데이비드와 아펠은 엄마-아이 쌍들 간의 이러한 커다란 차이가

---

[4] 데이비드와 아펠은 2주에 한 번씩(혹은 더 자주) 파리에 사는 23명의 유아들의 가정을, 한 번에 3시간씩, 방문했다. 데이비드와 아펠은 방문할 때마다 생후 첫해 동안 아이와 엄마가 자연스러운 가정환경에서 어떻게 상호작용하는가를 매 순간 상세하게 기록한 자료를 모았다. 유아들이 만 1세가 된 이후에는 매달 한 번씩 방문하여 기록하였으며, 이러한 기록은 유아들의 연령이 생후 30개월이 될 때까지 계속되었으며, 생후 13개월, 18개월, 30개월의 시점에서 수행된 실험 회기로 확장되었다. 하지만, 오직 제한된 분량의 자료들만이 발표되었으며, 발표된 자료들 또한 대부분 생후 첫 13개월까지의 자료로 한정되었다.

주로 무슨 이유 때문에 생기는지 설명하는 자료를 거의 발표하지 않았지만, 엄마-아이 쌍의 한 쪽이 다른 쪽의 주도권에 대해 반응하는 정도에서 유아들 간의 차이보다는 엄마들 간의 차이가 훨씬 더 크다는 것은 의심의 여지가 없다. 연구에서 관찰했던 모든 유아들은 엄마가 상호작용을 시작하는 거의 모든 경우에 이에 대한 반응을 보였기 때문에, 유아들 간의 반응율의 변량은 0에 가까웠다. 이와 대조적으로 엄마들 간의 반응율의 변량은 상당히 컸다. 모든 엄마들은 아이가 주도하는 상호작용의 일부를 무시했는데, 어떤 엄마는 절반이 훨씬 넘는 아이의 주도적 상호작용에 규칙적으로 반응했지만, 거의 반응을 보이지 않는 엄마들도 있었다. 예상할 수 있듯이 반응을 잘 보이는 엄마들은 아이와 함께 있는 것을 즐기는 것처럼 보였지만, 반응을 보이지 않는 엄마들은 스스로 상호작용을 주도하는 경우를 제외하고는 아이를 부담스럽게 여기는 것 같았다.

이러한 연구결과들은, 유아가 만 1세가 되는 시점에서 엄마-유아 간에 발생하는 상호작용의 양을 결정하는 데 유아보다는 엄마가 훨씬 더 커다란 역할을 담당하고 있다는 것을 강력히 시사한다. 비숍(Bishop, 1951)의 연구도 유사한 결과를 보여주는 것 같은데, 비숍은 일련의 보육학교 아이들이 엄마와 함께 놀이방에서 30분 동안 시간을 보내는 것을 두 번 관찰했다. 엄마와 아이 사이의 상호작용 양식은 거의 지속적인 것에서부터 거의 전무한 것까지 다양했는데, 이러한 상호작용 양식은 엄마가 아이의 주도적 상호작용에 반응하느냐 혹은 무시하느냐에 따라 주로 달라지는 것 같았다.

엄마가 아이에 대해 이렇게 혹은 저렇게 반응하는 이유가 무엇이든, 엄마의 반응방식이 궁극적으로 아이가 갖게 되는 애착유형을 결정하는

데 주된 역할을 수행함을 시사하는 상당한 증거가 있다. 야로(1963)의 연구가 이에 대한 간접적 증거를 제시하는데, 야로는 이 연구에서 생후 첫 6개월 동안 수양가정에서 자란 40명의 유아들의 발달을 연구했다. 생후 6개월 시점에서 좌절과 스트레스에 대처하는 이 아이들의 능력을 측정한 결과, 이 대처능력과 다음과 같은 모성행동의 특성들 사이에 상관관계가 있음이 밝혀졌다.

엄마가 아이를 신체적으로 접촉하는 양;

엄마가 아이를 안아주는 방식이 아이의 특성과 리듬에 적응한 정도;

엄마가 아이를 달래는 기술의 효과적인 정도;

엄마가 아이에게 사회적으로 반응하고, 자신의 욕구를 표현하고, 발달의 진전을 이루도록 자극하고 격려하는 정도;

아이에게 주어진 자료와 경험들이 아이의 개인적 능력에 적합한 정도;

아이에 대해 엄마, 아빠, 그리고 타인들이 표현한 긍정적 감정의 빈도와 강도.

이상의 각각의 경우, 상관계수는 +0.50 혹은 그 이상이었으며, 상관계수가 가장 높았던 두 가지는 엄마가 아이의 리듬과 아이의 발달에 자신을 맞추는 것이었다.

최근 몇 년 동안 이와 동일하거나 유사한 기술을 사용하는 에인스워스를 비롯한 다른 연구자들은, 유아기와 유아기 이후의 아동들에게서 관찰한 애착유형과 관찰시점에 엄마가 이 아이를 양육하는 방식 사이에 높은 상관관계가 있다는 광범위한 증거를 제시했다(이 증거에 대해 개관한 내용을 보려면, 2권 21장을 보라). 그뿐만 아니라, 아이가 엄마 인물에 대해 보이는 애착유형이 상당 부분 엄마의 양육방식의 결과라는 명백한 증거도 있다. 이 핵심 문제에 대한 보다 심도 깊은 논의는 18장에서 이루어질 것이다. 실제로, 최근 연구결과들은 안정된 애착에 기여하는 것으로 믿어지는 모성행동 지표들의 타당성을 강력히 지지한다. 여기서 안정된 애착은 에인스워스가 자신이 수행했던 종단 연구 결과를 숙고하면서 최초로 윤곽을 잡은 것이다. 에인스워스가 정리한 모성행동 지표에는 다음과 같은 것들이 들어 있다.[5]

(1) 특히 생후 첫 6개월 동안, 유아와 엄마 사이의 잦은 그리고 지속적인 신체적 접촉. 이와 함께 고통스러워하는 아이를 안아줌으로써 아이를 달래는 엄마의 능력.
(2) 아이의 신호에 대한 엄마의 민감성, 특히 아이의 리듬과 자신의 개입을 적절하게 조화시키는 엄마의 능력.
(3) 아이가 자신의 행동에 대한 결과를 직접 느낄 수 있도록 적절히 조절된 환경. 에인스워스가 언급한 다른 지표로는 엄마와 유아가 서로 함께 하면서 느끼는 공동의 기쁨이 있는데, 이 지표는 그 자체로 존재하는 조건이 기도 하지만, 아마도 위 세 가지 조건의 결과로서 나타나는 것이기도 할 것이다.

임상 경험이 있는 다른 다수의 연구자들도(예를 들어, David & Appell, 1966, 1969; Sander, 1962, 1964; Bettelheim, 1967) 이러한 조건들 중의 몇 가지가 아동의 발달에 있어 가장 중요하다고 여기게 되었

---

[5] 다음 내용은 에인스워스와 위티그(1969)에서 발췌한 내용을 약간 줄여서 수정한 것이다. 이 결론을 지지하는 자료들은 에인스워스 등(1978)에 있다.

다. 특별히 언급된 조건들로는, 먼저, 신호에 대한 엄마의 민감성, 엄마의 개입시점 등이 있고, 다음으로, 아이가 자신의 주도성이 예측 가능한 결과를 낳는 것으로 경험하는지의 여부와, 아이의 주도성이 엄마와의 상호작용을 실제로 성공하게 만드는 정도가 있다. 이러한 모든 조건들이 만족될 때, 엄마와 아이 사이에 교호적 상호작용이 뒤따르며 그에 따라 안정적 애착이 발달하는 것 같다. 오직 부분적으로만 이러한 조건들이 충족될 때, 상호작용 과정에 어느 정도 갈등과 불만족이 생기게 되고 발달하는 애착은 덜 안정적이게 된다. 마지막으로, 이런 조건들이 거의 충족되지 않을 때, 그 결과로 상호작용과 애착은 심각하게 결핍된다. 이러한 결핍들 중에 확실한 것으로는 상호작용이 충분하지 않아서 발생하는 애착발달의 주요 지체가 있고, 그리고 엄마-인물의 사회적 반응을 아이가 예측하기에 너무 어렵기 때문에 발생하는 여러 형태의 자폐증도 아마도 이러한 결핍에 해당하는 것 같다.[6]

애착행동의 유형을 결정하는 데 있어서 현재 중요한 것으로 여겨지는 변인들의 성격을 살펴볼 때, 아이를 기르는 여러 가지 기술들의 효과에 대한 연구들이 부정적 결과들을 아주 많이 양산했다는 것은 놀랄 만한 것이 아니다[콜드웰(Caldwell, 1964)을 보라]. 모유 수유와 우유 수

---

6 자폐 아동에 대한 경험이 많은 두 임상가들이 이러한 관점을 가지고 있다. 베텔하임은(1967), 자폐 아동들이 상호작용 속에서 어떤 행동을 함으로써 그에 따른 예측 가능한 결과가 나타나는 경험을 한 적이 별로 없고, 그 때문에 사람들을 대할 때 '목표수정적 행위와 … [그리고] 또한 예측을 포기해 버렸다'라고 생각한다. 베텔하임은 이러한 행동과 인간 이외의 대상들에 대한 행동을 대비하는데, 자폐 아동들의 인간 이외의 대상들에 대한 행동은 흔히 목표수정적이게 되고 계속 그렇게 된다. 말러(Mahler, 1965) 또한 엄마의 예측 불가능성을 깨닫는 데서 '이차 자폐증으로의 퇴행'이 생길 수 있다고 생각한다. 그리고 틴버겐과 틴버겐(1982)을 보라.

유의 차이, 아이의 요구에 맞춰 수유하는 것과 예정된 시간에 맞춰 수유하는 것의 차이, 조기 이유와 만기 이유의 차이에 관한 자료들은, 비록 정확하다 할지라도, 관련성이 거의 없는 것처럼 보인다. 브로디(Brody, 1956)가 몇 년 전에 보여주었듯이, 모유 수유가 아이의 신호에 대한 엄마의 민감성을 보장해 주는 것이 아니며, 수유하는 동안 아이를 안아주는 것이 상호신뢰나 친밀성을 확실하게 해주는 것도 아니다.

그럼에도 불구하고 수유하는 동안 벌어지는 일들을 전혀 무관한 것으로 무시할 이유는 없다. 특히, 생후 초기 몇 개월 동안 수유의 상황은 엄마-유아 상호작용의 주요한 기회가 된다. 그래서 수유상황은 아이의 신호에 대한 엄마의 민감성과 아이의 리듬에 맞춰 자신의 개입 시점을 조절하는 엄마의 능력, 그리고 아이의 사회적 주도성에 관심을 기울이는 엄마의 의지— 이 세 가지의 각각은 엄마와 아이의 사회적 상호작용의 발달 방향을 결정하는 데 있어 주요한 역할을 수행한다 —를 측정할 수 있는 훌륭한 기회를 제공한다. 그래서 엄마가 아이에게 수유하는 방식을 이러한 측면들에서 고려해 보면, 수유방식은 아이의 애착행동의 발달방향을 예견하는 것으로 입증될 수도 있다. 에인스워스 등(1978)은 이러한 주제를 지지하는 자료를 제시한다. 그리고 샌더(1969)는 이 주제에 대한 사례 자료를 제시한다.

필자도 인정하듯이, 생후 첫해에 애착행동의 발달에 관련된 것으로 보이는 조건들에 관한 필자의 가설들이 아직도 적절하게 검증되지 않았다. 하지만, 18장을 읽어보면 알 수 있듯이, 많은 새로운 자료들이 이 가설들을 지지하며, 이 가설들이 처음 세워졌던 1960년대 후반에 비해 오늘날 훨씬 더 탄탄한 기반을 갖고 있다. 이 가설들에 대한 엄격한 탐구가 지속되기를 바란다.

5. 애착유형의 지속성과 안정성

아이가 만 1세가 될 때까지 엄마와 아이 모두 보통 상대방에 대해 상당히 많이 적응되어 있기 때문에, 그 결과로 나타나는 상호작용 유형은 이미 고도로 특징적인 것이다. 다음과 같은 질문할 수 있다. 애착유형과 애착유형의 두 가지 요소인 아이의 애착행동과 엄마의 모성 행동은 어느 정도로 안정적인가? 이 질문에 대한 답은 상당히 복잡하다.

간단히 말하자면, 엄마와 아이의 상호작용 유형이 상대방에게 더 많은 만족을 줄수록 상호작용 양식은 더 안정되게 되어 있다. 반면에 이 상호작용 양식이 한 상대방, 혹은 양자 모두에게 불만족을 가져다주면, 상호작용 양식은 안정성이 떨어지게 된다. 왜냐하면, 불만족을 느끼는 쪽이 항상 혹은 간헐적으로 현행 양식을 바꾸려고 시도하기 때문이다. 샌더(1964)는 엄마의 성격 장애에서 발생하는 이러한 불안정한 양식의 예를 보여준다.

하지만, 엄마와 아이 쌍이 생후 첫해 동안 서로 쌓아왔던 상호작용의 양식은, 이 양식에 대해 서로가 만족하든 만족하지 않든, 최소한 이 시점 이후에 2~3년 동안 지속되는 경향이 있다(David & Appell, 1966). 그 이유는 부분적으로 엄마와 아이 가 각각 상대방이 특정 방식으로 행동하기를 기대하기 때문이며, 그리고 대체로 상대방에게서 기대되는 행동이 무엇이든지 간에 이 행동은 상대방의 습관적 행동이라는 것만으로도 그 행동의 발현을 피할 수 없기 때문이다. 그런 의미에서 기대는 확증되는 경향이 있다. 좋든 나쁘든 이런 종류의 과정의 결과로, 상호작용 하는 엄마와 아이의 쌍은 자체의 고유한 방식으로 발달하며 서로에게서 독립적인 안정성을 갖게 된다.

그렇다 할지라도, 지속적이고 분명히 안정적인 엄마와 아이 간의 상호작용 양식 이 추후에 발생하는 사건들에 의해 현저히 바뀔 수 있다는 증거는 많다. 사고나 혹은 만성질환이 아이가 엄마에게 더 지나친 요구를 하게 만들 수도 있거나 혹은 엄마를 더 방어적으로 만들 수도 있다. 심적 혼란이나 우울증 때문에 아이에 대한 엄마의 민감성이 낮아지기도 하고, 반면에 어떤 이유로 엄마가 아이를 거부하게 되거나 혹은 처벌을 목적으로 아이를 떨어뜨려 놓으려 하거나 사랑을 주지 않으려고 위협하면 아이는 거의 확실하게 더욱 매달리게 될 것이다. 새로운 아기가 태어나거나 혹은 일정 기간 동안 엄마와 떨어져 있게 되는 상황들은 그 자체로 불안정성을 창출하며, 때로 서로의 행동에 변화를 일으켜서 서로간의 상호작용 양식이 급격히 악화되기도 한다. 이와 반대로, 엄마가 아이에게 좀더 민감하게 반응해주고 아이의 애착행동을 좀더 수용하게 되면, 아이의 악화된 행동은 상당히 누그러뜨려질 수 있고, 그래서 엄마가 대처하기에 더욱 쉬워질 수도 있다.

그래서 첫돌에 엄마와 아이가 상호작용의 특정 양식을 갖추게 될 것이라는 진술에 지나친 예후적 의미부여를 해서는 안 된다. 이 진술이 의미하는 바는 대부분의 엄마-아이 쌍에서 지속될 가능성이 있는 상호작용 양식은 첫돌까지 존재한다는 것이다.

생후 일 년 된 아이가 자신이 속한 엄마-아이 쌍의 상호작용과 동떨어져서 자신만의 특징적인 애착행동 유형을 보인다는 진술이나, 아이의 애착행동 유형에 있어 어느 정도의 자율적인 안정성을 암시하는 진술은, 그것이 어떤 것이든지 확실히 오류이며, 그리고 이 연령대의 아이의 행동조직은 자신이 속한 엄마-아이 쌍의 행동조직보다 훨씬 불안정하다는 것을 최근의 모든 증거들이 보여주고 있다. 실제로, 어린아이를 개별적으로 고려할 때, 어린아이의 행동조직의 안정성이나 변동성에 대해서는 현재 알려진 바가 극히 적다. 안심하고 말할 수 있는 것은 아이가 나이를 먹어가면서 변동성 이 감소한다는 것이다. 싫든 좋든 어떤 조직 형태든지 시간이 지나면서 점점 변화하기가 힘들어진다.

엄마-아이 쌍 사이에 자리잡게 되는 상호작용 양식은 그것이 어떤 것이든지 상호적응의 결과로 생기게 된다는 점만으로도 상호작용 양식은 아마도 훨씬 더 빨리 안정화되는 것 같다. 그러므로 이 양식을 유지하려는 쌍방의 압력은 점차 거세진다. 이러한 안정성은 쌍방의 관계 정돈에 있어 강점이자 동시에 약점이 된다. 이 상호작용 양식이 엄마아이 모두의 미래를 위해 호의적일 때, 이 안정성은 강점이 된다. 엄마-아이의 한 사람 혹은 모두에게 이 양식이 비호의적일 때, 이 안정성은 커다란 문제가 된다. 왜냐하면 상호작용 양식을 전반적으로 수정하려면 두 사람 모두의 행동조직을 바꾸어야 하기 때문이다.

아동 정신의학자들이 다루어야 하는 문제들이 종종 아동 개인에게 한정된 것이 아니라, 둘 혹은, 더 자주, 그 이상의 가족 구성원들과의 관계에서 발달한 안정적인 상호작용 양식에서 발생한다는 인식이 증대되고 있는데, 최근 몇 년 동안 아동 정신의학에서 이러한 인식보다 더 의미심장한 것은 없었다. 이러한 상호작용 양식과 이러한 양식이 지속되는 데 기여하는 각 가족 구성원들의 현재의 편향성을 평가하는 것이 진단기술이다. 모든 가족 구성원들 내에 새로운 상호작용 유형이 새로이 나타나서 확립됨으로써 다소간 동시에 변화되도록 하는 것이 새로운 치료 기술이다.

제17장

애착행동 조직화의 발달

애착행동은 아동기와 함께 사라지는 것이 아니라 일생 동안 지속된다는 것을 반복하여 말한 바 있다. 이전의 혹은 새로운 인물을 선택하고 이 인물과 근접성 그리고/혹은 의사소통을 유지한다. 행동의 결과는 상당 부분 이전과 마찬가지로 지속되지만, 그 결과를 성취하는 수단은 점점 더 다양해진다.

나이가 많은 아동이나 혹은 성인이 다른 사람과 애착관계를 유지할 때, 이 애착행동은 첫돌 시기에 존재하는 애착행동의 기본 요소들뿐만 아니라, 그에 덧붙여 점차 다양해지는 더욱 세련된 요소들을 포함하게 되면서 다면화된다. 예를 들어, 이웃집에서 엄마를 찾으려고 하거나 혹은 다음 주에 친척을 방문하려고 하는 엄마에게 함께 갈 것을 사정하는 학교에 다니는 아이의 행동의 밑바탕에 깔린 행동 조직화의 정도와 이 동일한 아이가 유아기에 맨 처음 방 바깥으로 엄마를 따라 나섰을 때의 행동 조직화의 정도를 비교해 보라.

이러한 모든 좀더 세련된 애착행동의 요소들은 설정목표를 가진 계획으로 조직화된다. 이러한 설정목표들이 무엇인지 살펴보자.

생후 첫 9개월 동안 아마도 아이는, 실제로 애착행동을 종료하는 상황들이 무엇이든 간에 이 상황들을 끌어내기 위해 어떤 계획적인 시도도 하지 않는 것 같다. 아이가 만족해하는 필연의 상황들도 혹은 아이가 불편해 하는 필연의 상황들도 모두 확고하지 않다. 아이가 표출하는 어떠한 애착행동도 아직 목표수정적인 것은 아니다. 하지만, 일반적인 가정에서 아이의 애착행동의 예견되는 결과들 중의 하나는 엄마에 대한 근접성이 될 가능성이 아주 높다.

하지만, 아이의 연령이 생후 8개월을 지나고 첫돌이 가까워지면서[1] 아이는 좀더 능숙하게 된다. 이 시기 이후로 아이는 어떤 조건들이 자신의 불편함을 해소하고 안정감을 느끼게 해주는지를 발견하는 것 같다. 이 시기 이후로 계속해서 아이는 이러한 조건들을 달성하기 위해 자신의 행동을 계획할 수 있게 된다. 그 결과, 생후 두 번째 해에 아이는 자신만의 고유한 의지를 발달시킨다.

애착행동이 종료되는 조건들이 애착행동이 때때로 발현되는 강도에 맞춰 각 아이별로 달라지듯이, 각 아이가 선택하는 설정목표도 상황에 따라 달라진다. 어떤 때, 아이는 엄마의 무릎에 앉아 있으려고만 하며 다른 아무것도 하지 않는다. 다른 때, 아이는 현관을 나서는 엄마를 만

---

1 생후 7개월이 되기 전에 계획을 할 수 있는 아이는 상당히 예외적인 경우라는 것을 피아제의 실험 결과는 보여준다. 이 실험은 데카리(1965)가 프랑스어를 말하는 캐나다 아이들에 대한 반복실험에서도 비슷한 결과를 나타냈다. 대다수의 아이들은 생후 8개월이나 9개월 무렵에 이미 계획이 가능하며 어떤 아이들은 이보다 더 시간이 지나야 한다. 그리고 이 연령대와 이보다 몇 달 더 지난 연령대의 아이들의 경우 계획능력은 맹아적이며 가장 단순한 상황들로 한정되어 있다(피아제, 1936, 1937). 플라벨은 (1963) 피아제의 저서에 대한 포괄적인 해설서이자 안내서를 썼다. 피아제 자신은 '계획'이나 '목표'와 같은 용어를 쓰지 않으며 '의도'와 '의도성'과 같은 용어를 사용한다.

족한 채 쳐다본다. 일반적인 경우 어떤 시점에 한 아이의 애착행동을 종료시키는 데 필수적인 어떤 조건이든지 이 아이가 선택하는 애착계획의 설정목표가 된다는 것은 분명한 것 같다.

목표수정적인 애착계획은 아주 간단해서 재빨리 실행될 수 있는 것에서부터 훨씬 더 정교한 것까지 그 구조가 아주 다양할 수 있다. 어떤 계획의 특정 복잡성의 정도는 일부분 선택한 설정목표에 따라 달라지며, 일부분 계획 주체가 추정한 자신과 애착-인물 사이의 상황에 따라 달라지고, 또한 이러한 상황에 대처하기 위해 계획을 고안하는 주체의 능력에 따라 일부 달라진다. 하지만, 이 계획이 단순한 것이건 복잡한 것이건, 환경과 유기체의 작동모형들을 참조하지 않고서 고안될 수는 없다(5장을 보라). 그래서 작동모형을 구축하고 정교화하는 것이 아이의 계획능력이 나타나고 발전하는 것과 동시에 이루어진다고 추측할 수 있다.

아이가 애착계획을 변경하는 것은, 애착계획이 애착-인물의 행동에 영향을 미치는가의 여부와 영향을 미치는 정도에 따라 주로 달라진다. 애착목표가 단순히 엄마를 눈으로 보는 것이나 혹은 엄마에게 더 가까이 다가가는 것일 때, 엄마의 행동을 바꾸려는 어떤 계획적 행위도 필요하지 않을 것이다. 다른 경우, 애착목표는 단지 엄마가 친근하게 반응해 주면 되는데, 이 경우 또한 아이에게 계획된 행위가 필요한 것은 아니다. 하지만, 또 다른 경우, 아이의 애착목표가 엄마에게 훨씬 더 많은 행위를 요구하기도 한다. 이런 때 아이의 계획은 엄마가 자신이 바라는 바대로 반드시 행동하도록 고안된 조치들을 거의 확실하게 포함해야 할 것이다.

아이가 상대편인 엄마의 행동을 바꾸려고 하는 최초의 시도는 불가피하게 원시적이다. 잡아끌고 미는 것, 그리고 '여기로 오라' 혹은 '저리로 가라'와 같은 단순한 요구나 명령이 그 예가 될 것이다. 하지만 아이가 나이를 먹어 가고, 엄마가 자신의 고유한 설정목표를 가질 수 있고 엄마가 설정목표를 아마도 변경할 수도 있다는 것을 깨닫게 되면서, 아이의 행동은 점점 정교해진다. 그럼에도 엄마에 대한 아직도 부적절한 작동모형 때문에 아이가 수립하는 계획은 슬프게도 잘못된 것일 수 있다. 예를 들어, 아직 채 두 살이 안 된 어린 남자아이가 엄마에게 칼을 뺏겼는데, 이 칼을 되찾으려고 자신의 곰 인형을 엄마에게 준다.

어떤 계획의 설정목표가 타인의 행동의 설정목표를 바꾸려는 것일 때, 이때 이러한 계획을 세우는 데는 상당한 인식 능력과 모형수립 능력이 요구되는 것이 사실이다. 이러한 계획을 세우려면 먼저, 타인에게 목표와 계획을 가질 수 있는 능력이 있다는 것을 인정할 수 있어야 한다. 둘째, 주어진 단서들로부터 타인의 목표가 무엇인지를 유추하는 능력이 있어야 한다. 셋째, 타인의 설정목표에 자신이 원하는 방향으로 영향력을 행사할 수 있는 계획을 수립하는 기술이 있어야 한다.

타인을 목표수정적이라고 바라볼 수 있는 능력은 만 2세가 될 때까지 아마도 잘 형성될 수 있지만, 타인의 목표가 실제로 무엇인지 파악하는 아이의 능력은 여전히 아직도 맹아적이다. 그 주요한 이유는, 타인의 목표와 계획이 무엇인지를 이해하려면 대개 타인의 시각을 통해 사물을 바라보는 것이 필수적이기 때문이다. 그리고 이 능력은 단지 서서히 발달하는 능력이다.

아이의 이러한 측면에서의 부적절한 능력은 아이의 사회적 관계를 제한하며 또한 다른 사람들이 아이를 잘못 판단하도록 하기 때문에, 이에 대해 잠깐 언급하는 것이 유용할 것이다.

자기중심성의 불리한 조건

아이들은 자기 자신의 관점이 아닌 타인의 관점에서 사물을 바라보는데 어려움을 겪는데, 이런 조건에 대해서는 피아제가 최초로 관심을 기울였고 '자기중심성'이라고 명명했다. 하지만, 3차원의 알프스 산맥의 풍광의 모형을 사용한 실험에서 피아제는 아이가 만 7세가 되어야 타인의 관점에서 사물을 바라볼 수 있는 능력을 갖게 된다는 결론을 도출했다. 그런데, 이러한 결론은, 다음 장에서 제시된 이 문제에 관한 최근의 연구결과들이 보여주듯이, 너무 비관적인 것이다. 그렇다 할지라도, 어린아이들은 언어적 혹은 비언어적 수준에서 타인을 대할 때, 다음의 예들이 분명히 보여주듯이, 성인과 비교해서 어느 정도 불리하다.

만 6세 이하의 아이들은 타인과의 언어적 의사소통에서 자신이 말하는 내용이나 혹은 방식을 듣는 사람의 필요에 맞추기 위해 오직 제한적으로만 노력한다는 것이 밝혀졌다. 이 아이들은 자신의 이야기를 듣고 있는 모든 사람들이 죄다 자신이 설명하고자 하는 사건의 맥락이나 등장인물들에 대해 자신과 마찬가지로 완전히 이해하고 있어서, 자신에게 새롭고 흥미있는 세부적인 내용만을 설명할 필요가 있다고 가정하고 있는 것 같다. 그 결과, 이야기를 듣는 사람이 아이가 설명하는 이야기의 맥락이나 등장인물과 친숙하지 않을 때 아이의 이야기는 언제나 이해하기 힘든 경향이 있다.

순전히 실제적인 영역에서도 타인들에게 세상이 어떻게 비춰질 것이고 타인들의 목표가 무엇인지를 파악하는 것이 어렵다는 것을 살펴볼 수 있다. 플라벨(Flavell, 1961)은 세 살에서 여섯 살까지의 아이들에게 약간의 아주 간단하고 작은 과제들을 준 다음 그 결과들을 보고하고 있다. 첫 번째 과제는 엄마의 생일에 엄마에게 선물로 주기에 적합한 물건을 장난감 트럭에서 립스틱까지의 다양한 대상들 중에서 고르는 것이었다. 두 번째 과제는 반대편에 앉아 있는 사람에게 그림이 거꾸로 보이도록 그림을 보여주는 것이었다. 세 번째 과제는 한 쪽 끝은 부드럽고 다른 쪽 끝은 뾰족한 막대기와 관련되어 있었다. 아이가 부드러운 쪽을 쥐고 있고 실험 연구자가 뾰족한 다른 쪽 끝을 쥐고 있을 때, 아이에게 막대기의 감촉이 부드러운지 물어보았으며(이때 아이는 그렇다고 답했다), 그런 다음 실험 연구자도 역시 막대기의 감촉을 부드럽게 느낄 것인가라고 물어 보았다. 세 살 된 아이들 중에서 기껏해야 절반 정도가 이 세 가지 과제 중의 어느 하나에 성공적이었으며, 어떤 과제에는 오직 4분의 1 정도만이 성공적이었다. 여섯 살 된 아이들 모두 혹은 대다수는 세 과제 모두에 성공적이었다.

이러한 과제들을 제대로 수행하지 못한 세 살 된 아이들의 약간 전형적인 예로 엄마의 생일 선물로 엄마에게 장난감 트럭을 선택한 아이를 들 수 있다. 이 아이는 엄마에게서 칼을 되찾기 위해 자신의 장난감 곰을 주는 세 살 정도 되는 어린 남자아이의 복제판이다.

아이가 엄마에 대한 '그림'을 정교화하는 몇 년 동안의 시기가 분명히 있다. 그래서 엄마에 대한 아이의 작동모형은 자신에 대한 엄마의 행동방식에 영향을 미치는 계획을 짜도록 돕는 역할을 수행하는 데서 오직 점진적으로만 적합해진다.

엄마가 아이를 대할 때 아이의 관점을 고려하느냐가, 아이의 타인의 관점을 이해하는 능력의 발달 속도에 상당히 영향을 미친다는 것을 라이트(Light, 1979)의 최근 연구가 보여준다. 이에 대한 자세한 내용은 다음 장에 제시되어 있다.

피아제의 자기중심성 개념은 오로지 아이가 타인에 대한 모형을 구축할 때 이 아이가 가지고 있는 인지적 수단만을 지칭하는 것이며 이기주의와는 어떠한 연관도 없다는 것을 이해하는 것은 물론 중요하다. 사실, 아이가 어른과 마찬가지로 이기적이라고 생각할 하등의 이유도 없다. 최근의 연구들이 증명하듯이[예를 들어 잔 왁슬러(Zahn-Waxler) 등], 아이는 실제로 타인의 복지에 대해 상당한 관심을 표현하며 타인을 위해 진심으로 최선을 다하는 경우도 있다. 하지만, 아이에게 보살핌을 받아본 사람은 누구든지 알듯이, 그 결과는 항상 환영할 만한 것은 아니다. 아이에게 부족한 것은 아이의 관심의 수혜자를 이롭게 하고자 하는 의지력의 부족이 아니라 수혜자의 관점에서 이로운 것이 무엇인지를 파악하는 능력의 부족이다.

이 주제에 관해 더욱 심도 있게 논의하게 되면, 아이가 어떻게 점차적으로 자신만의 '내적 세계'를 구축하게 되는가라는 크고, 어렵고, 심오한 질문에 부닥치게 된다. 물리적 세계가 어떻게 움직일 것인지, 엄마를 비롯한 중요한 타자들이 어떻게 행동할 것인지, 아동 자신이 어떻게 행동할 것인지, 그리고 각자가 서로 어떻게 상호작용하는지 등에 관해 아이는 부지런히 작동모형들을 구축하게 되는데, 이 구축과정은 생애 첫해의 끝 무렵에 시작되고 그리고 언어라는 강력하고 비범한 능력을 획득하게 되는 생애 두 번째 해와 세 번째 해에 아마도 특히 왕성하게 진행된다고 우리는 생각해 볼 수 있다. 아이는 엄마와 자신에 관한 작동모형들의 틀 속에서 자신의 상황에 대한 특정 측면들을 평가하고 애착계획을 세운다.

이 모형들이 어떻게 구축되고 그래서 그 이후로 인식과 평가를 편향되게 하며, 이 모형들이 계획을 세우는 데 있어 얼마나 적절하고 효과적인지, 이 모형들이 표상으로서 얼마나 타당하고 혹은 왜곡되어 있는지, 그리고 어떠한 조건들이 이 모형들의 발전에 도움을 주거나 방해하는지를 포함한 이상의 모든 문제들은, 아이가 자라면서 애착행동이 조직화되는 상이한 방식들을 이해하는 데 상당히 중요한 것들이다. 하지만, 이 문제들은 엄청난 논란뿐만 아니라 엄청난 어려움을 야기하기 때문에, 이에 대한 고려는 추후로 미루고자 한다.『애착과 상실』3부작의 2권과 3권에서 관련 증거들을 개관하고자 하며, 이 증거들을 수용하도록 고안된 개념적 틀의 개요를 파악하고자 한다.

협력과 갈등

일단 아이의 애착행동이 주로 목표수정적인 기반 하에 조직화되면, 아이와 엄마 사이에 발전하는 관계는 훨씬 더 복잡해진다. 이 시기에 둘 사이의 진정한 협력도 가능해지지만, 다루기 힘든 갈등 또한 발생할 수 있다.[2]

어떤 두 사람이 함께 상호작용하면서 각자 계획을 수립할 수 있을 때, 이 두 사람이 목표와 계획을 공유할 수 있다고 전망하게 된다. 이렇게 된 상태에서 그 결과로 나타나는 상호작용은 새로운 속성들을 갖게 되는데, 이 속성들은 서로 맞물려 돌아가는 연쇄적인 고정 행동 양식들에

---

[2] 어떤 개인이 다른 개인의 목표의 변화를 유도함으로써 자신이 속한 환경의 변화를 추구할 때, 이때 발생하는 문제점들 중 몇 가지에 대해 맥케이(MacKay, 1964)가 논의한 바 있다. 두 개인이 서로의 목표를 바꾸려고 시도할 때, "두 개의 목표-복합체를 논리적으로 분리해내기가 불가능할 수도 있다. 이때 이 개인들은 각자의 개체성이 부분적으로 병합된 관계를 획득하게 된다." 힌디(1979)를 또한 보라.

기초하는 상호작용의 속성들과는 완전히 다르다. 이러한 새로운 상호작용 양식은 협력관계라고 볼 수 있다. 협력 당사자들은 공통의 설정목표를 공유하고 이 공통 목표를 성취하기 위해 연합계획에 참여함으로써 공동의 목적이라는 보상 감각을 갖게 된다. 또한 이들은 서로를 동일시할 것이다.

하지만, 협력관계에는 치러야 할 대가가 없는 것이 아니다. 각각의 협력 당사자들은 개인적으로 달성해야 할 고유한 설정목표를 갖고 있기 때문에 협력 당사자들 사이의 협력은, 필요할 경우 상대방의 설정목표에 맞추기 위해 자신의 설정목표를 포기하거나 혹은 최소한 조정하려고 준비되어 있을 때만 가능하다.

두 협력 당사자들 중에 누가 자신의 설정목표를 조정하는지는, 물론, 많은 요인들에 따라 달라진다. 일반적인 엄마-아이 쌍의 경우 각각은 상대편에 맞추기 위해 아주 많은 조정을 할 것이지만, 때로 양보하지 않고 자신의 입장을 고집하기도 할 것이다. 하지만, 행복한 협력 관계에 있는 두 사람은 지속적으로 주고받는다.

하지만, 심지어 행복한 협력관계에서도 설정목표들이 동조될 때까지 미세한 갈등들이 지속적으로 발생할 가능성은 있다. 그래서 엄마는 대개 아이가 요구하는 것을 들어주지만, 들어주지 않을 때도 있다. 실제로, 특히 아이가 어리고 시간이 촉박할 때, 엄마는 힘센 오른팔을 사용하기도 한다. 하지만, 더 많은 경우에, 엄마가 현명하다면, 엄마는 이성적으로 혹은 작은 협상을 통해 아이의 설정목표를 바꾸도록 함으로써 자신의 목적을 성취하려고 노력할 것이다.

애착 요구의 경우 두 살 된 아이를 둔 엄마는 일상에서 아이의 설정목표를 바꾸기 위해 여러 차례 시도할 것이다. 때로 엄마는 아이가 자신에게서 떨어져 있도록 시도하기도 한다. 예를 들어, 아이가 새벽 이른 시간에 부모의 침실에 들어오거나 혹은 엄마의 친구가 방문했을 때, 엄마 주변에서 엄마의 치맛자락을 붙잡고 있을 때가 이에 해당한다. 다른 경우에 엄마는 아이가 자기 곁에 가까이 있도록 한다. 예를 들어, 엄마가 아이와 함께 거리나 상점에 있을 때가 이에 해당한다. 엄마는, 아이를 격려하거나 낙담시키거나 그리고 때로 아이에게 잔소리를 늘어놓거나 벌을 주거나 혹은 뇌물을 사용하여 아이의 애착행동의 설정목표를 바꾸려고 시도함으로써, 자신에 대한 아이의 근접성을 조절하기 위해 가끔씩 노력한다.

아이는 엄마에 대해 상보적인 방식으로 엄마의 행동과 자신에 대한 엄마의 근접성을 바꾸기 위해 가끔씩 노력하는데, 그 과정에서 엄마가 사용하는 방식들 중의 최소한 몇 가지를 거의 확실히 차용하게 된다. 여기에 희망과 위험의 전조가 둘 다 있다.

아이가 나이를 먹어 만 3세가 지나고 나면, 아이의 요구는 약화되는 경향이 있다. 아이는 다른 흥밋거리들과 활동들에 관심을 기울이고 시간을 쏟으며, 아이를 놀라게 하는 것들은 줄어든다. 아이의 애착행동은 그 빈도와 강도가 줄어들 뿐만 아니라 인지능력, 특히 시간과 공간의 측면에서 사고하는 능력이 상당히 향상됨으로써 새로운 방식으로 종료될 수도 있게 된다. 이렇게 해서 점차 오랜 시간 동안 아이는 엄마가 곁에 없어도, 단지 엄마가 어디에 있고 언제 돌아올 것인지를 알거나 혹은 자신이 엄마를 진정으로 원할 때 엄마를 다시 볼 수 있다는 것을 확신함으로써 만족감과 안정감을 느낄 수 있다.

만 4살 된 대부분의 아이들에게 엄마를 곧 다시 볼 수 있다는 정보는 상당히 중요한 것 같다. 이와 대조적으로 만 두 살 무렵에는 거의 별다른 의미가 없는 것 같다(Marvin, 1977).

양육의 조절

엄마들과 전문가들이 항상 하는 질문은 엄마와 함께 있고 싶어 하고 엄마의 관심을 끌려 하는 아이의 요구를 엄마가 항상 들어주는 것이 현명한가 하는 것이다. 아이에게 맞춰 주는 것이 아이를 '버릇없게' 만들 것인가? 만약 엄마가 양육에 있어 아이에게 양보한다면, 여타의 모든 것들에서도 아이는 엄마에게 양보하라고 요구하고 또 엄마가 그렇게 양보할 거라고 기대하지 않을까? 아이가 독립적인 사람이 될 것인가? 실제로 엄마의 양육은 아이에게 얼마나 좋은 것인가?

이 질문은 '음식이 아이에게 얼마나 좋은가'라는 질문과 동일한 관점에서 가장 잘 바라볼 수 있다. 이 질문에 대한 답은 현재 잘 알려져 있다. 가장 초기 시기부터 계속해서 아이의 주도성을 따르는 것이 가장 좋다. 아이가 더 많은 음식을 원하면 아마도 그것이 아이에게 이로울 것이다. 아이가 음식을 거부하면 아마도 그렇다고 아이에게 해가 되는 것이 아닐 것이다. 아이의 신진대사에 이상이 생기지 않았다면, 아이는 홀로 내버려둬도 음식의 양과 질 모두에서 스스로 음식섭취를 조절할 수 있도록 되어 있다. 그러므로 소수의 예외를 제외하고 엄마는 주도권을 안전하게 아이에게 맡길 수 있다.

특히 인생 초기에 애착행동도 이와 마찬가지이다. 엄마가 아이를 돌보는 평범한 가정에서 아이가 원하는 것 같은 만큼 엄마가 아이의 옆에 있어주고 아이에게 관심을 기울여도 아이에게 해를 끼치는 것은 아니다. 그래서 엄마의 양육도 — 음식과 마찬가지로 — 어린아이에게 처음

부터 결정하도록 맡겨 주면, 스스로 만족스럽게 '섭취'를 조절할 수 있
도록 아이는 만들어져 있다. 아이가 학령기가 되어서야 아이를 부드럽
게 만류해야 하는 상황이 도래한다.

아이의 자립을 위해 부모가 얼마나 많은 압력을, 특히 아이가 몇 살이
되었을 때 그리고 어떤 상황에서, 행사하는 것이 현명한 것인지는 알기
어려우며 따라서 연구가 필요하다. 서양에서는 아마도 너무나 일찍 너
무 많은 압력이 있는 것 같다. 동양에서는 아마도 이와 정반대인 것 같
다.[3] 아이의 인생 초기에 엄마와 아이 모두에게 가장 행복해 보이는 양
식은 이전 장에서 언급한 바 있는 상호작용하는 엄마-아이를 묘사한 것
이다. 엄마가 아이의 신호를 감지하고 이 신호에 즉각적으로 그리고 적
절하게 반응할 때, 이 아이는 잘 자라며 엄마-아이의 관계는 행복하게
발달한다. 문제가 발생하는 것은 엄마가 아이의 신호를 감지하지 못하
거나 반응을 보이지 않을 때이며 혹은 엄마가 아이가 원하는 것이 아니
라 다른 것을 대신 줄 때이다.

애착행동의 장애는 그 종류가 많다. 필자가 보기에 서양에서 가장 흔
한 장애들 중의 상당수는 엄마의 양육을 거의 받지 못했거나 연속적으
로 상이한 사람들이 양육한 결과로 발생한다. 엄마의 지나친 양육 때문
에 장애가 발생하는 경우는 이보다는 덜 흔하다. 이런 장애들은 아이가
사랑과 관심에 만족하지 못해서가 아니라 엄마가 강박적으로 아이에게
사랑과 관심을 쏟아 붓기 때문에 생긴다. 이처럼 양육이 지나친 엄마들

---

[3] 유전자의 생존을 그 준거로 용하는 현재의 진화이론(3장을 보라)에서는 아이가 자라
면서 엄마와 아이 간의 어느 정도의 갈등의 불가피성을 지적한다(Trivers, 1974). 이러
한 단견들을 인간 가족의 특수한 경우에 적용하는 것이 어떤 시사점을 가져다줄지는
아직 확실하지 않다.

을 가까이에서 관찰해 보면, 이들은 아이에게서 지시를 받는 것이 아니라 엄마 스스로가 모든 주도권을 행사하는 것을 볼 수 있다. 이 엄마는 강요하다시피 아이와 가까이 있고 아이의 관심을 독차지하거나 혹은 아이를 위험으로부터 보호한다 — 과식하는 아이들의 엄마들이 아이들에게 음식을 강요하는 것으로 알려진 것처럼. 후속되는 책들에서 이런 방식으로 행동하는 부모의 악영향에 대해 많은 관심을 가질 것인데, 그 결과로 흔히 애착-양육 관계가 전도된다(2권의 16장과 18장, 3권의 11장, 12장, 19장을 보라).

애착행동의 여타 장애들은 그 종류가 아주 많은데, 이 장애들의 원인은 지나치게 많거나 적은 양육 때문이 아니라 아이가 경험했거나 경험하고 있는 양육방식의 왜곡 때문에 발생하는 것으로 가장 잘 생각해 볼 수 있다. 하지만, 여기에서 애착행동의 정신병리에 대해 더 깊게 논의하지는 않겠다. 몇 단락으로 이에 대해 논의한다는 것은 지나친 단순화가 될 가능성이 높기 때문이다.

이 장은 짧고 이 주제를 다루기에는 전적으로 부적절하다. 인간애착의 발달과정들은 그 자체로도 흥미롭지만 인간을 다른 종들과 구별하게 만드는 바로 그 과정들이기도 하다. 인간과 다른 상징을 사용하는 인간의 능력, 모형을 계획하고 만드는 인간의 능력, 타인들과 장기간 협력하고 그리고 쉼 없이 투쟁하는 능력 등이 인간을 인간답게 만드는 능력들이다. 이런 모든 과정들은 생애 첫 3년 동안에 그 기원을 두고 있으며, 또한 생애 초기부터 애착행동의 조직화에 적극 참여한다. 그렇다면, 생애 두 번째 해와 세 번째 해에 나타나는 애착행동 조직의 발달에 대해서 이 외에 더 이상 말할 것이 없는가?

이 책의 초판에서 이 질문에 대해 좀 위험스럽긴 하지만 다음과 같이 추측하여 답한 바 있다. 곧, 아마도 더 이상 말할 수 있는 내용이 많지 않을 것이라는 것이다. 그리고 한 아이가 자신을 다른 종들과 구별하여 가장 인간답게 만드는 모든 것을 획득하는 시기가 바로 인간 발달의 시기들 중에서 가장 연구가 덜 된 시기라는 것이다. 초판의 첫 권을 마치면서 아직 정복되지 않은 무지의 대륙을 지적한 바 있다. 그 이후로 수많은 그리고 재능있는 탐험가들이 계속 활동하고 있다. 이후의 장들에서 이들이 발견한 것들 중에서 몇 가지의 개요를 파악하고자 할 것이다.

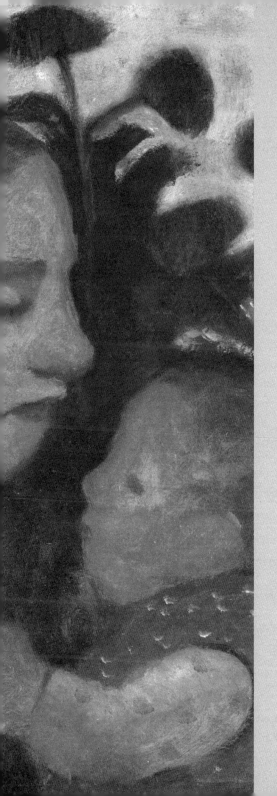

제5부

해묵은 논쟁과
새로운 발견

제18장

애착유형의 안정성과 변화

> 밤하늘을 자기 농장이 가지고 있는 별들의 작은 무리로 생각하는
> 것이 천문학을 가장 잘 소개하는 것이다.
>
> — 조지 엘리엇(George Eliot)

1. 안정 혹은 불안 애착유형으로 측정된 아이들의 추후 발달

제16장에서 메리 에인스워스가 고안한, 생후 12개월 된 아이의 엄마에 대한 애착유형을 측정하는 절차에 대해 설명한 바 있다. 이 측정 절차가 중요한 사회-정서적 특징을 측정한다고 자신할 수 있었던 것은 먼저, 이러한 각각의 유형을 나타내는 아이들이 가정에서도 유사하게 관련된 방식으로 행동한다는 것이 밝혀졌기 때문이며, 또한, 분류의 주요 차원인 안정-불안정이, 임상가들이 오랫동안 사용했던 신뢰-비신뢰 혹은 대상관계의 질 등으로 다양하게 묘사되는 차원과 긴밀하게 연관되어 있기 때문이기도 하다. 게다가, 아이가 나타내는 애착유형이 엄마가 이 아이를 대하는 방식과 강한 상관관계를 나타낸다는 사실은 많은 아동 정신과 의사들의 경험과 일치할 뿐만 아니라 실제적 결과를 가지는 인과적 관계를 시사한다.

이 분류방식의 가치에 대한 우리의 자신감은 다음과 같은 사실 때문에 오늘날 상당히 커지고 있다. 곧, 가정환경이 안정적으로 유지된다면, 이러한 애착유형들은 생애 두 번째 해에 지속될 뿐만 아니라, 그 이후에도 엄마 이외의 다른 성인들·아이들과의 사회·놀이 행동과 상관관계가 있다. 이를 기초로, 지금까지는 상당히 개발하기 난해했던, 발달과정에서 지속성을 보이는 인성의 이러한 측면들을 평가하는 한 가지 수단을 마침내 확보하게 되었다.

에인스워스의 분류체계가 대부분의 생후 12~18개월 된 아이들을 안정적으로 평가할 수 있다는 증거는 코넬[Connell, 1976, Ainsworth 등 (1978)에서 재인용]과 워터즈(Waters, 1978)의 연구에서 찾아볼 수 있다. 코넬은 47명의 유아들은 생후 12개월에 그리고 18개월에 다시 한 번 측정했는데, 이 유아들의 81%에서 두 번의 측정결과가 동일하다는 것을 발견했다. 워터즈는 50명의 아이들을 연구했는데, 이들의 96%에서 유형이 동일하게 나타났다.

유아가 생후 12개월에 나타내는 애착유형이 수개월 뒤의 사회적·탐색적 행동을 예언한다는 증거는 볼티모어에서의 초기 연구에서 찾을 수 있는데(Main, 1973; Main & Townsend, 1982), 이 연구에서 다음과 같은 사실이 밝혀졌다. 곧, 생후 12개월에 낯선 상황을 통해 분류된 유아들이 9개월 뒤에 자유롭게 그리고 낯선 어른과 놀 수 있는 기회를 갖게 될 때, 생후 12개월에 안정적으로 애착된 것으로 측정된 유아들은 각각의 놀이 일화에 더 오래 참여했으며 장난감에 대한 흥미가 더 강렬했고 세부적인 것에 더 많은 관심을 기울였다. 그리고 이 유아들은 불안 혹은 양가 유형으로 분류된 유아들에 비해 더 자주 웃거나 미소를 지었다. 게다가 안정 유형의 유아들은 엄마와 다른 사람들에게 더욱 협조적이었는데(Londerville & Main, 1981), 이 결과는 마타스, 아렌드, 스라우프(Matas, Arend & Sroufe, 1978)가 수행한 미네소타 주의 다른 연구에서도 확인되었다. 버클리, 메인, 웨스턴(1981)이 조사한 세 번째 표본에서, 이 연구자들은 처음에는 유아들과 함께 놀이를 하려고 시도했다가 나중에는 고통을 표현하는 어른들에 대한 이 유아들의 반응을 조사했다. 처음에 안정 유형으로 분류된 유아들은 분명히 즉각적으로 상호작용하려고 했을 뿐만 아니라 이들 중 어떤 유아들은 어른의 고통에 염려를 표하기도 했다. 이와 대조적으로, 처음에 불안정 유형으로 분류된 유아들은 거의 상호작용할 준비가 되어 있지 않았다. 이와 유사한 주후 연구(Waters, Wippman & Sroufe, 1979)에서, 생후 15개월에 안정 혹은 불안 애착유형으로 분류된 유아들이 나중에 생후 3년 반이 되었을 때 보육학교에서, W. 브론슨(Bronson)이 제작한 비디오테이프를 활용해서 이들을 관찰했다. 이러한 환경에서, 생후 15개월에 안정 유형으로 분류된 아이들은 불안정 유형으로 분류된 아이들에 비해 엄마가 곁에 없을 때 사회적으로 더 유능했으며, 놀이에서도 더 효과적이었고 호기심도 많았으며, 다른 아이들의 고통에 더 동정적이었다. 이렇게 학령기 전에 안정적으로 애착된 아이들의 호의적인 행동 유형은 아이 자신의 기능이 되었으며, 이론이 예측하는 바와 같이, 더 이상 엄마가 곁에 있느냐 없느냐에 따라 달라지지 않았다.

비록 지금까지 설명한 결과들은 오직 생후 12개월에서 42개월까지의 기간에 걸쳐 있지만, 아렌드, 고브, 스라우프(Arend, Gove & Sroufe, 1979)가 보고한 결과는 이 결과들의 중요성을 상당히 증대시킨다. 아렌드 등이 밝힌 바에 따르면, 이전에 안정 혹은 불안 유형으로 분류된 아이들 간의 유사한 종류의 차이가 5세와 6세 시기에도 지속된다는 것이다. 아이의 인성이 발달하면서 관련 정보를 얻기 위해서는 반드시 다른 절차들과 척도들을 사용해야 하기 때문에, 이 절차들과 척도들에 대해 짧게나마 설명하는 것이 필요하다. 잭 블락과 잔느 블락(Jack Block & Jeanne Block, 1980)이 이 절차들과 척도들을 고안했다.

잭 블락과 잔느 블락은, 유명한 두 개의 버클리 종단 연구에서 30년 동안 축적된 자료들과 자신들이 진행했던 다수의 연구들의 자료들을 활용하여, 사회적·임상적으로 가치 있으며 시간이 흘러도 안정적인 인성의 두 가지 차원을 어렵게 밝혀냈다. 이들은 이 둘 중의 한 가지 차원을 자아 통제라고, 그리고 다른 차원을 자아복원력이라고 이름 붙였다. 자아 통제 차원은 과다 통제에서부터 적절한 통제, 과소 통제까지 걸쳐 있으며 최적 상태는 중간이다. 자아 복원력은 높은 상태에서 낮은 상태 혹은 약한 상태까지 걸쳐 있으며 높은 상태가 최적이다.

과다 통제된 사람의 특징으로는 반응이 경직되어 있고 억제되어 있으며, 감정표현이 많지 않고, 정보처리의 범위가 협소하다는 것을 들 수 있다. 과소 통제된 사람의 특징으로는, 충동적이고, 주의가 산만하며, 감점표현이 자유분방하고, 정보처리의 범위에 거의 제한을 두지 않는다는 것이다.

자아복원력은 상황에 따라 자신의 통제수준을 조절하는 능력을 말한다. 자아복원력이 높은 사람의 특징으로는, 변화하는 상황에 적응하는 데 있어 자원이 풍부하며, 자신의 다양한 행동들을 융통성 있게 사용하며, 혼란스럽고 모순되는 정보들을 처리하는 능력이 있다는 것을 들 수 있다. 대조적으로 자아복원력이 약한 사람은 융통성이 거의 없고, 변화하며 스트레스를 주는 상황에서 자신의 원래의 반응을 고집스럽게 유지하거나 무질서해진다. 이런 사람은 혼란스럽고 모순되는 정보를 접하게 되면 과도한 불안에 빠진다.

잭 블락과 잔느 블락은 자아통제와 자아복원력을 측정하기 위해 자신들의 절차를 고안해 내면서 주로 다음의 두 자료를 활용한다: (1) 아이들을 잘 알고 있는 보육학교 교사들의, Q-sort로 기록한 관찰 내용. (2) 아이들의 대규모 실험실 종합검사 수행결과. 잭 블락과 잔느 블락은 가능한 한 많은 상이한 자료들에서 지표들을 얻었으며, 유사한 종류의 자료들을 합쳤다. 이렇게 해서 이들이 만든 지표들은 단일한 자료에서 얻은 단일 측정치에 비해 더욱 더 대표성을 갖고 유효하게 되었다.

잭 블락과 잔느 블락은 남성과 여성, 일정 범위의 연령대, 상이한 표본집단, 관찰·검사·자기보고 등의 다양한 자료 수집 방법을 포괄하는 연구들에서, 이 두 개념이 활용 가능하고 유용하다는 것을 보여준다(Block & Block, 1980). 이들은 인종과 사회·경제적 지위가 상당히 다양한 100명 이상의 아이들을 표집하여 종단 연구를 하고 있는 데, 이 아이들이 만 3세였을 때부터 시작해서 지금도 진행 중이다. 이 연구에서 잭 블락과 잔느 블락은 만 3세 때의 측정결과가 4년 후에 이 아이들이 만 7세가 되었을 때의 측정결과를 잘 예언한다는 것을 보고하고 있다.

아렌드 등(1979)의 종단 연구는 생후 18개월에서 만 5세까지의 시기를 다루고 있다. 이 연구는 에인스워스의 절차에[1] 따라 생후 18개월에 분류된 백인 중산층 아이들을 표집으로 했는데, 이 아이들이 생후 4년 반에서 5년 반 사이가 되었을 때 이들 중 26명을 추적했다. 26명의 아이들 중 12명은 안정 애착유형으로 분류되었으며, 나머지 14명은 불안 애착유형으로 분류되었다. 처음 분류된 이후 3~4년이 지난 이 시점에서

---

[1] 여기서 '에인스워스의 절차'란 에인스워스가 고안한 '낯선 상황 절차'(Strange Situation Procedure)를 가리키는 것 같다 - 옮긴이.

26명의 모든 아이들은 보육학교나 어린이집(day-care centre)에 다니고 있었다. 이들의 자아복원력과 자아통제를 측정하기 위해 두 가지 절차를 고안했는데, 그 중 하나는 이 아이들을 알게 된지 최소한 8개월이 지난 선생님이 기록한 Q-sort였고, 다른 하나는 잭 블락과 잔느 블락의 실험실 절차의 일부분이었다. 결과는 예상과 일치 했다. 각각의 원자료에서 따로 따로 얻은 자아복원력의 평균 점수들은, 이전에 안정 유형으로 분류된 12명의 아이들이 불안 유형으로 분류된 14명의 아이들에 비해 각각의 경우 유의미하게 높았다. 자아 통제의 경우 Q-sort에서 얻은 평균 점수로 볼 때, 안정 애착유형의 아이들은 통제수준이 적절했으며 8명의 불안/회피 유형의 아이들은 통제수준이 높았고 6명의 불안/저항 유형의 아이들은 통제수준이 낮았다. (실험실 절차로부터 얻은 자아 통제의 평균 점수는 집단 간 차이가 없었다) 세 개의 독립된 호기심 측정치에서도 안정 애착유형의 아이들이 불안 유형의 아이들에 비해 유의미하게 높은 점수를 보인 것도 예상과 일치하는 결과였다.

한 가지 강조하고자 하는 것은, 엄마가 곁에 있지 않은 상황인 학교와 실험실에서 이 다섯 살 된 아이들의 수행을 측정했다는 것이다. 이렇게 해서, 여기서 다시 한 번, 안정 애착유형의 수행은 엄마가 곁에 있는가의 여부와는 독립적이라는 것을 보여주게 되었다. 이 연구들과 이와 관련된 연구들에 대한 개관 내용은 스라우프(1979)를 보라.

최근에 스라우프(1982)는 이러한 결과들을 강력히 확증하는 심화된 종단 연구의 결과들에 대해 보고하면서 이 결과들의 임상적·교육적 의의에 대해서도 귀중한 논의를 하고 있다.

2. 애착의 조직화: 가변성에서 안정성으로

생애 첫해 혹은 둘째 해에, 지금까지 묘사했던 애착유형의 안정성은 아이 자체 내부의 행동조직의 속성이라기보다는 아이가 한 당사자로 참여하는 엄마-아이 쌍의 속성이라는 증거는 풍부하다. 하지만, 시간이 지나면서, 애착의 내적 조직은 애착 인물에 대한 작동모형과 함께, 더욱 더 안정적이게 된다. 그 결과 애착의 내적 조직은 변화에 저항할 뿐만 아니라 저항의 강도는 점점 더 증가한다.

애착 조직이 처음에는 가변적이라는 증거는 여러 자료에서 찾아볼 수 있다. 애착유형의 안정성에 대해 보고했던 앞 절의 연구는 그 대상이 백인 중산층 아이들이며, 부모들의 결혼상태도 변화가 없었고, 각각의 엄마들이 자신의 아이를 다루는 방식도 상당한 일관성을 보였다. 하지만, 불우한 가정에서 이러한 일관성 있는 부모의 양육은 훨씬 덜 흔한 것이다. 이러한 불우한 가정 출신의 100명을 대상으로 한 연구가 있는데 (Vaughn 등, 1979), 이 표집의 엄마의 오직 절반만이 결혼한 상태였고 대부분의 엄마들의 연령은 20세 미만이었다. 그리고 생후 12개월에 측정된 아이들의 애착유형의 3분의 1이 6개월 후에 바뀌었는데 어떤 아이들은 좋아지기도 했고, 또 어떤 아이들은 나빠지기도 했다. 생후 12개월에 안정 애착유형이었다가 생후 18개월에는 불안 유형으로 바뀐 10명의 아이들의 경우, 이 아이들의 엄마들은 계속 안정 유형을 유지했던 45명의 아이들의 엄마들에 비해 유의미하게 더 고통스러운 사건들을 경험했다고 보고했다. 변화의 방향이 반대인, 곧 불안에서 안정으로 바뀐 여러 사례에서 할머니가 아이의 양육을 도왔던 것이 유익을 주었던 것 같았다(Egeland & Sroufe, 1981).

베인과 웨스턴(1981)은 또 다른 연구에서, 아이가 생애 첫 18개월 동안 부모의 각각에 대해 서로 다른 유형을 보일 수도 있다는 것을 발견했다. 약 60명의 아이들을 관찰했는데, 생후 12개월에는 한 쪽 부모에 대한 유형을 관찰했고, 이로부터 6개월이 지난 생후 18개월에는 다른 쪽 부모에 대한 유형을 관찰했다. 연구결과는 다음과 같다. 집단 전체로 볼 때, 아빠에 대한 애착유형은 엄마에 대한 애착유형과 아주 비슷했으며, 각 유형에 속하는 비율도 크게 볼 때 별 차이가 없었다. 하지만, 각각의 아이가 보이는 애착유형을 개별적으로 조사했을 때, 한 쪽 부모와 다른 쪽 부모에 대한 애착유형 간에 상관이 없었다. 아이가 새로운 사람과 새로운 과제에 접근할 때, 아빠나 엄마에 대한 관계가 일정한 역할을 수행하는 것으로 밝혀졌다. 양쪽 부모 모두에 대해 안정 유형을 보이는 아이들은 자신감과 능력의 측면에서 가장 뛰어 났으며, 양쪽 부모 어느 누구에 대해서는 안정 유형을 보이지 않는 아이들은 자신감과 능력 모두 가장 낮은 수준이었다. 그리고 양쪽 부모 중 어느 한 사람에 대해서만 안정 유형을 보이는 아이들은 이 양 극단의 중간에 위치했다.

16장에서 이미 강조했듯이, 아이에게 발달하는 애착유형과 관련된 위와 같은 증거들은 양육자의 영향력 있는 역할에 대해 확증한다. 이와 동일한 결론을 도출하는 다른 증거들 중에 에인스워스의 연구가 있다. 에인스워스는 이 연구에서 자신의 표집에 속해 있던 23명의 유아들의 생후 첫해의 1/4분기와 4/4분기의 울음의 양을 비교했다(Ainsworth 등, 1978). 1/4분기에는 아이의 울음의 양과 엄마가 이 아이를 다루는 방식 사이에 전혀 상관관계가 없었지만, 첫해가 끝날 무렵에는 아이가 울 때 즉각적으로 관심을 기울이는 엄마의 아이가 울도록 내버려두는 엄마의 아이에 비해 훨씬 더 적게 울었다. 이처럼 엄마의 행동은 처음 시작과 마찬가지로 계속 지속되었지만, 유아의 행동은 바뀌게 되었다.

생애 초기의 엄마의 민감성과 생후 12개월의 애착유형과의 긴밀한 관련성에 대해, 에겔란트(Egeland), 데이너드(Deinard), 스라우프의 새로운 종단 연구도 유사한 결과를 보고한다(Sroufe, 1982를 보라). 그리고 이 연구에서 신생아의 아이의 기질에 대한 여러 측정방법들이 개발되었다. 하지만, 이 여러 측정방법들은 생애 첫해에 나타나는 애착유형의 커다란 차이에 대해 설명하지 않고 있다.

부모에게서 신체적으로 학대를 받았거나 생애 초기 몇 년 동안 기관에서 자란 아이들의 혼란스러운 사회적 행동에서만큼, 애착유형의 발달, 따라서 인성 발달에 대한 아이의 초기 경험의 강력한 영향력이 명백히 드러나는 경우는 없다.

조지와 메인(1979)은 신체적 학대를 받은 것으로 알려진 10명의 만 1~3세 아이들을 관찰한 다음, 이들 어린이집에서 보여주는 행동을, 다른 조건들은 유사하지만 일반적인 스트레스를 받는 10명의 아이들과 비교한 결과를 보고한다. 학대를 받은 아이들에게서 유의미하게 관찰빈도가 더 높았던 행동들에는 또래를 공격하기, 양육자를 공격하려고 괴롭히거나 위협하기, 상호작용을 회피하거나 혹은 회피와 접근이 뒤섞인 방식으로 호의적 접근에 대해 반응하기 등이 포함된다. 이런 방식으로 이 아이들은 자신을 고립시키고 자신에게 도움을 줄 수 있는 성인을 소외시키는 경향이 있으며, 이렇게 해서 이 전체 과정은 자기 영속적 과정이 된다. 정상 표집의 회피적인 아이들에게서도 이보다 정도는 덜 하지만 유사한 행동들을 관찰했는데, 이 행동들은 엄마가 이 아이들과의 신체적 접촉을 싫어하는 정도와 아이들에 대한 엄마의 분노행동과 상관관계를 보였다(Main & Weston, 1982). 이러한 결과들은 각 당사자가 어떻게 다양한 정도로 상대방에게 영향을 주고, 현재의 상호작용 양식이 얼마만큼 과거의 축적된 교류과정의 산물인지를 보여준다.

티저드와 하지스(Tizard & Hodges, 1978)는 8세 된 51명의 아이들의 행동에 대해 보고하는데, 이 아이들 모두 생후 첫 2년 동안 기관에서 자랐다. 이들 중 절반은 입양되었는데, 20명은 만 4세 이전에 나머지 5명은 만 4세 이후에 입양되었다(26명 중에 13명은 원래 부모에게 돌아갔고, 6명은 다른 사람이 대신 길러줬으며, 7명은 기관에 그대로 남아 있었다). 입양된 25명의 아이들 중에 20명은 새로운 부모와 서로 상당히 애정 어린 관계를 맺고 있는 것 같았지만, 상당히 소수이긴 하지만 나머지 5명은 이런 관계를 맺지 못했다. 5명의 늦게 입양된 아이들 중의 최소한 절반은 학교에 다니면서 심하게 말썽을 부리는 것으로 입증되었다. 이들은 들떠 있었으며 다투기 좋아하고 불순종적이고 비판에 화를 냈으며 교사와 낯선 사람을 가리지 않고 성인의 관심에 대해 거의 만족시킬 수 없는 욕구를 가지고 있는 것처럼 보였다.

아이가 자신의 수양부모와 애착관계를 (어떤 형태로) 형성하는가의 여부는 주로 수양부모가 이들을 어떻게 대하는지에 달려 있었다. 수양부모가 이들의 관심과 보호에 대한 욕구를 즉각 받아들일수록, 그리고 이들에게 더 많은 시간을 할애할수록, 애착관계는 더 분명하게 나타났다. 입양되지 않은 아이들의 발달에서도 동일한 상관관계가 분명히 나타났다. 예상할 수 있듯이, 애착관계를 형성하지 못한 아이들은 애착 관계를 형성한 아이들에 비해 '과도하게 우호적일' 가능성이 더 높았다. 이것이 사실임에도 불구하고 엄마-인물과 긴밀한 애착관계를 맺고 있다고 하는 아이들의 상당수도 무차별적으로 호의적이다. 그래서 이 아이들의 애착의 질에 대해 심각한 의문을 제기하지 않을 수 없다. 이 연구와 여타의 연구들의 결과들은(Rutter, 1981을 보라) 생애 초기에 민감기가 있으며, 이 시기 이후에는 안정적이고 변별적인 애착형성 능력의 발달이 점차적으로 더욱 어려워진다. 혹은 달리 말해서, 아이의 애착행동이 이미 조직화되어 있는 양식은 지속되는 경향이 있고, 아이가 나이를 먹어 가면서 수정을 가하기가 점점 더 어려워지며, 현재적인 경험이 미치는 영향 또한 점점 더 적어진다. 이 문제는 실제적인 결과가 가장 클 뿐만 아니라, 최근의 아주 많은 연구들이 보여주는 바처럼, 현재 체계적 연구들에 의해 규명되고 있는 문제이기도 하다.

아이가 받은 양육의 질이 발달하는 애착유형에 영향을 미친다는 사실이 어떤 식으로도 유아가 일정 역할을 수행한다는 사실을 배제하는 것은 아니다. 엄마가 자신의 아이를 다루는 방식은 부분적으로 엄마의 인성과 아이에 대한 엄마가 가졌던 최초의 생각, 엄마 자신이 자라난 가정에서 했던 엄마의 경험(Frommer & O'Shea, 1973; Wolkind 등, 1977), 그리고 다른 많은 것들 중에서 부분적으로는 아이가 보여주는 행동 유형으로부터 엄마가 현재 경험하고 있는 바에 의해 결정된다(Korner, 1979). 키우기 쉬운 신생아는 혼동스러워 하는 엄마가 순조로운 양육 양식을 발달시키는 데 도움을 줄 수 있다. 이와 반대로, 키우기 어렵고 예측 불가능한 신생아는 반대 방향으로 균형을 깨뜨릴 수도 있다. 하지만 모든 가능한 증거들로 볼 때, 잠재적으로 키우기 쉬운 아이도 순조롭지 않은 양육을 받게 되면 발달과정이 여전히 순탄하지 않을 수 있으며, 그리고 더욱 다행스러운 것은, 소수의 예외를 제외하고 잠재적으로 키우기 어려운 아이도 섬세한 양육을 받게 되면 발달과정이 순탄할 수 있다는 것이다(Sameroff & Chandler, 1975; Dunn, 1979). 심지어 키우기 어렵고 예측 불가능한 아이에게 잘 맞추어서 이 아이가 순탄

하게 잘 자랄 수 있도록 하는 민감한 엄마의 능력은 이 영역에서 이루어
진 최근의 연구결과들 중에서 아마도 가장 희망적이고 우리의 용기를
북돋는 게 아닌가 싶다.

3. 개념적 통찰 획득의 발달

14장과 17장에서 필자가 명명한 바 있는 목표수정적 협력관계의 발
달은 엄마가 아이 자신과는 별개로 고유한 목표와 흥미를 가지고 있다
고 생각하고 이를 고려하는 아이의 능력에 달려 있다. 최근의 연구들(예
를 들어, Marvin 등, 1976)은 이러한 아이의 능력의 발달에 대해 증거를
제시한다. 만 3세 무렵에 이러한 능력을 갖춘 아이는 아주 소수에 불과
하다. 하지만, 만 5세가 되면 상당수의 아이들이 이러한 능력을 소유하
게 되는 것 같다. 이러한 인식의 전환이 가장 잘 발생하는 시기는 생후
네 번째 해와 다섯 번째 해인 것 같다.

라이트(1979)는 현 단계의 이론적 사고에 대해 유용하게 개관한다.
라이트는 자기중심성에 대한 피아제의 연구에 심각한 제한점이 있다는
점을 지적한다. 예를 들어, 피아제의 발견은 단지 시각적 관점에만 관심
을 두고 있으며 그마저도 비인격적 장면에 국한되어 있다. 피아제는 서
로 다른 연령대의 아이들에 대한 횡단 연구에서 발견한 집단 간 차이에
의존하고 있다고 라이트는 결론을 내린다.

라이트는 스스로 56명의 아이들(남녀 동수)을 표집하여 연구했는데,
이 아이들은 만 4세가 갓 지났으며 그래서 인식 전환기의 중간 즈음에
있었다. 아이들 각자의 집에서 아이들을 관찰했으며, 아이들에게 여덟

가지 과제를 주었다. 가장 놀랄 만한 발견은 이 아이들 사이의 점수차의 범위가 상당히 컸다는 것이다. 만점은 40점이었고 아이들의 점수의 범위는 9점에서 37점까지였고 평균은 22점이었다. 이러한 결과는 만 4세된 어떤 아이들은 개념적 통찰을 완벽히 소화해 낼 수 있지만, 반면에 어떤 아이들은 그러한 능력이 거의 없다는 것을 말해준다. 집단 평균에 근거해서 결론을 내리는 것이 상당한 한계가 있다는 것은 명백하다.

이렇게 검사를 받은 표집의 아이들은 종단 연구의 일부분이어서(영국의 케임브리지에서 수행된) 이 아이들과 이 아이들의 가족에 대한 여타의 정보들이 상당히 많다. 이러한 여타의 정보를 활용해서 라이트는 개념적 통찰 획득의 점수가 아이들의 다른 특징들 혹은 이 아이들이 속한 가족의 다른 특징들과 상관관계가 있는지 여부를 발견할 수 있었다. 개념적 통찰 획득과 아이의 성별 혹은 아빠의 사회적 계층과의 상관관계는 없는 것으로 드러났다. 또래들과 가장 많이 시간을 보낸 아이들의 점수도 여타의 아이들에 비해 더 높은 것은 아니었다. 이와 대조적으로, 아이들의 점수와 엄마가 아이를 인식하고 대할 때의 자신을 묘사하는 방식을 비교했을 때, 강력하고 일관된 상관관계가 드러났다.

각각의 엄마들에 대한 면접은 광범위했으며 1~2시간 정도 시간이 걸렸다. 이 면접에서 엄마들에게 주로 상당히 구체적인 상황과 연관된 개방형 질문들이 주어졌는데, 질문의 순서는 융통성 있게 조정했으며 면접의 마지막 부분에서 아이들에 대해 어떻게 생각하고 어떻게 가장 잘 키울 수 있는지 등에 관한 약간 일반적인 몇 가지 내용을 질문했다. 개념적 통찰 획득에서 높은 점수를 받은 아이들의 엄마들은, 다음과 같은 점들에서 점수가 낮은 엄마들과 달랐다. 점수가 높은 아이들의 엄마들은 아이의 실제 행동과 마찬가지로 아이의 느낌과 의도에도 많은 관심을 가졌으며, 상황에 따라 필요할 때는 적절하게 양보를 할 준비가 되어 있었다. 반면에 점수가 낮은 아이들의 엄마들은 좀더 권위적인 자세를 취했다. 이러한 차이는 다음의 질문에 대한 엄마들의 답변에서 확연하게 드러났다. "당신이 당신의 아이에게 뭔가를 해 달라고 부탁했는데, 아이가 게임이나 다른 것을 하느라 바빠서 당신이 부탁한 것을 못 하겠다고 하면 어떻게 됩니까?" 이 질문에 대해 높은 점수를 받은 아이들의 엄마들은 다음과 같이 대답할 것이다. "아이가 뭔가를 하겠다고 하면 저는 '끝나고 나면 해라'라고 말하고 나중에 제 아이는 그 일을 하죠." 반면에 낮은 점수를 받은 아이들의 엄마들은 다음과 같이 대답할 가능성이 높다. "당장 해-하라고 말했잖아." 이렇게, 높은 점수를 받은 아이들의 엄마들은 양보와 거래를 하는 경향이 있지 만 낮은 점수를 받은 아이들의 엄마들은 처벌에 의존할 가능성이 더 높았다. 신체적 처벌을 받은 아이들은 개념적 통찰 획득에서 확연하게 점수가 낮았다. 그러므로 아이의 시각과 흥미를 보통 고려하는 엄마는, 엄마의 시각과 흥미를 고려함으로써 이에 보응하는 아이를 가지게 될 것이라는 것은 명백하다. 이것은 부모의 강력한 영향력과 모범으로부터의 학습의 또 다른 예라고 가정할 수 있다.

　이러한 연구결과들을 고찰하면서 라이트는 다음과 같은 결론을 내린다. 곧, 아이들의 점수차는 아이들 간의 유전적 차이를 반영하기보다는, 시각의 차이와 이러한 차이에 적응하려는 필요성에 대한 아이의 일반적인 자각 수준을 반영할 것이라는 것이다. 우리가 어떤 어른이 자기중심적이라고 판단을 내릴 때, 이 사람이 타인의 관점과 자신의 관점이 다를 수도 있다는 것에 대해 무지하다거나 혹은 이 사람이 타인의 관점을 고려할 능력이 없다는 것을 암시하는 경우는 거의 없다고 라이트는 지적한다. 오히려 우리는, 이 사람이 정신적 능력은 갖추고 있지만 이 능력을 사용하는 데 익숙하지 않거나, 혹은 단순히 귀찮아서 이 능력을 사용하지 않는다고 가정한다.

만 4세가 된 아이들의 다수가 완벽하게 개념적 통찰을 획득할 수 있다는 것을 라이트와 다른 연구자들이 밝혀냈기 때문에, 엄마에게서 최상의 보살핌을 받는 아이에게 이런 능력이 발달하기 시작하는 최저 연령은 몇 세인가라고 자연스럽게 질문할 수 있다. 브레서튼과 비글리스미스(Bretherton & Beeghly-Smith, 출간 예정)는 중산층 가정에서 30명의 아이들을 표집하여 상징발달을 종단적으로 연구했는데, 이 연구에서 이 질문에 대한 단서를 찾을 수 있다. (가정 방문 예정일인) 생후 2년 4개월의 일주일 전에 각 아이의 엄마들에게 아이가 특별 단어 목록에 있는 단어를 사용하는지를, 그리고 만약 사용한다면, 어떤 맥락에서 누구를 지칭하는지를 기록하도록 했다. 이 단어들은 아이 자신과 타인에 대한 인식, 아이 자신의 생리적 상태, 긍정적·부정적 정서, 욕구와 능력, 인식, 도덕적 판단과 의무 등과 관련되어 있었다. 엄마가 관찰한 내용은 추후 면접에서 기록되었다.

다수의 아이들이 사용한 단어들에는 '보다'와 '듣다' 그리고 정서를 표현하는 많은 용어—많은 순으로 나열하면, '울다'(=짜증), '화난'(=성난), '무서운', '재미있는', '행복한', 그리고 '슬픈'—그리고 '알다'가 포함되어 있었다. 아이들 중 80%는 인과관계를 표현하는 말을 사용하는데, 그중 대부분은 불편함을 줄이거나 좀더 편안함을 증가시키는 행위에 대한 것들이다. 그들이 사용하는 단어 중 거의 60% 정도는 자신뿐 아니라 다른 사람에게도 적용되었다. 연구자들은 "이 아이들이 자신과 다른 사람들의 정신적 상태를 해석하고 자신과 다른 사람들에게 앞으로 예상되거나 지나간 경험들에 대해 언급할 뿐 아니라 자신과 다른 사람들의 상태를 어떻게 변화시킬 수 있거나 그러 한 상태를 일으킬 수 있는지에 대해 이야기 한다"는 사실을 발견했다. 연구자들은 "자료에 따르면 다른 사람들의 목표와 의도를 분석하는 능력—이는 자신의 목표나 의도와 연동한다—은 세 살쯤 되면 이미 꽤 잘 발달한다는 사실을 시사한다"고 결론지었다. 물론 우리는 이러한 현상이 충분한 민감성을 가지고 자녀를 양육하는 엄마가 키운 아이에 게만 나타난다는 사실을 부연해야 할 것 같다. 이러한 발견들로 인해 다른 영장류뿐 아니라 인간들은(Premack & Wodruff, 1978), 공간적인 속성을 우리 주변의 세계에 귀인하는 것이 자연스러운 것처럼 마음의 상태는 자신과 타인에게 귀인하는 것이 자연스러울 것이라고 생각할 수 있다.

제19장
이의, 오해와 해명

···

··· 이론을 확립하지 않고서는 관찰이 불가능하다고 나는 확신한다.
— 찰스 다윈(Charles Darwin)

1. 조직적 개념으로서의 애착

이 책의 초판이 출간된 이래로 지난 10여 년 동안, 애착이론을 둘러싸고 많은 논쟁이 있었다. 어떤 이들은 이 이론에 결점이 있다고 생각했다. 다른 이들은 이 이론을 환영하면서 이 이론을 명확화하고 확장시켰다. 무엇보다도, 우리가 살펴본 바와 같이, 애착이론은 보다 심층적인 경험적 연구를 이끌어 내는 데 상당히 효과적으로 사용되었다. 이 장의 목표는 몇 가지 논쟁점을 살펴보고 오해를 해소하며, 그리고 필자가 가치 있다고 여기는 이 이론의 기여에 대해 관심을 기울이고자 한다.

오해를 불러 일으켰던 이유 중의 하나는 필자가 초판에서 애착과 애착행동을 분명히 구분하지 않았기 때문이다. 다행히도 많은 동료들이 이런 부족한 부분을 보충해 주었는데, 특히 메리 에인스워스가 자신의 저작의 여러 부분에서 보충해 주었다(1969년, 1972년 연구와 공동으로 집필한 1978년 모노그래프의 1장과 14장에서). 비쇼프(Bischof, 1975), 스라우프와 워터즈(1977), 브레서튼(1980)을 포함한 다른 이들도 소중한 기여를 해주었다.

어떤 아이가 애착되어 있다 혹은 애착관계를 가지고 있다고 말할 때, 이 말이 의미하는 바는 이 아이가 특정 인물에 대해 근접성을 추구하고 접촉하려는 강한 성향을 가지고 있고, 특정 상황, 특히 아이가 놀라거나, 피곤하거나 혹은 아플 때, 이런 성향을 나타낸다는 것이다. 이런 방식으로 행동하려는 성향은 아이의 속성이며, 이 속성은 시간이 흘러도 오직 천천히 변화하며 순간의 상황에 의해 영향을 받지 않는다. 이와 대조적으로 애착행동은, 아이가 자신이 원하는 만큼의 근접성을 획득하거나 유지하기 위해 흔히 관여하는 다양한 행동 형태들 중의 어느 하나를 지칭한다. 어떤 한 시점에서 이러한 애착행동의 어떤 형태들은 있을 수도 있고 없을 수도 있지만, 구체적으로 어떤 형태가 존재하느냐는 상당 부분 그 시점의 지배적인 조건들에 따라 달라진다.

필자가 주창하는 애착이론은, 우연히 나타났다가 사라지는 애착행동과 아이들이나 이보다 더 나이 많은 개인들이 특정 인물들과 형성하는 지속적인 애착 두 가지 모두를 설명하려고 한다. 이 애착이론의 핵심개념은 행동체계의 개념이며 이 개념에 대해서는 이 책의 3장에서 8장에 걸쳐 이미 상세히 설명한 바 있다.

아이의 행동을 엄마와의 관계의 측면에서 이해하려는 그럴듯한 한 방법으로써 행동통제 체계 혹은 행동체계의 개념을 처음 제안했을 때, 이 개념은 발달심리학자들이나 임상가들 모두에게 친숙한 것이 아니었다. 그래서 이미 다른 종류의 이론들에 익숙해져 있는 많은 사람들이 이 개념을 이해하지 못하거나 혹은 아예 이해하려는 시도 자체를 부담스러워 했다는 것은 전혀 놀랄 만한 일이 아니다. 하지만, 생리학에 대한 지식을 가지고 있고 항상성의 개념을 이해하는 사람들에게는 전혀 문제가 없었다. 혈압, 체온, 혹은 다른 많은 생리적 측정치들 중의 어떤 것의 설정 한계 내에서의 유지에 관심을 가지든, 이와 관련된 자료를 설명하는 데 필수적인 개념은 생리통제 체계의 개념이다. 생리통제 체계는 중추신경계 내에 위치하며 이 책의 앞부분에서 개략적으로 소개한 원리들에 따라 작동하는 조직체인 것으로 여겨진다.

아이가 애착 인물과의 관계를 특정 거리 혹은 접근성의 범위 내에서 유지하는 방식을 설명하기 위해 행동통제 체계의 개념을 제안하면서, 또 다른 형태의 항상성, 곧 그 설정 한계들이 환경의 특성들과 유기체와의 관계와 관련되어 있고, 그리고 설정 한계들이 생리적 수단이 아닌 행동적 수단에 의해 유지되는 그러한 항상성을 설명하기 위해 이러한 쉽게 이해할 수 있는 생리통제 체계의 원리들을 사용했을 뿐이다. 한 아이를 애착 인물과의 관계에서 특정 설정 범위 내에 유지하는 것은, 물론, 환경 항상성이라고 말할 수 있는 것의 한 예에 불과하다. 5장에서 이미 언급한 바 있는 다른 예들로는, 알을 품는 새가 둥지와 알로부터 설정된 거리를 유지하는 것이나, 혹은 어떤 동물이 적응환경 내에 머물러 있는 것 등이 있다.

일단 행동통제 체계의 개념을 이해하게 되면, 어떤 유기체를 설정된 어떤 범위 안에 유지하기 위해 어떤 특정 행동 형태들을 활용하는가는 단지 특정 목표에 대한 대체 수단들로서 부차적으로 중요한 문제라는 것을 알 수 있다. 아이가 엄마에게 다가갈 때, 달리든, 걷든, 기든, 다리를 끌며 가든, 혹은 기형아의 경우 몸을 굴리든, 이 모든 이동 형태의 차이는 아이의 이동의 설정목표, 곧 엄마에 대한 근접성과 비교했을 때 거의 중요하지 않다. 이러한 이동방법들은 상호 대체될 수 있기 때문에, 이 방법들 간에 정적 상관관계가 없다고 해서 놀랄 필요는 없다. 자극-반응이론의 관점에서 생각하는 사람들은 애착이론에서 예측하는 결과를 잘못 이해하고 있기 때문에 이들 간에 정적 상관관계가 없다는 사실 때문에 때로는 놀라기도 한다. 이 가정 때문에 애착이론에 대해 이러한 근거 없는 비판이 뒤따랐는데, 이에 대해서는 스라우프와 워터즈(1977)가 잘 답한 바 있다.

아이 내부에 존재하는 조직체라고 여겨지는 행동체계가 아이의 애착 행동을 통제한다고 제안함으로써, 관심의 초점은 행동 자체에서 이 행동을 통제하는 이 조직체로 옮겨지게 되었다. 아이의 인성의 영구적인, 실제로는 중심적인 특성으로 여겨지는 이 조직체는 결코 한가롭게 쉬고 있지 않다──이 점은 브레서튼(1980)이 상당히 귀중한 기고 논문에서 강조한 바 있다.[1] 한 통제체계가 자신의 기능을 효과적으로 수행하려면 관련 사건들에 대한 정보를 계속 얻을 수 있는 감지장치들을 갖추고 있어야 하며, 이 사건들은 지속적으로 감시하고 평가해야 한다. 애착 통제 체계의 경우 감시와 평가의 대상이 되는 사건들은 다음과 같이 두 부류로 분류된다. 잠재적인 (내부의 혹은 외부의) 위험이나 스트레스의 존재를 나타내는 사건들, 그리고 애착 인물의 행방이나 애착 인물에 대한 접근성과 관련된 사건들. 이러한 특정 평가과정에 비추어 보았을 때, 기분이 좋지 않거나, 몸이 건강하지 않거나, 안정감을 느끼지 못하거나, 불안하거나 혹은 공포감을 느낄 때, 근접성을 증진하려는 행동이 요청

---

[1] 자신의 논문에서 잉어 브레서튼(Inge Bretherton)은 이 책의 초판에서 오직 절반만 명료하게 표현되었던 내용들을 상세화하면서, 어떻게 이런 종류의 제안된 통제체계가 조직화될 수 있는지 블록 도표(block diagram)로 묘사하고 있다.

된다. 이때 상황에 적절한 특정 행동들이 결정되며, 이러한 행동들은 이 통제체계의 감지장치들이 아이의 상황이 적절히 변화되었다고 표시할 때까지 계속된다. 이러한 적절한 상황변화는 아이에게 위안감과 안정감으로 느껴진다.

다른 행동들이 아닌 특정 행동들을 활용하기로 결정하면서, 애착체계는 애착 인물, 일반적인 환경과 자신에 대한 상징적 표상들, 혹은 작동모형들을 활용하는 것으로 여겨진다. 이 작동모형들은 이미 애착체계 내에 저장되어 있으며 애착체계가 활용할 수 있다. 이러한 인지 요소들이 존재하며 애착체계가 이 인지 요소들을 활용한다고 가정함으로써, 애착이론은 어떻게 애착 인물에 대한 한 아이의 경험이 이 아이에게 발달하는 애착유형에 특정 방식으로 영향을 미치는지 설명할 수 있게 되었다.

다수의 고도로 구체적인 특징을 가진 내적 조직체가 존재한다고 이렇게 가정하기 때문에 애착이론은, 모든 다양한 구조이론의 기본 특징과 동일한 특징들을 가진 것으로 간주될 수 있다. 이러한 구조이론에는 정신분석이 있고 그리고 피아제의 이론도 있으며, 구조이론의 기본 특징은 여러 면에서 행동주의와는 차이가 있다. 그리고 이러한 구조적 속성들 때문에 애착이론은,『애착과 상실』시리즈의 제3권의 4장의 예에서와 같이, 프로이트의 초기 논문들(1894, 1896) 이래로 정신분석적 관심사의 중심에 놓여 있었던, 다양한 방어과정들과 신념 그리고 행위들을 고려하고 설명할 수 있게 되었다.

다른 종류의 근접성-유지 행동

초판에서 불충분하게 다루어졌고 오해를 불러일으킨 또 다른 문제로는, 특정 타인에 대해 가까이 있으려 하거나 혹은 가까이 있도록 유지하는 여타의 행동 형태들을 애착행동과 구분해야 한다는 것이다. 예를 들어, 어떤 아이는 종종 놀이 친구와 가까이 있으려고 한다. 이와 마찬가지로 어떤 어른은 자신과 관심사가 동일한 다른 사람과 가까이 있으려고 할 것이다. 이 둘 중의 어떤 경우에도 위의 근접성을 유지하려는 것은 애착행동으로 간주될 수 없다. 마찬가지로 어떤 아이가 생기에 넘쳐서 놀이를 하기 위해 엄마에게 접근할 때, 이런 행동도 애착행동으로 분류되지 않을 것이다. 브레서튼(1980)은 필자가 애착행동을 정의할 때 염두에 두었던 것은 안전-조절 체계라고 부를 수 있는 어떤 것의 결과라는 점을 지적했는데, 브레서튼은 이 점에서 옳다. 이러한 안전-조절 체계가 작동함으로써 어떤 개체가 위험에 맞닥뜨릴 위험성은 줄어드는 경향이 있으며, 이 체계가 작동하게 되면 불안이 누그러뜨려지면서 안정감이 증가하는 느낌을 갖게 된다.

그래서 애착행동을 단지 특정 개인에 대해 근접성을 획득하고 유지하는 것으로만 설명하는 것은 부정확하다. 하지만 그렇다고 해서 애착행동을 이렇게 설명하는 것이 어려운 것만은 아니다. 왜냐하면, 애착체계의 산출물의 일부인 근접성 증진 행동과 여타 체계의 산출물의 일부인 유사 행동을 구분할 수 있는 다수의 준거가 있기 때문이다. 거의 모든 경우에 이 두 행동들은 발현되고 종료되는 상황이 각기 다르며, 그 내부에 삽입되는 순차 행동이 각기 다르고, 연관을 맺게 되는 감정 상태가 각기 다르며, 뒤따르는 표현되는 정서 또한 각기 다르다. 이러한 판단이

의심스러운 경우는 거의 드물다고 필자는 믿는다.

애착행동을 어떤 안전-조절 체계의 산출물이라고 정의하면, 이 행동의 속성이라고 여겨지는 중요한 생물학적 기능을 강조하게 된다. 이 중요한 생물학적 기능은 이동성을 갖춘 유아와 성장하는 아이를 다수의 위험들로부터 보호하는 것이다. 이 다수의 위험들 중에서 인간의 진화적응환경에서 가장 큰 것은 잡아먹히는 위험이다. 동물행동학자들에게 이런 종류의 제안은 명백히 충분한 것이다. 하지만, 원인과 기능을 구분하는 데 익숙하지 않고 그리고 진화적 측면에서 사고하는 데 익숙하지 않은 임상가들과 발달 심리학자들에게, 이러한 제안은 낯선 것일 뿐만 아니라 때로 실제적인 연관성이 거의 없는 것으로 보이기도 한다.

대조적으로 필자가 애착이론의 이러한 측면을 강조하는 주요한 이유는 우리가 어떤 유용한 생물학적 기능이 애착행동에 있는 것으로 여기는가 혹은, 2차적인 충동 의존 이론들의 전통에서처럼, 애착행동을 부적절하고 유아적인 특성으로 여기는가의 여부에 따라 동료 인간들에 대한 우리의 총체적 접근 방식이 달라지기 때문이다.

유아, 아이, 혹은 성인의 어떤 선호하는 사람에 대한 애착을 필자가 제안하는 방식으로 바라볼 때, 이 애착에 수반하는 행동은, 성행동이나 섭식행동과 마찬가지로 인간 본성에 내재적인 것으로 존중될 것이다. 그 결과, 어떤 임상가가, 분리나 상실에 대해 저항, 분노, 불안 혹은 절망이 다양하게 복합된 형태로 반응을 보이는 개인을 접할 때, 이 임상가는 이 사람의 행동이 아마 불편할 테지만, 이 사람이 처한 상황에서 어떤 인간에게서나 나타날 것으로 기대되는 자연스러운 반응들로 이루어져 있다고 인정하게 될 것이다. 그런 후에 이 임상가는 자신의 능력범위 안에서 관련 행위를 취할 것이다.

하지만, 애착행동과 분리나 상실에 대한 반응들을 이러저러한 학습이론의 관점에서 보게 되면, 모든 광경은 완전히 달라져 보이게 된다. 어떤 아이가 음식을 방금 먹었을 때, 이 아이의 울음은 단지 관심을 끌려는 것이며, 이때 아이를 안아주면 그 결과 아이는 더 울게 될 것이라고 여겨진다. 어떤 아이가 자신의 주요 애착 인물과 헤어지는 것에 대해 저항하면서 이 주요 인물이 되돌아오기를 요구할 때, 이 아이는 너무 귀여워해서 버릇이 없어진 아이로 간주된다. 자신의 애착 인물이 자기를 버릴까봐 두려워하는 청소년이나 성인은 과도하게 의존적이고, 히스테리를 앓고 있거나 공포증을 가진 것으로 여겨진다. 이런 경우 임상가의 행위는 부적절할 뿐만 아니라 부인하는 것이 될 수도 있다. 실제로 이런 유의 것들을 고려하면서 필자는 임상 문제들에 대한 모든 전통적 형태의 학습이론의 연관성에 의문을 품게 되었고, 자신이 대하는 대상이 아이이건, 청소년이건 혹은 성인이건 모든 정신과 의사들이 직면하고 있는 임상적 현상의 이해에 도움을 주는 데 가장 적절한 것으로서 동물행동학적 접근을 취하게 되었다.

라제키(Rajecki) 등이 한 개관 논문(1978)에서 애착행동이 보호적 기능을 수행한다는 제안에 대해 이의를 제기한 바 있는데, 그 내용에 따르면 애착행동이 때로 자신을 보호해 줄 수 없는 대상들, 예를 들어 원숭이의 경우 인형 어미, 혹은 인간의 경우 좋아하는 담요나 인형에게 향한다는 것이다. 하지만, 이것은 근거 있는 이의가 아니다. 어떤 어린 동물이 자라난 조건들이 정상적인 조건들에서 벗어난 것일 때, 행동이 부적절한 대상들에게 향하는 경우는 이례적인 것이 아니다. 예를 들어, 성행동이 동일한 성을 가진 구성원이나, 다른 종의 구성원, 혹은 이성의 소유물로 향할 수 있다. 하지만, 이런 경우에 아무도, 성행동의 결과로 종의 재생산이 이루어지지 않았기 때문에 성행동 자체는 재생산의 기능이 없다고 생각하지는 않을 것이다.

2. 애착-양육: 사회적 유대의 한 유형

이 책에서 사회적 관계의 특별한 유형, 곧 양육자에 대한 애착이라는 유형을 집중적으로 살펴보았다. '애착'이라는 단어를 여타 여러 관계들에 확대하여 사용하려는 경향이 있기 때문에, 이 단어가 이 책에서 어떻게 사용되고 있는지를 더 정확하게 구체화하고자 한다.

힌디(1979)와 브레서튼(1980)에 따르면, 각 당사자들이 상대방과 공유하는 양자 상호작용 프로그램들을 구축했을 때, 이 두 개인 사이에 사회적 관계가 존재한다고 말할 수 있다. 이러한 관계들의 형태는 다양하다. 예를 들어, 이 관계들은 주요 공유 프로그램의 종류들에 따라, 이 관계 속에서 각 당사자들이 담당하는 역할들이 유사한지 혹은 상보적인지에 따라, 상이한 공유 프로그램의 수에 따라, 이 프로그램들 각각이 얼마나 잘 섞여 있는지에 따라, 이 프로그램들이 얼마나 독특한지에 따라, 그리고 이 프로그램들이 얼마나 오래도록 지속될 것으로 예상되는지에 따라 달라진다. 이렇게 해서 많은 관계들이 존재하게 된다. 가게 점원에게서 물건을 사는 관계가 있는데, 이 관계는 범위가 제한적이고 시간이 지나면 없어진다. 다른 관계, 예를 들어 일하는 관계는 더 광범위하거나 더 지속될 수도 있다. 또 다른 관계, 예를 들어 가족 관계에는 광범위한 공유 프로그램뿐만 아니라 가족관계를 무한히 지속하라는 각 당사자의 헌신이 포함될 수도 있다. '사회적 유대'라는 용어는 어떤 종류의 구속력이 있는 계약을 암시하기 때문에, 이 용어는 양 당사자가 서로 헌신하는 그러한 소수의 사회적 관계에만 적용할 수 있다.

죽음이나 입양에 의해 중단되지 않는 한, 부모-자식 관계는 보통 사회적으로 헌신 관계로 간주되며 당사자들도 그렇게 느낀다. 비록, 어떤 아이가 미래에 대한 어떤 개념을 갖게 되기 전까지는, 이 아이의 부모-자식 관계에 대한 헌신은 부모의 추측이나 다름없다.

여타 많은 종류의 사회적 관계들과 마찬가지로 부모-자식 관계도 상보적 관계이다. 그래서 엄마의 행동은 대개 이 엄마의 아이의 행동과는 아주 다르다. 그럼에도 불구하고 일상적인 경우 한 쪽의 행동은 상대편의 행동과 상보적 관계를 이룬다. 이로써 우리의 논의는 다시 애착으로 돌아간다.

이 책에서 우리는 전형적인 공유된 양자 프로그램이라는 한 쪽 절반과 모성양육이 라는 다른 쪽 절반을 살펴보았다. 유대 는 두 당사자의 속성이므로, 우리가 관심을 갖고 있는 이 유대는 애착-양육의 하나인 것으로 표시해야 한다.[2]

지난 20년 동안의 용례를 기초로 했을 때, 부모에 대한 아이의 전형적인 행동과 이 행동을 주관하는 행동체계에만 애착이라는 용어를 제한하고, 부모의 상보적 행동과 행동체계를 설명하기 위한 목적으로는 애착이라는 용어의 사용을 피해야 할 강력한 이유가 있다. 이러한 관례를 받아들이면 두 당사자는 유대관계를 맺고 있다고 말할 수 있다. 이럴 때 애착은, 현 상황에 보다 잘 대처할 수 있는 것으로 여겨지는 누군가에게 전형적으로 지향되는 행동으로 제한된다. 반면에 양육은 현 상황에 대

---

[2] 힌디(1979)는 '애착'이라는 용어를 아이 내부의 행동체계뿐만 아니라 아이가 엄마와 맺는 사회적 유대에도 적용하는 실수에 대해 주의를 기울인다.

한 대처능력이 떨어지는 누군가에게 지향되는, 애착에 대한 상보적인 행동을 지칭한다. 대부분의 애착-양육 관계들에서, 특히 아이와 부모의 관계에서, 당사자들 간의 역할들은 서로 뒤바뀌지 않는다. 그럼에도 불구하고 역할의 지속이 불가피한 것은 아니다. 예를 들어, 결혼관계에서 역할의 변화는 아마도 흔하고 건강한 것이다. 다 자란 아들이나 딸이 노년의 부모를 돌보는 경우에도 역할 변화가 생길 수 있다. 이와 대조적으로 아이 혹은 청소년과 부모 사이에 역할의 도치는, 아주 일시적인 것이 아니라면, 거의 모든 경우 병리의 신호일 뿐만 아니라 아이에게 병리발생의 원인이 된다(『애착과 상실』 시리즈의 2권 16장과 18장을 보라; 『애착과 상실』 시리즈의 3권 11장, 12장, 19장을 보라).

양육을 엄마와 아빠 사이에 약간 차이가 있는 행동체계로서 연구하는 것은(Lamb, 1977) 관심을 필요로 하는 대담한 계획이다. 필자는 다른 곳에서(Bowlby, 1982), 양육의 발달을 이 책에서 애착행동의 발달을 설명하기 위해 차용했던 것과 유사한 개념적 틀 안에서 연구하는 것이 많은 결실을 맺게 될 것이라고 제안한 바 있다. 이 책에서는 애착행동의 발달을 특정 행동 유형이 발달하려는 강한 유전적 편향성과, 환경들의 특정 순서 사이의 상호작용의 산물로 보는데, 이 환경 내부에서 유아기 이후로 계속해서 발달이 이루어진다.

추가적으로 한 가지를 더 강조해야 할 필요가 있다. 엄마-아이 관계 혹은 아빠-아이 관계에는 한 가지 이상의 공유 양자 프로그램들(shared dyadic programme) 포함되어 있다. 예를 들어, 이 관계에는 먹이기-먹기 공유 프로그램이 있는데, 이 프로그램에서는 한쪽 당사자의 행동이 흔히 상대편의 행동과 상보적인 방식으로 혼합된다. 공유 프로그램의 다른 유형으로는 놀이 친구 프로그램이 있는데, 이 프로그램에서는 각 당사자들의 역할은 종종, 최소한 겉으로 보기에는, 유사하다. 여전히 상보적인 다른 유형으로는 학생-교사 프로그램이 있다. 이렇게, 부모-아이 관계는 결코 배타적으로 애착-양육의 관계인 것만은 아니다. 그러므로 아이와 엄마 사이의 유대를 배타적으로 애착-양육 관계라고 지칭하는 것에 대한 유일한 정당성은 애착-양육의 프로그램이 우선순위가 가장 높은 공유 양자 프로그램이라는 것에서 찾을 수 있다.

* * *

결론 삼아 지금까지 제안한 인성 발달의 그림을 개략적으로 살펴보고자 한다. 어린아이가 격려하고, 지지적이고, 협력적인 엄마를 경험 하면, 그리고 조금 더 이후에 그러한 아빠를 경험하면, 이 경험들을 통해 아이는 자기 존재를 가치 있게 느끼고, 타인의 조력에 대해 신뢰하게 되며, 미래의 관계들을 구축해 나가는 유리한 기초 모형을 갖게 된다. 그리고 이 경험들을 통해 아이는 자신의 환경을 자신감 있게 탐색하고 효과적으로 대할 수 있게 됨으로써, 자신의 능력에 대해 또한 더욱 신뢰하게 된다. 이후로 가족관계가 지속적으로 호의적이라면, 이러한 사고, 감정, 행동의 초기 유형들은 지속될 뿐만 아니라, 인성 또한 적절히 통제되고 복원되는 방식으로 작동되도록 점차적으로 구조를 갖추게 되며, 불리한 상황들에도 불구하고 계속 이런 상태를 유지할 수 있게 된다. 이와는 다른 유형의 초기 아동기나 그 이후 시기의 경험들은 상이한 결과를 낳게 되는데, 대개 복원력이 낮고 통제력에도 결함이 있는 인성구조를 갖게 된다. 이러한 취약한 구조들도 또한 지속되는 경향이 있다. 이후에 어떤 이의 인성이 어떤 구조를 갖게 되는가는 그가 추후의 불리한 사건들에 반응하는 방식에 따라 달라진다. 이 추후의 불리한 사건들 중에 가장 중요한 몇 가지로는 거부, 분리와 상실을 들 수 있다.

참고문헌

Ahrens, R. (1954). 'Beitrag zur Entwicklung des Physiognomie- und Mimikerkennens.' *Z. exp. Angew. Psychol.*, 2, 3, 412-54.

Ainsworth, M. D. (1962). 'The effects of maternal deprivation: a review of findings and controversy in the context of research strategy.' In *Deprivation of Maternal Care: A Reassessment of its Effects*. Public Health Papers No. 14. Geneva: WHO.

Ainsworth, M. D. (1963). 'The development of infant-mother interaction among the Ganda.' In *Determinants of Infant Behaviour*, Vol. 2, ed. B. M. Foss. London: Methuen: New York; Wiley.

Ainsworth, M. D. (1964). 'Patterns of attachment behaviour shown by the infant in interaction with his mother.' *Merrill-Palmer Q.*, 10, 51-8.

Ainsworth, M. D. S. (1967). *Infancy in Uganda: Infant Care and the Growth of Attachment*. Baltimore, Md: The Johns Hopkins Press.

Ainsworth, M. D. S. (1969). 'Object relations, dependency and attachment: a theoretical review of the infant-mother relationship.' *Child Development*, 40, 969-1025.

Ainsworth, M. D. S. (1972). 'Attachment and Dependency: A Comparison.' In J. L. Gewirtz (ed.), *Attachment and Dependence*. Washington, D. C.: Winston (distributed by Wiley, New York).

Ainsworth, M. D. S. (1973). 'The development of infant-mother attachment.' In *Child Development and Social Policy(Review of Child Development Research*, Vol. 3), ed. B. M. Caldwell and H. N. Ricciuti. Chicago: University of Chicago Press.

Ainsworth, M. D. S. (1982). 'Attachment: retrospect and prospect' In *The*

Place of Attachment in Human Behavior, ed. C. M. Parkes and J. Stevenson-Hinde. New York: Basic Books, London: Tavistock Pubns.

Ainsworth, M. D. S., and Bell, S. M. (1969). 'Some contemporary patterns of mother-infant interaction in the feeding situation.' In *Stimulation in Early Infancy*, ed. J. A. Ambrose, New York and London: Academic Press.

Ainsworth, M. D., Blehar, M. C., Waters, E., and Wall, S. (1978). *Patterns of Attachment: Assessed in the Strange Situation and at Home*. Hillsdale, N. J.: Lawrence Erlbaum.

Ainsworth, M. D., and Boston, M. (1952). 'Psychodiagnostic assessments of a child after prolonged separation in early childhood.' *Br. J. med. Psychol.*, 25, 169-201.

Ainsworth, M. D., and Bowlby, J. (1954). 'Research strategy in the study of mother-child separation.' *Courr. Cent. int. Enf.*, 4, 105.

Ainsworth, M. D. Salter, and Witting, B. A (1969). 'Attachment and exploratory behaviour of one-year-olds in a strange situation.' In *Determinants of Infant Behaviour*, Vol. 4, ed. B. M. Foss. London: Methuen; New York: Barnes & Noble.

Altmann, J, (1980). *Baboon Mothers and Infants*. Cambridge, Mass.: Harvard University Press.

Altmann, J., Altmann, S. A., Hausfater, G., and McCluskey, S. A (1977). 'Life history of yellow baboons: physical development, reproductive parameters, and infant mortality.' *Primates*, 18, 315-30.

Ambrose, J. A. (1960). 'The smiling and related responses in early human infancy: an experimental and theoretical study of their course and significance.' Ph. D. Thesis, University of London.

Ambrose, J. A. (1961). 'The development of the smiling response in early infancy.' In *Determinants of Infant Behaviour*, Vol. 1, ed. B. M. Foss. London: Methuen: New York: Wiley.

Ambrose, J. A. (1963). 'The concept of a critical period for the development of social responsiveness.' In *Determinants of Infant Behaviour*, Vol. 2, ed. B. M. Foss. London: Methuen; New York: Wiley.

Ambrose, A. (1969). Contribution to discussion in *Stimulation in early infancy*, pp. 103-4, ed. A Ambrose. New York and London: Academic Press.

Anderson, J, W. (1972). 'Attachment behavior out of doors.' In *Ethological Studies of Child Behaviour*. ed. N: Blurton Jones. Cambridge: Cambridge University Press.

Andrew, R. J. (1964). 'The development of adult responses from responses given during imprinting by the domestic chick.': *Anim. Behav.*, 12, 542-8.

Appell, G., and David, M. (1961). 'Case-notes on Monique.' In *Determinants of Infant Behaviour*, Vol. 1, ed. B. M. Foss. London. Methuen; New York: Wiley.

Appell, G., and David, M. (1965). 'A study of mother–child interaction at thirteen months.' In *Determinants of Infant Behaviour*, Vol. 3, ed. B. M. Foss. London: Methuen: New York: Wiley.

Appell, G., and Roudinesco, J. (1951). Film: *Maternal Deprivation in Young Children* (16mm; 30mins; sound). London: Tavistock Child Development Research Unit; New York: New York University Film Library.

Arend, R. A., Gove, F. L., and Sroufe, L. A. (1979). 'Continuity of individual adaptation from infancy to kindergarten: a predictive study of ego-resiliency and curiosity in pre-schoolers.' *Child Development*, 50, 950-59.

Arnold, M. B. (1960). *Emotion and Personality*. Vol. 1, *Psychological Aspects*: Vol. 2, *Neurological and Physiological Aspects*. New York: Columbia University Press; London: Cassell, 1961.

Aubry, J. (1955). *La Carence des soins maternels*. Paris: Presses Universitaires de France.

Balint, A. (1939). Int. *Z. Psychoanal. u. Imago*, 24, 33-48. Eng. trans. (1949):

'Love for the mother and mother love.' *Int. J. Psycho-Anal.*, 30, 251–9. Reprinted in *Primary Love and Psycho-analytic Technique.* London: Tavistock Publications, 1964; New York: Liveright, 1965.

Bateson, P. P. G. (1966). 'The characteristics and context of imprinting.' *Biol. Reo.*, 41, 177–220.

Bayliss, L. E. (1966). *Living Control Systems.* London: English Universities Press; San Francisco: Freeman.

Beach, F. A (ed.) (1965). *Sex and Behavior.* New York and London: Wiley.

Benedek, T. (1938). 'Adaptation to reality in early infancy.' *Psychoanal. Q.*, 7, 200–15.

Benedek, T. (1956). 'Toward the biology of the depressive constellation.' *J. Am. psychoanal. Ass.*, 4, 389–427.

Benjamin, J. D. (1963). 'Further comments on some developmental aspects of anxiety.' In *Counterpoint*, ed. H. S. Gaskill. New York: International Universities Press.

Berenstein, L., Rodman, P. S., and Smith, D. G. (1982). 'Social relations between fathers and offspring in a captive group of rhesus monkeys (Macaca mulatta).' *Animal Behaviour*, 30.

Berlyne, D. E. (1958). 'The influence of the albedo and complexity of stimuli on visual fixation in the human infant.' *Br. J. Psychol.*, 49, 315–18.

Berlyne, D. E. (1960). *Conflict, Arousal and Curiosity.* New York and London: McGraw–Hill.

Bernfeld, S. (1944). 'Freud's earliest theories and the school of Helmholtz.' *Psychoanal. Q.*, 13, 341–62.

Bernfeld, S. (1949). 'Freud's scientific beginnings.' *Am. Imago*, 6.

Bettelheim, B. (1967). *The Empty Fortress: Infantile Autism and the Birth of the Self.* New York: The Free Press; London: Collier/Macmillan.

Bielicka, I., and Olechnowicz, H. (1963). 'Treating children traumatized by hospitalization.' *Children*, 10(5), 194–5.

Bischof, N. (1975). 'A systems approach toward the functional connections of fear and attachment.' *Child Development*, 46, 801-17.

Bishop, B. Merrill (1951). 'Mother-child interaction and the social behavior of children.' *Psychol. Monogr.*, 65, No. II.

Bishop, G. H. (1960). 'Feedback through the environment as an analog of brain functioning.' In *Self-organizing Systems*, ed. M. C. Yovits and S. Cameron. Oxford: Pergamon.

Blauvelt, H., and McKenna, J. (1961). 'Mother-neonate interaction: capacity of the human newborn for orientation.' In *Determinants of Infant Behaviour*, Vol. 1, ed. B. M. Foss. London: Methuen; New York: Wiley.

Block, J. H., and Block, J, (1980). 'The role of ego-control and ego-resiliency in the organization of behavior.' In *Minnesota symposium on child psychology*, Vol. 13, pp. 39-101, ed. W. A. Collins. Hillsdale, N. J. : Lawrence Erlbaum,

Bolwig, N. (1963). 'Bringing up a young monkey.' *Behaviour*, 21, 300-30.

Boniface, D. and Graham, P. (1979). 'The three year old and his attachment to a special soft object.' *J. Child Psychol. Psychiat.*, 20, 217-24.

Bower, T. G. R. (1966). 'The visual world of infants.' *Scient. Am.*, 215, December, 80-97.

Bowlby, J, (1951). *Maternal Care and Mental Health. Geneva*: WHO; London: HMSO; New York: Columbia University Press. Abridged version, *Child Care and the Growth of Love*. Harmondsworth: Penguin Books, 2nd edn, 1965.

Bowlby, J. (1953). 'Some pathological processes. set in train by early mother-child separation.' *J. ment, Sci.*, 99, 265-72.

Bowlby, J. (1958). 'The nature of the child's tie to his mother.' Int. *J. Psycho-Anal.*, 39, 350-73.

Bowlby, J. (1960a). 'Separation anxiety.' *int. J. Psycho-Anal.*, 41, 89-113.

Bowlby, J. (1960b). 'Grief and mourning in infancy and early childhood.' *Psychoanal. Study Child*, 15, 9-52.

Bowlby, J. (1961a). 'Separation anxiety: a critical review of the literature.' *J. Child Psychol. Psychiat.*, 1, 251-69.

Bowlby, J. (1961b). 'Processes of mourning.' *Int J. Psycho-Anal.*, 42, 317-40.

Bowlby, J. (1963). 'Pathological mourning and childhood mourning.' *J. Am. psychoanal. Ass.*, 11, 500-41.

Bowlby, J. (1964). 'Note on Dr Lois Murphy's paper, "Some aspects of the first relationship".' *Int. J. Psycho-Anal.*, 45, 44-6.

Bowlby, J. (1982). 'Caring for children: some influences on its development.' In *Parenthood*, ed. R. S. Cohen, S. H. Weissman, and B. J, Cohler, New York: The Guilford Press.

Bowlby, J., Robertson, J., and Rosenbluth, D. (1952). 'A two-year-old goes to hospital.' *Psychoanal. Study Child*, 7, 82-94.

Brackbill, Y. (1958). 'Extinction of the smiling response in infants as a function of reinforcement schedule.' *Child Dev.*, 29, 115-24.

Brazelton, T. B., Koslowski, B. and Main, M. (1974). 'The origins of reciprocity in mother-infant interaction.' In *The Effect of the Infant on its Caregiver*, ed. M. Lewis and L. A. Rosenblum. New York: Wiley-Inter-science.

Bretherton, I. (1980). 'Young children in stressful situations: the supporting role of attachment figures and unfamiliar caregivers.' In *Uprooting and Development*, ed. G. V. Coelho and P. J. Ahmen. New York: Plenum Press.

Bretherton, I. and Beeghly-Smith, M. (in press). 'Talking about internal states: the acquisition of an explicit theory of mind.' *Developm. Psychol.*

Brody, S. (1956). *Patterns of Mothering: Maternal Influence during Infancy.* New York: International Universities Press; London: Bailey & Swinfen.

Bronson, G. (1965). 'The hierarchical organization of the central nervous system: implication for learning processes and critical periods in early development' *Behav. Sci.*, 10, 7-25.

Burlingham, D., and Freud, A (1942). *Young Children in War-time*. London: Allen & Unwin.

Burlingham, D., and Freud, A. (1944). *Infants without Families*. London: Allen & Unwin.

Cairns, R. B. (1966a). 'Attachment behavior of mammals.' *Psychol. Rev.*, 73, 409-26.

Cairns, R. B. (1966b). 'Development, maintenance, and extinction of social attachment behavior in sheep.' *J. comp. physiol. Psychol.*, 62, 298-306.

Cairns, R. B., and Johnson, D. L. (1965). 'The development of interspecies social preferences.' *Psychonomic Sci.*, 2, 337-8.

Caldwell, B. M. (1962). 'The usefulness of the critical period hypothesis in the study of filiative behavior.' *Merrill-Palmer Q.*, 8, 229-42.

Caldwell, B. M. (1964). 'The effects of infant care.' In *Review of Child Development Research*, Vol. 1, ed. M. L. Hoffman and L. N. W. Hoffman. New York: Russell Sage Foundation.

Call, J. D. (1964). 'Newborn approach behavior and early ego development' *Int. J. Psycho-Anal.*, 45, 286-94.

Casler, L. (1961). 'Maternal deprivation: a critical review of the literature.' *Monogr. Soc. Res. Child Dev.*, 26, 1-64.

Chance, M. R. A (1959). 'What makes monkeys sociable?' *New Scient.*, 5 March.

Cohen, L. B., DeLoache, J. S., and Strauss, M. S. (1979). 'Infant visual perception.' In *Handbook of Infant Development*, ed. J. D. Osofsky, pp. 393-438. New York: Wiley.

Connell, D. B. (1976). 'Individual differences in attachment: an investigation into stability implications and relationships to structure of early language development.' Doctoral thesis, Syracuse University.

Darwin, C. (1859). *On the Origin of Species by means of Natural Selection*. London: John Murray.

Darwin, C. (1872). *The Expression of the Emotions in Man and Animals*. London: John Murray.

David, M., Ancellin, J., and Appell, G. (1957). 'Étude d'un groupe d'enfants ayant séjourné pendant un mois en colonie matemelle.' *Infs.-sociales.*, 8, 825-93.

David, M., and Appell, G. (1966). 'La relation mère-enfant: Étude de cinq "pattern" d'interaction entre mère et enfant à l'age d'un an.' *Psychiat. Enfant*, 9, 445-531.

David, M., and Appell, G. (1969). 'Mother-child relation.' In *Modern Perspectives in International Child Psychiatry*, ed. J. G. Howells. Edinburgh: Oliver & Boyd.

David, M., Nicolas, J., and Roudinesco, J. (1952). 'Responses of young children to separation from their mothers: I. Observations of children aged 12-17 months recently separated from their families and living in an institution.' *Courr. Cent. int. Enf.*, 2, 66-78.

Dawkins, R. (1976). *The Selfish Gene*. Oxford: Oxford University Press.

Décarie, T. Gouin (1965). *Intelligence and Affectivity in Early Childhood*. New York: International Universities Press.

Décarie, T. Gouin (1969). 'A study of the mental and emotional development of the thalidomide child.' In *Determinants of Infant Behaviour*, Vol. 4, ed. B. M. Foss. London: Methuen; New York: Barnes & Noble.

Decasper, A. J., and Fifer, W. P. (1980). 'Of human bonding: newborns prefer their mothers' voices.' *Science*, 208, 1174-76.

Denny-Brown, D. (1950). 'Disintegration of motor function resulting from cerebral lesions.' *J. nerv. ment. Dis.*, 112, No. 1.

Denny-Brown, D. (1958). 'The nature of apraxia.' *J. nerv. ment. Dis.*, 126, No. 1.

Deutsch, H. (1919). Eng. trans. : 'A two-year-old boy's first love comes to grief.' In *Dynamic Psychopathology in Childhood*, ed, L. Jessner and E. Pavenstedt. New York and London: Grune & Stratton, 1959.

DeVore, I. (1963). 'Mother-infant relations in free-ranging baboons.' In *Maternal Behavior in Mammals*, ed. H. L. Rheingold. New York and London: Wiley.

DeVore, I. (ed.) (1965). *Primate Behavior: Field Studies of Monkeys and Apes*. New York and London: Holt, Rinehart & Winston.

DeVore, I., and Hall, K. R. L. (1965). 'Baboon ecology.' In *Primate Behavior*, ed. I. DeVore. New York and London: Holt, Rinehart & Winston.

Dollard, J., and Miller, N. E. (1950). *Personality and Psychotherapy*. New York: McGraw-Hill.

Dunn, J. F. (1979). 'The first year of life: continuity in individual differences.' In *The First rear of Life*, ed. D. Shaffer and j. Dunn. London: Wiley.

Egeland, B., and Sroufe, L. A (1981). 'Attachment and early maltreatment.' *Child Development*, 52, 44-52.

Erikson, E. H. (1950). *Childhood and Society*. New York: Norton; London: Imago, 1951. Revised edn, New York: Norton, 1963; London: Hogarth, 1965: Harmondsworth: Penguin Books, 1965.

Ezriel, H. (1951). 'The scientific testing of psycho-analytic findings and theory: the psycho-analytic session as an experimental situation.' *Br. J. med. Psychol.*, 24, 30-4.

Fabricius, E. (1962). 'Some aspects of imprinting in birds.' *Symp. zool. Soc. Lond.*, No. 8, 139-48.

Fagin, C. M. R. N. (1966). *The Effects of Maternal Attendance during Hospitalization on the Post-hospital Behavior of Young Children: A Comparative Study*. Philadelphia: F. A. Davis.

Fairbairn, W. R. D. (1952). *Psychoanalytic Studies of the Personality*. London: Tavistock/Routledge. Published under the title of *Object-Relations Theory of the Personality*. New York: Basic Books, 1954.

Fantz, R. L. (1965). 'Ontogeny of perception.' In *Behavior of Non-human Primates*, Vol. 2, ed. A M. Schrier, H. F. Harlow, and F. Stollnitz. New York and London: Academic Press.

Fantz, R. L. (1966). 'Pattern discrimination and selective attention as determinants of perceptual development from birth.' In *Perceptual Development in Otildren*, ed. A J. Kidd and J. L. Rivoire. New York: International Universities Press; London: University of London Press.

Flavell, J. H. (1961). 'The ontogenetic development of verbal communication skills.' Final Progress Report (NIMH Grant M2268).

Flavell, J. H. (1963). *The Developmental Psychology of Jean Piaget*. Princeton, N. J., and London: Van Nostrand.

Formby, D. (1967). 'Maternal recognition of infant's cry.' *Dev. Med. Child Neurol.*, 9, 293-8.

Fossey, D. (1979). 'Development of the mountain gorilla (Gorilla gorillaberengei) : the first thirty-six months.' In *The Great Apes*, ed. D. A. Hamburg and E. R. McCown. Menlo Park, Calif. : Benjamin/ Cummings Pub. Co.

Fox, R. (1967). *Kinship and Marriage*. Harmondsworth: Penguin Books.

Freedman, D. G. (1961). 'The infant's fear of strangers and the flight response.' *J. Child Psychol. Psychiat.*, 2, 242-8.

Freedman, D. G. (1964). 'Smiling in blind infants and the issue of innate versus acquired.' *J. Child Psychol. Psychiat.*, 5, 171-84.

Freedman, D. G. (1965). 'Hereditary control of early social behavior.' In *Determinants of Infant Behaviour*, Vol. 3, ed. B. M. Foss. London: Methuen; New York: Wiley.

Freedman, D. G., and Keller, B. (1963). 'Inheritance of behavior in infants.' *Science*, 140, 196-8.

Freud, A., and Dann, S. (1951). 'An experiment in group upbringing.' *Psychoanal. Study Child*, 6, 127-68.

Freud, S. (1894). 'The neuro-psychoses of defence (1).' *S.E.*, 3.

Freud, S. (1895). *Project for a Scientific Psychology*, *S.E.*, 1.

Freud, S. (1896). 'Further remarks on the neuro-psychoses of defence.' *S.E.*, 3.

Freud, S. (1900). *The Interpretation of Dreams*. *S.E.*, 4.

Freud, S. (1905). *Three Essays on the Theory of Sexuality*. *S.E.*, 7.

Freud, S. (1910). *Five Lectures on Psycho-analysis*. *S.E.*, 11.

Freud, S. (1914). 'On narcissism: an introduction.' *S.E.*, 14.

Freud, S. (1915a). 'Instincts and their vicissitudes.' *S.E.*, 14.

Freud, S. (1915b). 'Repression.' *S.E.*, 14.

Freud, S. (1920a). *Beyond the Pleasure Principle*. *S.E.*, 18.

Freud, S. (1920b). 'The psychogenesis of a case of homosexuality in a woman.' *S.E.*, 18.

Freud, S. (1921). *Group Psychology and the Analysis of the Ego*. *S.E.*, 18.

Freud, S. (1922). 'psycho-analysis.' *S.E.*, 18.

Freud, S. (1925). *An Autobiographical Study*. *S.E.*, 20.

Freud, S. (1926). *Inhibitions, Symptoms and Anxiety*. *S.E.*, 20.

Freud, S. (1931). 'Female sexuality.' *S.E.*, 21.

Freud, S. (1939). *Moses and Monotheism*. *S.E.*, 23.

Freud, S. (1940). *An Outline of Psycho-analysis*. *S.E.*, 23.

Frommer, E. A., and O'Shea, G. (1973). 'Antenatal identification of women liable to have problems in managing their infants.' *British J. Psychiatry*, 123, 149-56.

Fuller, J. L., and Clark, L. D. (1966a). 'Genetic and treatment factors modifying the post-isolation syndrome in dogs.' *J. comp. physiol. Psychol.*, 61, 251-7.

Fuller, J, L., and Clark, L. D. (1966b). 'Effects of rearing with specific stimuli upon post-isolation behavior in dogs.' *J. comp. physiol. Psychol.*, 61, 258-63.

Géber, M. (1956). 'Développement psycho-moteur de l'enfant Africain.'

Courr Cent. int. Enf., 6, 17-28.

George, C., and Main, M. (1979). 'Social interactions of young abused children: approach, avoidance and aggression.' *Child Development*, 50, 306-18.

Gesell, A. (ed.) (1940). *The First Five Years of Life*. New York: Harper; London: Methuen, 1941.

Gewirtz, H. B., and Gewirtz, J. L. (1968). 'Visiting and caretaking patterns for kibbutz infants: age and sex trends.' *Am. J. Ortho-psychiat.*, 38, 427-43.

Gewirtz, J. L. (1961). 'A learning analysis of the effects of normal stimulation, privation and deprivation on the acquisition of social motivation and attachment' In *Determinants of Infant Behaviour*, Vol. 1, ed. B. M. Foss. London: Methuen; New York: Wiley.

Goldman, S. (1960). 'Further consideration of cybernetic aspects of homeostasis.' In *Self-organizing Systems*, ed. M. C. Yovits and S. Cameron. Oxford: Pergamon.

Goodall, J., (1965). 'Chimpanzees of the Gombe Stream Reserve.' In *Primate Behavior*, ed. I. DeVore. New York and London: Holt, Rinehart & Winston.

Goodall, J. (van Lawick-) (1975). 'The behaviour of the chimpanzee.' In *Hominisation und Verhalten*, ed. I. Eibl-Eibesfeld, pp. 74-136. Stuttgart: Gustav Fischer Verlag.

Gooddy, W. (1949). 'Sensation and volition.' *Brain*, 72, 312-39.

Gordon, T., and Foss, B. M. (1966). 'The role of stimulation in the delay of onset of crying in the newborn infant.' *Q. J. expl. Psychol.*, 18, 79-81.

Gough, D. (1962). 'The visual behaviour of infants during the first few weeks of life.' *Proc. R. Soc. Med.*, 55, 308-10.

Gray, P. H. (1958). 'Theory and evidence of imprinting in human infants.' *J. Psychol.*, 46, 155-66.

Griffin, G. A., and Harlow, H. F. (1966). 'Effects of three months of total social deprivation on social adjustment and learning in the rhesus monkey.' *Child Dev.*, 37, 533-48.

Grodins, F. S. (1963). *Control Theory and Biological Systems.* New York: Columbia University Press.

Gunther, M. (1961). 'Infant behaviour at the breast.' In *Determinants of Infant Behaviour*, Vol. 1, ed. B. M. Foss. London: Methuen, New York: Wiley.

Haddow, A. J. (1952). 'Field and laboratory studies on an African monkey, Cercopithecus ascanius schmidti Matschie.' *Proc. zool. Soc. Lond.*, 122. 297-394.

Haldane, J. S. (1936). *Organism and Environment as Illustrated by the Physiology of Breathing.* New Haven, Conn. : Yale University Press.

Hall, K. R. L., and DeVore, I. (1965). 'Baboon social behavior.' In *Primate Behavior*, ed. I. DeVore. New York and London: Holt, Rinehart & Winston.

Halverson, H. M. (1937). 'Studies of the grasping responses of early infancy.' *J. genet. Psychol.*, 51, 371-449.

Hamburg, D. A. (1963). 'Emotions in the perspective of human evolution.' In *Expression of the Emotions in Man*, ed. P. Knapp. New York: International Universities Press.

Hamburg, D. A., Sabshin, M. A., Board, F. A., Grinker, R. R., Korchin, S. J., Basowitz, H., Heath, H., and Persky, H. (1958). 'Classification and rating of emotional experiences.' *Archs. Neurol. Psychiat.*, 79, 415-26.

Hampshire, S. (1962). 'Disposition and memory.' *Int. J. Psycho-Anal.*, 43, 59-68.

Harcourt, A. (1979). 'The social relations and group structure of wild Mountain gorillas.' In *The Great Apes.* ed. D. A Hamburg and E. R. McCown. Menlo Park, Calif.: Benjamin/Cummings Publ. Co.

Harlow, H. F. (1958). 'The nature of love.' *Am. Psychol.*, 13, 673-85.

Harlow, H. F. (1961). 'The development of affectional patterns in infant monkeys.' In *Determinants of Infant Behaviour*, Vol. 1, ed. B. M. Foss. London: Methuen; New York: Wiley.

Harlow, H. F., and Harlow, M. K. (1962). 'Social deprivation in monkeys.' *Scient. Am.*, 207 (5), 136.

Harlow, H. F., and Harlow, M. K. (1965). 'The affectional systems.' In *Behavior of Nonhuman Primates*, Vol. 2, ed. A M. Schrier, H. F. Harlow, and F. Stollnitz. New York and London: Academic Press.

Harlow, H. F., and Zimmermann, R. R. (1959). 'Affectional responses in the infant monkey.' *Science*, 130, 421.

Hartmann, H. (1939, Eng. trans. 1958). *Ego Psychology and the Problem of Adaptation*. London: Imago; New York: International Universities Press.

Hayes, C. (1951). *The Ape in Our House*. New York: Harper; London: Gollancz, 1952.

Hebb, D. O. (1946a). 'Emotion in man and animal: an analysis of the intuitive processes of recognition.' *Psychol. Rev.*, 53, 88-106.

Hebb, D. O. (1946b). 'On the nature of fear.' *Psychol. Rev.*, 53, 250-75.

Hediger, H. (1955). *Studies of the Psychology and Behaviour of Captive Animals in Zoos and Circuses*. London: Butterworth: New York: Criterion Books, 1956.

Heinicke, C. (1956). 'Some effects of separating two-year-old children from their parents: a comparative study.' *Hum. Relat.*, 9, 105-76.

Heinicke, C., and Westheimer, I. (1966). *Brief Separations*. New York: International Universities Press; London: Longmans Green.

Held, R. (1965). 'Plasticity in sensori-motor systems.' *Scient. Am.*, 213 (5), 84-94.

Hersher, L., Moore, A U., and Richmond, J. B. (1958). 'Effect of postpartum separation of mother and kid on maternal care in the domestic goat.' *Science*, 128, 1342-3.

Hetzer, H., and Ripin, R. (1930). 'Fruehestes Lernen des Saueglings in der

Ernaehrungssituation.' *Z. Psychol.*, 118.

Hetzer, H., and Tudor-Hart, B. H. (1927). 'Die frühesten Reaktionen auf die menschliche Stimme.' *Quell. Stud. Jugenkinde*, 5.

Hinde, R. A. (1959). 'Behaviour and speciation in birds and lower vertebrates.' *Bioi. Rev.*, 34, 85-128.

Hinde, R. A. (1961). 'The establishment of the parent-offspring relation in birds, with some mammalian analogies.' In *Current Problems in Animal Behaviour*, ed. W. H. Thorpe and O. L. Zangwill. London: Cambridge University Press.

Hinde, R. A. (1963). 'The nature of imprinting.' In *Determinants of Infant Behaviour*, Vol. 2, ed. B. M. Foss. London: Methuen; New York: Wiley.

Hinde, R. A. (1965a). 'Rhesus monkey aunts.' In *Determinants of Infant Behaviour*, Vol. 3, ed. B. M. Foss. London: Methuen; New York: Wiley.

Hinde, R. A. (1965b). 'The integration of the reproductive behaviour of female canaries.' In *Sex and Behavior*, ed. F. A Beach. New York and London: Wiley.

Hinde, R. A. (1970). *Animal Behaviour: A Synthesis of Ethology and Comparative Psychology* 2nd edition. New York: McGraw-Hill.

Hinde, R. A. (1979). *Towards Understanding Relationships*. London and New York: Academic Press.

Hinde, R. A. Rowell, T. E., and Spencer-Booth, Y. (1964). 'Behaviour of socially living rhesus monkeys in their first six months.' *Proc. zool. Soc. Lond.*, 143, 609-49.

Hinde, R. A., and Spencer-Booth, Y. (1967). 'The behaviour of socially living rhesus monkeys in their first two and a half years.' *Anim. Behav.*, 15, 169-96.

Holst, E. von, and Saint Paul, U. von (1963). 'On the functional organization of drives.' *Anim. Behav.*, 11, 1-20.

Illingworth, R. S. (1955). 'Crying in infants and children.' *Br. med. J.*, (i),

75-8.

Illingworth, R. S., and Holt, K. S. (1955). 'Children in hospital: some observations on their reactions with special reference to daily visiting.' *Lancet*, 17 December, 1257-62.

Itani, J. (1963). 'Paternal care in the wild Japanese monkey, Macaca fuscata.' In *Primate Social Behavior*, ed. C. H. Southwick. Princeton, N. J., and London: Van Nostrand.

James, W. (1890). *Principles of Psychology*. New York: Holt.

Jones, E. (1953). *Sigmund Freud: Life and Work*, Vol. 1. London: Hogarth; New York: Basic Books.

Jones, E. (1955). *Sigmund Freud: Life and Work*, Vol. 2. London: Hogarth; New York: Basic Books.

Kaila, E. (1932). 'Die Reaktion des Säugling auf das menschliche Gesicht.' *Annis. Univ. åbo.*, Series B, 17, 1-114.

Kawamura, S. (1963). 'The process of sub-culture propagation among Japanese macaques.' In *Primate Social Behavior*, ed. C. H. Southwick. Princeton, N. J., and London: Van Nostrand.

Kellogg, W. N., and Kellogg, L. (1933). *The Ape and the Child: A Study of Environmental Influence upon Early Behavior*. New York: McGraw-Hill (Whittlesey House Publications).

Kessen, W., and Leutzendorff, A. M. (1963). 'The effect of non-nutritive sucking on movement in the human newborn.' *J. comp. physiol. Psychol.*, 56, 69-72.

King, D. L. (1966). 'A review and interpretation of some aspects of the infant-mother relationship in mammals and birds.' *Psychol. Bull.*, 65, 143-55.

Klaus, M. H., and Kennell, J, H. (1982). *Parent-infant Bonding*. (Second edition). Saint Louis, Missouri: C. V. Mosby Co.

Klein, M. (1948). *Contributions to Psycho-analysis 1921-1945*. London: Hogarth; New York: Anglobooks, 1952.

Koford, C. B. (1963a). 'Group relations in an island colony of rhesus monkeys.' In *Primate Social Behaviour*, ed. C. H. Southwick. Princeton, N. J., and London: Van Nostrand.

Koford, C. B. (1963b). 'Rank of mothers and sons in bands of rhesus monkeys.' *Science*, 141, 356-_7.

Korner, A. F. (1979). 'Conceptual issues in infancy research.' In *Handbook of Infant Development*, ed. J. D. Osofsky. New York: Wiley.

Kris, E. (1954). Introduction to *The Origins of Psycho-analysis*. Letters to Wilhelm Fliess, drafts and notes: 1887-1902, by Sigmund Freud, ed. by M. Bonaparte, A Freud, and E. Kris. London: Imago; New York: Basic Books.

Lamb, M. E. (1977). 'The development of mother-infant and fatherinfant attachments in the second year of life.' *Developmental Psychology*, 13, 637-48.

Langer, S. (1967). *Mind: An Essay on Human Feeling*. Baltimore, Md: The Johns Hopkins Press.

Langmeier, J., and Matejcek, Z. (1963). *Psychika depriuace v detsvi*. Prague: Statni Zdravotnicke Nakladatelstvi.

Levine, R. A., and Levine, B. B. (1963). 'Nyansongo: a Gusii community in Kenya.' In *Six Cultures: Studies of Child Rearing*, ed. B. B. Whiting. New York and London: Wiley.

Levine, S. (1966). 'Sex differences in the brain.' *Scient. Am.*, 214(4), 84-92.

Levy, D. M. (1937). 'Studies in sibling rivalry.' *Res. Monogr. Am. orthopsychiat. Ass.*, No. 2.

Levy, D. M. (1951). 'Observations of attitudes and behavior in the child health center.' *Am. J. publ. Hlth.*, 41, 182-90.

Lewis, M., and Kagan, J. (1965). 'Studies in attention.' *Merrill-Palmer Q.'* 11, 95-127.

Lewis, M., Kagan, J., and Kalafat, J, (1966). 'Patterns of fixation in the young infant.' *Child Dev.*, 37, 331-41.

Lewis, W. C. (1965). 'Coital movements in the first year of life.' *Int. J. Psycho-Anal.*, 46, 372-4.

Light, P. (1979). *Development of a Child's Sensitivity to People.* London: Cambridge University Press.

Lipsitt, L. P. (1963). 'Learning in the first year of life.' In *Advances in Child Development and Behavior*, Vol. 1, ed. L. P. Lipsitt and C. C. Spiker. New York and London: Academic Press.

Lipsitt, L. P. (1966). 'Learning processes of human newborns.' *Merill-Palmer Q.*, 12, 45-71.

Livingston, R. B. (1959). 'Central control of receptors and sensory transmission system.' In *Handbook of Physiology*, Section I. *Neurophysiology*, Vol. 1. ed. J. Field, H. W. Magoun, and V. E. Hall. Prepared by the American Physiological Society, Washington. Baltimore, Md: Williams & Wilkins; London: Baillière, Tindall & Cox.

Londerville, S., and Main, M. (1981). 'Security of attachment, compliance and maternal training methods in the second year of life.' *Developmental Psychology*, 17, 289-99.

Lorenz, K. Z. (1935). 'Der Kumpan in der Umvelt des Vogels.' *J. Orn. Berl.*, 83. Eng. trans. in Instinctive Behavior, ed. C. H. Schiller. New York: International Universities Press, 1957.

MacCarthy, D., Lindsay, M., and Morris, I. (1962). 'Children in hospital with mothers.' *Lancet*, (i), 603-8.

Maccoby, E. E., and Masters, J. C. (1970). 'Attachment and dependency.' In *Manual of Child Psychology* (3rd edn), ed. P. H. Mussen. New York and London: Wiley.

McFarlane, D. J. (1971). *Feedback Mechanisms in Animal Behaviour.* London and New York: Academic Press.

McFarlane, J. A. (1975). 'Olfaction in the development of social preferences in the human neonate.' In *Parent-infant Interaction*. Ciba Foundation Symposium 33 (new series), 103-17. Amsterdam:

Elsevier.

McGraw, M. B. (1943). *The Neuromuscular Maturation of the Human Infant.* New York: Columbia University Press; London : Oxford University Press.

Mackay, D. M. (1964). 'Communication and meaning: a functional approach.' In *Cross-cultural Understanding: Epistemology in Anthropology*, ed. F. S. C. Northrop and H. H. Livingston. New York: Harper.

Mackay, D. M. (1966). 'Conscious control of action.' In *Brain and Conscious Experience*, ed. J. C. Eccles. Berlin: Springer Verlag.

MacLean, P. D. (1960). 'Psychosomatics.' In *Handbook of Physiology*, Section I. *Neurophysiology*, Vol. 3, ed. J. Field, H. W. Magoun, and V. E. Hall. Prepared by the American Physiological Society, Washington. Baltimore, Md: Williams & Wilkins; London: Bailliere, Tindall & Cox.

Mahler, M. S. (1965). 'On early infantile psychosis.' *J. Am. Acad. Child Psychiat.*, 4, 554–68.

Main, M. (1973). 'Exploration, play and level of cognitive functioning as related to child–mother attachment' Dissertation submitted to John Hopkins University for degree of PhD.

Main, M., and Townsend, L. (1982). 'Exploration, play and cognitive functioning as related to security of infant–mother attachment.' *Infant Behavior and Development.*

Main, M., and Weston, D. (1981), 'The quality of the toddler's relationship to mother and father: related to conflict behavior and the readiness to establish new relationships.' *Child Development*, 52, 932–40.

Main, M., and Weston, D. (1982), 'Avoidance of the attachment figure in infancy: description and interpretation.' In *The Place of attachment in Humen Behavior*, ed C. M. Parkes and J. Stevenson–Hinde. New York: Basic Book; London; Tavistock Publications.

Martini, H. (1955). *My Zoo Family.* London: Hamish Hamilton: New York:

Harper.

Marvin, R. S. (1977). 'An ethological cognitive model for the attenuation of mother-child attachment behavior.' In *Advances in the Study of Communication and Affect*, Vol. 3, The Development of Social Attachments, ed. T. M. Alloway, L. Krames and P. Pliner. New York: Plenum.

Marvin, R. S., Greenberg, M. T., and Mossier, D. G. (1976). 'The early development of conceptual perspective-taking: distinguishing among multiple perspectives.' *Child Development*, 47, 511-14.

Mason, W. A. (1965a). 'The social development of monkeys and apes.' In *Primate Behavior*, ed. I. DeVore. New York and London: Holt, Rinehart & Winston.

Mason, W. A. (1965b). 'Determinants of social behavior in young chimpanzees.' In *Behavior of Nonhuman Primates*, Vol. 2, ed. A M. Schrier, H. F. Harlow, and F. Stollnitz. New York and London: Academic Press.

Mason, W. A, and Sponholz, R. R. (1963). 'Behavior of rhesus monkeys raised in isolation.' *J. psychiat. Res.*, 1, 229-306.

Matas, L., Arend, R. A, and Sroufe, L. A. (1978). 'Continuity of adaptation in the second year: the relationship between quality of attachment and later competence.' *Child Development*, 49. 547-56.

Mead, M. (1962). 'A cultural anthropologist's approach to maternal deprivation.' In *Deprivation of Maternal Care: A Reassessment of its Effects*. Public Health Papers No. 14. Geneva: WHO.

Medawar, P. B. (1967). *The Art of the Soluble*. London: Methuen; New York: Barnes & Noble.

Meier, G. W. (1965). 'Other data on the effects of social isolation during rearing upon adult reproductive behaviour in the rhesus monkey (Macacamulatta).' *Anim. Behav.*, 13, 228-31.

Meili, R. (1955). 'Angstentstehung bei Kleinkindern.' *Schweiz. Z. Psychol.*, 14, 195-212.

Mićić, Z. (1962). 'Psychological stress in children in hospital.' *Int. Nurs. Rev.*, 9 (6), 23-31.

Miller, G. A, Galanter, E., and Pribram, K. H. (1960). *Plans and the Structure of Behavior.* New York: Holt, Rinehart & Winston.

Moltz, H. (1960). 'Imprinting: empirical basis and theoretical significance.' *Psychol. Bull.*, 57, 291-314.

Morgan, G. A., and Ricciuti, H. N. (1969). 'Infants' responses to strangers during the first year.' In *Determinants of Infant Behaviour* Vol. 4, ed. B. M. Foss. London: Methuen; New York: Barnes & Noble.

Moss, H. A. (1967). 'Sex, age and state as determinants of motherinfant interaction.' *Merrill-Palmer Q.*, 13, 19-36.

Murphy, L. B. (1962). *The Widening World of Childhood.* New York: Basic Books. Murphy, L. B. (1964). 'Some aspects of the first relationship.' *Int. J. Psycho Anal.*, 45, 31-43.

Murray, H. A. (1938). *Explorations in Personality.* New York: Oxford University Press.

Nagera, H., and Colonna, A B. (1965). 'Aspects of the contribution of sight to ego and drive development.' *Psychoanal. Study Child*, 20, 267-87.

Newson, J., and Newson, E. (1963). *Infant Care in an Urban Community.* London: Allen & Unwin.

Newson, J., and Newson, E. (1966). 'Usual and unusual patterns of child-rearing.' Paper read at annual meeting of British Association for the Advancement of Science, September.

Newson, J., and Newson, E. (1968). *Four Years Old on an Urban Community.* London: Allen & Unwin.

Osofsky, J, D., ed. (1979). *Handbook of Infant Development.* New York: John Wiley.

Pantin, C. F. A. (1965). 'Learning, world-models and pre-adaptation.' In *learning and Associated Phenomena in Invertebrates*, ed. W. H. Thorpe and D. Davenport. Animal Behaviour Supplement, No. 1.

London: Balliere, Tindall & Cassell.

Pelled, N. (1964). 'On the formation of object-relations and identifications of the kibbutz child.' *Israel Ann. Psychiat.*, 2, 144-61.

Piaget, J. (1924, Eng. trans. 1926). *The Language and Thought of the Child.* London: Routledge & Kegan Paul; New York: Harcourt, Brace.

Piaget, J. (1936, Eng. trans. 1953). *The Origins of Intelligence in the Child.* London: Routledge & Kegan Paul; New York: International Universities Press.

Piaget, J. (1937, Eng. trans. 1954). *The Construction of Reality in the Child.* New York: Basic Books. Also published under the title *The Child's Construction of Reality.* Lpndon: Routledge & Kegan Paul, 1995.

Piaget, J. (1947, eng. trans. 1950). *The Psychology of intelligence.* London: Routledge & Kegan Paul; New York: Harcourt, Brace.

Piaget, J., and Inhelder, B. (1948, Eng trans, 1956). *The Child's Conception of Space.* London: Routledge & Kegan Paul; New York: Humanities Press.

Pittendrigh, C. S. (1958). 'Adaptation, natural selection and behavior.' In *Behavior and Evolution*, ed. A. Reo and G. C. Simpson. New Haven, Conn. : Yale University Press; London: Oxford University Press.

Polak, P. R., Emde, R., and Spitz, R. A. (1964). 'The smiling response to the human face: I, Methodology, quantification and natural history; II, Visual discrimination and the onset of depth perception.' *J. nerv. ment. Dis.*, 139, 103-9 and 407-15.

Popper, K. R. (1934, Eng. trans. 1959). *The Logic of Scientific Discovery.* New York: Basic Books; London: Hutchinson.

Prechtl, H. F. R. (1958). 'The directed head turning response and allied movements of the human baby.' *Behavior*, 13, 212-42~

Prechtl, H. F. R. (1963). 'The mother-child interaction in babies with minimal brain damage.' In *Determinants of Infant Behaviour*, Vol. 2, ed. B. M. Foss. London: Methuen; New York: Wiley.

Prechtl, H. F. R. (1965). 'Problems of behavioral studies in the newborn infant.' In *Advances in the Study of Behaviour*, Vol. 1. ed. D. S. Lehrman, R. A. Hinde, and E. Shaw. New york and London: Academic Press.

Premack, D., and Woodruff, G. (1978). 'Does the chimpanzee have a theory of mind?' *The Behavioral and Brain Sciences*, 1, 515-26.

Pribram, K. H. (1962). 'The neuropsychology of Sigmund Freud.' In *Experimental Foundations of Clinical Psychology*, ed. A j. Bachrach. New York: Basic Books.

Paribram, K. H. (1967). 'The new neurology and the biology of emotion: a structural approach.' *Am. Psychol.*, 22, 830-8.

Provence, S., and Lipton, R. C. (1962). *Infants in Institutions*. London: Bailey & Swinfen; New York: International Universities Press, 1963.

Prugh, D. G., et al. (1953). 'Study of the emotional reactions of children and families to hospitalization and illness.' *Am, J. Orthopsychiat.*, 23, 70-106.

Pusey, A. (1978). 'Age-changes in the mother-offspring association of wild chimpanzees.' In *Recent Advances in Primatology*, ed. D. J. Chivers and J. Herbert, Vol. 1, pp. 119-23. London: Academic Press.

Rajecki, D. W., Lamb, M. E., and Obmascher, P. (1978). 'Towards a general theory of infantile attachment: a comparative review of aspects of the social bond.' *The Behavioral and Brain Sciences*, 1, 417-64.

Rapaport, D. (1953). 'On the psycho-analytic theory of affects.' *Int. J. Pscycho-Anal.*, 34, 177-98.

Rapaport, D., and Gill, M. M. (1959). 'The points of view and assumptions of metapsycholoy.' *Int. J. Psycho-Anal.*, 40, 153-62.

Reynolds, V., and Reynolds, F. (1965). 'Chimpanzees of the Budongo Forest.' In *Primate Behavior*, ed. I. DeVore. New York and London: Holt, Rinehart & Winston.

Rheingold, H. L. (1961). 'The effect of environmental stimulation upon social and exploratory behaviour in the human infant.' In

Determinants of Infant Behaviour, Vol. 1, ed B. M. Foss. London: Methuen; New York: Wiley.

Rheingold, H. L. (1963a). 'Controlling the infant's exploratory behaviour.' In *Determinants of Infant Behaviour*, Vol. 2, ed. B. M. Foss. London: Methuen; New York: Wiley.

Rheingold, H. L. (ed.) (1963b). *Maternal Behaviour in Mammals*. New York and London: Wiley.

Rheingold, H. L. (1966). 'The development of social behaviour in the human infant' *Monogr. Soc. Res. Child Dev.*, 31, No. 5, 1-17.

Rheingold, H. L. (1968). 'Infancy.' In *International encyclopedia of the Social Sciences*, ed. David L. Sills. New York and London: Collier / Macmillan.

Rheingold, H. L. (1969). 'The effect of a strange environment on the Behaviour of infants.' In *Determinants of Infant Behaviour*, Vol. 4, ed. B. M. Foss. London: Methuem; New York: Barnes & Noble.

Rheingold, H. L., Gewirtz, J. L., and Ross, A. W. (1959). 'Social conditioning of vocalizations in the infant.' *J. comp. physiol. Psychol.*, 52, 68-73.

Rheingold, H. L., and Keene, G. C. (1965). 'Transport of the human young.' In *Determinants of Infant Behaviour*, Vol. 3, ed. B. M. Foss London: Methuem; New York: Wiley.

Rickman, J. (1951). 'Methodology and research in psychopathology.' *Br. J. med. Psychol.*, 24, 1-7.

Robertson, J. (1952). Film: *A Two-year-old Goes to Hospital* (16mm; 45mins; sound; guidebook supplied; also abridged version, 30 mins). London: Tavistock Child Development Research Unit: New York: New York University Film Library.

Robertson, J. (1953). 'Some responses of young children to loss of maternal care.' *Nurs. Times*, 49, 382-6.

Robertson, J. (1958). Film: *Going to Hospital with Mother* (16mm; 40mins; sound; guidebook supplied). London: Tavistock Child Development Research Unit; New York : New York University Film Library.

Robertson, J. (ed.) (1962). *Hospitals and Children: A Parent's-Eye View*. London: Gollancz; New York: International Universities Press, 1963.

Robertson, J., and Bowlby, J. (1952). 'Responses of young children to separation from their mothers.' *Courr. Cent. int. Enf.*, 2, 131-42.

Robertson, J., and Robertson, J. (1967). Film: *Young Children in Brief Separation*, No.1: 'Kate, aged 2 years 5 months, in fostercare for 27 Days.' (Guide booklet.) London: Tavistock Institute of Human Relations; New York: New York University Film Library.

Robson, K. S. (1967). 'The role of eye-to-eye contact in maternalinfant attachment.' *J. Child Psychol. Psychiat.* 8, 13-25.

Romanes, G. J. (1888). *Mental Evolution in Man*. London: Kegan Paul.

Rosenblatt, J. S. (1965). 'The basis of synchrony in the behavioral interaction between the mother and her offspring in the laboratory rat.' In *Determinants of Infant Behaviour*, Vol. 3, ed. B. M. Foss. London: Methuen; New York: Wiley.

Rosenblum, L. A, and Harlow, H. F. (1963). 'Approach-avoidance conflict in the mother surrogate situation.' *Psychol. Rep.*, 12, 83-5.

Rosenthal, M. K. (1967). 'The generalization of dependency behaviour from mother to stranger.' *J. Child Psychol. Psychiat.*, 8, 117-33.

Rowell, T. (1965). 'Some observations on a hand-reared baboon.' In *Determinants of Infant Behaviour*, Vol. 3, ed. B. M. Foss. London: Methuen; New York: Wiley.

Rutter, M. (1981). *Maternal Deprivation Reassessed* (second edition). Harmondsworth, Middlesex: Penguin.

Ryle, G. (1949). *The Concept of Mind*. London: Hutchinson; New York: Barnes & Noble, 1950.

Sade, D. S. (1965). 'Some aspects of parent-offspring and sibling relations in a group of rhesus monkeys, with a discussion of grooming.' *Am. J. phys. Anthrop.*, 23, 1-18.

Sameroff, A. J., and Cavanagh, P. J. (1979). 'Learning in infancy: a developmental perspective.' In *Handbook of Infant Development*, ed. J. D. Osofsky, pp. 344-92. New York: Wiley.

Sameroff, A. J., and Chandler, M. A. (1975). 'Reproductive risk and the continuance of caretaking casualty.' In *Review of Child Development Research*, Vol. 4, ed. F. D. Horowitz and others, pp. 187-244. Chicago: University of Chicago Press.

Sander, L. W. (1962). 'Issues in early mother-child interaction.' *J. Am. Acad. Child Psychiat.*, 1. 141-66.

Sander, L. W. (1964). 'Adaptive relationships in early mother-child interaction.' *J. Am. Acad. Child Psychiat.*, 3, 231-64.

Sander, L. W. (1969). 'The longitudinal course of early mother-child interaction: cross-case comparison in a sample of mother-child pairs.' In *Determinants of Infant Behaviour*, Vol. 4, ed. B. M. Foss. London: Methuen; New York: Barnes & Noble.

Sander, L. W. (1977). 'The regulation of exchange in the infantcaregiver system and some aspects of the context-concept relationship.' In *Interaction, Conversation, and the Development of Language*, ed. M. Lewis and L. A. Resenblum. New York: Wiley.

Schachter, S. (1959). *The Psychology of Affiliation: Experimental Studies of the Sources of Gregariousness*. Stanford, Calif. : Stanford University Press; London: Tavistock Publications, 1961.

Schaffer, H. R. (1958). 'Objective observations of personality development in early infancy.' *Br. J. med. Psychol.*, 31. 174-83.

Schaffer, H. R. (1963). 'Some issues for research in the study of attachment behaviour.' In *Determinants of Infant Behaviour*, Vol. 2. ed. B. M. Foss. London: Methuen; New York: Wiley.

Schaffer, H. R. (1966). 'The onset of fear of strangers and the incongruity hypothesis.' *J. Child Psychol. Psychiat.*, 7, 95-106.

Schaffer, H. R., ed. (1977). *Studies in Mother-Infant Interaction*. London: Academic Press.

Schaffer, H. R. (1979). 'Acquiring the concept of the dialogue.' In

Psychological Development from Infancy: Image to Intention, ed. M. H. Bornstein and W. Kessen, pp. 279-305. Hillsdale, N. J. : Lawrence Erlbaum.

Schaffer, H. R., and Callender, W. M. (1959). 'Psychological effects of hospitalization in infancy,' *Paediatrics*, 24, 528-39.

Schaffer, H. R., and Emerson, P. E. (1964a). 'The development of social attachments in infancy.' *Monogr. Soc. Res. Child Dev.*, 29, No. 3, 1-77.

Schaffer, H. R., and Emerson, P. E. (1964b). 'Patterns of response to physical contact in early human development.' *J. Child Psychol. Psychiat.*, 5, 1-13.

Schaller, G. (1963). *The Mountain Gorilla: Ecology and Behavior.* Chicago: University of Chicago Press.

Schaller, G. (1965). 'The behavior of the mountain gorilla.' In *Primate Behavior*, ed. I. DeVore. New York and London: Holt, Rinehart & Winston.

Schaller, G. B. (1967). *The Deer and the Tiger.* Chicago: University of Chicago Press.

Schmidt-Koenig, K. (1965). 'Current problem in bird orientation.' In *Advances in the Study of Behavior*, Vol. 1, ed. D. S. Lehrman, R. A Hinde, and E. Shaw. New York and London: Academic Press.

Schneirla, T. C. (1959). 'An evolutionary and developmental theory of biphasic processes underlying approach and withdrawal.' In *Nebraska Symposium on Motivation*, ed. M. R. Jones. Lincoln, Nebr. : University of Nebraska Press.

Schneirla, T. C. (1965). 'Aspects of stimulation and organization in approach/withdrawal precesses underlying vertebrate behavioral development.' In *Advances in the Study of Behavior*, Vol. 1, ed. D. S. Lehrman, R. A. Hinde, and E. Shaw. New York and London: Academic Press.

Schur, M. (1960a). 'Discussion of Dr John Bowlby's paper, "Grief and mourning in infancy and early childhood".' *Psychoanal. Study Child*, 15, 63-84.

Schur, M. (1960b). 'Phylogenesis and ontogenesis of affect-and structure formation and the phenomenon of the repetition compulsion.' *Int. J. Psycho-Anal.*, 41, 275-87.

Schutz, F. (1965a). 'Sexuelle Paragung bei Anatiden.' *Z. Tierpsychol.*, 22, 50-103.

Schutz, F. (1965b). 'Homosexualitat and Pragung.' *Psychol. Forsch.*, 28, 439-63.

Scott, J. P. (1963). 'The process of primary socialization in canine and human infants.' *Monogr. Soc. Res. Child Dev.*, 28, 1-47.

Sears, R. R. (1972). 'Attachment, dependency and frustration.' In *Attachment and Dependency*, ed. J. L. Gewirtz. New York and London: Wiley.

Sears, R. R., Rau, L., and Alpert, F. (1965). *Identification and Child Rearing*. Stanford, Calif.: Stanford University Press; London: Tavistock Publications, 1966.

Seay, B., Alexander, B. K., and Harlow, H. F. (1964). 'Maternal behavior of socially deprived rhesus monkeys.' *J. abnorm. soc. Psychol.*, 69, 345.

Shipley, W. U. (1963). 'The demonstration on the domestic guinea-pig of a precess resembling classical imprinting.' *Anim. Behav.*, 11, 470-4.

Shirley, M. M. (1993). *The First Two Years*. 3 vols. Minneapolis: University of Minnesota Press; London: Oxford university Press.

Sluckin, W. (1965). *Imprinting and Early Learning*. London: Methuen; Chicago: Aldine.

Sommerhoff, G. (1950). *Analytical Biology*. London: Oxford University Press.

Southwick, C. H. (ed.) (1963). *Primate Social Behavior*. Princeton, N. J., and London: Van Nostrand.

Southwick, C. H., Beg, M. A. and Siddiqi, M. R. (1965). 'Rhesus monkeys in North India.' In *Primate Behavior*, ed. I. DeVore. New York and London: Holt, Rinehart & Winston.

Spiro, M. E. (1954). 'Is the family universal?' *Am. Anthrop.*, 56, 839-46.

Spiro, M. E. (1958). *Children of the Kibbutz*. Cambridge, Mass. : Harvard University Press; London: Oxford University Press.

Spitz, R. A. (1946). 'Anaclitic depression.' *Psychoanal. Study Child*, 2, 313-42.

Spitz, R. A (1950). 'Anxiety in infancy: a study of its manifestations in the first year of life,' *Int. J. Psycho-Anal.*, 31, 138-43.

Spitz, R. A. (1955). 'A note on the extrapolation of ethological findings.' *Int. J. Psycho-Anal.*, 36, 162-5.

Spitz, R. A. (1965). *The First Year of Life*. New York: International Universities Press.

Spitz, R. A. and Wolf, K. M. (1946). 'The smiling response: a contribution to the ontogenesis of social relations.' *Genet. Psychol. Monogr.*, 34, 57-125.

Sroufe, L. A. (1982). 'Infant-caregiver attachment and patterns of adaptation in pre-school: the roots of maladaptation and competence.' In *Minnesota Symposium in Child Psychology*, Vol. 16, ed. M. Perlmutter. Minneapolis: University of Minnesota Press.

Sroufe, L. A, and Waters, E. (1977). 'Attachment as an organizational construct.' *Child Development*, 48, 1184-99.

Stern, D. N. (1977). *The First Relationship: Infant and Mother*. London: Fontana. Open Books.

Stevenson, H. W. (1965). 'Social reinforcement of children's behavior.' In *Advances in Child Development and Behavior*, Vol. 2, ed. L. P. Lipsitt and C. C. Spiker. New York and London: Academic Press.

Stevenson, O. (1954). 'The first treasured possession.' *Psychoanal. Study Child*, 9, 199-217.

Strachey, J. (1962). 'The emergence of Freud's fundamental hypotheses.'(An appendix to 'The neuro-psychoses of defence'.) *S.E.*, 3.

Strachey, J. (1966). 'Introduction to Freud's Project for a Scientific Psychology.' *S.E.*, 1.

Tennes, K. H., and Lampl, E. E. (1964). 'Stranger and separation anxiety in infancy.' *J. nerv. ment. Dis.*, 139, 247-54.

Thomas, H. (1973). 'Unfolding the baby's mind: the infant's selection of visual stimuli.' *Psychological Review*, 80, 468-88.

Thomas, H., and Jones-Molfese, V. (1977). 'Infants and I scales: infering change from the ordinal stimulus selections of infants for configural stimuli.' *J. of Experimental child Psychology*, 23, 329-39.

Thorpe, W. H. (1956). *Learning and Instinct in Animals*. 2nd edn, 1963. Cambridge, Mass.: Harvard University Press; London: Methuen.

Tinbergen, N. (1951). *The study of Instint*. London: Oxford University Press.

Tinbergen, N. (1963). 'On aims and methods of ethology.' *Z. Tierpsychol* 20, 410-33.

Tinbergen, N., and Tinbergen, E. A (1982). About *'autistic' children and houthe might be cured*. London: Allen & Unwin.

Tizard, B., and Hodges, J, (1978). 'The effect of institutional rearing on the development of eight year old children.' *J. Child Psychol. Psychiat.*, 19, 99-118.

Tobias, P. V. (1965). 'Early man in East Africa.' *Science*, 149, No. 3679, 22-33.

Tomilin, M. I., and Yerkes, R. M. (1935). 'Chimpanzee twins: behavioral relation and development.' *J. genet. Psychol.*, 46, 239-63.

Tomkins, S. S. (1962-63). *Affect, Imagery, Consciousness*. Vol. 1, *The Psitice Affects*; Vol. 2, *The Negative Affects*. New York: Springer; London: Tavistock Publications, 1964.

Trivers, R. L. (1974). 'Parent-offspring conflict.' *American Zoologist*, 14, 249-64.

Turnbull, C. M. (1965). *Wayward Seroants: The Two Worlds of the African Pygmies*. New york: Natural History Press; London: Eyre & Spottiswoode.

Tustin, A. (1953). 'Do modern mechanisms help us to understand the mind?' *Br. J. Psychol.*, 44, 24-37.

Ucko, L. E. (1965). 'A comparative study of asphyxiated and non-asphyxiated boys from birth to five years.' *Dev. Med. Child Neural.*, 7, 643-57.

Vaughn, B., Egeland, B., Sroufe, L. A, and Waters, E. (1979). 'Individual differences in infantOrnother attachment at 12 and 18 months: stability and change in families under stress.' *Child Development*, 50, 971-5.

Venrnon, D. T. A, Foley, J. M., Sipowicz, R. R., and Schulmans, J. L. (1965). *The psychological Responses of Children to Hospitalization and Illness*. Springfield, Ill. : C. C. Thomas.

Vickers, G. (1965). 'The end of free fall.' *The Listener*, 28 October, p. 647.

Walters, R. H., and Parke, R. D. (1965). 'The role of the distance receptors in the development of social responsiveness.' In *Advances in Child Development and Behavior*, Vol. 2, ed. L. P. Lipsitt and C. C. Spiker. New York and London: Academic Press.

Washburn, S. L. (ed.) (1961). *The Social Life of Early Man*. New York: Wenner-Gren Foundation for Anthropological Research, Inc; London: Methuen, 1962.

Washburn, S. L. (1968). Letter to Editor 'On Holloway's "Tools and Teeth".' *Am. Anthrop.*, 70, 97-100. (Holloway, R. L., 'Tools and teeth: some speculation regarding canine reduction.' *Am. Anthrop.*, 69, 63-7, 1967.)

Washburn, S. L., Jay, P. C., and Lancaster, J. B. (1965). 'Field studies of Old World monkeys and apes.' *Science*, 150, 1541-7.

Waters, E. (1978). 'The reliability and stability of individual differences in infant-mother attachment.' *Child Development*, 49, 483-94.

Waters, E., Wippman, J., and Sroufe, L. A (1979). 'Attachment, positive affect, and competence in the peer group: tow studies in construct validation.' *Child Development*, 50, 821-9.

Watson, J. S. (1965). 'Orientation-specific age changes in responsivness to the face stimulus in young infants.' Paper presented at annual meeting of American Psychological Association, Chicago.

Weisberg, P. (1963). 'Social and nonsocial conditioning of infant vocalizations.' *Child Dev.*, 34, 377-88.

Weiss, P. (1949). 'The Biological basis of adaptation.' In *Adaptation*, ed. J. Romano. Ithaca, N.Y. : Cornell University Press; London: Oxford University Press, 1950.

Weiss, R. S. (1982). 'Attachment in adult life.' In *The Place of Attachment in Human Behavior*, ed. C. M. Parkes and J. Stevenson-Hinde. London: Tavistock Publications. New York: Basic Books.

White, B. L., Castle, P., and Held, R. (1964). 'Observations on the development of visually-directed reaching.' *Child Dev.*, 35, 349-64.

White, B. L., and Held, R. (1966). 'Plasticity of sensorimotor development in the human infant.' In *The Causes of Behavior: Reddings in Child Development and Educational Psychology*, 2nd edn, ed. J. F. Rosenblith and W. Allinsmith. Boston, Mass.: Allyn & Bacon.

Whyte, L. L. (1960). *The Unconscious before Freud*. New York: Basic Books; London: Tavistock Publications, 1962.

Williams, G. C. (1966). *Adaptation and Natural Selection*. Princeton, N. J. : Princeton University Press.

Wilson, E. O. (1975). *Sociobiology: the New Synthesis*. Cambridge, Mass.: Harvard University Press.

Winnicott, D. W. (1953). 'Transitional objects and transitional phenomena.' Int. j. Psycho-Anal., 34, 1-9. Reprinted in *Collected Papers* by D. W.

Winnicott. London: Tavistock Publications, 1958.

Wolff, P. H. (1959). 'Observations on newborn infants.' *Psychosom. Med.*, 21, 110-18.

Wolff, P. H. (1963). 'Observations on the early development of smiling.' In *Determinants of Infant Behavior*, Vol. 2, ed. B. M. Foss. London: Methuen; New York: Wiley.

Wolff, P. H. (1969). 'The natural history of crying and other vocalizations in early infancy.' In *Determinants of Infant Behaviour*, Vol. 4, ed. B. M. Foss. London: Methuen; New York: Barnes & Noble.

Wolkind, S., Hall, F., and Pawlby, S. (1977). 'Individual differences in behaviour: a combined epidemiological and observational approach.' In *Epidemiological Approaches in Child Psychiatry*, ed. P. J. Graham, pp. 107-23. New York and London: Academic Press.

Yarrow, L. J. (1963). 'Research in dimensions of early maternal care.' *Merrill-Palmer Q.*, 9, 101-14.

Yarrow, L. J. (1967). 'The development of focused relationships during infancy.' In *Exceptional Infant*, Vol. 1, ed. J. Hellmuth. Seattle, Wash. : Special Child Publications.

Yerkes, R. M. (1943). *Chimpanzees: A Laboratory Colony*. New Haven, Conn.: Yale University Press: London: Oxford University Press. Young, J. Z. (1964). A Model of the Brain. London: Oxford University Press.

Young, M., and Willmott, P. (1957). *Family and Kinship in East London*. London: Routledge & Kegan Paul; New York: The Free Press.

Yovits, M. C., and Cameron, S. (eds.) (1960). *Self-organizing Systems*. Oxford: Pergamon.

Zahn-Waxler, C., Radke-Yarrow, M., and King, R. A. (1979). 'Child rearing and children's pro-social initiations towards victims of distress.' *Child Development*, 50, 319-30.

찾아보기